COLLECTION
FOLIO/ESSAIS

Karl Marx

Philosophie

Édition établie et annotée
par Maximilien Rubel

Introduction de Louis Janover
et Maximilien Rubel

Gallimard

Dans le même collection

LE CAPITAL (édition intégrale), T. I, *n° 500* et T. II, *n° 501.*

MARX PHILOSOPHE
CRITIQUE DE LA PHILOSOPHIE

Je lis entre les lignes de votre œuvre que votre Économie si éclairante suppose une philosophie non moins éclairante.

Joseph Dietzgen, lettre à Karl Marx,
Saint-Pétersbourg,
24 octobre-7 novembre 1867.

I

Un milieu familial marqué par un double héritage juif dans une société protestante (ses parents étaient tous deux de familles de rabbins), un pays, la Prusse rhénane, hier département français, sur lequel pesait désormais le destin post-napoléonien de l'Allemagne et de l'Europe soumise à la réaction tatillonne de la Sainte Alliance — il y avait là en germes tous les défis pour nourrir la révolte d'un adolescent à la sensibilité exacerbée et d'une précocité intellectuelle peu commune. La carrière qui s'ouvrait au jeune Karl semblait tracée et sans histoire : juriste, à l'exemple de son père, avocat à Trèves. Mais très vite, Marx va délaisser les cours de droit commencés à Bonn et poursuivis à Berlin pour l'étude de la philosophie et de l'art, après avoir cédé un instant à la tentation de s'affirmer comme poète. Si l'étudiant, plutôt que de s'engager sur la voie que lui conseillait sa famille, a fini par aspirer à un professorat en philosophie, il n'en a pas moins été sensible aux leçons de sagesse que lui prodiguait son père. Celui-ci n'était pas peu inquiet de voir son fils, en tout excessif, mettre en péril sa santé et gaspiller une énergie dévorante en « inventant tous les huit ou quinze jours de nouveaux systèmes », bref en détruisant le lendemain les travaux « péniblement composés » la veille même. En filigrane de la lettre-confession envoyée par Karl — la seule qui se soit conservée —, où résonnent l'écho des remontrances aussi affectueuses que sévères de ce père aimé et craint, on voit se dessiner les traits passionnés, avec ses penchants et ses aspirations prométhéens, d'un esprit appelé à creuser d'un sillon profond le mouvement social de son siècle et bien au-delà, et déjà animé d'une soif peu commune de connaissances et de lectures.

« [...] Or, la poésie devait être accompagnement, et rien d'autre ; il me fallait étudier le droit, mais je ressentais avant tout le désir de me mesurer avec la philosophie » (lettre à son père, Berlin 10 novembre 1837). Et Marx de résumer à l'intention de son père, sur plusieurs pages de sa « confession », la substance de ce travail immense (« près de 300 feuilles d'impression » !) où droit et philosophie devaient s'harmoniser et où l'introduction de ce « malheureux opus » prétendait offrir une métaphysique du droit d'inspiration fichtéenne. Projet avorté — il avait compris qu'il était vain de compter aboutir « sans philosophie » —, mais aussitôt suivi de la rédaction d'un « nouveau système métaphysique », dont il devait être contraint de « reconnaître l'absurdité, tout comme l'inanité de tous mes efforts passés ». « Un rideau était tombé, mon saint des saints déchiré, et il fallait y trouver de nouveaux dieux. — Parti de l'idéalisme que, soit dit en passant, j'avais confronté et nourri avec celui de Kant et de Fichte, j'en arrivai à rechercher l'idée dans le réel lui-même. Si les dieux avaient autrefois habité au-dessus de la terre, ils en étaient devenus à présent le centre. » La suite de ce bilan, qui tient autant de l'introspection que du plaidoyer *pro domo*, nous mène au cœur d'un problème, pour ne pas dire un tourment, quasi permanent dans la formation de ce qu'on peut appeler la philosophie en acte de l'auteur du *Capital :* la substance hégélienne, faite à la fois de fascination et de réaction devant les écrits du Maître ensorceleur, qu'il dit avoir étudié « du début jusqu'à la fin, en même temps que la plupart de ses disciples ».

« J'avais lu des fragments de la philosophie de Hegel dont la grotesque et rocailleuse mélodie m'indisposait. Je voulus, une fois encore, plonger dans l'océan, mais avec l'intention bien arrêtée de trouver la nature spirituelle aussi nécessaire, concrète et harmonieuse que la nature corporelle, de ne plus m'exercer à des tours d'escrime, mais de ramener au grand jour la perle des perles. » Cette première rencontre avec Hegel n'a pas tardé à l'inciter à se lancer dans un travail qui annonce en quelque sorte le choix du sujet de sa thèse de doctorat commencée deux ans plus tard : un « dialogue d'environ 24 feuilles » (environ 380 pages), au titre révélateur, « Cléanthe ou le point de départ et l'avancement nécessaire de la philosophie ». Voilà donc Marx attelé à déchiffrer la philosophie d'un des chefs de l'école stoïcienne (331-233 av. J.-C.) dans une étude où, cette fois, art et science étaient conjugués, la fin le ramenant derechef à ce qui était déjà devenu une obsession : le combat avec Hegel. « Voyageur alerte, je m'attaquais à l'œuvre même, une analyse philosophico-dialectique de la divinité telle qu'elle se manifeste comme concept en soi, comme nature, comme histoire. Ma dernière proposition était le commencement du système hégélien, et ce travail grâce auquel je suis devenu quelque peu familier des sciences naturelles, de Schelling, de l'histoire [...] et qui est écrit si artistiquement (à vrai dire, ce devait être une nouvelle logique) qu'à cette heure je ne puis guère m'y retrouver, cet enfant de mon cœur, choyé au clair de lune, me porte, fourbe sirène, dans les bras de l'ennemi ».

« Rechercher l'idée dans le réel lui-même » ! Dès ses premiers contacts avec le « système », l'« ironie rageuse » lui a permis de dégager un postulat fondamental qui deviendra le principe et le thème conducteur de sa philosophie. Remettre en question l'accord et l'harmonie métaphysique entre l'idée et la réalité, c'était introduire un élément de doute quant au bien-fondé de la spéculation et de l'idéologie. Si Marx a reçu de Hegel la première impulsion puissante, il n'en a pas moins su résister d'emblée à une séduction-répulsion qui exercera son influence sur lui sa vie durant.

II

« L'idée maîtresse qui doit nous guider dans le choix d'une profession, c'est le bien de l'humanité et notre propre accomplissement. On aurait tort de croire que ces deux intérêts sont hostiles, que l'un doit fatalement exclure l'autre. Bien au contraire, la nature de l'homme est ainsi faite qu'il ne peut atteindre sa perfection qu'en agissant pour le bien et la perfection de l'humanité. » Telle fut la réponse du lycéen lors de l'interrogation écrite dont le thème était imposé par le titre de la composition allemande : « Méditation d'un adolescent devant le choix d'une profession ». Or, quel était le champ historique où Marx pourrait apaiser sa nostalgie d'une philosophie capable de rendre à l'individu sa plénitude et son harmonie avec la société ? Il devait se transporter avant tout dans la Grèce antique, mais aussi — et en rapport avec les Anciens — creuser la doxographie romaine.

Décidé à obtenir le titre de docteur et à occuper un poste de *dozent* à l'université de Bonn, aux côtés de son ami Bruno Bauer, il lui fallut choisir, en vue du travail d'« habilitation », un sujet répondant aux aspirations politiques des membres du *Doktorklub* dont il se détachait déjà tant par le radicalisme de ses opinions politiques et philosophiques que par sa stature intellectuelle. Ce cénacle berlinois de jeunes-hégéliens voués à des carrières universitaires cultivait alors la philosophie de la conscience de soi, de la liberté et de l'autonomie de l'individu dans la nature et dans la société. C'est Épicure que Marx a retenu comme principal sujet de ses études. Et ce qu'il écrivit à Lassalle des années plus tard éclaire rétrospectivement le sens plus large qu'il entendait donner à ce travail : « Il s'agissait d'exposer le système total à partir des fragments, système dont je suis d'ailleurs persuadé, comme on le voit aussi chez Héraclite, qu'il n'a existé qu'*en soi* dans les écrits d'Épicure » (31 mai 1858). La référence première, c'était naturellement les cours hégéliens sur l'histoire de la philosophie où Hegel distingue trois sources qui pouvaient corroborer la conception de l'autonomie de la conscience opposée à la foi : l'épicurisme, le stoïcisme et le scepticisme.

L'importance des trois systèmes tient au fait qu'ils sont les archétypes de l'esprit romain d'abord, mais aussi les paradigmes pour le monde moderne ensuite. Le sujet de la thèse est apparemment facile à définir, si l'on en juge d'après le titre des sept cahiers d'étude rédigés par Marx à l'époque de ses relations avec Bruno Bauer : « Philosophie épicurienne ». Mais l'ambition du jeune candidat est plus vaste qu'il n'y paraît et dissimule une double préoccupation : d'une part, reconstituer à partir des fragments d'Herculanum et de la doxographie antique (Diogène Laërce, Lucrèce, Sextus Empiricus, Plutarque, Cicéron, etc.) le

« système total » du philosophe du Jardin, ainsi que son rapport à l'atomisme de Démocrite ; d'autre part, exposer les doctrines d'Épicure, au demeurant peu estimées par Hegel, de manière à combattre le dogmatisme religieux. Plus profondément, au détour de notes et de remarques, perce une intention cachée : faire de la dialectique hégélienne une arme intellectuelle pour la défense des revendications démocratiques et libérales.

Marx prétend combattre un préjugé opiniâtre, à savoir l'identité de la physique de Démocrite et celle d'Épicure. Or, les deux philosophes, bien que l'un et l'autre adeptes de l'atomisme, s'opposent directement dans leurs conceptions relatives à la vérité, à la certitude, à l'application de leur science, au rapport de la pensée à la réalité en général. L'autodidacte Épicure ne conçoit la science que comme un moyen d'atteindre, en philosophant, la vraie perfection. À l'opposé, Démocrite, assoiffé de connaissances positives, désespère de la philosophie et de la science au point de s'ôter la vue. Démocrite est déterministe absolu ; Épicure admet le hasard qui libère l'individu et assure son autonomie. La déclinaison des atomes est pour Épicure le fondement de la liberté : puisque l'atome est la forme naturelle de la conscience de soi abstraite et la nature sensible la conscience de soi objectivée, il s'ensuit que les sens sont les seuls critères dans la nature concrète, tandis que la raison abstraite est le seul critère dans le monde des atomes.

En confrontant Démocrite et Épicure, Marx abordait deux conceptions de la liberté humaine. C'était aussi l'occasion pour lui de continuer le dialogue avec Hegel dont il entendait remettre en question l'idéalisme métaphysique qui faisait de l'Idée l'unité des différences, la généralité en tant que détermination concrète, l'identité de l'Être et du non-Être. Ce retour à l'enseignement des écoles matérialistes de la Grèce sera également marqué par sa rencontre avec la philosophie politique de Spinoza — le lien entre Épicure et l'auteur de l'*Éthique* « démontrée sur le mode géométrique » étant formellement établi dans une des correspondances du sage de La Haye. Marx a d'ailleurs lui-même suggéré l'importance de ce rapport quand il a composé ses cahiers réservés à Épicure lors de son séjour à Berlin, pendant le semestre d'hiver 1838-1839 et le semestre d'été 1839. Même si les références directes à Spinoza y sont rares, il range ce penseur parmi les philosophes « intensifs » aux côtés d'Aristote et de Hegel, en les classant sous l'espèce des penseurs à l'« esprit vivifiant d'évolutions historiques universelles » — enthousiasme qui révèle que Marx était déjà gagné à la réflexion politique.

Seul travail philosophique de Marx au sens académique du terme, les cahiers épicuriens et la thèse de doctorat témoignent, en effet, à la fois de l'originalité de cette approche et de l'intention politique sous-jacente qui l'anime. À propos de ces « moments où la philosophie tourne ses regards vers le monde extérieur », Marx, dans ces cahiers d'étude, parle de l'instant où, s'étant « élargie aux dimensions du monde, elle se dresse contre le monde visible ». Tel est le cas pour la philosophie hégélienne. Un monde « déchiré fait alors face à une philosophie en soi totale. C'est pourquoi l'activité de cette philosophie apparaît, elle aussi, comme déchirée et contradictoire ». Marx fait en même temps allusion à un « parti libéral » appelé à accomplir les promesses d'une philosophie qui prétend à l'universalité et à la totalité. Déjà s'annonce une interrogation sur la philosophie en tant que telle, puisqu'il se refuse à croire que l'on puisse réconcilier ce monde déchiré en ajustant le système à cette réalité. À l'esprit spéculatif, s'oppose dès lors l'« énergie pratique » qui se tourne non contre une philosophie quelconque, mais contre le monde lui-même. Faire en sorte que le « devenir-philosophique du monde » soit en même temps un « devenir-monde de la philosophie », réussir la « transsubstantiation en chair et en os » de la philosophie, qu'est-ce, sinon la dépasser en la sublimant ? Et le premier pas sur ce chemin, c'est de concevoir un « État selon la raison ».

III

Reçu docteur de la faculté de philosophie de l'université d'Iéna en avril 1841, Marx allait-il occuper une chaire universitaire dans cette discipline ? Il a alors vingt-quatre ans et l'ascendant qu'il exerce sur son entourage ne laisse pas d'étonner. En témoigne le récit que Moses Hess, le « rabbin communiste », qui allait « convertir » Engels à la « foi » nouvelle, a fait de sa première rencontre avec le jeune philosophe. À son ami, le romancier Berthold Auerbach, il décrit Marx comme un « phénomène », peut-être « l'unique philosophe authentique actuellement vivant » qui « joint à la plus grande profondeur philosophique l'esprit le plus mordant. Représente-toi Rousseau, Voltaire, Holbach, Lessing, Heine et Hegel en une seule personne ; je dis bien *confondus* et non cousus en vrac, et tu auras le docteur Marx » (2 septembre 1841). Une telle personnalité avait-elle une chance de se couler dans le moule de l'enseignement académique ? Toujours est-il que le sort de son ami Bruno Bauer va définitivement convaincre Marx qu'il était vain d'espérer poursuivre en Prusse une carrière professorale. Docteur en théologie poussé par le doute jusqu'à la critique radicale des

Évangiles, Bauer avait été interdit de cours à l'université de Bonn pour avoir porté un toast en l'honneur d'un député libéral (octobre 1841). Marx ne pouvait prendre à la légère un tel avertissement.

Un mois plus tard paraissait un pamphlet anonyme, *La Trompette du Jugement dernier sur Hegel, l'athée et l'antéchrist. Un ultimatum,* qui avait pour auteurs les deux blasphémateurs, travestis pour la circonstance en piétistes intransigeants outrés par le jacobinisme destructeur et l'athéisme dissolvant du philosophe. Grâce à ce procédé parodique, Hegel se prêtait, en effet, de bonne grâce au rôle de porte-parole de leur propre entreprise de démolition. Il serait facile à coup sûr de déceler dans *La Trompette* un dualisme entre, d'une part, l'obsession de Bauer, toujours prompt à absolutiser un concept central de la dialectique hégélienne, la « conscience de soi » érigée en seule puissance de l'histoire, et, d'autre part, le dessein critique de Marx : doter la dialectique hégélienne d'une pointe politique dont ni Hegel ni Bauer ne se souciaient le moins du monde. Tel passage du pamphlet semble tout droit sorti de la thèse et, paradoxalement, on pourrait y lire comme l'expression anticipée des critiques que Marx ne va pas tarder à diriger contre ses ex-compagnons : « La clique des jeunes-hégéliens voudrait nous faire admettre que Hegel s'est absorbé dans la seule considération de la théorie, sans jamais penser à faire aboutir la théorie de la *praxis.* [...] Sa théorie était elle-même une praxis, et c'est pourquoi elle était la plus dangereuse, la plus vaste et la plus destructrice. Elle était la révolution même. »

Marx ne pouvait longtemps cheminer de conserve avec un penseur qui allait bientôt réduire l'histoire à un combat entre la Masse inculte et une nouvelle aristocratie intellectuelle dépositaire de l'Esprit absolu métamorphosé en « critique critique ». Pour donner un contenu substantiel et vivant à cette « philosophie de l'action » que le jeune-hégélien, le Polonais August von Cieszkowski, avait appelé de ses vœux, le plus sage était d'abandonner les joutes verbales dans lesquelles se complaisaient les hégéliens de gauche pour se tourner vers le journalisme philosophique. Désormais, le raisonnement pragmatique de Marx va s'inscrire dans l'héritage de Fichte dont un des principes de base dérivait de la réfutation du concept kantien de la « chose en soi » et de son remplacement par la thèse selon laquelle toute réalité est un produit d'activités : la *Wissenschaftslehre* (Doctrine de la science) aboutit à une « Philosophie de l'agir » dont August von Cieszkowski s'est inspiré dans ses *Prolégomènes à l'historiosophie* (1838). Il reprochait à Hegel d'être resté muet sur la possibilité du développement à venir grâce à une « praxis consciente, donc postérieure à la théorie » — véritable synthèse de la pratique et de la théorie. Hegel avait révélé la loi de l'évolution historique. Il fallait désormais passer à une « Philosophie de l'action » (Philosophie der Tat) qui devait déterminer le déroulement futur de l'histoire et aboutir à la réalisation d'une communauté socialiste ayant pour modèle l'utopie de Fourier. C'est Moses Hess qui reprit la thèse de Cieszkowski dans *La Triarchie européenne* (1841), en précisant que les *Prolégomènes...* représentaient une « transition positive de la philosophie allemande à l'action » et, de ce fait, la « négation » de la « philosophie hégélienne du passé » (*Écrits philosophiques et socialistes*, Berlin, 1961).

Il n'y avait qu'une seule manière pour Marx de quitter le terrain spéculatif : dégager les implications politiques de ces divers courants philosophiques et intervenir dans la vie publique de la Prusse. Le journalisme lui offrait l'occasion de s'attaquer à la censure et à la presse réactionnaire au nom de la liberté de conscience, du rationalisme et de la religion naturelle, synonyme de la morale autonome d'un Spinoza, d'un Kant ou d'un Fichte pour qui la religion relève de l'hétéronomie de l'esprit. L'essence de la presse se confond avec l'essence morale et rationnelle de la liberté, tandis que le caractère de la presse censurée est l'inessence de la servitude. La vraie censure, c'est la libre critique. L'absence de la liberté de la presse rend illusoires toutes les autres libertés ; qu'une certaine liberté soit mise en cause, et la liberté comme telle est compromise ; elle n'est plus qu'une exception au hasard et à l'arbitraire.

Toute vraie philosophie est la quintessence spirituelle de son temps ; quand elle entre en contact et en interaction avec le monde par l'entremise de la presse, elle cesse d'être un système déterminé, en opposition avec d'autres systèmes, pour devenir la philosophie tout court, face au monde, la philosophie du monde présent. Ainsi, la philosophie allemande, longtemps réduite à un isolement systématique, commence à irradier tout le corps social ; à travers la presse libre, elle touche le public désireux de s'instruire des problèmes religieux et philosophiques. La philosophie a pour tâche de déduire l'État de la raison des conditions de vie sociales : tel Copernic à qui l'on doit la découverte du véritable système solaire, les Machiavel et Campanella, les Spinoza, Hobbes et Hugo Grotius, les Rousseau, Fichte et Hegel ont regardé l'État avec les yeux de la raison et de l'expérience et exposé la loi de la gravitation qui régit son évolution. Quant à la philosophie la plus récente, au lieu de construire l'État à partir de l'individu, elle le considère comme le grand organisme où se réalise la liberté juridique, morale et politique : en obéissant aux lois de l'État, les citoyens se conforment aux lois naturelles de leur propre raison, aux lois de la raison humaine. Un « État qui n'est pas la réalisation de la liberté rationnelle est un mauvais État ». En s'avançant sur cette voie, « la philosophie moderne n'a fait que poursuivre une tache commencée autrefois par Héraclite et Aristote » (*Rheinische Zeitung*, 1842).

IV

Ce même esprit critique se retrouve dans les contributions de Marx aux *Anekdota* d'Arnold Ruge et à la *Rheinische Zeitung*. Mais c'est seulement après l'interdiction de cette dernière publication sous les coups de la censure prussienne (et de l'intervention plus discrète, mais efficace, du pouvoir tsariste) que le publiciste-philosophe d'hier, condamné momentanément à l'inaction, a pu se livrer au combat philosophique longtemps retardé, et dont dépendait pourtant son avenir : la critique de la conception hégélienne de l'État. Le manuscrit, incomplètement conservé, date de l'été 1843. Il se concentre sur la philosophie politique de Hegel telle qu'elle se présente dans la 3e section (« L'État ») de la 3e partie (« L'éthique ») des *Principes de la philosophie du droit ou Précis de droit naturel et de science politique* (1821 ; rééd. avec additifs par Eduard Gans, 1833).

Chaque thèse de Hegel, disséquée sur le plan sémantique, est soumise par Marx à une critique incisive et dévastatrice. Il ne voit chez le maître en dialectique que « mysticisme logique, panthéiste ». Sous le chatoiement trompeur d'une argumentation « mystique », voire « théologique » et « métaphysique », se dissimule un « syncrétisme mauvais » et même un esprit « servilement bureaucratique ». L'opacité de l'expression oblige Marx à le « traduire en prose », pour en éclairer le procédé mystificateur : faire du prédicat le sujet, et vice versa. Hegel érige l'Idée en sujet et réduit les sujets réels (société civile, famille, libre arbitre, etc.) à de simples prédicats pour les transformer en éléments irréels, objectifs de l'Idée. Il traite les problèmes de l'État et de la société civile comme s'il s'agissait d'un chapitre de la *Logique*, en déduisant les institutions de l'« Idée ». Cette inversion permet ainsi au « sophiste » de recouvrir du voile des abstractions son culte de l'État souverain, véritable « zoologie » où les « dignités déterminées, voire les plus hautes dignités sociales, s'attachent à des corps déterminés ».

Pour Hegel, l'arbitraire du monarque né pour régner a pour pendant le mépris de la multitude née pour obéir. Pour Marx, l'État réel, c'est le peuple souverain, qui crée la constitution et qui établit son règne. La démocratie, conçue comme la libre création des hommes, est l'« énigme résolue de toutes les constitutions ». Alors que « Hegel part de l'État, et fait de l'homme l'État changé en sujet, la démocratie part de l'homme et fait de l'État l'homme changé en objet » ; elle est l'« homme socialisé ». Quant à la bureaucratie, État imaginaire à côté de l'État réel, elle tient en sa possession l'essence de l'État, le principe de son savoir étant l'autorité dont elle organise le culte. Marx perçoit déjà dans les rapports entre les corporations et l'État un antagonisme caché entre la propriété privée et l'État selon la raison. La prétendue « réalité de l'idée morale », qui est censée s'incarner dans l'État, apparaît en fin de compte « comme la religion de la propriété privée », puisque le majorat libère le propriétaire de l'État, le rend indépendant de l'intérêt et du but de l'État, de la faveur de la foule et de l'insécurité du métier. À son point culminant, la constitution politique est, par conséquent, la constitution de la propriété privée.

« Hegel n'est pas à blâmer parce qu'il décrit la nature de l'État moderne telle qu'elle est, mais parce qu'il donne l'existant pour la nature de l'État. Que le rationnel est réel, c'est ce qui se révèle précisément dans la contradiction de la réalité irrationnelle qui est... le contraire de ce qu'elle prétend être, et qui prétend le contraire de ce qu'elle est. » Hegel s'est contenté d'une solution apparente et illusoire à toutes les contradictions qu'il a observées en analysant les rapports de la société et de l'État. Et les fictions logiques qu'il a construites ont conduit Marx à examiner, par réaction, la logique de ces fictions, à s'interroger sur la nature réelle de la société moderne, sa structure économique et ses conflits de classes pour trouver la clef de cet « atomisme où la société civile se précipite par son acte politique » et qui « vient nécessairement de ce que l'être social, l'être communautaire dans lequel l'individu existe, est réduit à la société civile, séparée de l'État ; autrement dit de ce que l'*État politique est l'abstraction de la société civile* ». Ayant découvert dans cette séparation essentielle l'essence même de l'État moderne, indépendamment de sa structure juridique, Marx va rechercher dans la société civile les racines historiques et matérielles de cette « aliénation » sous la double influence de la critique antihégélienne menée par Feuerbach et de ses premières lectures socialistes (Wilhelm Weitling, Moses Hess, Proudhon, Leroux, Considerant et l'ouvrage éclairant de Lorenz Stein). Rien d'étonnant, donc, de voir apparaître dans les dernières pages de cette exégèse, restée à l'état de manuscrit, les éléments d'une critique de l'État et de la propriété privée qui le mènera à la critique de la politique et de l'économie politique.

V

Lors de son séjour à Paris, Marx aura pour ainsi dire la révélation de ce que représentait le mouvement d'émancipation de la classe ouvrière. L'« Introduction à la Critique de la philosophie du droit de Hegel » (Paris, 1844) prolonge, certes, la réflexion du manuscrit antihégélien, mais elle s'ouvre sur une critique matérialiste de la religion qui va bien au-delà des idées de Feuerbach dans ce domaine et s'attaque aux formes profanes de l'aliénation humaine. « L'homme, dit Marx, c'est le monde de l'homme, l'État, la société. [...] La lutte contre la religion est donc indirectement la lutte contre le monde, dont la religion est l'arôme spirituel. [...] La misère religieuse est à la fois l'expression de la misère réelle et la protestation contre la misère. » La critique de la religion étant achevée, la tâche de la philosophie commence qui est de critiquer directement ce monde. Par bonheur pour l'Allemagne, dont le retard politique, social et industriel est immense, la philosophie représente un prolongement idéal de son histoire qui la rend contemporaine des nations modernes. Les deux partis politiques, l'un « pratique », l'autre « théorique », exigent à juste titre qu'on se porte au-delà de la philosophie. Le premier, qui se contente de lui tourner le dos, oublie qu'on ne saurait la dépasser sans la réaliser. Le second, qui ne connaît que le combat critique de la philosophie avec la philosophie allemande, oublie que celle-ci fait partie du monde allemand : ce parti théorique croit qu'il pourrait la réaliser sans la surmonter (*aufheben*).

À travers la philosophie spéculative du droit, élevée au rang de science, les Allemands ont pensé, en politique, ce que les autres peuples ont réalisé. La critique de cette philosophie soulève donc des problèmes dont la solution relève d'une action consciente, d'une praxis. Autrement dit, l'arme de la critique, la théorie, doit se changer en force matérielle et saisir les masses, devenir radicale, prendre les choses à la racine, qui n'est autre que l'homme lui-même. Aussi le radicalisme de la théorie allemande débouche-t-il sur cet impératif catégorique de bouleverser toutes les conditions sociales dans lesquelles l'homme est un être avili, asservi et méprisable. Virtuellement, en tant que classe incarnant la perte totale de l'homme et, de ce fait, la dissolution de la société et de l'ordre présent du monde, le prolétariat se ressaisit par la reconquête totale de son être. Il trouve dans la philosophie ses armes spirituelles en lui fournissant ses armes matérielles. Le prolétariat est le cœur de cette émancipation dont la tête est la philosophie. En s'abolissant, le prolétariat réalise la philosophie, mais le jour de la résurrection allemande sera précédé et annoncé par la révolution en France.

VI

« Théorie allemande » — Marx ne cessera jamais de revendiquer cet attribut pour son propre enseignement, preuve qu'il le considérait en quelque sorte comme l'aboutissement logique et historique de la philosophie classique allemande, mais « surmontée » grâce aux apports du socialisme français et de l'économie politique anglaise. C'est déjà à la critique de l'économie politique qu'appartiennent les pages rédigées à Paris tout de suite après l'arrêt de la publication des *Deutsch-Französische Jahrbücher.* Ces manuscrits dits « économico-philosophiques » ne s'en inscrivent pas moins dans le droit fil de son affrontement décisif avec la philosophie politique de Hegel : ainsi qu'il le dira en 1859, dans un de ses rares textes autobiographiques, plonger au cœur du « système » pour disséquer le langage trompeur du Maître de Berlin l'a conduit pour la première fois « à rechercher l'anatomie de la société civile dans l'économie politique ». Bien que la fascination pour la dialectique hégélienne soit encore manifeste dans ces remarques et développements sur l'aliénation, l'emprunt à la *Phénoménologie de l'esprit* peut être considéré comme purement formel. Chez Hegel, le principe dialectique de l'aliénation sert de clef pour la compréhension du développement des systèmes philosophiques, voire de l'Histoire. En revanche, Marx, qui retrouve dans cette analyse toutes les illusions spéculatives, cherche désormais dans la production le secret de l'existence abstraite de l'homme, de la « marchandise humaine » déshumanisée aussi bien physiquement qu'intellectuellement.

Ces commentaires et thèses sont encore sous la puissante influence de l'humanisme feuerbachien. Le mérite de Feuerbach, c'est d'avoir « prouvé que la philosophie n'est autre chose que la religion transposée et développée dans l'idée » et d'avoir fait « du rapport social de " l'homme à l'homme " le principe fondamental de la théorie ». Marx s'inspire de critères philosophico-éthiques pour se livrer à l'analyse du travail aliéné, synonyme de dépouillement radical de l'homme de sa nature humaine. Et derrière cette misère matérielle et morale, Marx, qui anticipe ici sur la critique de l'idéologie, décèle les conséquences néfastes de la division du travail, particulièrement de la séparation du travail intellectuel d'avec le labeur physique. C'est en fonction des progrès de la division du travail que les sytèmes philosophiques ont évolué en Occident, sans parvenir à ce « savoir absolu » qui serait, d'après Hegel, la fin de toute aliénation, la réconciliation de l'homme avec lui-même et avec la nature — la fin de l'histoire. Adam Smith ne s'y était pas trompé : pour lui, la diversité des dons intellectuels n'était pas tant la cause que le résultat de la division du travail, la différence entre un philosophe et un portefaix provenant moins de la nature que des mœurs et de l'éducation. Dans *Le Capital,* Marx, qui entendait rompre avec une terminologie philosophique trop imprécise, substituera le plus souvent le terme de « travail abstrait » à celui de « travail aliéné », mais l'idée restera la même.

Premier livre de Marx (l'apport d'Engels se limitant à une douzaine de pages), *La Sainte Famille ou Critique de la critique critique* (Francfort, 1845) représente la rupture définitive avec la « philosophie spéculative » des épigones de Hegel. L'« humanisme réel » de Feuerbach, auquel Marx adhère encore sans réserve, y est néanmoins complété et enrichi à la lumière du matérialisme français et par une conception de l'histoire « profane » qui annonce déjà un autre ouvrage, *L'Idéologie allemande.* Marx se réclame avant tout du sensualisme de Locke qui parachève celui de Bacon et de Hobbes. Ses adeptes et interprètes français en sont Condillac, Helvétius et d'Holbach dont les conceptions matérialistes sur l'influence toute-puissante du milieu vont féconder la théorie socialiste et communiste telle que la concevront Fourier en France et Owen en Angleterre, où Bentham fonde son système de l'intérêt bien compris sur la morale d'Helvétius. « Les communistes français plus scientifiques, Dezamy, Gay, etc., exposent, à l'exemple d'Owen, la doctrine du matérialisme comme doctrine de l'humanisme réel et comme base logique du communisme. » Bruno Bauer, porte-parole de la critique absolue, avait dénié toute influence à « la Masse » privée d'« idées » sur la marche de l'Histoire. Marx, au contraire, ne fait pas de l'Histoire une personne à part, un sujet métaphysique agissant de manière autonome sous l'influence d'Idées sorties tout armées de la tête de philosophes critiques. Il y voit la mise en pratique par la Masse méprisée de l'idée conforme à son intérêt réel. Mais en 1789, elle ne correspondait pas à l'idée politique que la bourgeoisie se faisait de son propre intérêt, dont le principe vital se confondait alors avec celui de la révolution, condamnant à l'échec toutes les tentatives d'aller au-delà. L'idée communiste, ou idée du nouvel état du monde, ne pourra devenir réalité que si les masses s'en saisissent et la mettent en pratique en fonction de leur intérêt. Tandis que David Strauss avait critiqué Hegel d'un point de vue spinozien, Bauer, qui en est resté au point de vue fichtéen, plagie en le trivialisant le système hégélien, sous prétexte de le parachever. L'un et l'autre ne sortent pas des limites de la théologie et de la spéculation. La philosophie bauérienne érige en absolu le concept de la conscience de soi, comme le fit Hegel de l'Esprit démiurgique. Chez Hegel, on peut, il est vrai, distinguer à travers son discours spéculatif un discours réel qui appréhende l'objet même. Rien de tel chez ses épigones.

Derrière l'arrogance des néo-hégéliens, toujours enclins à reprocher à la « Masse » son inertie, Marx découvre l'historicisme de Hegel, « qui n'est rien d'autre que l'expression spéculative du dogme germano-chrétien opposant l'esprit à la matière, Dieu et le monde ». Désormais, à ses yeux, humanisme et matérialisme se fondent en une même philosophie sociale qui constitue la substance théorique du socialisme et du communisme. De même, dit-il, que « Feuerbach représentait la convergence de l'humanisme et du matérialisme sur le plan théorique, de même le socialisme et le communisme français et anglais représentent cette convergence sur le plan pratique ».

On le voit, l'adhésion de Marx au matérialisme ne vise pas son contenu épistémologique ou gnoséologique. Sa pensée demeure foncièrement étrangère à toute réflexion spéculative sur les thèmes métaphysiques tels que le rapport de l'esprit et de la matière, du corps et de l'âme, etc., étrangère donc au matérialisme « mécanique » inauguré par Descartes, et qui se prolonge avec la science naturelle française et la physique newtonienne en général. Le matérialisme marxien se nourrit d'une conception sensualiste et pragmatique du monde, fondement d'une éthique sociale dont les thèses se rattachent tant au matérialisme français et anglais du XVIIIe siècle qu'à l'anthropologie de Feuerbach et à la critique de la civilisation et de la morale bourgeoises par les utopistes — Fourier, Saint-Simon et Leroux, par exemple, dont il reprend à son compte la finalité émancipatrice.

VII

« ... Nous avions atteint notre but principal : la bonne intelligence de nous-mêmes. De bonne grâce, nous abandonnâmes le manuscrit à la critique rongeuse des souris. » Tel est le jugement que Marx portera, treize ans après son achèvement, sur l'« examen de conscience philosophique » qu'il avait mené à bien de concert avec Engels dans *L'Idéologie allemande*. Pourtant, ce travail peut être considéré comme l'exposé le plus concis et le plus complet de la « conception matérialiste et critique du monde », celui où la philosophie se dépouille définitivement de tout artifice spéculatif et phraséologique. L'avertissement aussi méprisant que dépréciatif : « La philosophie est à l'étude du monde réel ce que l'onanisme est à l'amour sexuel », ne s'adresse en fait qu'à une postérité hégélienne friande de jeux d'esprit et de concepts, et à son représentant le plus typique, le nihiliste Max Stirner, cible centrale, et parfois injustement malmenée, de l'argument polémique.

Le sens profond de cette entreprise d'introspection critique et de construction éthique est à rechercher dans un inédit, les onze aphorismes publiés par Engels en 1888 sous le titre « Marx sur Feuerbach ». Dans ces thèses transparaît clairement la volonté du philosophe Marx de faire de la « réalisation de la philosophie » sa vocation d'homme de science et de militant communiste. Ni dans ces remarques quasi épigrammatiques ni dans *L'Idéologie allemande,* Marx n'emploie les termes de « matérialisme historique » ou de « matérialisme dialectique », pas plus qu'il ne les utilisera dans ses écrits ultérieurs. Il se borne à opposer le « nouveau matérialisme » en tant que théorie de la « société humaine » ou de l'« l'humanité sociale » à l'« ancien matérialisme » en tant que théorie de la société bourgeoise. Au matérialisme « contemplatif » de Feuerbach, il oppose le principe de la transformation du milieu par une praxis révolutionnaire qui coïncide avec la transformation des hommes. Isolés de cette pratique, les problèmes de l'objectivité et de la réalité du monde pensé relèvent d'exercices de pure scolastique, de cette *Verselbständigung* (hypostase) des concepts dans laquelle les penseurs allemands sont devenus les virtuoses, la division du travail les amenant à mettre le monde sens dessus dessous parce qu'ils se croient au-dessus du monde.

La conception matérialiste et critique du monde se

fonde sur l'observation et l'analyse empirique des processus sociaux de production et d'échanges matériels, mais aussi et surtout sur la mise au jour de leurs effets destructeurs — donc sur un jugement normatif. Les antagonismes de classes, aiguisés par une division du travail toujours plus aliénante, sont la condition à l'approfondissement chez les masses de cette « conscience communiste » qui les rend capables de donner à la société de « nouveaux fondements ». Ainsi sera mis fin à la division de la société « en deux parties, dont l'une est au-dessus de la société » (Thèse III) — donc à l'intervention d'éducateurs spécialisés qui ont eux-mêmes besoin d'être éduqués.

VIII

L'Idéologie allemande marque la fin du long et difficile apprentissage philosophique de Marx. De son propre aveu, *Misère de la philosophie,* qui lui succède (1847), doit être considéré comme le premier travail du critique de l'économie politique. Cet essai polémique rédigé en français et entrepris par Marx « en [sa] qualité d'Allemand et d'économiste à la fois » pour réfuter l'ouvrage de Proudhon, *Système des contradictions économiques ou Philosophie de la misère* (1846), entend se situer en dehors de toute philosophie spéculative. Il n'en a pas moins pour but de réfuter la méthode pseudo-dialectique employée par l'anarchiste en montrant qu'elle n'est qu'une caricature de la « méthode absolue » appliquée par Hegel dans l'analyse des divers domaines de son système (religion, droit, logique, etc.).

À l'économie métaphysique de Proudhon, Marx n'oppose pas les subtilités d'une meilleure méthode dialectique. S'il entend réhabiliter le « vrai » Hegel afin de corriger l'image « réduite aux plus mesquines proportions » qu'en présente l'interprète français trop ambitieux, ce n'est pas pour se poser en disciple. Il se contente d'exposer pour la première fois d'une manière didactique, à l'intention du public français, cette conception « critique et matérialiste » de l'histoire qui n'avait connu jusqu'alors qu'une forme d'expression *pro domo*, et n'avait donc pas transpiré au-delà du cercle des proches. « Les catégories économiques, écrit Marx, ne sont que les expressions théoriques des rapports sociaux de production. M. Proudhon, en vrai philosophe, prenant les choses à l'envers, ne voit dans les rapports réels que les incarnations de ces principes, de ces catégories, qui sommeillaient, nous dit encore M. Proudhon le philosophe, au sein de la " raison impersonnelle de l'humanité " ». Les catégories logiques une fois érigées en puissances indépendantes audessus de toutes les déterminations concrètes, le mouvement de l'histoire se voit vidé de son contenu social, économique, politique et de ses conflits réels. Il devient une abstraction qui réduit le monde à un jeu de langage. Ainsi, fidèle à sa méthode, Marx applique à Proudhon la critique de l'usage mystificateur que la méthode hégélienne faisait du procédé d'abstraction logique.

« Dépasser » la philosophie en la sublimant par l'action politique et la science : voilà le sens nouveau conféré à la *Aufhebung* hégélienne changée par Marx en négation créatrice d'une philosophie purement spéculative. La critique du livre de Proudhon marque la dernière étape théorique de ce cheminement laborieux. En même temps, après une dizaine d'années d'activité littéraire essentiellement critique et polémique, le « théoricien du prolétariat » va faire le dernier pas existentiel qui décidera de sa carrière future : liant la théorie et la pratique, il adhère à la Ligue des communistes, assumant ainsi son double rôle de théoricien et de militant politique. Recherches « objectives » et réflexions dites philosophiques seront désormais subordonnées à l'impératif éthique, de même que l'interprétation du monde se trouve associée à l'action en faveur d'un changement révolutionnaire dont nulle philosophie n'avait jusqu'alors même soupçonné la possibilité.

Hegel n'avait d'yeux que pour les individus et les peuples privilégiés, véhicules du *Weltgeist*, mais néanmoins soumis, comme la multitude ou le nombre (*die Vielen*), aux décrets indéchiffrables de cet esprit du monde dont la raison et les ruses constituaient la « vraie théodicée, la justification de Dieu dans l'histoire ». L'Idée est la seule splendeur qui se mire dans l'histoire universelle, laquelle « n'est rien d'autre que le développement du concept de la liberté » (cf. *Philosophie de l'histoire*, conclusion). Dans le *Manifeste du parti communiste* (1848), Marx brosse en quelques pages le tableau d'une histoire profane mue par des ressorts bien différents — le développement des forces productives et les oppositions entre les classes — et où un nouvel acteur, le prolétariat, est amené à intervenir de manière consciente pour transformer la société qui, par cette seule action, devient « conforme » au concept de liberté. Ce combat n'est pas l'affaire d'individus ou de peuples exceptionnels, mais de « l'immense majorité dans l'intérêt de l'immense majorité ». Par cette vocation émancipatrice, elle apparaît tout à la fois comme la négatrice et la réalisatrice de l'héritage philosophique que les penseurs ralliés à cette classe ont recueilli pour en faire les « éléments de culture » de la société nouvelle en gestation.

IX

La *Critique de l'économie politique* (Premier cahier, Berlin, 1859) dont Marx a repris le contenu comme « premier chapitre » *du Capital* (vol. I. Livre 1er : Le processus de production du capital, Hambourg, 1867) était précédée d'un Avant-propos qui contient un véritable *curriculum vitae* de l'auteur. Marx y présente, en termes concis, la quintessence de sa *Weltanschauung,* voire de sa « philosophie » : importance décisive attribuée à la structure économique — synonyme de forces matérielles de production et de rapports sociaux de production — en tant que fondements des superstructures juridique, politique et intellectuelle, primauté supposée de l'existence sociale par rapport à la conscience et à ses « formes idéologiques » — religieuses, artistiques et philosophiques. Deux noms y sont cités : G. W. F. Hegel et Friedrich Engels ; à titre différent, ils ont guidé Marx sur la voie destinée à le mener jusqu'à « ce résultat général » qui, une fois obtenu, lui servit de « fil conducteur » dans ses recherches. C'est « la révision critique de la *Philosophie du droit* » qui lui a permis de « résoudre les doutes qui [l]'assaillaient » ; et c'est grâce à la rencontre avec Engels, qui avait déjà soumis en tant que communiste les catégories de l'économie politique à une critique sévère, que le « règlement de compte » opéré en commun avec leur conscience philosophique put aboutir, après une quinzaine d'années d'études, à ce que Marx appellera « une importante conception des conditions sociales présentée pour la première fois de façon scientifique » (lettre à Lassalle, 29 novembre 1859).

Dans la Postface à la deuxième édition du *Capital,* en

1873, Marx a tenu à s'expliquer sur le caractère dialectique de sa méthode d'exposition en la distinguant de sa méthode de recherche. Un auteur russe avait tenté de montrer, dans un compte rendu consacré au *Capital,* que Marx attribuait un rôle secondaire à l'« élément conscient dans l'histoire de la civilisation ». Il réduisait l'empirisme matérialiste de l'auteur à l'observation du développement de la vie économique par analogie avec les phénomènes relevant du domaine de la biologie. Le mérite scientifique du *Capital* réside, affirmait-il, dans l'éclaircissement des lois particulières qui régissent la naissance, la croissance et la mort d'un organisme social donné et son remplacement par un autre, supérieur. Sans marquer la moindre distance par rapport à une présentation purement déterministe de sa méthode, Marx prit soin au contraire de glisser cette remarque : « [...] qu'est-ce que l'auteur a défini, si ce n'est la méthode dialectique ? » Il ne manifesta pas davantage de réticences quand Engels, en réponse à Eugen Dühring qui affirmait que la méthode de Marx consistait à « fabriquer des miracles dialectiques pour ses croyants », s'efforça de développer quelques-unes des rares formules « hégéliennes » que contient *Le Capital.* Ainsi passa-t-il de l'histoire aux sciences naturelles en conférant un statut quasi scientifique à la « loi selon laquelle les changements quantitatifs se transforment en différences qualitatives » ; et surtout en faisant usage de la « négation de la négation » pour illustrer « dialectiquement » la nécessité historique de la révolution sociale et donc le dépassement du mode de production et d'appropriation capitaliste par un système fondé sur le travail coopératif planifié (Voir *Anti-Dühring,* chap. XII et XIII, et « Dialectique de la nature »).

Marx n'a jamais manqué de rendre justice à Hegel, ce « grand penseur », lors même qu'en Allemagne il était considéré comme un « chien crevé », à l'instar de Spinoza du temps de Lessing. Il est vrai, précise-t-il dans la Postface, que « j'ai critiqué le côté mystique de la dialectique hégélienne il y a près de trente ans, à une époque où elle était encore à la mode ». Il est vrai aussi que sa méthode dialectique est l'« exact opposé » de celle de Hegel : celle-ci érige le processus de la pensée en « Idée », en sujet autonome, pour en faire le « démiurge de la réalité », laquelle n'est que le reflet de l'Idée. Mais la critique de cette dialectique ne doit pas faire oublier son mérite : ses formes de mouvement générales ont été exprimées pour la première fois de façon complète et consciente. « Chez lui, elle est sens dessus dessous. On doit la retourner pour découvrir le noyau rationnel sous l'enveloppe mystique. »

Qu'en est-il précisément de ce noyau rationnel ? Et comment interpréter cette affirmation aussi concise que sibylline : « Pour moi, au contraire, le mouvement de la pensée (*des Ideelle*) n'est que la réflexion du mouvement réel (*das Materielle*) transporté (*umgesetzt*) et transposé (*übersetzt*) dans le cerveau humain » ? Marx n'a pu tenir sa promesse de rendre un jour accessible au sens commun le « noyau rationnel » de la dialectique de son maître. Hegel fut certes le premier à établir les règles générales quant à la méthode de son emploi, mais elle prend chez lui une forme « mystificatrice ». Pour tenter de reconstituer cet abrégé d'une dialectique rationnelle, force est donc de s'en tenir aux aperçus épars dans les écrits, publiés ou inédits, de l'auteur, et notamment aux manuscrits économico-philosophiques des années quarante. Le chapitre final ne porte-t-il pas sur la « Critique de la dialectique hégélienne et de la philosophie allemande » ? Marx y a déjà relevé certains aspects rationnels de la *Phénoménologie de l'esprit*.

« Le point de vue de Hegel, c'est en fait celui de

l'économie politique moderne. Il conçoit le travail comme l'essence de l'homme, l'affirmation de sa nature. Il ne voit que le côté positif du travail, non son côté négatif. [...] Ce qui forme en somme l'essence de la philosophie, l'aliénation de l'homme dans la connaissance, ou bien la science aliénée dans son propre concept, tout cela, Hegel le saisit comme essence de la philosophie... ». À Marx reviendra la tâche de saisir le côté négatif du travail, l'aliénation réelle dont est affligée l'activité productrice et créatrice de l'homme. Et sur la voie de cette « reconquête de l'essence objective de l'homme », de l'être objectif aliéné, il lui fallait à la fois nier et conserver la philosophie qui est une des manifestations des modes d'existence de l'homme aliéné — et leur critique à l'intérieur de l'aliénation. L'homme aliéné à lui-même, ajoutait Marx dans une note, c'est aussi le penseur aliéné à son essence, c'est-à-dire à l'essence humaine et naturelle. Ses pensées sont « des esprits figés, vivant en dehors de l'homme et de la nature ».

X

C'est pour échapper à cette aliénation propre à une caste qu'il avait vue à l'œuvre que Marx a conçu son activité de théoricien militant comme une tentative intellectuelle de s'élever au-dessus des spécialités diverses. La finalité révolutionnaire de cette démarche, « l'unicité du but » que Marx revendiquait comme le trait caractéristique de son existence, se retrouve dans la structure même de son œuvre où il est impossible de démêler la motivation éthique de l'argument scientifique. Attitude globale, indivisible dans son principe, même si l'analyse n'a guère pu éviter de décomposer en ce qu'elle appelle ses éléments constitutifs ce qui ne fait qu'un, de considérer l'un après l'autre des modes de pensée qui se manifestent pourtant dans la pure simultanéité. Au reste, sur ce plan même, les données mises en série se découvrent à l'observation comme animées de continuité.

La philosophie au sens spéculatif, voire professionnel du terme, représentait aux yeux de Marx une expression mutilée et fragmentaire, pur produit elle aussi de la division du travail et de l'aliénation. Aussi ne lui parut-elle concevable que surmontée et réalisée par une pratique, c'est-à-dire rendue inutile en tant que projet, tant il est vrai qu'« il y a différence entre être philosophe et parler de philosophie » (Bossuet). Dans ses travaux préparatoires pour la thèse de doctorat, Marx déclare que, contrairement à de médiocres disciples, Hegel avait « un rapport immédiat, substantiel » à ses écrits, « lui pour qui la science n'était pas chose reçue, mais chose en devenir, dont le sang spirituel le plus intime affluait jusqu'aux extrêmes confins de la science ». Ludwig Feuerbach trouve des termes lyriques presque identiques pour affirmer dans la préface à la deuxième édition de *L'Essence du christianisme* (1841) que « l'essence » d'une « philosophie adéquate à l'être vrai, réel et total de l'homme » consiste « dans la négation de la philosophie, c'est-à-dire proclame que seule la philosophie faite chair et sang, faite homme, est la vraie philosophie », le reste n'étant plus philosophie, mais faux-semblant et illusion — le singe de la « vraie vie absente » pour parler un langage qui ne lui aurait certes pas déplu.

Il ne s'agit point de rejeter l'interprétation philosophique en tant que telle : Marx n'a-t-il pas assumé le rôle d'« interprète » en couronnant ses lectures et ses études de plusieurs années — et dans plusieurs disciplines — par une « conception du monde » dite « matérialiste et critique » ? Avec la dizaine d'aphorismes qui constituent le contenu substantiel de l'Avant-propos de l'« Économie » de 1859, il fait en sorte que devienne visible la texture de ce « fil conducteur » qui l'avait guidé dans l'élaboration de sa théorie « critique » : le rapport entre les changements décelables dans la structure économique et l'édifice juridique et politique, dans les forces productives matérielles et les formes de conscience et d'existence sociale. Et de poursuivre par une remarque ayant tout d'une étiologie du travail d'ajustement et de renouvellement qui se produit sans cesse dans l'interprétation du monde, preuve qu'aux yeux de Marx l'interprétation dite scientifique ne rend pas inutile la réflexion philosophique, mais lui donne un contenu nouveau : « Quand on considère ces bouleversements, il faut toujours distinguer deux ordres des choses. Il y a le bouleversement matériel des conditions de production économique. On doit le constater dans l'esprit de rigueur des sciences naturelles. Mais il y a aussi les formes juridiques, politiques, religieuses, artistiques, philosophiques, bref les formes idéologiques dans lesquelles les hommes prennent conscience de ce conflit et le poussent jusqu'au bout. » Ce ne sont ni pures illusions ni purs mensonges, mais des représentations de la réalité conformes à l'existence sociale des hommes, et qui, à leur tour, réagissent sur elle et deviennent ainsi des facteurs actifs dans la transformation du réel.

On peut, avec Engels, admettre que les *Thèses sur Feuerbach* contiennent en germe les développements de *L'Idéologie allemande.* Mais elles sont autre chose aussi : un abrégé des normes et principes que Marx a définis pour donner à sa rupture avec toute philosophie spéculative et à son adhésion au « nouveau matérialisme » le caractère d'un choix éthique. Et c'est pour respecter l'esprit de ces thèses qu'il a franchi les limites du discours théorique en en faisant l'âme et la finalité d'une organisation communiste embryonnaire, qui allait devenir un Parti communiste à vocation internationale et apparaître en de nombreuses occasions, parfois dramatiques, comme « Parti Marx » aux yeux du public. Il importait désormais au « théoricien du prolétariat » non seulement d'interpréter mais d'agir aussi selon l'« impératif catégorique » énoncé à Paris en 1844 lors de sa rupture avec Hegel, et repris à Bruxelles sous la forme de la onzième et dernière thèse sur Feuerbach : « Les philosophes n'ont fait qu'interpréter le monde diversement ; il importe de le transformer. » Faut-il ajouter pour rester au plus près de sa pensée : transformer le monde, c'est aussi l'interpréter !

XI

De Marx, on pourrait dire à juste titre ce que *La Trompette...* proclamait à propos de Hegel : sa théorie est elle-même une praxis, et c'est pourquoi elle est la plus dangereuse, la plus vaste et la plus destructrice. Cette interprétation du monde qui constitue la quintessence philosophique de sa pensée scientifique — saisir, au-delà des apparences, la réalité des rapports de domination et de servitude — semble, il est vrai, irrémédiablement compromise, voire invalidée, par les révolutions qui sont intervenues en ce XXe siècle sous l'invocation d'une doctrine appelée marxisme. De tous les penseurs qui ont marqué le XIXe siècle, Marx est ainsi le seul dont le nom et l'enseignement aient été religieusement mêlés, au siècle suivant, à des bouleversements historiques d'une telle ampleur. L'échec manifeste, en Russie et dans le monde, des régimes dits socialistes, inspirés des préceptes d'un système d'explication total du réel, rejaillirait donc sur le mythique fondateur. Et loin d'être « l'idée du nouvel ordre du monde » (*La Sainte Famille*), l'idée communiste porterait désormais les stigmates indélébiles du « totalitarisme », qui aurait révélé de surcroît la nature intrinsèquement perverse d'une théorie de la révolution héritée du jacobinisme. Tel est le contresens absolu tenant lieu de dogme au mépris des analyses les moins contestables et les plus éclairantes de la conception matérialiste de l'histoire comme de ses implications normatives qui se résument dans l'avertissement lancé par Marx : « L'existence de l'État et l'existence de l'esclavage sont inséparables » (« Gloses critiques... », 1844).

La réduction d'une philosophie de l'émancipation sociale à la dimension d'une idéologie au service d'oligarchies politiques relève de ce type de perversion sémantique qui faisait dire à Gracchus Babeuf : dans le « dictionnaire des palais, des châteaux et des hôtels [...] les mêmes expressions offrent presque toujours l'inverse de signification qu'on leur reconnaît dans les cabanes » (*Le Tribun du peuple*, 10 décembre 1795). Le vocabulaire s'est renouvelé, les procédés sont repris presque à l'identique. Dans le glossaire du capitalisme postmoderne, l'analyse marxienne du fétichisme de la marchandise — la transformation des hommes en choses et des choses en sujets — se trouve invariablement associée aux noms d'entreprises qui ont été la négation pure et simple des postulats fondamentaux de son enseignement — la critique anthropologique de la servitude humaine dans la société aliénée.

Si la bourgeoisie « crée un monde à son image », quelle image ce monde peut-il présenter d'un penseur ayant voué sa vie à en éclairer les aspects destructeurs ? Marx aurait été moins que quiconque surpris d'être l'objet de ces détournements, qui d'expérience savait ce qu'il en coûte de lier son destin à celui de la « classe la plus nombreuse et la plus pauvre » (Saint-Simon), donc au sort de « l'immense majorité » (*Manifeste communiste*). Il eut comme le pressentiment du sort qui l'attendait quand, après la publication de l'*Adresse* glorifiant la Commune, il vit autour de sa demeure des philistins curieux d'entr'apercevoir le « monstre » dont parlait la presse. « On croyait jusqu'à présent, écrivit-il à son ami Kugelmann, que la floraison des mythes chrétiens sous l'Empire romain n'avait été possible que parce que l'imprimerie n'avait pas encore été inventée. C'est tout le contraire. La presse quotidienne et le télégraphe qui en répand instantanément les inventions à travers toute la planète fabriquent, en un jour, plus de mythes que tout ce qu'on a pu en réaliser autrefois en un siècle ; et le bétail bourgeois avale ces mythes et les colporte » (27 juillet 1871). Qu'aurait dit Marx des médias d'aujourd'hui, de ces nouvelles techniques de l'aliénation, qui possèdent le pouvoir de multiplier sans limites de semblables images mythiques et de les renvoyer à l'infini.

Louis Janover et Maximilien Rubel

I

COMPOSITION ALLEMANDE

1835

Notice

Après avoir fréquenté le lycée Frédéric-Guillaume de Trèves (de l'hiver 1830 à l'été 1835), Marx passa le baccalauréat *(Abiturexamen* ou *Reifeprüfung)* en août et septembre 1835. Le règlement prévoyait sept devoirs pour l'examen écrit : une composition religieuse, une composition allemande, un thème latin, une version grecque, un thème français, une composition latine et un problème de mathématiques ; l'oral portait sur une dizaine de matières : allemand, science naturelle, physique et propédeutique philosophique, grec, latin, français, religion, mathématiques, histoire et géographie. Agé de dix-sept ans, Marx fut parmi les plus jeunes des candidats et, par les notes obtenues, il se classait dans les dix premiers parmi les vingt-deux bacheliers. Les appréciations qui figurent sur son diplôme le décrivent comme un élève respectueux de ses professeurs et de ses condisciples, ayant acquis de solides connaissances en plusieurs matières, notamment en allemand, en latin, en grec et en mathématiques. Une remarque générale résume ainsi l'appréciation de ses professeurs : « Il a de bonnes dispositions et a fait preuve, dans les langues anciennes et en histoire, d'une application très satisfaisante ; en mathématiques, son application a été satisfaisante ; en français, peu satisfaisante. » En lui délivrant le diplôme, la commission espère que l'élève « qui quitte ce lycée pour étudier le droit... répondra aux attentes favorables que justifient ses dispositions ». Cf. Heinz Monz, 1973, p. 302-316.

Nous n'avons retenu pour ce volume que la composition allemande. Elle fut publiée pour la première fois dans *Archiv für die Geschichte des Sozialismus...*, XI, Leipzig, 1925, p. 433-440. L'ensemble des sept devoirs est donné dans la MEGA I/1, 2, 1929, p. 164-182, d'après les originaux conservés au lycée de Trèves. Les travaux du bachelier Marx ont trouvé place dans la nouvelle MEGA I/1, 1975, p. 449-452 et p. 454-457. Cette édition a servi de base à notre traduction.

MÉDITATION D'UN ADOLESCENT DEVANT LE CHOIX D'UNE PROFESSION

C'est la nature elle-même qui a assigné à l'animal le champ d'activité où il doit se mouvoir, et il le parcourt paisiblement, sans chercher à s'en écarter, sans même en soupçonner d'autre. À l'homme aussi, la divinité a fixé un but général : ennoblir l'humanité et s'ennoblir lui-même. À lui de rechercher les moyens de l'atteindre, à lui de choisir dans la société la place la plus convenable d'où il peut s'élever au mieux, et élever la société avec lui.

Certes, ce choix est un grand privilège, car il n'est pas laissé aux autres créatures ; mais c'est en même temps un acte qui peut détruire toute sa vie, déjouer tous ses projets, et le rendre malheureux. Peser sérieusement ce choix, c'est donc, assurément, le premier devoir de l'adolescent au début de sa carrière, s'il ne veut point abandonner au hasard ses affaires les plus importantes. Chacun a devant ses yeux un but qui lui paraît grand, à lui tout au moins ; et qui l'est en vérité, lorsque c'est la conviction profonde, la voix la plus intime du cœur qui le dit : car la divinité ne laisse jamais le mortel tout à fait sans guide ; elle parle à voix basse, mais assurée.

Or, cette voix est facilement assourdie ; ce que nous avons pris pour de l'enthousiasme peut être le fruit d'un instant, que l'instant d'après va peut-être anéantir. Notre imagination s'enflamme peut-être, nos sentiments s'émeuvent, des illusions voltigent devant nos yeux et nous nous élançons vers le but avec ardeur, que la divinité, pensons-nous, nous a désigné ; mais ce que nous avions passionnément étreint sur notre poitrine nous rebute aussitôt, et toute notre existence s'en trouve anéantie.

Il nous faut donc examiner sérieusement si une profession nous enthousiasme réellement, si une voix intérieure l'approuve, ou bien si l'enthousiasme n'est qu'erreur, si ce que nous avions pris pour un appel de la divinité n'a été que tromperie. Mais comment parvenir à la vérité, sinon en remontant aux sources mêmes de notre enthousiasme ?

Le grandiose resplendit, son éclat éveille l'ambition, et l'ambition peut facilement avoir provoqué l'enthousiasme ou ce que nous avons cru l'être. Mais celui que tente la furie de l'ambition, la raison ne pourra plus le brider, et il se rue là où l'appelle son instinct déchaîné : il ne choisit plus son état, c'est le hasard et l'apparence qui le poussent.

Nous ne sommes pas appelés à l'état où nous pouvons briller le plus ; cet état-là n'est pas celui que nous exercerons peut-être durant une longue suite d'années sans que nous soyons lassés, sans que notre zèle diminue, sans que notre enthousiasme se refroidisse, sans que nous finissions par voir nos désirs non comblés, nos idées non réalisées, par haïr la divinité et maudire les hommes.

Or, l'ambition n'est pas seule à provoquer soudain pareil enthousiasme pour un état. Peut-être, au contraire, l'avons-nous embelli dans notre imagination, et celle-ci en a-t-elle fait le don le plus sublime dont la vie soit capable ? Nous ne l'avons pas disséqué, nous n'avons pas pesé tout le fardeau, la grande responsabilité qu'il fait peser sur nous ; nous ne l'avons vu que de loin, et les lointains sont trompeurs.

Notre propre raison ne saurait être ici la conseillère ; car ni l'expérience ni l'observation approfondie ne lui prêtent appui, alors que le sentiment la trompe et que l'imagination l'aveugle. Où donc tourner nos regards ? Qui viendra à notre secours, si notre raison nous abandonne ?

Nos parents, qui ont déjà parcouru le chemin de la vie et éprouvé les rigueurs du destin, notre cœur les appelle.

Et si, ayant examiné, la tête froide, les charges et les devoirs de notre future carrière, nous l'aimons encore et que persiste le feu de notre vocation, plus rien ne s'oppose à ce que nous l'assumions pleinement. L'enthousiasme et la précipitation ne peuvent plus nous égarer.

Mais il ne nous est pas toujours possible d'embrasser la profession à laquelle nous nous croyons appelés, car nos rapports avec la société ont, dans une certaine mesure, commencé avant que nous puissions les déterminer.

Souvent, notre nature physique s'oppose à nous, menaçante : que nul n'aille se moquer de ses droits.

Certes, nous pouvons passer outre, mais toute notre vie risque alors de n'être plus qu'un douloureux combat entre les principes spirituel et matériel, avec, pour dénouement, un naufrage rapide, l'effondrement d'une construction illusoire sur des ruines vermoulues. Comment celui qui ne sait apaiser en soi-même les éléments en lutte pourrait-il affronter le sauvage assaut de la vie ? Comment pourra-t-il agir avec calme ? Car du calme seul peuvent sortir les grandes et belles actions ; c'est le seul terrain où viennent à point les fruits qui mûrissent.

Bien que nous ne puissions agir longtemps, et que ce

soit rarement avec joie, quand notre nature physique n'est pas à la hauteur de notre état, la pensée de sacrifier notre bien-être au devoir nous soulève, nous fait agir, faiblement sans doute, et pourtant avec vigueur ; mais si nous avons choisi un état pour lequel nous n'avons pas le talent voulu, nous ne pourrons jamais l'exercer dignement, nous aurons bientôt la honte de constater notre incapacité, et nous nous dirons que nous sommes un être inutile dans la création, un membre de la société qui ne peut accomplir sa vocation. La conséquence toute naturelle est alors le mépris de soi, et quel sentiment plus douloureux, moins compensé par ce qu'en offre le monde extérieur ? Le mépris de soi est un serpent qui ronge éternellement la poitrine, et qui pompe le sang du cœur et le mêle au poison de la misanthropie et du désespoir.

Nous tromper sur nos aptitudes à un état que nous avons examiné de près, c'est un crime qui retombera sur nous en vengeance, même si le monde ne l'a pas blâmé, il suscite dans notre poitrine la plus terrible des douleurs.

Tout cela bien pesé, si les conditions qui règlent notre vie nous permettent de choisir quelque état, nous devons saisir celui qui nous confère la plus grande dignité, qui est fondé sur les idées dont la vérité fait notre conviction profonde, qui offre le plus de champ pour œuvrer au bien de l'humanité et pour nous rapprocher du but général en vue duquel tout état n'est qu'un moyen : la perfection.

La dignité est ce qui élève le mieux l'homme, ce qui confère à son action, à toutes ses aspirations, une noblesse supérieure, ce qui le rend invulnérable et l'élève au-dessus de la foule admirative.

Or, seul peut conférer la dignité un état où nous ne sommes pas comme des instruments serviles, mais où nous créons, en toute indépendance et dans la sphère qui est la nôtre ; un état qui n'exige pas de nous des actions viles, ne le fussent-elles qu'en apparence. Le meilleur devrait pouvoir l'embrasser avec une noble fierté. L'état qui satisfait à tout cela n'est pas toujours le plus élevé : c'est assurément le plus excellent.

Mais de même qu'un état sans dignité nous abaisse, de même nous succombons, à coup sûr, sous la pesée d'un état fondé sur des idées qu'il nous faudra, un jour, reconnaître fausses.

Alors, nous n'aurons plus d'autre secours que l'illusion, et quel salut désespéré qui nous apporte la duperie de nous-mêmes ! Les états qui n'interviennent pas dans la vie autant qu'ils s'occupent de vérités abstraites sont les plus dangereux pour l'adolescent aux principes peu solides, aux convictions instables, facilement ébranlées, même si ces vérités apparaissent comme les plus sublimes, même si elles poussent leurs racines au profond de notre âme, même lorsque nous sommes capables de sacrifier, pour les idées qu'elles véhiculent, vie et aspirations.

Ces états comblent de bonheur celui qui en a la vocation, mais ils brisent celui qui les embrasse dans la précipitation et l'irréflexion, dans l'impulsion du moment.

En revanche, une haute opinion des principes qui fondent notre carrière nous assure une position plus élevée dans la société, une dignité accrue, et rend nos actions inébranlables.

Celui qui se prononce pour un état qu'il tient en haute estime tremblera de s'en rendre indigne. Il agira donc noblement, car noble est sa position dans la société.

L'idée maîtresse qui doit nous guider dans le choix d'une profession, c'est le bien de l'humanité et notre perfectionnement. On aurait tort de croire que ces deux intérêts s'opposent nécessairement, que l'un doive fatalement ruiner l'autre : l'humaine nature est ainsi faite que c'est seulement en œuvrant pour le bien et la perfection du monde qui l'entoure que l'homme peut atteindre sa propre perfection.

S'il ne crée que pour lui-même, il deviendra peut-être un savant célèbre, un grand sage, un poète distingué, mais jamais un homme accompli, un homme vraiment grand.

L'histoire appelle ceux qui, agissant dans l'intérêt commun, se sont ennoblis. D'expérience, on répute pour le plus heureux celui qui a fait le bonheur du plus grand nombre. La religion elle-même nous enseigne que l'idéal suprême est de se sacrifier pour l'humanité, et qui oserait récuser cette leçon ?

Lorsque nous aurons choisi la profession qui nous permettra le mieux d'agir pour l'humanité, nous ne ploierons pas sous son faix, et ce sera un sacrifice accompli pour le bien de tous. Alors, loin de la joie pauvre, médiocre, de l'égoïsme, notre bonheur sera celui de millions d'êtres, nos actes se perpétueront, silencieux mais éternels, et les hommes généreux viendront pleurer sur nos cendres.

II

ARGENT, ÉTAT, PROLÉTARIAT

1843-1844

Notice

I

« Le docteur Marx est à coup sûr le centre doctrinaire de l'affaire, la source vivante des théories du journal ; il est prêt à mourir pour ses idées, qui sont devenues pour lui des convictions ; il est décidé de quitter la Prusse et, vu les conditions actuelles, à rompre tout lien avec la *Rheinische Zeitung ;* pour le moment, il s'est rendu à Trèves [...] où il épousera sa fiancée. »

Le censeur W. Saint Paul, qui notait ainsi ses impressions dans ses rapports confidentiels, était persuadé que les idées de Marx reposaient sur une « profonde erreur spéculative » (cf. Hansen, 1919, p. 472 sq.). En fait, Marx avait pris la décision de s'expatrier dès janvier 1843 ; il s'en était ouvert à Arnold Ruge et au poète Herwegh : écœuré par l'hypocrisie et la bêtise, las d'apaiser la censure par des courbettes et des ruses, il estimait qu'il ne pourrait rien publier en Allemagne et se considérait comme « libéré par le gouvernement prussien ». Il suggéra à Ruge de s'installer en Suisse ou en France, à Strasbourg : là, ils pourraient publier des Annales germano-françaises, faire du journalisme populaire au lieu de fabriquer de ces volumes de plus de vingt feuilles qui « ne sont pas écrits pour le peuple » (cf. correspondance Marx-Ruge, janvier-février 1843 et 13 mars 1843 ; G. Herwegh, correspondance avec sa fiancée *in :* Marcel Herwegh, 1906).

Marx avait pu lire les « Thèses provisoires pour la réforme de la philosophie », que Ludwig Feuerbach avait données à ces mêmes *Anekdota* où venait de paraître son premier essai de publiciste, les « Remarques à propos de la récente instruction prussienne sur la censure ». Il en était déjà à remettre en question sa conviction antérieure : Feuerbach, pensait-il, accordait trop d'importance à la nature ; en faisant trop peu de cas de la politique, il risquait de faire revivre la querelle des « enthousiastes de la nature » et des « enthousiastes de l'État » (à Ruge, 13 mars 1843). Or, seule leur alliance devait permettre à la philosophie moderne d'affirmer sa vérité.

Cependant, entre le moment où il abandonne la direction de la *Rheinische Zeitung* et celui où il s'installe à Paris, Marx fait son choix définitif. Nous disposons de peu de documents sur cette période de quelques mois, mais ses derniers articles permettent de saisir le sens de cette maturation qui, sans cela, apparaîtrait comme une véritable mutation : toute son attention se concentre progressivement sur les problèmes les plus concrets et les plus matériels de l'Allemagne. Vingt ans plus tard, retraçant la marche de ses études, Marx définira le caractère et l'importance de cette évolution : « Ma spécialité, c'était la jurisprudence ; mais je ne donnai jamais à cette discipline que le second rang, après la philosophie et l'histoire. En 1842-1843, rédacteur de la *Rheinische Zeitung*, je me trouvai pour la première fois dans l'obligation embarrassante de dire mon mot sur ce qu'on appelle les intérêts matériels. J'eus quelques occasions de m'occuper de questions économiques : les débats de la Diète rhénane sur les délits forestiers et sur le morcellement de la propriété foncière ; la polémique officielle que M. von Schaper, alors premier président de la province rhénane, engagea contre la *Rheinische Zeitung*, à propos de la situation des paysans de la Moselle ; les débats sur le libre-échange et la protection. D'autre part, à une époque où la bonne volonté " d'aller de l'avant " tenait souvent lieu de compétence, l'écho du socialisme et du communisme français prenait dans la *Rheinische Zeitung* des résonances discrètement philosophiques. Je me prononçai contre ce travail d'amateur ; mais aussi j'avouai franchement, dans une controverse avec la *Allgemeine Zeitung* d'Aubsbourg, que mes études antérieures ne m'autorisaient guère à risquer un jugement sur le fond des tendances françaises. Les gérants de la *Rheinische Zeitung* se berçaient d'illusions : ils pensaient que la sentence de mort prononcée contre leur journal serait rapportée s'ils lui donnaient une allure plus modérée. Je saisis l'occasion avec empressement et, quittant la scène publique, je me retirai dans mon cabinet d'étude. » Et Marx de révéler son état d'esprit au moment où il allait se plonger dans de nouvelles études : « Pour résoudre les doutes qui m'assaillaient, j'entrepris un premier travail, une révision critique de la philosophie du droit de Hegel. J'en publiai l'introduction dans les *Deutsch-Französische Jahrbücher*, éditées à Paris en 1844 » (*Critique de l'économie politique*, 1859, Pléiade I, p. 271 *sq.*). Marx expose ensuite succinctement le résultat de ses recherches poursuivies à Paris et à Bruxelles, « fil conducteur » de ses études ultérieures, dont nous connaissons les grandes lignes grâce à *l'Idéologie allemande*, rédigée en collaboration avec Engels, puis abandonnée à la « critique rongeuse des souris ». Voilà donc précisé le moment où Marx, sans se départir de son libéralisme initial, donne son adhésion au communisme.

À partir de septembre 1842, l'un des rédacteurs de la *Rheinische Zeitung*, G. V. Mevissen, avait décrit la misère du prolétariat anglais, tandis que Moses Hess avait réussi à « passer en fraude » plusieurs articles dont la tendance communiste ne pouvait échapper aux commanditaires bourgeois du journal, et encore moins à Marx. En outre, le nom d'un « tailleur allemand », W. Weitling, éditeur d'une feuille communiste, *Die junge Generation*, avait été mentioné. Aussi, dès octobre 1842, et du jour même où il prit la direction de la *Rheinische Zeitung*, la correspondance et les articles de Marx révélèrent son intérêt pour le communisme. Dans les dernières lignes de sa réponse à l'attaque de la *Allgemeine Zeitung* d'Augsbourg contre la *Rheinische Zeitung*, accusée d'avoir « flirté » avec le communisme, Marx semblait attribuer moins d'importance aux expériences utopiques des saint-simoniens qu'aux idées communistes, qui l'intriguaient au point qu'il les comparait à des « démons », que l'on ne pouvait vaincre sans se soumettre à leur emprise. Mais c'est la critique des agissements des « Affranchis » de Berlin, groupe de jeunes-hégéliens rencontrés jadis au *Doktorklub*, qui allait lui donner l'occasion d'approfondir ses idées sur les questions sociales.

En avril 1842, Marx Stirner, alors porte-parole du groupe, avait publié un article sur « Le Principe erroné de notre éducation ou l'humanisme et le réalisme ». Marx ne pouvait désapprouver une conception qui, au nom d'une éthique

« personnaliste », s'attaquait à tout le système d'éducation autoritaire et assignait à la culture non livresque une fin libératrice. En revanche, il ne pouvait que condamner toute analyse purement abstraite des problèmes politiques (voir sa lettre à Oppenheim du 25 août 1842) comme nous l'apprend un article inachevé, écrit en réponse à Moses Hess, sur la question de la centralisation. Certes, ici encore Feuerbach l'avait précédé (voir *Deutsche Jahrbücher*, février 1842) en mettant l'accent sur le côté pratique de sa critique de Hegel, tandis que Ruge, dans un article sur Hegel et la politique (*Deutsche Jahrbücher*, août 1842), avait été le premier à s'attaquer à la philosophie du droit de Hegel. Cependant, les lettres de Marx à Ruge nous montrent avec quel sérieux il résistait à la tentation du communisme : il exigeait des garanties scientifiques qu'aucun de ses prédécesseurs n'avait pu lui donner. Il reprochait aux « Affranchis » de pratiquer un athéisme systématique et de professer un communisme « qu'ils n'ont jamais étudié ». Commentant le contenu d'une lettre qu'il avait adressée à l'un de ses anciens amis berlinois, Marx écrivait : « je déclarais que je tenais pour peu convenable, voire immorale, l'importation frauduleuse de dogmes communistes et socialistes, donc d'une nouvelle conception du monde, dans des chroniques théâtrales, etc., et que j'exigeais une discussion toute différente et plus approfondie du communisme... Je demandais ensuite que l'on critiquât la religion en partant de l'examen des circonstances politiques et non celles-ci en partant de la religion, cette dernière tendance étant plus conforme à la nature d'un journal et à la culture du public : vide en elle-même, la religion ne se nourrit pas du ciel, mais de la terre, et elle s'effondre d'elle-même avec la dissolution de la réalité absurde dont elle est la théorie. Enfin, je voulais que, puisqu'il fallait parler de philosophie, l'on s'amusât moins avec l'enseigne " athéisme " [...], mais qu'on en répandit plutôt le contenu dans la masse du peuple » (13 mars 1843).

Quand Marx quitte la *Rheinische Zeitung* et rompt définitivement avec ses anciens amis jeunes-hégéliens, et surtout avec Bruno Bauer qui s'était joint au groupe des « Affranchis », les thèmes de la religion et du communisme sont donc déjà indissolublement liés dans son esprit. Dès lors, annonçant à Ruge son intention de se retirer pour quelques semaines à Kreuznach, auprès de celle qu'il épousera avant de quitter sa patrie, il lui laisse entendre qu'il compte mener à bien quelques travaux qu'il emportera en exil.

Le dernier paragraphe de cette lettre fournit une explication plausible des raisons pour lesquelles Marx a rédigé son essai sur *La Question juive* pendant son séjour à Kreuznach, donc avant son départ pour Paris. « À l'instant même arrive chez moi le président des israélites qui me demande de rédiger une pétition en faveur des juifs, destinée à la Diète, et je vais le faire. Si grande que soit ma répugnance pour la religion israélite, les conceptions de Bauer me semblent trop abstraites. Il s'agit de pratiquer le plus de brèches possibles dans l'État chrétien et d'y introduire en fraude le rationnel, autant que faire se peut. Il convient au moins de faire une tentative, et l'exaspération croît à chaque pétition rejetée sous protestation. »

Sans doute, cette pétition n'a-t-elle jamais été rédigée (voir Helmut Hirsch, 1980, p. 97 sq.) ; le premier volet de l'essai sur *La Question juive* représente, dans sa critique du livre de Bruno Bauer, une véritable apologie de l'émancipation politique des juifs. Marx y résume la thèse exposée dans l'analyse critique de la philosophie politique de Hegel qu'il avait commencée avant de quitter la *Rheinische Zeitung* et qu'il se proposa d'achever dans son cabinet d'étude, à Kreuznach ; seule l'Introduction en fut rédigée à Paris et publiée dans les *Deutsch-Französische Jahrbücher*, le gros du manuscrit demeurant à l'état de brouillon.

Une menace pesait alors sur le destin de Marx : ses ennuis de famille. Sa correspondance personnelle en conserve quelques traces, telles les lettres qu'il écrivait à Arnold Ruge dans les premiers mois de 1843, où se situe aussi un voyage en Hollande, chez les parents de sa mère dont ils semblent avoir été les conseillers dans l'affaire de l'héritage paternel. « Malgré son aisance, ma famille me crée des obstacles qui m'exposent aux pires ennuis... ; c'est une vraie chance que les vilenies publiques rendent impossibles à un homme de caractère toute irritabilité quant aux choses privées » (9 juillet 1842). Et quelques mois plus tard : « Comme je vous l'ai déjà écrit, j'ai rompu avec ma famille et, tant que ma mère vivra, je ne pourrai réclamer ma fortune. En outre, je suis fiancé et je ne puis, ne dois ni ne veux quitter l'Allemagne sans ma fiancée... En Allemagne, on ne peut rien entreprendre. On s'y corrompt soi-même » (25 janvier 1843). Enfin, dans la lettre déjà citée plus haut : « Je puis vous assurer, sans aucun romantisme, que je suis amoureux de la tête aux pieds et que j'aime le plus sérieusement du monde. Voilà sept ans que durent mes fiançailles, et ma fiancée a livré pour moi les plus durs combats, au risque d'y ruiner sa santé, soit avec sa parenté d'aristocrates piétistes... soit avec ma propre famille, où quelques calotins et autres ennemis personnels se sont incrustés. Ma fiancée et moi-même, nous avons donc enduré pendant des années plus de conflits inutiles et épuisants que bien d'autres qui sont trois fois plus âgés et parlent constamment de leur " expérience " (mot favori de notre " juste milieu ") » (13 mars 1843). Ces témoignages sont révélateurs du traumatisme psychologique que le jeune Marx a dû alors ressentir : à la veille de se marier, il n'a pas de gagne-pain et ne peut compter sur sa propre famille.

Pour les indications relatives aux études de Marx à Kreuznach, nous renvoyons le lecteur à la Notice concernant la *Critique de la philosophie du droit de Hegel* (Pléiade III, p. 866 sqq.). Marx rédige cette ébauche avant de quitter l'Allemagne, et les deux grands essais publiés dans les *Annales franco-allemandes* reflètent ses préoccupations. La correspondance qui les précède comprend trois lettres de Marx à Ruge (en mars 1843, de Hollande ; en mai 1843, de Cologne ; en septembre 1843, de Kreuznach), deux lettres de Ruge à Marx (en mars et en août 1843, de Berlin et de Paris), une lettre de Bakounine à Ruge (en mai 1843, de Peterinsel, lac de Bienne), une lettre de Ruge à Bakounine (de Dresde, en juin 1843), enfin, une lettre de Feuerbach à Ruge datée de Bruckberg, juin 1843. Nous ne donnons que les lettres de Marx, mais nous offrons de larges extraits de cette correspondance dans les notes.

Marx quitte l'Allemagne à la fin d'octobre 1843. Le 3 de ce mois, il avait sollicité la collaboration de Feuerbach à la revue projetée, et il s'était proposé de lui faire visite (cf. Ruge à Feuerbach, 24 mai 1843) ; c'est à ce projet que nous devons, sans doute, cette lettre si révélatrice de l'esprit qui devait animer l'entreprise parisienne (Pléiade III, p. 1349 et 1519 sq.). Fortement impressionné par cette invite de son jeune admirateur, Feuerbach se mit aussitôt à parcourir les cours berlinois de Schelling, ce « summum de théosophistique absurde », mais sa bonne volonté échoua faute d'impulsion intérieure. Tout en admettant que démasquer Schelling, ce philosophe « qui actualise non la puissance de la philosophie, mais la puissance de la police, non la puissance de la vérité, mais la puissance du mensonge et de la duperie », n'est pas une nécessité d'ordre scientifique mais d'ordre politique, Feuerbach se déclare incapable de réaliser ce projet, car : « quoi que je fasse, ce qui ne s'impose pas à moi par nécessité intérieure, je ne puis en faire l'objet d'un travail intellectuel » (à Marx, 25 octobre 1843).

Marx devait avoir d'autres contacts épistolaires avec Feuerbach et en élargir l'enseignement, tout comme Feuerbach sut « actualiser » l'éthique spinozienne, irrémédiablement étrangère à Hegel. « En Allemagne, nous ne sommes pas près de réussir. Tout y est corrompu jusqu'à la moelle [...]. Amour nouveau, vie nouvelle, dit *Goethe ;* nouvelle doctrine, nouvelle vie, voilà notre devise [...]. Si l'on peut créer un nouvel organe pour un nouveau principe, on adopte une pratique qu'il ne faut pas manquer » (à Ruge, juin 1843). Et Ruge, déjà installé à Paris, répétait cette leçon à Marx, en déclarant que la philosophie hégélienne appartenait au passé, qu'il fallait se libérer du nationalisme étriqué, et contre-attaquer la réaction des barbares qui avaient englouti, en même temps que le tyran Napoléon, l'humanisme et la révolution.

En s'installant à Paris, Marx avait fait sienne cette double leçon. Ruge s'était chargé de trouver, pour la nouvelle revue, des moyens de vivre ; à Marx, il en soumit le plan, en lui demandant de le commenter. Plutôt qu'un commentaire, la réponse de Marx (datée de Kreuznach, septembre 1843) est une critique indirecte du projet de Ruge, bien que certains points d'accord fondamentaux subsistent. Ce « Plan des *Annales franco-allemandes* » placé en tête de l'unique et double fascicule publié à Paris à la fin de février 1844 fut la seule contribution largement citée par la *Revue indépendante* (t. XII, 1844, p. 481-486). L'auteur de la chronique (qui signe « P.D. ») rappelle que « les noms de M. Marx et de M. Ruge appartiennent honorablement à l'histoire de la presse allemande pendant ces dernières années » et que l'esprit de leurs publications en Allemagne — la *Gazette rhénane* et les *Annales allemandes* — allait revivre dans cette nouvelle entreprise commune commencée à Paris. Cet esprit révolutionnaire est celui de la philosophie et de la science que tout peuple doit faire sien pour être libre. La France, pays de l'initiative révolutionnaire, doit servir de modèle à l'Allemagne : « Éclairer par la science le monde, lier la science à la politique, c'est s'unir à la France. Être contre la France et contre la politique, ainsi que contre la liberté, ce sont là, dans toute l'Europe, deux faits identiques. La France [...] a proclamé et conquis les droits de l'homme. Elle a perdu un jour cette précieuse conquête, mais elle l'a ressaisie bientôt et elle combat dans ce moment pour la réalisation des grands principes sociaux que la révolution a jetés dans le monde. »

Pour Ruge, que le chroniqueur présente obstinément comme un « disciple de Hegel », l'union intellectuelle de la France et de l'Allemagne représente l'alliance de la pensée philosophique et de l'intelligence pratique : « L'Allemagne prêtera à la France la discipline de sa philosophie, c'est-à-dire la logique de Hegel plus ou moins développée. La France, de son côté, prêtera à l'Allemagne son coup d'œil pratique et ses instincts révolutionnaires. »

Ces commentaires élogieux, qui font une large place à l'influence de Hegel, ne portent nulle trace d'une lecture des deux contributions de Marx, comme si l'auteur n'avait voulu tenir aucun compte des éléments anti-hégéliens de l'essai critique consacré par Marx à la philosophie du droit de Hegel; dans sa conclusion, en effet, il souligne que les rédacteurs se proposent « de jeter en quelque sorte un pont sur le Rhin, et de travailler à l'union des deux pays », et que c'est « Hegel qui présidera à ce grand contrat international. Nous n'avons point à examiner ici si la philosophie de Hegel suffit à tous les besoins de l'esprit humain et s'il existe un véritable lien logique entre ses principes et les idées de la révolution ».

Du vivant de Marx, aucune de ses contributions aux *Annales* n'a été réimprimée, à l'exception de quelques pages de *La Question juive,* publiées par le journal zurichois *Der Sozialdemokrat,* 30 juin et 7 juillet 1881. Dans le volume IX de ses œuvres (*Gesammelte Schriften,* Mannheim, 1846-1848), Ruge réédita les deux premières lettres de son ancien ami, mais en 1890 Engels s'opposa à la publication de cette correspondance dont il raillait le style confus et « hégéloïde » : Marx lui aurait déclaré à plusieurs reprises que Ruge avait rédigé les diverses lettres à son gré en y introduisant « toutes sortes d'inepties » (Engels à W. Liebknecht, 18 décembre 1890). Que Ruge ait écarté la dernière de ces lettres permet de supposer que la teneur en était plus authentique que celle des deux premières. L'ensemble de ces contributions de Marx aux *Jahrbücher* parisiennes fut publié pour la première fois en 1902, par les soins de F. Mehring (LN, I, p. 360-431), remarquable commentateur de ces textes. Ils sont reproduits dans les éditions MEGA (I, I/I, 1927, p. 557-621) et *Werke* (I, 1956, p. 337-391), puis dans deux éditions photomécaniques des *Jahrbücher*, à Leipzig, 1925, et à Amsterdam, 1965. Enregistrons, en outre, la réédition des *Jahrbücher* par Philipp Reclam jun., Leipzig, 1973, avec Introduction et Notes de J. Höppner.

Voici le sommaire des *Deutsch-Französische Jahrbücher*, avec la pagination du cahier original :

« Plan des *Deutsch-Französische Jahrbücher* », par Arnold Ruge (3-16).

« Un échange de lettres de 1843 » (17-40).

« Hymnes au roi Ludwig », par Heinrich Heine (41-44).

« Verdict de la cour suprême d'appel dans l'enquête menée contre Johann Jacoby pour haute trahison, crime de lèse-majesté et critique insolente et méprisante des lois du pays », communiqué par Johann Jacoby (45-70).

« Pour une critique de la philosophie du droit », par Karl Marx (71-85).

« Esquisse d'une critique de l'économie politique », par Friedrich Engels à Manchester (86-114).

« Lettre de Paris », par M. Hess.

« Procès-verbal terminal de la conférence ministérielle du 12 juin 1834, augmenté des discours d'ouverture et de conclusion du prince Metternich, suivi d'un honorable propos rétrospectif », par Ferdinand Cölestin Bernays (126-148).

« Trahison », de Georg Herwegh (149-151).

« La situation de l'Angleterre », par Friedrich Engels à Manchester : *Past and Present* by Thomas Carlyle, London, 1843 (152-181).

« À propos de la question juive », par Karl Marx (182-214).
« Revue de la presse allemande », par Ferdinand Cölestin Bernays (215-237).

Il est remarquable qu'aucune contribution française ne figure dans ce cahier. Ruge et Hess ont pourtant fait à Paris quelques tentatives pour obtenir la collaboration des écrivains français, démocrates et socialistes. Parmi les auteurs sollicités figurent Lamennais, Lamartine, Louis Blanc, Cabet, Proudhon, Leroux et Considerant. Dans leurs souvenirs, Ruge et Julius Fröbel — principal commanditaire des *Annales* — ont expliqué la raison de ces échecs (voir Cornu, t. II, p. 245 sq.). À son arrivée à Paris, Marx semble avoir recherché le contact des ouvriers français et allemands plutôt que celui des intellectuels, à l'exception de Heine, intime de la famille Marx à partir de fin décembre 1843. Quant à Engels, Marx n'a véritablement fait sa connaissance que quelques mois après la publication des *Annales*. Leur première rencontre de novembre 1842 au bureau de la *Rheinische Zeitung* de Cologne avait été assombrie par le conflit avec les « Affranchis » de Berlin, auxquels Engels s'était passagèrement mêlé. Il a sans doute gagné la sympathie et l'amitié de Marx par les articles qu'il lui avait envoyés, et c'est à l'école de l'auteur de l'*Esquisse d'une critique de l'économie politique* que Marx a dû s'initier à une science dont il deviendra bientôt le théoricien critique par excellence.

N'ayant trouvé aucun écho dans la presse française, les essais de Marx sont passés inaperçus du grand public. Dans le milieu des socialistes français, la réaction fut à vrai dire nulle. Notons une tentative d'intéresser ces milieux, six ans après la disparition des *Annales :* un des fondateurs de la Ligue des Justes, devenu membre de la Ligue des communistes, H. Ewerbeck, auteur d'une anthologie d'écrits allemands d'inspiration athée, traduits par lui en français, fit une place à l'essai de Marx sur *La Question juive* (cf. *Qu'est-ce que la Bible d'après la nouvelle Philosophie allemande ?*, Paris, 1850).

II

L'entreprise des *Deutsch-Französische Jahrbücher* s'étant achevée avec la publication d'un unique fascicule, Marx ne put subsister, pendant son séjour à Paris, que grâce au produit d'une collecte organisée par ses amis à Cologne ; en fait d' « honoraires », Ruge n'avait donné à son associé qu'un lot d'exemplaires de la revue. Selon le témoignage d'Engels, ce naufrage avait une double cause : les difficultés insurmontables de la diffusion clandestine en Allemagne, et les profondes divergences de vues qui n'avaient pas tardé à surgir entre Marx et Ruge. « Ruge restait dans l'ornière de la philosophie hégélienne et du radicalisme politique, Marx se plongea dans l'étude de l'économie politique, des socialistes français et de l'histoire de France » (Engels, 1892, p. 338). Le « passage au socialisme » de Marx se situerait donc à la fin de cette période d'étude, ce qui reviendrait à dire que les deux essais publiés par Marx dans les *Deutsch-Französische Jahrbücher* n'ont rien de « socialiste ». On est d'autant plus fondé à contester ce jugement que Marx lui-même a fortement insisté sur l'importance décisive de son séjour à Kreuznach, où lectures et méditations le préparèrent à cette mutation intellectuelle, dont Paris sera, peu après, le lieu privilégié. C'est donc en « socialiste » convaincu que Marx a entrepris les études signalées par Engels, et avant tout l'apprentissage de l'économie politique, dont ce dernier semble avoir ignoré l'important résultat : les premières ébauches d'une critique de la science économique enrichie d'une critique de la dialectique hégélienne (Pléiade II, 1972, p. 7-141).

Les *Gloses critiques*... (ici p. 109-134) sont comme une synthèse des premières études et réflexions de Marx. C'est aussi le premier document public qui témoigne de cet effort d'une *Selbstverständigung*, de cet examen de conscience qu'il avait alors jugé nécessaire d'entreprendre et qu'il allait poursuivre pendant quelque temps. Bientôt, en étroite association intellectuelle avec Engels, il allait mettre le point final à ce qui devait être, dans *L'Idéologie allemande*, la conception dite « matérialiste » de l'histoire.

L'occasion de se livrer à une profession de foi de caractère ouvertement socialiste fut offerte à Marx par les événements qui se produisirent au début de juin 1844 dans la province prussienne de Silésie. Poussés par une atroce misère, conséquence de l'industrialisation naissante de l'Allemagne et de la concurrence anglaise, les tisserands à domicile de deux gros villages d'un district silésien, où les fabriques de cotonnades étaient nombreuses, s'insurgèrent ; ils saccagèrent les maisons et établissements de ceux des industriels qui avaient dépassé les limites tolérables de l'exploitation. Il fallut l'intervention de plusieurs compagnies d'infanterie et de détachements de cavalerie pour mettre fin à la révolte ; l'opération militaire fit de nombreux morts et blessés ; plusieurs centaines de tisserands furent arrêtés.

L'organe qui offrait ses colonnes à Marx était le *Vorwärts !*, journal bi-hebdomadaire fondé à Paris vers la fin de 1843 par Heinrich Börnstein, « personnage industrieux, digne de figurer en bon rang dans la *Comédie humaine* » (J. Grandjonc, 1974, p. 20). Investi, en quelque sorte, par l'ancienne équipe des *Deutsch-Französische Jahrbücher*, le *Vorwärts !* se transforma en l'espace de quelques mois, de périodique plutôt conformiste, acquis à la politique du juste-milieu, en un organe de ce « nouvel humanisme » dont Marx allait bientôt devenir le porte-parole. La portée historique de la tragédie silésienne devait lui paraître considérable. Aussi ne pouvait-il laisser sans riposte un article anonyme, paru le 27 juillet 1844 dans le *Vorwäts !* sous le titre « Le roi de Prusse et la réforme sociale » : l'auteur, dissimulé sous la trompeuse signature « Un Prussien », n'était autre qu'Arnold Ruge. Sous le prétexte d'une mise au point de l'interprétation donnée par le journal *La Réforme* des événements de Silésie, Ruge s'était plu à minimiser le radicalisme d'une révolte dépourvue d'« intelligence politique ». Marx avait déjà formulé dans les *Deutsch-Französische Jahrbücher* son credo antipolitique. La tentation était grande, sans doute, de rendre publique sa rupture avec Ruge et d'en faire connaître les raisons profondes. Leur ancienne association n'avait-elle pas été un grand malentendu, qu'il importait de dissiper définitivement ? Quand même le trait aurait dépassé la cible (F. Mehring, LN, II, 1902, p. 29), la polémique n'en reste pas moins prémonitoire dans l'ère de l'étatisme triomphant.

Le *Vorwäts !* s'était fait l'écho d'une discussion sur le retard politique de l'Allemagne et, à cette occasion, les articles de Marx des *Deutsch-Französische Jahrbücher* furent mentionnés par le rédacteur du journal, H. Börnstein, A. Ruge et un correspondant anonyme (Hess ?). Dans une lettre ouverte à Ruge, H. Börnstein rappela la position de Marx qui dépassait de loin la revendication des droits de l'homme (22 juin 1844) ; le correspondant anonyme répondit à Börnstein en déclarant que Marx s'était attaqué aux droits de l'homme, en invoquant les droits sociaux qui impliquent l'abolition de la propriété privée et de l'argent, bref la réintégration de l'homme et de la vraie valeur des choses (3 juillet 1844) ; enfin, Ruge répondit à Börnstein en expliquant que ces principes de l'humanisme étaient les mêmes dont Marx s'était inspiré pour critiquer les droits de l'homme, et cette critique appartenait au combat de la France pour la réalisation de l'humanisme. Ruge cita le passage final de la première partie de *La Question juive* où Marx, commentant Rousseau, dénonce l'insuffisance de l'émancipation politique et annonce la fin de la séparation de l'individu, être social, et de la force politique, condition de l'émancipation humaine (6 juillet 1844). En somme, les seuls lecteurs des *Annales...*, à Paris, furent les émigrés allemands, dont certains se manifestèrent dans le *Vorwärts !* Ainsi G. Weber, auteur d'un article sur « L'argent » (28 août 1844 ; voir J. Grandjonc, 1974, p. 180 *sq.*) Un certain Theodor Ölckers figure dans le *Vorwärts !* avec des extraits de son livre *Le Mouvement du socialisme et du communisme*, fortement influencé par les idées de Lorenz Stein. Puis Engels, avec une série d'articles sur *La Situation de l'Angleterre* (août-octobre 1844).

Outre l'article de Ruge, signé « Un Prussien », Marx avait d'autres motifs de se faire entendre après la disparition des *Annales franco-allemandes*. Ses premières études économiques lui faisaient saisir le vrai sens de la tragédie silésienne. Une lettre reçue de Cologne l'incita à se prononcer sur la portée historique de la révolte. « Les troubles silésiens, lui écrivait Georg Jung (l'un des anciens rédacteurs de la *Rheinische Zeitung*), vous ont probablement surpris comme nous-mêmes. Ils sont un témoignage éclatant de la justesse de votre analyse du présent et de l'avenir allemand, dans l'*Introduction à la philosophie du droit* [...]. Particulièrement juste se révèle votre affirmation qu'aucun système, aucune classe particulière ne peut s'assurer le pouvoir [...]. Partout, on constate des sympathies pour les tisserands, les rebelles, et si dans les journaux quelqu'un suspecte parfois leur révolte et la commente en termes brutaux, il ne s'agit jamais d'un capitaliste, d'un bourgeois, mais tout au plus d'un homme de gouvernement trop zélé, encore incapable de comprendre que les baïonnettes prusso-royales aient pu rencontrer la résistance. Dans la *Kölnische Zeitung* vous trouverez maintenant plus de communisme que dans feu la *Rheinische Zeitung* : elle a même ouvert une souscription en faveur des *survivants des tisserands tombés lors des récents événements tragiques,* donc pour les familles de rebelles de la pire espèce. [...] » (lettre du 26 juin 1844, conservée à l'Institut international d'histoire sociale d'Amsterdam).

UNE CORRESPONDANCE DE 1843

KARL MARX À ARNOLD RUGE

I

Sur le coche d'eau,
vers D., mars 1843.

Je voyage présentement en Hollande[1]. Comme je le constate d'après la presse locale et française, l'Allemagne s'est enfoncée dans le bourbier et s'y enfonce toujours plus. Je vous assure que sans même ressentir le moindre orgueil national, on éprouve pourtant un sentiment de honte nationale, même en Hollande. Comparé au plus grand Allemand, le moindre Hollandais est encore un citoyen. Et que dire des jugements des étrangers sur le gouvernement prussien ! Il règne une unanimité effrayante, personne n'est plus dupe de ce système et de sa nature simplette. Ainsi, la nouvelle école a tout de même servi à quelque chose. L'habit de parade du libéralisme est tombé, et le despotisme le plus répugnant se dresse dans toute sa nudité à la vue du monde entier.

Et cela aussi est une révélation, bien qu'en sens inverse. C'est une vérité qui nous apprend, en tout cas, à connaître le vide de notre patriotisme, la difformité de notre État, et à nous voiler la face. Vous me regardez en souriant et vous dites : la belle affaire ! Ce n'est point par honte que l'on fait une révolution. Je réponds : la honte est déjà une révolution ; elle est vraiment la victoire de la Révolution française sur le patriotisme allemand qui en a triomphé en 1813. La honte est une sorte de colère, la colère rentrée. Et si toute une nation avait réellement honte, elle serait comme le lion qui se ramasse sur lui-même pour bondir. Même la honte, je l'avoue, n'existe pas encore en Allemagne ; bien au contraire, ces misérables sont toujours patriotes. Mais quel système pourrait exorciser leur patriotisme, sinon ce système ridicule du nouveau chevalier [1] ? La comédie du despotisme qu'on joue avec nous est aussi dangereuse pour lui que le fut jadis la tragédie du despotisme pour les Stuarts et les Bourbons. Et quand on persisterait, longtemps encore, à ne pas voir qu'il s'agit d'une comédie, la comédie serait déjà une révolution. L'État est chose trop sérieuse pour qu'on en fasse une arlequinade. Sans doute pourrait-on, durant un bon moment, abandonner au gré du vent un bateau rempli de fous ; il voguerait cependant vers sa destinée justement parce que les fous n'en croiraient rien. Cette destinée, c'est la révolution qui nous attend [2].

II

Cologne, mai 1843 [3]

Votre lettre, mon cher ami, est une parfaite élégie, un chant funèbre à vous couper le souffle, mais elle n'a absolument rien de politique. Aucun peuple ne désespère, et même s'il doit, longtemps encore, n'espérer que par sottise, viendra pourtant le jour, après de longues années, où, par soudaine intelligence, il comblera tous ses pieux désirs.

Mais vous m'avez passé votre mal ; votre thème n'est pas encore épuisé, je vais y ajouter la finale, et quand tout sera terminé, vous me tendrez la main, pour que nous reprenions du commencement. Laissez les morts enterrer leurs morts, et les pleurer. En revanche, il est enviable d'être les premiers à entrer vivants dans la vie nouvelle. Que ce sort soit le nôtre !

Il est vrai, le vieux monde appartient au philistin. Mais nous ne devons pas le traiter en épouvantail dont on se détourne craintivement. Nous devons, au contraire, le regarder bien en face. Ce maître du monde, il vaut la peine de l'étudier.

Maître du monde, il l'est, certes, mais seulement en ce qu'il emplit le monde de sa société, tels les vers emplissant un cadavre. La société de ces messieurs n'a donc besoin que d'un certain nombre d'esclaves, et les propriétaires des esclaves peuvent ne pas être libres. Si, possédant terres et gens, ils sont appelés maîtres au sens éminent du terme, ce n'en sont pas moins des philistins tout comme leurs gens.

Hommes, ce seraient des êtres pensants ; hommes libres, des républicains. Les philistins ne veulent être ni ceci ni cela. Que leur reste-t-il à être et à vouloir ?

Ce qu'ils veulent, vivre et se reproduire (et quoi qu'il fasse, nul, dit Goethe, ne réussit mieux), l'animal le veut aussi ; un politicien allemand pourrait tout au plus ajouter que l'homme *sait* qu'il le veut, et que l'Allemand est assez prudent pour ne rien vouloir de plus.

La dignité personnelle de l'homme, la liberté, il faudrait d'abord la réveiller dans la poitrine de ces hommes. Seul ce sentiment qui, avec les Grecs, disparaît de ce monde, et qui, avec le christianisme, s'évanouit dans l'azur vaporeux du ciel, peut à nouveau faire de la société une communauté des hommes, pour atteindre à leurs fins les plus élevées : un État démocratique[1].

En revanche, les hommes qui n'ont pas le sentiment de leur humanité adhèrent à leurs maîtres, telle une race d'esclaves, un élevage de chevaux. Les maîtres par héritage sont le but de toute cette société. Ce monde leur appartient. Ils le prennent tel qu'il est, tel qu'il se sent. Eux-mêmes, ils se prennent tels qu'ils se trouvent, et ils s'installent là où leurs pieds ont poussé, sur les nuques de ces animaux politiques qui ne connaissent qu'une seule vocation : leur être « soumis et fidèlement dévoués ».

Le monde des philistins est le *monde* d'*animaux politiques*, et si nous sommes obligés d'en reconnaître l'existence, il ne nous reste qu'à donner simplement raison au *statu quo*[2]. Des siècles barbares l'ont produit et façonné, et il se dresse maintenant devant nous, tel un système cohérent, dont le principe est le *monde déshumanisé.* Le monde philistin le plus parfait, notre Allemagne, devait naturellement rester loin derrière la Révolution française, qui a rétabli l'homme ; et l'Aristote allemand qui voudrait déduire sa *Politique* de nos conditions sociales mettrait en épigraphe : « L'homme est un animal sociable, mais il n'a rien d'un animal politique. » Quant à l'État, il ne pourrait le définir avec plus de justesse que ne l'a déjà fait M. Zöpfl, l'auteur du *Droit constitutionnel en Allemagne*[3]. C'est, d'après lui, une « réunion de familles » qui, ajoutons-le, appartient par héritage et en toute propriété à une éminentissime famille appelée dynastie. Plus les familles se montrent fécondes, plus les gens sont heureux, plus l'État est grand, plus la dynastie est puissante, et c'est pourquoi, dans la Prusse naturellement despotique, on accorde une prime de cinquante thalers pour le septième garçon.

Les Allemands sont des réalistes tellement circonspects que toutes leurs aspirations et toutes leurs pensées les plus sublimes ne dépassent pas la simple existence. Et c'est cette réalité, et rien de plus, qu'acceptent ceux qui les dominent. Étant, eux aussi, des réalistes, ces gens sont bien éloignés de toute pensée et de toute grandeur humaine, ils sont officiers ordinaires et hobereaux ; mais ils ne se trompent pas, ils ont raison : tels qu'ils sont, ils suffisent parfaitement pour exploiter et dominer ce règne animal, car domination et exploitation ne sont qu'une seule et même idée, ici comme partout. Et quand ils reçoivent l'hommage, et contemplent le pullulement de têtes de ces êtres privés de cerveaux, quelle pensée leur vient, sinon celle qui vint à Napoléon sur la rive de la Bérésina ? On raconte qu'il aurait montré du doigt le grouillement des hommes qui se noyaient, et crié à son compagnon : **Voyez ces crapauds !* Il semble qu'on ait menti en rapportant ce propos, mais il n'en est pas moins vrai. La seule pensée du despotisme, c'est le mépris des hommes, c'est l'homme vidé de son humanité, et cette pensée a sur beaucoup d'autres l'avantage d'être en même temps un fait. Le despote voit les hommes à jamais privés de dignité. Devant ses yeux, et pour lui, ils se noient dans la vase de la vie vulgaire, d'où ils remontent incessamment à la surface, comme font les grenouilles. Si cette opinion peut s'imposer même à des hommes qui, tel Napoléon avant sa folie dynastique, étaient capables de grands desseins, comment se pourrait-il qu'un roi ordinaire fût idéaliste au sein d'une telle réalité [1] ?

Le principe absolu de la monarchie, c'est l'homme méprisé et méprisable, *l'homme déshumanisé ;* et Montesquieu a grand tort d'affirmer que ce principe c'est l'honneur. Il se tire d'affaire grâce à la distinction entre monarchie, despotisme et tyrannie [2]. Mais ce sont là des noms d'une seule et même idée ; il s'agit tout au plus d'une différence de mœurs, le principe étant identique. Quand le principe monarchique est majoritaire, les hommes sont dans la minorité ; quand il n'est pas mis en doute, il n'y a point d'hommes. Or, pourquoi un individu tel que le roi de Prusse, à qui rien n'indique qu'il soit mis en question, n'obéirait-il pas à son seul caprice ? Et puisqu'il le fait, qu'en résulte-t-il ? Des desseins contradictoires ? Soit, ce ne sera rien. Des velléités stériles ? Pourtant, elles sont toujours la seule réalité politique. Le rouge de la honte et les situations gênantes ? La seule honte et la seule gêne, c'est la perte du trône. Aussi longtemps que le caprice reste en place, il a raison. Quelque inconstant, insensé et méprisable qu'il soit, le caprice sera toujours assez bon pour gouverner un peuple qui n'a jamais connu d'autre loi que le bon plaisir de ses rois. Je ne dis nullement qu'un système stupide et la perte de l'estime à l'intérieur et à l'extérieur resteront sans conséquences ; je ne garantis pas, quant à moi, la sécurité de la nef des fous ; mais je prétends que le roi de Prusse sera un homme de son temps aussi longtemps que le monde absurde sera le monde réel.

Vous le savez, je m'intéresse beaucoup à cet homme. À l'époque où il n'avait pour organe que le *Berliner politisches Wochenblatt*, je m'apercevais déjà de sa valeur et de sa vocation. Dès la prestation de serment, à Königsberg, il justifia mon sentiment que désormais la question allait devenir purement personnelle[1]. Son cœur et son âme, proclama-t-il, seraient la future Constitution du domaine de Prusse, de son État à lui ; et vraiment, en Prusse, le roi est le système. Il est la seule personne politique. Sa personnalité détermine le système dans un sens ou dans l'autre. Ce qu'il fait ou ce qu'on lui fait faire, ce qu'il pense ou ce qu'on lui fait dire, c'est ce qu'en Prusse l'État pense ou fait. Il est donc vraiment méritoire que le roi actuel l'ait admis sans réserve.

Il est un seul point sur lequel on s'est trompé un certain temps : on a donné trop d'importance aux désirs et aux pensées que le roi s'apprêtait à révéler. Cela ne pouvait rien changer à l'affaire : le philistin est le matériau de la monarchie et le monarque n'est jamais que le roi des philistins ; tant que les deux parties restent ce qu'elles sont, il ne peut changer ni lui-même ni ses gens en hommes libres, en hommes véritables.

Muni d'une théorie qui n'était certainement pas celle de son père, le roi de Prusse a tenté de modifier le système. Le sort de cette tentative est connu. Elle a complètement échoué. Tout naturellement. Une fois qu'on a atteint le monde animal de la politique, impossible de faire un pas de plus dans la réaction ; il n'existe plus qu'un moyen d'avancer, c'est de quitter sa base et de passer dans le monde humain de la démocratie.

Le vieux roi ne voulait rien d'extravagant ; c'était un philistin sans prétentions intellectuelles. Il savait que l'État de valets et la possession de cet État ne réclamaient qu'une existence prosaïque et calme. Le jeune roi était plus alerte et plus éveillé, et il se faisait une idée bien plus haute de la toute-puissance du monarque, qui ne connaît d'autre frein que son cœur et sa raison. Le vieil État encroûté, celui des valets et des esclaves, lui inspirait de la répugnance. Il voulait le rendre vivant et le pénétrer de ses désirs, de ses sentiments et de ses idées ; et cela, il pouvait l'exiger, lui, dans son État à lui : il s'agissait seulement de réussir. De là ses effusions et ses discours libéraux. C'était le cœur débordant et vivant du roi, non la loi morte, qui devait gouverner tous ses sujets. Il voulait mobiliser tous les cœurs et tous les esprits pour ses désirs profonds et ses projets longuement nourris. Il y eut un mouvement ; mais les autres cœurs ne battaient pas à l'unisson du sien, et les gouvernés ne pouvaient ouvrir la bouche sans parler de l'abolition de l'ancien règne. Les idéalistes, ces gens qui, dans leur impudence, veulent faire de l'homme un être humain, prirent la parole et, pendant que le roi délirait en vieil-allemand, ils se croyaient autorisés à philosopher en allemand moderne. Voilà qui, assurément, était inouï en Prusse. Pendant un instant, il sembla que l'ancien ordre de choses était sens dessus dessous ; bien mieux, on vit les choses prendre figure humaine, il y eut même des hommes de renom, bien qu'il soit interdit, dans les Diètes, de prononcer des noms ; mais les valets du vieux despotisme eurent tôt fait de mettre fin à ces menées peu allemandes. Il n'était pas difficile de provoquer un conflit ouvert entre les désirs du roi, nostalgique d'un grand passé plein de prêtres, de chevaliers et de serfs, et les desseins des idéalistes, uniquement préoccupés des résultats de la Révolution française, qui souhaitaient donc toujours, en fin de compte, la république et un ordre de l'humanité libre, au lieu de l'ordre des choses mortes. Quand ce conflit fut devenu suffisamment aigu et gênant, et quand le coléreux monarque fut assez irrité, les valets, qui avaient jusque-là dirigé si facilement la marche des affaires, s'approchèrent de lui et déclarèrent que le roi avait tort d'inciter ses sujets à des discours inutiles et qu'ils ne pourraient pas gouverner la race des parleurs. Le maître de tous les Russes de l'arrière s'inquiétait, lui aussi, de voir s'agiter les têtes des Russes de devant, et il exigeait le rétablissement du tranquille état de choses de naguère[1]. On fit une nouvelle édition de l'ancienne mise au ban de tous désirs et de toutes pensées humaines vouées aux droits et aux devoirs de l'homme ; autrement dit, on en revint à l'État encroûté, à l'ancien État des valets, où l'esclave sert en silence et où le propriétaire du pays et des gens gouverne le plus silencieusement possible, par le seul moyen d'une domesticité bien dressée et obséquieuse. Ni les uns ni l'autre ne peuvent dire ce qu'ils veulent, ni les uns qu'ils veulent devenir des hommes, ni l'autre qu'il n'a que faire d'hommes dans son pays. Le silence est donc le seul expédient. *Muta pecora, prona et ventri oboedientia*[1].

Telle est la tentative de supprimer l'État des philistins sur sa propre base, et tel en est l'échec : on a rendu évident à tout le monde que le despotisme ne peut se passer de la brutalité et que l'humanité lui est chose impossible. Seule la brutalité peut maintenir un état de choses fait de brutalité. Et me voilà au terme de notre tâche commune, qui était d'examiner de près le philistin et son État. Vous ne direz pas que je surestime le présent, et si pourtant je n'en désespère pas, c'est uniquement parce que sa situation désespérée me remplit d'espoir. Je ne parle pas du tout de l'impéritie des maîtres ni de l'indolence des valets et des sujets qui laissent toutes choses aller comme il plaît au bon Dieu ; et pourtant, les deux réunies suffiraient déjà pour provoquer une catastrophe. Je me borne à vous signaler le fait que voici : les ennemis des philistins, en un mot tous les hommes qui pensent et tous ceux qui souffrent, sont parvenus à une entente, dont les moyens leur manquaient absolument jusqu'alors, et même le système de reproduction des sujets, le système passif d'autrefois, enrôle chaque jour des recrues pour le service de l'humanité nouvelle. Cependant, le système de l'industrie et du commerce, de la propriété et de l'exploitation des hommes conduit, plus rapidement encore que l'accroissement de la population, à une rupture au sein de la société actuelle ; et l'ancien système est incapable de guérir cette rupture, parce qu'il ne guérit ni ne crée rien, mais ne fait qu'exister et jouir. Or, l'existence de l'humanité souffrante qui pense, et de l'humanité pensante, qui est opprimée, deviendra nécessairement immangeable et indigeste pour le monde animal des philistins, monde passif et qui jouit sans penser à rien.

C'est à nous d'amener complètement au grand jour l'ancien monde et de former positivement le monde nouveau. Plus les événements laisseront de temps à l'humanité pensante pour se ressaisir et à l'humanité souffrante pour s'associer, et plus achevé viendra au monde le produit que le présent abrite dans son sein [1].

III

Kreuznach, septembre 1843.

Je me réjouis de ce que votre décision est prise et qu'après ces regards en arrière sur le passé vos pensées se tournent en avant, vers une entreprise nouvelle. À Paris donc, cette vieille et grande école de la philosophie, *absit omen !* et cette nouvelle capitale du monde nouveau. Nécessité fait loi. C'est pourquoi je ne doute pas que tous les obstacles, dont je ne méconnais pas le poids, pourront être écartés.

Mais que l'entreprise aboutisse ou non, dans tous les cas je serai à Paris à la fin du mois, parce que l'air d'ici rend nos esprits serfs et qu'en Allemagne je ne vois absolument pas de champ pour une activité libre [2].

En Allemagne, l'oppression brutale est partout ; c'est une vraie anarchie de l'esprit ; le règne de la bêtise elle-même est advenu, et Zurich obéit aux ordres de Berlin ; aussi est-il de plus en plus évident qu'il faut chercher un nouveau point de ralliement pour les esprits réellement pensants et indépendants. Je suis convaincu que notre projet répondra à un vrai besoin, et il doit être possible de satisfaire réellement les besoins réels. Aussi n'ai-je pas le moindre doute quant à l'entreprise, pour peu que l'on s'y mette sérieusement.

Plus grande encore peut-être que les obstacles extérieurs semblent être les difficultés intérieures. Car s'il n'y a pas le moindre doute quant au *point de départ*, la confusion est d'autant plus grande quant au *but*. Non seulement l'anarchie générale a éclaté parmi les réformateurs, mais chacun est bien obligé de s'avouer qu'il n'a pas une vue exacte de ce qui doit arriver. Or, l'avantage de la nouvelle tendance, c'est justement que nous ne voulons pas anticiper le monde dogmatiquement, mais découvrir le monde nouveau, en commençant par la critique du monde ancien. Jusqu'ici les philosophes détenaient la solution de toutes les énigmes dans leur pupitre, et ce monde bêtement exotérique n'avait qu'à ouvrir le bec pour que les alouettes de la science absolue lui tombent toutes rôties dans la bouche. La philosophie s'est sécularisée, et la preuve la plus frappante en est que la conscience philosophique elle-même se trouve entraînée dans le tourment du combat de manière non seulement extérieure, mais aussi intérieure. Si la construction de l'avenir et l'achèvement pour tous les temps n'est pas notre affaire, ce qu'il nous faut accomplir dans le présent n'en est que plus certain, je veux dire *la critique impitoyable de tout l'ordre établi,* impitoyable en ce sens que la critique ne craint ni ses propres conséquences ni le conflit avec les puissances existantes.

Voilà pourquoi je ne tiens nullement à ce que nous arborions un drapeau dogmatique, bien au contraire. Notre tâche, c'est d'aider les dogmatiques à bien comprendre leurs propres thèses. Ainsi, par exemple, le *communisme* est une abstraction dogmatique, et ici je n'ai nullement en vue un quelconque communisme imaginaire ou possible, mais le communisme réellement existant, tel que l'enseignent Cabet, Dézamy, Weitling et d'autres. Ce communisme n'est lui-même qu'une manifestation particulière du principe humaniste, infectée de son contraire, l'intérêt privé. Par conséquent, abolition de la propriété privée et communisme ne sont nullement identiques, et le communisme a vu naître en face de lui, non pas par hasard, mais par nécessité, d'autres doctrines socialistes, comme celles de Fourier, de Proudhon, etc., parce qu'il n'est lui-même qu'une réalisation particulière, partielle, du principe socialiste.

Et tout le principe socialiste n'est, quant à lui, que l'une des faces du problème, celle qui concerne la *réalité* de l'être humain vrai. Nous devons nous soucier tout autant de l'autre face, de l'existence théorique de l'homme, donc prendre la religion, la science, etc., pour objet de notre critique. Nous voulons en outre agir sur nos contemporains, c'est-à-dire sur nos contemporains allemands. Comment procéder ? — telle est la question. Il y a deux faits incontestables. La religion, d'une part, la politique, d'autre part, sont des objets qui constituent le principal intérêt de l'Allemagne actuelle. C'est par elles, telles qu'elles sont, qu'il nous faut commencer, sans leur opposer tel système tout fait, dans le genre du *Voyage en Icarie*[1].

La raison a toujours existé, mais pas toujours sous la forme raisonnable. Le critique peut donc se rattacher à n'importe quelle forme de la conscience théorique et pratique, et déployer, en partant des *propres* formes de la réalité existante, la vraie réalité comme leur exigence et leur fin ultime. Or, touchant la vie réelle, c'est précisément l'*État politique* — même quand il n'est pas encore empli, de manière consciente, des exigences socialistes — qui renferme dans toutes ses formes *modernes* les exigences de la raison. Et il ne s'en tient pas là. Partout il suppose la raison devenue réalité.

Mais partout aussi, il tombe dans la contradiction entre sa vocation théorique et ses présuppositions réelles.

C'est pourquoi, en partant de ce conflit de l'État politique avec lui-même, on peut dégager partout la vérité sociale. De même que la *religion* est le sommaire des luttes théoriques de l'humanité, de même l'*État politique* est le sommaire de ses luttes pratiques. L'État politique exprime donc dans sa propre forme, *sub specie rei publicae,* comme République, toutes les luttes, tous les besoins, toutes les vérités de la société. Prendre pour objet de la critique la question politique la plus spéciale — par exemple la différence entre le système des ordres et le système représentatif — n'est donc nullement au-dessus de la **hauteur des principes.* Cette question n'exprime, en effet, que d'une manière *politique* la différence entre la souveraineté de l'homme et la souveraineté de la propriété privée. Non seulement le critique peut, mais il doit s'intéresser à ces questions politiques (qui, de l'avis des socialistes extrêmes, ne méritent que mépris). En démontrant la supériorité du système représentatif sur le système corporatif, il *intéresse pratiquement* un grand parti. En élevant le système représentatif de sa forme politique à la forme générale, et en faisant valoir la vraie signification dont il est le porteur, il oblige en même temps ce parti à se dépasser lui-même, car sa victoire est en même temps sa perte [1].

Par conséquent, rien ne nous empêche de relier notre critique à la critique de la politique, à la prise de parti en la politique, donc à des luttes *réelles,* et de nous identifier à ces luttes. Nous ne nous présentons pas alors au monde en doctrinaires armés d'un nouveau principe : voici la vérité, agenouille-toi ! Nous développons pour le monde des principes nouveaux que nous tirons des principes mêmes du monde. Nous ne lui disons pas : « renonce à tes luttes, ce sont des enfantillages ; c'est à nous de te faire entendre la vraie devise du combat ». Tout ce que nous faisons, c'est montrer au monde pourquoi il lutte en réalité, et la conscience est une chose qu'il *doit* faire sienne, même contre son gré.

La réforme de la conscience consiste *uniquement* à rendre le monde conscient de lui-même, à le réveiller du sommeil où il rêve de lui-même, à lui *expliquer* ses propres actions. Tout notre but ne peut consister qu'à faire en sorte que les questions religieuses et politiques soient formulées de manière humaine et consciente, comme c'est d'ailleurs le cas dans la critique de la religion chez Feuerbach.

Notre devise sera donc : réforme de la conscience, non par des dogmes, mais par l'analyse de la conscience mystique, obscure à elle-même, qu'elle se manifeste dans la religion ou dans la politique. On verra alors que, depuis longtemps, le monde possède le rêve d'une chose dont il lui suffirait de prendre conscience pour la posséder réellement. On s'apercevra qu'il ne s'agit pas de tirer un grand trait suspensif entre le passé et l'avenir, mais d'*accomplir* les idées du passé. On verra enfin que l'humanité ne commence pas une œuvre *nouvelle*, mais qu'elle réalise son œuvre ancienne avec conscience.

Nous pouvons, par conséquent, formuler la tendance de notre revue en un seul mot : examen introspectif (philosophie critique) de notre temps sur ses luttes et ses aspirations. C'est là une tâche pour le monde et pour nous. Ce ne peut être que l'œuvre de forces réunies. Il s'agit d'une *confession*, voilà tout. Pour se faire pardonner ses péchés, l'humanité n'a qu'à les reconnaître pour tels [1].

À PROPOS DE LA QUESTION JUIVE

I

BRUNO BAUER : *La Question juive,* Braunschweig, 1843[1].

Les juifs allemands prétendent à l'émancipation. À quelle émancipation prétendent-ils ? L'émancipation *civique, politique.*

Bruno Bauer leur répond : en Allemagne, personne n'est politiquement émancipé. Nous-mêmes, nous ne sommes pas libres. Comment voulez-vous que nous vous libérions ? Vous autres, juifs, vous êtes des *égoïstes* si vous réclamez pour vous-mêmes une émancipation particulière en tant que juifs. En tant qu'Allemands, vous devriez œuvrer pour l'émancipation politique de l'Allemagne, en tant qu'hommes, pour l'émancipation humaine, et la singularité de votre accablement et de votre honte, vous ne devriez pas la ressentir comme une exception à la règle, mais plutôt comme une confirmation de la règle.

Ou bien les juifs exigent-ils d'être les égaux des *sujets chrétiens ?* Ils reconnaissent alors la légitimité de l'*État chrétien ;* ils reconnaissent le régime de l'asservissement général. Si la subjugation générale leur plaît, pourquoi leur joug particulier leur déplaît-il ? Pourquoi l'Allemand devrait-il s'intéresser à la libération du juif, si le juif se désintéresse de la libération de l'Allemand ?

L'État *chrétien* ne connaît que des *privilèges*. Dans cet État, le juif possède le privilège d'être juif. Juif, il a des droits que les chrétiens n'ont pas. Pourquoi prétend-il à des droits qu'il n'a pas et dont les chrétiens jouissent ?

Quand le juif veut être émancipé de l'État chrétien, il réclame que cet État renonce à son préjugé *religieux*. Mais lui, le juif, renonce-t-il à son propre préjugé religieux ? A-t-il donc le droit d'exiger d'un autre qu'il abjure ainsi la religion ?

En raison de *sa nature*, l'État chrétien ne peut émanciper le juif ; mais, ajoute Bauer, en raison de sa nature, le juif ne peut être émancipé. Aussi longtemps que l'État est chrétien et que le juif est juif, l'un est tout aussi peu capable d'accorder l'émancipation que l'autre de la recevoir.

L'État chrétien ne peut se comporter à l'égard du juif qu'à la manière de l'État chrétien, c'est-à-dire par voie de privilège, en permettant au juif de se mettre à part des autres sujets, non sans lui faire ressentir le poids des autres milieux séparés ; et cela d'autant plus fermement que le juif s'oppose *par sa religion* à la religion dominante. Mais le juif, de son côté, ne peut se comporter qu'en juif à l'égard de l'État, c'est-à-dire traiter l'État comme un étranger, en opposant à la véritable nationalité sa nationalité chimérique, et sa loi illusoire à la loi véritable, en s'estimant autorisé à se mettre à part de l'humanité, en refusant, par principe, de participer au mouvement de l'histoire, en attendant un avenir qui n'a rien de commun avec l'avenir universel de l'homme, en se considérant comme un membre du peuple juif, et en considérant le peuple juif comme le peuple élu [1].

À quel titre, vous autres juifs, exigez-vous donc votre émancipation ? À cause de votre religion ? Elle est l'ennemie mortelle de la religion d'État. Comme citoyens ? En Allemagne, il n'y a pas de citoyens. Comme êtres humains ? Vous n'êtes pas des êtres humains, pas plus que ceux à qui vous faites appel.

Bauer a posé la question de l'émancipation des juifs d'une façon nouvelle, après avoir fait la critique des formes sous lesquelles elle a été jusqu'ici posée et résolue. Comment sont-ils *constitués,* demande-t-il, le juif qui doit être émancipé et l'État chrétien qui doit émanciper ? Il répond par une critique de la religion juive, il analyse l'opposition *religieuse* entre le judaïsme et le christianisme, il nous éclaire sur la nature de l'État chrétien, et tout cela avec hardiesse, pénétration, esprit, profondeur, dans un style aussi précis que solide et plein d'énergie.

Comment donc Bauer résout-il la question juive ? Qu'en est-il du résultat ? Bien formuler la question, c'est la résoudre. La critique de la question juive est la réponse à la question juive. En voici le résumé :

Nous devons nous émanciper nous-mêmes, avant que nous puissions émanciper les autres.

La forme la plus rigide de l'opposition entre le juif et le chrétien, c'est l'opposition *religieuse.* Or, comment résout-on une opposition ? En la rendant impossible. Et comment rend-on impossible une opposition *religieuse ?* En *abolissant la religion.* Du moment que juif et chrétien ne reconnaissent plus dans leur religion respective que des *étapes distinctes du développement de l'esprit humain,* des peaux de serpent rejetées par l'*histoire,* et qu'ils reconnaissent dans l'*homme* le serpent qui a fait peau neuve en évoluant, leur rapport cesse d'être religieux et devient purement critique, *scientifique,* humain. La *science* constitue alors leur unité. Or, les antinomies de la science sont résolues par la science elle-même.

C'est devant le juif *allemand* que se dressent deux obstacles : le défaut d'émancipation politique en général et le caractère strictement chrétien de l'État. Toutefois, dans l'esprit de Bauer, la question juive a une signification universelle, indépendante des conditions spécifiques de l'Allemagne. La question, c'est le rapport de la religion à l'État, c'est *la contradiction entre le parti pris religieux et l'émancipation politique.* Être émancipé de la religion est une condition que l'on pose aussi bien au juif, qui veut être émancipé politiquement, qu'à l'État, qui doit émanciper et être lui-même émancipé.

« Fort bien, dit-on — et dit aussi le juif — ce n'est nullement en tant que juif, parce qu'il est juif, parce qu'il possède un principe si excellent et universellement humain de moralité, que le juif doit être émancipé. Le *juif* passera après le *citoyen,* il sera citoyen bien qu'il soit juif, bien qu'il doive rester juif ; autrement dit, il est et reste *juif,* bien qu'il soit *citoyen* et qu'il vive dans des conditions humaines communes à tous : sa nature juive, donc limitée, l'emporte toujours finalement sur ses obligations humaines et politiques. Le *préjugé* subsiste, bien qu'il soit surmonté par des principes *généraux.* Mais s'il subsiste, c'est lui qui surmonte tout le reste. » « Ce n'est que par un sophisme, c'est seulement en apparence, que le juif pourrait rester juif dans la vie politique ; par conséquent, s'il voulait rester juif, c'est la pure apparence qui deviendrait l'essentiel et qui l'emporterait. Autrement dit, sa *vie dans l'État* ne serait qu'apparence, ou entorse momentanée à l'essence et à la règle[a].

Voyons, d'autre part, comment Bauer définit la tâche de l'État :

a. « L'aptitude des juifs et des chrétiens contemporains à devenir libres. » (*Einundzwanziq Bogen,* p. 57.)

« La France, dit-il, nous a offert récemment (débats de la Chambre des députés du 26 décembre 1840) à propos de la question juive — comme elle l'a fait constamment à propos de toutes les autres questions *politiques* [depuis la révolution de Juillet] — le spectacle d'une vie libre, mais qui révoque sa liberté dans la loi : elle fait donc de la liberté une apparence, et, en outre, elle dément par les actes sa loi de liberté[a]. »

« En France, la liberté universelle n'a pas encore force de loi, *pas plus que n'est encore résolue la question juive*, car, dans la vie, toujours dominée et divisée par les privilèges religieux, la liberté légale — l'égalité de tous les citoyens — est limitée ; et cet asservissement de la vie réagit sur la loi, la contraignant à sanctionner la division des citoyens, libres en soi, en opprimés et oppresseurs[b]. »

Quand donc la question juive sera-t-elle résolue pour la France ?

« Le juif, par exemple, aurait forcément cessé d'être juif, s'il ne se laissait pas empêcher par sa loi de remplir ses devoirs envers l'État et envers ses concitoyens ; donc, si, par exemple, il se rendait, le jour du sabbat, à la Chambre des députés pour y participer aux débats publics. Il faudrait supprimer *toutes espèces de privilège religieux*, y compris le monopole d'une Église privilégiée. Et si quelques-uns ou plusieurs, voire *la majorité écrasante, se croyaient encore tenus d'accomplir des devoirs religieux*, on devrait leur abandonner cette pratique comme une *affaire purement privée*[c]. » « La religion cesse d'exister le jour où il n'y a plus de religion privilégiée. Dépouillez la religion de son pouvoir d'exclusion, et elle cesse d'exister[d]. » « De même que M. Martin du Nord a vu, dans le projet d'écarter de la loi toute mention du dimanche, une proposition tendant à proclamer la fin du christianisme, de même, déclarer que la loi du sabbat n'est plus obligatoire pour le juif, ce serait, à tout aussi bon droit (et ce droit est pleinement fondé), proclamer la fin du judaïsme[e]. »

a. Bauer, *La Question juive*, p. 64.
b. *Ibid.*, p. 65.
c. *Ibid.*
d. *Ibid.*, p. 66.
e. *Ibid.*, p. 71.

Aussi Bauer exige-t-il, d'une part, que le juif renonce au judaïsme et, de façon générale, que l'homme renonce à la religion pour être émancipé *civilement.* D'autre part, l'abolition *politique* de la religion lui apparaît logiquement comme l'abolition de la religion tout court. Tout État qui a la religion pour principe n'est pas encore un État vrai, un État réel.

« Sans doute, l'idée religieuse offre-t-elle à l'État des garanties. Mais à quel État ? *À quelle sorte d'État*[a] *?* »

Ici apparaît la manière *bornée* d'envisager la question juive[1].

Non, il n'était pas suffisant de se demander : Qui doit émanciper ? Qui doit être émancipé ? La critique avait une troisième chose à faire. Elle devait demander : De *quelle émancipation* s'agit-il ? Quelles conditions découlent de la nature de l'émancipation réclamée ? Seule la critique de l'*émancipation politique* était la critique définitive de la question juive et sa vraie dissolution dans la « question générale de l'époque ».

Du fait qu'il n'élève pas la question à cette hauteur, Bauer tombe dans la contradiction. Il pose des conditions qui ne sont pas fondées dans la nature même de l'émancipation *politique.* Il soulève des questions étrangères à son problème, et il résout des problèmes qui laissent sa question non résolue. Quand Bauer dit des adversaires de l'émancipation juive : « Leur erreur fut seulement de supposer que l'État chrétien était le seul État vrai et de ne pas le soumettre à une critique identique à celle qu'il adressait au judaïsme[b] », il commet à notre avis l'erreur de soumettre à la critique l' « État chrétien » *seulement,* et non l' « État tout

a. Ibid., p. 97.
b. Ibid., p. 3.

court » ; de ne pas analyser le rapport entre l'*émancipation politique* et l'*émancipation humaine* et de poser ainsi des conditions qu'on ne peut s'expliquer si l'on ne voit qu'il confond, par défaut de critique, l'émancipation politique et l'émancipation générale de l'humanité. Alors que Bauer demande aux juifs : avez-vous, de votre point de vue, le droit de réclamer l'*émancipation politique*, nous posons, quant à nous, la question inverse : le point de vue de l'émancipation *politique* autorise-t-il à exiger du juif qu'il abandonne le judaïsme, ou à exiger de l'homme en général qu'il abandonne la religion [1] ?

Selon l'État où demeure le juif, la question juive se pose en termes différents. En Allemagne, où l'État politique, l'État en tant qu'État, n'existe pas, la question juive est une question purement *théologique*. Le juif se trouve en conflit *religieux* avec l'État, qui reconnaît le christianisme comme son fondement. Cet État est théologique *ex professo*. La critique y est critique de la théologie, une double critique, critique de la théologie juive et de la théologie chrétienne. Mais nous nous mouvons toujours dans le domaine de la théologie, quelque *critique* que soit notre mouvement.

En France, dans l'État *constitutionnel*, la question juive est la question du constitutionnalisme, la question de l'*inachèvement de l'émancipation politique*. Comme l'*apparence* d'une religion d'État subsiste ici, même si c'est sous la forme, vaine et en soi contradictoire, d'une *religion de la majorité*, la position des juifs à l'égard de l'État conserve l'*apparence* d'une opposition religieuse, théologique [2].

C'est seulement dans les États libres de l'Amérique du Nord — du moins dans certains d'entre eux — que la question juive perd sa signification *théologique* pour devenir une question vraiment *séculière*. C'est seulement là où l'État politique a atteint son plein développement que le rapport du juif, ou, en général, de l'homme religieux à cet État, c'est-à-dire le rapport de la religion à l'État, peut ressortir dans sa particularité et dans sa pureté. La critique de ce rapport cesse d'être théologique, dès que l'État cesse de se comporter de manière *théologique* envers la religion, dès qu'il prend envers elle l'attitude d'un État, c'est-à-dire une attitude *politique*. La critique devient alors *critique de l'État politique*. Dès lors que la question cesse d'être théologique, la critique de Bauer cesse d'être critique. « *Il n'existe aux États-Unis ni religion de l'État, ni religion déclarée celle de la majorité, ni prééminence d'un culte sur un autre. L'État est étranger à tous les cultes*[a]. » Il existe même quelques États nord-américains où « **la constitution n'impose pas les croyances religieuses et la pratique d'un culte comme condition des privilèges politiques*[b] ». Cependant « **on ne croit pas aux États-Unis qu'un homme sans religion puisse être un honnête homme*[c] ».

Et pourtant, l'Amérique du Nord est par excellence le pays de la religiosité, comme l'affirment à l'unisson Beaumont, Tocqueville et le Britannique Hamilton[1]. Mais les États d'Amérique du Nord ne sont ici qu'un exemple. La question est la suivante : quel est le rapport entre une émancipation politique *achevée* et la religion ? Puisque nous constatons que la religion non seulement *existe* dans le pays de l'émancipation politique la plus achevée, mais qu'elle y mène une existence *vivace* et *florissante*, la preuve est faite que la présence de la religion n'est pas incompatible avec l'épanouissement de l'État. Mais comme la présence de la religion

a. *Marie ou l'Esclavage aux États-Unis*, etc., par G. DE BEAUMONT, Paris, 1835, p. 214.
b. *Ibid.*, p. 225.
c. *Ibid.*, p. 224.

même que par un détour, uniquement à travers un médiateur. C'est que la religion est la reconnaissance de l'homme par un détour, à travers un *médiateur.* L'État est le médiateur entre l'homme et la liberté de l'homme. De même que Christ est le médiateur que l'homme charge de toute sa divinité, de toutes ses *contraintes religieuses,* de même l'État est le médiateur que l'homme investit de toute sa non-divinité, de toute sa *spontanéité humaine* [1].

L'élévation *politique* de l'homme au-dessus de la religion participe de toutes les insuffisances et de tous les avantages de l'élévation politique en général. Ainsi l'État en tant qu'État annule, par exemple, *la propriété privée,* et l'homme proclame, politiquement, l'*abolition* de la propriété privée, dès lors qu'il abolit le cens, tant pour élire que pour être élu, comme cela s'est produit dans nombre d'États d'Amérique du Nord. Ce fait, Hamilton l'interprète très correctement du point de vue politique en écrivant : « *Les masses ont remporté la victoire sur les propriétaires et la richesse financière* [2]. » La propriété privée n'est-elle pas supprimée idéalement quand le non-possédant est devenu le législateur du possédant ? Le *cens* est l'ultime manière *politique* de reconnaître la propriété privée.

Toutefois, par l'annulation politique de la propriété privée, la propriété privée n'est pas abolie ; bien au contraire, elle est même présupposée. L'État abolit à sa manière les distinctions de naissance, de rang social, d'éducation, de profession, quand il décrète que naissance, rang social, éducation, profession sont des distinctions *non politiques ;* quand, sans tenir compte de ces différences, il proclame que chaque membre du peuple participe, *à un titre égal,* à la souveraineté populaire ; quand il traite tous les éléments de la vie réelle du peuple du point de vue de l'État. Et pourtant, l'État laisse la propriété privée, l'éducation et la profession agir à leur façon et affirmer leur nature particulière, c'est-à-dire en tant que propriété privée, éducation et profession. Loin de supprimer ces différences réelles, il n'existe en vérité que grâce à elles, il ne se sent *État politique* et ne peut affirmer son *universalité* qu'en s'opposant à ces éléments. C'est pourquoi Hegel définit d'une façon parfaitement juste le rapport entre l'*État politique* et la religion quand il dit : « Pour que [...] l'État puisse devenir la réalité *consciente* et morale de l'esprit, il doit se différencier de la forme de l'autorité et de la foi. Mais cette distinction ne se manifeste que lorsque la sphère ecclésiastique en vient à se diviser elle-même ; car c'est seulement ainsi que l'État, par-dessus les Églises *particulières,* a acquis l'*universalité* de la pensée, le principe de sa forme, et qu'il lui donne existence[a]. »

Assurément ! Ce n'est qu'en s'élevant ainsi au-dessus des éléments particuliers que l'État s'érige en universalité[1].

L'État politique achevé est essentiellement la *vie générique* de l'homme par opposition à sa vie matérielle. Toutes les conditions de cette vie égoïste continuent à subsister, en dehors de la sphère de l'État, dans la *société civile,* mais comme attributs de la société civile. Là où l'État politique est parvenu à son épanouissement véritable, l'homme mène, non seulement dans la pensée, dans la conscience, mais dans la *réalité,* dans la *vie,* une vie double, une vie céleste et terrestre : la vie dans la *communauté politique* où il s'affirme comme un *être communautaire* et la vie dans la *société civile,* où il agit en *homme privé,* considère les autres comme des moyens, se ravale lui-même au rang de moyen et devient le jouet de puissances étrangères. L'État politique se comporte envers la société civile

a. HEGEL, *Philosophie du droit,* 1re éd., p. 346.

d'une manière aussi spiritualiste que le ciel envers la terre. Il se trouve envers elle dans la même opposition, il en vient à bout de la même manière que la religion surmonte la limitation du monde profane, c'est-à-dire qu'il est de nouveau contraint de la reconnaître, de la rétablir et de se laisser lui-même dominer par elle. Dans sa réalité *la plus immédiate,* dans la société civile, l'homme est un être profane. Et c'est justement là où, à ses propres yeux et aux yeux des autres, il passe pour un individu réel, qu'il est une figure *sans vérité.* En revanche, dans l'État, où il est considéré comme un être générique, l'homme est le membre imaginaire d'une souveraineté illusoire, dépouillé de sa vie réelle d'individu et empli d'une universalité irréelle.

Le conflit où l'homme, adepte d'une religion particulière, se trouve comme citoyen aux côtés des autres hommes, membres de la communauté, se réduit à la séparation *séculière* de l'État politique et de la société civile. Pour l'homme en tant que **bourgeois,* la « vie dans l'État est seulement une apparence ou une exception momentanée à l'essence et à la règle ». Certes, c'est uniquement par un sophisme que le **bourgeois* demeure, comme le juif, dans la vie politique, tout comme le **citoyen* ne reste juif ou **bourgeois* que par un sophisme ; mais cette sophistique n'est pas personnelle. C'est la *sophistique de l'État politique* lui-même. La différence entre l'homme religieux et le citoyen, c'est la différence entre le commerçant et le citoyen, entre le journalier et le citoyen, entre le propriétaire foncier et le citoyen, entre l'*individu vivant* et le *citoyen.* La contradiction où l'homme religieux se trouve avec l'homme politique, c'est la même contradiction où le **bourgeois* se trouve avec le **citoyen,* la même où le membre de la société civile se trouve avec sa *peau de lion politique.*

Cet antagonisme profane, à quoi se réduit, en fin de

compte, la question juive ; le rapport de l'État politique à ses propres principes, que ce soient des éléments matériels comme la propriété privée, etc., ou spirituels comme la culture, la religion ; l'antagonisme de l'intérêt général et de l'intérêt privé, la séparation de l'*État politique* et de la *société civile* — ces oppositions profanes, Bauer les laisse subsister, alors qu'il polémique contre leur expression *religieuse.*

« Or le besoin, fondement de la *société civile,* qui lui assure son existence et *garantit sa nécessité,* expose aussi son existence à des dangers permanents, entretient en elle un ferment d'incertitude, et produit ce mélange toujours changeant de misère et de richesse, de détresse et de prospérité, en un mot le changement même[a]. »

Voyez tout le chapitre consacré à la « société civile »[b], qui est construit d'après les principes fondamentaux de la philosophie du droit de Hegel. La société civile, dans son opposition à l'État politique, est reconnue pour nécessaire parce que l'État politique est reconnu pour nécessaire.

Assurément, l'émancipation *politique* constitue un grand progrès ; ce n'est certes pas la forme ultime de l'émancipation humaine en général, mais c'est la dernière forme de l'émancipation humaine *à l'intérieur* de l'ordre mondial tel qu'il a existé jusqu'ici. Entendons-nous bien : nous parlons ici de l'émancipation réelle, pratique[1].

L'homme s'émancipe *politiquement* de la religion en la bannissant de la sphère du droit public et en la reléguant dans celle du droit privé. La religion n'est plus l'esprit de l'*État,* où l'homme — serait-ce de manière bornée, sous une forme et dans une sphère

a. Bauer, *La Question juive,* p. 8.
b. *Ibid.*, p. 8-9.

particulière — se comporte en être générique, associé avec d'autres hommes ; elle est devenue l'esprit de la société civile, la sphère de l'égoïsme, du *bellum omnium contra omnes*[1]. Elle n'est plus l'essence de la *communauté* mais celle de la *séparation*. Elle est devenue l'expression du *divorce* de l'homme d'avec son *être communautaire*, d'avec lui-même et d'avec les autres hommes — elle n'est plus ce qu'elle fut *à l'origine*. Elle n'est plus que la confession abstraite de l'absurdité particulière, du caprice privé, de l'arbitraire. En Amérique du Nord, par exemple, l'infini démembrement de la religion lui donne déjà extérieurement la forme d'une affaire purement individuelle. Elle est reléguée au nombre des intérêts privés et retranchée de la communauté comme telle. Mais qu'on ne se méprenne pas sur les limites de l'émancipation politique. Le dédoublement de l'homme en l'homme *public* et en l'homme *privé*, le *déplacement* de la religion passant de la sphère de l'État dans celle de la société civile, cela ne constitue pas une étape mais l'*achèvement* de l'émancipation politique, qui ne supprime donc pas la religiosité *réelle* de l'homme, et qui, du reste, ne cherche pas à la supprimer.

La *décomposition* de l'homme en un juif et en un citoyen, en un protestant et en un citoyen, en un homme religieux et en un citoyen, cette décomposition n'est pas un démenti à la citoyenneté ; elle n'est pas une manière de tourner l'émancipation politique ; elle se confond au contraire avec l'*émancipation politique*, elle est la manière *politique* de s'émanciper de la religion. Sans doute, aux époques où l'État politique comme tel naît de la société civile dans la violence, où la libération de l'homme par lui-même tend à emprunter la forme de la libération de soi politique, l'État peut et doit aller jusqu'à l'*abolition de la religion*, voire jusqu'à l'*anéantissement* de la religion, mais uniquement de la manière dont il procède à l'abolition de la propriété privée, dont il proclame le maximum, la confiscation, l'impôt progressif, voire l'abolition de la vie, la *guillotine*. Dans ses moments d'exaltation, la vie politique cherche à étouffer le principe dont elle procède, la société civile et ses éléments, afin de s'imposer comme la vie réelle et harmonieuse de l'homme, sa vie générique. Mais pour y parvenir, il lui faut se dresser *violemment* contre ses propres conditions d'existence, proclamer que la révolution est *permanente*, et c'est pourquoi le drame politique s'achève par le rétablissement de la religion, de la propriété privée et de tous les éléments de la société civile, tout aussi nécessairement que la guerre s'achève par la paix [1].

Non, l'État chrétien parfait, ce n'est pas l'État soi-disant *chrétien*, qui confesse que le christianisme est son fondement, qui en fait la religion d'État, et qui, partant, se comporte de manière exclusive à l'égard des autres religions ; c'est bien plutôt l'État *athée*, l'État *démocratique*, l'État qui relègue la religion parmi les autres éléments de la société civile. L'État qui est encore théologien, qui fait encore profession officielle de foi chrétienne et qui n'ose pas encore se proclamer *État*, n'a pas encore réussi à exprimer sous une forme séculière et humaine, dans sa réalité d'État, la base *humaine* dont le christianisme est l'expression transcendante. L'État soi-disant chrétien est tout simplement le *non-État*, car ce n'est pas le christianisme comme religion, c'est uniquement l'*arrière-fond humain* de la religion chrétienne qui peut se réaliser dans des créations vraiment humaines.

L'État soi-disant chrétien est la négation chrétienne de l'État, et ce n'est nullement la réalisation politique du christianisme. L'État qui professe encore le christianisme sous la forme de la religion ne le professe pas encore sous la forme de l'État, car son attitude envers la religion ne cesse pas d'être religieuse ; autrement dit, il n'est pas la *réalisation véritable* du fond humain de la religion, puisqu'il s'en rapporte encore à l'irréalité, à la forme *imaginaire* de ce noyau humain. L'État soi-disant chrétien est l'État *imparfait,* et la religion chrétienne n'est pour lui que le complément et la sanctification de son imperfection. La religion devient donc nécessairement pour lui un moyen, et il est l'État de *l'hypocrisie.* Que l'État achevé compte la religion parmi ses *présupposés,* en raison de la tare inhérente à la nature générale de l'État ; ou que l'État inachevé proclame la religion son fondement, en raison de la tare inhérente à son existence particulière d'État déficient : voilà qui fait une grande différence. Dans ce dernier cas, la religion devient la forme *politique imparfaite.* Dans le premier cas, ce qu'a d'imparfait la *politique,* même achevée, se révèle dans la religion. L'État soi-disant chrétien a besoin de la religion chrétienne pour s'achever en tant qu'État. L'État démocratique, le véritable État, n'a pas besoin de la religion pour atteindre à sa perfection politique. Bien au contraire, il peut se passer de la religion, car en lui les fondements humains de la religion sont accomplis d'une manière temporelle. En revanche, l'État dit chrétien se comporte politiquement envers la religion et religieusement envers la politique. En dégradant les formes de l'État en simulacre, il dégrade tout autant la religion en simulacre[1].

Pour élucider cette contradiction, nous allons considérer la manière dont Bauer construit l'État chrétien : cette construction procède de la manière de concevoir l'État germano-chrétien.

« Tout récemment, dit Bauer, pour démontrer l'*impossibilité* ou l'*inexistence* d'un État chrétien, on a fréquemment rappelé les paroles des Évangiles, que l'État [actuel] ne respecte pas, pis encore, qu'il *ne peut même pas respecter, s'il veut échapper à une désagrégation totale.* » « Mais la cause n'est pas si facilement entendue. Que réclament donc ces paroles de l'Évangile ? L'abnégation surnaturelle, la soumission à l'autorité de la révélation, le dédain de l'État, l'abolition des conditions temporelles. Or, tout cela, l'État chrétien le réclame et l'accomplit. Il s'est assimilé l'*esprit de l'Évangile,* et s'il ne le reproduit pas dans sa lettre même, c'est simplement parce qu'il exprime cet esprit sous des formes politiques, c'est-à-dire, des formes qui, bien qu'empruntées de l'État ici-bas, sont dégradées, par la métamorphose religieuse qu'elles doivent subir, en simples simulacres. C'est le dédain de l'État, dédain qui a besoin des formes politiques pour s'affirmer[a]. »

Bauer développe son discours en montrant que le peuple de l'État chrétien n'est pas un peuple, qu'il n'a pas de volonté à lui, mais qu'il possède sa véritable existence en la personne du maître auquel il est soumis, lequel lui est cependant étranger par son origine et sa nature, c'est-à-dire donné par Dieu et advenu, sans que le peuple y soit pour rien : tout comme les lois de ce peuple ne sont pas son œuvre, mais sont révélations positives ; tout comme son souverain a besoin de médiateurs privilégiés dans ses relations avec le vrai peuple, avec la masse ; tout comme la masse elle-même se décompose en une multitude de sphères particulières que le hasard forme et détermine, qui se différencient par leurs intérêts, leurs passions et leurs préjugés particuliers, et qui reçoivent comme privilège la permission de s'isoler réciproquement les uns des autres, etc.[b].

Toutefois, Bauer déclare lui-même : « Pour n'être que religion, la politique doit cesser d'être politique, de même que le récurage des marmites pour être

a. Bauer, *La Question juive,* p. 55.
b. *Ibid.,* p. 56.

considéré comme une affaire religieuse doit cesser de passer pour une tâche ménagère (p. 108). »

Or, dans l'État germano-chrétien, la religion est une « tâche ménagère », tout comme la « tâche ménagère » est une religion. Dans l'État germano-chrétien, le pouvoir de la religion est la religion du pouvoir[1].

Séparer « l'esprit de l'Évangile » de la « lettre de l'Évangile » est un acte *irréligieux*. L'État qui fait parler à l'Évangile le langage de la politique, c'est-à-dire une autre langue que celle du Saint-Esprit, commet un sacrilège, sinon aux yeux des hommes, du moins à ses propres yeux, aux yeux de sa propre religion. À un État qui reconnaît le christianisme comme sa norme suprême et la Bible comme sa *Charte*, il faut opposer les *paroles* de l'Écriture Sainte, car l'Écriture est sainte jusque dans le verbe. Cet État, tout comme les *balayures humaines* sur lesquelles il se fonde, se trouve pris dans une contradiction douloureuse, irréductible du point de vue de la conscience religieuse, lorsqu'on le renvoie à ces paroles de l'Évangile que l'État « ne respecte pas, pis encore, qu'il *ne peut même pas respecter, s'il veut échapper à une désagrégation totale* ». Et pourquoi ne veut-il pas se désagréger complètement ? Il ne peut répondre sur ce point, ni à soi-même ni à autrui. Devant sa propre conscience, l'État chrétien officiel est une *exigence* dont la réalisation est hors de portée. C'est seulement en se mentant à lui-même que cet État arrive à constater la *réalité* de son existence, et il reste ainsi, pour lui-même, un sujet constant de doute, un objet inconsistant, problématique. La critique est donc dans son plein droit lorsqu'elle renvoie l'État à sa Bible, qu'elle pousse sa conscience à une folie où il ne sait plus lui-même s'il est une *illusion* ou une *réalité*, et où l'infamie de ses buts *profanes*, auxquels la religion sert de voile, tombe dans un conflit insoluble avec l'honnêteté de sa conscience religieuse, à qui la religion apparaît comme le but du monde. Cet État ne peut échapper à ses tourments intérieurs qu'en devenant le *sbire* de l'Église catholique. En face d'elle, qui déclare que le pouvoir temporel est son corps et serviteur, l'État est impuissant ; impuissant le pouvoir *temporel* qui prétend être le règne de l'esprit religieux[1].

Dans l'État dit chrétien, c'est bien l'*aliénation* qui vaut, mais non pas l'*homme.* Le seul homme qui vaille, le *roi,* est un être spécifiquement différent des autres hommes, un être encore religieux et directement relié au Ciel, à Dieu. Les relations qui dominent ici sont encore marquées par la *foi.* L'esprit religieux n'est donc pas encore véritablement sécularisé.

Or, l'esprit religieux ne peut être réellement sécularisé : qu'est-il lui-même, sinon la forme *non profane* d'un degré d'évolution de l'esprit humain ? L'esprit religieux ne peut se réaliser que dans la mesure où le degré d'évolution de l'esprit humain dont il est l'expression religieuse se manifeste et se constitue dans sa forme temporelle. C'est le cas dans l'*État démocratique.* Ce n'est pas le christianisme, c'est le *fond humain* du christianisme qui est le fond de cet État. La religion demeure la conscience idéale, non profane, de ses membres, car elle est la forme idéale du *degré d'évolution humaine* qui s'y trouve accompli.

Religieux, les membres de l'État politique le sont en raison du dualisme qui sépare vie individuelle et vie générique, vie de la société civile et vie politique ; ils sont religieux, parce que l'homme se comporte envers la vie de l'État, qui est étrangère à son individualité réelle, comme si elle était sa vraie vie ; ils sont religieux, car la religion est ici l'esprit de la société civile, la marque de l'abîme qui sépare et éloigne l'homme de l'homme. Chrétienne, la démocratie politique l'est à coup sûr, car en elle l'homme, chaque homme et non un seul, s'affirme comme un être *souverain*, un être suprême ; mais c'est l'homme sous son aspect inculte et insocial, l'homme dans son existence contingente, l'homme tel qu'il est, être corrompu par toute l'organisation de notre société, perdu pour lui-même, aliéné, livré à la tyrannie de conditions et d'éléments inhumains, en un mot l'homme qui n'est pas encore *vraiment* un être générique. La chimère, le rêve, le postulat du christianisme : la souveraineté de l'homme, mais de l'homme comme être étranger, comme être différent de l'homme réel, tout cela est, dans la démocratie, réalité sensible, présence, maxime profane[1].

Dans la démocratie accomplie, la conscience religieuse et théologique elle-même se croit d'autant plus religieuse et plus théologique qu'elle est apparemment dépourvue de signification politique, de fins terrestres, qu'elle est l'affaire du cœur qui fuit le monde, l'expression de l'esprit borné, le produit du caprice et de la fantaisie ; qu'elle est vraiment une vie de l'au-delà. Le christianisme atteint ici l'expression *pratique* de sa signification religieuse universelle, en ce que les visions du monde les plus disparates viennent se grouper côte à côte sous la forme du christianisme, et surtout parce qu'il n'exige même pas des autres qu'ils professent le christianisme, mais seulement une religion tout court, n'importe quelle religion (voir l'ouvrage déjà cité de Beaumont). La conscience religieuse se grise de la richesse des contrastes religieux et de la diversité religieuse.

Nous avons donc montré qu'en s'émancipant politiquement de la religion, on laisse subsister la religion, même si ce n'est pas une religion privilégiée. Le conflit où l'adepte d'une religion particulière se trouve avec sa qualité de citoyen n'est qu'un aspect partiel de la contradiction générale, du *conflit profane entre l'État politique et la société civile.* L'accomplissement de l'État chrétien, c'est l'État qui se proclame tel et qui se désintéresse de la religion de ses membres. Que l'État s'émancipe de la religion ne signifie pas que l'homme réel s'émancipe de la religion.

Aussi ne disons-nous pas aux juifs, avec Bauer : vous ne pouvez être politiquement émancipés, sans vous émanciper radicalement du judaïsme. Nous leur disons plutôt : c'est parce que vous pouvez être émancipés politiquement, sans vous détacher complètement et définitivement du judaïsme, que l'*émancipation politique* elle-même n'est pas l'émancipation *humaine.* Si vous, juifs, vous désirez votre émancipation politique sans vous émanciper vous-mêmes humainement, c'est que l'imperfection et la contradiction ne sont pas seulement en vous, mais sont inhérentes à l'*essence* et à la *catégorie* de l'émancipation politique. Si vous vous confinez dans cette catégorie, vous partagez la prévention générale. De même que l'État se montre *évangélique* quand, tout État qu'il est, il se conduit chrétiennement envers les juifs, de même le juif se montre *politique* quand, tout juif qu'il est, il réclame des droits civiques.

Or, si l'homme, quoique juif, peut être émancipé politiquement et obtenir des droits civiques, peut-il revendiquer et obtenir ce qu'on appelle les *droits de l'homme ?* Bauer le *conteste*[1].

« Il s'agit de savoir si le juif en tant que tel, c'est-à-dire le juif qui reconnaît lui-même que sa vraie essence le contraint à vivre séparé éternellement des autres, est apte à recevoir et à concéder à autrui les *droits universels de l'homme.* »

« L'idée des droits de l'homme ne s'est révélée au monde chrétien qu'au siècle dernier. Elle n'est pas innée à l'homme ; elle se conquiert au contraire par la lutte contre les traditions historiques dans lesquelles l'homme a été élevé jusqu'ici. Ainsi, les droits de l'homme ne sont ni un cadeau de la nature ni une dot de l'histoire passée ; ils sont le prix d'un combat contre le hasard de la naissance et contre les privilèges que l'histoire, jusqu'à ce jour, a légués de génération en génération. Ce sont les résultats de la culture, et seul peut les posséder celui qui les a gagnés et mérités.

« Or le juif peut-il réellement en prendre possession ? Aussi longtemps qu'il reste juif, la nature bornée qui fait de lui un juif l'emportera sur la nature humaine qui devrait l'unir aux autres hommes et l'isolera des non-juifs. Par cet isolement, il proclame que la nature particulière qui le fait juif est sa vraie nature, sa nature suprême, et que l'essence de l'homme doit s'effacer devant elle. »

« Pareillement, le chrétien, en tant que chrétien, ne peut accorder les droits de l'homme[a]. »

D'après Bauer, l'homme devrait sacrifier le « privilège de la foi » pour obtenir les droits universels de l'homme. Considérons un instant ce qu'on appelle les droits de l'homme ; voyons ces droits sous leur forme authentique, sous la forme qu'ils possèdent chez leurs *révélateurs,* les Américains du Nord et les Français ! Ce sont, pour une part, des droits *politiques,* des droits qui ne peuvent être exercés qu'en association avec autrui. Leur contenu, c'est la *participation à la communauté,* plus exactement à la communauté *politique,* à la *vie de l'État.* Ils rentrent dans la catégorie de la *liberté politique,* dans la catégorie des *droits civiques* qui, comme nous l'avons vu, ne présupposent en aucun cas l'abolition inconditionnelle et positive de la religion, ni, par conséquent, du judaïsme. Il nous reste à examiner l'autre partie des droits de l'homme, les **droits de l'homme* dans la mesure où ils sont différents des **droits du citoyen.*

Au nombre de ces droits, on trouve la liberté de conscience, le droit d'exercer le culte de son choix. Le *privilège de la foi* est expressément reconnu, soit comme

a. BAUER, *La Question juive,* p. 19, 20.

un *droit de l'homme*, soit comme la conséquence d'un des droits de l'homme, la liberté[1].

**Déclaration des droits de l'homme et du citoyen*, 1791, art. 10 : « Nul ne doit être inquiété pour ses opinions, même religieuses. » Sous le titre I de la Constitution de 1791, est garantie comme droit de l'homme : « *La liberté à tout homme d'exercer le *culte religieux* auquel il est attaché. »

**Déclaration des droits de l'homme*, etc., de 1793. Elle compte parmi les droits de l'homme, art. 7 : « *Le libre exercice des cultes. » Bien mieux, à propos du droit de rendre publiques ses idées et ses opinions, de se réunir, de pratiquer son culte, il est même dit : « *La nécessité d'énoncer ces *droits* suppose ou la présence ou le souvenir récent du despotisme. » À comparer avec la Constitution de 1795, titre XIV, art. 354[2].

**Constitution de Pennsylvanie*, art. 9, § 3 : « *Tous les hommes ont reçu de la nature le *droit* imprescriptible d'adorer le Tout-Puissant selon les inspirations de leur conscience, et nul ne peut légalement être contraint de suivre, instituer ou soutenir contre son gré aucun culte ou ministère religieux. Nulle autorité humaine ne peut, dans aucun cas, intervenir dans les questions de conscience et contrôler les pouvoirs de l'âme. »

**Constitution de New Hampshire*, art. 5 et 6 : « *Au nombre des droits naturels, quelques-uns sont inaliénables de leur nature, parce que rien ne peut en être l'équivalent. De ce nombre sont les *droits* de conscience. » (Beaumont, *loc. cit.*, p. 213, 214.)

L'incompatibilité de la religion avec les droits de l'homme est si peu incluse dans la notion des droits de l'homme qu'au contraire le *droit d'être religieux*, de l'être à sa convenance et de pratiquer le culte de sa religion particulière, figure en toutes lettres parmi les droits de l'homme. Le *privilège de la foi* est un *droit universel de l'homme*.

On distingue les **droits de l'homme* comme tels des **droits du citoyen*. Quel est cet **homme* distinct du **citoyen ?* Nul autre que le *membre de la société civile*.

Pourquoi le membre de la société civile est-il nommé « homme », homme tout court; pourquoi ses droits sont-ils dits *droits de l'homme?* Comment expliquons-nous ce fait ? Par la relation entre l'État politique et la société civile, par la nature de l'émancipation politique.

Avant tout, nous constatons que ce qu'on appelle les « droits de l'homme », les **droits de l'homme* distingués des **droits du citoyen,* ne sont autres que les droits du membre de la société civile, c'est-à-dire de l'homme égoïste, de l'homme séparé de l'homme et de la communauté. Laissons parler la constitution la plus radicale, la constitution de 1793 :

**Déclaration des droits de l'homme et du citoyen. Art. 2.* « Ces droits, etc. (les droits naturels et imprescriptibles) sont : l'*égalité,* la *liberté,* la *sûreté,* la *propriété.* »

En quoi consiste la **liberté?*

**Art. 6* « La liberté est le pouvoir qui appartient à l'homme de faire tout ce qui ne nuit pas aux droits d'autrui », ou, d'après la Déclaration des droits de l'homme de 1791 : « *La liberté consiste à pouvoir faire tout ce qui ne nuit pas à autrui. »

Ainsi, la liberté est le droit de faire tout ce qui ne nuit pas à autrui. Les limites dans lesquelles chacun peut se mouvoir *sans préjudice* pour autrui sont fixées par la loi, comme les limites de deux champs le sont par le piquet d'une clôture. Il s'agit de la liberté de l'homme comme monade isolée et repliée sur elle-même. Pourquoi, d'après Bauer, le juif est-il inapte à obtenir les droits de l'homme? « Tant qu'il reste juif, la nature bornée qui fait de lui un juif l'emportera sur la nature humaine qui devrait l'unir aux autres hommes, et le séparera des non-juifs. »

Or le droit humain de la liberté n'est pas fondé sur l'union de l'homme avec l'homme, mais au contraire sur la séparation de l'homme d'avec l'homme. C'est le *droit* de cette séparation, le droit de l'individu *borné*, enfermé en lui-même[1].

L'application pratique du droit de l'homme à la liberté, c'est le droit de l'homme à la *propriété privée.*

En quoi consiste le droit de l'homme à la propriété privée ?

**Art. 16 (Constitution de 1793) :* « Le droit de propriété est celui qui appartient à tout citoyen de jouir et de disposer *à son gré* de ses biens, de ses revenus, du fruit de son travail et de son industrie. »

Par conséquent, le droit de l'homme à la propriété privée, c'est le droit de jouir de sa fortune et d'en disposer *à son gré,* sans se soucier d'autrui, indépendamment de la société : c'est le droit de l'intérêt personnel. Cette liberté individuelle, tout comme sa mise en pratique constituent la base de la société civile. Elle laisse chaque homme trouver dans autrui non la *réalisation,* mais plutôt la *limite* de sa propre liberté. Mais ce qu'elle proclame avant tout, c'est le droit, pour l'homme, *de jouir et de disposer *à son gré* de ses biens, de ses revenus, du fruit de son travail et de son industrie.

Restent les autres droits de l'homme, l'**égalité* et la **sûreté.*

L'**égalité,* dépourvue ici de signification politique, n'est rien d'autre que l'égalité de la **liberté* définie plus haut, à savoir : chaque homme est considéré au même titre comme une monade repliée sur elle-même. La Constitution de 1795 définit la notion de cette égalité conformément à sa signification :

**Art. 3 (Constitution de 1795) :* « L'égalité consiste en ce que la loi est la même pour tous, soit qu'elle protège, soit qu'elle punisse. »

Et la *sûreté ?*

**Art. 8 (Constitution de 1793) :* « La sûreté consiste

dans la protection accordée par la société à chacun de ses membres pour la conservation de sa personne, de ses droits et de ses propriétés. »

La *sûreté* est la plus haute notion sociale de la société civile, la notion de *police* d'après laquelle la société tout entière n'existe que pour garantir à chacun de ses membres la conservation de sa personne, de ses droits, de ses propriétés. C'est dans ce sens que Hegel nomme la société civile : « L'État du besoin et de la raison [1]. »

Par la notion de sûreté, la société civile ne s'élève pas au-dessus de son égoïsme. La sûreté, c'est plutôt l'*assurance* de son *égoïsme*.

Ainsi, aucun des prétendus droits de l'homme ne s'étend au-delà de l'homme égoïste, au-delà de l'homme comme membre de la société civile, savoir un individu replié sur lui-même, sur son intérêt privé et son caprice privé, l'individu séparé de la communauté. Bien loin que l'homme ait été considéré, dans ces droits-là, comme un être générique, c'est au contraire la vie générique elle-même, la société, qui apparaît comme un cadre extérieur aux individus, une entrave à leur indépendance originelle. Le seul lien qui les unisse, c'est la nécessité naturelle, le besoin et l'intérêt privé, la conservation de leur propriété et de leur personne égoïste [2].

Il est déjà mystérieux qu'un peuple, qui commence à peine à s'affranchir, à renverser toutes les barrières séparant les divers membres du peuple, à fonder une communauté politique, que ce peuple proclame solennellement les droits de l'homme égoïste, séparé de son prochain et de la communauté *(*Déclaration de 1791)*, et renouvelle même cette proclamation à un moment où l'on réclame impérieusement le dévouement le plus héroïque, seul capable de sauver la nation, au moment où le sacrifice de tous les intérêts de la société civile est mis à l'ordre du jour, et où l'égoïsme doit être puni comme un crime (**Déclaration des droits de l'homme,* etc., de 1793). Ce fait devient encore plus mystérieux quand nous voyons que les émancipateurs politiques réduisent la citoyenneté, la *communauté politique,* à un simple *moyen* pour conserver ces prétendus droits de l'homme, que le *citoyen* est donc déclaré serviteur de l'**homme* égoïste, que la sphère où l'homme se comporte en être communautaire est rabaissée à un rang inférieur à la sphère où il se comporte en être fragmentaire, et qu'enfin ce n'est pas l'homme comme **citoyen,* mais l'homme comme **bourgeois* qui est pris pour l'homme proprement dit, pour l'homme *vrai.*

« *Le but de toute association politique est la conservation des droits naturels et imprescriptibles de l'homme. » (*Déclaration des droits,* etc., de 1791, art. 2.) « Le gouvernement est institué pour garantir à l'homme la jouissance de ses droits naturels et imprescriptibles. » (*Déclaration,* etc., de 1793, art. 1.).

Ainsi, au moment même où son enthousiasme juvénile est porté au paroxysme sous la poussée des circonstances, la vie politique déclare n'être qu'un simple *moyen,* dont le but est la vie de la société civile. Sa pratique révolutionnaire est, certes, en contradiction flagrante avec sa théorie. Tandis que, par exemple, la sûreté est déclarée un des droits de l'homme, la violation du secret de la correspondance est publiquement mise à l'ordre du jour. Tandis que la « *liberté *indéfinie* de la presse » (*Constitution de 1793, art. 122) est garantie comme la conséquence du droit de l'homme, de la liberté individuelle, la liberté de la presse est complètement anéantie, car « *la liberté de la presse ne doit pas être permise lorsqu'elle compromet la liberté publique[a] » ; en d'autres termes, le droit

a. Robespierre jeune, *Histoire parlementaire de la Révolution française,* par Buchez et Roux, t. XXVIII, p. 159.

de l'homme à la liberté cesse d'être un droit quand il entre en conflit avec la vie *politique*, alors qu'en théorie la vie politique n'est que la garantie des droits de l'homme, des droits de l'homme individuel, et doit donc être suspendue dès qu'elle est contraire à son *but*, à ces mêmes droits de l'homme. Toutefois, la pratique n'est que l'exception et c'est la théorie qui est la règle. Quand bien même on voudrait considérer la pratique révolutionnaire comme l'exacte position de ce rapport, il resterait toujours à résoudre une énigme : pourquoi, dans la conscience des émancipateurs politiques, cette relation est-elle mise sens dessus dessous, et pourquoi la fin apparaît-elle comme le moyen et le moyen comme la fin ? Cette illusion d'optique de leur conscience serait toujours aussi énigmatique, à ceci près qu'il s'agirait alors d'une énigme psychologique, donc théorique.

L'énigme est facile à résoudre.

L'émancipation politique est en même temps la *désagrégation* de l'ancienne société sur laquelle repose l'État devenu étranger au peuple — le pouvoir souverain. La révolution politique, c'est la révolution de la société civile[1]. Quel était le caractère de l'ancienne société ? Un seul mot la caractérise : la *féodalité*. L'ancienne société civile avait *directement* un caractère *politique*, c'est-à-dire que les éléments de la vie civile tels que la propriété, ou la famille, ou le mode de travail, étaient promus, sous les formes de la seigneurie, des ordres et des corporations, éléments de la vie dans l'État. Ils déterminaient, sous cette forme, le rapport de l'individu particulier au *tout de l'État*, c'est-à-dire son rapport *politique*, c'est-à-dire le rapport qui le sépare et l'exclut des autres éléments de la société. En effet, cette organisation de la vie du peuple n'éleva pas la propriété et le travail au rang d'éléments sociaux mais acheva plutôt de les *séparer* du corps de l'État pour en faire des sociétés *particulières* au sein de la société. Néanmoins, les fonctions et les conditions vitales de la société civile restaient encore politiques, tout au moins au sens de la féodalité, c'est-à-dire qu'elles isolaient l'individu de ce tout qu'est l'État ; elles transformaient le rapport *particulier* entre sa corporation et l'État total en une relation générale de l'individu avec la vie du peuple, de même qu'elles changeaient son activité et sa situation civiles déterminées en une activité et une situation générales. En conséquence de cette organisation, l'unité de l'État, aussi bien que la conscience, la volonté et l'activité de l'unité politique, le pouvoir d'État général, apparaissent aussi nécessairement comme l'affaire *particulière* d'un souverain séparé du peuple et entouré de ses serviteurs.

La révolution politique qui renversa ce pouvoir souverain et promut les affaires de l'État au rang d'affaires du peuple, qui constitua l'État politique en affaire *générale,* c'est-à-dire en État réel, brisa nécessairement tous les ordres, corporations, jurandes, privilèges, qui étaient autant d'expressions de la séparation du peuple d'avec la communauté. Ainsi la révolution politique *supprima le caractère politique de la société civile.* Elle fit éclater la société civile en ses éléments simples, d'une part les *individus,* d'autre part les *éléments matériels* et *spirituels* qui forment la substance vitale de la situation civile de ces individus. Elle déchaîna l'esprit politique qui semblait s'être fragmenté, décomposé, dispersé dans les divers culs-de-sac de la société féodale ; elle réunit les fragments épars de l'esprit politique, le libéra de la confusion avec la vie civile et le constitua en sphère de la communauté, de l'affaire *générale* du peuple dans l'indépendance idéale par rapport à ces éléments *particuliers* de la vie civile. Telles activités *déterminées,* telles situations spécifiques de la vie déclinèrent jusqu'à n'avoir plus qu'une importance purement individuelle. Elles ne formèrent plus la relation générale de l'individu au tout de l'État. L'affaire publique comme telle devint au contraire l'affaire générale de chaque individu, et la fonction politique la fonction générale de chacun.

Toutefois, le parachèvement de l'idéalisme de l'État fut en même temps le parachèvement du matérialisme de la société civile. En secouant le joug politique, on se délivra du même coup des liens qui entravaient l'esprit égoïste de la société civile. L'émancipation politique fut, en même temps, l'acte par lequel la société civile s'émancipa de la politique, de l'*apparence* même d'un contenu général.

La société féodale se trouvait dissoute dans son fondement, dans l'*homme;* mais dans cet homme qui était réellement fondement de cette société, dans l'homme *égoïste.*

Cet *homme,* le membre de la société civile, est bien la base, la condition de l'État *politique,* et celui-ci le reconnaît comme telle dans les droits de l'homme.

En fait, la liberté de l'homme égoïste et la reconnaissance de cette liberté, c'est plutôt la reconnaissance du mouvement *effréné* des éléments spirituels et matériels qui constituent le contenu de sa vie.

C'est pourquoi l'homme ne fut pas libéré de la religion : il obtint la liberté des cultes. Il ne fut pas libéré de la propriété; il obtint la liberté de la propriété. Il ne fut pas libéré de l'égoïsme du métier, il obtint la liberté du métier.

La constitution de l'État politique et la désagrégation de la société civile en individus indépendants — dont le rapport a pour base le *droit,* tout comme le rapport des hommes, sous les ordres et les corporations, fut le *privilège* — s'accomplissent en un seul et même acte. Mais l'homme en tant que membre de la société civile, l'homme *non politique*, apparaît nécessairement comme l'homme *naturel*. Les **droits de l'homme* apparaissent comme des **droits naturels*, car l'activité *consciente* se concentre sur l'*acte politique*. L'homme *égoïste* est le résultat *passif*, tout trouvé, de la société dissoute, objet de la certitude immédiate, donc objet naturel. La *révolution politique* dissout la vie civile en ses élements constitutifs sans *révolutionner* ces éléments eux-mêmes et sans les soumettre à la critique[1]. Elle se rapporte à la société civile, au monde des besoins, du travail, des intérêts privés, du droit privé, comme au fondement de son existence, comme à un principe exempt de toute justification, donc comme à sa *base naturelle*. Voilà enfin l'homme, membre de la société civile, qui s'affirme comme l'homme proprement dit, comme l'* *homme* distinct du * *citoyen*, car il est l'homme dans son existence *immédiate*, sensible et individuelle, tandis que l'homme *politique* n'est que l'homme abstrait, artificiel, l'homme comme personne *allégorique, morale*. L'homme réel n'est reconnu que sous l'aspect de l'individu *égoïste* et l'homme *vrai* que sous l'aspect du * *citoyen abstrait*.

Voici comment Rousseau décrit, en termes justes, l'homme politique en tant qu'abstraction :

> *« Celui qui ose entreprendre d'instituer un peuple doit se sentir en état de *changer* pour ainsi dire la *nature humaine*, de *transformer* chaque individu, qui par lui-même est un tout parfait et solitaire, en *partie* d'un plus grand tout dont cet individu reçoive en quelque sorte sa vie et son être, de substituer une *existence partielle* et *morale* à l'existence physique et indépendante. Il faut qu'il ôte à *l'homme ses forces propres* pour lui en donner qui lui soient étrangères et dont il ne puisse faire usage sans le secours d'autrui[a]. »

a. ROUSSEAU, *Du contrat social*, liv. II, Londres, 1782, p. 67.

Toute émancipation signifie *réduction* du monde humain, des rapports sociaux à l'*homme lui-même.*

L'émancipation politique est la réduction de l'homme, d'une part au membre de la société civile, à l'individu *égoïste* et *indépendant,* d'autre part au *citoyen,* à la personne morale.

C'est seulement lorsque l'homme individuel, réel, aura recouvré en lui-même le citoyen abstrait et qu'il sera devenu en tant qu'individu un *être générique* dans sa vie empirique, dans son travail individuel, dans ses rapports individuels ; lorsque l'homme aura reconnu et organisé ses **forces propres* comme forces *sociales* et ne retranchera donc plus de lui la force sociale sous l'aspect de la force *politique ;* c'est alors seulement que l'émancipation humaine sera accomplie[1].

II

BRUNO BAUER : *L'Aptitude des juifs et des chrétiens d'aujourd'hui à devenir libres*[a].

C'est sous cette forme que Bauer aborde la relation des *religions juive et chrétienne,* de même que leur rapport à la Critique. Leur rapport à la Critique est leur rapport « à la capacité de devenir libres ».

Voici ce qui en résulte : « Le chrétien n'a qu'un degré à franchir, à savoir sa religion, pour abandonner la religion tout court », donc pour devenir libre ; « en revanche, le juif doit rompre non seulement avec sa nature juive, mais aussi avec le développement qui parachève sa religion, avec un développement qui lui est demeuré étranger[b] ».

a. *Einundzwanzig Bogen,* p. 56-71.
b. BAUER, *L'Aptitude...,* p. 71.

Bauer transforme donc ici la question de l'émancipation des juifs en une question purement religieuse. Qui, du juif ou du chrétien, a plus de chance d'obtenir son salut ? Ce scrupule théologique se répète sous cette forme éclairée : qui des deux est le *plus apte à l'émancipation ?* Évidemment, on ne se demande plus : qui, du judaïsme ou du christianisme, rend libre ? On pose plutôt la question inverse : qu'est-ce qui rend plus libre, la négation du judaïsme ou la négation du christianisme ?

« S'ils veulent devenir libres, les juifs doivent confesser non pas le christianisme, mais le christianisme dissous, la religion dissoute tout court, c'est-à-dire les lumières, la Critique et son résultat, la libre humanité[a]. »

Il s'agit bien toujours pour le juif d'une *confession*, non plus certes d'une confession du christianisme, mais du christianisme dissous.

Bauer exhorte le juif à rompre avec l'essence de la religion chrétienne, exigence qui, comme il l'admet lui-même, ne découle pas du développement de l'essence juive.

À partir du moment où, au terme de la question juive, Bauer n'avait vu dans le judaïsme qu'une critique religieuse grossière du christianisme, et lui avait donc trouvé une signification « seulement » religieuse, il était à prévoir que l'émancipation des juifs se transformerait, elle aussi, en un acte philosophico-théologique.

Bauer conçoit l'essence abstraite et *idéale* du juif, sa *religion,* comme son essence *totale.* Il conclut donc logiquement : « Le juif ne donne rien à l'humanité lorsque, pour lui-même, il fait fi de sa loi bornée », lorsqu'il surmonte tout son judaïsme[b].

a. Bauer, *L'Aptitude...*, p. 70.
b. *Ibid.*, p. 65.

Le rapport des juifs et des chrétiens devient alors le suivant : le seul intérêt que l'émancipation du juif présente pour le chrétien, c'est un intérêt universellement humain, un intérêt *théorique*. Le judaïsme est un fait offensant pour l'œil religieux du chrétien. Dès que son œil cesse d'être religieux, ce fait cesse de l'offenser. En soi et pour soi, l'émancipation du juif n'est pas une tâche qui concerne le chrétien.

Le juif, en revanche, s'il veut s'affranchir, doit entreprendre non seulement sa propre tâche, mais en même temps celle du chrétien, passer par la *Critique des synoptiques* et la *Vie de Jésus*, etc.[1].

« À eux de voir : ils décideront eux-mêmes de leur destin ; mais l'histoire n'aime pas qu'on se moque d'elle[a]. »

Nous essayons de briser le cadre théologique du problème. La question de la capacité d'émancipation du juif se change pour nous en la question : quel élément *social* particulier convient-il de vaincre pour surmonter le judaïsme ? Car la capacité d'émancipation du juif d'aujourd'hui, c'est le rapport du judaïsme à l'émancipation du monde d'aujourd'hui. Cette relation résulte nécessairement de la situation particulière du judaïsme dans le monde d'aujourd'hui, dans le monde de la servitude.

Considérons le juif profane tel qu'il est : non pas, à l'exemple de Bauer, le *juif du Sabbat*, mais le *juif de tous les jours*.

Ne cherchons pas le secret du juif dans sa religion, mais cherchons le secret de la religion dans le juif réel.

Quel est le fond profane du judaïsme ? Le besoin *pratique*, l'*intérêt personnel*.

Quel est le culte profane du juif ? Le *trafic*. Quel est son dieu ? L'*argent*.

a. BAUER, *L'Aptitude...*, p. 71.

Eh bien ! En s'émancipant du *trafic* et de l'*argent*, donc du judaïsme réel et pratique, notre époque s'émanciperait du même coup.

Une organisation de la société qui ferait disparaître les conditions du trafic, donc la possibilité du trafic, aurait rendu le juif impossible. Sa conscience religieuse s'évanouirait telle une fade vapeur dans l'atmosphère réelle et vivifiante de la société. En outre, si le juif reconnaît le néant de sa nature *pratique* et s'efforce de la vaincre, cet effort le libère de tout ce qui fut jusque-là son développement, il œuvre pour l'*émancipation humaine* tout court et se retourne contre l'expression *pratique suprême* de l'aliénation humaine[1].

Nous apercevons donc dans le judaïsme un élément *antisocial* et universel *de notre temps*, élément qui, par l'évolution historique à laquelle les juifs ont ardemment collaboré dans ce sens négatif, a été porté à son niveau présent, à un niveau où il doit nécessairement se désagréger.

Dans son sens ultime, l'*émancipation des juifs*, c'est l'émancipation de l'humanité par rapport au *judaïsme*.

Le juif s'est déjà émancipé à la manière juive. « Le juif qui, à Vienne, par exemple, est seulement toléré, influence par sa puissance financière le destin de tout l'Empire. Le juif, qui peut être un hors-la-loi dans les plus petits États allemands, décide du destin de l'Europe. Tandis que les corporations et les jurandes se ferment au juif ou lui sont encore peu favorables, l'audace de l'industrie se moque de la ténacité des institutions moyenâgeuses[a]. »

Ce n'est pas un fait isolé. Le juif s'est émancipé à la manière juive non seulement en se rendant maître de la puissance financière, mais aussi du fait que, grâce à

a. BAUER, *La Question juive*, p. 114.

lui et sans lui, *l'argent* est devenu une puissance mondiale et l'esprit pratique des juifs l'esprit pratique des peuples chrétiens. Les juifs se sont émancipés dans la mesure où les chrétiens sont devenus juifs [1].

« L'habitant dévot et politiquement libre de la Nouvelle Angleterre », raconte par exemple le colonel Hamilton, « est une sorte de *Laocoon* qui ne fait pas le moindre effort pour se libérer des serpents qui l'enserrent. *Mammon* est son idole, et il l'adore non seulement du bout des lèvres, mais de toutes les forces de son corps et de son âme. À ses yeux, la terre n'est rien de plus qu'une bourse, et il est convaincu que sa seule destinée ici-bas est de devenir plus riche que son voisin. Le trafic s'est emparé de toutes ses pensées et sa seule détente est la variété dans les objets. Quand il voyage, il porte, pour ainsi dire, sa pacotille ou son comptoir sur le dos, et ne parle de rien, sinon d'intérêt et de profit. S'il perd un instant son affaire des yeux, c'est uniquement pour fourrer son nez dans les affaires des autres [a] ».

En vérité, la domination pratique du judaïsme sur le monde chrétien a atteint dans l'Amérique du Nord l'expression normale et sans équivoque que voici : l'*annonce de l'Évangile* elle-même, que le ministère chrétien est devenu article de commerce, et le marchand failli dans l'Évangile travaille dans les petites affaires, comme l'évangéliste enrichi.

« *Tel que vous voyez à la tête d'une congrégation respectable a commencé par être marchand ; son commerce étant tombé, il s'est fait ministre ; cet autre a débuté par le sacerdoce, mais dès qu'il a eu quelque somme d'argent à sa disposition, il a laissé la chaire pour le négoce. Aux yeux d'un grand nombre, le ministère religieux est une véritable carrière industrielle [b]. »

a. Hamilton, *Hommes et mœurs...*, t. I, ch. vii.
b. Beaumont, *op. cit.*, p. 185, 186.

Selon Bauer, c'est « pure hypocrisie que de dénier en théorie au juif ses droits politiques, alors qu'en pratique il dispose d'une puissance énorme et qu'il exerce *en gros* son influence politique lorsqu'on la lui réduit *en détail*[a] ».

Cette contradiction où se trouve la puissance politique pratique du juif par rapport à ses droits politiques, c'est tout bonnement la contradiction entre la politique et la puissance de l'argent en général. Tandis que la première est idéalement au-dessus de la seconde, elle en est devenue l'esclave dans le fait.

Le judaïsme s'est maintenu *à côté* du christianisme, non seulement comme critique religieuse du christianisme, non seulement comme doute incarné quant à l'origine religieuse du christianisme, mais tout autant parce que l'esprit pratique juif, parce que le judaïsme s'est maintenu dans la société chrétienne elle-même, et y a même atteint son plein épanouissement. Membre particulier de la société civile, le juif n'est que la manifestation particulière du judaïsme de la société bourgeoise.

Le judaïsme s'est conservé non pas en dépit de l'histoire, mais grâce à l'histoire.

C'est de ses propres entrailles que la société bourgeoise engendre continuellement le juif.

Quel était, en soi et pour soi, le fondement de la religion juive ? Le besoin pratique, l'égoïsme [1].

C'est pourquoi le monothéisme du juif est, dans la réalité, le polythéisme des besoins multiples, un polythéisme qui fait même des lieux d'aisances l'objet de la loi divine. Le *besoin pratique, l'égoïsme,* voilà le principe de la *société bourgeoise,* et il se manifeste comme tel dans toute sa pureté dès que la société bourgeoise a achevé de mettre au monde l'État politique. Le dieu du

a. Bauer, *La Question juive,* p. 114.

leur place l'égoïsme, le besoin intéressé, et transformer le monde des hommes en un monde atomistique d'individus qui s'affrontent en ennemis.

Le christianisme est issu du judaïsme. Il s'est de nouveau dissous dans le judaïsme.

Le chrétien fut, dès l'origine, le juif théorisant ; c'est pourquoi le juif est le chrétien pratique, et le chrétien pratique est redevenu juif.

Le christianisme n'a triomphé qu'en apparence du judaïsme réel. Il était trop *distingué*, trop spiritualiste pour éliminer la grossièreté du besoin pratique autrement qu'en s'élevant dans l'azur.

Le christianisme est la pensée sublime du judaïsme, le judaïsme est l'application grossière du christianisme, mais pour que cette application devînt universelle, il fallait que le christianisme, en tant que religion accomplie, eût achevé *théoriquement* de rendre l'homme étranger à lui-même et à la nature.

C'est alors seulement que le judaïsme put parvenir à la domination universelle et changer l'homme aliéné et la nature aliénée en objets *aliénables* et vénaux, asservis aux besoins égoïstes, en objets livrés au trafic.

Trafiquer, c'est pratiquer l'aliénation. De même que l'homme, tant qu'il est sous l'emprise de la religion, ne sait réaliser son être qu'en en faisant un être *étranger* et imaginaire, de même, sous la domination du besoin égoïste, il ne peut avoir d'activité pratique, produire pratiquement des objets qu'en plaçant ses produits, ainsi que son activité, sous la domination d'un être étranger et en leur attribuant la signification d'un être étranger : l'argent.

Dans sa pratique accomplie, l'égoïsme bienheureux du chrétien se change nécessairement en l'égoïsme charnel du juif, le besoin céleste en besoin terrestre, le subjectivisme en intérêt personnel. Nous expliquons la ténacité du juif non par sa religion, mais plutôt par le fond humain de sa religion, par le besoin pratique, l'égoïsme[1].

C'est parce que l'être réel du juif s'est universellement réalisé et sécularisé dans la société bourgeoise que cette société n'a pu convaincre le juif de l'*irréalité* de son être *religieux*, qui n'est au fond que la conception idéale du besoin pratique. Aussi, n'est-ce pas seulement dans le Pentateuque ou dans le Talmud, mais dans la société présente, que nous découvrons l'être du juif d'aujourd'hui : non pas un être abstrait, mais un être éminemment empirique, non seulement comme mesquinerie du juif, mais comme mesquinerie juive de la société.

Du moment où la société réussit à faire disparaître l'essence *empirique* du judaïsme, le trafic et ses prémisses, le juif est devenu *impossible*, parce que sa conscience n'a plus d'objet, parce que la base subjective du judaïsme, le besoin pratique, s'est humanisée, parce que le conflit entre l'existence individuelle, sensible, et l'existence générique de l'homme est surmonté.

L'émancipation sociale du juif, c'est l'émancipation de la société libérée du judaïsme[2].

POUR UNE CRITIQUE DE LA PHILOSOPHIE DU DROIT DE HEGEL

INTRODUCTION [1]

Pour l'Allemagne, la *critique de la religion* est pour l'essentiel achevée, et la critique de la religion est la condition de toute critique [2].

L'existence profane de l'erreur est compromise, sitôt démentie sa céleste *oratio pro aris et focis,* sa prière sacrée pour le foyer. L'homme qui, dans la réalité imaginaire du ciel où il cherchait un surhomme, n'a trouvé que son propre *reflet,* ne sera plus tenté de trouver seulement l'*apparence* de lui-même, l'être inhumain, là où il cherche et doit chercher sa vraie réalité.

Voici le fondement de la critique irréligieuse : *c'est l'homme qui fait la religion,* et non la religion qui fait l'homme. À la vérité, la religion est la conscience de soi et le sentiment de soi de l'homme qui, ou bien ne s'est pas encore conquis, ou bien s'est déjà de nouveau perdu. Mais l'homme, ce n'est pas un être abstrait recroquevillé hors du monde. L'homme, c'est *le monde de l'homme,* c'est l'État, c'est la société. Cet État, cette société produisent la religion, une *conscience renversée du monde,* parce qu'ils sont eux-mêmes un *monde renversé.* La religion est la théorie générale de ce monde, son compendium encyclopédique, sa logique sous une forme populaire, son **point d'honneur* spiritualiste, son enthousiasme, sa sanction morale, son complément cérémoniel, son universel motif de consolation et de justification. Elle est la *réalisation chimérique* de l'essence humaine, parce que l'essence humaine ne possède pas de réalité véritable. Lutter contre la religion, c'est donc, indirectement, lutter contre ce monde-là, dont la religion est l'arôme spirituel.

La misère religieuse est tout à la fois l'*expression* de la misère réelle et la *protestation* contre la misère réelle. La religion est le soupir de la créature accablée, l'âme d'un monde sans cœur, de même qu'elle est l'esprit d'un état de choses où il n'est point d'esprit. Elle est l'*opium* du peuple[1].

Nier la religion, ce bonheur *illusoire* du peuple, c'est exiger son bonheur *réel*. Exiger qu'il abandonne toute illusion sur son état, c'est exiger qu'il renonce à un état qui a besoin d'illusions. La critique de la religion contient en germe la *critique de la vallée de larmes* dont la religion est l'*auréole*.

La critique a saccagé les fleurs imaginaires qui ornent la chaîne, non pour que l'homme porte une chaîne sans rêve ni consolation, mais pour qu'il secoue la chaîne et qu'il cueille la fleur vivante. La critique de la religion détrompe l'homme, afin qu'il pense, qu'il agisse, qu'il forge sa réalité en homme détrompé et revenu à la raison, afin qu'il gravite autour de lui-même, c'est-à-dire autour de son véritable soleil. La religion n'est que le soleil illusoire, qui gravite autour de l'homme tant que l'homme ne gravite pas autour de lui-même.

C'est donc la *tâche de l'histoire*, une fois l'au-delà de la vérité disparu, d'établir la vérité de l'ici-bas. Et c'est tout d'abord la *tâche de la philosophie*, qui est au service de l'histoire, de démasquer l'aliénation de soi dans ses *formes profanes*, une fois démasquée la *forme sacrée* de l'aliénation de soi de l'homme. La critique du ciel se transforme ainsi en critique de la terre, la *critique de la religion* en *critique du droit*, la *critique de la théologie* en *critique de la politique.*

L'exposé suivant — contribution à cette entreprise — ne s'attache pas d'emblée à l'original mais à une copie : la *philosophie* allemande de l'État et du droit, et cela pour la simple raison qu'elle s'attache à l'*Allemagne.*

Si l'on voulait commencer par le *statu quo* allemand lui-même, fût-ce de la seule manière appropriée, c'est-à-dire négativement, le résultat resterait toujours un *anachronisme.* Nous aurions beau renier notre présent politique : les peuples modernes, eux, l'ont déjà remisé, tout poussiéreux, au débarras de l'histoire. Si je renie les perruques poudrées, il me reste toujours les perruques non poudrées. Si je renie l'état des choses allemandes de 1843, j'en suis à peine, selon la chronologie française, en l'an 1789 ; il s'en faut que je sois au cœur du temps présent.

En vérité, l'histoire allemande se flatte d'un mouvement dont aucun peuple ne lui a montré l'exemple au ciel de l'histoire et qu'aucun n'imitera. C'est que nous avons participé aux restaurations des peuples modernes, sans jamais partager leurs révolutions. Nous avons été restaurés, en premier lieu, parce que d'autres peuples ont osé faire une révolution et, en second lieu, parce que d'autres peuples ont subi une contre-révolution ; la première fois, parce que nos seigneurs ont eu peur, la seconde fois parce que nos seigneurs n'ont pas eu peur. Nous, nos bergers en tête, nous ne nous sommes trouvés qu'une seule fois en compagnie de la liberté, *le jour de son enterrement.*

Une école de pensée qui justifie l'infamie d'aujourd'hui par l'infamie d'hier, une école qui qualifie de rébellion le moindre cri du serf contre le knout, dès l'instant que ce knout est un knout chargé d'années, héréditaire et historique, une école à laquelle l'histoire, comme le Dieu d'Israël à son serviteur Moïse, ne montre que son *a posteriori*, l'*École historique du droit*, aurait donc été capable d'inventer l'histoire allemande, si elle n'en était elle-même l'invention[1]. Shylock, mais Shylock servile, elle jure, pour chaque livre de chair taillée dans le cœur du peuple, sur son titre, sur son titre historique, sur son titre germano-chrétien.

En revanche, des enthousiastes débonnaires, teutomanes par le sang et libéraux par l'esprit, cherchent l'histoire de notre liberté au-delà de notre histoire, dans les forêts vierges teutoniques. Mais en quoi l'histoire de notre liberté se distingue-t-elle de l'histoire de la liberté du sanglier, si elle se passe uniquement dans les forêts ? Et puis, c'est bien connu, l'écho de la forêt ne peut renvoyer que le cri qu'on lance dans la forêt. Aussi, paix aux forêts vierges des Teutons !

Guerre à l'état des choses allemand ! Assurément ! Il est *au-dessous du niveau de l'histoire*, il est *au-dessous de toute critique*, mais il n'en reste pas moins un objet de la critique, comme le criminel, qui est au-dessous du niveau de l'humanité, demeure la chose du *bourreau*. En lutte contre cet état de choses, la critique n'est pas une passion de la tête, elle est la tête de la passion. Elle n'est pas un scalpel anatomique, mais une arme. Son objet est son *ennemi*, qu'elle veut non pas réfuter, mais *anéantir*. Car l'esprit de cet état de choses est désormais réfuté. En soi et pour soi, ces circonstances ne sont pas des objets mémorables, mais des *existences* méprisables autant que méprisées. En soi, la critique n'a pas besoin de s'expliquer avec cet objet, car elle sait à quoi s'en tenir. Elle ne se donne plus comme une *fin en soi*, mais seulement comme un *moyen*. Son pathétique, c'est essentiellement l'*indignation ;* sa tâche, c'est essentiellement la *dénonciation*.

Il s'agit de faire le tableau d'une sourde oppression que toutes les sphères sociales exercent les unes sur les autres, d'une maussaderie générale mais inerte, d'une étroitesse d'esprit faite d'acceptation et de méconnaissance, le tout bien encadré par un système de gouvernement qui, vivant de la conservation de toutes les vilenies, n'est lui-même que la *vilenie au gouvernement.*

Quel spectacle ! Voici une société infiniment divisée en races les plus diverses qui s'affrontent avec leurs petites antipathies, leur mauvaise conscience et leur médiocrité brutale, et qui, en raison même de leur voisinage équivoque et méfiant, sont toutes, sans exception, traitées par leurs *seigneurs* comme des *existences concédées.* Et ce fait même d'être dominées, gouvernées, possédées, elles doivent le reconnaître et le confesser comme une concession du ciel. Et voici, en face d'elles, ces maîtres eux-mêmes chez qui la grandeur est en rapport inverse du nombre !

La critique qui s'attaque à cette matière est un corps à corps, et, dans un corps à corps, qu'importe que l'adversaire soit du même rang, noble ou intéressant ; l'important, c'est de le *toucher.* Il s'agit de n'accorder aux Allemands aucun instant d'illusion ni de résignation. Il faut rendre l'oppression réelle encore plus oppressive, en lui ajoutant la conscience de l'oppression, rendre la honte plus honteuse encore, en la divulguant. Il faut dépeindre chaque sphère de la société allemande comme la **partie honteuse* de cette société, il faut forcer ces conditions fossilisées à entrer en danse, en leur chantant leurs propres airs ! Il faut apprendre au peuple à *avoir peur* de lui-même, afin de lui donner *courage.* On satisfait ainsi un besoin irrépressible du peuple allemand, et les besoins des peuples sont eux-mêmes les raisons ultimes de leur satisfaction.

Et même pour les peuples *modernes,* cette lutte

contre le contenu borné du *statu quo* allemand ne peut être dénuée d'intérêt, puisque le *statu quo* allemand est le franc accomplissement de l'**Ancien Régime* et puisque l'**Ancien Régime* est la *tare secrète de l'État moderne.* La lutte contre le présent politique de l'Allemagne est la lutte contre le passé des peuples modernes, et les réminiscences de ce passé ne cessent de les hanter. Il est instructif pour ces peuples de voir l'**Ancien Régime,* qui chez eux a connu sa *tragédie,* jouer sa *comédie* sous le masque du revenant allemand. Son histoire fut *tragique* aussi longtemps qu'il fut le pouvoir préétabli du monde, et que la liberté ne fut qu'un caprice personnel, en un mot : aussi longtemps que l'Ancien Régime a cru et a dû croire à sa légitimité. Tant que l'**Ancien Régime,* qui était l'ordre du monde existant, luttait contre un monde en train de naître, il y avait de sa part une erreur de portée historique, mais nullement une erreur personnelle. C'est pourquoi sa chute fut tragique.

Anachronisme, négation flagrante d'axiomes universellement reconnus, nullité de l'**Ancien Régime* offerte en spectacle mondial, le régime allemand d'aujourd'hui en est, quant à lui, réduit à se persuader qu'il croit encore en lui-même, et il exige que le monde partage son illusion. S'il croyait en sa propre *nature,* tenterait-il de la dissimuler sous l'*apparence* d'une nature étrangère et de trouver son salut dans l'hypocrisie et le sophisme ? L'**Ancien Régime* moderne n'est plus que le *comédien* d'un ordre mondial dont les *vrais héros* sont morts. L'histoire est *gründlich,* ingénieuse, et elle traverse bien des phases quand elle porte en terre une forme vieillie. La dernière phase d'une forme de portée universelle, c'est sa comédie. Après avoir été, une première fois, tragiquement blessés à mort dans le *Prométhée enchaîné* d'Eschyle, les dieux de la Grèce durent subir une seconde mort, une mort comique, dans les *Dialogues* de Lucien. Pourquoi l'histoire suit-elle ce cours ? Afin que l'humanité se sépare *sereinement* de son passé. C'est ce destin historique tout serein que nous revendiquons pour les puissances politiques de l'Allemagne[1].

Cependant, dès que la réalité *moderne,* politique et sociale, devient elle-même objet de la critique, donc dès que la critique s'élève aux problèmes vraiment humains, elle se situe en dehors du *statu quo* allemand, faute de quoi elle saisirait son objet *au-dessous* de lui-même. Prenons un exemple. Le rapport de l'industrie, du monde de la richesse en général, au monde politique est un problème majeur des Temps modernes. Sous quelle forme ce problème commence-t-il à préoccuper les Allemands ? Sous la forme du *protectionnisme,* du *système prohibitif,* de l'*économie nationale.* La teutomanie est passée des hommes dans la matière, et c'est ainsi qu'un beau matin nos chevaliers du coton et nos héros du fer se sont vus métamorphosés en patriotes. On commence donc en Allemagne à reconnaître la souveraineté du monopole à l'intérieur, en lui attribuant la *souveraineté vis-à-vis de l'extérieur.* Autrement dit, on s'apprête, en Allemagne, à commencer par là où, en France et en Angleterre, on s'apprête à finir. Le vieil ordre corrompu, contre lequel ces pays se rebellent en théorie et qu'ils supportent encore, mais comme on supporte des chaînes, est salué en Allemagne comme l'aurore d'un avenir glorieux qui ose à peine passer de la théorie *astucieuse* [de List] à la pratique la plus implacable[2]. Tandis qu'en France et en Angleterre le problème se pose en ces termes : *économie politique* ou *règne de la société sur la richesse,* en Allemagne il signifie : *économie nationale* ou *règne de la propriété privée sur la nationalité.* En France et en Angleterre, il s'agit donc de supprimer le monopole qui a été poussé jusqu'à ses dernières conséquences ; en

Allemagne, il s'agit de pousser le monopole jusqu'à ses dernières conséquences. Là il s'agit de la solution, tandis qu'ici on en est encore à l'affrontement. Voilà qui illustre parfaitement la forme *allemande* des problèmes modernes, un exemple qui montre comment notre histoire, telle une recrue mal dégrossie, a eu jusqu'ici pour seule tâche de s'exercer à singer des histoires rebattues.

Par conséquent, si le développement allemand *dans son intégralité* ne dépassait pas le développement *politique* allemand, un Allemand pourrait participer aux problèmes du temps présent tout au plus comme le ferait un *Russe.* Mais si l'individu particulier n'est pas lié par les limites de la nation, la nation tout entière est moins encore libérée par l'affranchissement d'un individu. Les Scythes n'ont pas avancé d'un pas vers la culture grecque du fait que la Grèce compte un Scythe au nombre de ses philosophes[1].

Fort heureusement, nous autres Allemands, nous ne sommes pas des Scythes.

De même que les peuples anciens ont vécu leur préhistoire en imagination dans la *mythologie,* de même, nous autres Allemands, nous avons vécu notre post-histoire en pensée, dans la *philosophie.* Nous sommes les contemporains *philosophiques* du présent, sans en être les contemporains *historiques.* La philosophie allemande est le *prolongement idéal* de l'histoire allemande. C'est pourquoi, lorsque nous critiquons, au lieu des **œuvres incomplètes* de notre histoire réelle, les **œuvres posthumes* de notre histoire idéelle, la *philosophie,* notre critique se situe au centre des problèmes dont le présent dit : *That is the question*[2]. Ce qui, chez les peuples avancés, constitue *pratiquement* une rupture avec les conditions politiques modernes est en Allemagne, où ces conditions n'existent même pas encore, une rupture *critique* avec leur reflet philosophique.

La philosophie allemande du droit et de l'État est la seule histoire allemande qui soit au niveau du présent moderne *officiel.* Le peuple allemand doit donc joindre cette sienne histoire de rêve à sa condition réelle, et soumettre à la critique non seulement cette condition, mais en même temps son prolongement abstrait. Son avenir ne peut se *borner* ni à la négation immédiate de ses conditions politiques et juridiques réelles, ni à la réalisation immédiate de ses conditions idéelles, car il possède la négation immédiate de ses conditions réelles dans ses conditions idéelles ; et la réalisation immédiate de ses conditions idéelles, peu s'en faut que le peuple allemand, une fois de plus, l'ait de nouveau *derrière lui* quand il contemple les peuples voisins. C'est donc à bon droit qu'en Allemagne le parti politique *pratique* exige la *négation de la philosophie.* Son tort n'est pas d'exiger, mais d'en rester là, car cette exigence, il ne l'accomplit ni ne peut l'accomplir vraiment. Il croit opérer cette négation en tournant le dos à la philosophie et en marmonnant à son adresse, tête détournée, quelques phrases grincheuses et banales. Vu l'étroitesse de son horizon, ce parti n'inclut pas également la philosophie dans la sphère de la réalité *allemande,* ou va même jusqu'à l'estimer *au-dessous* du niveau de la pratique allemande et des théories qui sont à son service. Vous voulez que l'on s'attache aux *germes de vie réels,* mais vous oubliez que le germe réel de vie du peuple allemand n'a bourgeonné jusqu'ici que sous son *crâne.* En un mot : *vous ne pouvez surmonter la philosophie sans la réaliser*[1].

La même erreur, mais avec des facteurs inversés, a été commise par le parti politique *théorique* issu de la philosophie[2].

Ce parti n'a vu dans le combat actuel que le *combat*

critique de la philosophie avec le monde allemand ; il n'a pas compris que la philosophie traditionnelle appartient elle-même à ce monde et qu'elle en est le *complément,* ne serait-ce qu'idéalement. Critique envers son antagoniste, il eut une attitude peu critique envers lui-même, en partant des présupposés de la philosophie pour s'arrêter à ses résultats acquis ou faire passer des exigences et des résultats empruntés pour des exigences et des résultats immédiats de la philosophie ; ceux-ci, en admettant même leur légitimité, ne peuvent pourtant être obtenus que par la *négation de la philosophie traditionnelle,* de la philosophie en tant que telle. Nous nous proposons de soumettre ce parti à un examen approfondi. Voici, réduit à une formule, son principal défaut : *il a cru pouvoir réaliser la philosophie sans la surmonter*[1].

La critique de la philosophie allemande de l'État et du droit, à laquelle Hegel a donné sa forme la plus rigoureuse, la plus riche et définitive, est tout à la fois l'analyse critique de l'État moderne et de la réalité qui s'y rattache et la négation catégorique, de tout le mode traditionnel de la conscience allemande, politique et juridique, dont l'expression la plus distinguée et la plus universelle est précisément la *philosophie spéculative du droit* elle-même, élevée au rang de *science.* Si la philosophie spéculative du droit, cette *pensée* abstraite et transcendante de l'État moderne dont la réalité demeure un au-delà — cet au-delà ne fût-il qu'au-delà du Rhin —, n'était possible qu'en Allemagne, de même, et inversement, la conception *allemande* de l'État moderne, qui fait abstraction de l'*homme réel,* a été possible par la seule raison et dans la seule mesure où l'État moderne lui-même fait abstraction de l'homme réel ou ne satisfait l'homme *tout entier* que d'une manière illusoire. En politique, les Allemands ont *pensé* ce que les autres peuples ont *fait.* L'Allemagne était leur *conscience théorique.* Le caractère abstrait et présomptueux de sa pensée a toujours marché de pair avec le caractère borné et courtaud de sa réalité. Si donc le *statu quo* de l'État allemand exprime la perfection de l'**Ancien Régime,* la perfection de l'écharde dans la chair de l'État moderne, le *statu quo* de la science politique allemande exprime l'*imperfection de l'État moderne,* l'avarie de sa chair même.

Ne serait-ce qu'en tant qu'adversaire résolu du mode traditionnel de la conscience politique allemande, la critique de la philosophie spéculative du droit débouche non sur elle-même, mais sur des problèmes dont la solution n'est possible que par un seul moyen : la *praxis.*

Voici la question : l'Allemagne peut-elle atteindre à une praxis **à la hauteur des principes,* c'est-à-dire à une *révolution* qui l'élève non seulement au *niveau officiel* des peuples modernes, mais à cette *hauteur d'homme* qui sera le proche avenir de ces peuples ?

De toute évidence, l'arme de la critique ne peut pas remplacer la critique des armes : la force matérielle doit être renversée par une force matérielle, mais la théorie se change, elle aussi, en force matérielle, dès qu'elle saisit les masses. La théorie est capable de saisir les masses, dès qu'elle argumente *ad hominem,* et elle argumente *ad hominem* dès qu'elle devient radicale. Être radical, c'est saisir les choses à la racine, *mais la racine, pour l'homme, c'est l'homme lui-même.* La preuve évidente du radicalisme de la théorie allemande, donc de son énergie pratique, c'est que son point de départ est l'abolition radicale et *positive* de la religion. La critique de la religion s'achève par la leçon que l'*homme est pour l'homme l'être suprême,* donc par l'*impératif catégorique de bouleverser toutes les conditions* où l'homme est un être humilié, asservi, abandonné, méprisable ; ces rapports, on ne saurait mieux les rendre que par l'exclamation d'un Français à l'annonce d'un projet d'impôt sur les chiens : pauvres chiens ! on veut vous traiter comme des hommes !

Même du point de vue historique, l'émancipation théorique revêt pour l'Allemagne une signification spécifiquement pratique. C'est que le passé *révolutionnaire* de l'Allemagne est théorique : il se confond avec la *Réforme*. Tout comme la révolution commença alors dans le cerveau du *moine*, elle commence aujourd'hui dans le cerveau du *philosophe*[1].

Luther a certes vaincu la servitude par *dévotion*, parce qu'il a mis à sa place la servitude par *conviction*. Il a brisé la foi en l'autorité, parce qu'il a restauré l'autorité de la foi. Il a transformé les clercs en laïcs, parce qu'il a transformé les laïcs en clercs. Il a libéré l'homme de la religiosité extérieure, parce qu'il a fait de la religiosité l'homme intérieur. Il a émancipé le corps de ses chaînes, parce qu'il a chargé de chaînes le cœur[2].

Si le protestantisme ne fut pourtant pas la vraie solution, en revanche, il a su poser vraiment le problème. Il ne s'agissait désormais plus du combat du laïc avec le *clerc extérieur à lui*, mais du combat avec le *clerc à l'intérieur de lui-même*, avec sa *nature de clerc*. Et s'il est vrai que la métamorphose protestante des laïcs allemands en clercs a émancipé les papes laïques, les *princes* avec leur clergé, les privilégiés et les philistins, la métamorphose philosophique des Allemands cléricaux en hommes émancipera le *peuple*. Mais l'émancipation ne s'arrêtera nullement aux princes, pas plus que la *sécularisation* des biens ne s'arrêtera à la *spoliation des églises*, qui fut surtout l'œuvre de la Prusse hypocrite. En ce temps-là, la Guerre des paysans, ce fait le plus radical de l'histoire allemande, fut mise en échec par la théologie[3]. Aujourd'hui que la théologie elle-même a échoué, le moins libre des faits de l'histoire allemande, notre *statu quo*, se brisera contre la philosophie. À la veille de la Réforme, l'Allemagne officielle était la servante la plus soumise de Rome. À la veille de sa révolution, elle est la servante la plus soumise de bien moins que Rome, de la Prusse et de l'Autriche, de hobereaux et de philistins.

Une révolution allemande *radicale* semble cependant se heurter à un obstacle majeur.

Les révolutions ont en effet besoin d'un élément *passif*, d'un fondement *matériel*. La théorie devient réalité dans un peuple dans la mesure où elle est la réalisation de ses besoins. Le désaccord irrémédiable entre les exigences de la pensée allemande et les réponses de la réalité allemande n'entraînera-t-il pas le même désaccord de la société civile avec l'État et avec elle-même ? Les besoins théoriques seront-ils immédiatement pratiques ? Il ne suffit pas que la pensée tende à la réalisation, il faut que la réalité tende elle-même à la pensée.

Mais l'Allemagne n'a pas gravi en même temps que les peuples modernes les échelons intermédiaires de l'émancipation politique. Même les échelons qu'elle a dépassés en théorie, elle ne les a pas encore atteints dans la pratique. Comment pourrait-elle, d'un même *salto mortale*, passer tout ensemble par-dessus ses propres barrières et par-dessus celles des peuples modernes, ces mêmes barrières que, dans la réalité, elle doit éprouver et désirer comme un moyen de s'affranchir de ses barrières réelles. Une révolution radicale ne peut être que la révolution de besoins radicaux, dont les conditions préalables et les foyers semblent justement faire défaut.

Toutefois, si l'Allemagne a accompagné l'évolution des peuples modernes par la seule activité abstraite de la pensée, sans prendre activement parti dans les luttes réelles de cette évolution, elle n'en a pas moins partagé les *souffrances,* sans en partager les jouissances ou la satisfaction partielle. À l'activité abstraite, d'un côté, correspond la souffrance abstraite, de l'autre. Aussi l'Allemagne se retrouvera-t-elle un beau matin au niveau du déclin européen, avant de s'être jamais trouvé au niveau de l'émancipation européenne. On pourra la comparer à un *fétichiste* que rongent les maladies du christianisme.

Si l'on considère tout d'abord les *gouvernements allemands,* on s'aperçoit que les circonstances temporelles, la situation de l'Allemagne, l'état de la culture allemande, enfin l'heureux instinct qui leur est propre, les incitent à combiner les *tares civilisées* des États du *monde politique moderne,* dont nous ne possédons pas les avantages, avec les vices *barbares* de l'**Ancien Régime,* dont nous jouissons pleinement ; si bien que l'Allemagne doit participer toujours davantage, sinon à la raison, du moins à la déraison des systèmes politiques qui se situent au-delà de son *statu quo.* Y a-t-il, par exemple, un pays au monde qui partage, aussi naïvement que l'Allemagne soi-disant constitutionnelle, toutes les illusions du régime constitutionnel sans en partager les réalités ? Ou bien n'était-il pas fatal que seul un gouvernement allemand eût l'idée de combiner les cruautés de la censure avec les cruautés des lois françaises de Septembre qui supposent la liberté de la presse [1] ? Tout comme on apercevait au Panthéon romain les *dieux* de toutes les nations, on trouvera dans le Saint Empire romain germanique les *péchés* de toutes les formes d'État. Cet éclectisme atteindra une hauteur jusqu'ici insoupçonnée, si l'on en juge surtout d'après la gourmandise politico-esthétique d'un roi allemand qui aimerait jouer tous les rôles de la royauté, qu'elle soit féodale ou bureaucratique, absolue ou constitutionnelle, autocratique ou démocratique, sinon en la personne du peuple, du moins en sa *propre* personne, sinon pour le peuple, du moins pour lui-même. *Incarnation des tares du présent politique,* l'Allemagne ne pourra renverser les barrières spécifiquement allemandes sans renverser la barrière générale du présent politique.

Ce n'est pas la révolution *radicale,* l'émancipation *universellement humaine,* qui est, pour l'Allemagne, un rêve utopique ; c'est bien plutôt la révolution partielle, la révolution *purement politique,* la révolution qui laisse subsister les piliers de la maison. Sur quoi repose une révolution partielle, une révolution seulement politique ? Sur le fait qu'une *partie de la société civile* s'émancipe et parvient à la suprématie *générale,* qu'une classe déterminée entreprend, à partir de sa *situation particulière,* l'émancipation générale de la société. Cette classe libère la société tout entière, mais à la seule condition que la société tout entière se trouve dans la situation de cette classe ; à la condition, par exemple, qu'elle possède ou puisse acquérir à sa guise argent et culture.

Aucune classe de la société civile ne peut jouer ce rôle, sans susciter en elle-même et dans la masse cet élan de l'enthousiasme, cet élan où elle fraternise avec la société dans son ensemble et converge avec elle, un mouvement où elle se confond avec elle et où elle est ressentie et reconnue comme le *représentant général* de cette société ; un mouvement où ses exigences et ses droits sont véritablement les droits et les exigences de la société elle-même, où elle est réellement l'esprit social et le cœur social. C'est seulement au nom des droits généraux de la société qu'une classe particulière peut revendiquer la suprématie générale. Pour emporter cette position émancipatrice et s'assurer ainsi l'exploitation politique de toutes les sphères de la société dans l'intérêt de sa propre sphère, énergie révolutionnaire et conscience morale ne sauraient suffire. Pour que la *révolution d'un peuple* et l'*émancipation d'une classe particulière* de la société bourgeoise coïncident, pour qu'un seul *Stand*, un seul ordre, soit reconnu comme *Stand* de la société tout entière, il faut qu'inversement toutes les tares de la société se concentrent dans une autre classe ; il faut qu'un ordre particulier soit l'ordre du scandale universel, l'incarnation de la servitude universelle ; il faut qu'une sphère particulière de la société représente le *crime notoire* de toute la société, de sorte que se libérer de cette sphère apparaisse comme l'universelle libération de soi. Pour qu'un *seul* ordre soit *par excellence* l'ordre de la libération, il faut qu'en contrepartie un autre ordre soit ouvertement l'ordre de l'asservissement. L'importance générale et négative de la noblesse et du clergé français a déterminé l'importance générale et positive de la *bourgeoisie,* classe immédiatement voisine et opposée[1].

Or, ce qui fait défaut à chaque classe particulière en Allemagne, c'est non seulement la rigueur logique, l'acuité d'esprit, le courage, l'inflexibilité qui pourraient la consacrer représentante négative de la société ; chaque ordre est tout autant dépourvu de cette grandeur d'âme qui s'identifie, ne serait-ce qu'un moment, à l'âme du peuple, de ce génie qui inspire à la force matérielle l'enthousiasme pour la puissance politique, de cette hardiesse révolutionnaire qui lance à l'adversaire en guise de défi : *Je ne suis rien, et je devrais être tout.* Le principal arsenal de la morale et de l'honnêteté allemandes, non seulement des individus mais encore des classes sociales, c'est, en vérité, cet *égoïsme modeste* qui fait valoir son étroitesse et accepte qu'on la fasse valoir contre lui. C'est pourquoi le rapport des différentes sphères de la société allemande n'est pas dramatique mais épique. Chacune d'elles commence à ressentir son existence et à s'installer à côté des autres avec des exigences particulières, non quand elle est opprimée, mais quand, sans son intervention, les conditions de l'époque créent au-dessous d'elle un substrat social sur lequel elle peut, à son tour, exercer une pression. Il n'est pas jusqu'au *sentiment moral de la classe moyenne allemande* qui ne repose sur la seule conscience d'être la représentante générale de la médiocrité philistine de toutes les autres classes. Ce ne sont donc pas seulement les rois allemands qui accèdent au trône **mal à propos ;* c'est chaque sphère de la société bourgeoise qui subit sa défaite avant d'avoir célébré sa victoire ; qui développe sa propre barrière avant d'avoir détruit la barrière dressée devant elle, qui fait valoir sa nature mesquine avant d'avoir pu affirmer sa nature généreuse, de sorte que l'occasion de jouer un grand rôle est toujours passée avant même de s'être présentée, et que chaque classe, dès qu'elle entame la lutte contre la classe placée au-dessus d'elle, est engagée dans la lutte contre la classe qui se trouve au-dessous. C'est pourquoi les princes sont en lutte contre la royauté, le bureaucrate lutte contre le noble, le bourgeois contre eux tous, tandis que le prolétaire est déjà engagé dans le combat contre le bourgeois. À peine la classe moyenne ose-t-elle concevoir, de son point de vue, la pensée de son émancipation, que déjà l'évolution des conditions sociales et le progrès de la théorie politique déclarent ce point de vue périmé, ou du moins problématique.

En France, il suffit que l'on soit quelque chose pour que l'on veuille être tout. En Allemagne, il vaut mieux n'être rien, pour n'avoir pas à renoncer à tout. En France, l'émancipation partielle est le fondement de l'émancipation universelle. En Allemagne, l'émancipation universelle est la *conditio sine qua non* de toute émancipation partielle. En France c'est la réalité, en Allemagne c'est l'impossibilité de la libération graduelle qui doit engendrer la liberté totale. En France, chaque classe du peuple est un *idéaliste politique* qui se considère, dès l'abord, non comme une classe particulière, mais comme le représentant des besoins sociaux tout court. Ainsi, le rôle d'*émancipateur* passe successivement, dans un mouvement dramatique, aux diverses classes du peuple français, pour échoir enfin à la classe qui réalise la liberté sociale, non plus en présupposant certaines conditions extérieures aux hommes et pourtant créées par la société humaine, mais plutôt en organisant toutes les conditions de l'existence humaine, en posant comme préalable la liberté sociale. En Allemagne, au contraire, où la vie pratique est aussi dénuée d'esprit que la vie de l'esprit est peu pratique, nulle classe de la société civile n'éprouve le besoin et ne possède la capacité de l'émancipation générale, à moins d'y être contrainte par sa situation *immédiate*, par la nécessité *matérielle*, par ses *chaînes mêmes*[1].

Mais alors, où trouver la possibilité positive de l'émancipation allemande ?

Réponse : dans la formation d'une classe chargée de *chaînes radicales*, d'une classe de la société civile qui n'est pas une classe de la société civile, d'un ordre qui est la dissolution de tous les ordres, d'une sphère qui possède un caractère universel en raison de ses souffrances universelles, et qui ne revendique aucun *droit particulier*, parce qu'on lui fait subir non un *tort particulier*, mais le *tort absolu ;* qui ne peut plus s'en rapporter à un titre *historique*, mais seulement à un titre *humain ;* qui n'est pas en opposition partielle avec les conséquences, mais en opposition totale avec les principes politiques de l'État allemand, d'une sphère, enfin, qui ne peut s'émanciper sans s'émanciper de toutes les autres sphères de la société et, partant, sans les émanciper toutes ; en un mot, une sphère qui est la *perte totale* de l'homme et ne peut donc se reconquérir

GLOSES CRITIQUES EN MARGE DE L'ARTICLE[a] « LE ROI DE PRUSSE ET LA RÉFORME SOCIALE PAR UN PRUSSIEN »

[*Vorwärts!* nº 60, 7 et 10 août 1844.]

I

Le numéro 60 du *Vorwärts!* contient un article intitulé : « Le roi de Prusse et la réforme sociale », signé : « *Un Prussien.* »

Le soi-disant Prussien rappelle tout d'abord le contenu de l'ordonnance royale prussienne sur la *révolte des ouvriers de Silésie* et l'opinion du journal français *La Réforme* sur cette ordonnance. Selon *La Réforme,* l'ordre du cabinet aurait sa source dans « la terreur et le sentiment religieux » du roi [1]. Elle découvre même dans ce document le *pressentiment* des grandes réformes qui se préparent pour la société bourgeoise. Voici la leçon du « Prussien » à *La Réforme :*

a. Des raisons spéciales m'obligent à déclarer que le présent article est le premier que j'ai donné au *Vorwärts!*

« Le roi et la société allemande n'est pas encore parvenu au " pressentiment de sa réforme[a] ", même les révoltes de Silésie et de Bohême n'ont pas suscité ce sentiment. À un pays aussi *peu politique* que l'Allemagne, il est impossible de faire voir que la détresse *partielle* des régions industrielles est affaire d'intérêt général, et encore moins un dommage causé au monde civilisé tout entier. Pour les Allemands, cet événement présente le même caractère qu'une quelconque inondation ou famine *locales*. C'est pourquoi le roi le considère comme un *défaut d'administration ou de bienfaisance*. Pour cette raison, et parce qu'il a suffi d'une poignée de soldats pour venir à bout des faibles tisserands, la destruction des fabriques et des machines n'inspire aucune " terreur " au roi ni aux autorités. En fait, ce n'est même pas le " sentiment religieux " qui a dicté l'ordonnance : celle-ci est une expression très sobre de la politique chrétienne et d'une doctrine qui écarte toute difficulté, forte qu'elle est de son remède unique, la " bonne disposition des cœurs chrétiens ". Pauvreté et crime sont deux grands maux ; qui peut les guérir ? L'État et les autorités ? Certes non, mais l'union de tous les cœurs chrétiens. »

Parmi les raisons invoquées par le soi-disant Prussien pour nier la « terreur » du roi, il y a le petit nombre de soldats qui sont venus à bout des faibles tisserands.

Ainsi donc, dans un pays où des banquets, pétillants de toasts libéraux et de champagne libéral — souvenons-nous du banquet de Düsseldorf[1] —, provoquent une ordonnance royale ; où *pas un soldat* ne fut nécessaire pour étouffer les aspirations de *toute* la bourgeoisie libérale à la liberté de la presse et à une constitution ; dans un pays où l'obéissance passive est **à l'ordre du jour ;* dans ce pays-là, l'obligation d'employer la force armée contre de faibles tisserands ne serait pas un événement, un événement *terrifiant ?* Et les faibles

a. Remarquez le non-sens stylistique et grammatical. « Le roi de Prusse et la société n'*est* pas encore parvenu au pressentiment de *sa* (à quoi se rapporte ce : " sa " ?) réforme. »

tisserands ont vaincu dès le premier choc. Ils ont été écrasés par une troupe renforcée après coup. Le soulèvement d'une foule d'ouvriers est-il moins dangereux parce qu'il n'est pas besoin d'une armée pour l'étouffer ? Que le malin Prussien compare la révolte des tisserands de Silésie avec le soulèvement des ouvriers anglais, et les tisserands silésiens lui paraîtront de *forts* tisserands.

C'est par le rapport général de la *politique* aux *tares sociales* que nous expliquerons pourquoi la révolte des tisserands ne pouvait pas inspirer au roi une « terreur » particulière. Pour l'instant, disons seulement ceci : la révolte ne visait pas directement le roi de Prusse, mais la bourgeoisie. Aristocrate et monarque absolu, le roi de Prusse ne peut aimer la bourgeoisie ; il s'effraiera d'autant moins si la bourgeoisie se fait plus soumise, si elle est plus impuissante, du fait que ses rapports avec le prolétariat sont plus tendus et plus difficiles. En outre : le catholique orthodoxe est plus hostile au protestant orthodoxe qu'à l'athée, tout comme le légitimiste est plus hostile au libéral qu'au communiste. Non que l'athée et le communiste soient plus proches du catholique ou du légitimiste, mais parce qu'ils lui sont plus étrangers que le protestant ou le libéral, bref parce qu'ils se situent *en dehors* de son horizon. En sa qualité de politique, le roi de Prusse a son opposé direct dans la politique, dans le libéralisme. Pour le roi, l'opposition du prolétariat n'existe pas plus que le roi n'existe pour le prolétariat. Il faudrait que le prolétariat eût déjà acquis une puissance décisive pour étouffer les antipathies, les antagonismes politiques, et pour détourner toute l'hostilité de la politique contre lui-même. Enfin : pour ce roi, que l'on sait friand de choses intéressantes et importantes, il devait même être surprenant, agréable, excitant, de rencontrer sur son propre sol ce *paupérisme* si « intéressant » et « tant décrié », et de trouver ainsi une nouvelle occasion de faire parler de lui. Quel ne dut pas être son contentement d'apprendre qu'il possédait son « propre » *paupérisme,* royal et prussien !

Notre « Prussien » est encore moins chanceux quand il conteste que le « sentiment religieux » est la source de l'ordonnance royale.

Pourquoi cette ordonnance ne serait-elle pas inspirée par le sentiment religieux ? Parce qu'elle est une « expression très *sobre* de la politique chrétienne », une expression « sobre » de la doctrine qui « écarte toute difficulté, forte qu'elle est de son remède unique, les bons sentiments des cœurs chrétiens ».

Le sentiment *religieux* n'est-il pas la source de la politique *chrétienne ?* Une doctrine qui voit une panacée dans les bons sentiments des cœurs chrétiens n'est-elle pas fondée sur le sentiment religieux ? Une expression *sobre* du sentiment religieux cesse-t-elle d'être une expression du sentiment religieux ? Il y a plus ! Je prétends que c'est un sentiment religieux très imbu de lui-même, très enivré de lui-même, qui dénie « à l'État et à l'autorité » cette « guérison des grands maux » qu'elle cherche dans l' « union des cœurs chrétiens ». C'est une bien forte *ivresse* religieuse qui, de l'aveu même du « Prussien », découvre tout le mal dans le manque de sentiment chrétien et renvoie, pour cette raison, les autorités au seul moyen de fortifier ce sentiment, à l' « admonition ». *Les convictions chrétiennes,* voilà, d'après le « Prussien », le but de l'ordonnance. Le sentiment religieux, lorsqu'il est ivre, s'entend, lorsqu'il n'est pas sobre, se prend pour le seul bien. Partout où il aperçoit le mal, il l'attribue à sa propre absence, car étant le seul bien, il est seul capable de produire le bien. L'ordonnance dictée par le sentiment religieux dicte donc, par voie de conséquence, le sentiment religieux. Un politique en qui le sentiment religieux est *sobre* n'irait pas, dans son « désarroi », chercher son « secours » auprès de l'« admonition du pieux prédicateur qui lui rappellerait les convictions chrétiennes ».

Or, comment le soi-disant Prussien prouve-t-il à *La Réforme* que l'ordonnance n'émane pas du sentiment religieux ? En la présentant partout comme une émanation du sentiment religieux. Peut-on s'attendre qu'un cerveau aussi *peu logique* ait quelque intelligence des mouvements sociaux ? Écoutons son *bavardage* sur le rapport de la *société allemande* au mouvement ouvrier et à la réforme sociale en général.

Distinguons, ce que le « Prussien » néglige de faire, les diverses catégories qui ont été réunies sous l'expression de « société allemande » : gouvernement, bourgeoisie, presse, enfin les travailleurs eux-mêmes. Voilà les *différentes* masses dont il est ici question. Le « Prussien » regroupe ces masses et, de sa hauteur sublime, les condamne en masse. Selon lui, la *société allemande* « n'est même pas encore parvenue au *pressentiment* de sa “réforme[1]” ».

Pourquoi est-elle privée de cet instinct ?

« Dans un pays aussi *peu politique* que l'Allemagne », répond le Prussien, « il est impossible de faire voir que la détresse *partielle* des régions industrielles est une *affaire d'intérêt général*, et encore moins un dommage causé au monde civilisé tout entier. Pour les Allemands, cet événement présente le même caractère qu'une inondation ou famine *locales*. C'est pourquoi le roi le considère comme un manque *d'administration* ou *de bienfaisance* ».

Le « Prussien » explique donc cette conception absurde de la misère des ouvriers par la particularité d'un pays non politique.

On nous concédera que l'Angleterre est un pays *politique*. En outre, on conviendra que l'Angleterre est le *pays du paupérisme :* le terme lui-même est d'origine anglaise. Observer l'Angleterre, c'est donc faire l'expérience la plus sûre pour connaître le rapport d'un pays politique au paupérisme. En Angleterre, la misère des ouvriers n'est pas *partielle,* mais *universelle ;* elle ne se limite pas aux régions industrielles, elle s'étend aux régions rurales. Les mouvements n'y sont pas à leur naissance, ils reviennent périodiquement depuis près d'un siècle[1].

Or, comment la bourgeoisie *anglaise,* comment le gouvernement et la presse qui ont partie liée avec elle, conçoivent-ils le paupérisme ?

Dans la mesure où la bourgeoisie anglaise admet que la responsabilité du paupérisme incombe à la *politique,* elle considère, quand elle est *whig,* le *tory,* et quand elle est *tory,* le *whig* comme la cause du paupérisme. Aux yeux du whig, la principale source du paupérisme, c'est le monopole de la grande propriété foncière et la législation qui prohibe l'importation du blé. D'après le tory, tout le mal vient du libéralisme, de la concurrence, du système de fabrique poussé à l'extrême. Aucun des partis n'en trouve la raison dans la politique tout court, chacun préférant mettre en cause la politique du parti adverse ; ni l'un ni l'autre n'ose songer à une réforme de la société.

L'expression la plus rigoureuse de l'intelligence que les Anglais ont du paupérisme — nous parlons toujours de l'intelligence qu'en peuvent avoir la bourgeoisie et le gouvernement anglais —, c'est l'*économie politique anglaise,* c'est-à-dire le reflet scientifique des conditions économiques de l'Angleterre.

Un des meilleurs et des plus célèbres économistes anglais, qui connaît la situation actuelle et qui possède forcément une vision d'ensemble du mouvement de la société bourgeoise, McCulloch, disciple du cynique Ricardo, ose encore, dans une conférence publique, ose, sous les applaudissements de l'auditoire, appliquer à l'économie politique ce que *Bacon* dit de la philosophie : « L'homme qui, avec une vraie et inlassable sagesse, suspend son jugement, avance pas à pas, surmonte l'un après l'autre tous les obstacles qui, telles des montagnes, arrêtent la marche de l'étude, atteindra finalement le sommet de la science, où l'on jouit du calme et de l'air pur, où la nature s'offre au regard dans toute sa beauté et d'où, par un sentier en pente douce, l'on peut descendre aux ultimes détails de la pratique[1]. » L'*air pur*, le bon air que l'atmosphère pestilentielle des sous-sols anglais ! *Grande beauté de la nature* que les haillons hallucinants des miséreux Anglais et les chairs flétries et ratatinées des femmes usées par le travail et la misère ; que les enfants couchés sur les tas d'ordure ; que les avortons, fruits du surmenage dans la monotonie mécanique des fabriques ! Charmants *détails ultimes de la pratique* que la prostitution, le meurtre et le gibet !

Même cette partie de la bourgeoisie anglaise qui est pénétrée du danger du paupérisme conçoit ce péril, ainsi que les moyens d'y remédier, d'une manière non seulement *particulière,* mais, disons-le sans ambages, *puérile* et *niaise.*

Ainsi, par exemple, dans sa brochure, *Recent Measures for the Promotion of Education in England,* le Dr Kay ramène tout à l'*éducation négligée.* Devinez la raison ! C'est que, par manque d'éducation, l'ouvrier ne comprend pas les « lois naturelles du commerce », qui le précipitent *fatalement* dans le paupérisme. C'est pourquoi il s'insurge. Cela « pourrait gêner la prospérité des manufactures anglaises et du commerce anglais, ébranler la confiance réciproque des hommes d'affaires, diminuer la stabilité des institutions politiques et sociales[2] ».

Voilà qui donne la mesure de l'inintelligence de la

bourgeoisie anglaise et de sa presse en face du paupérisme, ce fléau national de la Grande-Bretagne.

Supposons donc que les reproches adressés par notre « Prussien » à la société *allemande* soient fondés. La raison est-elle dans l'état *non politique* de l'Allemagne ? Mais si la bourgeoisie de l'Allemagne *non politique* est incapable de se faire une idée de la portée générale d'une détresse *partielle*, la bourgeoisie de l'Angleterre *politique* sait, en revanche, méconnaître la signification générale d'une détresse universelle, détresse dont la portée générale a été révélée partie par le retour périodique dans le temps, partie par l'extension dans l'espace, enfin par l'échec de tous les essais d'y remédier.

C'est encore l'état *non politique* de l'Allemagne que le « Prussien » rend responsable du fait que le *roi* de Prusse trouve la cause du paupérisme dans un manque d'administration et de bienfaisance et cherche, par conséquent, dans des mesures d'administration et des actes de bienfaisance les moyens de combattre le paupérisme.

Cette manière de voir est-elle particulière au roi de Prusse ? Jetons un regard rapide sur l'Angleterre, seul pays où l'on puisse parler d'une grande action *politique* contre le paupérisme.

L'actuelle législation anglaise sur les pauvres date de la loi du 43e acte du règne d'Élisabeth[a]. Quels sont les remèdes prévus par cette législation ? L'obligation pour les paroisses de secourir leurs ouvriers indigents, la taxe des pauvres, la bienfaisance légale. Cette législation — la bienfaisance par voie administrative — a duré deux siècles. Après de longues et pénibles expériences, quelle est la position adoptée par le Parlement dans son *amendment-bill* de 1834[1] ?

a. Il n'est pas nécessaire, pour notre propos, de remonter jusqu'au statut des ouvriers sous *Édouard III*.

Dès l'abord, il explique l'effroyable augmentation du paupérisme par un « manque d'administration ».

Aussi procède-t-on à la réforme de l'administration de la taxe des pauvres, organisme composé de fonctionnaires des paroisses intéressées. On constitue des *Unions* d'environ vingt paroisses groupées en une seule administration. Un bureau de fonctionnaires élus par les contribuables — *Board of Guardians* — se réunit à date fixe au siège de l'Union et décide de l'opportunité des secours. Ces bureaux sont dirigés et contrôlés par des délégués du gouvernement, la commission centrale de Somerset-House, le *Ministère du Paupérisme,* comme l'appelle fort justement un Français [1]. Le capital géré par cette commission est presque égal à la somme que coûte, en France, l'administration militaire. Le nombre des administrations locales qu'elle occupe s'élève à 500, et chacune d'elles fait travailler un minimum de douze fonctionnaires.

Le Parlement anglais ne s'en tint pas à une réforme *formelle* de l'administration.

Il crut trouver la cause principale de l'état *aigu* du paupérisme anglais dans la *loi sur les pauvres* elle-même. La bienfaisance, remède légal contre le mal social, favoriserait ce mal. Quant au paupérisme en général, il serait, selon la théorie de Malthus, une *loi éternelle de la nature :* « Étant donné que la population tend constamment à dépasser les moyens de subsistance, la bienfaisance est une folie, un encouragement officiel à la misère. Tout ce que l'État peut donc faire, c'est abandonner la misère à son sort ; tout au plus peut-il faciliter la mort des miséreux [2]. » À cette théorie philanthropique le Parlement anglais allie l'opinion que le paupérisme est la *misère dont la faute incombe aux ouvriers eux-mêmes,* que l'on ne doit donc pas prévenir comme un malheur, mais qu'il faut au contraire réprimer, punir comme un crime.

Ainsi naquit l'institution des *workhouses*, c'est-à-dire des maisons des pauvres dont le régime *décourage* les miséreux et les empêche d'y chercher un refuge contre la mort par inanition. Dans les *workhouses*, la charité se combine ingénieusement à la *vengeance* de la bourgeoisie contre le miséreux qui fait appel à sa charité.

L'Angleterre a donc tenté, tout d'abord, d'en finir avec le paupérisme par la *bienfaisance* et par des *mesures d'administration*. Elle a vu ensuite, dans l'accroissement progressif du paupérisme, non pas la conséquence nécessaire de l'*industrie* moderne, mais plutôt le résultat de la *taxe anglaise pour les pauvres*. Elle a conçu la misère universelle uniquement comme une *particularité* de la législation anglaise. Ce que l'on attribuait naguère à un *défaut de bienfaisance*, on l'attribuait désormais à un *excès de bienfaisance*. Enfin, on considéra la misère comme la faute des miséreux et, à ce titre, on la punit sur leur propre personne.

La signification générale que l'Angleterre *politique* a su dégager du paupérisme se limite au fait qu'en dépit des mesures administratives, le paupérisme s'est érigé, au cours de son développement, en une *institution nationale*, devenant ainsi inévitablement l'objet d'une administration ramifiée et largement étendue, d'une administration dont cependant la tâche n'est plus de juguler le paupérisme mais de le *discipliner*, de le perpétuer. Cette administration a renoncé à tarir la source du paupérisme par des moyens *positifs*; elle se contente de lui creuser, avec une policière charité, une tombe chaque fois qu'il surgit à la surface du pays officiel. Bien loin d'aller au-delà des mesures d'administration et de bienfaisance, l'État anglais est descendu bien en deçà. Il n'administre plus que l'espèce du paupérisme qui, par désespoir, se laisse prendre et enfermer.

Jusqu'ici le « Prussien » n'a donc rien révélé de

particulier dans les méthodes du roi de Prusse. Mais *pourquoi*, s'exclame le grand homme avec une rare naïveté, « pourquoi le roi de Prusse *n'ordonne-t-il pas immédiatement l'éducation de tous les enfants abandonnés ?* ». Pourquoi s'adresse-t-il d'abord aux autorités et en attend-il les projets et les suggestions ?

Le trop avisé « Prussien » s'apaisera en apprenant que, dans l'occurrence, le roi de Prusse n'est pas plus original que dans toutes ses autres actions ; qu'il a même pris le seul parti qu'un chef d'État *puisse* choisir.

Napoléon voulut en finir d'un seul coup avec la mendicité. Il chargea ses services publics de préparer des plans pour l'*extirpation de la mendicité* dans toute la France. Le projet se faisant attendre, Napoléon perdit patience et il écrivit à Crétet, son ministre de l'Intérieur, lui intimant l'ordre de supprimer la mendicité dans le délai d'*un* mois. Il dit : « Il ne faut point passer sur cette terre sans y laisser des traces qui recommandent notre mémoire à la postérité [...]. N'allez pas me demander encore des trois ou quatre mois pour obtenir des renseignements : vous avez de jeunes auditeurs, des préfets intelligents, des ingénieurs des ponts et chaussées instruits ; faites courir tout cela, et ne vous endormez pas dans le travail ordinaire des bureaux [1]. » En quelques mois, tout était accompli. Promulguée le 5 juillet 1808, une loi supprima la mendicité. Par quel moyen ? Par les **Dépôts*, qui se muèrent si vite en pénitenciers que bientôt l'indigent ne parvint dans ces établissements qu'en passant par le *tribunal correctionnel* [2]. Et pourtant, M. Noailles du Gard, membre du corps législatif, s'écria : « Éternelle reconnaissance au héros qui assure un refuge à l'indigence et de la nourriture à la pauvreté. L'enfance ne sera plus abandonnée, les familles pauvres ne manqueront plus de ressources ni les ouvriers d'encouragement et d'occupation. **Nos pas ne seront plus arrêtés par l'image dégoûtante des infirmités et de la honteuse misère*[1]. » La dernière phrase, dans son cynisme, est l'unique vérité de ce panégyrique.

Si Napoléon en appelle au discernement de ses auditeurs, de ses préfets et de ses ingénieurs, pourquoi le roi de Prusse ne se tournerait-il pas, lui, vers ses services publics ?

Pourquoi Napoléon n'ordonna-t-il pas *sur-le-champ* l'abolition de la mendicité ? La question du « Prussien » ne vaut pas mieux : « Pourquoi le roi de Prusse n'ordonne-t-il pas immédiatement l'éducation des enfants abandonnés ? » Sait-il, le « Prussien », ce que le roi devrait ordonner ? Rien d'autre que l'*abolition du prolétariat.* Pour éduquer des enfants, il faut les *nourrir* et les délivrer du travail pour le *gagne-pain.* Nourrir et élever les enfants abandonnés, c'est-à-dire nourrir et élever *tout le prolétariat en herbe,* reviendrait à *extirper* le prolétariat et le paupérisme.

La *Convention* eut un moment le courage d'*ordonner* la suppression du paupérisme, non certes *sur-le-champ,* comme le « Prussien » l'exige de son roi, mais seulement après avoir chargé le **Comité de salut public* d'élaborer les projets et les propositions nécessaires, et après que ce Comité eut utilisé les enquêtes minutieuses de l'**Assemblée constituante* sur la situation de la misère en France et proposé, par la bouche de Barère, l'établissement du **Livre de la bienfaisance nationale,* etc. Quelle fut la conséquence de cette ordonnance de la Convention ? Il y eut une ordonnance de plus au monde et, *un* an après, des femmes affamées assiégèrent la Convention[2].

La Convention, c'était pourtant le *maximum de l'énergie politique,* du *pouvoir politique* et de l'*intelligence politique.*

Aucun gouvernement au monde n'a pris sur-le-champ, sans se concerter avec les services publics, des dispositions contre le paupérisme. Le Parlement anglais a même dépêché dans tous les pays d'Europe des commissaires afin de se familiariser avec les divers remèdes administratifs contre le paupérisme. Mais pour autant que les États se sont occupés du paupérisme, ils en sont restés aux *mesures d'administration* et de *bienfaisance,* et ils sont parfois descendus au-dessous de l'administration et de la bienfaisance.

L'*État* peut-il procéder autrement ?

L'*État* ne découvrira *jamais dans « l'État et l'organisation de la société » la cause des tares sociales,* comme le Prussien l'exige de son roi. Là où il existe des partis politiques, chacun voit la cause de *tout* mal dans le fait que son adversaire est au *gouvernail de l'État,* et non pas lui. Même les politiciens radicaux et révolutionnaires cherchent la cause du mal non dans la *nature* de l'État, mais dans une *forme* spécifique de l'État qu'ils veulent remplacer par une *autre* forme d'État [1].

Du point de vue *politique,* l'État et l'organisation sociale ne sont pas *deux* choses différentes. L'État, c'est l'organisation de la société. Pour autant que l'État admet l'existence de tares *sociales,* il en cherche la raison soit dans les *lois naturelles,* qui échappent à tout pouvoir humain, soit dans la vie privée, qui est indépendante de l'État, ou dans l'inefficacité de l'Administration, qui en dépend. Ainsi, l'Angleterre trouve que la misère a sa raison d'être dans la *loi naturelle* d'après laquelle la population doit toujours excéder les moyens de subsistance. Selon une autre explication, le *paupérisme* serait causé par la *mauvaise volonté des pauvres,* tout comme le roi de Prusse l'explique par le manque de générosité chrétienne chez les riches, et la Convention par l'esprit suspect et contre-révolutionnaire des propriétaires. C'est pourquoi l'Angleterre punit les pauvres, le roi de Prusse sermonne les riches et la Convention décapite les propriétaires.

Enfin, *tous* les États cherchent la cause de leurs maux dans les déficiences accidentelles ou intentionnelles de l'Administration, et donc le remède dans des mesures administratives. Pourquoi ? Parce que l'Administration est précisément l'activité organisatrice de l'État.

À moins de se supprimer lui-même, l'État ne peut supprimer la *contradiction* entre le rôle et la bonne volonté de l'Administration d'une part, ses moyens et son pouvoir d'autre part. Il repose sur cette contradiction. Il est fondé sur la contradiction entre la *vie publique* et la *vie privée*, entre les *intérêts généraux* et les *intérêts particuliers*. Par conséquent, l'*Administration* doit se borner à une activité *formelle* et *négative*, car son pouvoir s'arrête précisément là où commencent la vie civile et son travail. À la vérité, *l'impuissance est la loi naturelle* de l'Administration quand elle est placée devant les conséquences qui résultent de la nature antisociale de cette vie civile, de cette propriété privée, de ce commerce, de cette industrie, de ce pillage réciproque des multiples sphères civiles. Car cet écartèlement, cette bassesse, cet *esclavage de la société civile* constituent le fondement naturel sur lequel repose l'État moderne, de même que la société civile de l'esclavage était le fondement naturel de l'État antique. *L'existence de l'État et l'existence de l'esclavage sont indissociables*[1]. L'État antique et l'esclavage antique — franches antithèses *classiques* — n'étaient pas plus intimement *soudés* l'un à l'autre que ne le sont l'État moderne et le monde marchand moderne — hypocrites antithèses *chrétiennes*. Pour en finir avec l'impuissance de son Administration, l'État moderne devrait en finir avec la vie privée d'aujourd'hui. S'il voulait supprimer la vie privée, il lui faudrait se supprimer lui-même, car c'est uniquement par opposition à la vie privée que l'État moderne existe. Nul *vivant* ne croit cependant que les vices de son existence soient inhérents au *principe* de sa vie, à l'essence de sa vie ; il les trouve au contraire fondés dans des circonstances *extérieures* à sa vie. Le *suicide* est contre nature. Par conséquent, l'État ne peut admettre l'impuissance *congénitale* de son Administration, c'est-à-dire sa propre impuissance. Il peut seulement en reconnaître les vices formels et accidentels, et s'efforcer d'y remédier. Ces réformes se révèlent-elles infructueuses ? Eh bien, c'est que la tare sociale est une imperfection naturelle, indépendante de l'homme, une *loi divine ;* ou bien, c'est que la volonté des particuliers est trop pervertie pour faire bon accueil aux bons projets de l'Administration. Et quels esprits vicieux, ces particuliers ! Ils grognent contre le gouvernement chaque fois qu'il limite la liberté, et ils exigent du gouvernement qu'il empêche les conséquences nécessaires de cette liberté !

Plus l'État est puissant, donc plus un pays est *politique,* moins il est disposé à chercher dans le *principe de l'État* — c'est-à-dire dans l'*organisation actuelle de la société,* dont l'État est l'expression active, consciente et officielle —, la raison des tares *sociales* et à en comprendre le principe *général.* Si l'intelligence politique est précisément intelligence politique, c'est qu'elle pense à l'intérieur des limites de la politique. Plus elle est pénétrante et vivante, moins elle est capable de saisir la nature des tares sociales. La période *classique* de l'intelligence politique, c'est la *Révolution française.* Loin de percevoir dans le principe de l'État la source des tares sociales, les héros de la Révolution française perçoivent, au contraire, dans les tares sociales la source des maux politiques. C'est ainsi que *Robespierre* ne voit dans l'extrême pauvreté et l'extrême richesse qu'un obstacle à la *démocratie pure.*

C'est pourquoi il désire établir une frugalité générale à la spartiate. Le principe de la politique, c'est la *volonté*. Plus exclusif, c'est-à-dire plus parfait est l'esprit politique, et plus il croît à la toute-puissance de la volonté, et plus il est aveugle devant les limites naturelles et spirituelles de la volonté ; et, par conséquent, moins il est capable de découvrir la source des tares sociales. Inutile d'épiloguer sur l'inepte espoir du « Prussien » pour qui l'« esprit politique » est appelé « à révéler à l'Allemagne la racine de la misère sociale[1] ».

Il était insensé d'attribuer au roi de Prusse un pouvoir que la Convention et Napoléon réunis ne possédaient point ; il était insensé de lui attribuer une manière de voir qui franchit les limites de *toute* politique, et que l'ingénieux « Prussien » n'est pas plus près de posséder que son roi. Toute cette déclaration fut d'autant plus insensée que le « Prussien » nous fait cet aveu :

« Les bonnes paroles et les bonnes intentions sont *à bon marché,* le discernement et les actes efficaces coûtent *cher;* dans le cas présent, ils sont *plus que chers,* ils sont introuvables. »

S'ils sont introuvables, soyons reconnaissants à qui fait de son mieux à la place qu'il occupe. Je m'en remets, du reste, à la finesse du lecteur pour juger si, en l'occurrence, le sabir mercantile — « bon marché », « cher », « plus que cher », « encore introuvable » — se range dans la catégorie des « *bonnes* paroles » et des « *bonnes* intentions ».

Supposons donc que les remarques du « Prussien » sur le gouvernement allemand et la bourgeoisie allemande — laquelle est sans doute comprise dans la « société allemande » — soient parfaitement fondées. Cette partie de la société est-elle plus désemparée en Allemagne qu'en Angleterre et en France ? Peut-on être plus embarrassé que, par exemple, en Angleterre, où l'on a érigé l'embarras en système ? Si aujourd'hui des révoltes ouvrières éclatent dans toute l'Angleterre, la bourgeoisie et le gouvernement n'y sont pas moins embarrassés qu'au dernier tiers du XVIIIe siècle. Pour les tirer d'embarras, il n'y a que la force matérielle, et comme la force matérielle diminue à mesure qu'augmentent le paupérisme et l'intelligence du prolétariat, l'embarras anglais croît nécessairement en proportion géométrique.

Enfin, il est *faux*, il est *effectivement faux* que la bourgeoisie allemande méconnaisse totalement la signification générale de la révolte silésienne. Dans plusieurs villes, les maîtres essaient de s'associer avec les compagnons. Tous les journaux *libéraux* en Allemagne, tous les organes de la bourgeoisie libérale sont intarissables sur l'organisation du travail, la réforme de la société, la critique des monopoles et de la concurrence, etc. Tout cela, à la suite des mouvements ouvriers. Les journaux de Trèves, d'Aix-la-Chapelle, de Cologne, de Wesel, de Mannheim, de Breslau, voire de Berlin, publient fréquemment des articles assez judicieux sur les questions sociales, et le « Prussien » pourrait toujours en tirer quelques leçons. Bien mieux, des lettres qui nous viennent d'Allemagne montrent qu'on ne cesse de s'étonner du peu de résistance que la bourgeoisie oppose aux tendances et aux idées *sociales*.

S'il s'était mieux familiarisé avec l'histoire du mouvement social, le « Prussien » aurait posé la question de manière inverse. Pourquoi la bourgeoisie allemande elle-même donne-t-elle un sens aussi universel, toutes proportions gardées, à la misère partielle ? D'où viennent l'*animosité* et le *cynisme* de la bourgeoisie *politique*, d'où l'*inertie* et les *sympathies* de la bourgeoisie *non politique* à l'égard du prolétariat [1] ?

II

Venons-en maintenant aux oracles du « Prussien » sur les *travailleurs allemands.*

« Les Allemands pauvres, plaisante-t-il, ne sont pas plus perspicaces que les pauvres Allemands, c'est-à-dire qu'ils ne voient nulle part au-delà de leur foyer, de leur fabrique, de leur district : toute la question se trouve, jusqu'à présent, désertée par l'*âme politique* qui pénètre tout. »

Pour pouvoir établir une comparaison entre la situation des travailleurs allemands et celle des travailleurs français et anglais, le « Prussien » aurait dû comparer la première forme, les débuts du mouvement ouvrier en Angleterre et en France, avec le mouvement allemand en train de naître. C'est ce qu'il néglige de faire. Son raisonnement aboutit donc à une banalité quand, par exemple, il déclare que l'*industrie* allemande n'est pas encore aussi développée que l'industrie anglaise, ou qu'un mouvement à ses débuts ne ressemble pas à ce qu'il sera en progressant. Il se proposait de parler de la *particularité* du mouvement ouvrier allemand. Il ne souffle mot à ce sujet.

En revanche, il suffirait que le « Prussien » se place au point de vue exact pour constater que pas une *seule* des révoltes ouvrières françaises et anglaises n'a présenté un caractère aussi *théorique,* aussi *conscient,* que la révolte des tisserands silésiens.

Qu'on se rappelle d'abord le « Chant des tisserands », ce cri de guerre audacieux, où foyer, fabrique, district ne sont même pas mentionnés, mais où le prolétariat clame d'emblée, de façon frappante, tranchante, brutale et violente, son opposition à la société de la propriété privée [1]. La révolte silésienne *commence* justement par là où les révoltes ouvrières françaises et anglaises *s'achèvent*, avec la conscience de ce qui constitue la nature du prolétariat. L'action elle-même est marquée au sceau de cette *supériorité*. On détruit non seulement les machines, ces rivales de l'ouvrier, mais encore les *registres de comptabilité*, les titres de propriété, et tandis que tous les autres mouvements étaient d'abord tournés uniquement contre l'ennemi visible, le *seigneur de l'industrie*, ce mouvement-ci se tourne en même temps contre le banquier, l'ennemi caché. Enfin, pas un soulèvement d'ouvriers anglais n'a été mené avec autant de vaillance, de réflexion et d'endurance.

Quant au degré d'instruction ou à la capacité de s'instruire des ouvriers allemands en général, je tiens à rappeler les écrits de *Weitling*, écrits de génie qui, du point de vue théorique, vont même au-delà de *Proudhon*, même s'ils lui sont inférieurs dans l'exécution. Où donc la bourgeoisie — y compris ses philosophes et ses scribes — pourrait-elle présenter un ouvrage comparable aux *Garanties de l'harmonie et de la liberté*, de Weitling, sur l'émancipation de la bourgeoisie : l'*émancipation politique*[1] ? Si l'on compare la médiocrité béotienne et timorée de la littérature politique allemande avec ce début littéraire, *immense* et brillant, des ouvriers allemands ; si l'on compare ces gigantesques souliers d'enfant du prolétariat avec les souliers de naine politique, avec les souliers éculés de la bourgeoisie allemande, comment ne pas prédire une *stature d'athlète* à la Cendrillon allemande ? Il faut reconnaître que le prolétariat allemand est le *théoricien* du prolétariat européen, tout comme le prolétariat anglais en est l'*économiste*, et le prolétariat français le *politique*. Il faut en convenir, l'Allemagne possède une vocation *classique* à la révolution *sociale* dans la mesure même où elle est inapte à la révolution *politique*. En effet, de même que l'impuissance de la bourgeoisie allemande, c'est l'impuissance *politique* de l'Allemagne, de même l'aptitude du prolétariat allemand — même si l'on fait abstraction de la théorie allemande —, c'est l'aptitude *sociale* de l'Allemagne. La disparité de l'évolution philosophique et de l'évolution politique en Allemagne n'est pas une *anomalie*. C'est une disparité nécessaire. Ce n'est que dans le socialisme qu'un peuple philosophique peut trouver la praxis qui lui convient, et c'est donc dans le *prolétariat* seulement qu'il peut trouver l'élément actif de sa libération [1].

Toutefois, je n'ai en ce moment ni le temps ni l'envie d'expliquer au « Prussien » le rapport de la « société allemande » au bouleversement social, et d'expliquer, par ce rapport, la faible réaction de la bourgeoisie allemande contre le socialisme, d'une part, et, d'autre part, les excellentes dispositions du prolétariat allemand pour le socialisme. S'il veut comprendre ce phénomène, il trouvera les premiers éléments dans mon « Introduction à la Critique de la philosophie du droit de Hegel » *(Deutsch-Französische Jahrbücher* [2]*)*.

Par conséquent, l'intelligence des *Allemands pauvres* est en raison inverse de l'intelligence des *pauvres Allemands*. Mais les gens à qui tout est prétexte à exercices de style publics aboutissent par cette activité formelle à un contenu absurde, tandis que le contenu absurde, de son côté, frappe la forme au coin de la vulgarité. Ainsi, le « Prussien » s'est essayé, à l'occasion des troubles ouvriers de Silésie, à manœuvrer l'antithèse, et il s'est fourvoyé dans l'extrême antithèse de la vérité. En face d'une première explosion de la révolte des ouvriers silésiens, la seule tâche d'un cerveau pensant et épris de vérité n'était pas de juger l'événement comme un *pédant*, mais au contraire d'en étudier le caractère particulier. Il est vrai qu'il y faut un peu de compréhension scientifique et un peu d'amour des humains, tandis que pour l'autre opération, une phraséologie toute faite, teintée d'un vain amour-propre, suffit amplement[1].

Pourquoi le « Prussien » juge-t-il les travailleurs allemands avec tant de mépris ? Parce qu'il constate que « toute la question » — à savoir la question de la misère prolétarienne — se trouve « encore jusqu'à présent » désertée par l' « âme politique qui pénètre tout ». Voici les précisions qu'il donne sur son amour platonique de l'âme politique :

« Seront étouffées dans le sang et l'incompréhension toutes les révoltes qui éclatent dans cet isolement funeste des hommes coupés de la communauté, et de leurs idées étrangères aux *principes sociaux ;* mais le jour où la misère fera naître l'intelligence, et où l'intelligence *politique* des Allemands découvrira la racine de la misère sociale, ces événements seront ressentis en Allemagne aussi comme les symptômes d'un grand bouleversement. »

Que le « Prussien » nous permette d'abord une remarque *stylistique.* Son antithèse est incomplète. Dans la première moitié, il est dit : Le jour où la *misère* fera naître l'*intelligence,* et dans la seconde : Le jour où l'*intelligence politique* découvrira la *racine de la misère sociale.* La *simple* intelligence de la première moitié de l'antithèse devient, dans la seconde moitié, l'intelligence *politique ;* de même, la simple *misère* de la première moitié de l'antithèse devient, dans la seconde moitié, la misère *sociale.* Pourquoi notre styliste a-t-il gratifié si inégalement les deux moitiés de l'antithèse ? Je doute qu'il s'en soit rendu compte. Je vais lui expliquer pourquoi son *instinct* est juste. Si le « Prussien » avait écrit : « Le jour où la misère *sociale* fera naître l'intelligence *politique* et où l'*intelligence politique* découvrira la racine de la misère *sociale* », tout lecteur de bonne foi se serait aperçu de l'*absurdité* de cette antithèse. Dès l'abord, chacun se serait demandé pourquoi l'auteur anonyme n'associe pas l'intelligence sociale à la misère sociale, et l'intelligence politique à la misère politique, comme l'exige la logique la plus élémentaire. Et maintenant, venons-en au fait !

Il est faux que la *misère sociale* engendre l'intelligence *politique ;* tout au contraire, c'est le *bien-être social* qui produit l'intelligence *politique.* L'intelligence *politique* est une spiritualiste, et elle est donnée à celui qui est déjà fortuné, à celui qui a déjà les pieds bien au chaud. Notre « Prussien » fera bien d'écouter ce qu'en dit un économiste français, M. Michel Chevalier : « En 1789, lorsque la bourgeoisie se mit en campagne [contre la noblesse], il ne lui manquait pour être libre [...] que d'être admise dans la carrière politique. L'émancipation consistait pour elle à retirer <la direction des affaires publiques,> les principales fonctions <civiles, militaires et religieuses> des mains des classes privilégiées qui en avaient le monopole. *Riche* et *éclairée,* capable de se suffire à elle-même et de se diriger elle-même, elle mit aussi ses intérêts et ceux de tous à l'abri du **bon plaisir* [...][1]. »

À quel point l'intelligence *politique* est incapable de découvrir la source de la misère sociale, nous l'avons déjà démontré au « Prussien ». Sur ce qu'il en pense, un mot encore. Plus l'intelligence *politique* d'un peuple est développée et répandue, plus le *prolétariat* gaspille — du moins au début du mouvement — ses forces dans des émeutes irréfléchies, infructueuses, et bientôt noyées dans le sang. Parce qu'il pense sur le mode politique, il aperçoit la raison de tous les maux sociaux dans la *volonté,* et tous les moyens d'y remédier dans la *violence* et dans le renversement d'une forme d'État déterminée. À preuve, les premiers soulèvements du prolétariat *français.* Les ouvriers de Lyon croyaient poursuivre des fins purement politiques, n'être que des soldats de la République, alors qu'ils étaient, en vérité, des soldats du socialisme. L'intelligence politique leur cachait ainsi la racine de la misère sociale ; ainsi elle faussait en eux la compréhension de leur but véritable ; ainsi leur intelligence *politique trompait* leur instinct *social*[1].

Cependant, si le « Prussien » s'attend que l'intelligence naisse de la misère, pourquoi associe-t-il les « noyades dans le sang » et les « noyades dans l'inintelligence » ? Si tant est que la misère soit un moyen, la misère *sanglante* est, à n'en pas douter, un moyen très radical pour engendrer l'intelligence. Le « Prussien » devait donc dire : la noyade dans le sang noiera l'inintelligence et fera reprendre souffle à l'intelligence.

Le « Prussien » prédit l'écrasement des révoltes qui éclatent dans « cet isolement funeste des hommes coupés de la communauté et dans la séparation de leurs idées d'avec les principes sociaux ».

Nous avons montré que la révolte silésienne n'a nullement eu lieu dans la séparation des idées d'avec les principes sociaux. Ce à quoi nous avons affaire uniquement, c'est à l' « isolement funeste des hommes coupés de la communauté ». Par communauté, il faut entendre ici la communauté politique, l'État. C'est la vieille rengaine de l'Allemagne *non politique.*

Or, toutes les révoltes, sans exception aucune, n'éclatent-elles pas dans l'*isolement funeste des hommes retranchés de la communauté ?* Toute révolte ne suppose-t-elle pas nécessairement l'isolement ? La Révolution de 1789 se serait-elle produite si les bourgeois français n'avaient pas été désespérément isolés de la communauté ? Elle était précisément destinée à mettre fin à cet isolement.

Toutefois, la *communauté* dont l'ouvrier est *isolé* est

une communauté d'une tout autre réalité et d'une tout autre ampleur que la communauté *politique.* Cette communauté dont son propre travail le sépare, c'est la vie elle-même, la vie physique et intellectuelle, la moralité humaine, l'activité humaine, la jouissance humaine, la nature *humaine.* La *nature humaine,* voilà la *véritable communauté* des hommes. De même que l'isolement funeste de cette nature est infiniment plus universel, plus redoutable, plus contradictoire que la séparation de la communauté politique, de même la suppression de cet isolement, et même une réaction partielle, une révolte contre lui est incomparablement plus immense, tout comme l'*homme* est plus immense que le *citoyen,* et que la vie humaine est plus immense que la vie politique. Par conséquent, si partielle soit-elle, la révolte *industrielle* n'en recèle pas moins une âme *universelle :* quelque universelle qu'elle soit, la révolte *politique* dissimule sous la forme *la plus colossale* un esprit *étriqué.*

Le « Prussien » termine dignement son article par la phrase suivante :

« Une *révolution sociale sans âme politique* (c'est-à-dire sans compréhension organisatrice au point de vue de l'ensemble) est impossible. »

Reprenons : même si elle n'a lieu qu'en un seul district industriel, une révolution *sociale* se situe dans la perspective de l'ensemble, parce qu'elle est une protestation de l'homme contre la vie inhumaine, parce qu'elle part du point de perspective de l'*individu singulier, réel,* parce que la *communauté* dont l'individu refuse d'être séparé est la *vraie* communauté de l'homme, la nature *humaine.* En revanche, l'*âme politique* d'une révolution consiste dans la tendance des classes privées d'influence politique à briser leur *éloignement* de l'*État* et du *pouvoir.* Sa perspective, c'est celle de l'État, totalité *abstraite* qui existe uniquement par la séparation d'avec la vie réelle et qui est inconcevable sans l'opposition *organisée* entre l'idée générale et l'existence individuelle de l'homme. C'est pourquoi une révolution dont l'âme est *politique* organise, conformément à sa nature bornée et hybride, une sphère dominante dans la société, aux dépens de la société [1].

Nous allons divulguer au « Prussien » ce qu'est une « révolution sociale avec une âme politique » ; ce faisant, nous lui confions en même temps le secret que voici : il est incapable, ne serait-ce que dans le discours, de dépasser la perspective politique, donc bornée.

Une « révolution sociale avec une âme politique » est ou bien un non-sens composite, si le « Prussien » entend par révolution « sociale » une révolution « sociale » *par opposition* à une révolution politique, tout en prêtant à la révolution sociale une âme politique au lieu d'une âme sociale ; ou bien ce n'est qu'une *paraphrase* de ce que l'on appelait d'ordinaire une « révolution politique » ou une « révolution tout court ». Toute révolution dissout l'*ancienne société ;* en ce sens, elle est *sociale.* Toute révolution renverse l'*ancien pouvoir ;* en ce sens, elle est *politique.*

Au « Prussien » de choisir entre la paraphrase et l'absurdité ! Mais autant une « révolution sociale avec une âme politique » est paraphrase ou absurdité, autant est raisonnable une *révolution politique* avec une *âme sociale.* La révolution en tant que telle — le *renversement* du pouvoir établi et la *dissolution* des conditions anciennes — est un *acte politique.* Or, sans *révolution* le *socialisme* ne peut devenir réalité. Cet *acte politique* lui est nécessaire dans la mesure où il a besoin de *détruire* et de *dissoudre.* Mais là où commence son *activité organisatrice,* là où se manifeste son *propre but,* son *âme,* le socialisme rejette son enveloppe *politique* [2]

Combien de digressions pour déchirer le tissu d'erreurs nichées dans une seule colonne de journal ! Tous les lecteurs ne sauraient avoir la culture et le temps nécessaires pour se rendre compte d'une pareille *charlatanerie littéraire.* Par conséquent, le devoir du « Prussien » anonyme envers le public des lecteurs n'est-il pas de renoncer pour le moment à toute profession littéraire à tendance politique et sociale, ainsi qu'aux déclamations sur l'état de choses en Allemagne, et de se mettre plutôt à méditer consciencieusement sur son propre état ?

Paris, le 31 juillet 1844.

KARL MARX

III

ÉCONOMIE
ET PHILOSOPHIE

Manuscrits parisiens

1844

Notice

Lorsque, au printemps de 1844, quelques mois après son installation à Paris, Marx commence l'étude de l'économie politique, il a déjà épousé la cause à laquelle il vouera désormais toute sa carrière : l'émancipation des travailleurs. Ce choix, il vient de le révéler par les deux essais publiés dans les *Annales franco-allemandes :* « La question juive » et « Introduction à une critique de la philosophie du droit de Hegel ». Il s'agit en vérité d'un double manifeste. Le premier dénonce les deux institutions qui incarnent les tares fondamentales de la société moderne : l'État et l'Argent ; le second en désigne les principales victimes qui, parce que victimes, ont par cela même la force capable de vaincre ces maux : le prolétariat moderne.

Après avoir fixé son choix, dont le caractère éthique est évident, Marx, profitant des loisirs que lui laisse l'échec des *Annales,* se décide à jeter les bases théoriques d'une critique totale des institutions tant matérielles que spirituelles de la société contemporaine. L'économie politique, qu'il prend pour première cible, restera, contrairement à son projet initial, l'objet constant de ses préoccupations.

Parmi les travaux qui nous sont parvenus de cette période, deux sont révélateurs de l'orientation ultérieure de sa pensée :

1° Les réflexions qui accompagnent ses premiers travaux économiques et qui figurent dans un ensemble de cahiers d'étude que Marx, suivant une habitude contractée dans ses années universitaires, remplissait d'extraits glanés au cours de ses lectures. Nous les avons réunis et groupés dans le tome II de l'Économie (Pléiade II, p. 7-43) dans un premier texte intitulé *Notes de lecture* avec en fin de volume (Notes et Variantes) les différentes références ;

2° *Ébauche d'une critique de l'économie politique.* Ce sont les fragments d'un travail aux visées systématiques et dont le titre nous est suggéré dans un « avant-propos ». Nous présentons ici aux lecteurs les extraits les plus significatifs de ce texte.

Les manuscrits originaux de ces travaux se trouvent à l'Institut international d'Histoire sociale, à Amsterdam, où nous avons pu les consulter. Leur publication posthume a été réalisée par l'Institut Marx-Engels, à Moscou, dans les *Œuvres complètes* de Marx et d'Engels (*Marx-Engels Gesamtausgabe* — sigle : MEGA — Erste Abteilung, Band 3, Marx-Engels Verlag, Berlin, 1932). Notre traduction est établie sur cette édition que nous avons confrontée avec les manuscrits originaux, ce qui nous a permis de corriger un certain nombre d'erreurs de déchiffrement.

Signalons l'existence de deux autres traductions françaises : *Œuvres philosophiques,* t. VI, Paris, A. Costes, 1937, p. 9-35. Établie par J. Molitor d'après l'édition Kröner, Leipzig, 1932 *(Die Frühschriften von Karl Marx),* cette traduction est incomplète et reproduit les nombreuses erreurs du texte qu'un mauvais déchiffrement des manuscrits rend presque incompréhensible. — *Manuscrits de 1844 (Économie politique et Philosophie),* Paris, Éditions sociales, 1962, 174 p. Traduction établie d'après MEGA, par E. Bottigelli. Nous avons consulté également l'édition anglaise, réalisée par l'Institut du Marxisme-Léninisme (*Economic and Philosophic Mansucripts of 1844,* Foreign Languages Publishing House, Moscow, s. d.), traduction de M. Milligan.

Nota (1972) : Les « manuscrits économico-philosophiques » figurent maintenant dans le 1er volume supplémentaire (EB) des *Werke,* 1968, p. 465-588.

(1993) : Les « manuscrits économico-philosophiques » ont trouvé leur place dans la plus récente *Marx-Engels-Gesamt-*

ausgabe (MEGA), 1re section, tome 2, Berlin, 1982. Ils y sont offerts en deux versions, l'ordre des diverses parties du texte ne pouvant être déterminé de façon précise. Première version, p. 189-322, seconde version, p. 325-438.

Nous avons apporté un certain nombre de modifications à la traduction, compte tenu de cette édition.

ÉBAUCHE D'UNE CRITIQUE DE L'ÉCONOMIE POLITIQUE

AVANT-PROPOS

Dans les *Annales franco-allemandes*, j'ai déjà annoncé la critique des sciences juridique et politique sous la forme d'une critique de la Philosophie du Droit de Hegel [1]. Or, en rédigeant ce travail en vue de l'impression, il s'est révélé peu approprié d'y entremêler la critique uniquement dirigée contre la spéculation et la critique des diverses matières elles-mêmes : l'analyse en eût été entravée, la compréhension rendue difficile. Par surcroît, vu la richesse et la diversité des sujets à traiter, il m'aurait fallu employer un style purement aphoristique pour condenser le tout en un seul ouvrage, et une telle présentation aurait pour sa part produit une impression de systématisation arbitraire. C'est pourquoi je ferai se succéder dans des brochures distinctes et indépendantes la critique du droit, de la morale, de la politique, etc., et essaierai finalement de présenter dans un travail spécial l'unité de l'ensemble, les relations entre les diverses parties et, pour terminer, la critique de la manière spéculative dont ces matières ont été traitées jusqu'ici. C'est pour cette raison que, dans le présent travail, le lien entre l'économie politique et l'État, le droit, la morale, la vie civile, etc., ne sera abordé que dans la mesure où l'économie elle-même touche *ex professo* à ces sujets.

Il me paraît superflu d'assurer le lecteur expert en économie politique que les résultats auxquels je suis parvenu ont été obtenus grâce à un travail d'analyse tout empirique, fondé sur une sérieuse étude critique de cette science [1].

Il va de soi qu'en plus des travaux des socialistes français et anglais, j'ai utilisé également ceux des socialistes allemands. Toutefois, à l'exception des écrits de Weitling, les travaux substantiels et originaux dans ce domaine scientifique se réduisent aux essais publiés par Hess dans *Einundzwanzig Bogen*, et à l'« Esquisse d'une critique de l'économie politique » d'Engels dans les *Annales franco-allemandes* où, pour ma part, j'ai ébauché d'une manière très générale les premiers éléments du présent travail [2].

C'est de Feuerbach que date la critique humaniste et naturaliste *positive*. L'effet de ses écrits est d'autant plus sûr, profond, étendu et durable qu'il n'a guère fait de bruit. Depuis la *Phénoménologie* et la *Logique* de Hegel, ces écrits constituent la seule véritable révolution dans la théorie [3].

Par opposition aux théologiens critiques de notre temps, je crus nécessaire de me livrer, dans le chapitre final de cette étude, à une confrontation avec la dialectique de Hegel et la philosophie [allemande] en général. Ce travail n'a pas encore été fait, ce qui témoigne d'un manque d'approfondissement d'autant plus inévitable que, même critique, le théologien demeure un théologien : il lui faut soit partir de prémisses bien déterminées qui font autorité en philosophie, soit les abandonner lâchement et injustement, en faire abstraction, lorsque, au cours de la critique, et grâce à des découvertes d'autrui, des doutes ont surgi dans son esprit à leur sujet. Il manifeste alors sa servitude à leur égard — et son dépit de cette sujétion — d'une manière négative, sophistique, et peu scrupuleuse.

Vue de près, la critique théologique — qui, au début du mouvement, fut un moment réel du progrès — n'est en dernière analyse que le point culminant et le résultat logique, poussé jusqu'à la caricature, du vieux transcendantalisme philosophique, particulièrement celui de Hegel. Cette justice immanente de l'histoire, qui oblige la théologie, souillure depuis toujours de la philosophie, à représenter en elle-même la dissolution négative de la philosophie — c'est-à-dire le processus de son pourrissement — cette Némésis historique, j'en apporterai la démonstration en temps opportun [1].

COMMUNISME ET PROPRIÉTÉ [1]

Il est vain d'opposer la *non-propriété* et la *propriété* aussi longtemps qu'on n'a pas saisi comme contradiction l'opposition du travail et du capital dans leur rapport interne actif. En l'absence d'un mouvement développé de la propriété privée (Rome antique, Turquie, etc.), cette opposition peut s'exprimer sous sa première forme, où elle n'apparaît pas encore comme posée par la propriété privée elle-même. Mais le travail, essence subjective de la propriété privée comme perte de la propriété, et le capital, le travail objectif comme perte du travail, c'est la propriété privée en tant qu'état développé de cette contradiction, état dynamique qui avance vers la solution du conflit.

L'abolition de l'aliénation de soi suit la même voie que l'aliénation de soi. Dès l'abord, la *propriété privée* est considérée sous son seul aspect objectif, le travail étant néanmoins tenu pour son essence. Sa forme d'existence est donc le capital, qui doit être supprimé « en tant que tel » (Proudhon). D'autres voient, dans un mode particulier du travail, le travail nivelé, morcelé et, par suite, non libre, la source de la nocivité de la propriété privée et de son existence étrangère à l'homme : Fourier, tout comme les physiocrates, conçoit le travail agricole comme étant le travail par excellence, tandis que Saint-Simon, déclarant au contraire que seul importe le travail industriel en tant que tel, réclame de la domination exclusive de l'industrie l'amélioration du sort des travailleurs[1]. Enfin, le communisme est l'expression positive de la propriété privée surmontée, et tout d'abord en tant que propriété privée universelle. En saisissant ce rapport dans son universalité, nous voyons ce qui suit :

1° Le communisme, sous sa première forme, est une simple *généralisation* et un *parachèvement* de ce rapport. Comme tel, il apparaît sous un double aspect. D'une part, la domination de la propriété matérielle est si grande qu'il veut anéantir tout ce qui n'est pas susceptible d'être possédé par tous comme propriété privée ; la possession physique immédiate est l'unique but de sa vie et de son existence ; la condition du travailleur n'est pas abolie, elle est étendue à tous les hommes : il veut faire, de manière violente, abstraction du talent, etc. ; la condition de la propriété privée demeure le rapport de la communauté au monde des choses. D'autre part, tendant à opposer à la propriété privée la propriété privée universelle, ce mouvement trouve son expression bestiale dans le fait d'opposer au mariage (qui est certes une forme de la propriété privée exclusive) la *communauté des femmes* où, sans plus, la femme devient une propriété collective et ordinaire. Cette idée de la *communauté des femmes* constitue, à n'en pas douter, le secret révélé d'un communisme qui est encore tout vulgarité et instinct. De même que la femme passe du mariage à la prostitution universelle, de même tout l'univers de la richesse, c'est-à-dire la nature objective de l'homme, passe de son mariage exclusif avec le propriétaire privé, à l'état de la prostitution universelle avec la communauté[a]. En niant partout la *personnalité* de l'homme, ce communisme-là n'est autre que l'expression conséquente de la propriété privée, qui est elle-même cette négation. L'envie générale s'érigeant en puissance est la forme dissimulée de la cupidité rétablie, qui se réalise ainsi d'une manière détournée. L'idée inhérente à toute propriété privée considérée en soi est avant tout dirigée contre la propriété privée la plus riche ; elle se manifeste comme une envie qui cherche à tout ramener à un même niveau, et devenant de la sorte la source de la concurrence. Le communisme vulgaire ne fait que parachever cette envie et ce nivellement en imaginant un minimum. Il applique [aux besoins] une mesure déterminée, limitée. L'abolition de la propriété privée n'y est point une appropriation réelle, puisqu'elle implique la négation abstraite de toute la sphère de la culture et de la civilisation, le retour à une simplicité peu naturelle d'homme dépourvu et sans désir, qui non seulement ne se situe pas au-delà de la propriété privée, mais qui n'y est même pas encore parvenu.

Il s'agit là d'une simple communauté du travail où règne l'égalité du salaire payé par le capital collectif, par la communauté, en tant que capitaliste universel[2]. Les deux aspects du rapport sont élevés à une généralité chimérique, le travail en tant que catégorie où chacun a sa place, et le capital en tant qu'universalité et puissance reconnue de la communauté.

a. La prostitution n'est qu'une expression particulière de la prostitution générale du travailleur. Étant donné que la prostitution est un rapport qui englobe non seulement le prostitué, mais aussi celui qui prostitue — dont l'abjection est plus grande encore — le capitaliste, etc., tombe lui aussi sous cette catégorie[1].

Dans le comportement à l'égard de la femme, proie et servante de la volupté commune, s'exprime l'infinie dégradation de l'homme vis-à-vis de lui-même, car le secret de ce comportement trouve sa manifestation non équivoque, décisive, évidente, nue, dans le rapport de *l'homme à la femme,* et dans la manière dont le rapport direct et naturel des sexes est conçu. Le rapport immédiat, naturel, nécessaire de l'homme à l'homme est le rapport de l'homme à la femme. Dans le rapport naturel des sexes, le rapport de l'homme à la nature est immédiatement son rapport à l'homme ; de même, celui-ci est son rapport immédiat à la nature, sa propre vocation *naturelle.* Il est la manifestation sensible, la démonstration concrète du degré jusqu'où l'essence humaine est devenue la nature, ou celle-ci l'essence de celle-là. Il permet de juger de tout le degré du développement humain. Du caractère de ce rapport, on peut conclure jusqu'à quel point l'homme est devenu pour lui-même un être générique, humain, et conscient de l'être devenu. Le rapport de l'homme à la femme est le rapport le plus naturel de l'humain à l'humain ; c'est là que l'on apprend dans quelle mesure le comportement naturel de l'homme est devenu humain, ou dans quelle mesure l'essence humaine lui est devenue essence naturelle, dans quelle mesure sa nature humaine lui est devenue chose naturelle. Ce rapport révèle aussi dans quelle mesure le besoin de l'homme est devenu un besoin humain, donc dans quelle mesure l'autre en tant que tel lui est devenu un besoin, dans quelle mesure son existence la plus individuelle est en même temps celle d'un être social.

Le premier dépassement positif de la propriété privée, le communisme vulgaire, n'est qu'une manifestation de l'ignominie de la propriété privée, qui tend à s'imposer comme la *communauté positive*[1].

2° Le communisme : *a)* de nature encore politique,

démocratique ou despotique ; et *b)*, visant la suppression de l'État, mais d'une nature encore imparfaite, encore affligée de la propriété privée, c'est-à-dire de l'aliénation de l'homme. Sous ces deux formes le communisme a conscience d'être la réintégration de l'homme, le retour de l'homme à lui-même, le dépassement de l'aliénation humaine ; mais, n'ayant pas encore compris la nature humaine du besoin ni saisi l'essence positive de la popriété privée, il en est encore infecté et demeure sous son emprise. Certes, il en a déjà saisi le concept, mais l'essence lui en échappe encore[1].

3° Le *communisme* en tant que dépassement *positif* de la *propriété privée,* donc de l'*auto-aliénation humaine* et par conséquent en tant qu'appropriation réelle de l'essence humaine par l'homme et pour l'homme ; c'est le retour total de l'homme à soi en tant qu'homme social, c'est-à-dire humain, retour conscient, accompli dans toute la richesse du développement antérieur. Ce communisme est un naturalisme achevé, et comme tel un humanisme ; en tant qu'humanisme achevé il est un naturalisme ; il est la vraie solution du conflit de l'homme avec la nature, de l'homme avec l'homme, la vraie solution de la lutte entre l'existence et l'essence, entre l'objectification et l'affirmation de soi, entre la liberté et la nécessité, entre l'individu et l'espace. Il est l'énigme de l'histoire résolue et il sait qu'il est cette solution[2].

Le mouvement de l'histoire est conçu et devenu conscient dans sa totalité ; il est l'acte de genèse réel de ce communisme-là — l'acte de naissance de son existence empirique ; il est aussi, pour les consciences qui le pensent, la compréhension et le savoir du mouvement dans son devenir. En revanche, le communisme inachevé se cherche une justification historique, un argument parmi les phénomènes isolés de l'histoire contraires à la propriété privée, pour les retenir, en détachant tels moments du mouvement (Cabet, Villegardelle, etc., aiment à enfourcher ce dada) comme preuve de son historicité authentique. Ce faisant, il démontre que la partie de loin la plus importante de ce mouvement contredit ses affirmations, et que si ce communisme a vraiment existé, son existence passée réfute précisément sa prétention au devenir.

On comprend sans peine que tout le mouvement révolutionnaire trouve son fondement tant empirique que théorique dans le mouvement de la propriété privée, qui est le mouvement de l'économie.

Cette propriété privée matérielle, immédiatement sensible, est l'expression concrète de la vie humaine *aliénée*. Son mouvement — la production et la consommation — révèle concrètement le mouvement de toute la production passée, c'est-à-dire la réalisation ou la réalité de l'homme. La religion, la famille, l'État, le droit, la morale, la science, l'art, etc., ne sont que des modes particuliers de la production et tombent sous sa loi universelle [1]. Le dépassement positif de la propriété privée, qui est l'appropriation de la vie humaine, signifie le dépassement positif de toute aliénation, par conséquent l'abandon par l'homme de la religion, de la famille, de l'État, etc., et son retour à son existence humaine, c'est-à-dire sociale. L'aliénation religieuse comme telle n'a lieu que dans le domaine de la conscience, dans le for intérieur de l'homme, quand l'aliénation économique est celle de l'existence concrète. Surmonter l'aliénation économique implique le dépassement dans les deux sphères. Il est évident que le début du mouvement chez les différents peuples s'oriente selon que leur vie authentique se manifeste davantage dans la conscience ou dans le monde extérieur, qu'elle est davantage idéale ou réelle. Le communisme commence dès l'origine (Owen) avec l'athéisme, mais au début l'athéisme est encore bien loin d'être le *communisme ;* il n'est guère plus qu'une abstraction[1].

La philanthropie de l'athéisme n'est donc, d'abord, qu'une philanthropie philosophique abstraite, alors que celle du communisme est réelle et directement tendue vers l'action.

Récapitulons. Dans l'hypothèse de la propriété privée positivement abolie, l'homme produit l'homme ; en se produisant lui-même, il produit aussi bien l'autre ; l'objet, affirmation immédiate de son individualité, est en même temps sa propre existence pour autrui, l'existence d'autrui, et l'existence de celui-ci pour moi. De même, le matériel du travail aussi bien que l'homme en tant que sujet sont tout autant le point de départ que le résultat du mouvement (et ils doivent l'être : d'où la *nécessité historique* de la propriété privée). Le caractère social est le caractère général de tout le mouvement : de même que la société crée l'homme en tant qu'homme, de même elle est créée par lui. L'activité et la jouissance, tant par leur contenu que par leur mode d'existence, sont sociales ; elles sont activité sociale et jouissance sociale. L'essence humaine de la nature n'existe d'abord que pour l'homme social ; car c'est là seulement que la nature est pour lui un *lien avec l'homme,* c'est là qu'il vit pour l'autre et l'autre pour lui, c'est là qu'elle est le fondement de sa propre existence humaine et l'élément vital de l'humaine réalité. C'est là seulement que sa *vie naturelle* est sa vie humaine, que la nature est devenue pour lui humaine. La société est l'unité essentielle et parfaite de l'homme avec la nature, la vraie résurrection de la nature, le naturalisme accompli de l'homme et l'humanisme accompli de la nature.

L'activité et la jouissance sociales n'existent nullement sous la seule forme d'une activité et d'une jouissance directement collectives, bien que l'une et l'autre (c'est-à-dire lorsqu'elles s'expriment et s'affirment directement en association réelle avec d'autres hommes) se manifestent partout où cette expression directe de la sociabilité est fondée dans le contenu essentiel de l'activité et correspond à la nature de la jouissance.

Mais même si mon activité est *scientifique*, etc., et que je ne puisse que rarement m'y livrer en communauté directe avec d'autres, je travaille socialement, car j'œuvre en tant qu'homme. Il n'y a pas que le matériel de mon activité — tel le langage dans lequel le penseur s'exprime — qui me soit donné comme produit social ; ma propre existence est activité sociale. C'est pourquoi, conscient d'agir en tant qu'être social, je ne fais rien de moi-même que je ne fasse pour la société.

Ma conscience générale n'est que la forme théorique de tout ce dont la communauté réelle, l'être social, est la forme vivante ; mais de nos jours la conscience générale réduit la vie réelle à une abstraction qui, comme telle, s'oppose avec hostilité à l'existence. C'est pourquoi l'activité de ma conscience générale — en tant qu'activité — est aussi mon existence théorique en tant qu'être social [1].

Il faut avant tout éviter de fixer la « société » elle-même comme une abstraction face à l'individu. L'individu *est l'être social.* Sa vie — même si elle n'apparaît pas sous la forme directe d'une manifestation commune de l'existence, accomplie simultanément avec d'autres — est une manifestation et une affirmation de la vie sociale. La vie individuelle et la vie générique de l'homme ne sont pas différentes, quelque particulier ou général que soit — nécessairement — le mode d'existence de la vie individuelle par rapport à la vie générique, et quelque particulière ou générale que soit la vie générique par rapport à la vie individuelle.

Dans sa *conscience générique*, l'homme affirme sa vie sociale concrète et ne fait que répéter dans la pensée son existence réelle ; inversement, l'être générique s'affirme dans la conscience générique, et il est, dans son universalité, en tant qu'être pensant, l'être pour soi.

Par conséquent, tout individu particulier qu'il est — sa particularité en fait précisément un individu et un être individuel de la communauté — l'homme n'en est pas moins la totalité, la totalité idéale, l'existence subjective de la société pensée et sentie pour soi ; de même, il contemple à la fois l'existence sociale concrète, et il en jouit réellement en tant que totalité d'énergies humaines.

Penser et être sont certes distincts, mais en même temps ils sont unis l'un à l'autre.

La *mort* semble être une cruelle victoire de l'espèce sur l'individu et paraît contredire leur unité ; mais l'individu déterminé n'est qu'un être générique déterminé ; comme tel, il est mortel [1].

4° De même que la propriété privée n'est que l'expression sensible du fait que l'homme devient à la fois objectif pour lui-même et un objet non humain étranger à soi-même ; que la manifestation de sa vie est l'aliénation de sa vie ; que sa réalisation en est la déperdition, une réalité *étrangère ;* de même l'abolition positive de la propriété privée — c'est-à-dire l'appropriation sensible, par l'homme et pour l'homme de la vie et de l'être humains, de l'homme objectif, des œuvres humaines — ne doit pas être comprise dans le seul sens de la *jouissance immédiate*, partiale, dans le sens de la *possession*, de l'*avoir*. L'homme s'approprie sa nature universelle d'une manière universelle, donc en tant qu'homme total. Chacun de ses rapports humains avec le monde, voir, entendre, sentir, goûter, toucher, penser, contempler, vouloir, agir, aimer, bref, tous les actes de son individualité, aussi bien que, sous leur forme directe, ses organes génériques, sont, dans leur comportement envers l'objet, l'appropriation de celui-ci : ce comportement et cette appropriation sont l'affirmation de la réalité humaine[a] ; c'est l'*activité* humaine et la *souffrance* humaine, car, au sens humain, souffrir, c'est jouir de soi[1].

La propriété privée nous a rendus si sots et si bornés qu'un objet est nôtre uniquement quand nous l'avons, quand il existe pour nous comme capital, ou quand il est immédiatement possédé, mangé, bu, porté sur notre corps, habité par nous, etc., bref quand il est utilisé par nous. Il est vrai que la propriété privée ne conçoit toutes ces réalisations directes de la possession elle-même que comme des moyens de vivre, et la vie, à laquelle elles servent de moyens, comme la vie de la propriété privée : le travail et le profit du capital.

À la place de tous les sens physiques et intellectuels est apparue l'aliénation pure et simple des sens, le sens de l'avoir. L'être humain devait être réduit à cette pauvreté absolue, afin de donner jour à sa richesse intérieure. (Sur la catégorie de l'*Avoir*, cf. Hess, dans *Einundzwanzig Bogen*[2].)

L'abolition de la propriété privée est l'émancipation de tous les sens et de toutes les qualités humaines ; mais elle est cette émancipation précisément parce que ces sens et ces qualités deviennent humains, tant subjectivement qu'objectivement. L'œil devient l'œil humain, tout comme son objet devient un objet social, humain, venant de l'homme et aboutissant à l'homme. Ainsi les sens sont devenus « théoriciens » dans leur action immédiate. Ils se rapportent à l'objet pour l'amour de l'objet, mais l'objet se rapporte humaine-

a. Elle est donc tout aussi multiple que le sont les *déterminations essentielles* et les activités de l'homme.

ment à lui-même et à l'homme, et vice versa[a]. C'est pourquoi le besoin et la jouissance perdent leur nature égoïste, tandis que la nature perd sa simple utilité pour devenir utilité humaine.

De même, les sens et la jouissance de l'autre deviennent mon appropriation. En dehors de ces organes directs, des organes sociaux se créent sous une forme socialisée ; ainsi, par exemple, l'activité en association directe avec les autres, etc., devient un moyen de manifester l'existence et un mode pour s'approprier la vie humaine.

Il va de soi que l'œil humain jouit autrement que l'œil grossier non humain, l'oreille humaine autrement que l'oreille grossière, etc.

Nous l'avons vu, l'homme n'évite de se perdre dans son objet que si celui-ci devient pour lui un objet humain, ou un homme réel. Cela n'est possible que lorsque l'objet, pour lui, devient un objet social, si lui-même devient pour soi un être social, et si la société devient pour lui un être dans cet objet.

D'une part, dans la société, la réalité objective devient pour l'homme la réalité de sa maîtrise en tant qu'être humain ; réalité humaine, cette maîtrise est par conséquent la réalité de son être propre, grâce à laquelle tous les objets deviennent pour lui l'objectification de lui-même, les objets qui confirment et réalisent son individualité, ses objets : il devient lui-même objet. La manière dont ils deviennent siens dépend de la nature de l'objet et de la nature de la maîtrise qui y correspond, car c'est précisément le caractère de ce rapport qui détermine le mode particulier, réel, de la *réalisation de soi*. Un objet se présente autrement à un œil qu'à une oreille ; l'objet de l'œil est autre que celui

a. Pratiquement, je ne puis avoir un comportement humain que si l'objet se comporte humainement envers moi.

de l'oreille. Dans chaque être, le propre de la maîtrise est précisément sa nature particulière, donc aussi le monde particulier de son objectification, de son être objectif, réel, vivant. Non seulement dans le penser, mais avec tous ses sens, l'homme s'affirme dans le monde des objets[1].

D'autre part, du point de vue subjectif, c'est la musique qui éveille le sens musical de l'homme ; pour l'oreille qui n'est pas musicienne, la musique la plus belle n'a aucune signification, n'est pas un objet, car mon objet ne peut être que la confirmation d'une maîtrise propre à mon être. L'objet sera pour moi tel que ma maîtrise est pour soi comme faculté subjective, car le sens qui correspond à cet objet s'étendra aussi loin que s'étend mon sens : voilà pourquoi les sens de l'homme social sont autres que ceux de l'homme non social. C'est seulement grâce à l'épanouissement de la richesse de l'être humain que se forme et se développe la richesse de la sensibilité subjective de l'homme : une oreille musicienne, un œil pour la beauté des formes, bref, des sens capables de jouissance humaine, des sens s'affirmant comme maîtrise propre à l'être humain. Car non seulement les cinq sens, mais aussi les sens dits spirituels, les sens pratiques (la volonté, l'amour, etc.), en un mot le sens humain des sens, l'humanité des sens, ne se forment que grâce à l'existence de leur objet, grâce à la nature humanisée. L'éducation des cinq sens est l'œuvre de l'histoire universelle tout entière. Prisonnier du besoin élémentaire, le sens n'a qu'un sens borné. Pour l'homme affamé, la nourriture n'a pas de qualité humaine ; il n'en perçoit que l'existence abstraite : elle pourrait tout aussi bien se présenter sous sa forme la plus primitive sans que l'on puisse dire en quoi son activité nourricière se distingue du pâturage. Le souci et le besoin rendent l'homme insensible au plus beau des spectacles ; celui qui fait commerce de minéraux n'en voit que la valeur mercantile, non la beauté ou la nature incomparable : il n'a pas le sens « minéralogique ». Il fallait que l'être humain s'objectifiât, à la fois en théorie et en pratique, pour humaniser les sens, pour créer un sens humain ouvert à toute la richesse de l'homme et de la nature.

Par le mouvement de la propriété privée, par sa richesse et sa misère matérielles et spirituelles, la société en gestation trouve tout le matériel nécessaire pour se former ; une fois accomplie, la société produit comme sa réalité durable l'homme pourvu de toute la richesse de son être, l'homme riche, *l'homme doué de tous ses sens, l'homme profond.*

On voit que subjectivisme et objectivisme, spiritualisme et matérialisme, activité et passivité ne cessent de s'affronter, et qu'ils ne perdent la raison de s'opposer que dans l'état de société ; on voit que les antithèses *théoriques* elles-mêmes ne peuvent être résolues que d'une manière *pratique,* par la seule énergie pratique des hommes, si bien que leur solution n'est aucunement une tâche de la seule connaissance, mais une tâche *réelle* de l'existence, tâche que la *philosophie* n'a pu résoudre précisément parce qu'elle l'a conçue comme une tâche qui n'est que théorique [1].

On voit que l'histoire de l'industrie parvenue à l'existence objective constitue le livre ouvert des forces essentielles de l'homme, sa psychologie concrète ; jusqu'ici, on ne concevait pas celle-ci dans son lien avec la nature humaine, mais uniquement dans un rapport extérieur et utilitaire. Vivant dans l'aliénation, on ne pouvait saisir que l'être général de l'homme, tel qu'il s'exprime dans la religion ou l'histoire dans son essence abstraite en tant que politique, art, littérature, qu'on a pris pour la réalité des facultés humaines et pour l'activité sociale de l'homme. Dans la simple industrie matérielle, on peut l'envisager comme une partie du mouvement général, de même que celui-ci peut être envisagé comme une partie particulière de l'industrie, puisque, jusqu'ici, toute activité humaine a été travail, donc une industrie et une activité étrangères à elles-mêmes. Les énergies objectifiées de l'être, sous sa forme aliénée, deviennent un objet sensible, étranger, utile. Une psychologie qui refuse de puiser dans ce livre, partie la plus concrète, la plus immédiate, la plus accessible de l'histoire, ne peut devenir une science réelle et vraiment profonde. D'ailleurs, que penser d'une science qui fait dédaigneusement abstraction d'une grande partie du travail humain, et qui, dans l'ignorance de ses propres imperfections, reste indifférente à toute l'étendue des richesses de l'activité humaine, qui lui inspire un seul mot : « besoin », « besoin primitif » ?

Les *sciences de la nature* ont déployé une énorme activité en s'assimilant un matériel qui ne cesse de grossir. Toutefois, la philosophie leur est restée tout aussi étrangère qu'elles-mêmes sont restées étrangères à la philosophie. Leur association momentanée n'était qu'illusion et chimère. Plutôt que la volonté, c'est la capacité qui leur faisait défaut. L'historiographie elle-même ne tient compte que superficiellement des sciences de la nature, en qui elle voit tout au plus un aspect des lumières ou les avantages de quelques grandes découvertes. En revanche, c'est par le moyen de l'industrie que les sciences de la nature sont intervenues pratiquement dans la vie humaine; en transformant l'industrie elles ont préparé l'émancipation de l'homme, bien qu'elles aient dû d'abord en parachever la déchéance. L'industrie est le rapport historique réel de la nature — donc des sciences de la nature — avec l'homme : si on la saisit comme la manifestation exotérique des énergies humaines, on comprendra aussi l'essence humaine de la nature, ou l'essence naturelle de l'homme ; dès lors, perdant leur orientation abstraitement matérielle, ou plutôt idéaliste, les sciences de la nature deviendront la base de la science humaine, tout comme elles sont déjà devenues — quoique sous une forme aliénée — la base de la vie réellement humaine. Dire qu'il y a une base pour la vie et une autre pour la science est un mensonge pur et simple. La nature, telle qu'elle se fait dans l'histoire — acte de genèse de la société humaine —, est la nature réelle de l'homme ; bien que sous une forme aliénée, elle devient, grâce à l'industrie, la vraie nature *anthropologique*[1].

Le *sensible* (cf. Feuerbach) doit être la base de toute science. C'est seulement si elle prend pour base le sensible sous la double forme de la conscience sensible et du besoin sensible — c'est-à-dire si la science prend pour point de départ la nature — qu'elle est science réelle. Pour que « l'homme » devienne l'objet de la conscience sensible et le besoin de « l'homme en tant qu'homme », besoin naturel, il faut que toute l'histoire soit préparation et évolution. L'histoire elle-même est une partie réelle de l'histoire de la nature, du devenir humain de la nature. Un jour, les sciences de la nature engloberont la science de l'homme, tout comme la science de l'homme englobera les sciences de la nature : il y aura une seule science[2].

L'homme est l'objet direct des sciences de la nature : la nature sensible et immédiate est proprement sensibilité humaine ou, ce qui revient au même, le fait que l'autre existe concrètement pour moi. C'est seulement grâce à l'autre que ma propre sensibilité est sensibilité humaine pour moi. Mais la nature est l'objet immédiat de la science de l'homme. Le premier objet de l'homme — l'homme lui-même —, la nature, la sensibilité et la capacité de sentir particulières à l'être ne peuvent trouver leur réalisation effective que dans des objets naturels, ni se connaître elles-mêmes si ce n'est dans la science de la nature. L'élément de la pensée elle-même, l'élément de l'expression vivante de la pensée, le langage, est de nature sensible. Réalité sociale de la pensée, le langage est de nature sensible. Réalité sociale de la nature, sciences naturelles humaines ou sciences naturelles de l'homme : tout cela signifie la même chose.

Voilà comment, supplantant la richesse et la misère de l'économie politique, s'avance l'homme riche pourvu de riches exigences humaines. L'homme riche est en même temps l'homme qui, pour vivre, a besoin d'une totalité de manifestations humaines, l'homme chez qui sa propre réalisation est une nécessité intérieure, un besoin. Non seulement la richesse, mais aussi la pauvreté reçoit — le socialisme étant supposé — une signification humaine, donc sociale. La pauvreté est le lien passif qui fait que l'homme éprouve le besoin de la plus grande des richesses : autrui. La prépondérance de l'être objectif en moi, le jaillissement sensible de mon activité essentielle, c'est la passion : elle devient alors elle-même l'activité de mon être[1].

5° Un être se considère comme indépendant dès qu'il est son propre maître, et il n'est son propre maître que s'il doit son existence à lui-même. Un homme qui vit de la grâce d'un autre se considère comme un être dépendant. Toutefois, si je dépends de celui qui pourvoit à mon entretien, j'existe entièrement à la merci du bon vouloir d'un autre, s'il a créé ma vie, s'il en est la source, or ma vie a nécessairement son fondement en dehors d'elle-même si elle n'est pas ma propre création. C'est pourquoi la Création est une idée très difficile à chasser de la conscience populaire. Que la nature et l'homme puissent exister par eux-mêmes lui semble incompréhensible, tant cela est contraire à toutes les évidences de la vie pratique.

L'idée de la création du globe terrestre a été puissamment ébranlée par la *géognosie*, science qui étudie la formation du globe et l'évolution de la Terre comme un processus d'autocréation. La *generatio aequivoca* est la seule réfutation pratique de la théorie de la Création.

Or, il est certes facile de dire à l'individu particulier ce qu'Aristote dit déjà : Tu es engendré par tes père et mère, c'est donc l'acte génésique [*Begattung*] de deux êtres, un acte géniteur des hommes qui a produit en toi l'homme. Tu le vois, même physiquement, l'homme doit son existence à l'homme. Dès lors, tu ne dois pas considérer un seul aspect, la progression à l'infini, avec son train de questions : qui a engendré mon père, qui a engendré mon grand-père ?, etc. Tu dois aussi retenir le mouvement circulaire, sensible et palpable, de cette progression, par quoi, restant toujours sujet, l'homme se répète lui-même dans la procréation. Mais tu répondras : Je t'accorde ce mouvement circulaire et tu m'accorderas la progression qui m'entraîne de plus en plus loin, jusqu'à ce que je demande : Qui a engendré le premier homme et la nature en général ? Je ne puis que te répondre : Ta question est elle-même un produit de l'abstraction. Demande-toi comment tu en arrives à cette question ; demande-toi si ta question n'est pas posée d'un point de vue auquel je ne puis répondre parce qu'il est absurde. Demande-toi si cette progression existe comme telle pour une pensée raisonnable. Si tu poses la question de la création de la nature et de l'homme, tu fais abstraction et de l'homme et de la nature. Tu les poses comme *non existant* et tu réclames pourtant la preuve *qu'ils existent*. Je te dis alors : Abandonne ton abstraction et tu abandonneras aussi ta question ; ou bien, si tu tiens à ton abstraction, sois conséquent, et si tu continues à penser, imagine-toi toi-même comme non existant, bien que tu sois pourtant à la fois et nature et homme. Ne pense pas, ne m'interroge pas, car, dès que tu penses et que tu m'interroges, tu commets un non-sens en faisant abstraction de l'existence de la nature et de l'homme. Ou bien es-tu égoïste au point de tout poser comme néant, sauf ta propre existence ?

Tu peux me répliquer : Je ne veux pas poser le néant de la nature, etc. ; je t'interroge sur l'acte de sa genèse comme j'interroge l'anatomiste sur les formations osseuses, etc.[1].

Pour l'homme socialiste, l'*histoire dite universelle* n'est rien d'autre que la génération de l'homme par le travail humain, rien d'autre que le devenir de la nature pour l'homme ; c'est pour lui la preuve évidente et irréfutable de sa génération par lui-même, du *processus de sa genèse.* Entre l'homme et la nature le lien est *essentiel* : l'homme est devenu pour l'homme la réalité de la nature, et la nature est devenue pour l'homme la réalité de l'homme. Tout cela étant désormais pratiquement et concrètement saisissable, la question d'un être *étranger,* d'un être placé au-dessus de la nature et de l'homme est devenue pratiquement impossible — cette question impliquant l'aveu de l'irréalité de la nature et de l'homme. En tant que négation de cette irréalité, l'*athéisme* n'a plus de sens, car par la négation de Dieu il pose l'*existence de l'homme.* Le socialisme en tant que tel n'a plus besoin de cette médiation. Il part de la conscience *théoriquement* et *pratiquement sensible* de l'homme et de la nature en tant qu'*essence.* Il est la *conscience de soi positive* de l'homme qui ne doit plus rien à l'abolition de la religion ; de même, la vie réelle est la réalité positive de l'homme qui ne doit plus rien à l'abolition de la propriété privée, au *communisme.* Ces médiations sont dès lors superflues. Le communisme est l'affirmation en tant que négation de la négation ; comme tel, il est le moment réel de l'émancipation et de la reconquête humaines, étape nécessaire pour le développement historique de demain. Le *communisme* est la forme nécessaire et le principe énergique du proche avenir, sans être en tant que tel le but de l'évolution humaine : la forme achevée [*die Gestalt*] de la société humaine [1].

BESOIN, LUXE ET MISÈRE COMMUNISME ET DIVISION DU TRAVAIL [2]

Nous avons vu quelle signification, le socialisme étant donné, prennent la *richesse* des besoins humains et, par suite, un *mode nouveau de production* et un nouvel *objet* de la production : s'y manifestent une nouvelle force vitale et un enrichissement nouveau de l'être *humain*. Au cœur de la propriété privée, c'est l'inverse ; tout homme s'applique à susciter chez l'autre un besoin nouveau pour le contraindre à un nouveau sacrifice, le placer dans une nouvelle dépendance et l'inciter à un nouveau mode de *jouissance*, donc de ruine économique. Chacun cherche à créer une puissance *étrangère* qui accable son prochain pour en tirer la satisfaction de son propre besoin égoïste. Ainsi, avec la masse des objets, l'empire d'autrui croît aux dépens de chacun, et tout produit nouveau se change en source nouvelle de duperie et de pillage réciproques. En se vidant de son humanité, l'homme a toujours besoin de plus d'argent pour s'emparer de l'autre, qui lui est hostile ; et la puissance de son argent diminue en raison inverse de l'accroissement du volume de la production, autrement dit son indigence augmente à mesure que croît le pouvoir de l'argent.

Le besoin d'argent est le vrai et l'unique besoin produit par l'économie politique. La quantité devient de plus en plus la seule propriété puissante de l'argent; de même qu'il réduit tout être à une abstraction, de même il se réduit, dans son propre mouvement, à un être quantitatif. La démesure effrénée devient sa véritable norme. L'extension des produits et des besoins fait même que le sujet devient l'esclave inventif et toujours calculateur d'appétits inhumains, raffinés, imaginaires et contre nature. La propriété privée ne sait pas faire du besoin primitif un besoin humain; son idéalisme, c'est la fantaisie arbitraire et capricieuse; un eunuque ne flatte pas plus bassement son despote ni ne cherche, pour lui soutirer une faveur, à exciter par les moyens les plus infâmes ses passions émoussées, que l'eunuque industriel, le fabricant, ne cherche à appâter son prochain, qu'il aime tout chrétiennement, pour faire s'envoler de sa poche une pièce d'or; il se plie à ses caprices les plus abjects, joue les entremetteurs entre lui et ses appétits morbides, guette chacune de ses faiblesses, le tout en vue de toucher le salaire de ses bons offices. (Tout produit est un appât avec lequel on veut séduire l'être de l'autre, son argent; tout besoin réel ou virtuel est une faiblesse qui attirera l'oiseau sur la branche engluée. C'est l'exploitation universelle de la nature sociale de l'homme. De même, chacune de ses imperfections est un lien avec le ciel, un point faible qui rend son cœur accessible au prêtre. Toute privation est un prétexte, pour le voisin, de s'avancer et de dire avec son air le plus aimable: « Cher ami, je te donnerai ce qui t'est nécessaire; mais tu connais la condition *sine qua non :* tu sais de quelle encre tu dois signer le pacte qui fait de moi ton maître; je te plume en te procurant un plaisir. »)

Cette aliénation se manifeste encore en ce que, d'un côté, le raffinement des besoins et des moyens produit d'un autre côté la sauvagerie bestiale, la simplicité totale, grossière et abstraite du besoin ; ou plutôt, elle ne fait que se reproduire elle-même sous son aspect contraire. Même le besoin de grand air cesse d'être un besoin pour l'ouvrier ; l'homme retourne à sa caverne qu'empeste désormais le souffle nauséabond et méphitique de la civilisation, et qu'il n'habite plus que d'une façon précaire — puissance étrangère qui peut chaque jour lui faire faux bond, d'où chaque jour il risque d'être expulsé faute d'argent. Cette maison mortuaire, il faut qu'il la paie. La maison de lumière, que le Prométhée d'Eschyle désigne comme l'un des grands cadeaux grâce auxquels il a transformé le sauvage en homme, cesse d'exister pour l'ouvrier. La lumière, l'air, etc., la propreté animale la plus élémentaire cessent d'être un besoin pour l'homme. La crasse, cet encanaillement, ce pourrissement de l'homme, le cloaque (au sens littéral) de la civilisation, le relâchement complet et contre nature, la nature putride deviennent l'atmosphère où il vit. Tous ses sens sont morts, non seulement sous leur forme humaine, mais aussi non humaine, animale. On voit réapparaître les modes (et les instruments) les plus primitifs du travail humain ; la meule des esclaves romains est devenue le mode de production et d'existence pour beaucoup d'ouvriers anglais. Dans cet état, les besoins de l'homme ne sont pas humains, et même les besoins animaux restent insatisfaits. L'Irlandais ne connaît plus qu'un seul besoin : manger — manger des pommes de terre et même des tubercules de la pire espèce. Mais l'Angleterre et la France ont déjà dans chacune de leurs villes industrielles une petite Irlande. Le sauvage, l'animal ressentent à tout le moins le besoin de la chasse, du mouvement, de la compagnie, etc. La simplification de la tâche grâce à la machine est mise à profit pour faire de l'enfant — de l'être qui n'a encore achevé ni sa croissance ni sa formation — un ouvrier qui à son tour devient un enfant délaissé. La machine prend avantage de la faiblesse de l'homme pour réduire l'homme faible à l'état de machine [1].

L'augmentation des besoins et des moyens de les satisfaire engendre la pénurie de besoins et l'indigence. Comment cela ? L'économiste (et le capitaliste : notez que nous parlons toujours des hommes d'affaires concrets quand nous apostrophons les économistes par la bouche desquels les premiers se confessent et se justifient *scientifiquement*) nous en fournit la preuve : 1° Il réduit les besoins de l'ouvrier à la subsistance la plus indispensable et la plus misérable de la vie physique ; il réduit son activité au mouvement mécanique le plus abstrait ; et il dit que l'homme n'a pas d'autres besoins, ni activité, ni jouissance, car, même cette vie-là, il la proclame humaine, existence humaine ; 2° Pour base de son calcul, et comme norme générale — parce que valable pour la masse des hommes —, il choisit la vie (l'existence) la plus indigente possible ; il fait de l'ouvrier un être insensible et dépourvu de besoins, comme il fait de son activité une pure abstraction de toute activité. Le moindre luxe lui paraît condamnable chez l'ouvrier, et tout ce qui dépasse le besoin le plus abstrait — fût-ce jouissance passive ou manifestation d'activité — lui semble un luxe. L'économie politique, cette science de la richesse, est donc en même temps la science du renoncement, de l'indigence, de l'épargne : il lui arrive réellement de vouloir épargner à l'homme le besoin d'air pur ou de mouvement physique. Cette science de la mirifique industrie est aussi la science de l'ascétisme, et son véritable idéal est l'avare ascétique mais usurier, et l'esclave ascétique mais producteur. Son idéal moral, c'est l'ouvrier qui porte à la caisse d'épargne une partie de son salaire ; pour défendre cette marotte, elle a même trouvé un art servile tout prêt, le théâtre, qui en a fait un sujet sentimental. Elle est donc — malgré ses airs mondains et lascifs — une vraie science morale, la plus morale des sciences. Sa grande maxime, c'est l'abnégation, le renoncement à la vie et à tous les besoins humains. Moins tu manges, bois, achètes de livres ; moins tu vas au spectacle, au bal, au cabaret ; moins tu penses, aimes, études ; moins tu chantes, peins, fais des vers [1], etc., plus tu épargnes, plus tu augmentes ton trésor que ne mangeront ni les mites ni la poussière, et plus s'accroît ton capital. Moins tu es, moins tu t'extériorises, plus tu possèdes, plus ta vie aliénée grandit, plus tu engranges ton propre être aliéné. Tout ce que l'économiste t'ôte de vie et d'humanité, il le remplace en argent et en richesse ; tout ce que tu ne peux pas faire, ton argent le peut : il peut manger, boire, aller au bal, au spectacle ; il peut s'approprier l'art, l'érudition, les monuments historiques, la force politique ; il peut voyager ; il peut acquérir tout cela pour toi ; il peut acheter tout cela ; il est la vraie puissance. Mais lui, qui est tout cela, il n'a d'autre désir que de se créer lui-même, de s'acheter lui-même, car tout le reste lui est asservi. Si je possède le maître, je possède aussi le valet, et je n'ai pas besoin de son valet. Toute passion et toute activité doivent donc s'engloutir dans la cupidité. L'ouvrier doit avoir juste assez pour vouloir vivre et ne doit vouloir vivre que pour posséder.

Or, une controverse surgit au sein de l'économie politique. Telle école (Lauderdale, Malthus, etc.) recommande le luxe et maudit l'épargne ; telle autre (Say, Ricardo, etc.) vante l'épargne et exècre le luxe. Mais la première avoue qu'elle veut le luxe pour produire le travail (c'est-à-dire l'épargne absolue) ;

l'autre avoue qu'elle recommande l'épargne pour produire la richesse, c'est-à-dire le luxe. La première nourrit l'illusion romantique que ce n'est pas la seule soif du gain qui doit déterminer la consommation des riches ; elle contredit ses propres lois en voyant dans la prodigalité un moyen d'enrichissement ; dès lors l'autre école démontre avec beaucoup de gravité et force détails que la prodigalité diminue mon avoir plutôt qu'elle ne l'augmente ; hypocritement, elle tait que la production dépend du caprice et de la fantaisie ; elle oublie les « besoins raffinés » ; elle oublie qu'il n'est pas de production sans consommation ; elle oublie que la production doit devenir plus universelle et plus luxueuse par la concurrence ; elle oublie son propre enseignement, à savoir que l'usage détermine la valeur de la chose et que la mode détermine l'usage. Elle souhaite que l'on ne produise que de l'« utile », mais elle oublie que produire trop de choses utiles, c'est produire trop de population inutile. Les uns et les autres oublient que le gaspillage et la frugalité, le luxe et le dénuement, la richesse et la pauvreté sont une seule et même chose [1].

Et tu dois lésiner non seulement sur tes jouissances quotidiennes comme le manger, etc., mais encore t'abstenir de t'intéresser aux questions générales, de témoigner ta sympathie, ta confiance, etc., si tu veux être économe, si tu ne veux pas te sacrifier à tes illusions.

Tout ce qui est à toi, tu dois le rendre *vénal*, c'est-à-dire utile. Demanderais-je à l'économiste si j'obéis aux lois économiques en tirant de l'argent de la prostitution de mon corps que je cède à la volupté d'autrui (en France, les ouvriers d'usine appellent la prostitution de leurs femmes et de leurs filles la « dixième heure de travail », ce qui est littéralement exact), si je n'agis pas selon les règles de l'économie politique lorsque je vends mon ami aux Marocains (et la traite directe des hommes, tel le trafic des recrues, etc., se pratique dans tous les pays civilisés), l'économiste me répondrait : « Tu ne transgresses pas mes lois ; toutefois, prends garde à ce que disent duègne morale et duègne religion ; ma morale et ma religion économiques n'ont rien à te reprocher ; seulement... » — Mais alors, qui dois-je plutôt croire, l'économie politique ou la morale ? La morale de l'économie politique, c'est l'acquisition, le travail et la frugalité, l'abstinence ; mais cette science promet de combler mes besoins. L'économie politique de la morale, c'est la richesse en bonne conscience, en vertu, etc. ; mais comment puis-je être vertueux si je ne vis pas, comment puis-je avoir une bonne conscience si je ne sais rien ? Il est de l'essence de l'aliénation que chaque sphère m'applique une norme différente et contraire : la morale m'en propose une et l'économie une autre, car chacune est une forme de l'aliénation humaine ; chacune s'attache à une sphère particulière de l'activité aliénée ; toutes sont dans un rapport d'aliénation réciproque. Ainsi M. Michel Chevalier reproche à Ricardo de faire abstraction de la morale[1]. Or Ricardo laisse l'économie parler son propre langage, et, si celui-ci n'est pas moral, Ricardo n'y peut rien. Quand il moralise, M. Chevalier fait abstraction de l'économie politique, mais en réalité il fait nécessairement abstraction de la morale quand il fait de l'économie politique. La relation que l'on voudrait établir entre l'économie et la morale, si, au demeurant, elle n'est pas arbitraire et contingente, donc non fondée et non scientifique, si elle est non pas une fiction mais une idée essentielle, ne peut être en somme que le rapport des lois économiques à la morale. Si ce rapport n'existe pas, si le contraire se produit, en quoi Ricardo est-il responsable ? D'ailleurs, l'opposition entre l'économie et la morale n'est qu'apparente : ce n'en est pas une. L'économie politique ne fait qu'exprimer à sa manière les lois morales.

L'abstinence comme principe de l'économie se révèle de la façon la plus éclatante dans sa *théorie de la population*. Il y a trop d'hommes ; même l'existence est un pur luxe, et l'ouvrier, s'il est « moral », sera économe en tant que procréateur. (Mill propose qu'on félicite publiquement ceux qui se montrent abstinents dans les rapports sexuels, et blâme publiquement quiconque pèche contre l'improductivité dans le mariage... N'est-ce pas la doctrine morale de l'ascétisme ?) La procréation de l'homme apparaît comme une misère publique [1].

Ce que la production signifie pour les riches se révèle dans la signification qu'elle a pour les pauvres ; pour ceux d'en haut elle s'exprime toujours d'une manière subtile, déguisée, ambiguë : elle est apparence ; pour ceux d'en bas, elle parle grossièrement, franchement, sincèrement : elle est essence. Les besoins grossiers de l'ouvrier sont une source bien plus grande de profit que les besoins raffinés du riche. Les sous-sols de Londres rapportent à leurs propriétaires plus que les palais ; ils constituent donc, pour ces derniers, une richesse plus grande, donc, pour parler comme l'économie politique, une plus grande richesse sociale.

Tout comme sur le raffinement des besoins, l'industrie spécule sur leur grossièreté, qu'elle sait produire artificiellement. Leur vraie satisfaction veut l'abrutissement de soi — ce pseudo-contentement des besoins que dispense une civilisation à l'intérieur de l'abjecte barbarie de la nécessité. C'est pourquoi les tavernes anglaises sont l'illustration symbolique de la propriété privée. Leur luxe montre le véritable rapport entre les fastes de l'homme ordinaire et ceux de la richesse industrielle. Aussi est-ce à juste titre que, seules réjouissances dominicales du peuple, elles sont traitées avec quelque indulgence par la police anglaise.

Nous avons vu les diverses manières dont l'économiste pose l'unité du travail et du capital. 1° Le capital est du *travail accumulé.* 2° La destination du capital à l'intérieur de la production, c'est tantôt la reproduction, avec profit, du capital, tantôt l'emploi du capital comme matière première (matière du travail), ou comme instrument travaillant lui-même (la machine est le capital s'identifiant immédiatement avec le travail) : c'est du travail productif. 3° L'ouvrier est un capital. 4° Le salaire fait partie des frais du capital. 5° Du point de vue de l'ouvrier, le travail est la reproduction de son capital vital. 6° Du point de vue du capitaliste, il est un facteur de l'activité de son capital. Et, enfin, 7°, l'économiste suppose l'unité primitive de l'un et de l'autre comme l'unité du capitaliste et de l'ouvrier : c'est l'état primitif de l'Éden. Le fait que ces deux facteurs incarnés par deux personnes s'affrontent en ennemis est pour l'économiste un événement contingent qui ne peut s'expliquer que par des circonstances extérieures (voir Mill).

Les nations qui sont encore aveuglées par l'éclatante splendeur des métaux précieux, qui en sont encore à idolâtrer l'argent métal, ne sont pas des nations capitalistes achevées. Contraste de la France et de l'Angleterre. — Le fétichisme montre combien la solution des énigmes théoriques est une tâche et un résultat de la pratique, combien la pratique vraie est la condition d'une théorie réelle et positive. La conscience et la sensibilité du fétichiste sont différentes de celles du Grec, parce que son existence sensorielle est encore elle-même différente. L'hostilité abstraite des sens et de l'esprit est inévitable tant que la sensibilité de l'homme face à la nature, le sens humain de la nature, bref, le sens naturel de l'homme, n'est pas encore produit par le travail propre de l'homme[1].

L'*égalité* n'est rien d'autre que l'Allemand *Ich = Ich* [Je = Je] traduit en français, c'est-à-dire en langage politique. L'égalité comme *base* du communisme en est la justification politique ; de la même manière l'Allemand justifie son communisme en prenant l'homme pour une *conscience de soi générale.* Il est clair que l'abolition de l'aliénation part toujours de la forme de l'aliénation qui est *prédominante :* en Allemagne, c'est la *conscience de soi ;* en France, où prédomine la politique, c'est *l'égalité ;* en Angleterre, c'est le besoin réel matériel, le besion *pratique,* qui est sa propre mesure. La critique et l'appréciation de Proudhon trouvent ici leur point de départ[2].

Nous caractérisons le *communisme* — en tant que négation de la négation — comme l'appropriation de l'essence humaine par l'intermédiaire de la négation de la propriété privée, donc comme l'affirmation *vraie* qui part non pas encore d'elle-même, mais de la propriété privée[3] [...]

Étant donné que l'aliénation réelle de la vie humaine demeure d'autant plus grande que l'on en est plus conscient, sa suppression ne peut être réalisée que par le communisme mis en pratique.

Pour surmonter l'*idée* de la propriété privée, le communisme *pensé* suffit entièrement. Pour surmonter la propriété privée réelle, il faut une action communiste *réelle.* L'histoire la fera surgir ; et le mouvement, dont nous savons déjà *en pensée* qu'il s'abolit lui-même, passera dans la réalité par un très long et très dur processus. Toutefois, nous avons dès l'abord acquis une conscience tant des limites que des fins du mouvement historique, et une conscience qui le transcende : c'est là, à coup sûr, un progrès réel.

Lorsque les ouvriers communistes se réunissent, leur intention vise d'abord la théorie, la propagande, etc. Mais en même temps ils s'approprient par là un besoin nouveau, le besoin de la société tout entière, et ce qui semble n'avoir été qu'un moyen est devenu un but. Ce mouvement pratique, on peut en observer les plus brillants résultats lorsqu'on voit s'assembler des ouvriers socialistes français. Fumer, boire, manger, etc., ne sont plus alors de simples occasions de se réunir, des moyens d'union. La compagnie, l'association, la conversation qui vise l'ensemble de la société les comblent ; pour eux la fraternité humaine n'est pas une phrase, mais une vérité, et, de leurs figures endurcies par le travail, la noblesse de l'humanité rayonne vers nous [1].

Lorsque l'économie politique affirme que l'offre et la demande s'équilibrent toujours, elle oublie aussitôt que, d'après sa propre thèse, l'offre en hommes (théorie de la population) dépasse toujours la demande, elle oublie que le résultat essentiel de toute production — l'existence de l'homme — fait apparaître de la façon la plus éclatante la disproportion entre l'offre et la demande.

L'argent, qui a l'apparence d'un moyen, est la puissance vraie et le but unique ; en règle générale, le moyen qui fait de moi un être, qui me procure l'être étranger, est une fin en soi. Combien cela est vrai, nous le voyons à propos de la propriété foncière, quand la terre, source de vie, quand le cheval et l'épée, vrais moyens d'existence, sont reconnus comme les vraies forces politiques de la vie. Au Moyen Age, une classe sociale est émancipée dès qu'elle a le droit de porter l'épée. Dans les populations nomades, le cheval est ce qui fait l'homme libre, un membre de la communauté.

Nous avons dit plus haut que, rentré dans sa tanière, etc., l'homme s'y trouve comme un être aliéné et haineux. Le sauvage dans sa caverne — élément de la nature qui s'offre spontanément à lui comme habitat et abri — ne s'y sent pas plus étranger ; il y est plutôt tout aussi à l'aise que le poisson dans l'eau. Mais le sous-sol du pauvre est une chose hostile, une maison habitée par une « puissance étrangère, qui ne se donne à lui que s'il lui donne sa sueur et son sang », qu'il ne peut considérer comme son propre foyer dont il pourrait dire qu'il y est chez lui, alors qu'il se trouve plutôt dans la maison d'un autre, dans la maison d'un étranger qui chaque jour guette et l'expulse s'il ne paie pas son loyer. De même, il s'aperçoit du contraste qualitatif entre son logement et celui, vraiment humain, situé dans l'au-delà, au ciel de la richesse.

L'aliénation n'apparaît pas seulement dans le fait que mon moyen d'existence est celui d'autrui, que ce qui est mon désir est en la possession inaccessible d'un autre, mais également dans le fait que toute chose est elle-même autre qu'elle-même, que mon activité est autre, enfin — et ceci vaut aussi pour le capitaliste — que c'est la puissance inhumaine qui règne universellement.

Voici comment se présente la richesse inactive, dissipatrice, entièrement livrée au plaisir : celui qui en jouit se comporte comme un individu éphémère et sans âme, qui se débauche frénétiquement et considère le travail asservi, la sueur et le sang d'autrui comme la proie de son désir ; en tout homme, et donc en lui-même, il voit un être sacrifié et vide ; son mépris hautain des hommes se manifeste par la dilapidation de biens qui pourraient faire vivre cent vies humaines, ou encore dans l'illusion infâme que sa prodigalité effrénée et sa consommation illimitée et improductive constituent la condition même du travail et de la subsistance d'autrui ; la réalisation des forces créatrices de l'homme, il la connaît uniquement comme la réalisation de sa propre inhumanité, de ses caprices et de ses volontés arbitraires et bizarres. Pourtant, cette richesse, même si elle se connaît comme un simple moyen et une chose digne d'être détruite, est à la fois son esclave et son maître ; tout ensemble généreuse, abjecte, capricieuse, infatuée, orgueilleuse, raffinée, cultivée, spirituelle, cette richesse n'a pas encore fait son expérience comme puissance totalement étrangère, et au-dessus d'elle-même ; elle voit bien plutôt en elle-même sa propre puissance. C'est non pas la richesse, c'est la jouissance qui est pour elle [...] [1] la fin dernière.

Face à cette [...] illusion brillante, à l'apparence sensible mais aveuglante de la richesse, se situe l'industriel travailleur, sobre, économe, prosaïque, qui a, lui, des lumières sur la nature de la richesse. Tout en procurant à la soif du prodigue un champ de jouissances plus vaste, tout en le flattant par la voix de ses produits qui sont autant de bas compliments qui fouettent les appétits du dissipateur, il sait s'approprier pour lui-même de la seule manière utile la puissance qui échappe à l'autre. Si donc la richesse industrielle résulte d'abord de la richesse dissipatrice, capricieuse, elle finit par la supplanter de façon active dans un mouvement qui lui est inhérent. La baisse du taux de l'intérêt est, en effet, une conséquence et un résultat nécessaire du mouvement industriel. Les moyens du rentier prodigue diminuent chaque jour en raison inverse de l'augmentation des jouissances qui le prennent au piège. Dès lors, il doit ou bien manger lui-même son capital, donc se ruiner, ou bien se transformer lui-même en capitaliste industriel... D'autre part, le mouvement de l'industrie favorise la montée directe et continue de la *rente foncière* ; mais, nous l'avons vu, le moment vient où, comme toute autre propriété, la propriété foncière doit nécessairement tomber sous la catégorie du capital qui se reproduit avec profit. C'est là le résultat de ce même mouvement industriel. Aussi, le propriétaire foncier dissipateur doit-il soit manger son capital, donc se ruiner, soit devenir lui-même le fermier de sa propre terre — un industriel cultivateur.

La diminution de l'intérêt de l'argent — que Proudhon considère comme la tendance du capital à se supprimer dans la socialisation — est par conséquent plutôt un symptôme de la victoire complète du capital actif sur la richesse dissipatrice, c'est-à-dire la transformation de toute propriété privée en capital industriel : victoire définitive de la propriété privée sur tout ce qui en elle avait encore l'apparence d'une qualité humaine, et assujettissement total du propriétaire privé à l'essence de la propriété privée — *le travail.* Certes, le capitaliste industriel jouit lui aussi ; il ne revient nullement à la simple et peu naturelle satisfaction de ses besoins ; mais sa jouissance n'est que chose accessoire, un délassement subordonné à la production ; c'est une jouissance calculée, donc œuvre économique. Il la met au compte des frais généraux du capital, si bien que le coût de ses fredaines s'inscrit dans le remplacement profitable des frais afférents à la reproduction du capital. La jouissance — contrairement à ce qui avait lieu autrefois — est soumise au capital, l'individu jouisseur est soumis à l'individu qui accumule du capital. La diminution de l'intérêt n'est donc un symptôme de l'abolition du capital que dans la mesure où elle est un symptôme de sa domination en voie d'accomplissement, de l'aliénation en train de s'achever, et, partant, de se hâter vers sa disparition. C'est, en fait, l'unique manière dont la réalité existante confirme son contraire.

La querelle des économistes à propos du luxe et de l'épargne n'est par conséquent que la querelle de l'économie politique qui a acquis une claire conscience de la nature de la richesse, avec l'économie politique encore entachée de souvenirs romantiques et anti-industriels. Mais aucune des parties ne sait ramener l'objet de la controverse à son expression simple. Aussi n'arrivent-elles pas à venir à bout l'une de l'autre.

Tout ce que Proudhon conçoit comme mouvement du travail contre le capital n'est que le mouvement du travail dans sa détermination de capital — de *capital industriel* — contre le capital qui, comme tel, ne se consomme pas d'une façon industrielle. Et ce mouvement suit sa voie victorieuse, la voie qui mène au triomphe du capital industriel. On voit que c'est seulement en concevant le travail comme essence de la propriété privée qu'il est possible de découvrir le vrai caractère du mouvement de l'économie en tant que tel [1].

La société, telle qu'elle apparaît à l'économiste, est la société bourgeoise où chaque individu constitue un ensemble de besoins. Comme tel il n'existe pour l'autre, et l'autre n'existe pour lui, que dans la mesure où chacun devient un moyen pour autrui. L'économiste (tout comme par ailleurs la politique quant aux droits de l'homme) réduit tout à l'homme, c'est-à-dire à l'individu, qu'il dépouille de toute détermination pour le considérer soit comme capitaliste, soit comme ouvrier.

La *division du travail* est l'expression politico-économique du caractère social du travail dans l'aliénation. Or le travail n'est qu'une expression de l'activité de l'homme dans l'aliénation, expression de la vie dans sa manifestation aliénée. Dès lors, la division du travail n'est autre chose qu'une manière extérieure et aliénée de poser l'activité humaine comme une vraie activité sociale ou comme une activité de l'homme en tant qu'être social.

La division du travail devait naturellement être conçue comme élément moteur de la production de la richesse dès l'instant où le travail était reconnu comme l'essence de la propriété privée. Quant à la nature de la division du travail, c'est-à-dire de la forme étrangère et aliénée de l'activité humaine en tant qu'activité sociale, les vues des économistes sont très obscures et contradictoires[a][1].

Toutefois, l'économie politique moderne s'accorde sur le fait que division du travail et richesse de la production, division du travail et accumulation du capital se conditionnent réciproquement; elle affirme unanimement que, laissée en liberté, abandonnée à elle-même, seule la propriété privée est à même de produire la division du travail la plus utile et la plus étendue.

On peut résumer comme suit l'argument d'Adam Smith : la division du travail confère au travail une capacité infinie de production. Elle est fondée sur le penchant à échanger et à trafiquer, disposition spécifiquement humaine qui n'est vraisemblablement pas fortuite, mais fondée sur l'usage de la raison et du langage. Le mobile de celui qui pratique l'échange n'est pas l'humanité, mais l'égoïsme. La diversité des

a. Cf. ADAM SMITH, *Recherches...*, t. I, p. 29 sq., 32 sq. — J.-B. SAY, *Traité...*, 3e éd., 1817, p. 300. — F. SKARBEK, *Théorie des richesses sociales...*, 1829, t. I, p. 25 sq. — J MILL, *Éléments...*, 1823, p. 7 sq.

talents humains est l'effet, plutôt que la cause, de la division du travail, c'est-à-dire de l'échange, qui seule rend utile cette diversité. Les qualités particulières des diverses races d'une espèce animale sont par nature plus différenciées que la diversité des talents et de l'activité des hommes. Comme les animaux ne peuvent pas échanger, la propriété distincte d'un animal de la même espèce, mais de race différente, ne lui est d'aucune utilité. Incapables d'additionner les qualités distinctes propres à leur espèce, les animaux ne peuvent en rien contribuer à l'avantage et à la commodité communes de l'espèce. En revanche, chez les hommes, les talents et les modes d'activité les plus disparates sont utiles les uns aux autres : ici les divers produits étant susceptibles d'être rassemblés en une masse commune, chacun peu les acheter. Née du penchant humain à l'échange, la division du travail est à la fois accrue et limitée par l'extension de l'échange, du marché. Dans un état de choses avancé, chaque homme est commerçant ; la société est une *société commerçante.* Say considère l'échange comme fortuit, non fondamental. La société pourrait subsister sans lui. Il devient indispensable dans l'état avancé de la société. Pourtant, la production ne peut avoir lieu sans lui. La division du travail est un moyen commode et utile, une habile utilisation des forces humaines au profit de la richesse sociale, mais elle diminue la *faculté de chaque homme pris individuellement.* Par cette dernière remarque, Say est en progrès sur ses prédécesseurs.

Skarbek distingue les forces individuelles inhérentes à l'homme, l'intelligence et la disposition physique au travail, des forces dérivées de la société, l'échange et la division du travail qui se conditionnent réciproquement. Mais la condition nécessaire de l'échange, c'est la propriété privée. Skarbek exprime d'une manière objective ce que Smith, Say, Ricardo, etc., disent lorsqu'ils désignent l'égoïsme, l'intérêt privé, comme le fondement de l'échange, ou le trafic comme la forme essentielle et adéquate de l'échange.

Mill représente le commerce comme la conséquence de la division du travail. L'activité humaine se réduit pour lui à un mouvement mécanique. La division du travail et l'emploi des machines font progresser la richesse de la production. On doit confier à chaque homme une sphère d'opérations aussi réduite que possible. De leur côté, la division du travail et l'emploi des machines conditionnent la production de la richesse, donc du produit, en masse. C'est la raison des grandes manufactures.

Étudier la *division du travail* et l'échange est du plus haut intérêt, parce qu'ils expriment concrètement l'aliénation de l'activité et de la puissance créatrice de l'homme comme activités et créations sociales.

Dire que la division du travail et l'échange reposent sur la propriété privée, c'est affirmer que le travail est l'essence de la propriété privée, affirmation dont l'économiste ne peut faire la preuve, et que nous allons prouver pour lui. C'est parce que la division du travail et l'échange sont les créations de la propriété privée qu'il est doublement établi que la vie humaine avait besoin de la propriété privée pour se réaliser et qu'elle a maintenant besoin de dépasser celle-ci.

La division du travail et l'échange sont les deux phénomènes dont l'économiste aime à se prévaloir pour souligner le caractère social de sa science; il exprime ainsi tout d'une haleine et sans en être conscient la contradiction inhérente à sa science : la justification de la société par l'intérêt particulier et antisocial.

Les points à examiner sont les suivants : le *penchant à l'échange* — dont la source est l'égoïsme — est considéré comme la raison ou l'effet en retour de la division du travail. Aux yeux de Say, l'échange n'est pas fondamental pour la société. La richesse (la production) est expliquée par la division du travail et l'échange. On admet que la division du travail engendre l'appauvrissement et l'avilissement de l'activité individuelle. L'échange et la division du travail sont reconnus comme la source de la grande diversité des talents humains. Cette diversité trouve son utilité grâce à l'échange. Skarbek divise les formes de production ou les puissances créatrices de l'homme en deux catégories, 1° forces individuelles qui lui sont inhérentes, son intelligence et sa faculté, ou disposition spéciale, au travail ; 2° forces dérivées de la société (non de l'individu réel) : la division du travail et l'échange. En outre, la division du travail est limitée par le marché. Le travail humain n'est que simple mouvement mécanique ; l'essentiel est fait par les propriétés matérielles des objets. Il faut attribuer à un individu le moins d'opérations possible. Morcellement du travail et concentration du capital, insignifiance de la production individuelle et production de la richesse en masse. — La propriété privée libre et sa signification dans la division du travail[1].

L'HOMME-MARCHANDISE ; PROPRIÉTÉ FONCIÈRE, CAPITAL ET TRAVAIL[2]

Dans la personne de l'ouvrier, il se révèle subjectivement que le capital, c'est l'homme qui s'est perdu complètement ; dans le capital, il se révèle objectivement que le travail, c'est l'homme vidé de sa substance humaine. Or, l'ouvrier a le malheur d'être un capital vivant, donc besogneux : pour peu qu'il ne travaille pas, il perd ses intérêts et jusqu'à son existence. En tant que capital, la valeur de l'ouvrier augmente selon l'offre et la demande ; même physiquement, son existence, sa vie, est et a été considérée comme une marchandise analogue à toute autre marchandise qui s'offre. L'ouvrier produit le capital, le capital le produit ; il se produit donc lui-même, et, en tant qu'ouvrier, en tant que marchandise, l'homme est le produit du mouvement dans son ensemble. L'homme qui n'est plus qu'un ouvrier n'aperçoit — en tant qu'ouvrier — ses qualités d'homme que dans la mesure où elles existent pour le capital qui lui est étranger. Mais comme le capital et l'homme sont étrangers l'un à l'autre, que leurs rapports sont marqués d'indifférence, d'extériorité et de contingence, il est inévitable que ce caractère étranger manifeste sa réalité. Dès lors que — nécessité ou arbitraire — le capital s'avise de ne plus exister pour l'ouvrier, celui-ci cesse d'exister pour lui-même : privé de travail, donc de salaire, n'ayant en fait d'existence humaine que celle de sa condition ouvrière, il n'a plus qu'à disparaître, qu'à mourir de faim, etc. L'ouvrier n'existe comme ouvrier que s'il existe pour soi, en tant que capital, et il n'existe en tant que capital que si un capital existe pour lui. L'existence du capital est son existence, sa vie, il en détermine le contenu d'une manière qui ne tient aucun compte de l'ouvrier. L'économie politique ne connaît donc pas l'ouvrier sans emploi, le travailleur dans la situation d'un sans-travail. Le coquin, l'escroc, le mendiant, le travailleur qui chôme, qui meurt de faim, qui est misérable et criminel — autant de figures qui n'existent pas pour l'économie politique, mais aux seuls yeux du médecin, du juge, du fossoyeur, du prévôt des mendiants, etc. Ces fantômes ne sont pas de son domaine. Elle ne voit dans les besoins de l'ouvrier que ce qui est nécessaire à son entretien tant qu'il travaille, et ce à seule fin que la race des ouvriers ne vienne pas à s'éteindre. Le salaire a donc tout à fait la même signification que l'entretien, le maintien en bon état de tout autre instrument productif, que la consommation du capital en général pour pouvoir se reproduire avec profit. Il en est tout comme de l'huile qu'on emploie pour maintenir des rouages en bon état. Le salaire fait partie des frais nécessaires du capital et du capitaliste ; il ne doit pas dépasser les limites de cette nécessité. Aussi était-il tout à fait logique, de la part des fabricants anglais, de déduire du salaire des ouvriers les aumônes publiques que ceux-ci recevaient par l'intermédiaire de la taxe des pauvres avant l'*Amendment Bill* de 1834, et de les considérer comme une partie intégrante du salaire [1].

La production ne produit pas seulement l'homme comme une marchandise, la *marchandise humaine,* l'homme destiné au rôle de marchandise, elle le produit, conformément à cette destination, comme un être déshumanisé aussi bien intellectuellement que physiquement. Immoralité, dégénérescence, ilotisme des ouvriers et des capitalistes. — Son produit est une marchandise consciente de soi et *agissante de son propre mouvement*... la marchandise-homme... Dépassant Smith et Say, Ricardo et Mill ont fait un grand progrès, eux qui déclarent l'existence de l'homme (la plus ou moins grande productivité humaine de la marchandise) indifférente, voire nuisible. Le but véritable de la production est non pas le nombre des ouvriers qu'un capital entretient, mais la somme des intérêts, le total des profits annuels qu'il rapporte. Également d'un grand progrès et d'une logique parfaite est l'explication de l'économie politique anglaise plus récente qui, tout en érigeant le travail en principe unique de l'économie, montre avec une clarté totale que le salaire et l'intérêt du capital sont en raison inverse l'un de l'autre, et qu'en règle générale le capitaliste ne gagne que si le salaire baisse, et réciproquement : l'état normal, ce n'est pas que le consommateur soit lésé, c'est que le capitaliste et l'ouvrier cherchent à se léser réciproquement.

Les conditions de la propriété privée englobent à l'état latent la propriété privée sous la forme du travail et sous la forme du capital, ainsi que leur relation réciproque. C'est, d'une part, la production de l'activité humaine en tant que travail, qu'activité entièrement étrangère à elle-même, à l'homme et à la nature, à la conscience et à la vie concrète : existence abstraite de l'homme qui n'est plus qu'un homme de peine, qui, chaque jour, déchoit de son néant comblé dans le néant absolu — dans sa non-existence sociale et réelle. C'est, d'autre part, la production de l'objet de l'activité humaine en tant que capital, objet dont toutes les particularités naturelles et sociales sont effacées ; où la propriété privée a perdu sa qualité naturelle et sociale (autrement dit, ayant perdu toutes les illusions de la politique et de la sociabilité s'étant dégagée de toute apparence de rapports humains) ; où le même capital reste identique à lui-même dans les situations naturelles et sociales les plus diverses, totalement indifférent à l'égard de son contenu réel. Poussés à leur comble, ces contrastes marquent nécessairement à la fois l'apogée et le déclin de tout le système[1].

C'est un autre mérite de la récente théorie anglaise de définir la rente foncière comme la différence entre les intérêts dus à la culture des terres pauvres et des terres riches ; d'avoir fait table rase des illusions romantiques du propriétaire foncier — sa prétendue importance sociale et l'identité de son intérêt avec celui de la société, identité qu'Adam Smith affirme encore après les physiocrates ; d'avoir anticipé et préparé le mouvement du réel qui, transformant le propriétaire foncier en un capitaliste tout à fait ordinaire et prosaïque, simplifiera et approfondira l'opposition entre le capital et le travail et en précipitera par là même la dissolution. La terre et la rente foncière en tant que telles y ont perdu leur rang de noblesse pour devenir capital et intérêt qui ne signifient plus rien, ou plutôt ne signifient qu'une chose : l'argent.

La distinction entre capital et terre, profit et rente foncière, tout comme la distinction entre ceux-ci et le salaire, l'industrie et l'agriculture, la propriété privée mobilière et immobilière, n'est pas inhérente à la nature des choses : elle est historique, un moment fixe dans la formation et le développement de l'opposition entre capital et travail. L'opposition entre l'industrie, etc., et la propriété immobilière ne fait qu'exprimer la genèse de l'industrie et l'opposition dans laquelle elle s'est développée par rapport à l'agriculture. En tant qu'espèce particulière du travail — que distinction essentielle, importante et vitale — cette différence ne subsiste qu'aussi longtemps que l'industrie (la vie citadine) se constitue face à la propriété rurale (la vie aristocratique de la féodalité), dont elle porte encore le caractère féodal sous la forme du monopole, de la jurande, de la guilde, de la corporation, etc.; sous ces formes, le travail a encore un sens apparemment social, il signifie encore la communauté réelle et n'a pas encore atteint le stade de l'indifférence à l'égard de son propre contenu, l'état du pour-soi total, c'est-à-dire l'abstraction de tout autre être, l'état qui est celui du capital émancipé.

Mais le développement nécessaire du travail exige le capital libéré et l'industrie elle aussi libérée, constituée comme telle pour elle-même. Tandis qu'auparavant le principal travail était réservé au sol et à l'esclave grâce auquel la terre se cultivait elle-même, la supériorité de l'industrie sur sa rivale s'affirme dès la naissance de l'agriculture en tant qu'industrie réelle. Avec la transformation de l'esclave en ouvrier libre, c'est-à-dire en mercenaire, le seigneur foncier est lui-même transformé en un maître d'industrie, en un capitaliste, transformation qui a lieu tout d'abord par l'intermédiaire du fermier. Mais le fermier est le représentant, le mystère révélé du propriétaire foncier : ce n'est que par lui qu'il existe économiquement comme propriétaire privé — car la rente de sa terre n'existe que par la concurrence des fermiers. Dans la personne du fermier, le propriétaire foncier est déjà devenu essentiellement un vulgaire capitaliste, ce qui s'accomplit dans la réalité par le fait que le capitaliste pratiquant l'agriculture — c'est-à-dire le fermier — doit devenir propriétaire foncier, ou celui-ci devenir celui-là. Le trafic industriel du fermier est celui du propriétaire foncier, car l'existence du premier pose celle du second [1].

Ils se souviennent qu'à leur origine ils étaient des ennemis. Ils savent d'où ils viennent : le propriétaire foncier reconnaît dans le capitaliste outrecuidant son esclave d'hier, affranchi et enrichi, par lequel lui-même, en tant que capitaliste, se voit menacé. Le capitaliste reconnaît dans le propriétaire foncier le seigneur oisif, cruel et égoïste d'hier. En tant que capitaliste, il sait qu'il porte préjudice au propriétaire foncier, tout en sachant que c'est à l'industrie qu'il doit toute son importance sociale actuelle, ses biens et ses plaisirs ; il voit en lui l'adversaire de l'industrie et du capital libres, indépendant de toute détermination naturelle. Cette opposition est extrêmement cruelle et les ennemis se disent réciproquement leurs quatre vérités. Il suffit de lire les attaques de la propriété immobilière contre la propriété mobilière, et inversement, pour obtenir une image évocatrice de leur indignité respective. Le propriétaire foncier fait valoir la noblesse originelle de sa propriété, les souvenirs féodaux, les réminiscences, la poésie du passé, sa nature enthousiaste, son importance politique, etc.; et, lorsqu'il parle d'économie politique, il dit que seule l'agriculture est productive. En même temps il décrit son adversaire comme un escroc rusé, sans honneur, sans principes, sans poésie, sans substance, sans rien; comme un être pour qui tout est vénal, lui-même y compris; un être vil et cupide, mercenaire et querelleur, sans cœur ni âme, étranger à la communauté, dont il est prêt à trafiquer sans gêne, usurier; à la fois entremetteur et esclave, il est souple et flagorneur, fourbe et dur; c'est lui qui provoque, entretient et flatte la concurrence, source du paupérisme, du crime et de la dissolution de tous les liens sociaux. (Voir entre autres le physiocrate Bergasse, que Camille Desmoulins fustige déjà dans son journal, *les Révolutions de France et de Brabant;* voir von Vincke, de Lancizolle, Haller, Leo, Kosegarten, de même que Sismondi[a].)

De son côté, la propriété mobilière signale les miracles de l'industrie et du progrès; elle se dit enfant des Temps modernes, leur fruit légitime, natif; elle prend en pitié son adversaire, pauvre imbécile qui méconnaît sa propre nature (c'est parfaitement juste d'ailleurs), et qui voudrait remplacer le capital si moral et le travail si libre par la force immorale et le servage; elle décrit

a. Voyez Funcke, le théologien maniéré et vieux-hégélien. À en croire M. Leo, il racontait, les larmes aux yeux, comment, lors de l'abolition du servage, un esclave avait refusé de ne plus être une propriété noble. Voir aussi les *Visions patriotiques* de Justus Möser, qui ont ceci de notable qu'elles n'abandonnent pas un instant l'horizon vertueux, petit-bourgeois, rustique, ordinaire et borné du philistin, et qui sont pourtant de pures élucubrations fantaisistes. C'est ce contraste qui les a rendues si intéressantes pour l'âme allemande[1].

son rival comme un Don Quichotte qui, sous les apparences de la droiture, de la décence, de l'intérêt général, de la stabilité, cache son incapacité de progresser, sa dévorante soif de jouissance, son égoïsme, ses intérêts mesquins, ses mauvais desseins ; elle le traite de monopoliste raffiné ; elle jette sur tout cela une pluie de précisions historiques ; elle n'a que sarcasmes pour la bassesse, la cruauté, l'abjection, la prostitution, l'infamie, l'anarchie, la sédition, dont ses romantiques châteaux furent les officines.

La propriété mobilière prétend avoir obtenu pour le peuple la liberté politique, débarrassé la société civile de ses chaînes, relié les mondes entre eux, créé le commerce philanthropique, la morale pure, la culture complaisante ; au lieu de ses besoins grossiers, elle a donné au peuple des besoins civilisés et les moyens de les satisfaire, tandis que le propriétaire foncier — cet accapareur oisif et gênant — provoque la cherté des denrées indispensables aux masses, obligeant ainsi le capitaliste à augmenter le salaire sans pouvoir accroître la productivité ; il entrave et finit par supprimer totalement le revenu annuel de la nation, l'accumulation des capitaux, donc la possibilité de procurer du travail au peuple et de la richesse au pays ; il amène un déclin général et, usurier, parasite, il exploite tous les avantages de la civilisation moderne sans faire la moindre chose pour elle, et même sans rien abandonner de ses préjugés féodaux. Lui, pour qui l'agriculture et la terre elle-même ne sont qu'un cadeau dont on tire de l'argent, qu'il regarde enfin son fermier et dise si, malgré ses protestations et ses palabres concernant des souvenirs historiques et des fins morales ou politiques, il n'est pas un franc coquin, rusé et astucieux qui, intérieurement et extérieurement, appartient depuis longtemps à l'industrie libre et au commerce bien-aimé. Tout ce qu'il peut réellement avancer en sa faveur n'est vrai que pour le cultivateur (le capitaliste et les journaliers), dont l'ennemi est bien plutôt le propriétaire foncier; ses preuves se retournent donc contre lui-même. Faute de capital, la propriété foncière est matière inerte et sans valeur. Vainqueur civilisé, le capital a justement le mérite d'avoir découvert et créé, au lieu d'une chose morte, le travail humain comme source de richesse (cf. Paul-Louis Courier, Saint-Simon, Ganilh, Ricardo, Mill, MacCulloch, Destutt de Tracy et Michel Chevalier [1]).

Le cours réel du développement conduit à la victoire nécessaire du capitaliste, c'est-à-dire de la propriété privée dans sa forme achevée, sur la propriété bâtarde et retardataire, sur le propriétaire foncier; en général, le mouvement triomphera de l'immobilité, l'infamie franche et consciente vaincra l'infamie cachée et inconsciente, la cupidité fera taire le goût de la jouissance, l'égoïsme effréné et habile des lumières l'emportera sur l'incroyable égoïsme local, l'égoïsme terre à terre, bonasse et fainéant, de la superstition. C'est ainsi que l'argent triomphera de toute autre forme de la propriété privée.

Les États qui pressentent le danger de l'industrie parfaitement libre, de la morale parfaitement pure et du commerce parfaitement philanthropique s'efforcent — mais en vain — d'arrêter la capitalisation de la propriété foncière.

À la différence du capital [achevé], la propriété foncière représente une propriété et un capital encore entachés de préjugés locaux et politiques; elle est le capital inachevé, pas encore dégagé entièrement de ses liens avec le monde, pour se trouver lui-même. Ce n'est qu'au cours de son développement planétaire qu'il parviendra à son expression abstraite, c'est-à-dire pure.

La propriété privée implique le travail, le capital et la relation de l'un à l'autre.

Le mouvement que ces éléments ont à parcourir est :
1° *Unité* médiate et immédiate de l'un et de l'autre.

D'abord le capital et le travail se trouvent encore unis ; ensuite, on les voit séparés et aliénés certes, mais s'élevant et s'entraidant l'un l'autre en tant que compléments positifs ;

2° *Opposition* de l'un et de l'autre ; exclusion réciproque ; l'ouvrier connaît le capitaliste comme négation de son existence, et inversement ; chacun cherche à arracher son existence à l'autre ;

3° *Opposition* de chacun à soi-même. Capital = travail accumulé = travail. Comme tel, il se décompose en deux : le capital en soi et les intérêts du capital ; à leur tour, ceux-ci se décomposent en intérêts et en profit. Le capitaliste est complètement sacrifié. Il tombe dans la classe ouvrière, alors que l'ouvrier ne devient capitaliste qu'exceptionnellement. Travail en tant qu'élément du capital, en tant que ses frais. Le salaire comme sacrifice du capital.

Le travail se décompose en travail en soi et en salaire. L'ouvrier lui-même est un capital, une marchandise.

Collision de forces antagoniques[1].

L'ARGENT[2]

Si les *sensations*, les passions, etc., de l'homme ne sont pas seulement des attributions anthropologiques au sens étroit, mais, en vérité, des affirmations *ontologiques* de sa nature, et si elles ne s'affirment réellement que parce que leur objet existe pour elles concrètement, il est évident que 1° le mode de leur affirmation n'est pas toujours le même, mais qu'au contraire la manière distincte dont elles s'affirment constitue le propre de leur existence, de leur vie ; tel que l'objet existe pour elles, tel sera le caractère particulier de leur jouissance ; 2° lorsque l'affirmation sensible est transmutation directe de l'objet sous sa forme indépendante (le manger, le boire, le façonnage de l'objet, etc.), nous parlons d'affirmation de l'objet ; 3° quand l'homme et donc aussi ses sentiments sont *humains*, l'affirmation de l'objet par un autre que lui-même est également sa propre *jouissance ;* 4° ce n'est que par l'industrie développée, c'est-à-dire par la médiation de la propriété privée, que la nature ontologique de la passion humaine se réalise dans sa totalité et dans son humanité ; la science de l'homme est ainsi elle-même un produit de l'activité pratique et personnelle de l'homme ; 5° le sens de la propriété privée — libérée de son aliénation — est l'existence des *objets essentiels* pour l'homme, tant comme objets de jouissance que comme objets d'activité.

L'*argent*, qui possède la *qualité* de pouvoir tout acheter et tout s'approprier, est éminemment l'*objet* de la possession. L'universalité de sa *qualité* en fait la toute-puissance, et on le considère comme un être dont le pouvoir est sans bornes. L'argent est l'*entremetteur* entre le besoin et l'objet, entre la vie et les moyens de vivre. Mais ce qui sert de médiateur à *ma* vie *médiatise* aussi l'existence des autres pour moi. Pour moi, l'argent, c'est *autrui*.

« Allons donc ! tes mains, tes pieds, ta tête et ton derrière t'appartiennent sans doute, mais ce dont je jouis allégrement m'en appartient-il moins ? Si je puis me payer six étalons, leurs forces ne sont-elles pas miennes ? Je galope, et me voici un rude gaillard, comme si j'avais vingt-quatre jambes. » (Goethe, *Faust*[1].)

Shakespeare dans *Timon d'Athènes :*

« De l'or, ce jaune, brillant et précieux métal ! Non, dieux bons ! je ne fais pas de vœux frivoles : des racines, cieux sereins ! Ce peu d'or suffirait à rendre blanc le noir ; beau, le laid ; juste, l'injuste ; noble, l'infâme ; jeune, le vieux ; vaillant, le lâche... Eh bien ! cet or écartera de votre droite vos prêtres et vos serviteurs, arrachera l'oreiller du chevet des malades. Ce jaune esclave tramera et rompra les vœux, bénira le maudit, fera adorer la lèpre livide, placera les voleurs, en leur accordant titre, hommage et louange, sur le banc des sénateurs ; c'est lui qui décide la veuve éplorée à se remarier. Celle qu'un hôpital d'ulcérés hideux vomirait avec dégoût, l'or l'embaume, la parfume, et lui fait un nouvel avril... Allons ! poussière maudite, prostituée à tout le genre humain, qui mets la discorde dans la foule des nations... »

Et plus loin :

« Ô toi, doux régicide ! cher agent de divorce entre le fils et le père ! brillant profanateur du lit le plus pur d'Hymen ! vaillant Mars ! séducteur toujours jeune, frais, délicat et aimé, dont la rougeur fait fondre la neige consacrée qui couvre le giron de Diane ! *Dieu visible qui rapproches les incompatibles* et les obliges à s'embrasser ! qui parles par toutes les bouches dans tous les sens ! ô pierre de touche des cœurs ! traite en rebelle l'humanité, ton esclave, et par ta vertu jette-la dans un chaos de discordes, en sorte que les bêtes puissent avoir l'empire du monde [1] ! »

Shakespeare décrit parfaitement la nature de l'argent. Pour le comprendre, commençons d'abord par expliquer le passage de Goethe :

Ce que je peux m'approprier grâce à l'argent, ce que je peux payer, c'est-à-dire ce que l'argent peut acheter, je le suis moi-même, moi le possesseur de l'argent. Telle est la force de l'argent, telle est ma force. Mes qualités et la puissance de mon être sont les qualités de l'argent ; elles sont à moi, son possesseur. Ce que je suis, et ce que je puis, n'est donc nullement déterminé par mon individualité. Je suis laid, mais je puis m'acheter la plus belle femme ; aussi ne suis-je pas laid, car l'effet de la laideur, sa force rebutante, est annulée par l'argent. Je suis, en tant qu'individu, un estropié, mais l'argent me procure vingt-quatre pattes ; je ne suis donc pas estropié ; je suis un homme mauvais, malhonnête, sans scrupule, stupide : mais l'argent est vénéré, aussi le suis-je de même, moi qui en possède. L'argent est le bien suprême, aussi son possesseur est-il bon ; que l'argent m'épargne la peine d'être malhonnête, et on me croira honnête ; je manque d'esprit, mais l'argent étant l'esprit réel de toute chose, comment son possesseur pourrait-il être un sot ? De plus, il peut s'acheter des gens d'esprit, et celui qui en est le maître n'est-il pas plus spirituel que ses acquisitions ? Moi qui, grâce à mon argent, suis capable d'obtenir tout ce qu'un cœur humain désire, n'ai-je pas en moi tous les pouvoirs humains ? Mon argent ne transforme-t-il pas toutes mes impuissances en leur contraire ?

Si l'argent est le lien qui m'unit à la vie humaine, qui unit à moi la société et m'unit à la nature et à l'homme, l'argent n'est-il pas le lien de tous les liens ? Ne peut-il pas nouer et dénouer tous les liens ? N'est-il pas, de la sorte, l'instrument de division universel ? Vrai moyen d'union, vraie force chimique de la société, il est aussi la vraie monnaie « divisionnaire ».

Shakespeare signale surtout deux propriétés de l'argent :

1° Il est la divinité manifestée, la transformation de toutes les qualités humaines et naturelles en leur contraire, l'universelle confusion et perversion des choses ; il harmonise les incompatibilités ;

2° Il est la prostituée universelle, l'universel entremetteur des hommes et des peuples.

La perversion et la confusion de toutes les qualités humaines et naturelles, l'harmonisation des incompatibilités — la force divine — de l'argent sont inhérentes à sa nature en tant que nature générique aliénée et aliénante des hommes, en tant que nature qui se livre à autrui. Il est la puissance aliénée de l'humanité.

Ce que je ne puis en tant qu'homme, ce que ne peuvent toutes mes énergies d'individu, je le puis grâce à l'argent. L'argent fait de chacune des puissances de mon être ce qu'elles ne sont pas en soi : il les change en leur contraire.

Si j'ai envie d'un repas, si je veux prendre la chaise de poste, n'étant pas assez fort pour faire la route à pied, l'argent me procure le repas et la chaise de poste, c'est-à-dire qu'il transforme mes vœux — êtres imaginaires — et les transfère de leur existence pensée, figurée ou voulue, dans une existence sensible, réelle ; il les fait passer de l'imagination à la vie, de l'être figuré à l'être réel. Cette fonction médiatrice fait de l'argent une puissance véritablement créatrice.

Sans doute, l'envie existe aussi chez qui n'a pas d'argent, mais c'est une chose purement chimérique qui, pour moi, pour un tiers, pour les autres, est sans effet, sans être réel, sans objet. La différence entre la demande effective, fondée sur l'argent, et la demande sans effet, fondée sur mon besoin, ma passion, mon désir, etc., est la différence entre l'être et la pensée, entre l'idée existant seulement en moi et l'idée telle qu'elle est pour moi en dehors de moi en tant qu'objet réel.

Quel que je sois, si je n'ai pas d'argent pour voyager, je n'ai pas de besoin — on veut dire de besoin réel de voyager — susceptible d'être satisfait. Quel que je sois, si j'ai la vocation des études mais point d'argent pour m'y adonner, je n'ai pas la vocation des études, c'est-à-dire une vocation effective, véritable. En revanche, si je n'ai pas réellement la vocation des études, mais que j'ai la volonté et l'argent pour m'y adonner, alors ma vocation sera effective. Moyen et pouvoir universels, extérieurs, venant ni de l'homme en tant qu'homme, ni de la société humaine en tant que société, moyen et pouvoir de changer l'idée en réalité et la réalité en simple idée, l'argent transforme les forces réelles et naturelles de l'homme en idées purement abstraites, en imperfections, chimères et tourments ; de même, les imperfections et les chimères, les puissances stériles et purement imaginaires de l'individu, il les transforme en puissances réelles. En vertu de quoi l'argent est la perversion générale des individualités qu'il change en leur contraire, en leur attribuant des qualités qui ne sont pas le moins du monde les leurs[1].

Il apparaît alors comme la puissance corruptrice de l'individu, des liens sociaux, etc., qui passent pour être essentiels. Il transforme la fidélité en infidélité, l'amour en haine, la haine en amour, la vertu en vice, le vice en vertu, le valet en maître, le maître en valet, la bêtise en intelligence, l'intelligence en bêtise.

Notion existante et agissante de la valeur, l'argent confond et échange toute chose ; il en est la confusion et la conversion générales. Il est le monde à l'envers, la confusion et la conversion de toutes les qualités naturelles et humaines.

Qui peut acheter le courage est courageux, fût-il lâche. L'argent ne s'échange pas contre telle qualité, telle chose, telles forces de l'être humain : il s'échange contre la totalité du monde objectif de l'homme et de la nature. Il sert donc à échanger (du point de vue de son possesseur) toute qualité contre toute autre, fût-elle son contraire. Il fait fraterniser les incompatibilités, il force les ennemis à se donner l'accolade.

Imagine l'homme humain et son rapport au monde comme un rapport humain, et tu ne pourras échanger l'amour que contre l'amour, la confiance que contre la confiance, etc. Si tu veux jouir de l'art, tu devras avoir une culture artistique ; si tu veux avoir un ascendant sur autrui, tu devras être capable d'agir pour le bien des autres et exercer une influence stimulante. Chacun de tes rapports avec l'homme — et avec la nature — devra être une manifestation déterminée, conforme à l'objet de ta volonté, à ta vraie vie individuelle. Si tu aimes sans susciter l'amour réciproque, si ton amour ne provoque pas la réciprocité, si vivant et aimant tu ne te fais pas aimer, alors ton amour est impuissant, il est infortune [1].

CRITIQUE DE LA DIALECTIQUE HÉGÉLIENNE ET DE LA PHILOSOPHIE ALLEMANDE [2]

L'héritage de Hegel : mérites de Feuerbach

Au point où nous en sommes, il n'est peut-être pas sans intérêt de donner quelques éclaircissements critiques tant sur la dialectique hégélienne en général que sur sa présentation dans la *Phénoménologie* et la *Logique,* et, finalement, sur la position du mouvement récent de la critique hégélienne [3].

L'intérêt pour le contenu du monde ancien, le développement de la critique allemande moderne perdue dans la matière furent si puissants qu'ils entraînèrent, envers la méthode critique, une attitude elle-même dépourvue de tout esprit critique, et la méconnaissance totale de cette question vraiment essentielle : où en sommes-nous, en définitive, par rapport à la dialectique hégélienne ? Le rapport de la critique moderne avec la philosophie hégélienne en général, et la dialectique en particulier, était à ce point méconnu que des critiques comme Strauss et Bruno Bauer sont encore entièrement prisonniers de la logique hégélienne : le premier à travers toute son œuvre, le second dans ses *Synoptiques* (où il remplace, en opposition à Strauss, la substance de la « nature abstraite » par la « conscience de soi » de l'homme abstrait) et même, du moins en puissance, dans son *Christianisme dévoilé*[1]. On lit, par exemple, dans cet ouvrage : « N'est-il pas vrai que la conscience de soi, en posant le monde, pose la différence, et en produisant elle se produit, puisqu'elle supprime la différence entre elle-même et ce produit, et n'est soi que dans la production et le mouvement : la conscience de soi n'aurait-elle pas son but dans ce mouvement ? » Ou encore : [« Les matérialistes français] n'ont pas encore vu que le mouvement de l'univers n'est devenu réel pour soi que comme mouvement de la conscience de soi, et qu'il s'est confondu avec celui-ci. » C'est là non seulement la conception, mais le langage même de Hegel.

Pendant ce travail (Bauer, *les Synoptiques*), la critique n'a guère eu conscience de son rapport à la dialectique hégélienne, et pas davantage après le travail de critique concrète ; c'est ce qui apparaît lorsque Bauer, dans sa *Bonne Cause de la liberté,* écarte la question indiscrète de M. Gruppe : « Et maintenant, qu'en est-il de la logique ? » en la renvoyant aux critiques futurs[2].

Mieux encore : Feuerbach — dans ses *Thèses* publiées dans les *Anekdota* et, plus en détail, dans la *Philosophie de l'avenir* — a virtuellement renversé la vieille dialectique et l'ancienne philosophie[3]. En revanche, l'autre critique, incapable d'accomplir cet acte, l'ayant pourtant vu s'accomplir, s'est proclamée critique pure, décisive, absolue et consciente d'elle-même ; dans sa présomption spiritualiste, elle a réduit tout le mouvement historique à son propre rapport au monde (monde qu'elle fait tomber sous la catégorie de la « masse ») et fondu toutes les oppositions dogmatiques en une seule : l'opposition dogmatique entre sa propre finesse et la sottise du monde, entre le Messie critique et l'humanité considérée comme « foule ». Elle a démontré, chaque jour, à chaque heure, sa propre excellence en dénonçant le manque d'esprit de la masse ; elle a en outre annoncé le Jugement dernier critique, proclamant que le jour était proche où l'humanité déchue se rassemblerait tout entière derrière elle, pour être répartie en groupes dont chacun recevrait son certificat d'indigence ; elle a publié sa supériorité sur tous les sentiments humains et sur le monde, au-dessus duquel elle trône dans une attitude sublime, laissant de temps à autre éclater sur ses lèvres sarcastiques le rire des dieux olympiens. Or, après toutes ces démonstrations divertissantes de l'idéalisme expirant sous le masque de la critique, l'idéalisme des jeunes hégéliens n'a pas même soupçonné qu'il fallait maintenant en arriver à une explication critique avec la dialectique hégélienne, sa propre mère ; il n'a pas même su marquer son rapport critique avec la dialectique de Feuerbach : attitude totalement dépourvue de critique à son propre égard.

Feuerbach, seul, a une attitude sérieuse et critique envers la dialectique hégélienne. C'est lui seul qui, dans ce domaine, a fait les véritables découvertes ; c'est lui, en somme, qui a vraiment triomphé de l'ancienne philosophie. L'ampleur de son travail, et la simplicité, la discrétion avec lesquelles il le livre au monde contrastent singulièrement avec l'attitude des autres.

En quoi réside le principal mérite de Feuerbach ?

1° Il a prouvé que la philosophie n'est autre chose que la religion transposée et développée dans l'idée, condamnable au même titre que celle-ci en tant que mode et expression de l'aliénation de l'être humain.

2° Il a fondé le vrai matérialisme et la vraie science [de l'homme] en faisant, à juste raison, du rapport social « de l'homme à l'homme » le principe fondamental de la théorie.

3° Il a opposé à la négation de la négation, qui se prétend le positif absolu, le positif fondé positivement sur soi-même.

Feuerbach explique la dialectique hégélienne (fondant ainsi le point de départ du positif, de la certitude sensible) de la façon suivante :

1° Hegel prend comme point de départ l'aliénation de la substance (en termes de logique : de l'infini, de la généralité abstraite), de l'abstraction absolue et figée ; disons plus simplement qu'il part de la religion et de la théologie ;

2° Il supprime l'infini, pose le concret, le sensible, le réel, le fini, le particulier (la philosophie — suppression de la religion et de la théologie) ;

3° Il supprime de nouveau le positif, rétablit l'abstraction et l'infini. Rétablissement de la religion et de la théologie.

Ainsi, Feuerbach conçoit simplement la négation de la négation comme contradiction de la philosophie avec elle-même : la philosophie admet la théologie, la transcendance, etc., après les avoir niées, donc en opposition avec elle-même.

L'affirmation positive de soi-même, ou confirmation de soi-même, impliquée dans la négation de la négation, est conçue comme une position encore incertaine et, par là, entachée de son contraire ; elle doute de soi, et n'acceptant pas pour preuve sa propre existence, appelle une démonstration. C'est une affirmation de soi inavouée, à laquelle s'oppose directement et immédiatement l'affirmation de soi, sensible, reposant sur elle-même[1].

Mais Hegel a compris la négation de la négation de

deux manières : dans sa signification positive, comme le seul positif véritable ; dans sa signification négative, comme l'acte seul réel de tout être, son seul acte d'affirmation de soi. Ce faisant, il n'a donné qu'une expression abstraite, logique, spéculative, au mouvement de l'histoire qui n'est pas encore l'histoire réelle de l'homme comme sujet présupposé, mais seulement l'acte de création de l'homme et l'histoire de sa genèse. Nous étudierons, d'une part, cette forme abstraite et, d'autre part, ce qui sépare ce mouvement hégélien, opposé à la critique moderne, du processus exposé dans *l'Essence du christianisme* de Feuerbach, ou plutôt l'aspect critique de ce mouvement que Hegel considère encore de façon si peu critique[1].

Système de Hegel

Jetons un regard sur le système de Hegel. Il nous faudra commencer par la *Phénoménologie,* car là est née la philosophie de Hegel et là est son secret :

Phénoménologie

A. La conscience de soi.

I. Conscience. — *a)* Certitude sensible ou le « cela » et l'opinion. *b)* La perception ou la chose avec ses propriétés et l'illusion. *c)* Force et entendement, apparence et monde supra-sensible.

II. Conscience de soi. — La vérité de la certitude de soi. *a)* Autonomie et sujétion de la conscience de soi. Domination et servitude. *b)* Liberté de la conscience de soi. Stoïcisme, scepticisme, la conscience malheureuse.

III. Raison. — Certitude et vérité de la raison. *a)* La

raison observante, l'observation de la nature et de la conscience de soi. *b)* Réalisation de la conscience de soi raisonnable par elle-même. Plaisir et nécessité. La loi du cœur et le délire de la présomption. La vertu et le destin du monde. *c)* L'individualité qui se sait elle-même réelle en soi et pour soi. L'animalité spirituelle et la déception ou la chose même. La raison législatrice et la raison examinatrice des lois.

B. L'esprit.

I. L'esprit vrai : l'éthique.

II. L'esprit qui s'aliène lui-même. La culture.

III. L'esprit conscient de soi, la moralité.

C. La religion. — Religion de la nature, religion esthétique, religion révélée.

D. Le savoir absolu [1].

De même que l'*Encyclopédie* de Hegel débute avec la logique, avec la pensée spéculative pure et aboutit au savoir absolu, à l'esprit conscient de soi et s'appréhendant lui-même, à l'esprit philosophique ou absolu, c'est-à-dire surhumain et abstrait, de même elle n'est tout entière rien d'autre que l'essence développée, l'objectivation de soi de l'esprit philosophique [2]. Mais cet esprit n'est rien d'autre que l'esprit aliéné du monde se pensant à l'intérieur de sa propre aliénation, c'est-à-dire se saisissant de façon abstraite. La *Logique,* argent de l'esprit, valeur spéculative purement théorique de l'homme et de la nature — son essence devenue totalement indifférente à toute détermination réelle et par conséquent essence elle-même irréelle —, c'est la pensée entièrement aliénée qui fait abstraction de la nature et de l'homme réel, la pensée abstraite. La manifestation extérieure de cette pensée abstraite... c'est la nature — telle qu'elle lui apparaît. Elle est étrangère à l'homme, elle est pour lui perte de soi, et il la conçoit bien comme extérieure, comme pensée abstraite, mais comme pensée extérieure, aliénée — c'est enfin l'esprit, la pensée revenant à son lieu de naissance et qui, en tant qu'esprit anthropologique, phénoménologique, psychologique, éthique, artistique et religieux, n'a pas encore de validité pour soi, jusqu'au moment où enfin elle se retrouve et s'affirme comme savoir absolu dans l'esprit devenu absolu, c'est-à-dire abstrait, et acquiert alors son existence consciente et adéquate. Car sa véritable existence, c'est l'abstraction.

Double erreur chez Hegel :

La première apparaît le plus clairement dans la *Phénoménologie,* berceau de la philosophie hégélienne. Lorsqu'il conçoit, par exemple, la richesse ou le pouvoir de l'État, etc., comme des essences [*Wesen*] étrangères à la nature humaine, il les considère en tant qu'idées seulement... Ce sont des êtres pensés — donc uniquement une aliénation de la pensée philosophique *pure,* c'est-à-dire abstraite. Tout le mouvement aboutit donc au savoir absolu. Ces objets aliénés, à quoi s'opposent-ils en prétendant être réels ? Précisément à la pensée abstraite. Le *philosophe* — type abstrait de l'homme aliéné — se pose en modèle du monde aliéné. Toute l'histoire de la *dépossession* et de la *reconquête* n'est pour lui que *l'histoire de la genèse* de la pensée abstraite et absolue, de la pensée logique et spéculative.

L'aliénation [*Entfremdung*] qui est, par conséquent, l'intérêt proprement dit de cette dépossession [*Entäusserung*] et de son dépassement, c'est l'opposition de l'en-soi et du pour-soi, de la conscience et de la conscience de soi, de l'objet et du sujet ; en d'autres termes, elle est l'opposition de la pensée abstraite et de la réalité sensible réelle au sein même de la pensée.

Toutes les autres oppositions et tout leur mouvement ne sont que l'apparence, l'enveloppe, la forme exotérique de ces oppositions, qui seules importent et donnent leur sens aux oppositions profanes. Ce qui est la raison d'être de l'aliénation et ce qui rend son dépassement nécessaire, ce n'est pas que l'être humain s'objective de façon inhumaine et contre lui-même, mais bien qu'il s'objective en se distinguant de la pensée abstraite et en s'y opposant [1].

L'appropriation des forces naturelles de l'homme réduites à l'état d'objets étrangers n'est donc tout d'abord qu'une appropriation s'accomplissant dans la conscience, dans la pensée pure, c'est-à-dire dans l'abstraction ; c'est l'appropriation de ces objets en tant qu'idées et mouvement d'idées. C'est pourquoi cette dissolution et ce rétablissement philosophiques de la réalité concrète sont déjà présents, en puissance, dans la *Phénoménologie,* malgré son apparence strictement négative et critique, et malgré la critique véritable qu'elle recèle et qui souvent anticipe de loin sur le développement futur, puisqu'on y trouve déjà le positivisme et l'idéalisme non critiques de l'œuvre ultérieure de Hegel. D'autre part, revendiquer le monde objectif pour l'homme, c'est par exemple reconnaître que la conscience sensible n'est pas abstraitement mais humainement sensible, que la religion, la richesse, etc., sont seulement la réalité aliénée de l'objectification humaine, de l'énergie humaine créatrice d'œuvres. Seules ces œuvres nous conduisent vers la réalité humaine véritable. Or cette appropriation, ou l'intelligence de ce processus chez Hegel, nous montre la sensibilité, la religion, l'État, comme des êtres spirituels ; car l'essence authentique de l'homme, c'est l'esprit qui, dans sa forme vraie, est l'esprit pensant, logique, spéculatif. Ce qui fait l'humanité de la nature, de la nature produite par l'histoire, des produits de l'homme, c'est qu'ils sont produits de l'esprit abstrait, et, par là, moments spirituels, êtres idéaux. La *Phénoménologie* est, par suite, la critique cachée, encore obscure et mystificatrice pour elle-même ; mais dans la mesure où elle retient l'aliénation de l'homme (quand bien même cet homme n'y apparaîtrait que sous forme d'esprit), on y découvre tous les éléments de la critique, cachés, mais déjà préparés et élaborés d'une manière qui dépasse de loin le point de vue hégélien. La « conscience malheureuse », la « conscience honnête », le combat de la « conscience noble » et de la « conscience vile », etc., toutes ces parties isolées contiennent (bien que sous une forme encore aliénée) les éléments nécessaires à la critique de domaines entiers, tels que la religion, l'État, la vie civile, etc.[1]. Tout comme l'essence, ou l'objet en tant qu'être idéal, le sujet lui-même est toujours conscience ou conscience de soi, ou plutôt l'objet n'apparaît que comme conscience abstraite, l'homme n'apparaît que comme conscience de soi, et les formes distinctes de l'aliénation que l'on rencontre ne sont par suite que des formes diverses de la conscience et de la conscience de soi. De même que la conscience abstraite (représentation de l'objet) n'est qu'un moment distinctif de la conscience de soi, de même le résultat de ce mouvement est l'identité de la conscience de soi et de la conscience, le savoir absolu, le mouvement non plus transcendant, mais immanent de la pensée abstraite ; le résultat, c'est la dialectique de la pensée pure.

Aliénation et objectification du travail[2]

L'immense mérite de la *Phénoménologie* de Hegel et de son résultat final — la dialectique de la négativité comme principe moteur et créateur — consiste tout d'abord en ceci : Hegel conçoit l'autocréation de l'homme, l'autocréation comme un processus, l'objectification comme négation de l'objectification, comme aliénation et suppression de cette aliénation ; de la sorte, il saisit la nature du travail, et conçoit l'homme objectif, véritable, parce que réel, comme résultat de son propre travail. Ce qui rend possible le comportement réel, actif, de l'homme envers soi-même comme être générique ou son activité d'être générique véritable, c'est-à-dire humain, c'est qu'il extériorise réellement toutes ses forces génériques (ce qui implique à son tour l'activité collective des hommes, résultat de l'histoire) et se conduit envers elles comme envers des objets ; et cela n'est présentement possible que sous la forme de l'aliénation.

Nous exposerons en détail ce qu'il y a d'unilatéral et de limité chez Hegel, quand nous en viendrons au chapitre final de la *Phénoménologie :* le savoir absolu. Ce chapitre contient, en résumé, l'esprit de la *Phénoménologie* et son rapport avec la dialectique spéculative ; on y trouve aussi ce que Hegel conçoit de l'un et de l'autre, et de leurs rapports réciproques.

Provisoirement, nous pouvons déjà dire ceci : le point de vue de Hegel est celui de l'économie politique moderne. Il conçoit le *travail* comme l'*essence* de l'homme, l'affirmation de sa nature. Il ne voit que le côté positif du travail, non son côté négatif. Le travail est le *devenir pour soi de l'homme* à l'intérieur de l'*aliénation,* ou bien en tant qu'être *aliéné.* Le seul travail que Hegel connaisse et reconnaisse, c'est le travail *abstrait* de l'*esprit.* Ce qui forme en somme l'essence de la philosophie, l'*aliénation de homme dans la connaissance,* ou bien la *science aliénée* dans son propre concept, tout cela, Hegel le saisit comme l'essence de la philosophie, et il peut de ce fait rassembler les différents moments de la philosophie antérieure comme *la* philosophie. Ce qu'ont fait les autres philosophes — concevoir les différents moments de la nature et de l'existence humaines comme des moments de la conscience de soi abstraite — voilà, pour Hegel, l'*acte* de la philosophie, et c'est pourquoi sa science est science absolue[1].

Venons-en maintenant à notre sujet.

Le savoir absolu. Dernier chapitre de la *Phénoménologie.*

Voici l'essentiel : l'objet de la conscience n'est autre chose que la conscience de soi, ou encore l'objet n'est que la conscience de soi objectivée, la conscience de soi en tant qu'objet. (Poser l'homme = poser la conscience de soi.)

Il s'agit de surmonter l'objet de la conscience. Comme tel, le monde objectif vaut pour une condition humaine aliénée, ne correspondant pas à la nature humaine et à la conscience de soi. La reconquête de l'essence objective de l'homme, dénaturée, produite sous le mode de l'aliénation, signifie la suppression non seulement de l'aliénation, mais aussi du monde objectif, c'est-à-dire que l'homme apparaît comme un être immatériel, spiritualisé.

L'objet de la conscience est maîtrisé en un processus que Hegel décrit maintenant de la façon suivante :

L'objet n'apparaît pas seulement comme ce qui retourne dans le Soi (c'est là, pour Hegel, une conception étroite et unilatérale de ce processus). L'homme est posé comme Soi. Mais le Soi, c'est seulement l'homme conçu de façon abstraite, produit de l'abstraction. L'homme *est* le Soi. Ses yeux, ses oreilles, etc., et chacune des forces naturelles qui sont en lui possèdent cette qualité. Mais c'est bien pour cela qu'il est complètement faux de prétendre que la conscience de soi possède des yeux, des oreilles, une énergie naturelle. La conscience de soi est plutôt une propriété de la nature humaine, des yeux de l'homme, etc., ce n'est pas la nature humaine qui est une qualité de la conscience de soi.

Le Soi abstrait et figé en lui-même est l'homme comme égoïste abstrait, l'égoïsme élevé à sa pure abstraction, au plan de la pensée. (Nous y reviendrons plus tard.)

Pour Hegel, l'être humain, l'homme, s'identifie à la conscience de soi. Toute aliénation de l'être humain n'est par conséquent que l'aliénation de la conscience de soi. Et cette aliénation n'apparaît pas comme l'expression de l'aliénation réelle de l'homme ou comme son reflet dans le savoir et la pensée. Bien au contraire, l'aliénation réelle et manifeste dans la réalité n'est, selon son être profond, caché (et mis au jour par la seule philosophie), que la manifestation de l'aliénation de l'être humain réel, de la conscience de soi. La science qui saisit cela s'appelle, pour cette raison, *phénoménologie.* Toute reconquête de l'être objectif aliéné apparaît dès lors comme son incorporation dans la conscience de soi : l'homme qui se rend maître de son propre être est en vérité la conscience de soi maîtrisant la réalité physique, le retour de l'objet dans le Soi est par conséquent la reconquête de l'objet[1].

Considérée dans son ensemble, la maîtrise de l'objet de la conscience consiste en ceci :

1° L'objet comme tel se présente à la conscience comme éphémère ; 2° c'est l'extériorisation de la conscience de soi qui pose le monde des objets [*Dingheit*] ; 3° cette extériorisation n'a pas une signification seulement négative, mais aussi positive ; 4° elle ne l'a pas seulement pour nous, ou bien en soi, mais également pour la conscience elle-même ; 5° la négativité de l'objet, son autonégation, ou bien son inexistence, a pour la conscience de soi une signification positive ;

elle en connaît le néant du fait qu'elle s'aliène elle-même, car alors elle se pose comme objet, ou encore pose l'objet comme soi-même en vue de l'unité indissoluble de l'Être-pour-soi (en tant que tel); 6° d'autre part, cela implique également cet autre moment : la conscience de soi a tout autant supprimé cette aliénation et résorbé l'objectivité qu'elle est restée en soi dans son altérité; 7° voilà le mouvement de la conscience, et par conséquent la totalité de ses moments; 8° elle s'est nécessairement rapportée à l'objet, selon la totalité des déterminations de celui-ci, et l'a nécessairement conçu en fonction de chacune d'elles. La totalité de ses déterminations élève l'objet en soi au rang d'être spirituel, et ce, pour la conscience, grâce à l'intelligence qu'elle a de chacune de ces déterminations comme le Soi, ou encore grâce à l'attitude spirituelle (dont nous venons de parler) envers celles-ci [1].

À propos de 1° : que l'objet comme tel apparaisse à la conscience comme éphémère, c'est là le retour, mentionné plus haut, de l'objet dans le Soi.

À propos de 2° : l'aliénation de la conscience de soi pose le monde des objets. L'homme étant conscience de soi, son être objectif aliéné, c'est-à-dire le monde des objets, est donc identique à la conscience de soi aliénée (le monde des objets, c'est ce qui est objet pour l'homme, et il n'y a pour lui d'objet véritable que si lui-même est objet essentiel, c'est-à-dire que s'il est son propre être objectif). Ce n'est donc pas l'homme réel comme tel, et pas davantage la nature — l'homme étant la nature humaine — qui sont considérés comme sujet, mais seulement l'homme abstrait, la conscience de soi. C'est pourquoi le monde objectif ne peut être que la conscience de cet être aliéné. Le monde objectif est posé par cette aliénation même. Il est tout à fait naturel qu'un être vivant, appartenant à la nature, possédant des énergies objectives, c'est-à-dire matérielles, qui lui sont propres, trouve aussi les objets naturels correspondant à sa nature ; et donc que son auto-aliénation pose un monde réel, objectivé, mais aliéné, étranger à sa nature et l'écrasant par sa puissance. Il n'y a là rien d'inconcevable ni de mystérieux. C'est bien plutôt le contraire que l'on comprendrait mal. Mais il est tout aussi clair que la conscience de soi, en s'aliénant, ne peut poser que *la* chose, c'est-à-dire rien de plus qu'une chose abstraite, ou née de l'abstraction, et non pas une chose réelle. En outre, il est évident que, vis-à-vis de la conscience de soi, cette chose abstraite n'est absolument rien d'autonome ni d'essentiel, mais une simple création, ce qui est posé par elle et qui, au lieu de s'affirmer soi-même, révèle seulement le fait de poser, cristallisant pour un instant son énergie en un produit et lui prêtant en apparence et pour un instant seulement le rôle d'un être réel et indépendant [1].

Quand l'homme réel, l'homme de chair, dressé sur la terre ferme et ronde et abreuvant ses poumons de toutes les forces de la nature, pose en s'aliénant les puissances réelles et objectives de son être comme des objets étrangers, alors ce n'est pas cet acte de poser qui est le sujet ; cet acte relève de la subjectivité des énergies matérielles dont l'action doit, par conséquent, être concrète. L'être-objet agit concrètement, ce qu'il ne pourrait faire si, par sa nature, il n'était pas lui-même objet. S'il crée et pose des objets, c'est seulement parce qu'il existe lui-même grâce à des objets, et qu'il est, d'emblée, nature. Dans l'acte de poser, il n'abandonne pas son « activité pure » pour créer l'objet, c'est au contraire son produit matériel qui témoigne simplement de son activité concrète, celle d'un être lui-même naturel et réel.

Humanisme et naturalisme

Nous voyons ici comment le naturalisme ou l'humanisme accomplis se distingue de l'idéalisme aussi bien que du matérialisme, étant en même temps la vérité qui les unit tous deux. Nous voyons aussi que le naturalisme est seul capable de comprendre le processus de l'histoire universelle[1].

L'homme est immédiatement être naturel. En tant qu'être naturel vivant, il est, d'une part, doté de forces naturelles, d'énergies vitales, c'est un être naturel actif ; ces forces existent en lui, sous forme de dispositions, d'aptitudes, d'impulsions. D'autre part, en tant qu'être physique, corporel, sensible, il est aussi un être *passif*, dépendant et limité, tout comme l'animal et la plante. Cela signifie que les objets de ses impulsions existent hors de lui et indépendamment de lui ; mais ils correspondent à ses besoins et sont essentiels, indispensables à l'exercice et au développement de ses énergies. Dire que l'homme est un être matériel, corporel, énergique, vivant, réel et sensible, c'est dire que sa nature, que la manifestation de sa vie réclament certains objets réels et sensibles, ou que c'est seulement en eux et par eux que sa vie peut s'extérioriser. Être objet naturel et sensible, ou avoir en face de soi objets, nature, sens, ou bien être soi-même objet, nature, sens pour un tiers, tout cela est identique. La faim est un besoin naturel ; elle exige donc, pour se satisfaire et s'apaiser, quelque chose de naturel, un objet qui lui est extérieur. La faim est, dans mon organisme, le besoin réel d'un objet extérieur et indispensable à son intégration et à la manifestation de son être. Le soleil est, pour la plante, l'objet qui lui est indispensable et qui affirme sa vitalité, de même que la plante est objet du soleil, dont elle exprime la force créatrice de vie, l'énergie de son essence réelle.

Un être qui ne possède pas sa nature hors de lui n'est pas un être naturel, ne participe pas de l'essence de la nature. Un être qui n'est pas lui-même objet pour autrui ne possède aucun être qui soit son objet, c'est-à-dire ne peut pas avoir de comportement objectif, son existence est immatérielle.

Un être immatériel est un monstre.

Supposez un être qui ne soit pas lui-même un objet, et n'ait de rapport avec aucun objet. Un tel être serait d'abord l'être unique et solitaire, il n'en existerait aucun autre hors de lui. Car, sitôt qu'il y a des objets hors de moi, sitôt que je ne suis plus seul, je suis quelque chose d'autre et une autre réalité que l'objet hors de moi. Pour ce tiers, je suis donc une réalité autre que lui-même, c'est-à-dire que je suis son objet. Supposer un être qui ne soit pas objet pour un autre être, c'est supposer qu'il n'existe pas d'être objectif. Sitôt qu'il y a un objet pour moi, je suis moi-même objet pour lui. Mais un être non objectif est un être irréel, non sensible, seulement pensé, c'est-à-dire imaginé : un être d'abstraction. Être sensible, ou réel, cela signifie être objet des sens, objet sensible, et donc avoir hors de soi des objets qui se rapportent à la sensibilité. Être sensible, c'est pâtir.

En tant qu'être objectif sensible, l'homme est un être qui pâtit, et, comme il ressent ses souffrances, un être passionné. La passion, c'est l'énergie naturelle de l'homme toute tendue vers son objet [1].

Cependant, l'homme n'est pas seulement un être naturel, mais encore un être naturel humain, c'est-à-dire un être existant pour soi, et par suite un être générique. Comme tel il doit se manifester et s'affirmer dans son existence aussi bien que dans sa conscience. Par conséquent, ni les objets humains, naturels, tels qu'ils se présentent primitivement, ni le sens humain tel qu'il est originairement, objectivement, ne sont la sensibilité, la réalité humaines. Ni objectivement ni subjectivement, la nature n'existe pour l'être humain d'une manière adéquate. Et de même que tout ce qui est naturel doit naître, de même l'homme procède, lui aussi, d'un acte générateur : l'histoire. Mais celle-ci lui étant connue, elle est un acte générateur qui s'abolit consciemment comme tel. L'histoire est la véritable histoire naturelle de l'homme. (Nous y reviendrons plus tard[1].)

Cet acte de poser la réalité n'étant lui-même qu'une apparence, un acte en contradiction avec l'essence de l'activité pure, il doit à son tour être dépassé, l'objet doit être nié.

Aspects concrets de la dialectique

À propos de 3° : l'aliénation de la conscience n'a pas seulement une signification négative, mais aussi positive ; et de 4° : elle a cette signification positive non seulement pour nous, ou bien en soi, mais pour la conscience elle-même ; 5° la négativité de l'objet, son auto-négation ou bien son inexistence apparaissent à la conscience de soi et prennent une signification positive dans le fait qu'elle s'aliène, car dans ce mouvement elle se saisit comme objet, ou encore saisit l'objet comme étant soi-même en vue de l'unité indissoluble de l'être pour soi ; 6° d'autre part, cela implique également cet autre moment : la conscience de soi a tout autant supprimé cette aliénation et résorbé l'objectivité qu'elle est restée en soi dans son altérité, comme telle.

Nous avons vu que la reconquête de l'être réel, mais aliéné, ou l'abolition de la réalité soumise à l'aliénation — qui doit aller de l'indifférence totale à l'aliénation véritablement hostile — signifie en même temps, ou même principalement, pour Hegel, la suppression de la réalité. En effet, pour la conscience de soi, ce qui est le scandale dans l'aliénation, ce n'est pas le caractère déterminé de l'objet, mais son caractère d'objet. L'objet est donc quelque chose de négatif qui se supprime lui-même, c'est un néant. Ce néant de l'objet a en outre une signification positive pour la conscience même, car en lui s'affirme le caractère immatériel et abstrait de celle-ci. Cette signification positive consiste en ceci : la conscience connaît ce néant comme sa propre dépossession et sait qu'il n'existe que grâce à celle-ci [1]...

La manière d'être de la conscience, et de tout ce qui est pour la conscience, c'est le savoir. Le savoir est l'acte unique de la conscience. Une chose n'existe pour lui que dans la mesure où il la connaît. Le savoir est le seul comportement objectif de la conscience. Il sait que l'objet n'est rien, n'est rien d'autre que lui-même, ou est pour lui un non-être parce qu'il le connaît comme sa propre aliénation ; autrement dit, il se reconnaît — comme objet — parce que l'objet n'est qu'une illusion, un semblant d'objet, un et identique dans son essence avec la connaissance elle-même ; celle-ci, en s'opposant à elle-même, s'oppose au néant, quelque chose qui n'a aucune existence réelle en dehors d'elle ; ou encore en se rapportant à un objet, elle sait qu'elle sort d'elle-même, s'aliène, elle sait qu'elle se voit elle-même sous forme d'objet, et que ce qui lui apparaît comme objet n'est qu'elle-même.

En outre, dit Hegel, cela implique également cet autre moment : la conscience de soi a supprimé et résorbé cette aliénation et cette objectivité, donc, elle est restée en soi dans son altérité comme telle.

Nous trouvons rassemblées dans cette analyse toutes les illusions spéculatives.

Tout d'abord, la conscience, la conscience de soi, reste en soi dans son altérité comme telle. Ou bien, si nous faisons abstraction de l'abstraction hégélienne et posons à sa place la conscience de soi de l'homme — celle-ci reste en son altérité comme telle. Cela signifie, en premier lieu, que la conscience — le savoir en tant que savoir, la pensée comme telle — feint d'être immédiatement autre qu'elle-même, feint d'être sensibilité, réalité, et vie — c'est la pensée qui se dépasse en pensée (Feuerbach [1]). La raison en est que la conscience comme simple conscience n'a pas sa pierre d'achoppement dans la réalité aliénée, mais dans la réalité comme telle.

Cela signifie ensuite que l'homme conscient de soi, pour autant qu'il a reconnu et surmonté le monde spirituel (l'existence spirituelle générale de son monde) comme sa propre aliénation, réaffirme néanmoins ce monde sous cette forme aliénée qu'il fait passer pour son monde d'existence véritable ; il le rétablit et prétend être encore en soi dans son altérité comme telle ; autrement dit, après avoir supprimé, par exemple, la religion comme produit de sa propre aliénation, il affirme pourtant son existence dans la religion comme telle. Voilà la racine du faux positivisme de Hegel, ou de son criticisme purement apparent ; c'est cela que Feuerbach dénonce comme la position, la négation et le rétablissement de la religion ou de la théologie — mais nous devons le concevoir dans un sens plus général. Ainsi, la raison reste en soi dans la déraison comme telle. Après avoir reconnu qu'il menait, dans le droit, la politique, etc., une existence aliénée, l'homme trouve précisément en celle-ci son mode d'existence véritablement humain. L'affirmation et la manifestation de soi, en contradiction avec soi-même, et avec la connaissance et l'essence de l'objet, tels sont donc le savoir et la vie véritables.

Il ne peut donc plus être question d' « accommoder » Hegel contre la religion, l'État, etc., puisque ce mensonge est au cœur de son principe même [1].

Si je reconnais, dans la religion, l'aliénation de la conscience de soi de l'homme, je sais par là même qu'elle ne manifeste pas ma conscience, mais ma conscience aliénée. Mon moi profond, la conscience que j'ai de mon être, je ne les trouve donc pas dans la religion, mais bien plutôt dans la religion anéantie, abolie.

La négation de la négation n'est donc pas, chez Hegel, affirmation de l'être véritable par la négation, précisément, de l'être fictif; elle est, au contraire, affirmation de l'être fictif; ou de l'être aliéné dans sa négation, ou encore, elle est la négation de cette apparence en tant qu'être concret, demeurant hors de l'homme et indépendant de lui, et sa transformation en sujet.

Dès lors, un rôle particulier revient à la notion de *aufheben*, qui exprime à la fois la négation et la conservation l'affirmation [2].

C'est ainsi, par exemple, que, dans *la Philosophie du droit* de Hegel, le droit privé « sublimé » est la morale, la morale « sublimée » est la famille, la famille « sublimée » est la société civile, la société civile « sublimée » est l'État, l'État « sublimé » est l'histoire universelle. Dans la réalité, le droit privé, la morale, la famille, la société civile, l'État, etc., subsistent ; ils sont simplement devenus des moments, des modes d'existence de l'homme qui, séparément, n'ont pas de raison d'être, qui se décomposent et s'engendrent tour à tour. Ce sont des moments du processus.

Dans leur existence réelle, leur nature mouvante est cachée. C'est dans la pensée, dans la philosophie qu'on en trouve la manifestation et la révélation. C'est pourquoi mon existence religieuse véritable est mon existence philosophico-religieuse, mon existence politique véritable est philosophico-juridique, mon existence naturelle véritable est existence philosophico-naturelle, ma véritable existence artistique est existence philosophico-artistique, mon existence humaine véritable enfin est existence philosophique. De la même façon, l'existence vraie de la religion, de l'État, de la nature, de l'art, c'est la philosophie de la religion, de la nature, de l'État, de l'art. Mais si, pour moi, la philosophie de la religion, etc., est le seul mode d'existence authentique de la religion, c'est que je ne suis vraiment religieux que comme philosophe de la religion, et je renie ainsi la religiosité réelle et l'homme réellement religieux. Cependant, je les affirme de même et je les confirme, d'une part, dans ma propre existence, ou bien dans l'existence étrangère que je leur oppose, celle-ci n'étant que leur expression philosophique, et, d'autre part, dans leur forme originelle particulière, car ils ne sont pour moi qu'un être autre tout apparent, des allégories, des formes de leur existence propre et authentique, dissimulées sous une enveloppe sensible, c'est-à-dire des formes de mon existence philosophique.

De la même façon, la qualité « sublimée » devient quantité, la quantité « sublimée » devient la mesure, la mesure « sublimée » devient l'être, l'être « sublimé » devient le phénomène, le phénomène « sublimé » devient la réalité, la réalité « sublimée » devient le concept, le concept « sublimé » devient l'objectivité, l'objectivité « sublimée » devient l'idée absolue, l'idée absolue « sublimée » devient la Nature, la Nature « sublimée » devient l'esprit subjectif, l'esprit subjectif « sublimé » devient l'esprit objectif moral, l'esprit moral « sublimé » devient l'art, l'art « sublimé » devient la religion, la religion « sublimée » devient le savoir absolu.

D'une part, il s'agit ici d'un devenir de l'être pensé ; c'est ainsi que la *pensée* de la propriété privée se dépasse dans la *pensée* de la morale. Et comme la pensée se figure être immédiatement autre qu'elle-même, c'est-à-dire réalité sensible, comme son action a pour elle valeur d'action sensible réelle, cette suppression en idée, tout en laissant subsister son objet dans la réalité, croit l'avoir réellement surmonté ; et, d'autre part, cet objet étant maintenant à ses yeux un moment de la pensée, il représente dans sa réalité elle-même la confirmation de soi, c'est-à-dire de la conscience de soi, de l'abstraction.

D'un côté, cette existence « sublimée » par Hegel dans la philosophie n'est pas la religion, l'État, la nature réels : c'est la religion elle-même comme objet du savoir, la dogmatique ; c'est la jurisprudence, la science politique, la science de la nature. Hegel s'oppose donc aussi bien à l'être réel qu'à la science non philosophique immédiate de celui-ci, ou bien à ses concepts non philosophiques. Il contredit par suite ses concepts les plus répandus.

D'un autre côté, l'homme religieux, etc., peut trouver en Hegel son ultime justification [1].

Aspects positifs de la dialectique

Considérons maintenant les éléments positifs de la dialectique hégélienne, à l'intérieur de la catégorie de l'aliénation.

a) L'acte de surmonter comme mouvement réel, résorbant en lui-même l'aliénation. C'est, exprimée à l'intérieur de l'aliénation, l'idée de l'appropriation de l'être concret par la suppression de son aliénation, c'est la compréhension aliénée de la *réelle objectification* de l'homme, et de l'appropriation réelle de son être par la négation du caractère aliéné du monde objectif, par sa suppression au sein même de son existence aliénée. De même que l'athéisme, en tant que négation de Dieu, est le développement de l'humanisme théorique, de même le communisme, en tant que négation de la propriété privée, est la revendication de la vie humaine véritable comme propriété de l'homme : le communisme est le développement de l'humanisme pratique. Autrement dit, l'athéisme est l'humanisme médiatisé par la suppression de la religion, et le communisme est l'humanisme médiatisé avec lui-même grâce à la suppression de la propriété privée. C'est seulement par la disparition de cette médiation (qui en est cependant une condition nécessaire) que se crée l'*humanisme positif*, l'humanisme qui procède positivement de lui-même.

Mais l'athéisme et le communisme ne sont en rien une évasion, une abstraction, la perte du monde réel créé par l'homme, le renoncement aux forces de sa nature écloses pour se matérialiser ni l'indigence par un retour à la simplicité non naturelle d'un développement avorté. Ils sont plutôt le déploiement effectif de l'être de l'homme, la réalisation, devenue pour lui effective, de son être dans l'existence pratique[1].

En saisissant, même d'une manière encore aliénée, la signification positive de la négation s'appliquant à elle-même, Hegel conçoit donc l'aliénation de soi, le dépouillement de l'être et la déréalisation de l'homme comme conquête de soi, manifestation de son être, objectification et réalisation. Bref, sans sortir de l'abstraction, il conçoit le travail comme l'acte par lequel l'homme se crée lui-même, le rapport à soi et l'affirmation de soi en tant qu'être étranger comme le devenir de la conscience et de la vie génériques.

b) Chez Hegel (indépendamment de l'erreur que nous avons mise au jour, ou plutôt à cause d'elle), cet acte apparaît avant tout, 1°, comme un acte purement *formel,* parce que abstrait, l'être humain lui-même n'étant pris que comme être *pensant, abstrait,* bref, comme conscience de soi ; ensuite, 2°, en raison de cette conception *formelle* et *abstraite,* la suppression de l'aliénation devient affirmation de l'aliénation ; autrement dit, ce processus de *création* et de *réalisation de soi,* en tant qu'*aliénation* et *dépouillement de soi-même,* est pour Hegel la manifestation *absolue,* par conséquent l'ultime *manifestation* de *la vie humaine ;* elle a son but en elle-même et a trouvé l'apaisement en elle-même, ayant réalisé son essence. Ce mouvement, sous la forme abstraite de la dialectique, est donc considéré comme la *vie humaine* véritable ; comme celle-ci n'en est pourtant qu'une abstraction, une aliénation, elle apparaît comme un *processus divin,* le processus divin de l'homme — processus auquel est soumise son essence absolue, pure, distincte de lui-même. 3° Ce processus doit inévitablement avoir un support, un sujet ; mais le sujet ne devient tel que comme résultat ; ce résultat, le sujet se connaissant comme conscience de soi absolue, c'est *Dieu,* l'*Esprit absolu, l'Idée qui se connaît et s'affirme.* La nature et l'homme réels deviennent de simples prédicats, des symboles de cet homme caché, irréel, et de cette nature irréelle. Sujet et prédicat sont donc entre eux dans un rapport absolument inversé : *sujet-objet mystique,* ou *subjectivité qui transcende l'objet,* le *sujet absolu,* comme processus, comme sujet s'aliénant lui-même, puis quittant cet état d'aliénation tout en le résorbant en lui-même. Le sujet est ce *processus* même, le mouvement circulaire pur et *sans trêve* à l'intérieur de lui-même.

D'abord, c'est là une conception *formelle* et *abstraite* de la création et de l'objectivation de l'homme par soi.

Hegel identifiant l'homme à la conscience de soi, l'objet aliéné et l'essence aliénée de l'être humain ne sont rien d'autre que la *conscience*, l'idée de l'aliénation, son expression *abstraite*, vide et irréelle, la *négation*. Le dépassement de la dépossession n'est donc lui aussi qu'une expression abstraite et vide de cette abstraction vide, la *négation de la négation*. Dès lors, l'activité concrète, sensible, vivante et substantielle de la réalisation de soi se change en sa simple abstraction, la négativité absolue, abstraction qui est à son tour fixée comme telle et considérée comme une activité indépendante, comme l'activité pure et simple. Cette prétendue négativité n'étant autre chose que la forme abstraite et vide de cet acte réel, vivant, sa substance, née de l'abstraction de tout contenu, ne peut, de même, qu'être formelle. Ce sont donc les formes d'abstraction et de pensée, les catégories logiques générales et abstraites propres à tout objet, à la fois applicables et indifférentes à tout contenu, détachées de la nature et de l'esprit réels. (Nous expliciterons plus loin le contenu logique de la négativité absolue[1].)

Hegel a réalisé ici (dans sa logique spéculative) quelque chose de positif : les concepts déterminés, les formes de pensée fixes et générales sont, dans leur autonomie à l'égard de la nature et de l'esprit, un résultat nécessaire de l'aliénation générale de l'être humain, donc aussi de la pensée humaine. Aussi Hegel les a-t-il présentés et résumés comme des moments du processus d'abstraction. Par exemple, la négation de l'être est l'essence, la négation de l'essence est le concept, la négation du concept est... l'Idée absolue. Mais qu'est-ce, maintenant, que l'Idée absolue ? Elle se nie elle-même à son tour, si elle ne veut pas parcourir à nouveau toutes les étapes de l'abstraction depuis son commencement ni se contenter d'être une totalité d'abstractions ou l'abstraction consciente de soi. Mais l'abstraction qui se conçoit comme telle se reconnaît comme néant ; elle doit renoncer à elle-même comme abstraction, et elle aboutit ainsi à un être qui est précisément son contraire : la *nature.* La logique tout entière est donc la preuve que la pensée abstraite n'est rien pour soi, que l'Idée absolue n'est rien pour soi, que seule la nature est quelque chose.

L'Idée absolue, l'idée abstraite, qui, « considérée dans son unité avec elle-même, est intuition [*Anschauen*] (*Encyclopédie* de Hegel, 3e édit., p. 222), se décide, dans sa vérité absolue à laisser sortir de son sein le moment de sa particularité, ou de sa première détermination, de son altérité, l'Idée immédiate en tant que réflexion, bref, à se libérer elle-même comme nature ». Toute cette idée si bizarre et d'apparence tellement baroque, qui a occasionné aux hégéliens de si violentes migraines, n'est absolument rien d'autre que l'abstraction (c'est-à-dire le penseur abstrait) qui, instruite par l'expérience et éclairée sur sa propre vérité, décide, dans des conditions diverses (fausses, et même encore abstraites) de renoncer à elle-même, et se résout à poser, à la place de son être en soi, de son néant, de sa généralité et de son indétermination, son être autre, le particulier et le déterminé, à rendre sa liberté à la nature qu'elle dissimulait en son sein sous forme d'abstraction, de contempler une bonne fois cette nature qu'elle vient d'affranchir. L'idée abstraite, devenue contemplation immédiate, c'est tout simplement la pensée abstraite, qui renonce à elle-même pour se consacrer à la contemplation. Toute cette transformation de la logique en philosophie de la nature n'est que le passage de l'abstraction à la contemplation — passage si difficile pour le penseur abstrait qu'il le décrit de façon extravagante. Le sentiment mystique qui incite les philosophes à cette opération, c'est l'ennui, la nostalgie d'un contenu[a 1].

Mais la nature, prise et fixée abstraitement, pour soi, détachée de l'homme, est, elle aussi, néant pour lui. Il va de soi que le penseur abstrait qui a décidé de contempler la nature ne peut en avoir qu'une intuition abstraite.

De même que le penseur emprisonnait la nature sous forme d'Idée absolue, d'être idéal — dans une image mystérieuse et secrète pour lui-même —, de même, en lui rendant la liberté, le penseur n'a véritablement libéré que l'être idéal de la nature, la nature abstraite (mais dont le sens est maintenant celui de l'être autre de la pensée, de la nature distincte de la pensée et

a. L'homme aliéné à lui-même, c'est aussi le penseur aliéné à son essence, c'est-à-dire à l'essence humaine et naturelle. Ses pensées sont des esprits figés, vivant en dehors de l'homme et de la nature. Hegel les a toutes enfermées dans sa *Logique* et a conçu chacune d'elles d'abord comme négation, c'est-à-dire aliénation de la pensée humaine, puis comme négation de la négation, c'est-à-dire suppression de cette aliénation, comme expression réelle de la pensée humaine. Cependant, étant encore elle-même prisonnière de l'aliénation, la négation de la négation rétablit, d'une part, cette expression de la pensée humaine dans l'aliénation, d'autre part, en reste l'acte final ; c'est le rapport à soi dans l'aliénation comme étant le mode d'existence véritable de ces esprits figés. Autrement dit, Hegel met le mouvement circulaire de l'abstraction à la place de ces abstractions immobiles ; ce faisant, il a le mérite d'avoir indiqué la source de toutes ces notions incongrues qui appartiennent d'après leur origine à diverses philosophies, de les avoir rassemblées, et d'avoir offert à la critique l'abstraction prise dans toute son étendue au lieu d'une abstraction déterminée. Nous verrons plus tard pour quelle raison Hegel sépare la pensée et le sujet ; mais il est dès maintenant évident que, si l'homme n'est pas, la manifestation de son être ne peut pas non plus être humaine et que la pensée ne peut pas davantage être considérée comme une manifestation de l'homme en tant que sujet humain et naturel, qui voit, entend, etc., et vit dans la société, le monde et la nature.

Dans la mesure où l'abstraction prend conscience de soi et inspire à elle-même un ennui infini, on voit apparaître chez Hegel l'abandon de la pensée abstraite qui, « sans yeux, sans dents, sans goût, sans rien[2] », ne fait que tourner en rond ; on voit poindre la décision de reconnaître l'être dans la nature et de se consacrer à la contemplation.

aperçue dans sa réalité). En d'autres termes, pour parler un langage humain, l'intuition de la nature apprend au penseur abstrait que ces êtres qu'il entendait créer dans la divine dialectique comme de purs produits du travail de l'esprit s'accomplissant en soi, sans jamais se référer au réel, ces êtres ne sont rien d'autre que les formes abstraites des déterminations naturelles. Pour lui, la nature tout entière ne fait que reprendre sous une forme sensible et extérieure ses propres abstractions logiques. Il analyse la nature, puis encore ces abstractions. Ainsi sa vision de la nature ne fait que justifier son idée abstraite de la nature. Le penseur parcourt en elle, de nouveau et consciemment, le mouvement générateur de son abstraction. C'est ainsi, par exemple, que le temps est la négativité se rapportant à elle-même (p. 238, *l.c.*) : à la négation du devenir comme existence correspond, sur le plan de la nature, la négation du mouvement en tant que matière. La lumière est la forme naturelle, la réflexion en soi. Le corps en tant que lune et comète est la forme naturelle de l'antithèse qui, selon la logique, est d'une part le positif, d'autre part le négatif fondés sur eux-mêmes. La terre est la forme naturelle du fondement logique, comme unité négative de la contradiction, etc.

La nature comme nature, c'est-à-dire pour autant qu'elle se distingue encore concrètement de cette signification secrète qu'elle recèle, la nature séparée et distincte de ces abstractions, est Néant, un Néant qui s'affirme comme Néant, elle est dépourvue de signification ou n'a que celle d'une extériorité qui a été niée[a].

a. « Du point de vue téléologique, final, la supposition apparaît justifiée que la nature ne contient pas en elle-même la fin absolue » (p. 225). Sa fin, c'est de confirmer l'abstration. « La nature est apparue comme idée sous forme d'altérité. Comme l'idée est de la sorte le négatif d'elle-même, ou extérieure à soi, de même la nature n'est pas extérieure, ou simplement relative à cette idée, mais cette extériorité constitue la détermination où elle existe en tant que nature » (p. 227).

Il ne faut pas comprendre ici l'extériorité comme sensibilité qui s'extériorise, s'épanouissant à la lumière et s'ouvrant à l'être humain sensible. Cette extériorité signifie dépossession, c'est un défaut et une faiblesse qui ne doivent pas être. Car le vrai, c'est toujours l'idée. La nature est seulement la forme de son altérité. Et comme la pensée abstraite est l'être, ce qui lui est extérieur est, du point de vue de son être, quelque chose de purement extérieur. Le penseur abstrait reconnaît aussi que la sensibilité est l'essence de la nature, l'extériorité s'opposant à la pensée qui se meut tout entière en elle-même. Mais, en même temps, il présente cette opposition de telle sorte que cette extériorité de la nature devient l'opposition de celle-ci à la pensée, son insuffisance, si bien que la nature est un être imparfait dans la mesure où elle se distingue de l'abstraction. Si un être est imparfait non seulement à mes yeux, mais en soi, il y a hors de lui quelque chose qui lui fait défaut. C'est-à-dire que son être est autre que lui-même. C'est pourquoi la nature doit, pour le penseur abstrait, se nier elle-même, parce qu'il l'a déjà posée comme un être nié en puissance [1].

IV

DE L'ABOLITION DE L'ÉTAT À LA CONSTITUTION DE LA SOCIÉTÉ HUMAINE

Notes et thèses

1845

Notice

Outre les abondants matériaux d'étude et de lecture qu'il a rassemblés dans des volumineux cahiers, Marx a laissé un certain nombre de carnets — dix-sept, selon une source autorisée — de format plus réduit, et donc d'un usage commode à l'occasion de déplacements, soit en vue de consulter ou d'acquérir livres et documents soigneusement enregistrés; soit pour consigner des réflexions et ébaucher des plans de travail; soit, enfin, pour tenir le journal de travaux destinés à la publication.

C'est dans le plus ancien de ces carnets que se trouvent les trois premiers des quatre textes que nous donnons ci-après en traduction française; le quatrième figure sur le dernier feuillet du manuscrit qui constitue la première partie de L'*Idéologie allemande.* Le carnet est décrit avec assez de détails dans le volume V de la *Marx-Engels-Gesamtausgabe* (MEGA), Berlin, 1932, p. 547-550. Utilisé dans les années 1844 à 1847, commencé à Paris et emporté à Bruxelles, il évoque les voyages d'étude de Marx à Londres et à Manchester, en juillet-août 1845. « Le passage de *La Sainte Famille* à *L'Idéologie allemande,* de *L'Idéologie allemande* à *Misère de la philosophie* a laissé sa trace dans ce carnet; grâce à lui, nous savons quel énorme champ de l'économie politique et de la théorie politique Marx avait déjà labouré ou se proposait de creuser, lorsqu'il interrompit la " Critique de la politique et de l'économie politique " pour entreprendre conjointement avec Engels, la critique de l'idéologie » (*op. cit.,* p. 547).

Précédé d'une longue liste d'ouvrages lus ou à lire, le premier des quatre textes qui suivent figure sur la page 16 du carnet. Sous le titre « Construction hégélienne de la phénoménologie », il fixe en quatre points le schéma d'une recherche où l'on voit apparaître certains thèmes abordés par Marx dans sa critique, restée inachevée, de la philosophie politique de Hegel (Pléiade III, p. 871-1018). Le point 4 de ce schéma marque clairement l'intention de l'auteur de ne pas en rester aux arguments de la critique feuerbachienne de Hegel, mais de s'affirmer dans le double rôle de penseur d'une « praxis » engageant tout son être, et d'acteur pour qui la *Aufhebung*, la négation, se situe en dehors de la spéculation verbale.

Le deuxième texte s'insère, aux pages 23 et 22 du carnet, entre des pages réservées à de nouveaux titres d'ouvrages, suivis de leurs prix et de noms et adresses de libraires. Nombre de ces livres, achetés sans doute chez des libraires parisiens et bruxellois, ont fait partie de la bibliothèque personnelle de Marx (cf. *Ex libris...*, 1967 ; H.-P. Harstick, 1973). En onze points — les points 8 et 9 étant curieusement redoublés — l'auteur trace les grands thèmes à traiter et à développer dans une étude consacrée à l'histoire de la genèse de l'État moderne et aux institutions juridiques et politiques devant aboutir à la disparition, à la *Aufhebung* simultanée de l'État et de la société civile.

Nous avons fait suivre ce texte des quatre notes figurant à la 51e page du carnet et précédant immédiatement le plus réputé des documents ; rédigées apparemment pour servir d'aide-mémoire et enregistrer un engagement quasi moral, elles fixent l'itinéraire intellectuel et existentiel que Marx se proposait de suivre, en choisissant de devenir le théoricien de la révolution prolétarienne. Inscrits aux pages 51-55 du carnet, les onze apophtegmes — s'il nous est permis d'employer ce terme — sont présentés sous le titre : « 1) *Ad* Feuerbach », presque sans ratures et parfaitement lisibles (voir le fac-similé du texte dans *Engels-Archiv*, I, 1926, p. 222-226). C'est à Friedrich Engels que l'on doit leur publication posthume, bien que sous une forme passablement altérée : il s'en est expliqué en 1888, en préparant l'impression en brochure de son essai sur *Ludwig Feuerbach et le dénouement de la philosophie classique allemande*, paru en 1886 dans la revue socialiste *Die Neue Zeit*. Il avait, à l'occasion de cette réimpression révisée, sorti et « regardé encore une fois » le « vieux manuscrit de 1845-1846 » auquel Marx faisait allusion dans l'avant-propos de la *Critique...* de 1859, et qui n'était autre que l'énorme liasse de feuillets de *L'Idéologie allemande* (voir ici la Notice pour ce texte) : Engels n'y avait rien remarqué d'utilisable pour une critique de la doctrine de Feuerbach. « En revanche, ajoutait-il, j'ai trouvé dans un vieux cahier de Marx les onze thèses sur Feuerbach reproduites dans l'appendice. Ce sont des notes en vue d'une élaboration ultérieure, jetées sur le papier, nullement destinées à l'impression, mais inestimables comme étant le premier document où est déposé le germe génial de la nouvelle conception du monde » (Avant-propos à *Ludwig Feuerbach...*, 1888, *Werke*, XXI, p. 264).

Comme quatrième et dernier texte nous ajoutons aux précédents, tirés du premier carnet, un ensemble de notes écrites sur le dernier feuillet — dont la première page porte le chiffre « 72 » — du manuscrit intitulé « I. Feuerbach » et servant d'Introduction à *L'Idéologie allemande.* Il semble que Marx a soudain compris que l'on pouvait ramener à un seul dénominateur causal la diversité des institutions et idéologies oppressives et aliénantes de la société moderne : la division du travail et son corollaire obligé, la *Verselbständgung* des créations humaines décrite comme le phénomène de séparation des puissances vitales de l'individu et leur fixation indépendante en face de ce dernier.

Pour traduire les quatre textes énumérés ci-dessus nous avons eu recours aux éditions originales suivantes :

I. *Construction hégélienne de la Phénoménologie,* d'après la MEGA, vol. V, 1932, p. 531 ; les quatre notes y sont présentées sous le titre [« Marx à propos de son rapport à Hegel et Feuerbach »].

II. *Vers l'abolition de l'État et de la société civile,* d'après la MEGA, *op. cit.*, p. 532. Nous avons choisi un titre différent de celui proposé : [« La société civile et la révolution communiste »].

III. *Ad Feuerbach*, d'après le fac-similé du manuscrit original présenté dans *Marx-Engels-Archiv*, I, 1926, p. 222-226, et reproduit en typographie, *ibid.*, p. 227-230, avec, au bas des pages, les modifications d'Engels.

IV. *Division du travail et idéologies,* d'après la leçon proposée par MEGA②, volume spécimen (*Probeband*), Berlin, 1972, p. 117-119.

On trouvera tous ces textes dans *Werke*, vol. III, p. 5-7, 536-540 ; ils sont établis sur le modèle de la MEGA, vol. V, 1932.

I

CONSTRUCTION HÉGÉLIENNE DE LA PHÉNOMÉNOLOGIE

1. Conscience-de-soi mise à la place de l'homme. Sujet — objet.

2. Les différences des choses n'ont pas d'importance, parce que la substance est conçue comme l'acte de se différencier soi-même ou parce que l'acte de se différencier, le fait de différencier, l'activité de l'intellect, est conçu comme essentiel. Aussi Hegel a-t-il fourni, à l'intérieur de la spéculation, des distinctions réelles qui vont au fond des choses.

3. L'abolition de l'aliénation est identifiée à l'abolition de l'être-objet (un côté que Feuerbach notamment a développé [1]).

4. Ton abolition de l'objet représenté, de l'objet comme objet de la conscience, s'identifie à l'abolition réelle, matérielle, à l'action sensible, distincte du penser, à la praxis et à l'activité réelle. (Encore à développer [2].)

II

VERS L'ABOLITION DE L'ÉTAT ET DE LA SOCIÉTÉ BOURGEOISE

1. L'*histoire de la genèse de l'État moderne* ou la *Révolution française.*

L'outrecuidance de l'élément politique — confusion avec l'État antique. Les révolutionnaires face à la société civile. Dédoublement de tous les éléments en êtres civiques et en êtres politiques.

2. La *proclamation* des *droits de l'homme* et la *constitution de l'État.* La liberté individuelle et la puissance publique. *Liberté, égalité* et unité. La souveraineté du peuple.

3. L'*État* et la *société civile.*

4. L'*État représentatif* et la *Charte.*

L'État représentatif constitutionnel, qui est l'État représentatif démocratique.

5. La *séparation des pouvoirs.* Pouvoir législatif et pouvoir exécutif.

6. Le *pouvoir législatif* et les corps législatifs. Clubs politiques.

7. Le *pouvoir exécutif.* Centralisation et hiérarchie. Centralisation et civilisation politique. Système fédéral et industrialisme. L'*administration publique* et *l'administration communale.*

8'. Le *pouvoir judiciaire* et le *droit.*

8". La *nationalité* et le *peuple.*

9'. Les *partis politiques.*

9". Le *droit de suffrage,* la lutte pour l'*abolition* de l'État et de la société bourgeoise[1].

Le divin égoïste opposé à l'homme égoïste.
L'illusion, dans la révolution, sur la nature de l'État antique.
Le « *Concept* » et la « *Substance* ».
La révolution = histoire de la genèse de l'État moderne[2].

III

ad FEUERBACH

I

Le grand défaut de tout le matérialisme passé (y compris celui de Feuerbach), c'est que la chose concrète, le réel, le sensible, n'y est saisi que sous la forme de *l'objet* ou *de la contemplation,* non comme *activité humaine sensible,* comme *pratique;* non pas subjectivement. Voilà pourquoi le côté actif se trouve développé abstraitement, en opposition au matérialisme, par l'idéalisme : celui-ci ignore naturellement la réelle activité sensible comme telle. Feuerbach veut des objets sensibles, réellement distincts des objets pensés : mais il ne saisit pas l'activité humaine elle-même comme activité *objective.* C'est pourquoi il ne considère, dans l'*Essence du christianisme,* que le comportement théorique comme véritablement humain, tandis que la pratique n'est conçue et saisie que dans sa manifestation sordidement judaïque. Il ne comprend donc pas la signification de l'activité « révolutionnaire », de l'activité « pratiquement critique[2] ».

II

La question de savoir si le penser humain peut prétendre à la vérité objective n'est pas une question de théorie, mais une question *pratique*. C'est dans la pratique que l'homme doit prouver la vérité, c'est-à-dire la réalité et la puissance, l'ici-bas de sa pensée. La querelle de la réalité ou de l'irréalité du penser — qui est isolé de la pratique — est un problème purement scolastique[1].

III

La doctrine matérialiste de la transformation par le milieu et par l'éducation oublie que le milieu est transformé par les hommes et que l'éducateur doit lui-même être éduqué. Aussi lui faut-il diviser la société en deux parties, dont l'une est au-dessus de la société.

La coïncidence de la transformation du milieu et de l'activité humaine ou de la transformation de l'homme par lui-même ne peut être saisie et comprise rationnellement que comme *praxis révolutionnaire*[2].

IV

Feuerbach part du fait de l'aliénation religieuse de soi, du dédoublement du monde en un monde religieux et un monde profane. Son travail consiste à dissoudre le monde religieux dans son assise profane. Mais si l'assise profane se détache d'elle-même et se fixe dans les nues, tel un royaume indépendant, cela ne peut s'expliquer que par le déchirement de soi et par la contradiction à soi-même de cette assise profane. Il faut donc tout autant comprendre cette assise en elle-même, dans sa contradiction, que la révolutionner pratiquement. Ainsi, une fois que l'on a découvert, par exemple, que la famille terrestre est le secret de la Sainte Famille, c'est la première elle-même qui doit être anéantie en théorie et en pratique[1].

V

Peu satisfait du penser abstrait, Feuerbach veut la contemplation ; toutefois, il ne conçoit pas le sensible comme activité *pratique* humaine et sensible[2].

VI

Feuerbach réduit l'essence de la religion à l'essence *humaine.* Mais l'essence humaine n'est point chose abstraite, inhérente à l'individu isolé. Elle est, dans sa réalité, l'ensemble des relations sociales.

N'abordant pas la critique de cette essence réelle, Feuerbach est obligé :

1° de faire abstraction du cours historique et de fixer le sentiment religieux pour soi, en supposant un individu abstraitement — *isolément* — humain ;

2° de ne concevoir l'essence que comme « genre », comme généralité intérieure, muette, qui relie de manière naturelle la multitude des individus[3].

VII

C'est pourquoi Feuerbach ne voit pas que le « sentiment religieux » est lui-même un produit social et que l'individu abstrait qu'il analyse appartient à une forme de société bien déterminée[4].

VIII

Toute vie sociale est essentiellement *pratique*. Tous les mystères qui entraînent la théorie vers le mysticisme trouvent leur solution rationnelle dans la pratique humaine et dans la compréhension de cette pratique [1].

IX

Le résultat suprême auquel parvient le matérialisme contemplatif — c'est-à-dire le matérialisme qui ne conçoit pas le sensible comme activité pratique —, c'est la théorie des individus isolés et de la société civile [2].

X

L'ancien matérialisme se situe au point de vue de la société bourgeoise. Le nouveau matérialisme se situe au point de vue de la société humaine, ou de l'humanité sociale [3].

XI

Les philosophes n'ont fait qu'*interpréter* le monde de diverses manières ; ce qui importe, c'est de le *transformer* [4].

IV

[DIVISION DU TRAVAIL ET IDÉOLOGIES[1]]

Influence de la division du travail sur la science.

Nature de la *répression* dans l'État, le droit, la morale, etc.

Dans la loi, les bourgeois doivent se donner une expression générale, du fait même qu'ils règnent comme classe.

Science naturelle et histoire.

Il n'y a pas d'histoire de la politique, du droit, de la science, etc., de l'art, de la religion, etc.

À la « communauté », telle qu'elle apparaît dans l'État antique, le système féodal, la monarchie absolue, à ce lien correspondent notamment les idées religieuses.

Pourquoi les idéologues mettent tout sens dessus dessous.

Religieux, juristes, politiciens.

Juristes, politiciens (hommes d'État en général), moralistes, religieux.

Pour cette subdivision idéologique au sein d'une

seule classe, *la division du travail produit la spécialisation professionnelle ;* chacun croit que son métier est le vrai. Sur le lien de leur métier avec la réalité, ils se font nécessairement des illusions, d'autant plus que la nature même du métier l'exige déjà. Les conditions [sociales] se changent, dans la jurisprudence, la politique — dans la conscience, en concepts ; comme ils ne franchissent pas les limites de ces conditions, les idées qu'ils en ont dans leur tête sont forcément des idées fixes : le juge, par exemple, applique le Code, et voilà pourquoi la législation est à ses yeux le vrai meneur actif. Leur marchandise inspire le respect, parce que leur profession a pour objet l'intérêt général.

Idée du droit Idée de l'État. Pour la conscience *ordinaire,* les choses se présentent sens dessus dessous.

La religion est de prime abord la *conscience de la transcendance,* causée par des forces *réelles.* De façon plus populaire, cela...

Tradition, pour le droit, la religion, etc

Les individus sont toujours partis d'eux-mêmes, partent toujours d'eux-mêmes. Leurs conditions sont des conditions du mouvement réel de leur vie. Comment se fait-il que leurs conditions se rendent indépendantes des individus et les contrarient ? Comment se fait-il que les puissances de leur propre vie deviennent plus puissantes qu'eux-mêmes ?

Un mot suffit : *la division du travail,* dont le degré

dépend de la force productive telle qu'elle s'est développée jusqu'alors.

Propriété foncière, propriété communale, féodale, moderne.

Propriété des ordres corporatifs. Propriété manufacturière, capital industriel [1].

V

LA SAINTE FAMILLE
OU
CRITIQUE DE LA CRITIQUE CRITIQUE

CONTRE BRUNO BAUER ET CONSORTS

par

FRIEDRICH ENGELS et KARL MARX

1845

Notice

Contraint de riposter aux atteintes portées par le gouvernement prussien à toute manifestation d'une pensée libre et radicale, Marx se trouvait dans l'impossibilité de condenser dans une seule œuvre les résultats de ses premières études. Après ses échecs littéraires répétés et l'insuccès de sa collaboration avec Ruge, il avait interrompu, puis abandonné la *Critique de la philosophie du droit de Hegel,* pour exposer — sous forme de brochures, plus exactement de monographies « critiques » — la « philosophie critique », à l'aide des matériaux d'étude déjà accumulés. La première de la série devait être consacrée à la critique de l'économie politique, dont une ébauche, rédigée pendant le séjour de Marx à Paris, nous est parvenue. Ce travail lui paraissait alors suffisamment avancé pour qu'il énumérât, dans un avant-propos, les prochaines contributions à l'« humanisme achevé », terme choisi pour désigner son propre apport à la pensée communiste. Il entendait se livrer ensuite à d'autres études critiques, dont celles du droit, de la morale, de la politique, etc., et présenter finalement dans un ouvrage particulier « l'unité de l'ensemble, les relations entre les diverses parties — la critique de la manière spéculative dont ces matières avaient été traitées jusqu'ici ne venant qu'en tout dernier lieu » (*Économie,* II, p. 5). N'ayant jusqu'alors à offrir au public que des écrits fragmentaires — sous forme d'articles et d'essais —, il espérait élaborer une critique intégrale des institutions politiques et économiques.

Marx avait alors sous les yeux plusieurs numéros de la *Allgemeine Literatur-Zeitung,* revue mensuelle publiée par Bruno Bauer depuis décembre 1843. On s'y plaisait à vitupérer, pêle-mêle, les masses ouvrières, les bourgeois (« juste-milieu »), le libéralisme, le communisme, au nom de la « critique toute pure, absolument décisive, absolument critique », opposée à « la Masse massivement massive ». Bien qu'il ne fût pas cité nommément, Marx devait se sentir visé. Il se crut obligé de riposter promptement, ses amis l'encourageant à stigmatiser les comportements excentriques et provocateurs des jeunes-hégéliens groupés autour de Bruno Bauer, dont le langage prêtait facilement au persiflage. Marx envisageait alors une réponse en ces « brochures critiques », comme l'avant-propos le donne à entendre : les « théologiens critiques » sont coupables de déformer la pensée de Feuerbach et de présenter une caricature théologique de la vieille transcendance philosophique, et de celle de Hegel tout particulièrement.

Telle est l'origine de ce projet de critique de l'économie politique, qui verra un commencement de réalisation quinze ans plus tard dans un « premier cahier » ; ce sera la *Critique de l'économie politique* (1859), travail qui, modifié, fut incorporé huit ans plus tard au *Capital*.

Les « manuscrits économico-philosophiques » resteront au nombre des papiers laissés par Marx ; n'ayant éveillé ni la curiosité d'Engels ni celle des premiers éditeurs, ils mettront près de quatre-vingt-dix ans à sortir de l'oubli. Marx a dû renoncer au projet des « brochures indépendantes », si bien que son pamphlet contre Bruno Bauer et son groupe berlinois devint un ouvrage indépendant. Ce premier exposé de ses convictions « humanistes », acquises à l'école des auteurs socialistes et mûries au contact des ouvriers parisiens, témoigne d'emblée de ses dons de philosophe critique : il y présente les prolégomènes d'une théorie sociale, dont il emprunte les éléments tant à la tradition philosophique des lumières et au matérialisme anglais et français qu'à l'anthropologie de Feuerbach.

La Sainte Famille — titre suggéré par l'éditeur allemand — a été publiée sous les deux noms d'Engels et de Marx (donnés dans cet ordre) : Marx signifiait sans doute, par ce geste d'amitié, un engagement qu'il espérait définitif. La table des matières précise que la collaboration d'Engels se réduit, chose paradoxale, à une douzaine de pages : le lecteur de l'époque ne pouvait qu'être intrigué par cette annonce d'une paternité dont la justification lui échappait. Engels, il est vrai, se livrait alors à une active propagande en Rhénanie et travaillait à dresser un « beau registre de péchés » à l'intention de la bourgeoisie anglaise ouvertement accusée « d'assassinat, de vol et de tous autres crimes en masse » (lettre à Marx, 19 novembre 1844). *La Situation de la classe laborieuse en Angleterre* devait paraître trois mois après *La Sainte Famille.* Engels apprit, non sans surprise, que la « Critique critique » — titre primitif du livre changé en sous-titre — était devenue un ouvrage de plusieurs centaines de pages. « Mais j'en suis très content, écrivit-il à Marx, car bien des choses, condamnées à dormir on ne sait combien de temps encore dans les tiroirs de ton bureau, atteindront ainsi leur public dès maintenant. » Et d'ajouter : « Mais si tu as laissé mon nom sur la couverture, cela fera une impression curieuse, vu que j'ai écrit une feuille et demie à peine » (lettre à Marx, 20 janvier 1845). Engels craignait une brouille avec sa famille piétiste : riche fabricant de textile dans ce même Wuppertal qu'Engels essayait de gagner au communisme, son père s'inquiétait de ses activités politiques et littéraires. Ayant lu une annonce du livre, Engels écrivit à Marx : « La "Critique critique" ne m'est toujours pas parvenue ! Le nouveau titre : *La Sainte Famille* me vaudra probablement des disputes familiales avec mon dévot de père, qui est déjà passablement irrité, mais tu ne pouvais certes pas le savoir ; L'annonce semble indiquer que tu as placé mon nom en premier — pourquoi ? Je n'y ai presque rien fait, et tout un chacun reconnaîtra ton style » (7 mars 1845).

Engels a deviné juste : pour produire un ouvrage aussi volumineux, Marx a dû reprendre ses manuscrits et ses cahiers d'étude datant des années universitaires, de son séjour à Kreuznach et des premiers mois passés à Paris. Sûr d'avoir trouvé sa voie, il pensait à communiquer le résultat de sa réflexion tout en rendant hommage à Feuerbach, un de ses premiers maîtres, mais aussi à ceux qui devaient faire bloc avec les hommes pensants et opprimés, ouvriers et artisans que Paris lui avait fait connaître. Manifeste de cette éthique prolétarienne que lui et Engels, dès l'avant-propos, appelaient « humanisme réel », *La Sainte Famille* constitue ce double hommage à un penseur et à une classe sociale.

L'influence de Feuerbach est partout sensible dans cette œuvre, comme en témoigne la lettre que Marx adressa au solitaire de Bruckberg à qui il envoya son article du *Vorwärts !*

dirigé contre Ruge. Ce document capital, à la fois examen de conscience et projet d'itinéraire intellectuel d'un disciple soucieux de marcher sur les traces du maître vénéré, expose à Feuerbach les quelques éléments de sa « philosophie critique du droit » que Marx a dû soumettre « à un remaniement afin de la rendre facilement accessible » ; et il ajoute : « Je n'attache à cet essai aucune valeur particulière, mais je me réjouis de cette occasion de vous témoigner le grand respect et — permettez-le-moi — l'affection que je vous porte. Votre *Philosophie de l'avenir* et *L'Essence de la foi [selon Luther]*, en dépit de leur volume réduit, pèsent plus lourd en tout cas que l'ensemble de l'actuelle littérature allemande. Dans ces écrits, vous avez donné — j'ignore si c'est délibérément — des fondements philosophiques au socialisme, et c'est de cette manière, du reste, que les communistes ont aussitôt compris ces travaux. L'unité de l'homme avec les hommes, fondée sur la différence réelle des hommes, le concept de genre humain ramené du ciel de l'abstraction sur la terre réelle, qu'est-ce, sinon le concept de *société !* » Des traductions de *L'Essence du christianisme*, française et anglaise, sont en cours, et « les Français vont se ruer sur le livre, car les deux partis — prêtres aussi bien que voltairiens et matérialistes — cherchent secours à l'extérieur. Étrange phénomène : à l'inverse du XVIIIe siècle, le sentiment religieux a pénétré aujourd'hui dans la classe moyenne et la classe supérieure, alors que le sentiment irréligieux — celui de l'homme qui se sent homme — se répand dans le prolétariat français. Que n'avez-vous assisté à une des réunions des **ouvriers* français pour vous convaincre de quelle fraîcheur virginale, de quelle noblesse ces hommes épuisés par le travail sont capables. Le prolétaire anglais fait, lui aussi, d'énormes progrès, mais il lui manque le caractère et la culture des Français. Je ne dois pourtant pas oublier de souligner les dons théoriques des artisans allemands établis en Suisse, à Londres et à Paris, à ceci près que l'artisan allemand reste encore trop artisan ». Ce même éloge se retrouve tant dans les manuscrits parisiens que dans le texte de *La Sainte Famille*. Deux semaines avant que ses entretiens avec Engels ne scellent définitivement leur amitié, Marx s'était donc ouvert de ses projets à Feuerbach. Et c'est sans doute au cours des dix jours passés ensemble à Paris que Marx et Engels décidèrent de répondre aux « Critiques critiques » de Berlin. Engels se mit à l'œuvre immédiatement et confia bientôt les quelques courts chapitres qui forment le début de *La Sainte Famille* à Marx qui, heureux de pouvoir enfin formuler les résultats d'une recherche et d'une méditation intenses, voyait son travail prendre les dimensions d'un livre. C'est encore pour Feuerbach qu'il esquissa — en disciple reconnaissant — les grandes lignes de ce qu'il tenait à appeler l' « humanisme réel » où l'on reconnaît, en même temps qu'une adhésion déclarée aux doctrines matérialistes, la proclamation implicite d'une *éthique prolétarienne.*

« Quoi qu'il en soit, c'est parmi ces " barbares " de notre société civilisée que l'histoire prépare l'élément pratique de l'émancipation de l'homme. Le contraste entre le caractère français et nous autres Allemands ne m'est nulle part apparu aussi fortement que dans un écrit fouriériste dont voici le début : " L'homme est tout entier dans ses *passions.* " " Avez-vous jamais rencontré un homme qui *pensât pour penser,* qui *se ressouvînt pour se ressouvenir,* qui *imaginât pour imaginer ?* qui *voulût pour vouloir ?* Cela vous est-il jamais arrivé à vous-même ?... non, évidemment non ! " Par conséquent, le mobile principal de la nature comme de la société, c'est l'*attraction magique, passionnelle,* exempte de réflexion, et " tout être, homme, plante, animal ou globe a reçu une somme de forces en rapport avec sa mission dans l'ordre universel ". Il s'ensuit que " les *attractions* sont proportionnelles aux destinées ". »

Ce choix de Fourier pour illustrer le contraste entre le socialisme français et l'hégélianisme des épigones allemands est on ne peut plus révélateur de l'orientation prise par la pensée de Marx au cours des quelques mois de son séjour parisien. Les critiques de Bauer et de ses amis « affranchis » condamnant la position révolutionnaire exprimée dans ses deux essais des *Annales franco-allemandes* ne l'avaient pas laissé indifférent ; il lui fallait étayer ses thèses d'arguments nouveaux, et c'est encore Feuerbach qu'il croyait le plus apte à le comprendre : les idées de Fourier venaient en quelque sorte confirmer l'anthropologie feuerbachienne, et battre en brèche la manie allemande de penser pour penser, de poser dans l'absolu l'acte pur de penser. « La difficulté qu'ont les Allemands à échapper à ce parti pris unilatéral qui est à l'antipode [du Français], Bruno Bauer, mon ami de longue date — mais qui maintenant m'est plutôt étranger —, nous en fournit une nouvelle preuve dans la *Literatur-Zeitung* critique qu'il dirige à Berlin. J'ignore si vous l'avez lue. Maintes polémiques indirectes sont dirigées contre vous. La caractéristique de ce journal se réduit à ceci : la " Critique " est métamorphosée en être transcendant. Ces Berlinois ne se considèrent pas comme des *hommes* qui *critiquent*, mais comme des critiques qui ont le malheur d'être *accessoirement* des hommes. Ils ne reconnaissent donc qu'un seul besoin véritable, celui de la critique *théorique*. C'est pourquoi on reproche à des gens comme Proudhon de partir d'un besoin " pratique ". Dès lors, cette critique se perd dans un spiritualisme morose et présomptueux. Pour elle, la seule qualité humaine, c'est la conscience ou la conscience de soi. L'amour, par exemple, est nié, car dans l'amour la bien-aimée n'est qu'un « objet ». *À bas l'objet !* C'est pourquoi cette « critique » se tient pour le seul élément *actif* de l'histoire. En face d'elle se dresse l'humanité tout entière comme *Masse*, masse inerte dont la seule valeur est de servir d'antithèse à l'esprit. Le crime suprême, c'est donc, pour un Critique, d'avoir une *sensibilité* ou une *passion :* il faut qu'il soit un *sophos* ironique, d'une froideur de glace. »

Enfin, Marx dénonce l'attitude olympienne de Bauer et de ses amis, leur orgueil méprisant, leurs plagiats de Feuerbach dont ils se servent pour attaquer leurs adversaires, « la Masse ». Annonçant à Feuerbach son intention de publier « une petite brochure contre ces égarements de la Critique », il le prie de lui faire connaître son opinion à laquelle il attache le plus grand prix.

Vingt-deux ans plus tard, un exemplaire de *La Sainte Famille* — dont le succès de librairie fut presque nul — tombera par hasard sous les yeux de Marx qui écrira à son ami : « Ce fut une surprise agréable de pouvoir constater qu'il n'y a pas lieu d'être honteux de ce travail, bien qu'aujourd'hui le culte de Feuerbach me fasse plutôt un effet comique » (à Engels, 24 avril 1867). Ce jugement mesuré témoigne néanmoins de l'importance que Marx attribuait à ce livre, parfaitement conscient que dans cette première œuvre de polémiste il avait donné l'exposé le plus complet — avec *L'Idéologie allemande* — de cette éthique socialiste dont la critique de l'économie politique, sans cesse recommencée et jamais achevée, devait constituer le fondement scientifique.

Nous offrons ici aux lecteurs deux extraits substantiels du chapitre VI (La critique critique absolue ou la critique

critique sous les traits de M. Bruno), portant sur la Révolution française et l'histoire du matérialisme français.

Parmi les rééditions de *La Sainte Famille* consécutives à celle de la MEGA (III, 1932, p. 176-388), signalons la réimpression photomécanique parue à Berlin-Est en 1953, à l'occasion de l' « année Karl Marx ». L'édition publiée en 1967 (Francfort et Vienne), avec une introduction d'Iring Fetscher, reproduit dans ses commentaires le texte des *Werke*, vol. II, 1958.

AVANT-PROPOS

L'humanisme réel n'a pas d'ennemi plus dangereux en Allemagne que le spiritualisme ou l'idéalisme spéculatif, qui met, à la place de l'*homme individuel réel,* la « Conscience de soi » ou l' « Esprit », et qui enseigne avec l'évangéliste : « C'est l'esprit qui vivifie, la chair ne sert de rien. » Il s'entend que cet esprit sans chair n'a d'esprit que dans son imagination. Ce que nous combattons dans la critique de Bauer, c'est précisément la spéculation qui se reproduit en caricature. C'est, à nos yeux, l'expression accomplie du principe *germano-chrétien,* qui tente sa dernière chance en transformant « la Critique » elle-même en une puissance transcendante.

Notre analyse s'applique en priorité à la *Allgemeine Literatur-Zeitung* de Bruno Bauer — dont les huit premiers numéros nous sont parvenus —, car la « Critique » bauérienne, et partant l'absurdité de la spéculation allemande en général, a atteint là son sommet. La Critique critique (la Critique de la *Literatur-Zeitung*) est d'autant plus instructive qu'elle pousse la déformation de la réalité par la philosophie jusqu'à la comédie la plus expressive. Voyez par exemple Faucher et Szeliga. La *Literatur-Zeitung* offre une matière qui permet d'éclairer même le grand public sur les illusions de la philosophie spéculative. Tel est le but de notre travail.

Il va de soi que notre analyse est fonction de son *objet*. La Critique critique se tient généralement *au-dessous* du niveau déjà atteint par la théorie allemande dans son évolution. La nature de notre objet justifie donc notre refus de porter ici un jugement sur cette évolution même.

La Critique critique nous oblige plutôt à faire valoir à son encontre, en tant que tels, les résultats déjà obtenus.

C'est pourquoi nous plaçons cette polémique avant les écrits indépendants où nous exposerons — chacun pour soi, s'entend — notre conception positive, et par suite, notre rapport positif aux récentes doctrines philosophiques et sociales.

Paris, septembre 1844

ENGELS. MARX

LA CRITIQUE CRITIQUE ABSOLUE OU LA CRITIQUE CRITIQUE SOUS LES TRAITS DE M. BRUNO

L'« ESPRIT » ET LA « MASSE »

Jusqu'ici, la Critique critique semblait plus ou moins occupée à traiter de manière critique divers sujets « massifs ». À présent, la voilà occupée de l'objet critique absolu, d'elle-même. Jusqu'ici, elle tirait sa gloire relative de l'abaissement, du rejet et de la transformation critiques de *certains* objets et personnages « massifs ». La voici qui tire sa gloire absolue de l'abaissement, du rejet et de la transformation critiques de la Masse en général. Devant la critique relative, il y avait des limites relatives. Devant la critique absolue, il y a la limite absolue, la limite de la Masse, la Masse comme limite. En s'opposant à des limites déterminées, la critique relative était nécessairement elle-même un individu *limité*. En s'opposant à la limite *générale*, à la limite tout court, la Critique absolue est nécessairement un individu *absolu*. De même que les différents objets et personnages « massifs » se sont dilués dans la bouillie *impure* de la « Masse », de même la Critique, apparemment encore concrète et personnelle, s'est muée en la « Critique pure ». Jusqu'ici, la Critique apparaissait plus ou moins comme une *qualité* des individus critiques, Reichardt, Edgar, Faucher, etc. La voici devenue *sujet*, et M. Bruno en est l'incarnation [1].

Jusqu'ici le caractère de Masse semblait être plus ou moins la qualité des objets et des personnages soumis à la Critique ; maintenant objets et personnages sont devenus la « Masse », et la « Masse » objets et personnages. Tous les rapports critiques antérieurs se sont dissous dans le rapport de la sagesse critique absolue à la bêtise absolue et « massive ». Ce rapport fondamental apparaît comme le sens, la tendance, le mot d'ordre des anciens exploits et combats critiques.

Conformément à son caractère absolu, la Critique « pure » aura à prononcer, dès son entrée en scène, la « réplique » distinctive ; mais il lui faudra néanmoins, comme Esprit absolu, parcourir un processus dialectique. C'est seulement au terme de son mouvement céleste que son concept originel sera vraiment réalisé [a].

« Voilà à peine quelques mois », proclame la Critique absolue, « la Masse se croyait dotée d'une force gigantesque et destinée à une domination mondiale dont elle pensait pouvoir calculer l'approche sur ses doigts. »

C'était précisément M. Bruno Bauer qui, dans *La Bonne Cause de la liberté* (sa « propre » cause, s'entend), dans la *Question juive*, etc., comptait sur ses doigts l'approche de l'imminente domination mondiale, tout en s'avouant incapable d'en fixer la date exacte [3]. À la liste des péchés commis par la Masse, il ajoute la masse de ses propres péchés. La Masse se croyait « en possession de tant de vérités à ses yeux évidentes ». « Mais on ne *possède* complètement une *vérité* [...] qu'en passant par toutes *ses* preuves. »

Comme pour Hegel, la vérité est pour M. Bruno un

a Voir HEGEL, *Encyclopédie* [2].

automaton qui se démontre lui-même. Il incombe à l'homme de la *suivre*. Comme chez Hegel, le résultat du développement réel n'est autre que la *vérité démontrée*, c'est-à-dire ramenée à la *conscience*. La Critique absolue peut donc demander avec le théologien le plus borné : « *À quoi* servirait l'*histoire*, si sa tâche n'était pas de *prouver* justement ces vérités, simples entre toutes (par exemple le mouvement de la Terre autour du Soleil) ? »

De même que, selon les anciens téléologues, les plantes n'existent que pour servir de nourriture aux animaux, et les animaux que pour servir de nourriture aux hommes, de même l'histoire n'existe que pour servir à cet acte de consommation de la nourriture théorique : la *démonstration*. L'homme existe pour que l'histoire existe, et l'histoire existe pour qu'existe la *démonstration des vérités*. Sous cette forme *critiquement* trivialisée, nous retrouvons la sagesse spéculative selon laquelle l'homme et l'histoire existent pour que la *vérité* puisse parvenir à la *Conscience de soi*.

Comme la Vérité, l'Histoire devient donc une personne à part, un sujet métaphysique dont les individus humains réels ne sont que les soutiens. C'est pourquoi la Critique absolue recourt à la phraséologie. « L'Histoire ne permet pas que l'on se moque d'elle... l'Histoire a concentré *ses* plus grands efforts pour..., l'Histoire a été employée..., à quoi l'Histoire pourrait-elle servir ?... l'Histoire nous fournit la preuve expresse..., l'Histoire met sur le tapis des vérités, etc. »

Si, comme l'affirme la Critique absolue, un *petit nombre* de ces vérités — les plus élémentaires — qui, en fin de compte, s'entendent de soi, ont occupé jusqu'ici l'histoire, cette indigence à laquelle elle réduit les expériences passées de l'humanité ne prouve dès l'abord que sa *propre* indigence. Du point de vue non critique, l'histoire aboutit à ce résultat que la vérité la plus compliquée, la personnification de toute vérité, autrement dit les *hommes* s'entend, en fin de compte, de soi.

« Cependant, démontre encore la Critique absolue, des vérités qui paraissent à ce point lumineuses à la Masse qu'elles s'entendent *a priori* d'elles-mêmes [...] et que la Masse en juge la démonstration superflue, ces vérités ne méritent pas que l'histoire nous en fournisse encore la preuve formelle; elles ne constituent nullement une partie de la tâche dont la solution préoccupe l'histoire. »

Dans sa ferveur sacrée à l'égard de la Masse, la Critique absolue lui adresse la flatterie la plus subtile. Si une vérité *est* lumineuse parce qu'elle *paraît* lumineuse à la Masse, si l'histoire se *comporte* à l'égard des vérités selon l'*opinion* de la Masse, c'est donc que le jugement de la Masse est absolu, infaillible, qu'il est la *loi* de l'histoire, laquelle prouve uniquement ce qui *ne paraît pas* lumineux à la Masse et qui, par conséquent, a besoin d'être prouvé. Bref, c'est la Masse qui prescrit à l'histoire sa « tâche » et son « occupation [1] ».

La Critique absolue parle de « vérités qui s'entendent *a priori* d'elles-mêmes ». Dans sa naïveté critique, elle invente un *a priori* absolu et une « Masse » abstraite, invariable. Aux yeux de la Critique absolue, l'*a priori* de la Masse du XVIe siècle et l'*a priori* de la Masse du XIXe siècle ne sont pas plus différents que ne le sont ces Masses elles-mêmes. Ce qui caractérise précisément une vérité devenue *vraie, manifeste* et qui s'entend de soi, c'est qu'*a priori* elle s'entend « d'elle-même ». La polémique de la Critique absolue contre les vérités qui s'entendent *a priori* d'elles-mêmes est la polémique contre les vérités qui, de toute façon, « s'entendent de soi ».

Pour la Critique absolue comme pour la *dialectique* divine, une vérité qui va de soi a perdu son sel, son sens, sa *valeur.* Elle est devenue fétide comme de l'eau croupie. C'est pourquoi la Critique absolue prouve, d'une part, tout ce qui s'entend de soi, et, en outre, bien des choses qui, ayant la chance d'être incompréhensibles, ne seront donc jamais comprises toutes seules. D'une part, tout ce qui a besoin de quelque explication lui paraît évident. Pourquoi ? Parce que, s'agissant de *tâches réelles,* il s'entend de soi qu'elles ne s'entendent *nullement* de soi.

Puisque la Vérité, comme l'Histoire, est un Sujet éthéré, séparé de la Masse matérielle, elle ne s'adresse pas aux hommes empiriques, mais « à l'intime de l'âme » ; pour être « vraiment vécue », elle ne s'attaque pas au corps grossier de l'homme, logé au fond d'un sous-sol anglais ou dans les hauteurs d'une mansarde française, mais « s'étire de bout en bout » à travers ses boyaux idéalistes. La Critique absolue veut bien rendre à la « Masse » le témoignage qu'elle a été touchée jusqu'ici à sa manière, c'est-à-dire superficiellement, par les vérités que l'histoire a daigné « mettre sur le tapis » mais elle prophétise en même temps que le « rapport de la Masse au *progrès historique* va changer complètement ». Le sens caché de cette prophétie critique ne tardera pas à devenir « lumineux » pour nous.

« Toutes les grandes actions de l'histoire passée », apprenons-nous, « furent *de prime abord* manquées et demeurèrent sans effet durable, parce que la Masse s'y était intéressée et s'était *enthousiasmée* pour elles — ou bien elles devaient connaître une fin lamentable parce que l'Idée qui les animait était d'une nature telle qu'elle devait se satisfaire d'une conception superficielle et devait donc également compter sur l'approbation de la Masse. » Il semble qu'une conception qui suffit pour une Idée, et correspond donc à une Idée, cesse d'être superficielle. M Bruno n'établit qu'en apparence un rapport entre l'*Idée* et sa *conception*, de même qu'il n'établit qu'*en apparence* un *rapport* entre l'*action* historique avortée et la *Masse*. Par conséquent, si la Critique absolue condamne un fait quelconque comme « superficiel », c'est bien l'histoire passée tout court, dont les actions et les idées furent actions et idées de « Masses ». Elle rejette l'histoire *des masses* pour la remplacer par l'histoire *critique* (voir M. Jules Faucher sur les questions du jour en Angleterre). D'après l'histoire *non critique* traditionnelle, donc nullement rédigée dans l'esprit de la Critique absolue, il faut, en outre, distinguer exactement jusqu'à quel point la *Masse* s'est « intéressée » à certaines fins, et jusqu'à quel point elle s'est « enthousiasmée » pour ces fins. L' « *Idée* » s'est toujours ridiculisée dans la mesure où elle était distincte de l'*intérêt*. Au demeurant, on comprend aisément que tout *intérêt* « massif », en s'affirmant historiquement, dépasse de beaucoup, dès sa première apparition sur la scène du monde, dans l' « idée » ou l' « imagination », ses limites réelles, et se confond avec l'intérêt *humain* tout court. Cette illusion constitue ce que Fourier appelle le *ton* de chaque époque historique[1]. Dans la Révolution de 1789, l'*intérêt* de la bourgeoisie, loin d'être « manqué », a tout « gagné » et a eu l' « effet le plus durable », bien que se fût évanoui le « pathos » et se fussent fanées les fleurs « enthousiastes » dont l'intérêt avait couronné son berceau. La puissance de cet intérêt fut telle qu'il vainquit glorieusement la plume d'un Marat, la guillotine des hommes de la Terreur, le glaive de Napoléon, tout comme le crucifix et le pur sang des Bourbons. La Révolution n'est « manquée » que pour la Masse qui ne possédait pas dans l' « idée » *politique* l'idée de son « *intérêt* » réel, dont le vrai principe vital ne se confondait donc pas avec le principe vital de la révolution, et dont les conditions pratiques d'émancipation diffèrent essentiellement des conditions qui permettaient à la bourgeoisie de s'émanciper elle-même et d'émanciper la société.

Par conséquent, si la Révolution, qui peut représenter toutes les grandes « actions » de l'histoire, est manquée, c'est que, si elle en est restée, pour l'essentiel, aux conditions de vie de la masse, cette masse était exclusive et n'embrassait pas la collectivité : c'était une masse restreinte. Ce n'est pas parce que la masse s' « enthousiasmait » pour la Révolution ou s'y « intéressait », c'est parce que sa partie la plus nombreuse, la partie distincte de la bourgeoisie, ne possédait pas dans le principe de la Révolution son intérêt réel, son principe révolutionnaire particulier, mais seulement une « *idée* », donc simplement un objet d'*enthousiasme* momentané et d'*exaltation* purement apparente.

Plus l'action historique ira en s'approfondissant, et plus la masse ira en croissant, cette action étant celle de la masse. Dans l'histoire critique, selon laquelle il ne s'agit pas, dans les actions historiques des masses agissantes, de l'acte empirique, de l'*intérêt* empirique de cet acte, mais plutôt d'une « Idée qu'elles portent », les choses, sans doute, doivent se passer différemment.

« C'est dans la Masse », nous apprend-elle, « et non ailleurs, comme l'affirment ses porte-parole libéraux, qu'il faut rechercher le vrai ennemi de l'esprit. »

Les ennemis du progrès *en dehors* de la Masse, ce sont justement les produits devenus indépendants, doués d'une vie propre, de l'*abaissement de soi*, de l'*avilissement de soi*, du *dessaisissement de soi*, qui est le lot de la *Masse*. En se dressant contre les produits autonomes de cet abaissement de soi, la masse se dresse donc contre son *propre* manque, tout comme l'homme, en se tournant contre l'existence de Dieu, se tourne contre sa *propre* religiosité. Or, comme ces dessaisissements de soi *pratiques* de la masse existent de manière extérieure dans le monde réel, elle doit les combattre, toutes à la fois, de manière *extérieure.* Il ne faut pas qu'elle considère ces produits de son propre dessaisissement comme des fantasmagories *idéales,* comme de pures extraversions de la conscience de soi ; ni qu'elle veuille anéantir l'aliénation *matérielle* par une action *spiritualiste* purement intérieure[1]. La gazette de Loustalot porte déjà la devise :

**Les grands ne nous paraissent grands*
Que parce que nous sommes à genoux
— — — Levons-nous[2] ! — —

Mais pour se lever, il ne suffit pas de se lever en pensée et de laisser planer sur sa tête réelle et sensible le joug réel et sensible, qu'il est impossible de chasser à coups d'idées creuses. Cependant, la *Critique absolue* a appris, à tout le moins, grâce à la *Phénoménologie* de Hegel, l'art de transformer des chaînes réelles, objectives, existant hors de moi, en chaînes simplement idéales, simplement subjectives, simplement intérieures à moi, et à muer ainsi toutes les luttes extérieures et sensibles en pures luttes d'idées.

Cette mutation critique fonde l'*harmonie préétablie* de la *Critique critique* et de la *censure.* Du point de vue critique, le combat de l'écrivain contre le censeur n'est pas un combat « d'homme à homme ». Le censeur n'est en vérité que mon propre tact, personnifié pour moi par la police vigilante, mon propre tact en lutte avec mon manque de tact et de sens critique. Ce n'est qu'en apparence, c'est pour les sens abusés que le combat de l'écrivain avec le censeur est autre chose que le combat intérieur de l'écrivain avec lui-même. Pour autant qu'il est un sbire de la police réellement et individuellement distinct de moi, et qu'il malmène le produit de mon esprit d'après une norme extérieure, étrangère à sa nature, le censeur est une simple imagination « massive », un fantôme non critique. Si la censure a prohibé les *Thèses pour la réforme de la philosophie* de Feuerbach, la faute n'en incombait pas à la barbarie officielle de la censure, mais à l'inculture des thèses feuerbachiennes[1]. La Critique « pure », que masse ni matière ne troublent, possède même, en la personne du censeur, une figure pure et « éthérée », détachée de toute réalité « massive ».

Ayant dénoncé la « Masse » comme le véritable ennemi de l'Esprit, la Critique absolue s'explique : « L'Esprit sait maintenant où il doit chercher son seul adversaire : dans [...] les illusions que la Masse se fait sur elle-même et dans son inconsistance. »

La Critique absolue part du *dogme* de l'autorité absolue de l' « Esprit ». Elle part en outre du dogme de l'existence extra-mondaine de l'Esprit, c'est-à-dire de l'existence d'un Esprit résidant en dehors de la masse de l'humanité. Enfin, elle transforme, d'un côté, « l'Esprit », « le Progrès », et de l'autre « la Masse », en être *fixes*, en concepts, pour les rapporter ensuite les uns aux autres, comme des extrêmes fixes et donnés pour tels. La Critique absolue ne s'avise pas d'examiner l' « Esprit » lui-même, de rechercher si « la phrase », « l'illusion sur soi-même », « l'inconsistance », n'ont pas leur racine dans la nature spiritualiste, le vide prétentieux de l'esprit lui-même. Au contraire, cet Esprit, qui est *absolu*, connaît en même temps l'infortune de se changer sans cesse en *néant spirituel :* il fait toujours des calculs en l'air. Il a donc forcément besoin d'un adversaire qui intrigue contre lui. Cet adversaire, c'est la Masse.

Il en est de même du « Progrès ». Malgré les prétentions du « Progrès », nous voyons sans cesse des *régressions* et des *retours circulaires*. Bien loin de se douter que la catégorie du « Progrès » est totalement vide et abstraite, la Critique absolue a, au contraire, l'ingéniosité de reconnaître le « Progrès » comme absolu, afin d'imaginer, pour expliquer la régression, un « adversaire personnel » du progrès, *la Masse.* « La Masse » n'étant rien d'autre que l' « antithèse de l'Esprit », du Progrès, de la « Critique », elle ne peut être déterminée que par cette antithèse imaginaire ; et hormis cette antithèse, la Critique ne sait tenir, sur la signification et l'existence de la Masse, que ce propos *absurde,* parce qu'il est imprécis au possible : « La Masse dans ce sens-là, où le " mot " englobe *également* le *soi-disant* monde cultivé. » Un « également », un « soi-disant », voilà qui suffit pour une définition critique. La Masse est ainsi différenciée des masses *réelles,* et n'existe comme *la* « Masse » que pour *la* « Critique ».

Tous les écrivains communistes et socialistes sont partis de cette observation : d'une part, même les actions d'éclat les plus bénéfiques semblent rester sans résultats éclatants et aboutir à des trivialités ; d'autre part, *tous les progrès de l'esprit* ont été, jusqu'à nos jours, des *progrès contre la masse de l'humanité,* qui a été entraînée à une situation de plus en plus inhumaine. Ils ont donc considéré (voir *Fourier*) le « Progrès » comme de la phraséologie abstraite et creuse, et ils ont cru (voir entre autres *Owen*) à une tare fondamentale du monde civilisé ; c'est pourquoi ils ont soumis les fondements réels de la société présente à une *critique* incisive. À cette critique communiste, correspondait simultanément, dans la pratique, le mouvement de la grande masse, contre laquelle s'était accompli jusqu'alors le développement historique. Il faut avoir connu le zèle studieux des **ouvriers* français et anglais, leur soif de s'instruire, leur énergie morale, leur constant désir de s'épanouir, pour se faire une idée de la noblesse *humaine* de ce mouvement [1].

Infinie richesse d'esprit de cette « Critique absolue » qui, devant ces faits intellectuels et pratiques, ne conçoit qu'un seul côté du rapport, le naufrage permanent de l' « esprit », qu'elle trouve dans la « Masse » ! En fin de compte, cette grande découverte critique aboutit à une *tautologie.* À l'entendre, l'Esprit avait jusqu'ici une barrière, un obstacle, c'est-à-dire un adversaire, parce qu'il avait un adversaire. Quel est donc l'adversaire de l'Esprit ? L'*absence d'esprit.* C'est que la Masse est déterminée uniquement comme « antithèse » de l'esprit, comme absence d'esprit, dont les caractéristiques plus précises sont l' « indolence », le « manque de profondeur », le « contentement de soi ». Quelle supériorité écrasante sur les écrivains communistes : au lieu de traquer dans leurs sources cette absence d'esprit, cette indolence, ce manque de profondeur, ce contentement de soi, la Critique absolue les a sermonnés *moralement* et les a démasqués comme antithèse de l'Esprit et du Progrès ! Si l'on déclare ces propriétés propriétés de la Masse prise comme sujets distincts d'elles, cette distinction n'est qu'une pseudo-distinction « critique ». C'est seulement *en apparence* que la Critique absolue connaît encore, outre les propriétés abstraites — absence d'esprit, indolence, etc. —, un sujet concret déterminé, car, dans la conception critique, « *la Masse* » n'est rien d'autre que ces propriétés abstraites, un autre terme pour les désigner, leur personnification imaginaire.

Or, le rapport « Esprit et Masse » a encore un sens caché, qui se révélera complètement dans le cours de l'analyse. Nous nous bornons à y faire allusion. Ce rapport, découvert par M. Bruno, n'est autre, en effet, que le parachèvement critique et caricatural de la *conception hégélienne de l'histoire ;* laquelle, à son tour, ne fait qu'exprimer spéculativement ce dogme *germano-chrétien,* l'antithèse de l'*Esprit* et de la *Matière,* de *Dieu* et du *Monde.* Car à l'intérieur de l'histoire, à l'intérieur de l'humanité même, ladite antithèse se traduit de la sorte : quelques *individus* élus s'opposent comme Esprit actif au reste de l'humanité, *Masse dépourvue d'Esprit, Matière.*

La conception hégélienne de l'histoire suppose un *Esprit abstrait* ou *absolu* qui évolue de telle manière que l'humanité n'est qu'une *Masse,* qui le véhicule plus ou moins consciemment. C'est pourquoi Hegel met en scène, à l'intérieur de l'histoire *empirique,* exotérique, une histoire *spéculative,* ésotérique. L'histoire de l'humanité devient l'histoire de l'Esprit *abstrait de l'*humanité, donc d'un Esprit situé au-delà de l'homme réel[1].

Parallèlement à cette doctrine hégélienne, se développait en France l'enseignement des *doctrinaires,* qui, à seule fin d'exclure les masses et de gouverner seuls, proclamaient la souveraineté de la raison par opposition à la *souveraineté du peuple*[2]. Voilà qui est logique. Si l'activité de l'humanité réelle n'est que l'activité d'une masse d'individus humains, il faut, en revanche, qu'à l'autre pôle l'universalité abstraite, la Raison, l'Esprit possèdent une expression abstraite qui s'épuise dans quelques rares individus. Selon sa position et sa force d'imagination, chaque individu se posera alors, ou ne se posera pas, en représentant de « l'Esprit ».

Chez Hegel déjà, l'*Esprit absolu* de l'histoire possède dans la *Masse* sa matière et, dans la *philosophie* seulement, son expression adéquate. Toutefois, le Philosophe apparaît uniquement comme l'organe dans lequel l'Esprit absolu, créateur de l'histoire, prend conscience de lui-même après coup, une fois le mouvement terminé. La participation du philosophe à l'histoire se réduit à cette conscience rétrospective, car le mouvement réel, l'Esprit absolu l'accomplit *inconsciemment.* Le philosophe arrive donc *post festum.*

Hegel se rend coupable, par deux fois, de raisonner à moitié : une fois, en affirmant que la philosophie est la présence de l'Esprit absolu, mais en se gardant bien, dans le même temps, de reconnaître l'*individu philosophique* réel comme l'*Esprit absolu ;* une deuxième fois, en ne confiant qu'en apparence à l'Esprit absolu comme tel la tâche de réaliser l'histoire. En effet, l'Esprit absolu ne prenant conscience comme Esprit universel créateur que *post festum,* dans le philosophe, sa fabrication de l'histoire n'existe que dans la conscience, l'opinion et la représentation du philosophe, dans la seule imagination spéculative. M. Bruno annule ce demi-raisonnement de Hegel.

Primo, il proclame que *la* Critique est l'Esprit absolu, et qu'il est lui-même *la* Critique. De même que l'élément de la Critique est banni de la Masse, de même l'élément de la Masse est banni de la Critique. La Critique ne se voit donc pas incarnée dans une Masse, mais exclusivement dans un petit nombre d'élus, dans M. Bauer et ses disciples.

Voici comment Bruno annule l'autre demi-raisonnement de Hegel : ce n'est plus *post festum,* dans l'imagination, qu'à l'exemple de l'Esprit hégélien il fait l'histoire ; c'est, au contraire, en toute conscience, par opposition à la Masse du reste de l'humanité, qu'il joue le rôle de l'*Esprit universel,* établit dans le présent un rapport dramatique entre la Masse et lui-même, invente et accomplit l'histoire, à dessein et après mûre considération.

Il y a, d'un côté, la Masse, élément passif, sans esprit, sans histoire, élément *matériel* de l'histoire ; de l'autre, l'Esprit, la Critique, Bruno et Cie, élément actif d'où procède toute action *historique.* L'acte de transformation sociale se réduit à l'*activité cérébrale* de la Critique critique [1].

Bien mieux, le rapport entre la Critique — donc

également la critique incarnée — de M. Bruno et Cie et la Masse est, en vérité, le seul rapport historique du temps présent. Toute l'histoire de ce temps se ramène au mouvement opposé de ces deux pôles ; toutes les antithèses ont disparu dans cette antithèse critique.

La Critique critique qui n'acquiert d'existence objective que dans son antithèse, la Masse, la *stupidité*, est donc obligée de se fabriquer sans cesse cette antithèse ; et MM. Faucher, Edgard et Szeliga ont prouvé d'abondance avec quelle virtuosité ils savent exercer leur métier, l'*abêtissement* « *massif* » des personnes et des choses.

À présent, accompagnons la Critique absolue dans ses campagnes contre la Masse.

BATAILLE CRITIQUE CONTRE LA RÉVOLUTION FRANÇAISE

L'inintelligence de la Masse avait forcé l' « Esprit », la Critique, M. Bauer, à considérer la *Révolution française* non comme l'époque des expériences révolutionnaires des Français au « sens *prosaïque* », mais « simplement » comme « le symbole et l'expression irréelle » de ses propres billevesées critiques. La Critique fait amende honorable pour sa « méprise » en soumettant la *Révolution* à un nouvel examen. Elle punit en même temps le séducteur de son innocence... « la Masse », en lui communiquant les résultats de ce « nouvel examen ».

« La *Révolution française* fut une expérience qui appartenait assurément encore au XVIIIe siècle. »

Qu'une expérience du XVIIIe siècle, telle que la Révolution française, soit assurément encore une expérience du XVIIIe siècle et nullement du XIXe, voilà une de ces vérités chronologiques qui semble appartenir « assurément encore » à ces vérités qui « de prime abord se comprennent d'elles-mêmes ». Mais dans la terminologie de la Critique, fortement prévenue contre la vérité « lumineuse », une vérité de ce genre s'appelle un « examen », et trouve donc sa place naturelle dans un « nouvel examen de la Révolution ».

« Les idées que la Révolution française avait fait éclore n'ont pourtant pas mené au-delà de l'*ordre* qu'elle voulait abolir par la violence[1]. »

Des *idées* ne peuvent jamais mener au-delà d'un ancien ordre du monde, elles peuvent seulement mener au-delà des idées de l'ancien ordre du monde. Des idées ne peuvent absolument *rien réaliser*. Pour réaliser les idées, il faut les hommes qui mettent en jeu une force pratique. Dans son sens littéral, la phrase critique est donc elle aussi une vérité qui se comprend toute seule, donc une fois de plus un « examen ».

Nullement troublée par cet examen, la Révolution française a fait éclore des idées qui mènent au-delà des *idées* de l'ancien ordre du monde. Le mouvement révolutionnaire, qui prit naissance en 1789 au **Cercle social*, qui, en cours de route, eut pour représentants principaux *Leclerc* et *Roux* et finit par succomber temporairement avec la conspiration de *Babeuf*, avait fait éclore l'idée *communiste* que *Buonarroti*, l'ami de *Babeuf*, réintroduisit en France après la Révolution de 1830. Cette idée, élaborée avec conséquence, c'est l'*idée du nouvel état du monde*[2].

« Après avoir, par conséquent (!), supprimé les frontières féodales à l'intérieur de la vie du peuple, la Révolution fut forcée de satisfaire et même d'attiser le pur égoïsme de la nationalité en même temps que de le refréner par son complément nécessaire, la reconnaissance d'un Être suprême, confirmation supérieure de cet être général qu'est l'État, appelé à maintenir ensemble les divers atomes égoïstes. »

Par opposition à l'égoïsme des barrières féodales, l'égoïsme de la nationalité est l'égoïsme naturel du système d'État général. L'Être suprême est la confirmation supérieure du système d'État général, donc aussi de la nationalité. L'Être suprême n'en doit pas moins refréner l'égoïsme de la nationalité, c'est-à-dire du système d'État général ! Tâche vraiment critique que de refréner un égoïsme en le confirmant, voire en le confirmant de manière *religieuse,* c'est-à-dire en le reconnaissant comme un être surhumain et par conséquent libéré des contraintes humaines ! Les inventeurs de l'Être suprême ignoraient tout de cette intention « critique ».

M. Buchez, qui établit le fanatisme de la nationalité sur le fanatisme de la religion, se fait une meilleure idée de son héros, *Robespierre*[1].

Rome et la Grèce ont échoué sur l'écueil du fait national. La Critique ne dit donc rien de spécifique sur la Révolution française en la faisant échouer sur l'écueil de la nationalité. Elle n'en dit pas davantage sur la nationalité en qualifiant son égoïsme de *pur.* Ce pur égoïsme apparaît, au contraire, comme un égoïsme naturel très opaque, pétri de chair et de sang, si on le compare, par exemple, au pur égoïsme du *moi fichtéen*[2]. Mais si, par contraste avec l'égoïsme des limitations féodales, sa pureté n'est que relative, point n'était besoin d'un « réexamen de la Révolution » pour constater que l'égoïsme qui a une nation pour contenu est plus général ou plus pur que l'égoïsme dont la substance est un ordre particulier ou une corporation particulière.

Non moins instructifs sont les éclaircissements de la Critique sur le système d'État général. Ils se bornent à ceci : le système d'État général a nécessairement pour tâche de maintenir ensemble les divers atomes égoïstes.

Pour parler un langage précis et prosaïque, les membres de la société civile ne sont pas des *atomes.* L'atome a pour propriété caractéristique de ne pas avoir de propriétés et de ne pas avoir, par conséquent, de relations, en raison de sa propre nécessité naturelle, avec d'autres êtres extérieurs à lui. L'atome *n'a pas de besoins,* il *se suffit à lui-même* ; le monde, en dehors de lui, est le *vide* absolu, c'est-à-dire qu'il est sans contenu, sans signification, sans langage, justement parce que l'atome possède en lui-même toute plénitude. L'individu égoïste de la société civile a beau, dans sa représentation immatérielle et dans son abstraction exsangue, s'enfler jusqu'à l'*atome,* c'est-à-dire jusqu'à un être sans relations, se suffisant à lui-même, sans besoins, *absolument plein* et bienheureux : la malheureuse réalité sensible, quant à elle, ne se soucie point de l'imagination de cet individu que chacun de ses sens oblige à croire au sens qu'ont le monde et les individus extérieurs à lui ; du reste, son estomac profane est là et lui rappelle chaque jour que, loin d'être vide, le monde hors de lui est bien plutôt et à proprement parler ce qui remplit. Chacune des activités et des propriétés de son être, chacune de ses impulsions vitales devient un *besoin,* une *nécessité* qui change son *désir égoïste* en désir d'autres objets et d'autres hommes hors de lui. Or, comme le besoin de tel individu ne possède aucune signification évidente pour tel autre individu égoïste, détenteur des moyens de satisfaire ce besoin, et n'a donc pas de relation directe avec sa satisfaction, tout individu est forcé de créer cette relation, en devenant également l'entremetteur entre le besoin d'autrui et les objets de ce besoin. C'est donc la nécessité naturelle, ce sont les propriétés essentielles de l'homme, tout aliénées qu'elles paraissent, c'est l'*intérêt* qui maintient ensemble les membres de la société civile : leur vrai lien, c'est la vie civile et non la vie politique. Ce n'est donc pas l'*État* qui maintient ensemble les *atomes* de la société civile, mais le fait qu'ils ne sont *atomes* que dans la *représentation,* dans le *ciel* de leur imagination — alors que dans la réalité, ce sont des êtres énormément différents des atomes, et pour tout dire : non pas des *égoïstes divins,* mais des *hommes égoïstes.* De nos jours, seule la *superstition politique* se figure encore que la vie civile doit être maintenue par l'État, tandis que, dans la réalité, c'est l'inverse : l'État est maintenu par la vie civile[1].

« L'idée grandiose de Robespierre et de Saint-Just, de créer un " peuple libre " qui vivrait selon les règles de la justice et de la vertu — voir, par exemple, le rapport de Saint-Just sur les crimes de Danton, et l'autre rapport sur la police générale —, cette idée ne pouvait tenir quelque temps que par la terreur ; c'était une *contradiction,* contre laquelle les éléments vulgaires et égoïstes du *peuple* réagirent de la façon lâche et sournoise que l'on ne pouvait qu'attendre d'eux. »

Cette phrase absolument critique, qui caractérise un « peuple libre » comme une « contradiction » contre laquelle les éléments du « peuple » doivent réagir, est absolument creuse, à telle enseigne que *liberté, justice, vertu,* dans l'esprit de Robespierre et de Saint-Just, ne peuvent être, en vérité, que des manifestations de la vie d'un « peuple » et les qualités de la « communauté[2] ». Robespierre et Saint-Just parlent expressément de la « liberté, de la justice, de la vertu » *antiques* propres à la seule « communauté ». Spartiates, Athéniens et Romains, à l'époque de leur grandeur, sont des « peuples libres, justes, vertueux ».

« Quel est le *principe fondamental* du gouvernement démocratique ou populaire ? » demande Robespierre dans son discours sur les principes de la morale publique (séance de la Convention du 5 février 1794). « La *vertu*. J'entends la vertu *publique* qui a fait de si grandes merveilles en *Grèce* et à *Rome* et qui en accomplirait encore de plus admirables dans la France républicaine ; de la vertu, qui n'est autre que l'amour de la patrie et des lois[1]. » Et il désigne alors formellement les *Athéniens* et les *Spartiates* comme des « **peuples libres* ». Il évoque à tout moment le *peuple* au sens de l'Antiquité, et cite ses héros et ses corrupteurs : Lycurgue, Démosthène, Miltiade, Aristide, Brutus et Catilina, César, Clodius, Pison.

Dans son rapport sur l'arrestation de Danton — à quoi la Critique renvoie —, Saint-Just dit textuellement : « Le monde est vide depuis les *Romains* ; et leur mémoire l'emplit et prophétise encore la *liberté*[2]. » Son réquisitoire sur le mode antique est dirigé contre Danton, traité de Catilina.

Dans l'autre rapport de Saint-Just, touchant la police générale, le républicain est peint entièrement dans le style antique : inflexible, frugal, simple, etc. La police doit être par essence une institution analogue à la censure romaine : Codrus, Lycurgue, César, Caton, Catilina, Brutus, Antoine, Cassius ne manquent pas au tableau. Enfin Saint-Just caractérise d'un seul mot la trinité « *Liberté*, Justice, Vertu » qu'il réclame quand il dit : « **Que les hommes révolutionnaires soient des Romains*[3]. »

Robespierre, Saint-Just et leur parti ont succombé parce qu'ils ont confondu l'antique république, réaliste et démocratique, qui reposait sur les fondements de l'*esclavage réel*, avec l'*État représentatif moderne, spiritualiste et démocratique*, qui repose sur l'*esclavage émancipé*, la *société bourgeoise*. Quelle énorme illusion : être obligé de reconnaître et de sanctionner dans les *droits de l'homme* la société bourgeoise moderne, la société de l'industrie, de la concurrence générale, des intérêts privés poursuivant librement leurs fins, la société de l'anarchie, de l'individualisme naturel et spirituel aliéné de lui-même, et vouloir, en même temps, anéantir après coup dans certains individus les manifestations vitales de cette société, tout en prétendant modeler à l'*antique* la *tête politique* de cette société !

Le tragique de cette illusion éclate quand Saint-Just, le jour de son exécution, montrant du doigt le grand tableau des *Droits de l'homme* accroché dans la salle de la Conciergerie, s'écrie d'un air de fierté : « **C'est pourtant moi qui ai fait cela !* » C'est précisément ce tableau qui proclamait le *droit* d'un *homme* qui ne peut pas être l'homme de la communauté antique, pas plus que ses conditions d'existence économiques et industrielles ne sont antiques.

Il n'y a pas lieu ici de justifier historiquement l'illusion des *Terroristes*.

« Après la chute de Robespierre, le mouvement politique des lumières s'approchait rapidement du point où il allait devenir la proie de Napoléon, qui, peu après le 18 Brumaire, pouvait dire : " Avec mes préfets, mes gendarmes et mes curés, je puis faire de la France ce que je veux [1]. " »

Tout autre est le récit de l'histoire *profane :* c'est seulement après la chute de Robespierre que les lumières politiques, qui voulaient se surpasser elles-mêmes dans leur enthousiasme débordant, commencent à se réaliser *prosaïquement*. Délivrée, sous le gouvernement du Directoire, des entraves féodales et reconnue officiellement par la Révolution elle-même — bien que la *Terreur* voulût la sacrifier à un mode antique de vie politique —, la *société bourgeoise* jaillit en torrents de vie. Course tumultueuse aux entreprises commerciales, soif d'enrichissement, vertige de la nouvelle vie bourgeoise dont les premières jouissances sont encore hardies, insouciantes, frivoles, grisantes ; *lumières* faites réalité, lumières des *terres* françaises, dont la structure féodale avait été brisée par le marteau de la Révolution, et que la première fièvre des nombreux propriétaires nouveaux soumet à toutes les modes de culture ; premiers mouvements de l'industrie libérée — voilà quelques-uns des signes de vie de la société bourgeoise nouveau-née. La *société bourgeoise* est positivement représentée par la *bourgeoisie.* La bourgeoisie commence donc son règne. C'en est fini, pour les droits de l'homme, d'exister en théorie seulement.

Ce qui, le 18 Brumaire, devint la proie de Napoléon, ce ne fut pas le mouvement révolutionnaire tout court, comme l'affirme naïvement la Critique sur la foi d'un M. von Rotteck et Welcker[1] — ce fut la *bourgeoisie libérale.* Pour s'en convaincre, il suffit de lire les discours des législateurs de ce temps-là. On se croirait transporté de la Convention nationale dans une Chambre de députés d'aujourd'hui.

Napoléon, ce fut la dernière bataille du terrorisme révolutionnaire contre la société bourgeoise, proclamée, elle aussi, par la Révolution, et contre sa politique. Assurément, Napoléon saisissait déjà parfaitement la nature de l'*État moderne,* et savait qu'il était fondé sur le développement sans frein de la société bourgeoise, sur le libre jeu des intérêts particuliers, etc. Il se résolut à reconnaître ce fondement et à le protéger. Il n'avait rien d'un terroriste exalté. Dans le même temps, Napoléon considérait encore l'*État* comme une *fin en soi,* et la vie civile uniquement comme son trésorier et comme son subalterne, qui devait renoncer à toute volonté propre. Il accomplit *le terrorisme* en remplaçant la *révolution permanente* par la *guerre permanente.* Il assouvit pleinement l'égoïsme de la nation française, mais il exigea, en retour, le sacrifice des affaires bourgeoises, des jouissances, des richesses, etc., bourgeoises, chaque fois que l'exigeait le but politique de la conquête. S'il opprimait en despote le libéralisme de la société bourgeoise — l'idéalisme politique de sa pratique journalière —, il ne ménageait pas davantage ses intérêts *matériels* les plus essentiels, le commerce et l'industrie, toutes les fois qu'ils entraient en conflit avec ses propres intérêts politiques. Son mépris des **hommes d'affaires* industriels était le complément de son mépris des *idéologues*[1]. À l'intérieur, il combattait aussi, dans la société bourgeoise, l'adversaire de l'État qui, en sa personne, avait la valeur d'une fin en soi absolue. Ainsi, il déclara au Conseil d'État qu'il ne tolérerait pas que les propriétaires de grands domaines pussent, à leur gré, les cultiver ou non. Ainsi, il conçut le plan de soumettre, par le monopole du **roulage,* le commerce à l'État. Des négociants français préparèrent l'événement qui commença d'ébranler la puissance de Napoléon. En provoquant une disette artificielle, des agioteurs parisiens l'obligèrent à reculer de près de deux mois le déclenchement de la campagne de Russie, donc à la repousser dans une saison trop avancée.

Tout comme, en la personne de Napoléon, la bourgeoisie libérale se vit confrontée à la Terreur révolutionnaire, dans la Restauration, dans les Bourbons, elle trouva en face d'elle la contre-révolution. En 1830, elle réalisa enfin ses aspirations de 1789, à la différence près que, désormais, ses *lumières politiques* étaient pleinement *acquises,* qu'elle ne croyait plus atteindre dans l'État représentatif constitutionnel l'idéal de l'État, le salut du monde et les fins universelles de l'humanité, mais, bien au contraire, qu'elle avait reconnu dans cet État l'expression officielle de sa puissance exclusive et la consécration politique de ses intérêts particuliers.

L'histoire de la Révolution française, datée de 1789, ne s'achève pas encore en cette année 1830 où la victoire fut remportée par l'une de ses forces, désormais enrichie par la conscience de son importance *sociale*[1].

BATAILLE CRITIQUE
CONTRE LE MATÉRIALISME FRANÇAIS

« Le *spinozisme* avait dominé le XVIIIe siècle, tant dans son prolongement français, qui fit de la matière la substance, que dans le théisme qui nomma la matière d'un nom plus spirituel... L'*école française de Spinoza* et les adeptes du théisme n'étaient que deux sectes qui se disputaient sur le vrai sens de son système... Le destin tout tracé de ces lumières fut de s'abîmer dans le *romantisme*, après s'être, par nécessité, constituées prisonnières de la réaction qui commença par le mouvement français. »

Telle est la leçon de la Critique.

À l'histoire critique du matérialisme français, nous allons, dans une brève esquisse, opposer son histoire profane, « massive ». Nous reconnaîtrons avec respect l'abîme qui sépare l'histoire telle qu'elle s'est réellement passée, et l'histoire telle qu'elle se déroule conformément au décret de la « Critique absolue », créatrice, au même titre, de l'Ancien et du Nouveau. Enfin, dociles aux instructions de la Critique, nous « soumettrons à une étude approfondie » les questions posées par l'histoire critique : « Pourquoi ? » « D'où ? » « Vers quoi ? »

« Pour être *précis*, et pour parler *en prose* » : La philosophie française des Lumières du XVIIIe siècle, surtout le *matérialisme français*, fut non seulement une lutte contre les institutions politiques existantes, ainsi que contre la religion et la théologie existantes, mais, tout autant, une lutte ouverte, déclarée, contre la *métaphysique du dix-septième siècle,* et contre *toute métaphysique,* notamment celle de Descartes, de Malebranche, de Spinoza et de Leibniz. On opposa la philosophie à la métaphysique, tout comme Feuerbach, dès sa première offensive contre Hegel, opposa la philosophie prosaïque à l'ivresse spéculative. Évincée par les lumières françaises et surtout par le matérialisme français du XVIIIe siècle, la métaphysique du XVIIe siècle connut sa restauration victorieuse et substantielle dans la philosophie allemande et surtout dans la philosophie spéculative allemande du XIXe siècle. Après que Hegel l'eut unie de façon géniale à toute la métaphysique traditionnelle et à l'idéalisme allemand, fondant ainsi un empire universel de la métaphysique, l'attaque contre la métaphysique spéculative et contre toute métaphysique doubla, comme au XVIIIe siècle, l'attaque contre la théologie. Cette métaphysique succombera définitivement devant le *matérialisme,* désormais achevé par le travail de la spéculation même et se confondant avec l'*humanisme.* De même que Feuerbach dans le domaine *théorique,* de même le *socialisme* et le *communisme* français et anglais représentaient dans le domaine *pratique le matérialisme* coïncidant avec l'*humanisme*[1].

« Pour être *précis,* et pour parler *en prose* » : le matérialisme français comprend deux tendances, dont l'une est issue de Descartes et l'autre de Locke. La seconde est, par excellence un élément *français* de la culture et débouche directement dans le *socialisme.* La première, le matérialisme *mécaniste,* aboutit aux sciences naturelles françaises proprement dites. Les deux tendances s'entrecroisent au cours de leur évolution. Nous ne nous occuperons pas ici en détail du matérialisme français qui remonte directement à Descartes, non plus que de l'école française de Newton ni de l'évolution des sciences naturelles françaises en général.

Nous nous bornons donc à ceci : dans sa physique, Descartes avait prêté à la *matière* une force créatrice propre et considéré le mouvement *mécanique* comme son acte vital. Il avait complètement séparé sa *Physique* de sa *Métaphysique*. À l'intérieur de sa physique, la matière est l'unique substance, l'unique fond de l'être et de la connaissance.

Le matérialisme mécaniste français s'est rattaché à la *Physique* de Descartes, par opposition à sa Métaphysique. Ses disciples furent anti-métaphysiciens de profession, c'est-à-dire physiciens.

Cette école naît avec le médecin Le Roy, elle atteint son apogée avec le médecin Cabanis, et le médecin La Mettrie en est le centre. Du vivant même de Descartes, Le Roy transposa sur l'âme humaine — tout comme La Mettrie au XVIIIe siècle — la construction cartésienne de l'*animal*, en affirmant que l'âme était un *modus* du corps et les idées des mouvements mécaniques. Le Roy croyait même que Descartes avait dissimulé sa pensée intime. Descartes protesta. À la fin du XVIIIe siècle, Cabanis parachevait le matérialisme cartésien dans son ouvrage : **Rapports du physique et du moral de l'homme*.

Le matérialisme cartésien est encore vivant en France à ce jour. Il a ses grandes réussites dans la *physique mécanique* à laquelle, « pour être précis, et pour parler en prose », on peut tout reprocher, excepté le *romantisme*.

Dès sa naissance, la métaphysique du XVIIe siècle, dont Descartes est le plus illustre représentant français, eut le *matérialisme* pour antagoniste. C'est bel et bien Descartes qu'il affronta en la personne de Gassendi, restaurateur du matérialisme *épicurien.* Le matérialisme français et anglais gardait toujours des rapports étroits avec Démocrite et Épicure[1]. La métaphysique cartésienne se heurta en outre au matérialisme anglais de Hobbes. Longtemps après leur mort, Gassendi et Hobbes triomphèrent de leur adversaire au moment même où celui-ci régnait enfin, comme autorité officielle, dans toutes les écoles françaises.

Voltaire a fait observer que l'indifférence des Français du XVIIIe siècle à l'égard des querelles jésuitiques et jansénistes n'était pas tant la conséquence de la philosophie que celle des spéculations financières de Law[2]. Ainsi, la chute de la métaphysique du XVIIe siècle ne peut s'expliquer par la théorie matérialiste du XVIIIe siècle qu'autant qu'on explique ce mouvement théorique lui-même par les formes pratiques que prend la vie française à cette époque. Cette vie était tournée vers le présent immédiat, la jouissance temporelle et les intérêts temporels, bref vers le monde *terrestre.* À sa pratique antithéologique et antimétaphysique, matérialiste, devaient correspondre des théories antithéologiques et antimétaphysiques, matérialistes. La métaphysique avait perdu tout crédit *en pratique.* Voici un bref aperçu de ce déroulement *théorique.*

Au XVIIe siècle, la métaphysique (voir Descartes, Leibniz, etc.) possédait encore un contenu positif, profane. Elle faisait des découvertes en mathématiques, en physique et dans d'autres sciences exactes qui semblaient être de son ressort. Dès le début du XVIIIe siècle, c'en était fait de cette illusion. Les sciences positives s'étaient séparées de la métaphysique et avaient tracé des frontières autonomes. Toute la richesse métaphysique se trouvait réduite à des êtres imaginaires et à des choses célestes, au moment même où l'on se mettait à concentrer tout intérêt sur les êtres réels et sur les choses terrestres. La métaphysique s'était affadie. L'année même où mouraient les derniers grands métaphysiciens du XVIIe siècle, Malebranche et Arnauld, naquirent Helvétius et Condillac.

L'homme qui ruina, dans le domaine théorique, le crédit de la métaphysique du XVIIe siècle et de toute métaphysique en général fut Pierre Bayle. Le *scepticisme* était son arme, forgé à l'aide même des formules magiques de la métaphysique. Il était parti de la métaphysique cartésienne. C'est précisément parce qu'il comprit que la spéculation constituait l'ultime bastion de la théologie, que Feuerbach fut amené, par sa lutte contre la théologie spéculative, à combattre la *philosophie spéculative,* car il lui fallut forcer les théologiens à abandonner leur pseudo-science pour en revenir à la *foi toute crue,* répugnante ; pareillement, le doute religieux amena Bayle à douter de la métaphysique, fondement de cette foi. C'est pourquoi il soumit à la critique la métaphysique dans tout son déroulement historique. Il s'en fit l'historien, pour écrire l'histoire de son trépas. Il réfuta, par prédilection, *Spinoza* et *Leibniz.*

En dissolvant la métaphysique par le scepticisme, Pierre Bayle n'a pas seulement préparé la France à accueillir le matérialisme et la philosophie du bon sens. Il a annoncé la *société athée* qui allait naître, en démontrant qu'une société entièrement composée d'athées *pouvait* exister, qu'un athée *pouvait* être honnête homme, que l'homme s'avilissait non par l'athéisme, mais par la superstition et l'idolâtrie.

Un auteur français a dit que Pierre Bayle fut « le dernier des métaphysiciens au sens du XVIIe siècle, et le premier des philosophes au sens du XVIIIe siècle[1] ».

Outre la réfutation négative de la théologie et de la métaphysique du XVIIe siècle, on avait besoin d'un système positif, antimétaphysique. Il fallait un livre qui mît en système la vie pratique de l'époque et le fondât théoriquement. L'ouvrage de Locke : *Essai sur l'entendement humain,* vint d'outre-Manche à son heure. Il fut accueilli avec enthousiasme, tel un hôte impatiemment attendu.

Locke n'est-il pas par hasard un disciple de Spinoza ? Laissons l'histoire « profane » répondre à cette question : le matérialisme est tout naturellement le fils de la Grande-Bretagne. Déjà Duns Scot, son scolastique, s'était demandé « si la matière ne pouvait pas penser ».

Pour opérer ce miracle, il eut recours à la toute-puissance de Dieu ; autrement dit, il força la *théologie* elle-même à prêcher le *matérialisme.* Il était, de surcroît, nominaliste. Il se trouve que le nominalisme est un élément primordial chez les matérialistes anglais, comme il est, en général, la première expression du matérialisme [1].

Le véritable ancêtre du matérialisme anglais et de toute science expérimentale moderne, c'est Bacon. Pour lui, la science de la nature constitue la vraie science, et la physique empirique en est la partie la plus noble. Il invoque souvent l'autorité d'Anaxagore et ses *homœoméries,* et l'autorité de Démocrite et ses atomes. D'après son enseignement, les sens sont infaillibles, et ils sont la source de toutes les connaissances. La science est *science empirique* et consiste à appliquer une méthode rationnelle à ce qui s'offre aux sens. Induction, analyse, comparaison, observation, expérimentation sont les principales conditions d'une méthode rationnelle. Parmi les propriétés innées de la *matière,* le *mouvement* est la première et la plus remarquable, non seulement comme mouvement *mécanique* et *mathématique,* mais plus encore comme *instinct,* comme *esprit vital,* comme *ressort,* ou, pour employer l'expression de Jacob Böhme, comme *tourment* de la matière. Les formes primitives de cette matière sont des *forces essentielles* vivantes, individualisantes, inhérentes, et elles produisent les différences spécifiques[1].

Dans Bacon, le matérialisme, dont il est le premier créateur, renferme, à l'état naïf, les germes d'une évolution universelle. La matière sourit à l'homme entier dans sa splendeur poétique et sensuelle. En revanche, les aphorismes de sa doctrine fourmillent encore d'inconséquences théologiques.

Dans la suite de son évolution, le matérialisme devient exclusif. Hobbes érige le matérialisme baconien en système. C'en est fini de cette fleur de sensualité : voici la matérialité abstraite du géomètre. Le mouvement physique est sacrifié au mouvement mécanique ou mathématique ; la géométrie est proclamée science principale. Le matérialisme devient misanthrope. Pour vaincre sur son propre terrain l'esprit misanthrope et désincarné, le matérialisme doit mortifier lui-même sa chair et se faire ascète. Il se présente comme un *être de raison*, et, à l'avenant, il déploie l'impitoyable esprit de suite de la raison.

Partant de Bacon, Hobbes se livre à la démonstration suivante : si les sensations fournissent aux hommes toutes les connaissances, intuition, idée, représentation, etc., ce ne sont que les fantômes du monde corporel, plus ou moins dépouillé de sa forme sensible. La science peut, tout au plus, dénommer ces fantômes. À plusieurs fantômes on peut appliquer un seul et même nom. Il peut même y avoir des noms de noms. Or, il serait contradictoire d'affirmer, d'une part, que toutes les idées sont issues du monde des sens et d'affirmer, d'autre part, qu'un mot est plus qu'un mot et qu'en dehors des êtres représentés, toujours singuliers, il existe encore des êtres généraux. Bien mieux, une substance incorporelle est tout aussi contradictoire qu'un corps incorporel. Corps, être, substance — c'est une seule et même idée réelle. On ne peut séparer la pensée d'une matière, laquelle pense. Elle est le sujet de tous les changements. Le mot *infini* est vide de sens, à moins de signifier la capacité qu'a notre esprit d'ajouter sans fin. C'est parce que seul le matériel peut être perçu et connu que l'on ne sait *rien* de l'existence de Dieu. Seule est certaine ma propre existence. Toute passion humaine est un mouvement mécanique, finissant ou commençant. Les objets des impulsions, voilà le bien. L'homme est soumis aux mêmes lois que la nature. Puissance et liberté sont identiques.

Hobbes avait systématisé Bacon, mais sans fournir des preuves plus précises de son principe fondamental, suivant lequel les connaissances et les idées ont leur origine dans le monde des sens.

Dans son *Essai sur l'entendement humain,* Locke démontre la justesse du principe de Bacon et de Hobbes.

De même que Hobbes anéantissait les préjugés théistes du matérialisme baconien, de même Collins, Dodwell, Coward, Hartley, Priestley, etc., renversèrent les dernières barrières théologiques du sensualisme de Locke. Le déisme n'est qu'une façon commode et nonchalante de se débarrasser de la religion, tout au moins pour le matérialiste[1].

Nous avons déjà dit que l'ouvrage de Locke venait à point pour les Français. Locke avait fondé la philosophie du **bon sens,* en affirmant, par un biais, qu'il n'existait pas de philosophies distinctes des sens humains normaux et de l'entendement dont ils sont la base.

Condillac, disciple direct et interprète français de Locke, dirigea aussitôt le sensualisme de ce dernier contre la métaphysique du XVIIe siècle. Il démontra que les Français avaient, à bon droit, rejeté cette métaphysique comme un méchant ouvrage de l'imagination et des préjugés théologiques. Il publia une réfutation des systèmes de Descartes, Spinoza, Leibniz et Malebranche.

Dans son **Essai sur l'origine des connaissances humaines,* il développa les idées de Locke et démontra que non seulement l'âme, mais encore les sens, non seulement l'art de former des idées, mais encore l'art de la perception sensible, sont affaire d'*expérience* et d'*habitude.* Tout le développement de l'homme dépend, par conséquent, de l'*éducation* et des *circonstances extérieures.* Il a fallu attendre la philosophie *éclectique* pour supplanter Condillac dans les écoles françaises[1].

La différence du matérialisme *français* et du matérialisme *anglais,* c'est la différence des deux nationalités. Les Français ont doté le matérialisme anglais d'esprit, de chair et de sang, d'éloquence. Ils lui donnent le tempérament qui lui manquait encore, et la grâce. Ils le *civilisent.*

Chez Helvétius, qui part également de Locke, le matérialisme prend son caractère spécifiquement français. Il le conçoit d'emblée en relation avec la vie sociale[a]. Les sensations et l'amour-propre, la jouissance et l'intérêt personnel bien compris sont le fondement de toute morale. L'égalité naturelle des intelligences humaines, le lien entre le progrès de la raison et le progrès de l'industrie, la bonté naturelle de l'homme, la toute-puissance de l'éducation, tels sont les éléments principaux de son système.

La Mettrie présente dans ses écrits une synthèse du matérialisme cartésien et du matérialisme anglais. Il utilise jusque dans les détails la physique de Descartes. Son **Homme-machine* est construit sur le modèle de

a. HELVÉTIUS, *De l'homme.*

l'animal-machine de Descartes. La section physique du **Système de la nature* d'Holbach est, elle aussi, une combinaison du matérialisme français et du matérialisme anglais, tout comme la section morale est fondée essentiellement sur la morale d'Helvétius. Robinet, celui des matérialistes français qui se rattache le plus à la métaphysique — ce qui lui vaut les éloges de Hegel —, se réfère expressément à Leibniz[a].

Nous ne parlerons pas de Volney, de Dupuis, de Diderot, etc., non plus que des physiocrates, maintenant que nous avons mis en évidence la double origine du matérialisme français, la physique de Descartes et le matérialisme anglais, ainsi que l'opposition du matérialisme français à la *métaphysique* du XVIIIe siècle, à la métaphysique de Descartes, Spinoza, Malebranche et Leibniz. Les Allemands ont pris conscience de cette opposition du moment où ils se sont opposés, à leur tour, à la *métaphysique spéculative.*

De même que le matérialisme cartésien se prolonge dans les sciences naturelles proprement dites, de même l'autre courant du matérialisme français aboutit directement au *socialisme* et au *communisme*[1].

Nul besoin d'une grande sagacité pour découvrir le lien de nécessité qui rattache le matérialisme au communisme et au socialisme, quand on connaît les doctrines matérialistes touchant la bonté originelle et l'égalité des dons intellectuels des hommes, la toute-puissance de l'expérience, de l'habitude, de l'éducation, de l'influence des conditions extérieures sur l'homme, l'importance considérable de l'industrie, la légitimité de la jouissance, etc. Si l'homme tire toute connaissance, tout sentiment, etc., du monde sensible et de l'expérience de ce monde, il importe désormais d'organiser le monde empirique de manière telle que

a. ROBINET, *De la nature.*

l'homme y éprouve l'authentiquement humain et en prenne l'habitude, qu'il s'éprouve homme. Si l'intérêt bien compris est le principe de toute morale, il importe que l'intérêt privé de l'homme se confonde avec l'intérêt humain. Si l'homme n'est pas libre au sens matérialiste, c'est-à-dire s'il est libre, non par la force négative d'éviter ceci ou cela, mais par le pouvoir positif de faire valoir sa vraie individualité, il ne faut pas punir le crime dans l'individu, mais détruire les foyers antisociaux du crime et accorder à chacun l'espace social nécessaire à la manifestation essentielle de sa vie. Si l'homme est formé par les circonstances, il faut donner forme humaine aux circonstances. Si l'homme est sociable par nature, c'est seulement dans la société qu'il déploie sa vraie nature, et il faut mesurer la puissance de sa nature non à la puissance de l'individu singulier, mais à la puissance de la société[1].

On rencontre ces thèses et d'autres analogues presque textuellement, même chez les plus anciens matérialistes français. Il n'y a pas lieu de les juger ici. Quant à la tendance socialiste du matérialisme, l'*apologie des vices* de Mandeville, un des premiers disciples anglais de Locke, en est bien significative. L'auteur démontre que les vices sont indispensables et utiles dans la société présente. Ce n'était nullement une apologie de cette société.

Fourier procède en droite ligne de la doctrine des matérialistes français. Les babouvistes étaient des matérialistes incultes, peu civilisés, mais même le communisme développé provient *directement* du matérialisme français. Celui-ci regagne en effet sa mère-patrie, l'Angleterre, sous la forme qu'Helvétius lui a donnée. Bentham fonde son système de l'intérêt bien compris sur la morale d'Helvétius, tout comme Owen pose les bases du communisme anglais en partant du système de *Bentham.* Exilé en Angleterre, le Français *Cabet* y subit l'influence des idées communistes locales, et retourne en France pour y devenir le représentant le plus populaire, quoique le plus plat, du communisme. Les communistes français plus scientifiques, *Dezamy, Gay,* etc., exposent, à l'exemple d'Owen, la doctrine du *matérialisme* comme doctrine de l'*humanisme réel* et comme base logique du *communisme*[1].

Mais où donc M. Bauer — autrement dit la Critique — a-t-il su se procurer les pièces documentaires pour faire l'histoire critique du matérialisme français ?

1° L'*Histoire de la philosophie* de Hegel présente le matérialisme français comme la réalisation de la substance spinozienne, ce qui, en tout cas, est incomparablement plus sensé que l' « école française de Spinoza ».

2° Dans l'*Histoire de la philosophie* de Hegel, M. Bauer a cru puiser l'idée que le matérialisme français s'est formé à l'école de Spinoza. Or, en consultant un autre ouvrage de Hegel, il aurait appris que théisme et matérialisme sont deux courants d'un seul et même principe fondamental, si bien que Spinoza avait deux écoles qui disputaient du sens de son système. M. Bauer pouvait trouver l'éclaircissement voulu dans la *Phénoménologie* de Hegel. On y lit textuellement : « Au sujet de cet être absolu, les *lumières* mènent une lutte intestine [...] et se divisent en deux partis [...] l'un [...] nomme l'Absolu sans prédicat le Suprême Être absolu [...] l'autre le nomme *Matière* [...] L'un et l'autre sont le même concept, la différence n'étant pas dans l'objet, mais, purement et simplement, dans le point de départ différent des deux constructions[a]. »

3° Finalement, et toujours dans Hegel, M. Bauer

a. HEGEL, *Phénoménologie...*, p. 420-422.

pouvait trouver que la substance, si elle ne pousse pas jusqu'au concept et à la conscience de soi, s'égare dans le « romantisme ». Les *Hallische Jahrbücher* ont, en leur temps, exposé des idées semblables.

Cependant, l' « Esprit » devait à tout prix condamner son « adversaire », *le matérialisme*, à une « destinée toute simple[1] ».

Note

La plupart des plus récents ouvrages *français* consacrés à l'histoire de la philosophie exposent en détail les liens du matérialisme français avec Descartes et Locke, ainsi que l'opposition de la philosophie du XVIIIe siècle à la métaphysique du XVIIe siècle. Ici, nous n'avions, eu égard à la Critique critique, qu'à répéter ce que l'on connaît. En revanche, les liens du matérialisme du XVIIIe siècle avec le *communisme* anglais et français du XIXe siècle nécessitent encore une analyse approfondie. Nous nous bornons ici à citer quelques passages significatifs tirés d'Helvétius, Holbach et Bentham.

I. *Helvétius :* « Les hommes ne sont point méchants, mais soumis à leurs intérêts [...]. Ce n'est donc point de la méchanceté des hommes dont il faut se plaindre, mais de l'ignorance des législateurs, qui ont toujours mis l'intérêt particulier en opposition avec l'intérêt général. » — « Jusqu'aujourd'hui, les plus belles maximes de morale [...] n'ont produit aucun changement dans les mœurs des nations. Quelle en est la cause ? C'est que les vices d'un peuple sont, si j'ose dire, toujours cachés au fond de sa législation [...]. À La Nouvelle-Orléans, les princesses de sang peuvent, lorsqu'elles se dégoûtent de leurs maris, les répudier pour en épouser d'autres. En de tels pays, on ne trouve point de femmes fausses, parce qu'elles n'ont aucun intérêt de l'être. » — « Il est évident que la morale n'est qu'une science frivole, si l'on ne la confond avec la politique et la législation. » — « Les moralistes hypocrites [...], on les reconnaît, d'une part, à l'indifférence avec laquelle ils considèrent les vices destructeurs des empires ; et de l'autre, à l'emportement avec lequel ils se déchaînent contre les vices particuliers. » — « Les hommes ne naissent ni bons ni méchants, mais prêts à être l'un ou l'autre, selon qu'un intérêt commun les réunit ou les sépare. » — « Si les citoyens ne pouvaient faire leur bonheur particulier sans faire le bien public, il n'y aurait alors de vicieux que les fous[a]. » — De même que, d'après Helvétius, l'éducation — et il entend par là[b] non seulement l'éducation au sens ordinaire, mais l'ensemble des conditions d'existence d'un individu — façonne l'homme, quand une réforme s'impose qui fasse disparaître la contradiction entre l'intérêt particulier et l'intérêt général, de même, pour la réalisation d'une telle réforme, une transformation de la conscience est nécessaire : « On ne peut réaliser les grandes réformes qu'en affaiblissant la stupide vénération des peuples pour les vieilles lois et coutumes » ou, comme il le dit à un autre endroit, en supprimant l'ignorance[c].

II. *Holbach :* « Ce n'est que lui-même que l'homme peut aimer dans les objets qu'il aime ; ce n'est que lui-même qu'il peut affectionner dans les êtres de son espèce. » — « L'homme ne peut jamais se séparer de lui-même dans aucun instant de sa vie ; il ne peut se perdre de vue. » — « C'est toujours notre utilité, notre intérêt [...] qui nous fait haïr ou aimer les objets[d] », mais : « L'homme, pour son propre intérêt, doit aimer les autres hommes, puisqu'ils sont nécessaires à son bien-être [...] La morale lui prouve que de tous les êtres *le plus nécessaire à l'homme c'est l'homme*[e]. » « La vraie morale, ainsi que la vraie politique, est celle qui cherche à approcher les hommes, afin de les faire travailler par des efforts réunis à leur bonheur mutuel. Toute morale qui sépare *nos intérêts de ceux de nos associés* est fausse, insensée, contraire à la nature[f]. » « Aimer les autres [...], c'est *confondre nos intérêts avec ceux de nos associés,* afin de travailler à l'*utilité commune* [...] La *vertu* n'est que l'*utilité des hommes réunis en société*[g]. » « Un homme sans passions ou sans désirs cesserait d'être un homme [...] Parfaitement détaché de lui-même, comment pourrait-on le déterminer à s'attacher à d'autres ? Un homme,

a. *De l'esprit,* Paris, 1822, I, p. 117, 240, 241, 249, 269 et 339.
b. *Ibid.*, p. 390.
c. *Ibid.*, p. 260.
d. *Système social,* Paris, 1822, I, p. 80, 112.
e. *Ibid.*, p. 76.
f. *Ibid.*, p. 116.
g. *Ibid.*, p. 77.

indifférent pour tout, privé de passions, qui se suffirait à lui-même, ne serait plus un être sociable [...] La vertu n'est que la *communication du bien*[a]. » « La morale religieuse ne servit jamais à rendre les mortels plus sociables[b]. »

III. *Bentham.* — Nous citons un seul passage de Bentham où il combat « **l'intérêt général* au sens politique ». — « L'intérêt des individus [...] doit céder à l'intérêt public. Mais [...] qu'est-ce que cela signifie ? Chaque individu n'est-il pas partie du public autant que chaque autre ? Cet intérêt public, que vous personnifiez, n'est qu'un terme abstrait : il ne représente que la masse des intérêts individuels [...] S'il était bon de sacrifier la fortune d'un individu pour augmenter celle des autres, il serait encore mieux de sacrifier celle d'un second, d'un troisième, sans qu'on puisse assigner aucune limite [...]. Les intérêts individuels sont les seuls intérêts réels[c 1]. »

a. *Ibid.*, p. 118.
b. *Ibid.*, p. 36.
c. *Théorie des peines et des récompenses*, etc., Paris, 1826, 3ᵉ éd., II, p. 229-230.

VI

L'IDÉOLOGIE ALLEMANDE

« Conception matérialiste et critique du monde »

1845-1846

Notice

Deuxième étape d'un long exil, la ville de Bruxelles offrit asile à Marx de février 1845 à mars 1848, non sans lui faire prendre l'engagement, devant la Sûreté publique belge, de « ne publier en Belgique aucun ouvrage sur la politique du jour » (cf. L. Somerhausen, 1946, p. 77). Conformément au contrat qu'il avait signé à Paris avec l'éditeur allemand C. Leske, de Darmstadt, Marx devait livrer à ce dernier « son ouvrage intitulé *Critique de la politique et de l'économie politique*, deux volumes in-8°, chacun de plus de vingt feuilles d'imprimerie [320 pages] » (cf. *Werke*, vol. XXVII, p. 669). L'exilé se remit aussitôt aux études qu'il avait commencées à Paris et qu'il poursuivit tant à Bruxelles qu'à Manchester où il fit un séjour de quelques semaines en compagnie d'Engels, désormais installé dans la capitale belge. En attendant l'effet produit en Allemagne par *La Sainte Famille* — ouvrage auquel Engels n'avait donné qu'une vingtaine de pages —, les deux amis projetaient la publication d'une « Bibliothèque des plus remarquables auteurs socialistes de l'étranger » ; il s'agissait d'offrir les traductions allemandes des « meilleurs écrits » des saint-simoniens, d'Owen, de Fourier, comme de Mably, de Morelly et de Godwin. Moses Hess devait participer à cette entreprise, pour laquelle Marx sollicita l'éditeur Leske. Or celui-ci se montra peu pressé de souscrire à ce projet et ne manqua pas de s'enquérir au sujet du manuscrit promis pour lequel il avait versé à l'auteur une avance importante (voir Engels à Marx, 22 février-7 mars, 17 mars 1845 ; Leske à Marx, 14 mai, 6 décembre 1845).

En Allemagne, les premiers échos de la critique littéraire à propos de *La Sainte Famille* ne semblaient pas témoigner d'un véritable succès. Le cénacle philosophique réuni autour des frères Bauer, pionniers de la « Critique critique », allait bientôt perdre du terrain au profit d'un de ses membres, hier encore apologiste fervent des « Affranchis » berlinois, le nommé Max Stirner, pseudonyme de l'écrivain Johann Caspar Schmidt. Avant Marx, Engels et Hess avaient lu *L'Unique et sa propriété,* paru à Leipzig en octobre 1844 : ils avaient failli succomber au vertige d'un individualisme nihiliste qui s'attaquait non seulement à Ludwig Feuerbach et aux « critiques critiques », en traitant leurs idées philosophiques de « fantômes », « idées fixes » et « grains de folie », mais aussi à Marx, dont il raillait le communisme exposé dans le *Deutsch-Französische Jahrbücher* et dans *La Sainte Famille.* Engels ne put s'empêcher de communiquer à Marx l'embarras qu'il avait ressenti à la lecture de *l'Unique :* plus logique que Bentham et Feuerbach, Stirner prônait un égoïsme absolu et rejetait l' « homme générique »; pourtant, ne démontrait-il pas ainsi, encore qu'involontairement, que l'égoïste ne peut s'empêcher de devenir communiste — par pur égoïsme? (lettre à Marx, 19 novembre 1844). Moins indulgent qu'Engels, Moses Hess pensa aussitôt à une riposte, et il eut la surprise d'apprendre que Marx était arrivé aux mêmes conclusions que lui et avait jugé *l'Unique* d'un point de vue tout à fait identique (Hess à Marx, 17 janvier 1845; la lettre adressée par Marx à Engels en décembre 1844 n'est pas conservée; elle devait contenir une critique détaillée de l'ouvrage de Stirner). Hess s'étant chargé de régler ses comptes avec Stirner en s'inspirant des vues critiques de Marx, celui-ci abandonna sans doute son propre projet d'un article qu'il destinait au *Vorwärts !* de Paris. Ce n'est qu'après avoir pris connaissance des articles polémiques de Bauer et de Stirner, dans le volume III de *Wigand's Vierteljahrsschrift,* qu'Engels et lui ont dû juger que la riposte de Hess — parue chez C. Leske sous le titre *Les Derniers philosophes* — était insuffisante et qu'il fallait employer la grosse artillerie pour démolir la construction fantasmagorique de *l'Unique.* Pour Marx, cette décision devait forcément entraîner l'interruption de son travail scientifique et, par voie de conséquence, la dénonciation du contrat par l'éditeur et le remboursement de la somme reçue à titre d'avance.

Lorsqu'il expliquera à Leske les raisons de ces atermoiements, Marx donnera une première idée du travail qu'il avait entrepris, conjointement avec Engels, dès octobre 1845 : « Il m'a semblé très important... de publier un ouvrage polémique contre la philosophie allemande et contre le *socialisme allemand* en vogue, *avant* de développer mes idées *positives.* Cela me paraît nécessaire en vue de préparer le public à la manière de voir de mon " Économie ", qui s'oppose directement à la science allemande traditionnelle. Il s'agit, en fait, du même ouvrage polémique au sujet duquel je vous avais déjà écrit dans une de mes lettres qu'il devait être terminé avant la publication de l'" Économie " » (Marx à Leske, 1er août 1846). Et c'est encore à l'éditeur présumé de l' « Économie » que Marx annonça l'échec de cette entreprise « polémique », dont il ne précisa pas le titre, mais qui n'était autre que *L'Idéologie allemande,* ouvrage préparé « sous ma rédaction et avec la collaboration d'Engels ». Des éditeurs « capitalistes » d'Allemagne s'étaient rétractés, après que les manuscrits des deux volumes avaient réussi à passer la frontière « en toute sûreté » (Marx à Leske, 1er août 1846).

Tout en avouant l'échec de cette entreprise littéraire, dont il se bornait à souligner le caractère polémique, donc négatif, Marx ne pouvait cacher qu'il s'agissait, dans ce volumineux travail, du principe de base, du *Standpunkt,* de son œuvre scientifique en gestation. Des allusions ultérieures à ce travail inédit permettent de mieux cerner les intentions de ses auteurs. Ainsi, au moment où il s'apprêtait à offrir à un journal socialiste allemand un chapitre du manuscrit, il donna cette précision : « Le compte rendu [du livre de Karl Grün, *Le Mouvement social...,* M. R.] constitue un appendice de l'ouvrage rédigé conjointement par F. Engels et moi-même sur *L'Idéologie allemande* (Critique de la philosophie allemande la plus récente dans ses représentants, Feuerbach, Bruno Bauer et Stirner, et *du socialisme allemand* dans ses divers prophètes) » (Déclaration contre Karl Grün, *Deutsche-Brüsseler-Zeitung,* 8 avril 1847). Marx annonçait alors son dessein de divulguer un jour les circonstances qui avaient empêché l'impression du manuscrit, en guise d'illustration du sort fait à la presse en Allemagne.

Ce que Marx n'a pas révélé à Leske, c'est que la partie la plus importante — et aussi la plus théorique — de l'énorme pamphlet n'a jamais quitté le domicile de l'auteur. Intitulé « I. Feuerbach », ce chapitre, bien qu'inachevé, se présente comme une introduction générale et ne fait qu'effleurer le thème annoncé par le titre, comme le constatera Friedrich Engels près de quarante années plus tard, alors que Marx n'était plus là pour donner sa propre appréciation sur un travail inédit dont il semble s'être séparé sans regret. Engels connaissait pourtant — et citait à l'occasion — le jugement, certes ambigu, que Marx avait porté en 1859, donc treize ans après avoir rangé au grenier la liasse de manuscrits, sur leur premier travail véritablement commun. Chose curieuse, Marx ne dit rien de *La Sainte Famille* publiée sous leurs deux noms, celui d'Engels venant en premier ; en revanche, il rappelle leur collaboration à *L'Idéologie allemande,* sans toutefois citer ce titre : « Quand, au printemps de 1845, [Engels] vint lui aussi s'établir à Bruxelles, nous résolûmes de développer nos idées en commun, en les opposant à l'idéologie de la philosophie allemande. Dans le fond, nous voulions faire notre examen de conscience philosophique. Nous exécutâmes notre projet sous la forme d'une critique de la philosophie post-hégélienne. Le manuscrit, deux forts volumes in-octavo, était depuis longtemps entre les mains d'un éditeur westphalien, lorsqu'on nous avertit qu'un changement de circonstances n'en permettait plus l'impression. Nous avions atteint notre but principal : *la bonne intelligence de nous-mêmes.* De bonne grâce, nous abandonnâmes le manuscrit à la critique rongeuse des souris » (« Économie », t. I, p. 274).

Cette déclaration est d'autant plus surprenante qu'une page plus haut Marx venait de résumer le résultat général de ses premières recherches, obtenu après une « révision critique de la philosophie du droit de Hegel » ; résultat pour lequel il employait alors l'expression métaphorique de « fil conducteur ». Ce devait être le principe directeur de ses études ultérieures. Or, il est avéré que l'exposé le plus clair et le plus complet de ce qui sera défini dans un des chapitres de *L'Idéologie allemande* comme « conception matérialiste et critique du monde », et désigné en 1859 comme « fil conducteur », nous est fourni dans la partie introductive du manuscrit. Il n'en reste pas moins que les autres parties contiennent des aperçus remarquables, de caractère théorique : dispensés dans des pages où la satire le dispute au persiflage et le jeu de mots aux cocasseries verbales, ils n'en constituent pas moins autant d'éléments susceptibles d'ajouter à la cohérence de la conception générale.

Non moins curieuse doit nous paraître l'indifférence qu'Engels a marquée, après la disparition de son ami, à un travail ancien auquel il avait pourtant donné le meilleur de lui-même. Plus exactement, Engels n'y a vu qu'une bonne farce, et c'est seulement à ce titre qu'il envisagea un moment de la communiquer à un public friand de littérature satirique. Quelques semaines après la mort de Marx, occupé à mettre de l'ordre dans les masses de papier laissées par le défunt, il tomba sur les liasses dont se composait leur « œuvre commune d'avant 1848 », et l'idée lui vint d'en publier « certains... bientôt », comme il l'annonçait à Laura Marx, épouse de Paul Lafargue. « Je t'en lirai quand tu seras ici : tu te tordras de rire. [...] Nous étions de hardis lurons alors ; la poésie de Heine est d'une innocence enfantine à côté de notre prose » (lettre du 2 juin 1883). Engels ne pensait qu'à une chose : se moquer de tels sociaux-démocrates siégeant au Reichstag, en publiant en guise de feuilletons du *Sozialdemokrat* des morceaux de *L'Idéologie allemande* où les « socialistes vrais » avaient été malmenés. « Ce sont les pages les plus insolentes qui aient jamais été écrites en langue allemande », affirmait-il fièrement (lettre à Eduard Bernstein, 13 juin 1883). Engels s'abstint cependant de ce geste de provocation pour concentrer le meilleur de ses efforts à la préparation des matériaux pour les livres II et III du *Capital*.

Ce n'est qu'en 1888, en publiant en brochure l'étude sur *Feuerbach et le dénouement de la philosophie classique allemande*, qu'il se souvint de l'avant-propos de la *Critique...* où Marx fait allusion à *L'Idéologie allemande*. Citant ce passage, il déclare « avoir sorti et regardé, une fois encore le vieux manuscrit de 1845-1846 » : « La section sur Feuerbach n'est pas achevée. La partie terminée consiste en un exposé de la conception matérialiste de l'histoire qui démontre seulement combien nos connaissances de l'histoire économique étaient alors incomplètes. Quant à la critique de la doctrine de Feuerbach elle-même, elle en est absente ; le manuscrit était donc inutilisable pour le but présent. En revanche, j'ai trouvé dans un vieux cahier de Marx les onze thèses sur Feuerbach [...] (voir la Notice, p. 225-228).

Notons donc qu'en 1888, le jugement d'Engels sur *L'Idéologie allemande* sera encore moins favorable que celui de Marx en 1859 : alors que celui-ci reconnaissait à ce travail la valeur d'un examen de conscience philosophique et le caractère d'une rupture avec la philosophie post-hégélienne, son collaborateur n'en a retenu que les lacunes théoriques et l'allure satirique. (Voir également Bernstein, « Marx et le socialisme vrai », *Neue Zeit*, 1896, où l'auteur relate sa visite chez Engels, qui lui lut des pages du manuscrit, « persiflage satirique de tous les représentants et de toute la littérature du socialisme " vrai " ».)

En tenant compte de la nature d'avertissement des déclarations de Marx et d'Engels, nous avons jugé bon de tenter une recomposition du texte à partir des diverses parties telles qu'elles se présentent dans les éditions posthumes successives. À cet effet, nous avons fait appel à Engels pour déterminer de la manière la plus plausible la part de Marx dans l'entreprise commune. Celle-ci se situe exactement dans la période où Engels se reconnaît disciple du penseur à qui il attribue une découverte scientifique fondamentale : la conception matérialiste de l'histoire. « Cette idée, écrivait Engels en 1888, appelée à faire avancer la science historique autant que la théorie de Darwin a fait progresser les sciences naturelles, nous nous en étions approchés peu à peu quelques années avant 1845. Mon livre sur *La Situation de la classe laborieuse en Angleterre* montre jusqu'où, pour ma part, j'avais avancé dans cette direction. Mais lorsque je retrouvai Marx à Bruxelles, au printemps de 1845, il en avait achevé l'élaboration, et m'en fit l'exposé dans les termes presque aussi clairs que je viens de résumer ci-dessus » (c'est-à-dire dans l'avant-propos de l'édition anglaise du *Manifeste communiste,* « Économie », t. I, p. 1484 sq.).

Voilà comme une invite à regrouper dans un ensemble cohérent les textes et morceaux du manuscrit de *L'Idéologie allemande* qui nous livrent le principe directeur tel que Marx nous l'a fait connaître en une trentaine de lignes, en se référant précisément à ses travaux des années 1843-1845.

Commencé en octobre ou novembre 1845, le manuscrit prit, pendant les mois suivants, des dimensions telles que les auteurs décidèrent d'en tirer deux volumes. Le titre initialement prévu — « le Concile de Leipzig » — faisait ironiquement allusion à la publication, à Leipzig, par l'éditeur Wigand, des écrits de Bruno Bauer et de Max Stirner, traités en Pères de l'Église : « saint Bruno » et « saint Max ». Comme il ne figure pas dans le manuscrit conservé, on est en droit de s'en tenir au titre indiqué par Marx dans une déclaration publiée dans la *Deutsche Brüsseler Zeitung* du 8 avril 1847 à propos du livre de Karl Grün sur *le Mouvement social en France et en Belgique* (Pléiade III, p. 665 sq.). Il y fait état d'un travail (« rédigé conjointement par Engels et moi-même ») « sur *L'Idéologie allemande* (Critique de la philosophie allemande la plus récente dans ses représentants Feuerbach, B. Bauer et Stirner, tout comme du socialisme allemand dans ses divers prophètes) ». Le gros du texte — transcrit principalement par Engels — se trouvait dès le mois d'août 1846 entre les mains de Joseph Weydemeyer (voir Marx à Leske, 1er août 1846). Celui-ci l'envoya en juillet 1847 à Roland Daniels, qui devait chercher un éditeur à Cologne ; ce fut un échec, comme le furent les tentatives faites à Leipzig, si bien qu'en octobre 1847, Marx et Engels abandonnèrent tout espoir d'être publiés en Allemagne.

Nous donnons ci-après le sommaire des deux volumes d'après les titres figurant en tête des diverses parties du manuscrit :

Volume I

Avant-propos.
I. Feuerbach.
Le concile de Leipzig.
II. Saint Bruno.
III. Saint Max.
Fin du concile de Leipzig.

Volume II

Le socialisme vrai.
I. Les *Rheinische Jahrbücher* ou la Philosophie du socialisme vrai. (Les chapitres II et III ne sont pas conservés.)
IV. Karl Grün : Le mouvement social en France et en Belgique (Darmstadt, 1845), ou l'Historiographie du socialisme vrai.
V. Le docteur Georg Kühlmann de Holstein ou la Prophétie du socialisme vrai.

Dans les premiers mois de 1847, Engels travaillait encore à

deux essais critiques sur le socialisme vrai, qu'il pensait incorporer à *L'Idéologie allemande.* Ayant achevé le premier — une critique du livre de Karl Grün : *Sur Goethe du point de vue humain* (Darmstadt, 1846) —, il l'offrit finalement à la *Deutsche Brüsseler Zeitung* où il parut en novembre-décembre 1847. Quant au second essai, qu'il intitula « Les socialistes vrais », le manuscrit n'en fut pas achevé (cf. MEGA I, vol. VI, 1932, p. 73-116).

Le seul chapitre de *L'Idéologie allemande* paru du vivant de Marx est la critique de l'ouvrage de Grün publiée en 1847.

Voici une liste chronologique des principales éditions, partielles et intégrales, de *L'Idéologie allemande* :

1. *Karl Marx über Karl Grün als Geschichtsschreiber des Sozialismus* (« Karl Marx sur Karl Grün historiographe du socialisme »). *Die Neue Zeit,* 1899-1900, t. I. Avant-propos d'E. Bernstein. (Pléiade III, p. 665 sq.)

2. *Der « Heilige Max ». Aus einem Werk von Marx-Engels über Stirner* (« " Saint Max ". Extrait d'une œuvre de Marx et d'Engels »). *Dokumente des Sozialismus,* t. III, 1903, et t. IV, 1904. Avant-propos d'E. Bernstein. Sur une éventuelle collaboration de Moses Hess, voir W. Mönke, 1963, p. 438 sq.

3. *« Mein Selbstgenuss. » Unveröffentlichtes aus dem Nachlass von Karl Marx* (« Ma jouissance personnelle ». Texte inédit de Karl Marx). Chapitre III du vol. I. *Vorwäts !,* 14 mars 1913. Présenté par E. Bernstein.

4. F. Engels und K. Marx : *Das Leipziger Konzil* (« Le concile de Leipzig »), *Archiv für Sozialwissenschaft und Sozialpolitik,* vol. LVII, 1920-1921. Avant-propos de G. Mayer, auteur d'une remarquable biographie d'Engels contenant un résumé détaillé du manuscrit de *L'Idéologie allemande : Friedrich Engels in seiner Frühzeit* (vol. I), 1920, p. 239-261 (2e édit., 1934, p. 225-244).

5. *Marx und Engels über Feuerbach. Der erste Teil der « deutschen Ideologie »* (« Marx et Engels sur Feuerbach. La première partie de *L'Idéologie allemande* »). *Marx-Engels Archiv* (MEA), vol. I, 1926, p. 230-306 (vol. I, chap. I). Le texte est précédé des *Thèses sur Feuerbach* (ici p. 232 sq.) et d'une introduction par D. Riazanov, qui retrace l'étrange destin du manuscrit, dont Engels et, après lui, Mehring sous-estimèrent l'importance. Le texte reproduit fidèlement le manuscrit intitulé « I. Feuerbach », en respectant l'ordre indiqué par la pagination des feuillets.

6. Marx/Engels : *Über historischen Materialismus* (Marx-Engels. « Sur le matérialisme historique »). Recueil de textes, choisis et annotés par Hermann Duncker. Berlin, 1930. Vol. I, p. 54-142 (extraits du vol. I, chap. I et III ; vol. II, chap. IV).

7. Karl Marx : *Der historische Materialismus. Die Frühschriften* (Karl Marx : « Le matérialisme historique. Les premiers écrits »), vol. II, Kröner, Leipzig, 1932, p. 5-530. Présenté par S. Landshut et J. P. Mayer.

8. Marx/Engels : *Die Deutsche Ideologie. Kritik der neuesten deutschen Philosophie in ihren, Repräsentanten Feuerbach, B. Bauer und Stirner, und des deutschen Sozialismus in seinen verschiedenen Propheten, 1845-1846* (« *L'Idéologie allemande.* Critique de la philosophie allemande la plus récente dans ses représentants Feuerbach, B. Bauer et Stirner, et du socialisme allemand dans ses divers prophètes »). MEGA I, vol. V, Berlin, 1932, p. 1-528. Première édition quasi intégrale du manuscrit, d'après une photocopie de l'original. S'écartant du modèle fourni par Riazanov (voir ci-dessus, 5), les éditeurs ont jugé bon — sous prétexte d'obéir aux directives de Marx et d'Engels — de modifier l'ordre des morceaux dont se compose le manuscrit B (« Feuerbach »), afin de faire ressortir l' « enchantement dialectique » des idées (*ibid.*, p. 560 sq.)

9. Marx/Engels : *Die Deutsche Idéologie..., Werke,* vol. III, 1962, p. 9-530. Édition conforme à celle de MEGA, appareil critique en moins.

10. « *Die Deutsche Ideologie » von Marx und Engels. Einige Textergänzungen* (« *L'Idéologie allemande* de Marx et d'Engels. Quelques compléments du texte »). *International Review of Social History,* 1962, Part I, p. 93-104. Avant-propos, notes et variantes par S. Bahne. Il s'agit de trois feuillets du manuscrit qui comblent quelques lacunes du texte publié dans MEGA et *Werke,* chap. I et III du ms. vol. I.

11. *Neuveröffentlichung des Kapitels I des I. Bandes der « Deutschen Ideologie » von Karl Marx und Friedrich Engels* (« Édition nouvelle du chapitre premier du volume I de *L'Idéologie allemande...* »). *Deutsche Zeitschrift für Philosophie,* Berlin (DDR), 1966, n° X, p. 1199-1251. Abandonnant la méthode de présentation du chapitre I, adoptée dans MEGA et *Werke,* les éditeurs reviennent, pour l'essentiel, au modèle de MEA (voir ci-dessus, 5).

12. Marx/Engels : *Über Ludwig Feuerbach.* Verlag Philipp

Reclam Jun. Leipzig, 1970, p. 5-89. Edition du chapitre I, sur la base du texte indiqué sous II.

13. Karl Marx/Friedrich Engels : *Gesamtausgabe* (MEGA), *Probeband* (volume spécimen), Dietz Verlag, Berlin, 1972, p. 33-119. Cette édition fournit l'état le mieux étudié jusqu'ici du manuscrit de la première partie de *L'Idéologie allemande.*

Pour une bibliographie détaillée des éditions de *L'Idéologie allemande* antérieures à septembre 1963, voir B. Andréas, *Marx et Engels et la gauche hégélienne,* Milan, 1965. Voir aussi l'étude documentée des vicissitudes du manuscrit en quête d'éditeur dans *Archiv für Sozialgeschichte,* VIII, 1968, p. 5-159, par B. Andréas et W. Mönke.

Il n'était pas question d'offrir ici le texte « complet » d'une œuvre incomplète. Nous donnons la première partie, qui est le premier exposé de la conception matérialiste et critique du monde et dont il est certain que Marx fut le seul auteur.

AVANT-PROPOS

Les hommes se sont toujours fait jusqu'ici des idées fausses sur eux-mêmes, sur ce qu'ils sont ou devraient être. C'est d'après leurs représentations de Dieu, de l'homme normal, etc., qu'ils ont organisé leurs relations. Les inventions de leur cerveau ont fini par les subjuguer. Eux les créateurs, ils se sont inclinés devant leurs créations. Délivrons-les des chimères, des idées, des dogmes, des êtres d'imagination qui les plient sous leur joug avilissant. Révoltons-nous contre cette domination des pensées. Apprenons aux hommes, dit l'un, à échanger ces illusions contre des pensées qui soient conformes à la nature de l'homme ; apprenons-leur, dit l'autre, à prendre à leur égard une attitude critique ; à les chasser de leur tête, dit le troisième ! Vous verrez alors s'écrouler la réalité existante.

Ces fantasmes innocents et puérils constituent le noyau de la récente philosophie jeune-hégélienne que le public, en Allemagne, accueille avec épouvante et respect, et à laquelle, qui plus est, les *héros philosophiques* eux-mêmes, solennellement convaincus qu'elle menace le monde de la ruine, confèrent un caractère implacable et criminel. Le premier volume de cette publication a pour but de démasquer ces moutons qui se croient, que l'on croit loups ; et aussi de montrer que leurs bêlements philosophiques font simplement écho aux opinions des bourgeois allemands, que les vantardises de ces exégètes philosophiques reflètent simplement la misérable situation de l'Allemagne. Il se propose de déconsidérer et de discréditer ce combat philosophique contre l'ombre de la réalité où le peuple allemand, rêveur et somnolent, se complaît.

Il y eut un jour un brave homme pour s'imaginer que si les hommes se noyaient, c'est qu'ils étaient possédés de l'*idée de pesanteur*. S'ils chassaient cette idée de leur tête, par exemple en la qualifiant de superstitieuse, de religieuse, ils seraient à l'abri du danger de noyade. Sa vie durant, il combattit cette illusion de la pesanteur, dont les conséquences fâcheuses lui étaient démontrées amplement par toutes les statistiques. Ce brave homme était le type du nouveau philosophe révolutionnaire allemand[1]

I

FEUERBACH[1]
CONCEPTION MATÉRIALISTE CONTRE CONCEPTION IDÉALISTE

INTRODUCTION

Au dire de certains idéologues allemands, l'Allemagne a subi au cours de ces dernières années un bouleversement sans pareil. Commencé avec Strauss, le processus de décomposition du système hégélien est devenu fermentation universelle où sont entraînées toutes les « puissances du passé ». Dans ce chaos général, d'immenses empires ont surgi pour s'effondrer aussitôt, des héros éphémères sont apparus pour être rejetés dans les ténèbres par des rivaux plus hardis et plus puissants. Ce fut une révolution au regard de laquelle la Révolution française n'est qu'un jeu d'enfants, une lutte mondiale auprès de laquelle les combats des Diadoques paraissent mesquins. Les principes se supplantèrent, les héros de la pensée s'entre-culbutèrent avec une hâte inouïe et, en trois ans, de 1842 à 1845, on a fait plus de déblayage en Allemagne qu'ailleurs en trois siècles.

Tout cela s'est passé dans l'Idée pure.

Il s'agit sans doute d'un événement intéressant : du processus de pourrissement de l'esprit absolu. Sitôt éteinte la dernière étincelle de vie, les divers éléments de ce *caput mortuum*, de ce résidu, entrèrent en décomposition, donnant lieu à de nouvelles combinaisons et formant des substances nouvelles. Les industriels de la philosophie, qui jusque-là avaient vécu de l'exploitation de l'Esprit absolu, se jetèrent aussitôt sur ces nouvelles combinaisons, chacun s'affairant de son mieux à trafiquer de la part qui lui était échue. Voilà qui ne pouvait aller sans concurrence. Ce fut d'abord une concurrence assez ferme, à la bourgeoise ; plus tard, lorsque le marché allemand fut saturé et qu'en dépit de tous les efforts la marchandise n'eut aucun succès sur le marché mondial, l'affaire fut gâchée, selon la bonne habitude allemande, par une production industrielle et trompeuse, par la détérioration de la qualité, par le frelatage de la matière première, la falsification des étiquettes, les achats fictifs, les traites de cavalerie, enfin par un système de crédit dépourvu de toute base réelle. Cette concurrence aboutit à une lutte acharnée, qui nous est maintenant présentée et vantée comme un revirement historique, générateur de conséquences et de conquêtes tout à fait prodigieuses.

Pour apprécier comme il se doit ce camelotage philosophique qui, même dans le cœur du vertueux bourgeois allemand, éveille un sentiment national bien salutaire, pour rendre tangibles la petitesse, le provincialisme borné de tout ce mouvement jeune-hégélien, et particulièrement le contraste tragi-comique entre la réalité de ces prouesses et les illusions de ces héros, il convient de se poster hors d'Allemagne pour considérer enfin toute cette agitation[1].

A. L'IDÉOLOGIE EN GÉNÉRAL ET SPÉCIALEMENT L'IDÉOLOGIE ALLEMANDE

Même dans ses efforts les plus récents, la critique allemande n'a pas quitté le terrain de la philosophie. Loin de s'interroger sur ses présuppositions philosophiques générales, elle a même fondé l'ensemble de ses problèmes sur le terrain d'un système philosophique particulier, celui de Hegel. Ce n'est pas seulement dans ses réponses, mais dans les questions mêmes qu'il y avait une mystification. Cette dépendance de Hegel est la raison pour laquelle aucun de ces nouveaux critiques n'a entrepris une critique exhaustive du système hégélien, bien que chacun d'eux affirme avoir dépassé Hegel. Il y a des bornes à leur polémique contre Hegel et entre eux-mêmes : c'est que chacun choisit et isole un côté du système hégélien et le retourne aussi bien contre le système tout entier que contre les côtés choisis par tous les autres. On commence par s'emparer de catégories hégéliennes pures, non adultérées, telles que Substance, Conscience de soi, catégories qu'on ne tarde pas à profaner par des noms aussi séculiers que Genre, Unique, Homme, etc. [1].

De Strauss à Stirner, toute la critique philosophique allemande se limite à la critique des représentations *religieuses* [2]. On partait de la religion réelle et de la théologie proprement dite. En poursuivant, on déterminait diversement ce qu'est la conscience religieuse, la représentation religieuse. Le progrès consistait à subsumer les prétendues représentations dominantes — métaphysiques, politiques, juridiques, morales et autres — sous la sphère des représentations religieuses ou théologiques ; il consistait aussi à proclamer « religieuse » ou « théologique » la conscience politique, juridique, morale, et à déclarer « religieux » l'homme politique, juridique ou moral, et, en dernière instance, « l'Homme ». On présupposa la suprématie de la religion. Peu à peu, tout rapport dominant fut proclamé rapport religieux et changé en culte : culte du droit, culte de l'État, etc. Partout, on n'avait plus affaire qu'à des dogmes et à la croyance en des dogmes. Le monde fut canonisé en grand, toujours plus en grand, jusqu'au jour où le vénérable saint Max put, enfin, le sanctifier en bloc et l'expédier ainsi une fois pour toutes[1].

Les vieux-hégéliens avaient compris toute chose dès lors qu'ils l'avaient ramenée à une catégorie de la logique hégélienne. Les jeunes-hégéliens critiquèrent toute chose en lui substituant des représentations religieuses ou en la proclamant théologique. Jeunes et vieux-hégéliens s'accordent dans la croyance au règne de la religion, des concepts, des universaux dans le monde existant. Seulement, les uns combattent ce règne comme une usurpation, tandis que les autres le célèbrent comme légitime.

Puisque, aux yeux des jeunes-hégéliens, représentations, idées, concepts, et d'une manière générale les produits de la conscience changée par eux en chose autonome, passent pour être les vraies entraves des hommes, tout comme chez les vieux-hégéliens ils sont déclarés vrais liens de la société humaine, on comprend qu'il ne reste aux premiers qu'à lutter, eux aussi, contre ces illusions de la conscience. Comme, dans leur imagination, les rapports des hommes, tous leurs faits et gestes, leurs chaînes et barrières sont des produits de leur conscience, c'est en toute logique que les jeunes-hégéliens proposent aux hommes ce postulat moral : échanger leur conscience présente contre la conscience humaine, critique ou égoïste, et lever ainsi leurs barrières. Exiger ainsi de modifier la conscience, c'est exiger que l'on interprète différemment ce qui existe, c'est-à-dire qu'on l'admette moyennant une autre interprétation. En dépit de leurs phrases, qui prétendent « ébranler le monde », les idéologues jeunes-hégéliens sont les plus grands conservateurs. En affirmant qu'ils luttent uniquement contre des « phrases », les plus jeunes d'entre eux ont trouvé le terme exact qui convient à leur activité. Ils oublient seulement qu'eux-mêmes n'opposent à ces phrases que des phrases, et qu'ils ne luttent aucunement contre le monde réellement existant, s'ils n'en combattent que la phraséologie. Les seuls résultats auxquels cette critique philosophique put aboutir furent quelques éclaircissements d'histoire religieuse, peu nombreux et simplistes avec cela, sur le christianisme ; toutes leurs autres affirmations ne font qu'ajouter des ornements à leur prétention d'avoir procuré par ces éclaircissements futiles des découvertes d'une portée historique.

Aucun de ces philosophes ne s'est avisé de s'interroger sur le lien de la philosophie allemande avec la réalité allemande, le lien de leur critique avec leur propre milieu matériel [1].

*

Les présuppositions dont nous partons ne sont pas arbitraires ; ce ne sont pas des dogmes ; il s'agit de présuppositions réelles, dont on ne peut s'abstraire qu'en imagination. Il y va d'individus réels, de leur action et de leurs conditions d'existence matérielles, soit qu'ils les aient trouvées toutes prêtes, soit qu'ils les aient créées par leur propre activité. Ces présuppositions sont donc susceptibles d'être vérifiées de manière purement empirique.

La première présupposition de toute histoire

humaine c'est, naturellement, l'existence d'individus humains vivants[1]. Le premier état de fait à constater, c'est donc l'organisation corporelle de ces individus et la relation qui en résulte pour eux avec le reste de la nature. Nous ne pouvons naturellement nous appesantir ici ni sur la constitution physique des hommes eux-mêmes, ni sur les conditions naturelles que les hommes trouvent devant eux — circonstances géologiques, oro-hydrographiques, climatiques et autres[2]. Toute historiographie doit partir de ces bases naturelles et de leur modification par l'action des hommes au cours de l'histoire.

On peut distinguer les hommes des animaux par la conscience, par la religion ou par tout ce que l'on voudra. Eux-mêmes commencent à se distinguer des animaux dès qu'ils se mettent *à produire* leurs moyens d'existence : ils font là un pas qui leur est dicté par leur organisation physique. En produisant leurs moyens d'existence les hommes produisent indirectement leur vie matérielle elle-même.

La façon dont les hommes produisent leurs moyens d'existence dépend, en premier lieu, de la nature des moyens d'existence tout trouvés et à reproduire. Ce mode de production n'est pas à envisager sous le seul aspect de la reproduction de l'existence physique des individus. Disons plutôt qu'il s'agit déjà, chez ces individus, d'un genre d'activité déterminé, d'une manière déterminée de manifester leur vie, d'un certain *mode de vie* de ces mêmes individus. Ainsi les individus manifestent-ils leur vie, ainsi sont-ils. Ce qu'ils sont coïncide donc avec leur production, avec ce qu'ils produisent aussi bien qu'avec la façon dont ils le produisent. Ainsi, ce que sont les individus dépend des conditions matérielles de leur production.

Cette production n'intervient qu'avec l'*accroissement de la population*. Elle suppose à son tour un commerce, une communication entre individus. La forme de ce commerce est, pour sa part, déterminée par la production [1].

*

Voyons donc les faits : des individus déterminés, exerçant une activité productive déterminée, nouent des relations sociales et politiques déterminées. L'observation empirique doit, dans chaque cas particulier, faire ressortir empiriquement et sans aucune mystification ni spéculation le lien de la structure sociale et politique avec la production. La structure sociale et l'État se dégagent constamment du processus vital d'individus déterminés — non pas tels qu'ils peuvent apparaître dans leur propre imagination et dans celle d'autrui, mais tels qu'ils sont *en réalité,* c'est-à-dire tels qu'ils œuvrent, produisent matériellement, donc tels qu'ils s'activent dans des limites, des circonstances préalables et des conditions matérielles déterminées, indépendantes de leur volonté [2].

La production des idées, des représentations, de la conscience est, de prime abord, directement mêlée à l'activité et au commerce matériels des hommes : elle est le langage de la vie réelle. Ici, la manière d'imaginer et de penser, le commerce intellectuel des hommes apparaissent encore comme l'émanation directe de leur conduite matérielle. Il en va de même de la production intellectuelle, telle qu'elle se manifeste dans le langage de la politique, des lois, de la morale, de la religion, de la métaphysique, etc., d'un peuple. Ce sont les hommes qui sont les producteurs de leurs représentations, de leurs idées, etc., mais ce sont les hommes réels, œuvrants, tels qu'ils sont conditionnés par un développement déterminé de leurs forces productives et du commerce qui leur correspond jusque dans ses formes les plus étendues. La conscience ne peut jamais être autre chose que l'être conscient, et l'être des hommes est leur processus de vie réel. Si, dans toute l'idéologie, les hommes et leur condition apparaissent sens dessus dessous comme dans une *camera obscura*, ce phénomène découle de leur processus de vie historique, tout comme l'inversion des objets sur la rétine provient de leur processus de vie directement physique.

Tout au contraire de la philosophie allemande, qui descend du ciel sur la terre, on s'élève ici de la terre au ciel; autrement dit, on ne part pas de ce que les hommes disent, s'imaginent, se représentent, ni non plus de ce que l'on dit, pense, s'imagine et se représente à leur sujet, pour en arriver à l'homme en chair et en os; c'est à partir des hommes réellement actifs et de leur processus de vie réel que l'on expose le développement des reflets et des échos idéologiques de ce processus. Les formations brumeuses du cerveau humain sont elles aussi des sublimés nécessaires du processus matériel de leur vie, empiriquement vérifiable et lié à des circonstances matérielles préalables. Par conséquent, la morale, la religion, la métaphysique et tout le reste de l'idéologie, ainsi que les formes de conscience qui leur correspondent, ne conservent plus leur semblant d'indépendance. Elles n'ont ni histoire ni développement; ce sont, au contraire, les hommes qui, en même temps qu'ils développent leur production et leur communication matérielles, transforment, avec cette réalité qui leur est propre, et leur pensée et les produits de celle-ci. Ce n'est pas la conscience qui détermine la vie, c'est la vie qui détermine la conscience. Dans la première conception, on part de la conscience comme individu vivant; dans la seconde, qui correspond à la vie réelle, on part des individus eux-mêmes, réels et vivants, et l'on considère la conscience uniquement comme *leur* conscience[1].

Cette conception ne va pas sans présuppositions. Elle part de circonstances préalables réelles et ne les abandonne pas un seul instant. Ses présuppositions, ce sont les hommes, non pas dans quelque isolement ou immobilité imaginaires, mais dans leur processus d'évolution réel, empiriquement perceptible dans des conditions déterminées. Sitôt décrit ce processus d'activité vitale, l'histoire cesse d'être une collection de faits inanimés, comme chez les empiristes, eux-mêmes encore abstraits, ou une action fictive de sujets fictifs, comme chez les idéalistes.

Là où cesse la spéculation, dans la vie réelle, commence donc la science réelle, positive, la présentation de l'activité pratique, du processus pratique de l'évolution des hommes. Les phrases sur la conscience prennent fin, il faut que le savoir réel prenne leur place. Avec la présentation de la réalité, la philosophie autonome perd le milieu nécessaire à son existence. Tout au plus peut-on lui substituer une synthèse des résultats les plus généraux susceptibles d'être abstraits de l'étude du développement historique des hommes. En soi, détachées de l'histoire réelle, ces abstractions sont sans la moindre valeur. Elles ne peuvent servir qu'à faciliter le classement des matériaux historiques, à indiquer la succession de ses stratifications particulières. Mais elles ne donnent nullement, comme la philosophie, une recette ou un schéma d'après lequel on pourrait arranger les époques historiques. La difficulté ne commence au contraire qu'au moment où l'on se met à l'étude et au classement de ces matériaux, qu'il s'agisse d'une époque révolue ou du présent, et où l'on aborde vraiment l'analyse. L'aplanissement de ces difficultés dépend de présuppositions qu'il n'est pas possible d'exposer ici, car elles résultent de l'étude du processus réel de la vie et de l'activité des individus de chaque époque. Nous choisissons ici quelques-unes de ces abstractions que nous confrontons avec l'idéologie, et nous allons les éclairer à l'aide d'exemples historiques[1].

*

Nous ne nous donnerons certes pas la peine d'expliquer à nos sages philosophes qu'en dissolvant la philosophie, la théologie, la substance et tous les déchets de la « Conscience de soi », qu'en libérant l' « Homme » de la tyrannie de cette phraséologie qui ne l'a jamais asservi, ils n'ont pas fait avancer d'un pas sa « délivrance » ; qu'il n'est possible d'obtenir une délivrance réelle que dans le monde réel et avec des moyens réels ; qu'on ne peut abolir l'esclavage sans la machine à vapeur et la mule-jenny, ni le servage sans bonifier l'agriculture ; qu'on ne peut, en général, libérer les hommes tant qu'ils ne sont pas capables de se procurer nourriture et boisson, logement et habillement en qualité et en quantité complètes. Acte historique et non pas mental, la « libération » est le fait de conditions historiques, du niveau de l'industrie, du commerce, de l'agriculture, des transports [...][2]. Et subséquemment, selon leurs divers degrés d'évolution, tout ce non-sens tel que Substance, Sujet, Conscience de soi et Critique pure, tout comme le non-sens religieux et théologique, dont ils se débarrassent ensuite de nouveau à mesure qu'ils se développent suffisamment. Naturellement, dans un pays comme l'Allemagne où l'on n'assiste qu'à une évolution historique chétive, ces évolutions intellectuelles, ces vétilles aussi radieuses que stériles, comblent l'absence des évolutions historiques, s'incrustent et doivent être combattues. Mais ce combat n'a qu'une importance *locale*[3].

[Division du travail et aliénation]

Ayant affaire aux Allemands détachés de tout, force nous est de constater d'emblée que la première condition de toute existence humaine, donc de toute histoire, c'est que les hommes doivent être en mesure de vivre pour être capables de « faire l'histoire »[1]. Or, pour vivre, il faut avant tout manger et boire, se loger, se vêtir et maintes choses encore. Le premier acte historique, c'est donc la création des moyens pour satisfaire ces besoins, la production de la vie matérielle elle-même. En vérité, c'est là un acte historique, une condition fondamentale de toute histoire que l'on doit, aujourd'hui tout comme il y a des milliers d'années, remplir jour par jour, heure par heure, rien que pour maintenir les hommes en vie. Même si l'on réduit, à l'instar de Bruno, la réalité sensible à un simple bâton, au strict minimum, cette réalité suppose l'activité qui produit ce bâton. La première règle de toute conception historique, c'est donc d'observer ce fait fondamental dans toute son importance et toute son étendue, et de lui faire droit. C'est ce que les Allemands, comme chacun sait, n'ont jamais fait : voilà pourquoi ils n'ont jamais eu de base *terrestre* pour l'histoire et, par conséquent, jamais d'historien. Quant aux Français et aux Anglais, bien qu'ils n'aient saisi que par un seul biais le lien de ce fait avec la prétendue histoire — surtout aussi longtemps qu'ils restèrent imbus d'idéologie politique —, ils n'en ont pas moins fait les premières tentatives pour donner à l'historiographie une base matérialiste, en étant les premiers à écrire l'histoire de la société bourgeoise, celle du commerce et de l'industrie[2].

La deuxième condition préalable, c'est que, une fois satisfait le premier besoin lui-même, le geste de le satisfaire et l'instrument créé à cette fin conduisent à de nouveaux besoins — et c'est cette production de nouveaux besoins qui constitue le premier acte historique. C'est ici que se révèle, sur-le-champ, le secret de la grande sagesse historique des Allemands, car lorsqu'ils sont à court de matériaux positifs et qu'il ne s'agit pas de discuter d'absurdités théologiques, politiques ou littéraires, ils n'admettent aucune histoire, mais ne connaissent que des « temps préhistoriques », sans pour autant nous éclairer sur la manière dont on passe de ce non-sens de la « préhistoire » à l'histoire proprement dite ; au demeurant, leur spéculation historique est tout spécialement friande de cette « préhistoire », parce qu'elle s'y croit à l'abri des empiétements du « fait brut » et aussi parce qu'elle peut y donner libre cours à son penchant spéculatif, en échafaudant et en renversant les hypothèses par milliers.

La troisième relation qui intervient ici dès l'origine dans le développement historique est que les hommes, tout en renouvelant quotidiennement leur propre vie, commencent à créer d'autres hommes, à se reproduire — c'est la relation entre l'homme et la femme, entre parents et enfants, c'est la *famille.* Dès l'abord seul rapport social, cette famille devient plus tard une institution de second ordre (excepté en Allemagne), quand la multiplication des besoins crée de nouvelles relations sociales et que l'accroissement de la population engendre de nouveaux besoins. Il faut alors l'aborder et l'analyser sur la base des données empiriques existantes et non d'après le « concept de famille », comme on le fait habituellement en Allemagne. D'ailleurs, ces trois aspects de l'activité sociale ne doivent pas être conçus comme trois stades différents, mais précisément comme trois aspects et rien d'autre ou, pour être compris des Allemands, trois *Momente*, trois facteurs, qui ont existé simultanément depuis les débuts de l'histoire et l'apparition des premiers hommes et qui, aujourd'hui encore, jouent un rôle dans l'histoire.

La production de la vie, qu'il s'agisse de sa propre vie par le travail ou de la vie d'autrui par la procréation, apparaît donc dès à présent comme une relation double, tant naturelle que sociale ; sociale, en ce qu'il est question de la coopération de plusieurs individus, peu importe dans quelles conditions, de quelle manière et à quelle fin. Il en résulte qu'un mode de production ou un stade industriel déterminé est toujours lié à un mode déterminé de coopération ou à un stade social bien défini, et ce mode de coopération est lui-même une « force productive » ; que la quantité de forces productives accessibles aux hommes détermine l'état social, de sorte que « l'histoire de l'humanité » doit être étudiée et traitée en liaison avec l'histoire de l'industrie et du commerce. Mais il est non moins clair qu'en Allemagne, une historiographie de ce genre est impossible, car non seulement la compréhension et les matériaux, mais aussi la « certitude sensible » font défaut aux Allemands, et que, de l'autre côté du Rhin, on ne peut faire des expériences sur ces choses, puisque l'histoire s'y est arrêtée. Par conséquent, on constate, avant toute chose, un lien matérialiste des hommes entre eux, un lien déterminé par les besoins et le mode de production, et qui est aussi vieux que les hommes eux-mêmes — un lien qui adopte sans cesse de nouvelles formes et offre donc une « histoire », même sans qu'il existe un non-sens politique ou religieux d'aucune espèce qui serve spécialement à rapprocher les hommes[1].

C'est à présent seulement, après avoir examiné quatre éléments, quatre aspects des rapports historiques primitifs, que nous apprenons que l'homme possède également une « conscience[a] ». Encore ne s'agit-il pas là, dès l'origine, de conscience « pure ». Dès l'origine, l'« esprit » est frappé par la malédiction d'être « entaché » de la matière, qui emprunte ici la forme de couches d'air agitées, de sons, bref la forme du langage. Le langage est aussi vieux que la conscience — il *est* la conscience réelle, pratique, aussi présente pour les autres hommes que pour moi-même, et, comme la conscience, le langage naît du seul besoin, de la nécessité du commerce avec d'autres hommes[1]. Là où il y a relation, elle existe pour moi, alors que l'animal ne se « *rapporte* » à rien et n'a absolument aucune relation. Pour l'animal, ses rapports avec les autres animaux n'existent pas en tant que rapports. La conscience est donc, dès l'origine, un produit social et le demeure aussi longtemps qu'il existe des hommes, tout simplement. Naturellement, la conscience n'est d'abord que la conscience du milieu sensible *immédiat*, et celle du lien borné qui le rattache à d'autres personnes et choses extérieures à l'individu qui prend conscience de lui-même. C'est, en même temps, la conscience de la nature qui, au début, s'oppose aux hommes comme une puissance totalement étrangère, toute-puissante et inébranlable, envers laquelle ils ont un comportement purement animal et dont ils subissent l'ascendant comme s'ils étaient du bétail. Bref, c'est une conscience purement animale de la nature (religion de la nature)[b], mais aussi la conscience de la

a. Si les hommes ont une histoire, c'est parce qu'ils doivent *produire* leur vie, nécessité qu'ils accomplissent d'une manière *déterminée :* leur organisation physique le leur impose; il en est de même en ce qui concerne leur conscience.

b. On comprend facilement que cette religion de la nature, ou ce comportement déterminé envers la nature, dépend de la forme de la société et *vice versa*. Ici comme partout ailleurs, l'identité de la nature et de l'homme se révèle également dans le fait que le comportement nécessité d'entrer en communication avec d'autres individus alentour : l'homme commence à avoir conscience qu'il vit tout simplement dans une société. Ce début est aussi animal que l'est, à ce stade, la vie sociale elle-même ; c'est une pure conscience grégaire, et l'homme ne se distingue ici du mouton qu'en ce que sa conscience lui tient lieu d'instinct ou que son instinct est un instinct conscient. Cette conscience moutonnière ou tribale continue à se développer et à se former grâce à l'accroissement de la productivité, à la multiplication des besoins et à l'augmentation de la population, source du premier et de la seconde. Simultanément se développe la division du travail qui ne se manifestait primitivement que dans les rapports des sexes ; puis la division du travail qui résulte automatiquement ou « spontanément » des dispositions naturelles (vigueur physique, par exemple), des besoins, des hasards, etc. La division du travail n'acquiert son vrai caractère qu'à partir du moment où intervient la division du travail matériel et du travail intellectuel [a]. Dès cet instant, la conscience *peut* vraiment s'imaginer qu'elle est autre chose que la conscience de la pratique établie et qu'elle représente *réellement* quelque chose sans représenter quelque chose de réel : à partir de ce moment, la conscience est capable de s'émanciper du monde et de passer à la formation de la théorie « pure », théologie, philosophie, morale, etc. Mais lors même que cette théorie, cette théologie, cette philosophie, cette morale, etc. entrent en conflit avec les conditions existantes, ce heurt ne peut se produire que parce que les conditions sociales existantes sont

---

borné des hommes vis-à-vis de la nature détermine leur comportement borné entre eux et, inversement, celui-ci celui-là. C'est justement parce que la nature n'est encore guère modifiée par l'histoire.

a. C'est à quoi correspond le premier type des idéologues, les *prêtres*.

entrées en conflit avec la force productive existante. Cela peut d'ailleurs arriver dans un cadre national bien déterminé, quand le conflit surgit non pas dans ce contexte national, mais entre cette conscience nationale et la pratique des autres nations, c'est-à-dire entre la conscience nationale et la conscience universelle d'une nation (comme c'est présentement le cas en Allemagne)[a].

Au demeurant, ce que la conscience entreprend tout seulettement n'a strictement aucune importance. De tout ce bourbier, nous retiendrons uniquement le fait que ces trois éléments, la force productive, l'état social et la conscience, peuvent et doivent entrer en conflit, étant donné qu'avec la *division du travail*, il peut arriver, et il arrive en fait, que l'activité spirituelle et l'activité matérielle, que la jouissance et le travail, que la production et la consommation échoient à des individus différents. La seule possibilité d'éviter ce conflit consiste, une fois de plus, à abolir la division du travail. Il va de soi, au demeurant, que les « fantômes », les « chaînes », l' « être supérieur », le « concept », l' « ambiguïté » sont tout simplement l'expression idéaliste, spéculative et sacrée, la représentation, apparemment, de l'individu esseulé, la représentation de chaînes et de barrières fort empiriques, à l'intérieur desquelles le mode de production de la vie gravite avec sa forme de commerce[1].

Tout en reposant sur la division naturelle du travail dans la famille et sur la séparation de la société en familles isolées et opposées les unes aux autres, la division du travail, avec toutes ses contradictions,

a. Ce conflit n'apparaît à la nation allemande que comme un conflit à l'intérieur de la conscience nationale, si bien que la lutte semble se borner à cette misère nationale, justement parce que cette nation est la misère en et pour soi, la guigne pure et simple.

entraîne en même temps la répartition du travail et de ses produits — répartition *inégale*, certes, en quantité comme en qualité — et, par conséquent, la propriété, dont le germe, la première forme, se trouve dans la famille, où la femme et les enfants sont les esclaves de l'homme[1]. Encore très rudimentaire et latent dans la famille, l'esclavage est la première propriété : ici, du reste, cette propriété correspond parfaitement à la définition des économistes modernes, pour qui propriété signifie disposition d'une force de travail étrangère. Au demeurant, division du travail et propriété privée sont des expressions identiques, la première exprimant par rapport à l'activité ce que la seconde exprime par rapport au produit de cette activité[2].

En outre, la division du travail fait naître également l'antagonisme entre l'intérêt de chaque individu ou de chaque famille et l'intérêt commun de tous les individus qui communiquent entre eux ; et, à vrai dire, cet intérêt commun n'existe pas simplement dans l'imagination, en tant qu'« idée générale », mais, en premier lieu, dans la réalité, en tant que mutuelle dépendance des individus entre lesquels le travail est divisé.

C'est précisément en raison de cette opposition entre l'intérêt particulier et l'intérêt commun que celui-ci prend, en tant qu'*État*, une configuration autonome, détachée des intérêts réels, individuels et collectifs, en même temps qu'il se présente comme communauté illusoire, mais toujours sur la base réelle des liens existant dans chaque conglomérat de familles et de tribus, tels que consanguinité, langage, division du travail à une plus grande échelle et autres intérêts ; en particulier, comme nous l'exposerons plus tard, sur la base des classes sociales déjà issues de la division du travail, lesquelles se constituent séparément dans tout agrégat humain de ce genre, et dont l'une domine toutes les autres. Il s'ensuit que toutes les luttes au sein de l'État, la lutte entre la démocratie, l'aristocratie et la monarchie, la lutte pour le suffrage, etc., ne sont que les formes illusoires — le général étant toujours la forme illusoire du communautaire — dans lesquelles les luttes des différentes classes entre elles sont menées (ce dont les théoriciens allemands ne soupçonnent pas un traître mot, bien qu'ils y aient été suffisamment initiés par les *Annales franco-allemandes* et par *La Sainte Famille*) ; il s'ensuit en outre que toute classe qui aspire à la domination — même si cette domination a pour condition, comme c'est le cas pour le prolétariat, l'abolition de toute l'ancienne forme de la société et de la domination en général — doit d'abord s'emparer du pouvoir politique afin de présenter derechef son intérêt comme l'intérêt général, ce à quoi elle est contrainte dès le début[1].

C'est justement parce que les individus poursuivent *uniquement* leur intérêt particulier, qui, à leurs yeux, ne coïncide nullement avec leur intérêt commun, que celui-ci est mis en avant comme un intérêt qui leur est « étranger », et qui est « indépendant » d'eux, bref, comme un intérêt « général » qui est, à son tour, d'une nature particulière et bien à lui ; sans quoi ils doivent eux-mêmes se mouvoir dans ce conflit intérieur, comme c'est le cas dans la démocratie. Du reste, la lutte *pratique* de ces intérêts particuliers constamment opposés aux intérêts communs, *réels* ou illusoires, rend nécessaires l'intervention *pratique* et l'action modératrice de l'illusoire intérêt « général » qui a forme d'État.

Enfin, et la division du travail nous en fournit d'emblée le premier exemple, aussi longtemps que les hommes se trouvent dans la société primitive[2], donc aussi longtemps que subsiste la division entre intérêt particulier et intérêt général, et que l'activité n'est pas divisée volontairement mais naturellement, le propre acte de l'homme se dresse devant lui comme une puissance étrangère qui l'asservit, au lieu que ce soit lui qui la maîtrise. En effet, du moment où le travail commence à être réparti, chacun entre dans un cercle d'activités déterminé et exclusif, qui lui est imposé et dont il ne peut s'évader ; il est chasseur, pêcheur, berger ou « critique critique », et il doit le rester sous peine de perdre les moyens qui lui permettent de vivre. Dans la société communiste, c'est le contraire : personne n'est enfermé dans un cercle exclusif d'activités et chacun peut se former dans n'importe quelle branche de son choix ; c'est la société qui règle la production générale et qui me permet ainsi de faire aujourd'hui telle chose, demain telle autre, de chasser le matin, de pêcher l'après-midi, de m'occuper d'élevage le soir et de m'adonner à la critique après le repas, selon que j'en ai envie, sans jamais devenir chasseur, pêcheur, berger ou critique. Cette activité sociale qui s'immobilise, ce produit de nos mains qui se change en un pouvoir matériel qui nous domine, échappe à notre contrôle, contrarie nos espoirs, ruine nos calculs — ce phénomène-là, c'est un des principaux facteurs de l'évolution historique connue jusqu'ici. La puissance sociale, c'est-à-dire la force productive multipliée résultant de la coopération imposée aux divers individus par la division du travail, apparaît à ces individus — dont la coopération n'est pas volontaire mais naturelle — non comme leur propre puissance conjuguée, mais comme une force étrangère, située en dehors d'eux, dont ils ignorent les tenants et les aboutissants, qu'ils sont donc incapables de dominer et qui, au contraire, parcourt maintenant une série bien particulière de phases et de stades de développement, succession de faits à ce point indépendante de la volonté et de la marche des hommes qu'elle dirige en vérité cette volonté et cette marche [1].

Cette *Entfremdung*, cette « aliénation » — pour être compris des philosophes — ne peut naturellement être surmontée qu'à une double condition *pratique*[1]. Afin qu'elle devienne une puissance « insupportable », c'est-à-dire une puissance contre laquelle on se révolte, il faut, d'une part, qu'elle ait produit des masses d'hommes qui ne possèdent absolument rien, des masses privées de tout. Il faut, en même temps, que cette humanité dénuée contraste avec le monde existant de la richesse et de la culture, ce qui suppose une grande augmentation de la force productive, un haut degré de son développement. D'autre part, ce développement des forces productives (par lequel, simultanément, est déjà donnée la vie empirique présente dans l'existence *historique mondiale* des hommes, et non plus dans leur existence locale) est une condition pratique absolument nécessaire, parce que sans lui seules l'*indigence* et la *misère* deviendraient générales et on verrait fatalement renaître la lutte pour le nécessaire : ce serait le retour de toute la vieille misère. En outre, seul ce développement universel des forces productives permet un commerce *universel* des hommes. C'est pourquoi on voit surgir simultanément la concurrence générale chez tous les peuples, le phénomène de la masse « déshéritée » faisant dépendre chacun d'eux des bouleversements qui se produisent chez les autres. Enfin, à la place des individus provinciaux, cette évolution a fait apparaître des individus réellement universels, dont l'horizon est l'*histoire mondiale*[2]. Sans ce développement, 1° le communisme ne pourrait avoir qu'une existence locale ; 2° les *puissances* de la communication elle-même n'auraient pu devenir des puissances *universelles*, donc intolérables, elles seraient restées les « circonstances » du petit chez-soi superstitieux ; 3° toute extension du commerce des hommes abolirait le communisme d'un seul lieu. Le communisme n'est possible concrètement que comme le fait des peuples dominants, accompli « d'un seul coup » et simultanément, ce qui suppose le développement universel des forces productives et du commerce mondial qui s'y rattache.

Pour nous, le communisme n'est pas un *état de choses* qu'il convient d'établir, un *idéal* auquel la réalité devra se conformer. Nous appelons communisme le mouvement *réel* qui abolit l'état actuel des choses. Les conditions de ce mouvement résultent des données préalables telles qu'elles existent présentement.

Au demeurant, la masse de *purs* travailleurs — force de travail en masse, séparée du capital ou privée des moindres satisfactions — suppose le *marché mondial*, tout comme le suppose la perte de ce travail même par suite de la concurrence, perte plus que temporaire du travail comme source assurée d'existence. Par conséquent, le prolétariat ne peut exister qu'en tant que force *historique et mondiale*, de même que le communisme, action du prolétariat, n'est concevable qu'en tant que réalité « historique et mondiale » ; existence historique et mondiale des individus, cela veut dire que ces individus mènent une existence qui se rattache directement à l'histoire universelle [1].

Sans quoi, comment la propriété, par exemple, aurait-elle pu avoir une histoire et adopter des formes différentes ? Et comment la propriété foncière aurait-elle pu, selon le cas qui se présentait, passer, en France, du morcellement à la centralisation en peu de mains, et, en Angleterre, de la centralisation outrancière au morcellement, comme cela arrive réellement aujourd'hui ? Ou encore, comment se fait-il que le commerce, qui n'est cependant rien d'autre que l'échange des produits d'individus et de pays différents, domine le monde par la loi de l'offre et de la demande, loi qui, comme le déclare un économiste anglais, plane au-dessus de la terre telle l'antique fatalité, et, d'une main invisible, distribue aux hommes heur et malheur, fonde des empires et les détruit, fait naître et disparaître les peuples ? En revanche, avec la suppression de la base, de la propriété privée, avec l'organisation communiste de la production, et l'anéantissement consécutif de l'aliénation qui marque la conduite des hommes vis-à-vis de leur propre produit, la puissance de la loi de l'offre et de la demande est réduite à néant, et les hommes redeviennent maîtres des échanges de la production, de la façon dont ils se conduisent les uns envers les autres.

*

La forme de commerce déterminée à tous les stades historiques par les forces productives disponibles, et les déterminant à leur tour, c'est la *société civile.* Comme il résulte déjà de ce qui précède, cette société a pour préalable et pour fondement la famille simple et la famille composée, ce qu'on appelle le *Stammwesen,* le lignage, dont les caractéristiques plus précises ont été données ci-dessus. On comprend déjà que cette société civile est, en vérité, le creuset et le théâtre de toute histoire, et combien est absurde la traditionnelle conception de l'histoire qui néglige les circonstances réelles et se limite aux faits et gestes politiques retentissants.

Jusqu'ici, nous avons considéré principalement un seul côté de l'activité humaine, à savoir, l'action exercée par l'homme sur la nature. L'autre côté, l'action des hommes sur les hommes...

Origine de l'État et rapport de l'État à la société civile.

La société civile comprend l'ensemble du commerce matériel des individus à un certain stade de développement des forces productives. Elle embrasse la totalité de la vie commerciale et industrielle de ce stade historique et dépasse, dans cette mesure, le cadre de l'État et de la nation ; toutefois, à l'extérieur, elle doit s'affirmer en tant que nation et, à l'intérieur, s'organiser en tant qu'État. Le terme *bürgerliche Gesellschaft*, « société civile », apparut au XVIIIe siècle, quand les rapports de propriété s'étaient déjà dégagés de la communauté antique et médiévale. La société bourgeoise comme telle ne se développe qu'avec la bourgeoisie ; cependant l'organisation sociale issue directement de la production et du commerce, et qui, à toutes les époques, forme la base de l'État comme de toute autre superstructure idéaliste, a été continuellement désignée par le même terme [1].

[Histoire et conscience]

L'histoire n'est rien que la succession des générations, qui viennent l'une après l'autre et dont chacune exploite les matériaux, les capitaux, les forces productives légués par toutes les générations précédentes ; par conséquent, chacune d'elles continue, d'une part, l'activité traditionnelle dans des circonstances entièrement modifiées et, d'autre part, elle modifie les anciennes conditions par une activité totalement différente. Grâce à des artifices spéculatifs, on peut nous faire croire que l'histoire à venir est le but de l'histoire passée. Ainsi, par exemple, on attribue à la découverte de l'Amérique un but, celui d'avoir permis le déclenchement de la Révolution française. Grâce à quoi l'histoire se voit assigner des fins particulières et devient une « personne parmi des personnes » (telles que « Conscience de soi, Critique, Unique », etc.) tandis que ce que l'on désigne par les termes « vocation », « but », « germe », « Idée » de l'histoire antérieure est tout simplement une abstraction de l'histoire ultérieure, une abstraction de l'influence active que l'histoire passée exerce sur l'histoire récente.

Or, plus les diverses sphères qui agissent les unes sur les autres s'étendent au cours de cette évolution, plus l'isolement primitif des diverses nations est détruit par le mode développé de production et de commerce, et par la division du travail qui en résulte spontanément entre les diverses nations ; et plus l'histoire se transforme en histoire mondiale ; aussi, lorsqu'on invente en Angleterre, par exemple, une machine qui réduit au chômage d'innombrables travailleurs dans l'Inde et en Chine, en bouleversant tout le mode d'existence de ces empires, cette invention devient un fait historique d'une portée universelle ; de même le sucre et le café ont démontré leur importance historique et mondiale au XIXe siècle, du fait que la pénurie de ces produits, par suite du blocus continental de Napoléon, incita les Allemands à se soulever contre ce dernier et devint ainsi la base réelle des glorieuses guerres de libération de 1813. Il s'ensuit que cette métamorphose de l'histoire en histoire mondiale n'est nullement un simple acte abstrait de la « Conscience de soi », de l' « Esprit du monde » ou de quelque autre fantôme métaphysique, mais un acte purement matériel, empiriquement démontrable, un acte dont n'importe quel individu, tel qu'il mange, boit et s'habille, est une illustration vivante [1].

Assurément, c'est une donnée tout aussi empirique de l'histoire écoulée que, avec l'extension mondiale des activités, les différents individus ont été de plus en plus asservis à une puissance qui leur est étrangère (oppression qu'ils prenaient parfois pour une brimade du *Weltgeist,* de l'Esprit du monde, etc.), à une puissance qui est devenue de plus en plus massive, pour apparaître finalement comme *marché mondial.* Mais il est tout aussi fondé empiriquement que cette puissance, si mystérieuse pour les théoriciens allemands, s'évanouira après le renversement de l'ordre social existant par la révolution communiste (dont il sera question plus loin), et par l'abolition concomitante de la propriété privée. C'est alors que la libération de chaque individu se réalisera dans la mesure même où l'histoire se sera transformée complètement en histoire mondiale[a]. De tout ce qui vient d'être dit, on comprend que la véritable richesse spirituelle de l'individu dépend entièrement de la richesse de ses relations réelles. C'est seulement ainsi que les individus sont délivrés des diverses barrières nationales et locales, mis en contact pratique avec la production (y compris celle de l'esprit) du monde entier, capables d'acquérir la faculté de jouir de cette production multiforme du globe entier (créations des hommes). Première forme spontanée de la coopération *historique et mondiale* des individus, la dépendance universelle se change, par suite de cette révolution communiste, en contrôle et en maîtrise consciente de ces puissances qui, nées de l'interaction des hommes, les ont dominés et leur en ont jusqu'à présent imposé comme puissances absolument étrangères. Or, de nouveau, cette conception peut être comprise d'une manière spéculative et idéaliste, autrement dit visionnaire, comme « création du genre humain par lui-même » (la « société comme sujet »), en sorte que les générations successives des individus

a. [Marginale de Marx :] Sur la production de la conscience.

liés les uns aux autres se présentent comme un individu unique qui accomplit le mystère de s'engendrer lui-même. Il apparaît ici que les individus, à la vérité, se font *mutuellement*, au physique comme au moral, mais qu'ils ne se font pas eux-mêmes, ni dans le sens absurde de saint Bruno ni dans le sens de l' « Unique », de l'homme « fait [1] ».

Par conséquent, cette théorie de l'histoire a pour objet d'analyser le processus réel de production en partant de la production matérielle de la vie quotidienne [2] ; de concevoir la forme de commerce liée à ce mode de production et engendrée par lui, autrement dit, la société civile à ses différents stades, comme le fondement de toute l'histoire ; de décrire cette société dans son action en tant qu'État, aussi bien que d'expliquer par elle l'ensemble des diverses productions théoriques et formes de la conscience, telles que la religion, la philosophie, la morale, etc. ; d'observer la genèse de la société civile en liaison avec ces formes et créations, ce qui permet alors, naturellement, d'exposer le phénomène dans sa totalité (et aussi l'interaction de ces divers aspects). Il ne lui faut donc pas rechercher une catégorie dans chaque période, comme le fait la conception idéaliste de l'histoire, mais elle demeure toujours sur le *terrain réel de l'histoire*. Comme elle n'explique pas la pratique par l'idée, mais la formation des idées par la pratique matérielle, elle aboutit logiquement à la conclusion que toutes les formes et tous les produits de la conscience peuvent être résolus, non par la critique intellectuelle, en les ramenant à la « Conscience de soi » ou en les transformant en « revenants », en « fantômes », « lubies », etc., mais seulement en bouleversant effectivement les conditions sociales d'où sont issues ces billevesées idéalistes ; bref, ce n'est pas la critique, mais la révolution qui est la force motrice de l'histoire, de la religion, de la philosophie et de toute autre théorie. Elle montre que l'histoire ne prend pas fin en se dissolvant dans la « Conscience de soi » comme « Esprit de l'esprit », mais que chacun de ses stades offre un résultat matériel, une somme de forces productives, une relation historiquement créée avec la nature et entre les individus, dont chaque génération hérite de sa devancière, une masse de forces productives, de capitaux et de circonstances qui, d'une part, sont modifiées, certes, par la nouvelle génération, mais qui lui prescrivent, d'autre part, ses propres conditions d'existence et lui impriment un développement déterminé, un caractère spécifique. Bref, cette conception de l'histoire montre que les circonstances font les hommes tout autant que les hommes font les circonstances. Cette somme de forces productives, de capitaux et de modes de commerce social, que chaque individu et chaque génération trouvent devant eux comme un fait donné, constitue la base réelle de ce que les philosophes se sont représenté en parlant de « Substance » et d'« Essence de l'homme », de ce qu'ils ont exalté et combattu ; fondement réel, qui n'est pas le moins du monde affecté dans ses effets et ses influences sur le développement des hommes du fait que ces philosophes se révoltent contre lui, sous le masque de la « Conscience de soi » ou de l'« Unique ». Il dépend aussi de ces conditions de vie, léguées par les générations successives que la secousse révolutionnaire qui se reproduit périodiquement dans l'histoire soit ou ne soit pas assez puissante pour renverser les fondements de tout l'ordre existant ; et si ces éléments matériels d'un bouleversement total, à savoir, d'une part, les forces productives disponibles et, d'autre part, la formation d'une masse révolutionnaire qui se révolte non seulement contre certaines conditions de la société passée, mais aussi contre l'ancienne « production de la vie » elle-même et contre sa base, l'« activité totale » — si ces éléments-là sont absents, il est tout à fait indifférent pour le développement pratique que l'*idée* de ce bouleversement ait déjà été formulée cent fois : l'histoire du communisme est là pour le démontrer[1].

Ou bien toute l'ancienne théorie de l'histoire n'a pas tenu le moindre compte de cette base réelle de l'histoire ; ou bien elle l'a considérée comme accessoire et sans aucun rapport avec l'évolution historique. Aussi faut-il toujours écrire l'histoire selon une norme qui lui est extérieure. La réelle production vitale ne semble pas relever de l'histoire, tandis que le domaine historique apparaît comme séparé de la vie ordinaire, comme s'il était en dehors ou au-dessus du terrestre. Les relations des hommes avec la nature sont ainsi exclues de l'histoire, ce qui donne lieu à l'opposition de la nature et de l'histoire. C'est pourquoi l'ancienne théorie n'a pu voir dans l'histoire que des faits et gestes politiques, des actions d'éclat et des luttes religieuses, c'est-à-dire théoriques, et elle a dû notamment, pour chaque époque historique, *partager l'illusion de cette époque.* Si, par exemple, une époque s'imagine qu'elle est déterminée par des motifs purement « politiques » ou « religieux », alors qu'en vérité « religion » et « politique » ne sont que les formes de ses motivations réelles, l'historiographie de cette époque accepte cette opinion. L'« imagination », les « idées » de ces hommes-ci au sujet de leur activité réelle sont transformées en cette puissance qui est seule à décider et à agir, et qui, par conséquent, domine et détermine l'attitude pratique de ces hommes. Quand la forme rudimentaire de la division du travail chez les Indiens et chez les Égyptiens fait naître, chez ces peuples, le système des castes dans leur État et dans leur religion, l'historien est d'avis que le système des castes est la puissance qui a produit cette forme sociale rudimentaire. Alors que les Français et les Anglais s'en tiennent du moins à l'illusion politique qui se rapproche encore le plus de la réalité, les Allemands se meuvent dans la sphère de l'« esprit pur » et érigent l'illusion religieuse en force motrice de l'histoire. La philosophie hégélienne de l'histoire est l'ultime conséquence, l'« expression la plus pure » de toute cette historiographie *allemande* dans laquelle il ne s'agit pas d'intérêts réels, pas même d'intérêts politiques, mais de pures idées. Rien d'étonnant si saint Bruno n'y a vu qu'une succession d'« Idées » dont l'une dévore l'autre pour sombrer finalement dans la « Conscience de soi » ; plus conséquent encore est saint Max Stirner, qui ne sait rien de toute l'histoire réelle, et a dû voir dans cette évolution historique une simple histoire de « chevaliers, de brigands et de fantômes » : à leurs visions, il ne sait naturellement échapper que par la *Heillosigkeit*, l'« impiété[a] ». C'est là une conception vraiment religieuse, car elle repose sur la fiction du premier homme, cet être dont procède toute l'histoire et, dans son imagination, elle substitue la production de phantasmes religieux à la production réelle des moyens d'existence et de la vie elle-même. Toute cette conception de l'histoire, y compris sa décomposition et les scrupules et les doutes qui en résultent, est une affaire purement *nationale* des Allemands et n'a qu'un intérêt *local* pour l'Allemagne, comme par exemple l'important problème, souvent débattu ces temps derniers, de savoir comment l'on passe vraiment « du royaume de Dieu au royaume des hommes », comme si ce « royaume de Dieu » avait jamais existé ailleurs que dans l'imagination, et comme si ces doctes messieurs

a. [Marginale de Marx :] L'historiographie dite *objective* consistait justement à séparer les phénomènes historiques et l'activité des hommes. Caractère réactionnaire de cette conception.

ne vivaient pas en permanence, et sans s'en douter, dans le « royaume des hommes », dont ils cherchent à présent le chemin ; et comme si l'amusement scientifique — car qu'est-ce d'autre ? — qu'il y a à expliquer la bizarrerie de cette chimère théorique ne consistait pas, au contraire, à prouver qu'elle doit son origine aux seules circonstances terrestres. Ces Allemands aiment en général à remplacer les absurdités courantes par quelque autre marotte, c'est-à-dire à supposer que tout ce non-sens a bien un *sens* secret qu'il s'agit de découvrir, alors que le seul problème consiste à expliquer cette phraséologie théorique par les conditions réelles existantes. L'effacement réel et pratique de cette phraséologie, l'élimination de ces idées de la conscience humaine, ne sera réalisée, redisons-le, que grâce à un milieu transformé et non par des arguments théoriques. Ces représentations théoriques n'existent pas, pour la masse des hommes, autrement dit pour le prolétariat, et elles n'ont donc pas besoin d'être effacées ; et si cette masse a pu avoir quelques notions théoriques, la religion par exemple, il y a longtemps déjà qu'elles ont été effacées par les circonstances[1].

Que ces théoriciens puissent croire, très sérieusement, que des billevesées telles que « l'Homme-dieu », « l'Homme », etc., ont présidé aux différentes époques de l'histoire, voilà qui confirme le caractère purement national de ces questions et de ces solutions. Notre saint Bruno va même jusqu'à prétendre que « la Critique et les critiques seuls ont fait l'histoire » ; de même, quand ils construisent eux-mêmes des échafaudages historiques, quand ils sautent précipitamment par-dessus tout le passé et passent aussitôt de la « mongolité » à l'histoire vraiment « substantielle », entendons celle des *Hallische Jahrbücher* et des *Deutsche Jahrbücher*, puis à celle de la disparition de l'école hégélienne dans une zizanie générale [1]. Toutes les autres nations, tous les événements réels sont oubliés, le *theatrum mundi,* le théâtre du monde, se limite à la foire aux livres de Leipzig et aux querelles que se livrent la « Critique », l' « Homme » et l' « Unique ». Et si, par hasard, la théorie s'avise d'aborder des thèmes vraiment historiques, disons le XVIIIe siècle, ces théoriciens s'en tiennent à l'histoire des idées, détachées des faits et des développements pratiques qui en constituent le fondement ; et il ne s'agit d'ailleurs, pour eux, que de décrire cette époque comme une étape préliminaire imparfaite, avant-courrière bornée du temps vraiment historique, l'époque de la lutte des philosophes allemands pendant les années 1840-1844. Leur but étant d'écrire une histoire du passé pour faire resplendir avec plus d'éclat la gloire d'un personnage sans envergure et de ses lubies, il est normal qu'ils n'évoquent aucun des événements vraiment historiques, même pas les intrusions réellement significatives de la politique dans l'histoire, et qu'ils offrent, en revanche, un récit fondé non sur des études mais sur des échafaudages et des potins littéraires — exemple saint Bruno dans son *Histoire du XVIIIe siècle,* aujourd'hui oubliée [2]. Emphatiques et arrogants, ces débitants d'idées, qui se croient infiniment au-dessus de tous les préjugés nationaux, sont donc, en fait, beaucoup plus nationaux que ces philistins, piliers de cabaret qui rêvent de l'unité de l'Allemagne. Ils dénient tout caractère historique aux actions des autres peuples, ils vivent en Allemagne, au lieu-dit Allemagne, et pour l'Allemagne, ils transforment la *Chanson du Rhin* en hymne spirituel et font la conquête de l'Alsace et de la Lorraine en pillant la philosophie française et non l'État français, et en germanisant des idées françaises et non des provinces françaises. Comparé aux saints Bruno et Max, qui proclament l'hégémonie mondiale de l'Allemagne dans l'hégémonie mondiale de la théorie, M. Venedey fait figure de cosmopolite[1].

À la lumière de ces explications, on voit combien Feuerbach s'abuse quand[a] il se déclare communiste au moyen de la qualification de *Gemeinmensch*, « homme social », nom qu'il transforme en un prédicat de l' « Homme ». Il se croit ainsi autorisé à transformer, à son tour, en une simple catégorie ce terme de communiste qui désigne, dans le monde d'aujourd'hui, l'adhérent d'un parti révolutionnaire bien déterminé[2]. Tout le raisonnement de Feuerbach concernant les rapports mutuels des hommes tend uniquement à prouver que les hommes ont besoin, et *ont toujours eu besoin*, les uns des autres. Il voudrait que l'on prenne conscience de ce fait et, comme d'autres penseurs, il ne vise qu'à susciter une conscience exacte d'un fait *existant*, alors que le vrai communiste tient, avant tout, à renverser cet ordre existant. Au demeurant, nous reconnaissons sans réserve qu'en s'efforçant d'éveiller précisément la conscience de ce fait-là, Feuerbach va aussi loin que n'importe quel théoricien peut aller sans cesser d'être théoricien et philosophe. Mais il est caractéristique que nos saints Bruno et Max se hâtent de mettre à la place du communiste réel l'image du communiste selon Feuerbach, ce qui leur permet, du moins en partie, de combattre le communisme en tant qu' « esprit de l'esprit », comme catégorie philosophique, bref comme un adversaire d'égal à égal — à quoi s'ajoutent, chez saint Bruno, des intérêts pragmatiques. Cette manière de reconnaître et de méconnaître l'ordre établi, que Feuerbach partage toujours avec nos adversaires, nous en avons un exemple dans ce passage de la *Philosophie de l'avenir* où il démontre que l'exis-

a. *Wigands Vierteljahrsschrift*, 1845, t. II.

tence d'une chose ou d'un homme est identique à son essence, que telles conditions d'existence, tel mode de vie et telle activité d'un individu, qu'il soit animal ou humain, que tout cela constitue la condition du bonheur de son « essence ». Ici, chaque exception est expressément perçue comme un hasard malheureux, comme une anomalie qu'on ne peut changer. Si, donc des millions de prolétaires ne se sentent aucunement satisfaits de leurs conditions de vie, quand leur « existence », leur *Sein*, ne correspond pas le moins du monde à leur « essence », leur *Wesen*, ce serait là, d'après le propos cité, un malheur inévitable, qu'il faudrait supporter sans broncher[1]. Cependant, ces millions de prolétaires ou de communistes en pensent tout autrement, et ils le prouveront quand leur temps sera venu, quand ils rétabliront, de manière pratique, par une révolution, l'harmonie entre leur « existence » et leur « essence ». C'est pourquoi, en présence de ces cas, Feuerbach ne parle jamais du monde des hommes, mais il se réfugie chaque fois dans la nature extérieure, à savoir précisément dans la *Nature* que les hommes n'ont pas encore soumise à leur pouvoir. Mais à chaque nouvelle invention, à chaque progrès de l'industrie, l'homme arrache une nouvelle parcelle à ce domaine, et le terrain propice aux exemples rappelés par Feuerbach se rétrécit de plus en plus. L' « essence » du poisson c'est, pour nous en tenir à ce seul propos, son « existence », c'est-à-dire l'eau. L' « essence » du poisson de rivière, c'est l'eau d'une rivière. Mais cette eau cesse d'être son « essence » et devient pour lui un milieu, désormais inadéquat, dès que l'industrie s'empare de cette rivière, dès qu'elle est polluée par des substances colorantes et d'autres détritus, dès que les navires à vapeur la sillonnent, dès qu'on détourne son eau dans des canaux où l'on peut priver le poisson de son milieu vital, par simple évacuation. Proclamer que toutes ces contradictions sont des anomalies inévitables ne diffère pas, au fond, de la consolation que saint Max Stirner prodigue aux malheureux, en leur disant que cette contradiction est leur propre contradiction, que cette infortune est leur propre infortune ; il reste qu'ils pourraient soit s'y résigner, soit garder pour eux leur propre indignation, soit se révolter contre leur infortune par la fuite dans l'imaginaire. En donnant cette explication, Feuerbach ne diffère pas davantage de saint Bruno, quand il remontre aux mécontents que, s'ils se trouvent dans ces circonstances malheureuses, c'est qu'ils sont restés enfoncés dans la crasse de la « substance », incapables de progresser vers l' « absolue conscience de soi » et de reconnaître ces conditions misérables comme l'esprit de leur esprit[1].

[...] en réalité, pour les matérialistes *pratiques*, c'est-à-dire pour les *communistes*, il s'agit de révolutionner le monde existant, d'attaquer et de transformer pratiquement l'état des choses donné. Si l'on trouve parfois, chez Feuerbach, des idées de ce genre, elles ne vont jamais au-delà d'intuitions isolées, et elles ont une bien trop faible influence sur sa conception générale pour que nous puissions y voir autre chose que des germes susceptibles de développement. La « conception » du monde sensible chez Feuerbach se limite, d'une part, à la pure contemplation de celui-ci et, d'autre part, à la pure sensation ; il dit « l'Homme » au lieu de « l'homme historique réel ». « L'Homme », en réalité, c'est « l'Allemand ». Dans le premier cas, celui de la *contemplation* du monde sensible, il achoppe nécessairement sur des choses qui contredisent à sa conscience et à son sentiment, qui troublent l'harmonie, par lui présupposée, de toutes les parties du monde sensible, celle surtout de l'homme avec la nature. Pour écarter ces choses, il lui faut recourir à une double manière de voir : l'une profane, qui ne s'arrête qu'à « ce qui crève les yeux » ; l'autre supérieure, philosophique, qui saisit la « véritable essence » des choses[a]. Il ne voit pas que le monde sensible qui l'entoure n'est pas une chose donnée immédiatement et de toute éternité, toujours semblable à elle-même, mais le produit de l'industrie et des conditions sociales, et ce au sens de produit historique, de résultat de l'activité de toute une suite de générations dont chacune, s'élevant sur les épaules de la précédente, continue à développer son industrie et son commerce, et modifie son ordre social en fonction du changement des besoins. Il n'est pas jusqu'aux objets de la « certitude sensible » la plus simple qui ne lui soient donnés que par l'évolution sociale, l'industrie et les échanges commerciaux. On sait que, comme presque tous les arbres fruitiers, le cerisier a été transplanté dans nos pays par le *commerce,* il y a quelques siècles à peine ; en sorte que, si Feuerbach a pu en avoir la « certitude sensible », c'est *grâce* à cette action d'une société déterminée, à une époque déterminée.

Au demeurant, et comme on le montrera plus clairement encore par la suite, dans cette conception qui voit les choses en leur réalité actuelle et passée, tout problème philosophique profond se ramène tout simplement à un fait empirique. Ainsi, par exemple, l'importante question des rapports entre l'homme et la nature (ou même, comme le dit Bruno, p. 110, les « antithèses dans la nature et dans l'histoire », comme s'il y allait de deux « choses » dissociées l'une de

a. N. B. : L'erreur de Feuerbach n'est pas de subordonner les choses qui crèvent les yeux, l'*apparence* sensible, à la réalité sensible que l'on constate en examinant soigneusement les faits concrets ; son erreur, c'est plutôt de ne pas venir à bout, en dernier ressort, de cette réalité sans la considérer avec les « yeux », c'est-à-dire les « lunettes » du *philosophe.*

l'autre, comme si l'homme n'avait pas toujours devant lui une nature historique et une histoire naturelle[1]), question qui a fait naître tant d' « ouvrages d'un sublime insondable » sur la « Substance » et la « Conscience de soi », s'évanouit d'elle-même si l'on comprend que la fameuse « unité de l'homme et de la nature » a existé de tout temps dans l'industrie ; qu'elle a existé sur un mode différent à chaque époque et selon que l'industrie y était plus ou moins développée ; et qu'il en sera de même du « combat » de l'homme avec la nature, jusqu'au jour où le développement de ses forces productives se fera sur une base correspondante[2]. L'industrie et le commerce, la production et l'échange des choses nécessaires à la vie conditionnent de leur côté la distribution, la hiérarchie des différentes classes sociales, qui en sont à leur tour conditionnées dans leur mode de fonctionnement — et voilà pourquoi Feuerbach ne voit, à Manchester par exemple, que fabriques et machines là où, pendant des siècles, on ne voyait que rouets et métiers à tisser, ou qu'il ne découvre, dans la campagne romaine, que pâturages et marais là où il n'aurait trouvé, au siècle d'Auguste, que des vignobles et des villas des capitalistes romains. Feuerbach parle surtout de la conception des sciences naturelles, mentionnant des secrets qui ne se dévoilent qu'aux yeux du physicien et du chimiste. Mais où serait la science de la nature sans industrie ni commerce ? Son but, comme ses matériaux, cette « pure » science de la nature les tient elle-même, en premier lieu, du commerce, de l'industrie et de l'activité concrète des hommes. Cette activité, ces incessantes besognes et créations de nos sens, cette production est à ce point le fondement du monde réel tout entier, tel qu'il existe à présent, que si on l'interrompait, ne fût-ce que pour une année, Feuerbach trouverait non seulement une immense transformation dans le monde naturel, mais il regretterait bien vite la disparition de l'humanité tout entière et de sa propre faculté intuitive, voire de sa propre existence. Cela dit, sans doute, la priorité de la nature extérieure subsiste ; sans doute, tout cela ne s'applique aucunement aux premiers hommes créés par *generatio aequivoca ;* mais cette distinction n'a de sens que dans la mesure où l'on considère l'homme comme distinct de la nature. Du reste, cette nature antérieure à l'histoire humaine n'est pas du tout la nature dans laquelle vit Feuerbach ; une telle nature, qui n'existe plus nulle part de nos jours sinon peut-être dans les mers australes, sur quelques atolls d'origine récente, n'existe donc pas davantage pour Feuerbach.

Certes, Feuerbach a sur les matérialistes « purs » le grand avantage de comprendre que l'homme est, lui aussi, un « objet sensible »; mais, de même qu'il le conçoit uniquement comme « objet sensible » et non comme « activité sensible », car, là encore, il s'en tient à la théorie et ne saisit pas les hommes dans leurs rapports sociaux donnés, dans leurs conditions de vie actuelles qui ont fait d'eux ce qu'ils sont ; de même, jamais il n'arrive à l'homme actif et réellement existant ; il s'en tient à une abstraction : l' « Homme », et ne parvient à reconnaître l' « homme réel, individuel, en chair et en os » que dans le sentiment, c'est-à-dire qu'il ne connaît pas d'autres « rapports humains » « de l'homme à l'homme » que ceux de l'amour et de l'amitié — et idéalisés, avec cela. Il ne fait aucune critique des conditions de vie actuelles. Aussi, ne parvenant jamais à saisir le monde sensible comme l'ensemble de l'*activité* sensible et vivante des individus qui le constituent, est-il contraint — en apercevant, par exemple, au lieu d'hommes robustes, une foule famélique de scrofuleux surmenés et poitrinaires — de se réfugier dans la « conception supérieure » et l' « alignement des genres », retombant de la sorte dans l'idéalisme, là même où le communiste matérialiste voit la nécessité et la condition d'une transformation de l'industrie aussi bien que de la structure sociale.

Dans la mesure où Feuerbach est matérialiste, l'histoire n'entre pas en ligne de compte chez lui ; et dans la mesure où il prend l'histoire en considération, il n'est pas matérialiste. Chez lui, matérialisme et histoire sont totalement dissociés, ce qui s'explique, du reste, par ce qui précède [1].

[Classes et idées dominantes]

À toute époque, les idées de la classe dominante sont les idées dominantes ; autrement dit, la classe qui est la puissance *matérielle* dominante de la société est en même temps la puissance *spirituelle* dominante. La classe qui dispose des moyens de la production matérielle dispose en même temps, de ce fait, des moyens de la production intellectuelle, si bien qu'en général, elle exerce son pouvoir sur les idées de ceux à qui ces moyens font défaut. Les pensées dominantes ne sont rien d'autre que l'expression en idées des conditions matérielles dominantes, ce sont ces conditions conçues comme idées, donc l'expression des rapports sociaux qui font justement d'une seule classe la classe dominante, donc les idées de sa suprématie. Les individus qui composent la classe dominante ont aussi, entre autres choses, une conscience et c'est pourquoi ils pensent. Il va de soi que, dans la mesure où ils dominent en tant que classe et déterminent une époque dans tout son champ, ils le font en tous domaines ; donc, qu'ils dominent aussi, entre autres choses, comme penseurs, comme producteurs de pensées ; bref, qu'ils règlent la production et la distribution des idées de leur temps, si bien que leurs idées sont les idées dominantes de l'époque. À un moment, par exemple, et dans un pays où la puissance royale, l'aristocratie et la bourgeoisie se disputent la suprématie et où, par conséquent, le pouvoir est partagé, la pensée dominante se manifeste dans la doctrine de la séparation des pouvoirs que l'on proclame alors « loi éternelle » [1].

Or, la division du travail, dans laquelle nous avons déjà reconnu l'un des facteurs les plus importants de l'histoire [a], prend aussi, dans la classe dominante, la forme de la division du travail intellectuel et du travail matériel, de sorte que, à l'intérieur de cette classe, l'une des parties présente ses penseurs attitrés (les idéologues actifs et conceptifs dont le principal gagne-pain consiste à entretenir l'illusion que cette classe nourrit à son propre sujet), tandis que l'autre partie garde, à l'égard de ces idées et de ces illusions, une attitude plutôt passive et réceptive : ce sont, en réalité, les membres actifs de cette classe, et ils ont moins de loisir pour se faire des illusions et des idées sur eux-mêmes. Cette division peut même dégénérer, au sein de cette classe, en un certain antagonisme, une certaine rivalité entre les deux parties. Toutefois, cette opposition disparaît automatiquement dès qu'un conflit pratique met en danger la classe elle-même. On voit alors disparaître l'illusion que les idées dominantes ne seraient pas les idées des classes dominantes et qu'elles auraient une puissance indépendante du pouvoir de cette classe. L'existence d'idées révolutionnaires à une époque déterminée suppose l'existence préalable d'une classe révolutionnaire, problème dont nous avons déjà dit plus haut l'essentiel [b 2].

Si l'on détache, en observant le déroulement de

a. Cf. *supra*, p. 313 et suiv.
b. Cf. *supra*, p. 327 sq.

l'histoire, les idées dominantes de la classe dominante elle-même ; si on les rend indépendantes ; si l'on se persuade qu'à telle époque telles ou telles pensées ont prévalu, sans se préoccuper des conditions de production ni des producteurs de ces pensées ; bref, si on fait table rase des individus et des circonstances mondiales qui sont à la base de ces pensées, on peut dire, par exemple, qu'au temps où l'aristocratie régnait, c'était les idées d'honneur, de fidélité, etc., qui prédominaient, tandis que sous le règne de la bourgeoisie, c'étaient les idées de liberté, d'égalité, etc. Voilà ce que la classe dominante elle-même se figure le plus souvent. Cette conception commune à tous les historiens, surtout depuis le XVIIIe siècle, aura nécessairement à affronter le phénomène que voici : ce sont des pensées de plus en plus abstraites qui prévalent, c'est-à-dire des pensées qui revêtent de plus en plus la forme de l'universalité. En effet, toute nouvelle classe qui prend la place d'une classe précédemment dominante est obligée, ne serait-ce que pour parvenir à ses fins, de présenter ses intérêts comme l'intérêt commun de tous les membres de la société ; c'est-à-dire, pour parler idées, de prêter à ses pensées la forme de l'universalité, de les proclamer les seules raisonnables, les seules qui aient une valeur universelle. Du fait même qu'elle affronte une autre *classe*, la classe révolutionnaire ne se présente pas comme telle, mais comme porte-parole de l'ensemble de la société, elle apparaît comme la masse totale de la sociéte en face de l'unique classe dominante[a]. Elle peut le faire parce que son intérêt,

a. [Marginale de Marx :] L'universalité correspond : 1° à la classe contre le *Stand*, contre l'ordre ; 2° à la concurrence, au commerce mondial, etc. ; 3° à l'importante force numérique de la classe dominante ; 4° à l'illusion des intérêts communs, illusion initialement vraie ; 5° aux illusions que se font les idéologues, et à la division du travail.

au début, est, en fait, encore plus lié à l'intérêt commun de toutes les autres classes non dominantes, et parce qu'il n'a pas encore pu, sous la pression des circonstances héritées du passé, se développer comme intérêt particulier d'une classe particulière. Aussi son triomphe profite-t-il à nombre d'individus des classes exclues du pouvoir, mais seulement dans la mesure où il leur permet de s'élever et d'entrer dans la classe dominante. En renversant le règne de l'aristocratie, la bourgeoisie française permit à beaucoup de prolétaires de s'élever au-dessus du prolétariat ; mais il leur fallait devenir des bourgeois. C'est pourquoi chaque nouvelle classe ne peut établir sa domination que sur une base plus large que celle de la classe qui dominait précédemment ; alors que, plus tard, se développe, de plus en plus aiguë et de plus en plus profonde, l'opposition de la classe non dominante à la classe désormais dominante. En raison de ces deux phénomènes, le combat à mener contre cette nouvelle classe dominante tend, lui aussi, à nier les conditions sociales existantes, de façon plus décisive et plus radicale que ne pouvaient le faire jusqu'ici toutes les classes avides de domination.

Toute cette illusion que la suprématie d'une certaine classe est seulement la suprématie de certaines idées s'évanouit naturellement dès que la domination d'une classe déterminée cesse définitivement d'être la forme de l'ordre social, donc dès qu'il n'est plus nécessaire de présenter un intérêt particulier comme étant l'intérêt général, ou de présenter « le général » comme dominant.

Une fois que l'on a séparé les pensées dominantes des individus détenteurs du pouvoir, et surtout des conditions sociales qui résultent d'un niveau donné du mode de production ; donc, une fois que l'on s'est persuadé que ce sont les pensées qui dominent toujours dans l'histoire, il est très facile d'abstraire de ces différentes pensées « la Pensée », l'Idée, etc., pour en faire le moteur de l'histoire, et de concevoir ainsi toutes ces diverses pensées et concepts comme des « déterminations de par soi » du *Concept* qui se déploie dans l'histoire. Il est alors naturel que toutes les relations humaines puissent être dérivées du concept de l'homme, de l'homme représenté, de l'essence de l'homme, de l'Homme. Voilà ce qu'a fait la philosophie spéculative. À la fin de *La Philosophie de l'histoire*, Hegel reconnaît lui-même qu'il « a considéré uniquement la progression du *Concept* » et qu'il a présenté dans l'histoire la « *théodicée* véridique » (p. 446)[1]. On peut alors revenir aux producteurs du « Concept », aux théoriciens, idéologues et philosophes, pour en conclure que, de tout temps, les philosophes, les penseurs comme tels, ont dominé dans l'histoire, conclusion qui, on l'a vu, fut déjà énoncée par Hegel. Ainsi, tout le tour d'adresse par lequel on démontre la souveraineté de l'Esprit dans l'histoire (la hiérarchie, selon Stirner) se réduit aux trois efforts que voici :

N° 1. Les idées de ceux qui, pour des raisons empiriques, dans des conditions empiriques et en tant qu'individus physiques, sont les maîtres, ces idées, il faut les séparer de ces maîtres et, par conséquent, reconnaître la suprématie des idées ou des illusions dans l'histoire.

N° 2. Il faut établir un certain ordre dans ce règne des idées, révéler un rapport mystique entre les idées dominantes qui se succèdent ; pour y parvenir, il faut les concevoir comme des « déterminations du concept de par soi » (ce qui, en fait, est possible, par la raison que ces pensées sont réellement liées entre elles par le moyen de leur base empirique ; et que, conçues comme *pures* pensées, elles deviennent des distinctions par soi, des distinctions opérées par la pensée).

N° 3. Pour débarrasser de son aspect mystique, ce « concept se déterminant lui-même », on le transforme en une personne — « la Conscience de soi » — ou, pour se donner des airs franchement matérialistes, en une série de personnes qui représentent « le Concept » dans l'histoire, lesquelles sont « les penseurs », les « philosophes », les idéologues[a]; ceux-ci, à leur tour, sont considérés comme les fabricants de l'histoire, comme le « Conseil des gardiens », les dominateurs. Du même coup, on a éliminé de l'histoire tous les éléments matérialistes, et l'on peut tranquillement lâcher la bride à son coursier spéculatif[1].

Il convient d'analyser cette méthode historiographique, et les raisons de sa prédominance en Allemagne, à partir de ce qui la rattache à l'illusion des idéologues en général, par exemple les illusions des juristes et des politiciens (parmi eux, les hommes d'État en exercice), à partir de ce qui la rattache aux rêveries et aux divagations dogmatiques de ces gens-là ; elle s'explique tout simplement par leur vie et par leur situation pratique, par leurs activités et par la division du travail.

Tandis que, dans la vie quotidienne, tout *shopkeeper*, tout boutiquier sait fort bien distinguer entre ce qu'un individu prétend être et ce qu'il est en réalité, notre historiographie n'est pas encore parvenue à ce savoir banal. Elle croit sur parole tout ce que chaque époque affirme et s'imagine à son propre sujet[2].

[Division du travail et formes de propriété[3]]

Les rapports des différentes nations entre elles dépendent de la proportion dans laquelle chacune a

a. [*Marginale* de Marx :] *L'Homme* : l' « Esprit pensant de l'homme ».

déployé ses forces productives, la division du travail et le commerce intérieur. Ce principe est universellement admis. Or, non seulement les rapports d'une nation avec les autres, mais aussi toute son organisation interne dépendent du degré de développement de sa production et de son commerce intérieur et extérieur. C'est au degré où la division du travail s'accentue que l'on reconnaît avec le plus d'évidence la mesure où les forces productives d'une nation sont déployées. Toute nouvelle force productive, pour autant qu'elle n'est pas un simple élargissement quantitatif des forces productives déjà connues (par exemple le défrichement des terres), entraîne un nouveau perfectionnement de la division du travail.

La division du travail à l'intérieur d'une nation conduit tout d'abord à la séparation du travail industriel et commercial d'avec le travail agricole, d'où la séparation de la *ville* et de la *campagne* et l'opposition de leurs intérêts. Son extension ultérieure conduit à la séparation du travail commercial et du travail industriel. En même temps, avec la division du travail au sein de ces différentes branches, apparaissent à leur tour diverses subdivisions parmi les individus coopérant à des travaux déterminés. L'ordonnance de ces divisions particulières, les unes par rapport aux autres, est déterminée par le mode d'exploitation du travail agricole, industriel et commercial (patriarcat, esclavage, ordres, classes). Les mêmes conditions apparaissent dans les relations entre les différentes nations lorsque les échanges sont plus développés.

Les divers degrés d'extension de la division du travail constituent autant de formes diverses de la propriété ; autrement dit, chaque fois qu'elle atteint un nouveau degré la division du travail détermine aussi le rapports des individus entre eux quant aux matériaux, aux instruments et aux produits du travail.

La première forme de la propriété, c'est la propriété tribale. Elle correspond à ce niveau peu développé de la production où un peuple se nourrit de la chasse et de la pêche, de l'élevage, ou, à la rigueur, de l'agriculture. Ce dernier cas suppose de nombreuses terres en friche. Encore très rudimentaire à ce stade, la division du travail se borne à un élargissement de la division naturelle des tâches propres à la famille. L'organisation sociale se réduit dès lors à une extension de la famille : chefs de la tribu patriarcale avec, au dessous d'eux, les membres de la tribu, puis les esclaves. Latent dans la famille, l'esclavage se développe d'abord, peu à peu, avec l'accroissement de la population et des besoins, puis avec l'extension des contacts extérieurs — qu'il s'agisse de la guerre ou du troc.

La deuxième forme est l'antique propriété communale et publique, laquelle résulte surtout de la réunion, par contrat ou conquête, de plusieurs tribus en une *ville* où l'esclavage subsiste. En même temps que la propriété communale, se développe déjà la propriété privée mobilière et plus tard immobilière, mais comme une forme anormale et subordonnée à la propriété communale. Ce n'est qu'à l'intérieur de leur communauté que les citoyens ont pouvoir sur leurs travailleurs esclaves : les voilà déjà liés à la forme communale de la propriété. C'est la propriété privée communautaire des citoyens actifs qui les astreint, en face des esclaves, à se maintenir sous cette forme d'association naturelle. C'est pourquoi toute l'organisation sociale fondée sur elle, et avec elle le pouvoir du peuple, déclinent dans la mesure même où se développe surtout la propriété privée immobilière. Avec la division du travail plus poussée, nous trouvons déjà l'opposition de la ville et de la campagne ; plus tard, l'opposition entre États, ceux qui représentent l'intérêt des villes et ceux qui représentent l'intérêt des campagnes ; et enfin, à l'intérieur des villes elles-mêmes, l'opposition entre l'industrie et le commerce maritime. Le rapport de classes entre citoyens et esclaves est pleinement constitué.

Avec le développement de la propriété privée apparaissent pour la première fois, mais à une échelle plus étendue, les mêmes rapports que nous retrouvons dans la propriété privée moderne. D'une part, la concentration de la propriété privée qui commença très tôt à Rome (témoin la loi agraire de Licinius[1]) prit une rapide extension avec les guerres civiles, en particulier sous l'Empire ; d'autre part, en liaison avec ce fait, la transformation de petits paysans plébéiens en un prolétariat qui cependant, étant donné sa position mitoyenne entre les citoyens possédants et les esclaves, ne parvint pas à s'épanouir dans l'indépendance.

La troisième forme est la propriété féodale ou propriété dans le régime des ordres, des *Stände*. Si l'Antiquité partait de la *ville* et de son petit territoire, le Moyen Âge partait de la *campagne*. Ce point de départ tenait à la dispersion et à l'éparpillement, sur de vastes espaces, des populations existantes, que les conquérants ne vinrent guère grossir. Contrairement à ce qui se passe en Grèce et à Rome, l'évolution féodale commence donc sur un terrain beaucoup plus étendu, préparé par la conquête romaine et l'extension de l'agriculture qui en résulta initialement. Le déclin de l'Empire romain dans ses derniers siècles et les conquêtes mêmes des Barbares détruisirent une masse de forces productives ; l'agriculture avait sombré, l'industrie dépérissait faute de débouchés, le commerce languissait ou se trouvait interrompu par la violence, la population urbaine et rurale avait diminué. Cet état de choses et le mode d'organisation de la conquête qui en découla développèrent, sous l'influence de la constitution militaire germanique, la propriété féodale. Celle-ci repose, comme la propriété tribale et communale, sur une communauté, sauf que ce ne sont plus les esclaves, comme dans l'Antiquité, mais les petits paysans asservis qui en constituent la classe directement productrice. En même temps que la pleine constitution de la féodalité apparaît l'opposition aux villes. L'organisation hiérarchique de la propriété foncière avec ses suites armées assurait à la noblesse le pouvoir sur les serfs. Cette organisation féodale, tout comme l'antique propriété communale, était une association contre la classe productrice assujettie; seulement, la forme de l'association et les rapports avec les producteurs directs les différenciaient, parce que les conditions de production étaient différentes.

À cette organisation féodale de la propriété foncière correspondait, dans les *villes*, la propriété corporative, organisation féodale des métiers. La propriété y consistait essentiellement dans le travail de chaque individu. La nécessité de s'unir contre la noblesse de rapine associée, le besoin de marchés couverts communs à une époque où le fabricant était en même temps commerçant, la concurrence croissante des serfs évadés qui affluaient vers les villes prospères, l'organisation féodale de tout le pays furent à l'origine des *corporations*. Les petits capitaux, graduellement épargnés par des artisans isolés et dont le nombre était stable au sein d'une population croissante, développèrent le système des compagnons et des apprentis, lequel engendra dans les villes une hiérarchie semblable à celle de la campagne.

D'un côté, la propriété principale, durant l'époque féodale, consistait dans la propriété foncière et le travail des serfs attachés à la glèbe; et, de l'autre, dans le travail individuel muni d'un petit capital et dominant le travail des compagnons. Dans les deux cas, l'organisation était déterminée par des rapports de production bornés — agriculture limitée et rudimentaire, industrie artisanale. À l'apogée de la féodalité, la division du travail fut un phénomène rare. Au sein de chaque pays, ville et campagne s'opposaient. À la vérité, l'organisation en ordres était très précisément articulée, mais, hormis la séparation entre princes, noblesse, clergé et paysans à la campagne, et entre maîtres, compagnons, apprentis et, bientôt aussi, plèbe des journaliers dans les villes, il n'y eut pas de division importante. Ce qui la rendait difficile à la campagne, c'était l'exploitation parcellisée, jointe à l'industrie domestique des paysans eux-mêmes. La division du travail dans l'industrie était nulle au sein des divers métiers, et très faible d'un métier à l'autre. Présente dans les villes anciennes, la division de l'industrie et du commerce ne se produisit que plus tard dans les villes nouvelles, quand les villes commencèrent à nouer des rapports entre elles.

La réunion de pays étendus en royaumes féodaux était une nécessité pour la noblesse terrienne comme pour les villes ; l'organisation de la classe dominante — la noblesse — eut donc partout un monarque à sa tête[1].

*

Toute cette conception de l'histoire semble être démentie par le phénomène de la conquête. Jusqu'à présent, c'est la violence, la guerre, le pillage, le crime crapuleux, etc., qui ont été considérés comme le moteur de l'histoire. Devant nous borner ici aux points essentiels, nous prendrons seulement l'exemple le plus frappant, la ruine d'une vieille civilisation par un peuple barbare et, conjointement, la genèse d'une nouvelle organisation de la société[a]. Pour le Barbare conquérant, la guerre elle-même est encore, comme nous l'avons déjà indiqué, un mode de commerce normal que l'on exploite avec d'autant plus de zèle que l'accroissement de la population, vu le mode de production traditionnel et rudimentaire, seul possible pour ce peuple, suscite le besoin de nouveaux moyens de production. En Italie, au contraire, la concentration de la propriété foncière[b], sa transformation en pâturages[c], firent disparaître à peu près complètement la population libre ; la mort exerça ses ravages parmi les esclaves eux-mêmes, qu'il fallait constamment remplacer par de nouveaux. L'esclavage restait la base de toute la production. Placés entre les hommes libres et les esclaves, les plébéiens ne s'élevèrent jamais audessus du niveau d'un *lumpenproletariat*, d'un sousprolétariat. D'une manière générale, Rome n'excéda jamais les limites de la ville, et ses relations avec les provinces, qui furent presque exclusivement politiques, pouvaient naturellement, à leur tour, être interrompues par des événements politiques.

Rien de plus coutumier que l'idée selon laquelle, jusqu'ici, une seule chose a compté dans l'histoire :

a. Voir Rome et les Barbares, la féodalité et la Gaule, l'empire d'Orient et les Turcs.

b. Concentration provoquée non seulement par l'accaparement et l'endettement, mais encore par l'héritage, étant donné que les vieux lignages s'éteignirent peu à peu, à cause de l'extrême dérèglement de leurs mœurs et de la rareté des mariages, et que leurs biens tombèrent aux mains d'un petit nombre.

c. Cette transformation n'eut pas seulement des causes économiques ordinaires, qui agissent encore de notre temps, mais elle était due aussi à l'importation de blé volé ou extorqué, causant la pénurie de consommateurs pour le blé italien.

prendre. Les Barbares *prirent* l'Empire romain, et c'est le fait de cette prise que l'on invoque pour expliquer la transition du monde ancien à la féodalité. Toutefois, dans la prise opérée par les Barbares, ce qui importe, c'est de savoir si la nation conquise a déployé des forces productives industrielles, comme c'est le cas chez les peuples modernes, ou si ses forces productives reposent principalement sur la seule association et sur la communauté. Le fait de prendre dépend, en outre, de l'objet que l'on prend. La fortune d'un banquier, composée de valeurs-papier, ne peut point être « prise » sans que le preneur se soumette aux conditions de production et de circulation du pays « pris ». Il en est de même de l'ensemble du capital industriel d'un pays industriel moderne. Et finalement, n'importe où, c'en est très vite fait de ces prises, et quand il n'y a plus rien à prendre, il faut bien commencer à produire. De cette nécessité de produire qui se manifeste très tôt, il résulte que la forme de communauté adoptée par les conquérants en train de s'établir doit correspondre au niveau de développement des forces productives déjà existantes ; et si tel n'est pas le cas dès l'abord, elle doit se modifier en fonction des forces productives. On tient ici la clef du phénomène que l'on prétend avoir observé partout au lendemain des grandes invasions, à savoir que l'esclavage fut le maître et que les conquérants n'ont pas tardé à adopter la langue, la culture et les mœurs des peuples conquis.

La féodalité ne fut nullement exportée toute faite d'Allemagne, mais elle eut son origine, du côté des conquérants, dans l'organisation guerrière de l'armée pendant la conquête même, et ce n'est qu'après cette conquête, sous l'influence des forces productives des pays conquis, que cette organisation devint, en se développant, la féodalité proprement dite. Les vaines tentatives d'imposer d'autres formes, issues de réminiscences de l'ancienne Rome, montrent à quel point cette forme féodale dépendait des forces productives[a] [1].

[B. GENÈSE DU CAPITAL ET DE L'ÉTAT MODERNE]

[...[2]] Du premier cas, il résulte le principe d'une division du travail et d'un commerce étendu ; du second, la particularité locale. Dans le premier cas, il faut que les individus soient réunis ; dans le second, ils se trouvent eux-mêmes à côté de l'instrument de production donné, comme instruments de production. Ici apparaît, par conséquent, la différence entre les instruments de production issus de la nature et ceux créés par la civilisation. On peut considérer le *champ* (l'eau, etc.) comme un instrument de production naturel. Dans le premier cas, avec l'instrument de production naturel, les individus sont assujettis à la nature ; dans le second, à un produit du travail. C'est pourquoi, dans le premier cas, la propriété (propriété foncière) apparaît comme immédiatement et naturellement prédominante ; dans le second, c'est le travail qui prédomine, particulièrement le travail accumulé, le capital. Le premier cas présuppose des individus unis par un lien quelconque, par la famille, par le lignage, par le sol lui-même, etc. ; le second, des individus indépendants les uns des autres et réunis uniquement par l'échange. Dans le premier cas, l'échange s'effectue principalement entre les hommes et la nature, le travail des uns s'échangeant contre les produits des

a. Charlemagne, etc. (à poursuivre).

autres ; dans le second, il est, de manière prépondérante, un échange entre les hommes eux-mêmes. Dans le premier cas, l'intelligence moyenne suffit, l'activité corporelle et l'activité spirituelle n'étant encore nullement séparées ; dans le second, il faut que la division entre le travail intellectuel et le travail corporel soit déjà presque accomplie. Dans le premier cas, la domination du propriétaire sur les non-possédants peut reposer sur des rapports personnels, sur une sorte de communauté ; dans le second, elle doit avoir revêtu dans un tiers élément, l'argent, une forme d'objet. Dans le premier cas, la petite industrie existe, certes, mais elle dépend de l'utilisation de l'instrument de production naturel, et il n'y a donc pas répartition du travail entre différents individus ; dans le second cas, l'industrie n'existe que dans la division du travail et par celle-ci.

Jusqu'ici, nous sommes partis des instruments de production et nous avons déjà pu constater, à cette occasion, la nécessité de la propriété privée à certains stades de l'industrie. Dans l'**industrie extractive*, la propriété coïncide encore entièrement avec le travail. Dans la petite industrie et, jusqu'à nos jours, dans toute l'agriculture, la propriété est la conséquence nécessaire des instruments de production existants ; dans la grande industrie, l'opposition de l'instrument de production et de la propriété privée n'en est que le résultat, et il faut qu'elle soit déjà très développée pour produire cet effet. Aussi, c'est seulement avec l'apparition de la grande industrie que l'abolition de la propriété privée devient possible.

*

La plus grande division du travail matériel et du travail intellectuel est la séparation de la ville et de la campagne. L'opposition de la ville et de la campagne commence avec le passage de la barbarie à la civilisation, de l'institution tribale à l'État, de la localité à la nation, et il persiste à travers toute l'histoire de la civilisation jusqu'à nos jours[a]. Avec la ville naît la nécessité de l'administration, de la police, des impôts, etc., bref, du régime communal et, partant, de la politique tout court. C'est là qu'apparaît, pour la première fois, la division de la population en deux grandes classes, qui repose directement sur la division du travail et sur les instruments de production. La ville, c'est déjà le fait de la concentration de la population, des instruments de production, du capital, des modes de consommation, des besoins, tandis que la campagne met en évidence le fait opposé, l'isolement et le démembrement. L'opposition de la ville et de la campagne ne peut exister qu'à l'intérieur de la propriété privée. C'est l'expression la plus flagrante de l'assujettissement de l'individu à la division du travail, à une activité déterminée qu'on lui impose; cette servitude fait de l'un un animal borné de la ville, de l'autre un animal borné de la campagne, et elle ravive chaque jour l'opposition de leurs intérêts. Là encore, le travail est le facteur primordial; c'est une puissance *au-dessus* des individus, et aussi longtemps qu'elle existera, il faudra que la propriété privée existe. La disparition de l'opposition entre la ville et la campagne est l'une des premières conditions de la communauté, condition qui dépend à son tour d'une masse de données matérielles préalables, que la simple volonté ne suffit pas à créer, comme chacun peut le constater au premier coup d'œil. (Il faudra encore préciser ces conditions[1].) La séparation de la ville et de la campagne peut encore être comprise comme séparation du

a. Exemple : l'*Anti-corn-law League*.

capital et de la propriété foncière, comme le début, pour le capital, d'une existence et d'un développement indépendants de la propriété foncière, d'une propriété dont la seule base est le travail et l'échange.

Dans les villes qui, au Moyen Âge, n'étaient pas un legs tout préparé du passé, mais qui se constituèrent toutes neuves grâce à l'afflux des serfs affranchis, le travail particulier de chacun était son unique propriété en dehors du petit capital qu'il apportait, et qui se composait presque exclusivement des outils de première nécessité. La concurrence des serfs fugitifs affluant sans cesse dans les villes, la guerre incessante de la campagne contre les villes et, partant, la nécessité d'une force militaire urbaine bien organisée, le lien que constituait la propriété commune d'un travail déterminé, le besoin de bâtiments communs pour la vente de leurs marchandises, à une époque où les artisans étaient en même temps **commerçants* — d'où la nécessité d'interdire ces bâtiments aux personnes non autorisées —, l'opposition des intérêts des divers métiers entre eux, le besoin d'une défense du métier laborieusement appris et l'organisation féodale de tout le pays : tout cela amena les travailleurs de chaque métier à se grouper en corporations. Nous n'avons pas à nous étendre ici sur les multiples modifications que l'organisation corporative subit par la suite au cours de l'histoire. L'exode des serfs vers les villes se poursuivit sans interruption durant tout le Moyen Âge. Persécutés à la campagne par leurs seigneurs, ces serfs arrivaient un par un dans les villes, où ils se trouvaient impuissants devant une commune organisée ; aussi y étaient-ils contraints de se plier à la position assignée par le besoin que l'on avait de leur travail et par l'intérêt de leurs concurrents urbains, bien organisés. Arrivant individuellement, ces travailleurs ne parvinrent jamais à constituer une force : ou bien leur travail relevait d'un métier juré, nécessitant un apprentissage, et, dans ce cas, les maîtres de jurande les soumettaient à leur loi et les organisaient selon leur intérêt ; ou bien leur métier ne nécessitait pas d'apprentissage, n'avait donc pas de caractère corporatif, mais était un travail de journalier, et dans ce cas ils ne pouvaient jamais se donner une organisation, mais demeuraient une plèbe inorganisée. C'est la nécessité du travail de journalier dans les villes qui a donné naissance à la populace.

Ces villes étaient de véritables « associations » nées du besoin immédiat, du souci de protéger la propriété, et créées en vue de multiplier les instruments de production et les moyens de défense de tous ses membres. Du fait qu'elle se composait d'individus étrangers les uns aux autres, venus séparément et affrontant, eux désorganisés, une puissance organisée, militairement équipée, qui les surveillait jalousement, la plèbe de ces villes était privée de tout pouvoir. Compagnons et apprentis étaient, dans chaque métier, organisés au mieux des intérêts des maîtres ; le rapport patriarcal où ils se trouvaient vis-à-vis de leurs maîtres conférait à ces derniers une double puissance, d'une part en raison de leur influence directe sur toute la vie des compagnons, et ensuite, du fait que ce rapport créait, pour les compagnons employés par un même maître, un véritable lien, qui les unissait face aux compagnons des autres maîtres et les séparait de ces maîtres-là ; et enfin, l'intérêt qu'ils avaient à devenir maîtres à leur tour liait les compagnons à l'ordre existant. Or, tandis que la plèbe réussit au moins à fomenter des émeutes contre l'ordre communal tout entier, qui, cependant, vu l'impuissance de cette plèbe, restèrent sans le moindre effet, les compagnons ne parvinrent qu'à de petites rébellions au sein de certaines corporations, phénomène inhérent au système corporatif. Les grandes révoltes du Moyen Âge partirent toutes de la campagne, mais aussi leur échec fut total : vivant dispersés, les paysans étaient demeurés incultes[1].

Dans ces villes, le capital avait une origine naturelle, se composant de l'habitation, des outils et de la clientèle héréditaire, naturelle ; du fait que le commerce était peu développé et que la circulation était insuffisante, ce capital ne pouvait être réalisé et se transmettait de père en fils. Ce n'était pas, comme le capital moderne, un capital évaluable en monnaie, que l'on peut indifféremment investir dans une chose ou une autre, mais un capital lié directement au travail déterminé de son possesseur, tout à fait inséparable de ce travail, et partant un capital corporatif *(ständisch)*[2].

Même dans les villes, entre les diverses corporations, la division du travail était encore très rudimentaire ; et à l'intérieur des corporations mêmes, entre les ouvriers, elle était tout à fait inexistante. Chaque ouvrier devait être familiarisé avec tout un ensemble de travaux, et il devait savoir exécuter tout ce qu'il était possible de faire avec ses outils ; le commerce restreint et le peu de communication entre les différentes villes, la rareté de la population et la modicité des besoins empêchèrent une division poussée du travail ; et de ce fait, quiconque voulait passer maître devait connaître son métier à fond. Aussi l'on constate que les artisans du Moyen Âge s'intéressent encore à leur métier particulier et y recherchent une habileté qui peut s'élever jusqu'à un certain goût artistique, au demeurant assez borné. Mais c'est aussi la raison pour laquelle, au Moyen Âge, chaque artisan se vouait tout entier à son travail, avait avec celui-ci des rapports sentimentaux de servitude, et en était beaucoup plus dépendant que l'ouvrier moderne, qui n'a qu'indifférence pour son labeur.

L'extension subséquente de la division du travail, ce

fut la séparation entre la production et le commerce, la formation d'une classe particulière de commerçants, séparation qui s'était maintenue dans les villes aux traditions historiques anciennes et qui fut léguée[a] aux villes nouvellement formées : c'est là qu'elle fit bientôt son apparition. La possibilité de relations commerciales dépassant le voisinage immédiat était ainsi donnée, et sa mise en œuvre dépendait des moyens de communication existants, de l'état de la sécurité publique dans les campagnes — lui-même conditionné par les facteurs politiques[b] — et par des besoins plus ou moins rudimentaires ou développés, suivant le niveau culturel atteint par le territoire accessible au commerce. Du jour où le commerce est constitué dans une classe particulière, où des marchands étendent le négoce au-delà des environs immédiats de la ville, une interaction se produit aussitôt entre la production et le commerce. Les villes nouent des relations *entre elles*, de nouveaux outils circulent d'une ville à l'autre, et la division entre la production et le commerce suscite bientôt une nouvelle division de la production entre les différentes villes, chacune exploitant aussitôt une branche d'industrie prédominante. Peu à peu, la limitation primitive du commerce local vient à disparaître[1].

Il dépend uniquement de l'extension du commerce que les forces productives acquises dans un lieu déterminé, notamment les inventions, soient ou ne soient pas perdues pour le développement ultérieur. Tant que le commerce ne dépasse pas encore le voisinage immédiat, toute invention doit être faite dans chaque lieu en particulier, et il suffit de simples hasards, tels que

a. Entre autres, avec les juifs.

b. On sait que pendant tout le Moyen Âge, les marchands voyageaient en caravanes armées.

l'irruption de peuples barbares, voire des guerres ordinaires, pour obliger un pays, dont les forces productives et les besoins sont développés, de repartir de zéro. À l'aube de l'histoire, chaque invention devait être réinventée chaque jour et dans chaque lieu de manière indépendante. Même avec un commerce relativement très étendu, les forces productives développées sont loin d'être à l'abri de la ruine totale, comme en témoigne l'histoire des Phéniciens : leurs inventions furent, en majeure partie, perdues pour longtemps du fait que cette nation fut évincée du commerce par la conquête d'Alexandre et le déclin qui s'ensuivit. Au Moyen Âge, un sort semblable frappa l'art du vitrail, par exemple. C'est seulement quand le commerce a pris une extension mondiale, avec pour base la grande industrie, et que toutes les nations sont entraînées dans les batailles de la concurrence, que la pérennité des forces productives acquises est assurée.

La division du travail entre les différentes villes eut pour conséquence immédiate la naissance des manufactures, branches de production qui brisaient le cadre du système corporatif. Le premier épanouissement des manufactures — en Italie et plus tard dans les Flandres — eut pour antécédent historique le commerce avec les nations étrangères. Dans d'autres pays — l'Angleterre et la France par exemple — les manufactures se limitèrent dès l'abord au marché intérieur. En dehors des conditions indiquées, les manufactures supposent une concentration avancée de la population — surtout à la campagne — et du capital, lequel commençait à s'accumuler dans un petit nombre de mains, soit dans les corporations, malgré les règlements corporatifs, soit chez les commerçants.

Le travail qui, dès le début, dépendait d'une machine, fût-elle la plus rudimentaire, se révéla très vite le plus susceptible d'évoluer. Le tissage, que les paysans pratiquaient jusqu'alors, à la campagne, de manière accessoire, afin de se procurer l'habillement nécessaire, fut le premier travail auquel l'extension du trafic commercial donna une impulsion et un essor important. Le tissage fut et resta la première et principale industrie manufacturière. La demande croissante de tissus pour vêtir une population croissante, l'accumulation et la mobilisation naissantes du capital primitif par suite de la circulation accélérée, le besoin de luxe qui en résulte, favorisé par l'extension progressive du commerce en général, donnèrent au tissage, tant quantitativement que qualitativement, une impulsion qui l'arracha au mode de production traditionnel. À côté des paysans tissant pour leur propre usage, qui se sont conservés et substistent encore, surgit, dans les villes, une nouvelle classe de tisserands, dont les produits étaient destinés à l'ensemble du marché intérieur et aussi, le plus souvent, aux marchés étrangers.

Travail qui, dans la plupart des cas, demande peu d'habileté et qui ne tarde pas à se subdiviser en une infinité de branches, le tissage répugnait, par toute sa nature, aux entraves de la corporation. Aussi fut-il généralement pratiqué dans les villages et les bourgs dépourvus d'organisation corporative, qui devinrent peu à peu des villes et même, très vite, les villes les plus florissantes de chaque pays.

Avec la manufacture libérée des contraintes corporatives, les rapports de propriété, eux aussi, se modifièrent rapidement. Le premier progrès au-delà du capital primitif des corporations s'accomplit par l'apparition des marchands dont le capital fut mobile dès le début : c'était du capital au sens moderne du terme, autant qu'il en puisse être question dans les conditions de l'époque. Le second progrès vint avec la manufacture qui mobilisa, à son tour, une masse de capital primitif et, de manière générale, augmenta la masse du capital mobile par rapport au capital primitif.

Simultanément, la manufacture devint un refuge pour les paysans contre les corporations qui leur fermaient leurs portes ou les payaient mal, tout comme autrefois les corporations urbaines leur avaient servi de refuge contre les propriétaires fonciers.

Les débuts des manufactures furent marqués immédiatement par une période de vagabondage, conséquence de la disparition des suites féodales, du licenciement des armées rassemblées pour servir les rois contre les vassaux, d'une agriculture amendée et de la transformation en pâturages de grandes zones de terres arables. On comprend donc aisément pourquoi ce vagabondage est lié étroitement au déclin de la féodalité. Dès le XIIIe siècle, on constate quelques périodes de ce genre, mais le vagabondage n'apparaît, d'une manière générale et durable, qu'à la fin du XVe siècle et au début du XVIe. Ces vagabonds étaient si nombreux qu'à lui seul Henri VIII en fit pendre 72 000, et ce n'est qu'au prix d'énormes difficultés et sous l'aiguillon du dénuement extrême qu'on réussit, après une longue résistance, à les faire travailler. L'essor rapide des manufactures, surtout en Angleterre, contribua à leur absorption progressive [1].

Avec la manufacture, des rapports de concurrence s'établirent entre les différentes nations et la lutte commerciale fut menée par le moyen de guerres, de tarifs protectionnistes et de lois prohibitives, alors qu'autrefois les nations, pour autant qu'elles entretenaient des contacts, ne pratiquaient entre elles que des échanges paisibles. Dès ce moment, le commerce prit une signification politique.

La manufacture entraîna simultanément une transformation des rapports entre le travailleur et l'employeur. Dans les corporations, le lien patriarcal entre les compagnons et le maître subsistait ; il fut remplacé, dans la manufacture, par le lien d'argent entre le travailleur et le capitaliste ; lien qui, à la campagne et dans les petites villes, conserva sa teinte patriarcale, mais qui, dans les villes manufacturières de quelque importance, perdit très tôt presque toute coloration patriarcale.

L'extension du commerce, par suite de la découverte de l'Amérique et de la route maritime des Indes orientales, donna un essor prodigieux à la manufacture et, d'une façon générale, au mouvement de la production. Les nouveaux produits importés de ces régions et, en particulier, les masses d'or et d'argent jetées dans la circulation modifièrent radicalement la position mutuelle des classes et portèrent un rude coup à la propriété foncière féodale et aux travailleurs ; les expéditions d'aventuriers, la colonisation et, avant tout, la possibilité donnée aux marchés de s'étendre chaque jour, jusqu'à s'amplifier en marché mondial, suscitèrent une nouvelle phase de l'évolution historique dont il n'y a pas lieu, d'une façon générale, de s'occuper ici en détail. Par la colonisation des pays récemment découverts, la lutte commerciale entre les nations reçut un aliment nouveau et, par conséquent, une extension et une exaspération accrues.

L'extension du commerce et de la manufacture accéléra l'accumulation du capital mobile, tandis que, dans les corporations qu'aucun stimulant n'incitait à élargir la production, le capital primitif demeurait stable ou même diminuait. Le commerce et la manufacture créèrent la grande bourgeoisie ; concentrée dans les corporations, la petite bourgeoisie, désormais, ne dominait plus dans les villes comme autrefois, mais devait s'incliner devant la suprématie des grands commerçants et des manufacturiers[a]. D'où le déclin des corporations dès qu'elles entraient en contact avec la manufacture.

Pendant la période dont nous avons parlé, les rapports des nations entre elles, dans leur commerce, prit deux formes différentes. Au début, en raison de la faible quantité d'or et d'argent en circulation, on interdit l'exportation de ces métaux ; quant à l'industrie, devenue nécessaire par suite de l'obligation d'occuper la population grandissante des villes — industrie généralement importée de l'étranger —, elle ne pouvait se passer des privilèges susceptibles naturellement d'être accordés non seulement contre la concurrence intérieure, mais principalement contre la concurrence extérieure. Dans ces prohibitions primitives, le privilège corporatif local fut étendu à l'ensemble de la nation. Les droits de douane proviennent des redevances que les seigneurs féodaux imposaient, comme rachat du pillage, aux marchands qui traversaient leur domaine ; redevances que les villes, elles aussi, imposèrent plus tard, et qui devinrent pour le fisc, lors de l'avènement des États modernes, le moyen le plus commode de se procurer de l'argent.

L'apparition de l'or et de l'argent américains sur les marchés européens, le développement progressif de l'industrie, l'essor rapide du commerce et, par voie de conséquence, l'épanouissement de la bourgeoisie hors jurande et de la monnaie donnèrent à ces mesures une signification nouvelle. L'État devenait chaque jour plus nécessiteux d'argent : il maintint alors, pour des raisons fiscales, l'interdiction d'exporter les métaux précieux ; quant aux bourgeois, qui trouvaient dans ces nouvelles masses de monnaie jetées sur le marché le

a. [*Marginale* de Marx :] Petits-bourgeois. Classe moyenne. Grande bourgeoisie.

principal objet de l'accaparement, ils étaient pleinement satisfaits; les privilèges déjà acquis devinrent une source de revenus pour le gouvernement et furent vendus à prix d'argent; la législation des douanes s'enrichit des taxes à l'exportation, franc obstacle à l'industrie, dont le but était purement fiscal.

La seconde période débuta vers le milieu du XVIIe siècle et dura presque jusqu'à la fin du XVIIIe. Le commerce et la navigation s'étaient développés plus rapidement que la manufacture, qui jouait un rôle secondaire; les colonies commencèrent à devenir de gros consommateurs, les différentes nations se partagèrent, en de longs combats, le marché mondial qui venait de s'ouvrir. Cette période débute avec les lois sur la navigation et les monopoles coloniaux [1]. On élimina, autant que possible, la concurrence entre les nations, au moyen de tarifs douaniers, de prohibitions, de traités; et, en dernière instance, les luttes de concurrence furent menées à leur terme par des guerres (surtout navales). Les Anglais, la nation la plus puissante sur mer, conservèrent la prépondérance commerciale et industrielle. Voilà déjà la concentration sur un seul pays.

Sur le marché intérieur, la manufacture était constamment protégée par des droits de douane; sur le marché colonial, par les monopoles; et sur le marché extérieur, autant que possible, par des taxes différentielles [2]. La transformation des matières brutes produites dans le pays même fut encouragée (laine et lin en Angleterre, soie en France), l'exportation de ces matières fut interdite (laine en Angleterre) et la transformation des matières importées fut négligée ou supprimée (coton en Angleterre). La nation qui dominait le commerce maritime et possédait la puissance coloniale s'assura naturellement aussi la plus grande extension, quantitative et qualitative, de la manufacture. Celle-ci ne peut aucunement se passer de protection, car le moindre changement qui intervient dans d'autres pays risque de lui faire perdre son marché et de la ruiner ; facile à introduire dans un pays où les conditions sont tant soit peu favorables, elle est, de ce fait même, facile à détruire. En même temps, par la manière dont on l'exerçait à la campagne, surtout au XVIIIe siècle, elle est si intimement liée aux conditions de vie d'une grande masse d'individus, qu'aucun pays n'oserait risquer sa propre existence en autorisant la libre concurrence. En vient-elle à exporter, elle dépend donc entièrement de l'extension ou de la limitation du commerce et n'exerce sur lui qu'une pression relativement très faible. De là son importance secondaire au XVIIIe siècle, comparée à l'influence des marchands. Ce furent les marchands, et tout particulièrement les armateurs, qui, plus que quiconque, réclamèrent avec insistance la protection de l'État et les monopoles. Il est vrai que les manufacturiers, eux aussi, demandèrent et obtinrent cette protection, mais ils le cédèrent toujours aux marchands en importance politique. Les villes commerçantes, les villes maritimes en particulier, se civilisèrent passablement et devinrent des villes de grande bourgeoisie, tandis que la petite bourgeoisie se maintenait dans les villes manufacturières[a]. Le XVIIIe siècle fut le siècle du commerce. Pinto est, à ce sujet, on ne peut plus explicite : *« *Le commerce fait la marotte du siècle* » et, « *depuis quelque temps, il n'est plus question que de commerce, de navigation et de marine*[1] ».

Le mouvement du capital s'était sensiblement accéléré : néanmoins, il demeurait encore relativement lent. L'éclatement du marché mondial en parties isolées, dont chacune était exploitée par une nation

a. Cf. Aikin, etc.

particulière ; l'élimination de la concurrence entre les nations ; l'inhabileté de la production elle-même, et un système monétaire encore très rudimentaire, tout cela donnait un grand retard à la circulation. La conséquence en fut un esprit mercantile, mesquin et sordide, qui a marqué tous les marchands et toutes les méthodes et opérations commerciales. À la vérité, en comparaison des manufacturiers et surtout des artisans, c'étaient des *Grossbürger*, de *grands bourgeois ;* mais en comparaison des commerçants et des industriels de la période suivante, ils restent de petits bourgeois[a].

En outre, cette période se caractérise par la levée de l'interdiction d'exporter l'or et l'argent, par la naissance du commerce monétaire, des banques, des dettes publiques, du papier-monnaie, des spéculations en fonds publics et en actions, de l'agiotage sur tous les articles et du développement général du système monétaire. Le capital lui-même perdit une grande partie du caractère primitif dont il était encore empreint.

Au cours du XVIIe siècle, les progrès irrésistibles de la concentration du commerce et de la manufacture dans un seul pays, l'Angleterre, créèrent peu à peu, pour cette nation, un marché quasi mondial, et partant une demande de ses produits manufacturés, que les forces productives de l'industrie traditionnelle ne pouvaient plus satisfaire. Cette demande, en excédant les ressources productives, fut la force d'impulsion qui suscita la troisième période de la propriété privée depuis le Moyen Âge : elle créa la grande industrie fondée sur l'utilisation de forces élémentaires à des fins industrielles, le machinisme et la division du travail à une énorme échelle. Les autres conditions de cette nouvelle

a. Cf. A. Smith.

phase — la liberté de la concurrence à l'intérieur de la nation, le perfectionnement de la mécanique théorique[a], etc. — existaient déjà en Angleterre[b]. La concurrence força bientôt chaque pays jaloux de son rôle historique à protéger ses manufactures par de nouvelles mesures de douane (les anciens tarifs n'étant plus d'aucune efficacité contre la grande industrie) et, peu après, à introduire la grande industrie en l'abritant sous des droits protecteurs. Malgré ces moyens de protection, la grande industrie généralisa la concurrence (qui est pratiquement le libre-échange, les droits protecteurs n'y étant qu'un palliatif, un instrument de défense *à l'intérieur* de la liberté commerciale); établit les moyens de communication et le marché mondial moderne; soumit le commerce à sa domination; transforma tout capital en capital industriel, créant ainsi la circulation et la centralisation rapides des capitaux (le développement du système monétaire). Par la concurrence universelle, elle obligea tous les individus à tendre au maximum leur énergie. Elle fit tout pour anéantir l'idéologie, la religion, la morale, etc., et lorsqu'elle n'y réussit pas, elle les fit passer en un mensonge flagrant. C'est elle qui créa enfin l'histoire universelle, dans la mesure où elle mit sous la dépendance du monde entier chaque nation civilisée et chaque individu de cette nation pour la satisfaction de ses besoins, abolissant ainsi l'isolement primitif et traditionnel de nombreuses nations. Elle subordonna la science de la nature au capital, et ôta à la division du travail l'air de spontanéité et de naturel qui lui restait.

a. La mécanique parachevée par Newton était en fait, au XVIIIe siècle, la science la plus populaire en France et en Angleterre.

b. La libre concurrence à l'intérieur même de la nation dut être partout conquise par une révolution : 1640 et 1688 en Angleterre, 1789 en France.

D'une manière générale, et dans la mesure du possible, elle détruisit à l'intérieur du travail la spontanéité naturelle, et réduisit toutes les relations naturelles à des rapports monétaires. À la place des villes de venue naturelle, elle créa les grandes cités industrielles modernes qui ont poussé à vue d'œil. Partout où elle s'imposa, elle détruisit les métiers manuels et effaça généralement tous les stades antérieurs de l'industrie. Elle consacra la victoire de la ville sur la campagne. Son [aboutissement], c'est le système automatique. Elle engendra une masse de forces productives qui se heurtèrent à l'obstacle de la propriété privée, de même que la manufacture s'était heurtée à la corporation, à l'artisanat en voie de formation et à la petite exploitation rurale. Sous le règne de la propriété privée, ces forces productives ne connaissent qu'un développement partiel ; elles deviennent, pour la plupart, des forces destructrices ; et nombre d'entre elles ne peuvent trouver la moindre application dans la propriété privée. En général, elle produisit partout les mêmes relations entre les classes de la société et anéantit, par là même, ce qu'il y a de particulier dans les diverses nationalités. Et enfin, tandis que la bourgeoisie de chaque nation conserve encore des intérêts nationaux à part, la grande industrie crée une classe dont les intérêts sont identiques dans toutes les nations et pour laquelle la nationalité est déjà abolie, une classe qui s'est vraiment débarrassée du monde ancien et qui, en même temps, lui fait face. Elle rend insupportables au travailleur non seulement ses rapports avec le capitaliste, mais le travail lui-même[1].

Il va de soi que la grande industrie ne parvient pas au même niveau de perfectionnement dans toutes les régions d'un même pays. Toutefois, cela ne suspend pas le mouvement de classe du prolétariat, étant donné que les prolétaires issus de la grande industrie prennent la tête de ce mouvement et entraînent toute la masse avec eux, et que les travailleurs exclus de la grande industrie sont placés par celle-ci dans une situation pire encore que les travailleurs de la grande industrie même. Pareillement, les pays où une grande industrie s'est constituée agissent sur les pays **plus ou moins* dépourvus d'industrie, dans la mesure où ceux-ci sont entraînés par le commerce mondial dans la concurrence universelle.

Ces divers phénomènes révèlent autant de formes de l'organisation du travail et, partant, de la propriété. À toutes les époques, il s'est produit une concentration des forces productives existantes en fonction des besoins qui l'ont rendue nécessaire.

[Conflits sociaux et révolution]

Ce conflit entre les forces productives et le mode de commerce, qui, on l'a vu, s'est déjà manifesté à plusieurs reprises dans l'histoire passée, sans pour autant en mettre en péril les fondements, devait chaque fois éclater dans une révolution, tout en revêtant une variété de formes secondaires, comme totalité de heurts, comme heurts de différentes classes, comme conflit de la conscience, combat d'idées, etc., combat politique, etc. D'un point de vue borné, on peut alors détacher un de ces phénomènes secondaires et le considérer comme la base de ces révolutions, ce qui est d'autant plus facile que les individus qui prenaient l'initiative des révolutions se faisaient eux-mêmes des illusions sur leur propre activité, selon leur degré de culture et le palier de l'évolution historique.

Tous les heurts de l'histoire ont donc, d'après notre conception, leur origine dans le conflit des forces productives et du mode de commerce. Au demeurant, pour conduire à des heurts dans un pays, il n'est pas nécessaire que ce conflit soit poussé à bout dans ce pays même. La concurrence avec des pays où l'industrie est plus développée, par suite d'une extension du commerce international, suffit pour produire un conflit analogue même dans les pays où l'industrie est moins développée[a].

Tout en les rassemblant, la concurrence isole les individus les uns des autres, non seulement les bourgeois, mais davantage encore les prolétaires. C'est pourquoi, un temps assez long s'écoule avant que ces individus puissent s'unir, sans parler du fait que, pour ne pas rester purement local, cette union nécessite la création préalable, par la grande industrie, des moyens indispensables, tels que les grands centres industriels et les voies de communication rapides et bon marché; c'est pourquoi il faut de longs combats pour vaincre tout pouvoir organisé en face de ces individus isolés et vivant dans des conditions qui produisent chaque jour à nouveau l'isolement. Vouloir le contraire reviendrait à exiger que la concurrence cesse d'exister dans la présente phase de l'histoire ou que les individus chassent de leur esprit des conditions dont ils ne sont pas les maîtres, eux qui sont isolés.

*

Habitat. Chez les primitifs, il va de soi que chaque famille possède sa propre caverne ou cabane, comme chaque famille, chez les nomades, possède séparément sa tente. Cette économie domestique isolée est encore rendue plus nécessaire par le développement ultérieur de la propriétée privée. Chez les peuples agriculteurs,

a. En Allemagne, par exemple, le prolétariat en puissance fait son apparition par suite de la concurrence de l'industrie anglaise[1].

l'économie domestique commune est tout aussi impossible que l'exploitation commune du sol. L'apparition de la ville représente un grand progrès. Cependant, dans toutes les périodes passées, la suppression de l'économie isolée, inséparable de la suppression de la propriété privée, était impossible tout simplement parce que les conditions matérielles faisaient défaut. L'organisation d'une économie domestique commune présuppose le développement du machinisme, l'utilisation des forces naturelles et de nombreuses autres forces productives, par exemple les canalisations, l'éclairage au gaz, le chauffage à la vapeur, etc. Fin de l'opposition entre la ville et la campagne. Sans ces conditions, l'économie sociale ne pourrait pas être elle-même une nouvelle force productive ; elle manquerait de toute base matérielle et reposerait sur une base purement théorique ; bref, elle serait une simple marotte, et elle aboutirait tout au plus à l'économie monastique. Les possibilités qui s'offraient ainsi apparaissent quand on se rassemble dans les villes et quand on construit des maisons communes à des fins bien déterminées (prisons, casernes, etc.). Il va de soi que disparition de l'économie isolée et disparition de la famille sont inséparables.

[Genèse de la bourgeoisie]

Au Moyen Âge, dans chaque ville, force était aux citadins de s'unir contre la noblesse campagnarde pour défendre leur existence ; l'extension du commerce, l'établissement des communications amenèrent chaque ville à lier connaissance avec d'autres villes qui avaient fait triompher les mêmes intérêts dans la lutte contre le même adversaire. Peu à peu, les nombreuses *Bürgerschaften*, « bourgeoisies » locales, donnèrent enfin naissance à la *classe* des *Bürger*, des « bourgeois ». Par réaction contre les conditions existantes, et par le mode de travail qu'elles nécessitaient, les conditions de vie des citadins pris en particulier devinrent en même temps des conditions communes à tous et indépendantes de chacun en particulier. Les *Bürger*, les « bourgeois », avaient créé ces conditions dans la mesure où ils s'étaient libérés des liens féodaux, et ils avaient été créés par elles dans la mesure où ils étaient contraints de s'opposer à la féodalité qu'ils trouvaient devant eux. Une fois établie la liaison entre les différentes villes, ces conditions communes se constituèrent en conditions de classe. Les mêmes conditions, la même opposition, les mêmes intérêts devaient aussi, dans l'ensemble, susciter partout les mêmes mœurs. La bourgeoisie elle-même se constitue en même temps que ses propres conditions, petit à petit ; puis se scinde, selon la division du travail, en différentes fractions, et absorbe finalement toutes les anciennes classes possédantes, dans la mesure où toute propriété existante est transformée en capital industriel ou en capital commercial (tandis qu'elle suscite une nouvelle classe, le prolétariat, majorité de l'ancienne classe non possédante et partie de l'ancienne classe possédante)[a]. Les individus isolés ne constituent une classe qu'autant qu'ils ont à mener une lutte commune contre une autre classe ; au demeurant, eux-mêmes s'affrontent hostilement dans la concurrence. De l'autre côté, la classe se rend à son tour indépendante des individus, de sorte que ceux-ci trouvent leurs conditions d'existence déjà préétablies, se voient imposer par la classe leur place dans la vie, et

a. [Marginale de Marx :] La bourgeoisie absorbe en premier lieu les branches de travail relevant directement de l'État, et ensuite tous les ordres plus ou moins idéologiques.

partant leur évolution personnelle : les individus sont subordonnés à la classe. C'est le même phénomène que l'assujettissement des individus isolés à la division du travail, et il ne peut être supprimé que par l'abolition de la propriété privée et du travail lui-même. La manière dont cet assujettissement des individus à leur classe se change en assujettissement à toutes sortes d'idées, etc., nous l'avons déjà indiqué à plusieurs reprises[1].

Quand on considère sur le mode *philosophique* cette évolution des individus dans les conditions d'existence communes des ordres et des classes se succédant historiquement, et dans les idées générales qui leur sont donc imposées, on peut, certes, s'imaginer facilement que ce qui a évolué dans ces individus, c'est le Genre ou l'Homme, ou que ce sont eux qui ont constitué l'Homme : imagination qui vaut à l'histoire quelques rudes soufflets. On peut alors concevoir ces différents ordres et classes comme des spécifications de l'expression générale, des variantes du Genre, des phases de l'évolution de l'Homme[a].

Cet assujettissement des individus à des classes déterminées ne pourra être aboli avant que se soit formée une classe qui n'a plus d'intérêt particulier de classe à faire prévaloir contre la classe dominante[2].

Rapport de l'État et du droit à la propriété[3]

Dans le monde antique comme au Moyen Âge, la première forme de la propriété, c'est la propriété

a. L'idée, fréquente chez saint Max, que c'est grâce à l'État que chaque individu est ce qu'il est ressemble au fond à cette autre idée, selon laquelle le bourgeois n'est qu'un exemplaire du genre bourgeois, proposition qui présuppose que la classe des bourgeois a déjà existé avant les individus qui la constituent. [Marginale de Marx :] Préexistence de la classe chez les philosophes.

tribale; chez les Romains, elle est principalement l'effet de la guerre; chez les Germains, elle dépend de l'élevage. Étant donné que chez les peuples antiques plusieurs tribus cohabitent dans une même ville, la propriété tribale apparaît comme propriété d'État, le droit de l'individu y étant la simple *possessio*, la possession qui, toutefois, se limite, comme la propriété tribale en général, à la seule propriété foncière. La propriété privée proprement dite commence, chez les Anciens comme chez les peuples modernes, avec la propriété mobilière[a]. Chez les peuples qui sortent du Moyen Âge, la propriété tribale se développe ainsi à travers différentes phases — propriété foncière féodale, propriété mobilière corporative, capital des manufactures — jusqu'au capital moderne, qui dépend de la grande industrie et de la concurrence universelle : c'est la propriété privée à l'état pur, qui a dépouillé toute apparence de communauté et qui a éliminé toute influence de l'État sur la constitution de la propriété. C'est à cette propriété privée moderne que correspond l'État moderne, dont les propriétaires privés ont fait peu à peu l'achat au moyen des impôts, qui leur est dévolu complètement grâce au système des dettes publiques et dont l'existence dépend désormais entièrement, par le jeu de la hausse et de la baisse des valeurs d'État à la Bourse, du crédit commercial que les propriétaires privés, les bourgeois, lui accordent. Le seul fait qu'elle soit une *classe* et non plus un *ordre*, un *Stand*, contraint la bourgeoisie à s'organiser à l'échelle non plus locale, mais nationale, et à donner une forme générale à ses intérêts communs réduits à la moyenne. La propriété privée s'étant libérée de la communauté, l'État a acquis une existence particu-

a. Esclavage et communauté. *Dominium ex jure Quiritum*, propriété conforme au droit civil romain.

lière à côté et en dehors de la société civile ; mais il n'est rien de plus que la forme de l'organisation que les bourgeois sont forcés de se donner, tant à l'extérieur qu'à l'intérieur, pour garantir mutuellement leur propriété et leurs intérêts. À notre époque, l'autonomie de l'État ne subsiste que dans les pays où les ordres ne se sont pas encore entièrement transformés en classes et où, après avoir été éliminés dans les pays plus avancés, ils continuent à jouer un rôle et où tout s'entremêle ; par conséquent, dans les pays où aucune partie de la population ne peut assurer sa domination sur les autres. C'est, en particulier, le cas de l'Allemagne. Le modèle achevé de l'État moderne, c'est l'Amérique du Nord. Des auteurs récents, français, anglais et américains, soutiennent tous que l'État existe uniquement en vue de la propriété privée, si bien que cette thèse est même passée dans la conscience de tout le monde.

Étant donné que l'État est la forme par laquelle les individus d'une classe dominante font valoir leurs intérêts communs, la forme dans laquelle l'ensemble de la société civile d'une époque se résume, il s'ensuit que toutes les institutions communes sont médiatisées par l'État, reçoivent une forme politique. D'où l'illusion que la loi repose sur la volonté, plus exactement sur la volonté *libre*, détachée de sa base réelle. De même alors, le droit est réduit de nouveau à la loi[1].

Le droit privé et la propriété privée se développent simultanément grâce à la dissolution de la communauté primitive. Le mode de production des Romains étant resté le même, la constitution de la propriété privée et du droit privé n'entraîna chez eux aucune autre conséquence industrielle ni commerciale[a]. Chez

a. [Marginale d'Engels :] (Usure !)

les peuples modernes, la dissolution de la communauté féodale par l'industrie et le négoce marqua, avec la naissance de la propriété privée et du droit privé, une phase nouvelle qui annonçait de nouveaux progrès. Ainsi la ville d'Amalfi, qui fut la première à mener un commerce étendu sur mer, fut aussi la première à perfectionner le droit maritime. En Italie d'abord, et plus tard dans d'autres pays, dès que l'industrie et le commerce eurent donné un nouvel essor à la propriété privée, le droit privé romain, déjà perfectionné, fut aussitôt repris et élevé à l'autorité. Plus tard, quand la bourgeoisie eut acquis assez de puissance pour amener les princes à se charger de ses intérêts, afin de renverser, avec l'aide de la bourgeoisie, la noblesse féodale, la véritable constitution du droit commença partout (en France, au XVIe siècle) ; laquelle s'accomplit dans tous les pays, à l'exception de l'Angleterre, sur la base du code romain. En Angleterre aussi, il fallut adopter certains principes du droit romain pour perfectionner encore le droit privé (surtout en matière de propriété mobilière)[a].

Dans le droit privé, les rapports de propriété existants sont définis comme résultats de la volonté générale. Le *jus utendi et abutendi* lui-même, le droit d'usage sans restriction, exprime, d'une part, le fait que la propriété privée est devenue tout à fait indépendante de la communauté et, d'autre part, l'illusion que la propriété privée elle-même repose sur la seule volonté privée, sur le droit de disposer tout à fait librement de l'objet. Dans la pratique, *abuti*, l'abus, a des limites économiques bien précises pour le propriétaire privé, pour peu qu'il ne veuille pas voir sa propriété, et avec elle son *jus abutendi*, son droit

a. Ne pas oublier que, pas plus que la religion, le droit ne possède une histoire qui lui soit propre.

d'abuser, passer dans d'autres mains ; car enfin, l'objet, considéré simplement par rapport à sa volonté, n'est même pas un objet, mais ne devient objet, une propriété réelle, que dans le commerce, et indépendamment du droit (un *Verhältnis*, un *rapport* que les philosophes appellent une « idée »)[a]. Au cours de la constitution ultérieure des rapports de propriété, cette illusion juridique, qui réduit le droit à la seule volonté, aboutit nécessairement à ce résultat que quelqu'un peut avoir un titre juridique à une chose sans avoir réellement la chose. Si, par exemple, la rente d'un bien-fonds se trouve supprimée par la concurrence, le propriétaire conserve bien son titre juridique, le *jus utendi et abutendi* y compris. Mais il ne peut rien en faire, il ne possède rien en tant que propriétaire foncier, à moins de posséder en outre suffisamment de capital pour exploiter sa terre. Cette même illusion des juristes explique que, pour eux comme pour tout code juridique, le fait que des individus entrent en relations les uns avec les autres (par exemple, dans des contrats) est purement accidentel, et que ces rapports passent pour être de ceux auxquels on peut à volonté souscrire ou ne pas souscrire, et dont le contenu repose entièrement sur le caprice individuel des parties contractantes.

Toutes les fois que le développement de l'industrie et des échanges a produit de nouvelles formes de commerce, par exemple des compagnies d'assurances, etc., le droit s'est trouvé dans la nécessité de les admettre parmi les modes d'acquisition de la propriété[1].

a. [Marginale de Marx :] *Pour les philosophes, le rapport = idée.* Ils ne connaissent que le rapport de « l'Homme » à lui-même, et c'est la raison pour laquelle toutes les relations réelles deviennent pour eux des idées.

[Vers l'abolition du travail et de l'État[1]*]*

Pour mettre fin à la transformation, par la division du travail, des aptitudes (relations) personnelles en puissances matérielles, il ne suffit pas de chasser de sa tête l'idée générale de ce phénomène ; on n'y parviendra que si les individus reprennent leur maîtrise sur ces puissances matérielles et abolissent la division du travail[a]. Voilà qui est impossible sans la communauté. Car c'est seulement dans la communauté qu'existent pour chaque individu les moyens de cultiver ses dispositions dans tous les sens ; c'est donc uniquement dans la communauté que la liberté personnelle devient possible. Dans les succédanés traditionnels de la communauté, dans l'État, etc., la liberté personnelle n'existait *que pour les individus* façonnés dans les conditions de la classe dominante et pour autant qu'ils appartenaient à cette classe. L'apparence de communauté que les individus ont pu former jusqu'ici s'est toujours érigée en face d'eux en puissance indépendante ; simultanément, étant l'union d'une classe en face d'une autre, elle était, pour la classe dominée, non seulement une communauté tout à fait illusoire, mais aussi une nouvelle chaîne. Dans la communauté réelle, les individus acquièrent leur liberté à la fois dans et par leur association[2].

Les individus ont toujours évolué à partir d'eux-mêmes, mais, naturellement, dans les limites de leurs conditions et de leurs relations historiques données, non en fonction de l'individu « pur », tel que l'entendent les idéologues. Toutefois, au cours du développement historique et précisément en raison du fait, inévitable à l'intérieur de la division du travail, que les

a. [Marginale d'Engels :] (Feuerbach : Existence et essence.)

rapports sociaux s'immobilisent, une différence s'établit entre la vie de chaque individu selon qu'elle est personnelle, et selon qu'elle est subordonnée à une branche quelconque de travail et aux conditions de ce travail. Ce n'est pas que le rentier ou le capitaliste, par exemple, cessent d'être des personnes ; mais leur personnalité est entièrement conditionnée et déterminée par des rapports de classe bien définis, et la différence n'apparaît que dans l'opposition à une autre classe et ne se révèle à eux-mêmes qu'au moment où ils font faillite. Dans l'ordre corporatif (et plus encore dans la tribu) ce phénomène est encore caché ; un noble, par exemple, reste toujours un noble, un roturier reste toujours un roturier, qualité inséparable de son individualité, quelles que soient ses autres conditions. L'individu personnel différencié de l'individu de classe, la contingence des conditions de vie pour l'individu, n'intervient qu'avec l'apparition de la classe qui est elle-même un produit de la bourgeoisie. La concurrence des individus qui s'affrontent fait naître et développe cette contingence comme telle. C'est pourquoi les individus s'imaginent être plus libres sous le régime bourgeois qu'autrefois, leurs conditions de vie étant livrées au hasard ; mais, en réalité, ils sont naturellement moins libres, car ils sont plus assujettis à la puissance des choses matérielles. Cette différence entre l'ordre corporatif et la classe se manifeste surtout dans l'opposition entre la bourgeoisie et le prolétariat. Lorsque, face à la noblesse de campagne, surgirent l'ordre, le *Stand,* des « bourgeois » citadins, des *Bürger,* les corporations, etc., alors leur source d'existence — la propriété mobilière et le travail artisanal, en puissance dès avant leur séparation d'avec le groupement féodal — apparut comme un élément positif que l'on fit valoir contre la propriété foncière féodale, et qui prit aussi, dès l'abord, la forme féodale, selon sa propre manière. Les serfs fugitifs considéraient évidemment leur servage d'hier comme un fait accidentel, étranger à leur personnalité. En quoi ils agissaient exactement comme le fait toute classe qui se délivre d'une chaîne ; et puis, ce n'est pas en tant que classe qu'ils s'affranchissaient, mais en tant qu'individus. En outre, ils ne sortaient pas du système des ordres ; au contraire, ils formèrent un nouvel ordre tout court, et conservèrent leur ancien mode de travail jusque dans leur situation nouvelle, en le perfectionnant sans cesse et en le débarrassant des entraves traditionnelles, car elles n'étaient plus conformes aux progrès qu'ils avaient déjà faits.

Chez les prolétaires, au contraire, leur propre condition de vie, le travail, et partant toutes les conditions d'existence de la société actuelle sont devenues pour eux pure chose du hasard, de quoi, individuellement, les prolétaires ne sont nullement maîtres, sur quoi aucune organisation *sociale* ne peut leur donner de maîtrise. Et le contraste entre la personnalité du prolétaire individuel et la condition de vie qui lui est imposée, à savoir le travail, n'échappe nullement au prolétaire lui-même, et cela d'autant moins que, dès son jeune âge, il est sacrifié, et qu'il n'a aucune chance de parvenir, à l'intérieur de sa classe, aux conditions qui le placeraient dans l'autre classe [1].

N. B. — Rappelons que la seule nécessité d'exister et l'impossibilité de la grande exploitation qu'entraîna l'attribution d'allotissements aux serfs, réduisirent très tôt les obligations de ceux-ci envers le seigneur féodal à une moyenne de prestations en nature et de corvées ; cette situation permit au serf d'amasser une certaine propriété mobilière, facilitant ainsi son évasion du domaine de son seigneur et lui offrant la possibilité de subsister comme citadin, comme *Stadtbürger ;* d'où également une hiérarchie parmi les serfs, si bien que les fuyards sont déjà des demi-bourgeois. On comprend donc facilement que les serfs ayant un métier avaient le plus de chances d'acquérir des biens mobiliers.

Par conséquent, tandis que les serfs fugitifs voulaient seulement développer et affirmer librement leurs conditions de vie déjà existantes, et n'aboutirent, en fin de compte, qu'au travail libre, les prolétaires doivent, eux, pour faire valoir leur personnalité, abolir la condition d'existence qui fut jusqu'ici la leur, et qui est en même temps celle de toute l'ancienne société : ils doivent abolir le travail. C'est pourquoi ils se trouvent en opposition directe avec l'État, forme sous laquelle les individus de la société se sont donné jusqu'à présent une expression collective; et ils doivent renverser l'État pour affirmer leur personnalité[1].

*

Il résulte de toute l'analyse précédente que le lien commun que les individus d'une classe nouaient entre eux, et que nécessitaient leurs intérêts communs face à un tiers, fut toujours une communauté à laquelle ces individus appartenaient uniquement comme individus moyens, autant qu'ils vivaient dans les conditions d'existence de leur classe : relation à laquelle ils participaient non en tant qu'individus, mais en tant que membres d'une classe. Au contraire, dans la communauté des prolétaires révolutionnaires qui placent sous leur maîtrise tant leurs propres conditions d'existence que celles de tous les membres de la société, c'est exactement l'inverse qui se produit : les individus y participent en tant qu'individus. C'est justement l'association des individus (naturellement, dans les limites des forces productives telles qu'elles sont présentement constituées) qui soumet à son autorité les conditions du libre épanouissement et du libre mouvement des individus, conditions qui avaient été jusque-là livrées au hasard, et qui s'étaient figées en face des individus, précisément du fait de leur séparation en tant qu'individus et de leur union nécessaire. Imposée par la division du travail, celle-ci est devenue, en raison de leur séparation, un lien étranger à eux-mêmes. Jusqu'à nos jours, l'union n'était nullement volontaire — comme la décrit, par exemple, le **Contrat social* — mais une association dictée par la nécessité (comparer, par exemple, la formation de l'État de l'Amérique du Nord et les républiques de l'Amérique du Sud) en vue de fixer les conditions dans lesquelles les individus pouvaient jouir de la contingence. C'est ce droit de pouvoir jouir sans trouble des contingences dans certaines conditions que l'on a appelé, jusqu'à ce jour, « liberté personnelle ». — Ces conditions d'existence, ce sont, naturellement, les forces productives et les modes de commerce propres à chaque époque, et rien d'autre [1].

[CONCLUSION : VERS LA COMMUNAUTÉ DES INDIVIDUS COMPLETS [2]]

Ce qui distingue le communisme de tous les mouvements connus jusqu'ici, c'est qu'il bouleverse les fondements de tous les rapports de production et de commerce traditionnels et que, pour la première fois, il traite de manière consciente toutes les données naturelles préalables comme des créations des générations passées, en les dépouillant de leur caractère primitif et en les soumettant à la puissance des individus associés. C'est pourquoi son institution est essentiellement économique ; elle est l'établissement matériel des conditions de cette association ; des conditions existantes, elle fait les conditions de l'association. L'existence créée par le communisme est précisément la base réelle qui permet de rendre impossible qu'aucune existence soit indépendante des individus, pour autant que l'état existant n'est encore que le produit du commerce traditionnel des individus. Par conséquent, les communistes traitent pratiquement les conditions résultant de l'ancien mode de production et de commerce comme des conditions inorganiques, sans toutefois s'imaginer que le projet ou la destination des générations passées aient été de leur fournir des matériaux, et sans croire que ces conditions aient été inorganiques aux yeux des individus qui les ont créées. La différence entre un individu personnel et un individu contingent n'est pas le fait d'une distinction conceptuelle, mais un fait historique. Cette distinction revêt un sens différent selon les époques, par exemple le *Stand,* l'ordre considéré comme accidentel pour l'individu au XVIIIe siècle, et, **plus ou moins,* la famille, elle aussi. Ce n'est pas à nous de faire cette distinction pour chaque époque, c'est chaque époque qui l'établit elle-même parmi les différents éléments dont elle hérite ; elle la fait non d'après le concept, mais contrainte par les conflits matériels de l'existence. Ce qui, par opposition à l'époque antérieure, apparaît comme fortuit à l'époque postérieure, même parmi les éléments dont elle s'est trouvée héritière, c'est une forme du commerce humain qui correspondait à un développement déterminé des forces productives. Le rapport des forces productives à la forme de commerce est le rapport de la forme de commerce à l'activité ou à l'affirmation des individus[a]. Les conditions dans les-

a. La forme fondamentale de cette affirmation individuelle est naturellement la forme matérielle dont dépend toute autre forme

quelles les individus communiquent entre eux, tant que le conflit ne s'est pas encore produit, sont des conditions qui relèvent de leur individualité, et elles ne constituent donc, pour eux, rien d'extérieur ; elles sont les seules qui permettent à ces individus déterminés, vivant dans une situation déterminée, d'assurer leur existence matérielle et de produire tout ce qui s'y rattache. Par conséquent, ce sont les conditions de leur activité personnelle et elles en sont aussi le produit[a]. La condition déterminée sous laquelle les individus produisent correspond donc, aussi longtemps que le conflit ne s'est pas encore manifesté, à leur réelle dépendance, à leur existence bornée dont la grisaille ne se révèle qu'avec l'avènement de l'antagonisme et n'existe donc que pour ceux qui vivront plus tard. Cette condition est alors ressentie comme une entrave accidentelle, et l'on prétend alors que l'époque antérieure avait elle aussi conscience d'être soumise à cette entrave[1].

Ces conditions diverses, qui apparaissent d'abord comme conditions de l'activité personnelle, et plus tard comme entraves de celle-ci, constituent dans tout le développement historique une série cohérente de formes de commerce ; et cette cohérence tient à ce qu'une forme antérieure, devenue entrave, est remplacée par une nouvelle, qui correspond aux forces productives plus développées, donc au mode plus avancé

---

d'activité, intellectuelle, politique, religieuse, etc. L'agencement de la vie matérielle varie naturellement chaque fois en fonction des besoins déjà développés, et la production de ces besoins, tout comme leur satisfaction, est elle-même un processus historique : on ne le constate jamais chez un mouton ou chez un chien (argument capital et dada de Stirner *adversus hominem*), bien que moutons et chiens, sous leur forme actuelle, soient à coup sûr, mais **malgré eux*, les produits d'un processus historique.

a. [Marginale de Marx :] Production du mode de commerce lui-même.

de l'activité personnelle des individus ; ce mode, **à son tour*, se change en entrave, et il est alors remplacé par un autre. Comme ces conditions correspondent, à chaque stade, à l'évolution simultanée des forces productives, leur histoire est en même temps l'histoire des forces productives qui se déploient et qu'assume chaque génération nouvelle ; elle est, de ce fait, l'histoire du développement des forces des individus eux-mêmes.

Comme ce développement se poursuit spontanément, autrement dit, comme il n'est pas subordonné à un plan d'ensemble établi par des individus librement associés, il émane d'une diversité de localités, de races, de nations, de branches de travail, etc., dont chacune se développe d'abord isolément et n'entre que peu à peu en liaison avec les autres. En outre, il ne s'accomplit que très lentement ; les différents stades et intérêts ne sont jamais complètement dépassés, mais seulement subordonnés à l'intérêt qui triomphe, et ils traînent encore à ses côtés pendant des siècles. Il s'ensuit qu'au sein d'une même nation les individus, même abstraction faite de leurs situations de fortune, se développent de manière très différente, et qu'un intérêt antérieur, dont le mode de commerce particulier est déjà supplanté par un autre, particulier à un intérêt ultérieur, conserve encore longtemps une puissance traditionnelle dans la communauté trompeuse, qui se dresse en face des individus (État, droit) : puissance qui, en dernière instance, ne peut être brisée que par une révolution. C'est ce qui explique aussi pourquoi, relativement à des points particuliers qui permettent une synthèse plus générale, la conscience peut paraître parfois en avance sur les conditions empiriques de l'époque, de sorte que, dans les luttes d'une époque plus tardive, on peut s'appuyer sur l'autorité des théoriciens antérieurs[1].

En revanche, dans des pays qui, comme l'Amérique du Nord, recommencent du début une époque historique déjà avancée, le développement connaît un rythme rapide. Ces pays ne disposent pour antécédents naturels que des individus qui s'y établissent, après s'être soustraits aux formes de commerce des vieux pays peu conformes à leurs besoins. Ils débutent donc avec les individus les plus avancés des vieux pays, et partant avec le mode de commerce le plus évolué dont ces individus sont capables, avant même qu'il puisse s'imposer dans les vieux pays[a]. C'est le cas de toutes les colonies qui ne sont pas de simples établissements militaires ou commerciaux. Carthage, les colonies grecques, et l'Islande aux XIe et XIIe siècles en fournissent des exemples. Un phénomène semblable se produit en cas de conquête, quand le mode de commerce qui s'est développé sur un autre sol est importé tout fait dans le pays conquis. Alors que, dans son pays d'origine, il était encore vicié par des conditions et des intérêts hérités du passé, il peut et doit s'imposer ici intégralement et sans entraves, ne fût-ce que pour assurer aux conquérants une puissance durable[b].

Dans la grande industrie et la concurrence, toutes les conditions d'existence, toutes les limitations et tous les particularismes des individus se sont fondus dans ces

a. Énergie personnelle des individus appartenant à différentes nations — Allemands et Américains — Énergie due au seul croisement de races (d'où les traces de crétinisme chez les Allemands) en France, Angleterre, etc., des peuples étrangers transplantés sur un terrain déjà développé, en Amérique sur un sol tout à fait vierge, en Allemagne la population autochtone cultivant l'immobilité[1].

b. Voir l'Angleterre et Naples après la conquête normande, qui leur apportait la forme la plus parfaite de l'organisation féodale.

deux formes élémentaires : la propriété privée et le travail. Avec la monnaie, tout mode de commerce et le commerce lui-même s'imposent aux individus comme des faits de hasard. Par conséquent, il tient à la seule existence de la monnaie que toute communication n'a été, jusqu'à présent, que communication des individus dans des conditions déterminées, et non des individus en tant qu'individus. Ces conditions se ramènent à deux : travail accumulé — ou propriété privée — et travail réel. Que l'une de ces deux conditions disparaisse, et le commerce est bloqué. Les économistes modernes eux-mêmes, par exemple Sismondi, Cherbuliez, etc., opposent l'**association des individus* à l'**association des capitaux*[1]. En outre, les individus eux-mêmes sont totalement subordonnés à la division du travail et, de ce fait, placés dans la plus complète dépendance les uns des autres. Pour autant qu'elle affronte le travail au sein du travail, la propriété privée se développe par la nécessité de l'accumulation ; que si, au début, elle conserve, peu ou prou, la forme de la communauté, elle se rapproche de plus en plus, dans la suite de son évolution, de la forme moderne de la propriété privée. La division du travail entraîne aussitôt, dès l'origine, la division des conditions de travail, instruments et matériaux, et partant la dispersion du capital accumulé entre différents propriétaires, donc la division entre capital et travail, puis les différentes formes de la propriété elle-même. À mesure que la division du travail s'accentue et que l'accumulation s'accroît, cette dispersion s'intensifie considérablement. Le travail lui-même ne peut subsister qu'à cette condition.

Par conséquent, nous sommes en présence de deux faits[a]. En premier lieu, les forces productives semblent

a. [Marginale d'Engels :] Sismondi.

être totalement indépendantes et détachées des individus, comme un monde en soi, à côté des individus, phénomène dont voici la raison : les individus détenteurs de ces forces sont dispersés et s'opposent les uns aux autres, alors que ces forces ne sont réelles que dans le commerce et la connexion de ces individus. Donc, d'une part, une totalité de forces productives qui se sont, pour ainsi dire, déguisées en choses et ne sont plus pour les individus eux-mêmes leurs propres forces, mais celles de la propriété privée ; qui sont donc les forces de ces individus dans la seule mesure où ils sont propriétaires privés. Dans aucune période antérieure, les forces productives n'avaient pris cette forme indifférente au commerce des individus en tant que tels, parce que leur commerce lui-même avait encore un caractère borné. D'autre part, en face de ces forces productives, se dresse la majorité des individus à qui ces forces ont été arrachées et qui, frustrés ainsi de toute la substance réelle de leur vie, sont devenus des êtres abstraits, mais qui, précisément pour cette raison, sont en mesure de nouer des relations entre eux *en tant qu'individus*.

Seul lien qu'ils conservent encore avec les forces productives et avec leur propre existence, le travail a perdu chez eux toute apparence d'une mise en œuvre de soi-même, et ne maintient leur vie qu'en l'appauvrissant. Tandis qu'aux époques antérieures cette affirmation de soi et cette production de la vie matérielle étaient séparées, parce qu'elles incombaient à des personnes différentes et que la production de la vie matérielle, en raison du caractère borné des individus eux-mêmes, passait encore pour un mode inférieur de la mise en œuvre de soi-même, elles sont à présent séparées l'une de l'autre, à tel point que la vie matérielle apparaît partout comme une fin, et que la production de cette vie matérielle, le travail (de nos jours seule forme possible, mais, nous le voyons bien, forme négative de l'affirmation personnelle), est considérée comme un moyen[1].

Par conséquent, les choses en sont maintenant arrivées à ce point, que les individus sont obligés de s'approprier la totalité existante des forces productives, non seulement pour être capables d'affirmer leur moi, mais tout simplement pour assurer leur existence. Cette appropriation dépend, en premier lieu, de l'objet qu'il s'agit de s'approprier, à savoir les forces productives totalement déployées, lesquelles ne peuvent exister que dans un commerce universel. De ce seul point de vue déjà, cette appropriation doit donc avoir un caractère universel, correspondant aux forces productives et au commerce. L'appropriation de ces forces n'est elle-même rien d'autre que l'épanouissement des aptitudes individuelles requises par les instruments matériels de la production. De ce seul fait, l'appropriation d'une totalité d'instruments de production équivaut à l'épanouissement d'une totalité de facultés dans les individus eux-mêmes. Cette appropriation dépend, en outre, des individus qui la pratiquent. Seuls les prolétaires des temps présents, à qui il est complètement interdit de jamais s'affirmer personnellement, sont capables de parvenir à cette affirmation active d'eux-mêmes, complète et non plus bornée, qui consiste à s'approprier une totalité de forces productives et à déployer une totalité d'aptitudes supposées par là même. Dans le passé, toutes les appropriations révolutionnaires se heurtaient à des limites ; des individus qui étaient empêchés d'affirmer leur personnalité en raison des insuffisances de l'instrument de production et par les limites du commerce s'appropriaient un instrument de production limité, et ne parvenaient, de ce fait, qu'à de nouvelles limitations. Leur instrument de production devenait, certes, leur propriété ; mais eux-mêmes, ils restaient soumis à la division du travail et à leur propre moyen de travail. Dans toutes les formes anciennes de l'appropriation, une masse d'individus restait soumise à un seul instrument de production ; dans l'appropriation réalisée par les prolétaires, il faut qu'une masse d'instruments de production soit subordonnée à chaque individu, et que la propriété soit subordonnée à l'ensemble. Le commerce universel moderne ne peut être subordonné aux individus qu'à condition d'être subordonné à tous.

L'appropriation dépend, en outre, des voies et moyens par lesquels elle doit être accomplie. Elle ne peut être accomplie que par une association qui, en raison du caractère même du prolétariat, ne peut être qu'universelle, et par une révolution dans laquelle, d'une part, la puissance de l'actuel mode de production et de commerce, comme de l'actuelle organisation sociale, est renversée ; et dans laquelle, d'autre part, se développent le caractère universel du prolétariat et l'énergie qui lui est nécessaire pour réaliser cette appropriation ; bref, par une révolution où le prolétariat se dépouille de tout ce qu'il a conservé jusqu'ici de sa position sociale.

C'est à ce stade que l'affirmation personnelle se confond enfin avec la vie matérielle, stade qui correspond à l'épanouissement des individus appelés à devenir des individus complets, et à se débarrasser de tout naturel primitif. C'est alors qu'il y a harmonie entre la transformation du travail en affirmation active de soi et la transformation du commerce social, jusqu'ici restreint, en commerce des individus comme tels. Avec l'appropriation de la totalité des forces productives par les individus associés, la propriété privée cesse d'exister. Alors que, dans le passé, c'était toujours une condition particulière qui apparaissait comme accidentelle, c'est maintenant la particularisation des individus eux-mêmes, la profession privée de chacun en particulier qui est devenue elle-même accidentelle.

Les philosophes se sont représenté les individus qui ont cessé d'être soumis à la division du travail comme un idéal appelé « l'Homme », et ils ont conçu tout le processus que nous avons exposé comme le processus d'évolution « de l'Homme », si bien qu'à chaque étape historique « l'Homme » fut substitué aux individus des temps passés et présenté comme la force qui mène l'histoire. Tout le processus fut ainsi conçu comme processus d'aliénation de soi « de l'Homme », ce qui s'explique essentiellement par le fait que l'individu moyen de l'étape ultérieure fut toujours attribué à l'étape antérieure et la conscience ultérieure prêtée aux individus antérieurs[a]. Cette interversion qui, de prime abord, fait abstraction des conditions réelles, a permis de transformer toute l'histoire en un processus d'évolution de la conscience[1].

[RÉSULTATS[2]]

Finalement, la conception de l'histoire que nous venons de développer nous donne les résultats suivants :

1° À un certain stade de l'évolution des forces productives, on voit surgir des forces de production et des moyens de commerce qui, dans les conditions existantes, ne font que causer des désastres. Ce ne sont plus des forces de production, mais des forces de destruction (machinisme et argent). Autre conséquence, une classe fait son apparition, qui doit suppor-

a. [Marginale de Marx :] Aliénation de soi.

ter toutes les charges de la société sans jouir de ses avantages ; une classe qui, jetée hors de la société, est reléguée de force dans l'opposition la plus résolue à toutes les autres classes ; une classe qui constitue la majorité de tous les membres de la société et d'où émane la conscience de la nécessité d'une révolution en profondeur, la conscience communiste, celle-ci pouvant, naturellement, se former aussi parmi les autres classes capables d'appréhender la position de cette classe ;

2° Les conditions dont dépend l'emploi de forces productives déterminées sont celles qu'impose le règne d'une classe déterminée de la société dont la puissance sociale, fruit de ses possessions matérielles, trouve son expression à la fois idéaliste et *pratique* dans la forme d'État existant ; c'est pourquoi toute lutte révolutionnaire est dirigée contre une classe qui a dominé jusqu'alors [a] ;

3° Jusqu'à présent, toutes les révolutions ont toujours laissé intact le mode des activités ; il s'y agissait seulement d'une autre distribution de ces activités, d'une répartition nouvelle du travail entre d'autres personnes. En revanche, la révolution communiste, se dressant contre le *mode* traditionnel des activités, se débarrasse du *travail* et abolit la domination de toutes les classes en abolissant les classes elles-mêmes, cette révolution étant l'œuvre de la classe qui, dans la société, n'a plus rang de classe et n'est pas reconnue comme telle : dès maintenant, elle marque la dissolution de toutes les classes, de toutes les nationalités, etc., au sein même de la société présente ;

4° Pour produire massivement cette conscience communiste, aussi bien que pour faire triompher la

a. [Marginale de Marx :] Les gens ont intérêt à maintenir l'état actuel de la production.

cause elle-même, il faut une transformation qui touche la masse des hommes; laquelle ne peut s'opérer que dans un mouvement pratique, dans une *révolution*. Par conséquent, la révolution est nécessaire non seulement parce qu'il n'est pas d'autre moyen pour renverser la classe *dominante*, mais encore parce que c'est seulement dans une révolution que la classe du *renversement* réussira à se débarrasser de toute l'ancienne fange et à devenir ainsi capable de donner à la société de nouveaux fondements[1].

VII

LE MANIFESTE COMMUNISTE

1848

Notice

Comme on l'a rappelé en tête du *Discours sur le libre-échange* (Pléiade I, p. 139-156), l'année 1847 a été celle de la constitution de la Ligue des communistes.

Engels, dans son *Histoire de la Ligue* (1885), évoque le 2e congrès qui se réunit à Londres fin novembre 1847 : « Marx y assista, et, au cours d'assez longs débats, [...] défendit la théorie nouvelle. Il fallut s'entendre sur toutes sortes d'objections et de points litigieux. On adopta finalement les principes nouveaux, à l'unanimité ; et on nous chargea, Marx et moi, de rédiger le *Manifeste.* Nous le fîmes sans retard aucun [...]. »

Marx fait état de cette collaboration avec Engels dans la préface de sa *Critique de l'économie politique* (voir ici p. 490). Pourtant, du vivant de son ami, Engels a écrit : « Le *Manifeste du parti communiste* est, lui aussi, [...] essentiellement son œuvre » (*Die Zukunft,* 1869). Et, peu après la mort de Marx, dans la préface de la 2e édition du *Manifeste,* il déclare : « La pensée maîtresse et directrice du *Manifeste* appartient uniquement et exclusivement à Marx. »

C'est en 1914 qu'E. Bernstein publia un texte d'Engels, antérieur au *Manifeste,* et dont Marx s'inspira pour sa rédaction : les *Principes du communisme.* Ce « credo communiste » avait été écrit à Paris, à la demande de la Ligue des Justes (plus tard Ligue des communistes). Engels y fait allusion dans une lettre qu'il adressa à Marx le 24 novembre 1847, donc à la veille de son départ pour Londres : « Réfléchis un peu à la profession de foi. Le mieux serait, à mon avis, d'abandonner la forme de catéchisme et de l'intituler : *Manifeste communiste.* Comme il faudrait y parler plus ou moins d'histoire, la forme adoptée jusqu'ici ne peut guère convenir.

J'apporterai le projet de la section parisienne, fabriqué par moi. Il est purement narratif, mais fort mal rédigé, dans une terrible hâte. [...] »

Après le congrès de Londres, Engels n'a eu avec Marx qu'une courte rencontre à Bruxelles, son activité devant s'exercer surtout à Paris. La redaction définitive du *Manifeste* incombait, par conséquent, au seul Marx. Il s'était mis au travail vraisemblablement dans la seconde quinzaine de décembre 1847. Nous savons qu'en fin janvier 1848 il reçut du comité central de Londres une mise en demeure : il fallait livrer le texte avant le 1er février (voir le fac-similé du document dans F. Mehring, *Karl Marx*, 1933, p. 171).

Nous signalons dans les notes les points essentiels du projet d'Engels.

Pour traduire le *Manifeste du parti communiste*, notre choix s'est porté sur l'édition MEGA (vol. VI, Berlin 1932), qui reproduit (p. 525-557) le texte dit *Bu 30* (sigle d'après le nom de l'imprimeur et le nombre de pages), considéré comme la première réimpression, faite en 1848, du texte *Bu 23*, imprimé vraisemblablement d'après le manuscrit au cours du mois de février 1848. Sur la couverture de *Bu 30*, on lit :

Manifest der Kommunistischen Partei. Veröffentlicht im Februar 1848. Proletarier aller Länder vereinigt euch. London. Gedruckt in der Office der « Bildungs-Gesellschaft für Arbeiter » von J. E. Burghard. 46, Liverpool Street, Bishopsgate.

MEGA donne la seconde impression de préférence à la première, dont la ponctuation est très défectueuse. Du reste, en 1872, Marx et Engels ont très probablement choisi cette seconde impression pour la réédition du *Manifeste*. Au bas des pages, MEGA indique toutes les variantes des éditions *Bu 23*, *A* (édit. de 1872), *B* (3e édit. allem, 1883) et *C* (4e édit. allem., 1890). En outre, elle donne (p. 685-686) les variantes de la traduction anglaise par Samuel Moore (London, 1888), revue par Engels. Nous en signalons les principales dans les notes à la fin du présent volume.

Pour les diverses traductions françaises du *Manifeste*, antérieures à la présente, voir BIB. 70 et SUP. Signalons que l'édition A. Costes (Paris, 1953) met en note de la traduction Molitor les passages des versions de Laura Lafargue (1886) et de Charles Andler (1901) qui s'en écartent « d'une façon quelconque » (*l. c.*, p. XI).

Plus que pour toute autre œuvre de Marx, nous nous

sommes trouvé ici devant des problèmes de traduction parfois très embarrassants; nos devanciers les ont le plus souvent écartés, par un souci exagéré de la lettre, qui ne va pas quelquefois sans trahir l'esprit. Ce n'est pas à dire qu'en rédigeant le *Manifeste* Marx ait su, pressé par les circonstances, éviter toute espèce de bavure.

Les préfaces écrites par Marx et Engels pour l'édition allemande de 1872 (désormais intitulée : *Das Kommunistische Manifest,* et c'est ce titre que nous conservons) et l'édition russe de 1882, ainsi que les préfaces d'Engels pour les diverses traductions parues après la mort de Marx se trouvent dans l'Appendice V de la Pléiade I (p. 1480-1493).

Signalons que l'histoire de la diffusion du *Manifeste communiste* a fait l'objet d'un ouvrage d'érudition en tous points exemplaire : Bert Andréas, *le Manifeste communiste de Marx et Engels.* Histoire et bibliographie, 1848-1918. Milan, Feltrinelli, 1963; suivi d'une reproduction, en fac-similé, de la première édition du texte.

Un spectre hante l'Europe : c'est le spectre du communisme. Pour le traquer, toutes les puissances de la vieille Europe se sont liguées en une sainte chasse à courre : le Pape et le Tsar, Metternich et Guizot, des radicaux français et des policiers allemands[1].

Quel est le parti de l'opposition que ses adversaires au pouvoir n'ont pas exécré comme communiste ? Quel parti de l'opposition n'a pas renvoyé l'accusation flétrissante de communisme à plus oppositionnel que soi, tout comme à ses adversaires réactionnaires ?

Ce fait suggère une double conclusion :

Le communisme est reconnu, dès maintenant, et par tous les gouvernements européens, comme une puissance.

Il est grand temps que les communistes exposent publiquement, à la face du monde entier, leurs conceptions, leurs buts et leurs tendances ; qu'ils opposent à la légende du spectre du communisme un manifeste du parti lui-même.

C'est à cette fin que les communistes des nationalités les plus diverses se sont réunis à Londres, et ont rédigé et publié le manifeste que voici, qui sera publié en anglais, français, allemand, italien, flamand et danois[2].

I

BOURGEOIS ET PROLÉTAIRES[1]

L'histoire de toute société jusqu'à nos jours, c'est l'histoire de luttes de classes[2].

Homme libre et esclave, patricien et plébéien, baron et serf, maître de jurande[3] et compagnon, en un mot : oppresseurs et opprimés, se sont trouvés en constante opposition ; ils ont mené une lutte sans répit, tantôt cachée, tantôt ouverte, une guerre qui chaque fois finissait soit par une transformation révolutionnaire de la société tout entière, soit par la ruine commune des classes en lutte.

Aux époques historiques anciennes, nous trouvons presque partout une organisation complète de la société en ordres distincts, une hiérarchie variée de positions sociales. Dans la Rome antique, nous avons des patriciens, des chevaliers, des plébéiens, des esclaves ; au Moyen Âge, des seigneurs, des vassaux, des maîtres de guilde, des compagnons, des serfs ; et, dans presque chacune de ces classes, de nouvelles divisions hiérarchiques.

La société bourgeoise moderne, qui est issue des ruines de la société féodale, n'a pas surmonté les antagonismes de classes. Elle a mis seulement en place des classes nouvelles, de nouvelles conditions d'oppression, de nouvelles formes de lutte à la place des anciennes.

Toutefois, notre époque — l'époque de la bourgeoisie — se distingue des autres par un trait particulier : elle a simplifié les antagonismes de classes. De plus en plus, la société se divise en deux grands camps ennemis, en deux grandes classes qui s'affrontent directement : la bourgeoisie et le prolétariat[1].

Les citoyens hors barrière des premières villes sont issus des serfs du Moyen Âge ; c'est parmi eux que se sont formés les premiers éléments de la bourgeoisie[2].

La découverte de l'Amérique, la circumnavigation de l'Afrique offrirent à la bourgeoisie naissante un nouveau champ d'action. Les marchés des Indes orientales et de la Chine, la colonisation de l'Amérique, les échanges avec les colonies, l'accroissement des moyens d'échange et des marchandises en général donnèrent au commerce, à la navigation, à l'industrie un essor inconnu jusqu'alors ; du même coup, ils hâtèrent le développement de l'élément révolutionnaire au sein d'une société féodale en décomposition.

L'ancien mode de production, féodal ou corporatif, ne suffisait plus aux besoins qui augmentaient en même temps que les nouveaux marchés. La manufacture vint le remplacer. Les maîtres des jurandes furent expulsés par les petits industriels ; la division du travail entre les diverses corporations disparut devant la division du travail au sein même des ateliers.

Cependant les marchés ne cessaient de s'étendre, les besoins de s'accroître. La manufacture devint bientôt insuffisante, elle aussi. Alors la vapeur et les machines vinrent révolutionner la production industrielle. La manufacture dut céder la place à la grande industrie moderne et les petits industriels se trouvèrent détrônés par les millionnaires de l'industrie, chefs d'armées industrielles : les bourgeois modernes.

La grande industrie a fait naître le marché mondial, que la découverte de l'Amérique avait préparé. Le marché mondial a donné une impulsion énorme au commerce, à la navigation, aux voies de communication. En retour, ce développement a entraîné l'essor de l'industrie. À mesure que l'industrie, le commerce, la navigation, les chemins de fer prirent de l'extension, la bourgeoisie s'épanouissait, multipliant ses capitaux et refoulant à l'arrière-plan toutes les classes léguées par le Moyen Âge.

Nous voyons donc que la bourgeoisie moderne est elle-même le produit d'un long processus de développement, de toute une série de révolutions survenues dans le mode de production et d'échange.

Chaque étape de l'évolution parcourue par la bourgeoisie était accompagnée d'un progrès politique correspondant. Classe opprimée sous la domination des seigneurs féodaux, association en armes s'administrant elle-même dans la commune[1] ; là, république urbaine autonome, ici tiers état taillable de la monarchie ; puis, à l'époque de la manufacture, contrepoids de la noblesse dans la monarchie féodale ou absolue, soutien principal des grandes monarchies en général, la bourgeoisie a réussi à conquérir de haute lutte le pouvoir politique exclusif dans l'État représentatif moderne : la grande industrie et le marché mondial lui avaient frayé le chemin. Le pouvoir d'État moderne n'est qu'un comité qui gère les affaires communes de toute la classe bourgeoise.

La bourgeoisie a joué dans l'histoire un rôle éminemment révolutionnaire.

Partout où elle est parvenue à dominer, elle a détruit toutes les conditions féodales, patriarcales, idylliques. Impitoyable, elle a déchiré les liens multicolores de la féodalité qui attachaient l'homme à son supérieur naturel, pour ne laisser subsister d'autre lien entre l'homme et l'homme que l'intérêt tout nu, l'inexorable « paiement comptant ». Frissons sacrés et pieuses ferveurs, enthousiasme chevaleresque, mélancolie béotienne, elle a noyé tout cela dans l'eau glaciale du calcul égoïste. Elle a dissous la dignité de la personne dans la valeur d'échange, et aux innombrables franchises garanties et bien acquises, elle a substitué une liberté unique et sans vergogne : le libre-échange. En un mot, à la place de l'exploitation voilée par des illusions religieuses et politiques, elle a mis l'exploitation ouverte, éhontée, directe, dans toute sa sécheresse.

La bourgeoisie a dépouillé de leur sainte auréole toutes les activités jusqu'alors vénérables et considérées avec un pieux respect. Elle a changé en salariés à ses gages le médecin, le juriste, le prêtre, le poète, l'homme de science.

Aux relations familiales, elle a arraché leur voile de touchante sentimentalité ; elle les a réduites à un simple rapport d'argent.

La bourgeoisie a révélé qu'au Moyen Âge, les démonstrations de la force brutale, dont la Réaction s'émerveille tellement, trouvèrent leur contrepartie naturelle dans une fainéantise abjecte. C'est elle qui a montré ce que l'activité humaine est capable de réaliser. Elle a accompli des merveilles qui sont autre chose que les pyramides égyptiennes, les aqueducs romains, les cathédrales gothiques ; les expéditions qu'elle a menées à bien surpassent de loin les grandes invasions et les croisades.

La bourgeoisie ne peut exister sans révolutionner constamment les instruments de production, donc les rapports de production, donc l'ensemble des conditions sociales. Au contraire, la première condition d'existence de toutes les classes industrielles antérieures était de conserver inchangé l'ancien mode de production. Ce qui distingue l'époque bourgeoise de toutes les précédentes, c'est le bouleversement incessant de la production, l'ébranlement continuel de toutes les institutions sociales, bref la permanence de l'instabilité et du mouvement. Tous les rapports sociaux immobilisés dans la rouille, avec leur cortège d'idées et d'opinions admises et vénérées, se dissolvent ; ceux qui les remplacent vieillissent avant même de se scléroser. Tout ce qui était solide, bien établi, se volatilise, tout ce qui était sacré se trouve profané, et à la fin les hommes sont forcés de considérer d'un œil détrompé la place qu'ils tiennent dans la vie, et leurs rapports mutuels [1].

Poussée par le besoin de débouchés toujours plus larges pour ses produits, la bourgeoisie envahit toute la surface du globe. Partout elle doit s'incruster, partout il lui faut bâtir, partout elle établit des relations.

En exploitant le marché mondial, la bourgeoisie a donné une forme cosmopolite à la production et à la consommation de tous les pays. Au grand regret des réactionnaires, elle a dérobé le sol national sous les pieds de l'industrie. Les vieux métiers nationaux ont été détruits et sont encore détruits jour après jour. Ils sont détrônés par de nouvelles industries, dont l'adoption devient un problème vital pour toutes les nations civilisées, et qui emploient des matières premières provenant non plus de l'intérieur, mais des régions les plus éloignées. Les produits industriels sont consommés non seulement dans le pays même, mais dans toutes les parties du monde. Les anciens besoins, satisfaits par les produits indigènes, font place à de nouveaux qui réclament pour leur satisfaction les produits des pays et des climats les plus lointains. L'ancien isolement et l'autarcie locale et nationale font place à un trafic universel, une interdépendance universelle des nations. Et ce qui est vrai de la production matérielle ne l'est pas moins des productions de l'esprit. Les œuvres spirituelles des diverses nations deviennent un bien commun. Les limitations et les particularismes nationaux deviennent de plus en plus impossibles, et les nombreuses littératures nationales et locales donnent naissance à une littérature universelle.

Par suite du perfectionnement rapide de tous les instruments de production et grâce à l'amélioration incessante des communications, la bourgeoisie précipite dans la civilisation jusqu'aux nations les plus barbares. Le bas prix de ses marchandises est la grosse artillerie avec laquelle elle démolit toutes les murailles de Chine et obtient la capitulation des barbares le plus opiniâtrement xénophobes. Elle contraint toutes les nations, sous peine de courir à leur perte, à adopter le mode de production bourgeois; elle les contraint d'importer chez elles ce qui s'appelle la civilisation, autrement dit : elle en fait des nations de bourgeois. En un mot, elle crée un monde à son image.

La bourgeoisie a soumis la campagne à la domination de la ville. Elle a fait surgir d'énormes cités, elle a prodigieusement augmenté la population des villes aux dépens de celle des campagnes, arrachant ainsi une importante partie de la population à l'abrutissement de l'existence campagnarde. De même qu'elle a subordonné la campagne à la ville, de même elle a assujetti les pays barbares et demi-barbares aux pays civilisés, les nations paysannes aux nations bourgeoises, l'Orient à l'Occident.

La bourgeoisie supprime de plus en plus l'éparpillement des moyens de production, de la propriété et de la population. Elle a aggloméré la population, centralisé les moyens de production et concentré la propriété dans un petit nombre de mains. La centralisation politique en a été la conséquence fatale. Des provinces indépendantes ou à peine fédérées, ayant des intérêts, des lois, des gouvernements, des tarifs douaniers différents, ont été rassemblées, pêle-mêle, et fondues en une seule nation, sous un seul gouvernement, sous une seule loi, avec un seul intérêt national de classe, derrière un seul cordon douanier.

Au cours de sa domination de classe à peine séculaire, la bourgeoisie a créé des forces productives plus massives et plus colossales que ne l'avaient fait toutes les générations passées dans leur ensemble. Asservissement des forces de la nature, machinisme, application de la chimie à l'industrie et à l'agriculture, navigation à vapeur, chemins de fer, télégraphe électrique, défrichement de continents entiers, canalisation des rivières, populations entières surgies du sol — quel siècle antérieur aurait soupçonné que de pareilles forces de production sommeillaient au sein du travail social ?

Nous l'avons vu : les moyens de production et d'échange qui servirent de base à la formation de la bourgeoisie furent créés dans la société féodale. À un certain stade du développement de ces moyens de production et d'échange, les conditions dans lesquelles la société féodale produisait et commerçait, l'organisation féodale de l'agriculture et de la manufacture, en un mot, les rapports féodaux de propriété cessèrent de correspondre aux forces productives en pleine croissance. Ils entravaient la production au lieu de la faire avancer. Ils se transformèrent en autant de chaînes. Ces chaînes, il fallait les briser : elles furent brisées.

La libre concurrence vint s'installer à leur place, avec la constitution sociale et politique adéquate, avec le règne économique et politique de la classe bourgeoise [1].

Sous nos yeux s'accomplit un mouvement similaire. Les conditions bourgeoises de production et de commerce, les rapports de propriété bourgeois, la société bourgeoise moderne, qui a fait éclore de si puissants moyens de production et de communication, ressemble à ce magicien, désormais incapable d'exorciser les puissances infernales qu'il a évoquées. Depuis plusieurs décennies, l'histoire de l'industrie et du commerce n'est que l'histoire de la révolte des forces productives modernes contre les rapports de production modernes, contre le système de propriété qui est la condition d'existence de la bourgeoisie et de son régime. Il suffit de rappeler les crises commerciales qui, par leur retour périodique, menacent de plus en plus l'existence de la société bourgeoise. Dans ces crises, une grande partie, non seulement des produits déjà créés, mais encore des forces productives existantes est livrée périodiquement à la destruction. Une épidémie sociale éclate, qui, à toute autre époque, eût semblé absurde : l'épidémie de la surproduction. Brusquement, la société se voit rejetée dans un état de barbarie momentanée ; on dirait qu'une famine, une guerre de destruction universelle lui ont coupé les vivres ; l'industrie, le commerce semblent anéantis. Et pourquoi ? Parce que la société a trop de civilisation, trop de vivres, trop d'industrie, trop de commerce. Les forces productives dont elle dispose ne jouent plus en faveur de la civilisation bourgeoise et du régime de la propriété bourgeoise ; elles sont, au contraire, devenues trop puissantes pour les institutions bourgeoises qui ne font plus que les entraver ; et dès qu'elles surmontent ces entraves, elles précipitent dans le désordre toute la société bourgeoise et mettent en péril l'existence de la propriété bourgeoise. Les institutions bourgeoises sont devenues trop étroites pour contenir la richesse qu'elles ont créée.

Comment la bourgeoisie surmonte-t-elle ces crises ? D'une part, en imposant la destruction d'une masse de forces productives ; d'autre part, en s'emparant de marchés nouveaux et en exploitant mieux les anciens. Qu'est-ce à dire ? Elle prépare des crises plus générales et plus profondes, tout en réduisant les moyens de les prévenir[1].

Les armes dont la bourgeoisie s'est servie pour abattre la féodalité se retournent à présent contre la bourgeoisie elle-même.

Mais la bourgeoisie n'a pas seulement forgé les armes qui lui donneront la mort ; elle a aussi produit les hommes qui manieront ces armes — les travailleurs modernes, les *prolétaires*.

Dans la même mesure où la bourgeoisie, autrement dit le capital, se développe, on voit se développer le prolétariat, la classe des travailleurs modernes, qui ne vivent qu'autant qu'ils trouvent du travail, et qui ne trouvent de l'ouvrage qu'autant que leur travail accroît le capital. Ces travailleurs sont obligés de se vendre morceau par morceau telle une marchandise ; et, comme tout autre article de commerce, ils sont livrés pareillement à toutes les vicissitudes de la concurrence, à toutes les fluctuations du marché.

L'extension du machinisme et la division du travail ont fait perdre au travail des prolétaires tout caractère d'indépendance et tout attrait. Le producteur devient un simple accessoire de la machine à qui on ne demande que le geste manuel le plus simple, le plus monotone, le plus vite appris. Par conséquent, le coût du travailleur, c'est à peu près le coût des vivres dont il a besoin pour son entretien et pour perpétuer sa race. Or le prix de toute marchandise, donc aussi du travail, est égal à son coût de production. Il s'ensuit que plus le travail devient répugnant, plus le salaire baisse. Bien plus : à mesure que le machinisme et la division du travail s'accroissent, la somme de labeur augmente, soit par la prolongation de la durée du travail, soit par l'augmentation du travail exigé dans un temps donné, par le mouvement accéléré des machines, etc.[2].

L'industrie moderne a transformé le petit atelier de

l'artisan patriarcal en la grande fabrique du capitaliste industriel. Des masses d'ouvriers s'entassent dans les usines et y sont organisés comme des soldats. Simples soldats de l'industrie, ils sont placés sous la surveillance de toute une hiérarchie de sous-officiers et d'officiers. Ils ne sont pas seulement les esclaves de la classe bourgeoise, de l'État bourgeois. Jour par jour, heure par heure, ils subissent le joug de la machine, du contremaître et, avant tout, des fabricants bourgeois eux-mêmes. Despotisme d'autant plus mesquin, odieux, exaspérant, que son but, hautement avoué, c'est le profit.

Moins le travail manuel exige d'habileté et de vigueur, autrement dit plus l'industrie moderne se développe, plus le travail des hommes cède la place à celui des femmes et des enfants. Les distinctions de sexe et d'âge ont perdu, pour la classe ouvrière, toute signification sociale. Il n'y a plus que des instruments de travail dont le coût varie en fonction de l'âge et du sexe.

Vient le moment où le travailleur a été suffisamment exploité par le fabricant qui lui compte son salaire : il devient alors la proie de bourgeois d'un autre plumage, du propriétaire, de l'épicier, du prêteur sur gages, etc.

Les couches moyennes, petits industriels, marchands et rentiers, artisans et paysans, toutes ces classes sombrent dans le prolétariat, soit que leur petit capital ne leur permette pas d'employer les procédés de la grande industrie et qu'ils succombent à la concurrence des capitalistes plus puissants ; soit que leur savoir-faire se trouve déprécié par les nouvelles méthodes de production. Le prolétariat se recrute ainsi dans toutes les classes de la population [1].

Le prolétariat passe par différentes phases de développement. Sa lutte contre la bourgeoisie commence avec son existence même.

Au début, la lutte est engagée par des ouvriers isolés ; puis ce sont les ouvriers d'une fabrique, enfin les ouvriers d'une branche d'industrie dans un même centre qui combattent contre tel bourgeois qui les exploite directement. Ils dirigent leurs attaques, non seulement contre le système bourgeois de production, mais contre les instruments de production eux-mêmes ; ils détruisent les marchandises provenant de la concurrence étrangère, ils brisent les machines, mettent le feu aux fabriques : ils s'efforcent de reconquérir la position perdue du travailleur médiéval [1].

À ce stade, les travailleurs forment une masse disséminée à travers tout le pays et divisée par la concurrence. Parfois ils se rapprochent pour former un seul bloc. Cette action n'est cependant pas encore le résultat de leur propre union, mais de l'union de la bourgeoisie qui, pour atteindre ses fins politiques, doit mettre en branle le prolétariat tout entier, et est encore capable de le faire. À ce stade, les prolétaires ne combattent donc pas leurs propres ennemis, mais les ennemis de leurs ennemis, les résidus de la monarchie absolue, les propriétaires fonciers, les bourgeois non industriels, les petits-bourgeois. Tout le mouvement historique est ainsi concentré entre les mains de la bourgeoisie ; toute victoire remportée dans ces conditions est une victoire de la bourgeoisie.

Or, le développement de l'industrie n'a pas pour seul effet d'accroître le prolétariat, mais aussi de l'agglomérer en masses de plus en plus compactes. Le prolétariat sent sa force grandir [2]. Les intérêts, les conditions de vie se nivellent de plus en plus au sein du prolétariat, à mesure que le machinisme efface les différences du travail et ramène presque partout le salaire à un niveau également bas. La concurrence accrue des bourgeois entre eux et les crises commerciales qui en découlent rendent le salaire des ouvriers de plus en plus instable ; le perfectionnement incessant et toujours plus poussé du machinisme rend leur condition de plus en plus précaire ; les heurts individuels entre les ouvriers et les bourgeois prennent de plus en plus le caractère de collisions entre deux classes. Bientôt les ouvriers s'essaient à des coalitions contre les bourgeois ; ils se groupent pour défendre leur salaire. Ils vont jusqu'à fonder des associations durables pour constituer des provisions en vue des révoltes éventuelles. Çà et là, la lutte éclate sous la forme d'émeutes.

De temps à autre, les travailleurs sont victorieux, mais leur triomphe est éphémère. Le vrai résultat de leurs luttes, ce n'est pas le succès immédiat, mais l'union de plus en plus étendue des travailleurs. Cette union est facilitée par l'accroissement des moyens de communication créés par la grande industrie qui mettent en relation les ouvriers de diverses localités. Or, ces liaisons sont nécessaires pour centraliser en une lutte nationale, en une lutte de classes, les nombreuses luttes locales qui ont partout le même caractère. Mais toute lutte de classes est une lutte politique. Et l'union que les bourgeois du Moyen Âge mettaient des siècles à établir par leurs chemins vicinaux, les prolétaires modernes l'effectuent en quelques années grâce aux chemins de fer.

Cette organisation des prolétaires en une classe et, par suite, en un parti politique est à tout moment détruite par la concurrence des ouvriers entre eux [1]. Mais elle renaît sans cesse, toujours plus forte, plus solide, plus puissante. Mettant à profit les dissensions intestines de la bourgeoisie, elle lui arrache la reconnaissance, sous forme de loi, de certains intérêts des travailleurs, par exemple la loi des dix heures en Angleterre [2].

En général, les collisions au sein de la vieille société favorisent de diverses manières l'évolution du prolétariatriat. La bourgeoisie doit mener une lutte permanente : d'abord contre l'aristocratie ; puis contre les fractions de sa propre classe dont les intérêts viennent en conflit avec le progrès de l'industrie ; toujours, enfin, contre la bourgeoisie de tous les pays étrangers. Dans toutes ces luttes, elle se voit forcée de faire appel au prolétariat, de réclamer son aide et de l'entraîner ainsi dans le mouvement politique. Elle apporte ainsi aux prolétaires les éléments de sa propre culture : elle met dans leurs mains des armes contre elle-même.

De plus, comme nous l'avons vu, le progrès de l'industrie précipite dans le prolétariat des fractions entières de la classe dominante ; à tout le moins, il les menace dans leurs conditions d'existence. Elles aussi apportent au prolétariat des éléments de culture.

Enfin, quand la lutte des classes approche de l'heure décisive, la désagrégation de la classe dominante, voire de la vieille société tout entière, va s'accentuant, et prend un caractère si violent et si tranché qu'une petite partie de la classe dominante s'en désolidarise et se rallie à la classe révolutionnaire, à la classe qui porte l'avenir dans ses mains. De même qu'autrefois une partie de l'aristocratie passa à la bourgeoisie, une partie de la bourgeoisie passe au prolétariat, et en particulier ceux des idéologues bourgeois qui se sont haussés à l'intelligence théorique du mouvement général de l'histoire [1].

De toutes les classes subsistant aujourd'hui en face de la bourgeoisie, le prolétariat seul forme une classe réellement révolutionnaire. Les autres classes dépérissent et s'éteignent avec la grande industrie, dont le prolétariat est le produit le plus notoire.

La classe moyenne, le petit industriel, le petit commerçant, l'artisan, le cultivateur, tous combattent la bourgeoisie pour sauver leur existence comme classes moyennes menacées de ruine. Ils ne sont donc pas révolutionnaires, mais conservateurs ; bien plus, ils sont réactionnaires, car ils cherchent à faire tourner en arrière la roue de l'histoire[1]. S'il leur arrive d'être révolutionnaires, c'est qu'ils se voient exposés à tomber bientôt dans la condition des prolétaires, c'est qu'ils défendent non pas leurs intérêts présents, mais leurs intérêts futurs, c'est qu'ils abandonnent la position de leur classe pour adopter celle du prolétariat.

La pègre prolétarienne, ces basses couches de l'ancienne société qui se putréfient sur place, peut se trouver entraînée dans le mouvement grâce à une révolution prolétarienne, alors que tout dans son existence la dispose à se laisser acheter pour des menées réactionnaires.

Les conditions de vie de la vieille société sont déjà anéanties dans les conditions de vie du prolétariat. Le prolétaire n'a pas de propriété ; ses rapports avec sa femme et ses enfants ne ressemblent en rien à ceux de la famille bourgeoise ; le travail industriel moderne, l'asservissement au capital — le même en Angleterre et en France, en Amérique et en Allemagne — ont dépouillé le prolétaire de tout caractère national. Les lois, la morale, la religion sont pour lui autant de préjugés bourgeois, qui dissimulent autant d'intérêts bourgeois.

Toutes les classes qui s'assurèrent autrefois le pouvoir ont cherché à consolider leur position déjà acquise en assujettissant la société tout entière aux conditions de leur pratique. Les prolétaires ne peuvent se rendre maîtres des forces productives de la société qu'en abolissant leur propre mode d'appropriation ; et par suite, le mode d'appropriation tel qu'il existait jusqu'à nos jours. Les prolétaires n'ont rien en propre, rien à sauvegarder ; ils ont à détruire toutes les garanties privées, toutes les assurances jadis contractées.

Tous les mouvements du passé ont été le fait de

minorités, ou fait dans l'intérêt de minorités. Le mouvement prolétarien est le mouvement autonome de l'immense majorité dans l'intérêt de l'immense majorité. Le prolétariat, couche la plus basse de la société actuelle, ne peut se soulever, se redresser, sans faire sauter tout l'édifice des couches supérieures qui constituent la société officielle [1].

Dans la forme, mais nullement dans le fond, la lutte du prolétariat contre la bourgeoisie revêt tout d'abord un caractère national. Naturellement, le prolétariat de chaque pays doit en finir avant tout avec sa propre bourgeoisie.

En esquissant à grands traits le développement du prolétariat, nous avons suivi à la trace la guerre civile qui déchire la société actuelle : guerre plus ou moins occulte, jusqu'à l'heure où elle éclate en une révolution ouverte et où le prolétariat jette les fondements de son règne par le renversement violent de la bourgeoisie.

Jusqu'à nos jours, toute société reposait, comme nous l'avons vu, sur l'opposition des classes opprimantes et des classes opprimées. Mais pour pouvoir opprimer une classe, il faut lui assurer des conditions telles qu'elle puisse au moins préserver son existence servile. C'est dans le servage même que le serf a réussi à s'élever au rang de membre de la commune, de même que le petit-bourgeois est devenu bourgeois sous le joug de l'absolutisme féodal. Tout au contraire, loin de s'élever avec le progrès de l'industrie, l'ouvrier moderne descend toujours plus bas, au-dessous même des conditions de sa propre classe. L'ouvrier devient un *pauper,* et le paupérisme se développe plus vite encore que la population et la richesse. De toute évidence, la bourgeoisie est incapable de demeurer plus longtemps la classe dirigeante et d'imposer à la société, comme loi régulatrice, les conditions de vie de sa classe. Elle ne peut régner, car elle ne peut plus assurer l'existence de l'esclave à l'intérieur même de son esclavage : elle est forcée de le laisser déchoir si bas qu'elle doit le nourrir au lieu d'être nourrie par lui [1]. La société ne peut plus vivre sous la bourgeoisie ; c'est dire que l'existence de la bourgeoisie et l'existence de la société sont devenues incompatibles.

Pour exister et pour dominer, il faut à la classe bourgeoise une chose essentielle : l'accumulation de la richesse entre les mains de particuliers, la formation et l'accroissement du capital ; la condition du capital, c'est le salariat. Le salariat repose exclusivement sur la concurrence des travailleurs entre eux. Le progrès de l'industrie, dont la bourgeoisie est le véhicule passif et inconscient, remplace peu à peu l'isolement des travailleurs, né de la concurrence, par leur union révolutionnaire au moyen de l'association. À mesure que la grande industrie se développe, la base même sur laquelle la bourgeoisie a assis sa production et son appropriation des produits se dérobe sous ses pieds. Ce qu'elle produit avant tout, ce sont ses propres fossoyeurs. Son déclin et le triomphe du prolétariat sont également inévitables [2].

II

PROLÉTAIRES ET COMMUNISTES

Quelle est la position des communistes vis-à-vis des prolétaires en général ?

Les communistes ne forment pas un parti distinct faisant face à d'autres partis ouvriers.

Ils n'ont pas d'intérêts distincts de ceux du prolétariat dans son ensemble.

Ils ne posent pas de principes particuliers d'après lesquels ils prétendent modeler le mouvement prolétarien.

Voici ce qui distingue les communistes des autres partis prolétariens : d'une part, dans les diverses luttes nationales des prolétaires, ils mettent en avant et font valoir les intérêts communs du prolétariat tout entier, sans considération de nationalité ; d'autre part, dans les diverses phases d'évolution que traverse la lutte entre le prolétariat et la bourgeoisie, ils représentent toujours l'intérêt du mouvement dans son ensemble.

En fait, les communistes sont donc l'élément le plus résolu et toujours mobilisateur des partis ouvriers de tous les pays ; du point de vue théorique, ils ont sur le reste de la masse prolétarienne l'avantage de concevoir les conditions, la marche et les résultats généraux du mouvement prolétarien [1].

Le but immédiat des communistes est le même que celui de tous les autres partis prolétariens : constitution du prolétariat en classe, renversement de la domination bourgeoise, conquête du pouvoir politique par le prolétariat.

Les conceptions théoriques des communistes ne reposent nullement sur des idées, des principes inventés ou découverts par tel ou tel réformateur universel.

Elles ne font qu'exprimer, en termes généraux, les conditions réelles d'une lutte de classes qui existe, d'un mouvement historique qui se déroule sous nos yeux. L'abolition d'anciens rapports de propriété n'est pas un trait particulier au communisme.

Tous les régimes de propriété ont subi des changements continuels au cours de leur histoire.

Un exemple : la Révolution française a aboli la propriété féodale au profit de la propriété bourgeoise.

Ce qui caractérise le communisme, ce n'est pas

l'abolition de toute espèce de propriété, mais l'abolition de la propriété bourgeoise.

Or, la propriété bourgeoise moderne, la propriété privée, est l'expression ultime et la plus parfaite du mode de production et d'appropriation fondé sur des antagonismes de classes, sur l'exploitation des uns par les autres.

En ce sens, les communistes peuvent résumer leur théorie par cette seule formule : abolition de la propriété privée [1].

On nous a reproché, à nous autres communistes, de vouloir abolir la propriété acquise par le travail personnel, cette propriété qui, dit-on, forme la base de toute liberté, de toute activité, de toute indépendance personnelles.

Quelle est donc cette propriété, fruit de l'effort, du labeur personnel ? Voulez-vous parler de la propriété du petit-bourgeois, du petit paysan, de celle qui a précédé la propriété bourgeoise ? Ce n'est pas à nous de l'abolir, le progrès de l'industrie l'a abolie et l'abolit jour après jour.

Ou bien parlez-vous de la propriété privée de la bourgeoisie moderne ?

Mais dites-moi, est-ce que le travail salarié, le travail du prolétaire crée pour lui une propriété quelconque ? En aucune manière. Il crée le capital, c'est-à-dire la propriété qui exploite le travail salarié et qui ne peut s'accroître qu'à la condition de produire un surcroît de travail salarié, afin de l'exploiter à nouveau. Dans sa forme actuelle, la propriété repose sur l'antagonisme du capital et du travail. Considérons les deux côtés de cet antagonisme.

Être capitaliste, c'est occuper dans la production non seulement une position personnelle, mais encore une position sociale. Le capital est le produit d'un travail collectif et ne peut être mis en mouvement que par l'activité commune d'un grand nombre de membres de la société, voire, en dernier résultat, de tous ses membres.

Par conséquent, le capital n'est pas une puissance personnelle, c'est une puissance sociale.

Dès lors, si le capital est transformé en propriété commune, s'il appartient à tous les membres de la société, cela ne signifie pas que la propriété personnelle se transforme en propriété sociale. Seul change le caractère social de la propriété : elle perd son caractère de classe.

Venons-en au travail salarié.

Le prix moyen du travail salarié, c'est le minimum du salaire, c'est-à-dire la somme des moyens de subsistance nécessaires pour faire vivre l'ouvrier en tant qu'ouvrier. Donc, ce que le salarié s'approprie par son labeur est tout juste suffisant pour reproduire sa vie, et rien de plus [1]. Il n'est nullement question pour nous d'abolir cette appropriation personnelle des produits du travail, qui sert à la reproduction de la vie immédiate. Cette appropriation ne laisse aucun bénéfice susceptible de donner un pouvoir sur le travail d'autrui. C'est le caractère misérable de cette appropriation que nous voulons abolir, car il est tel que l'ouvrier ne vit que pour augmenter le capital, et ne vit qu'autant que l'exige l'intérêt de la classe dominante.

Dans la société bourgeoise, le travail vivant n'est qu'un moyen d'augmenter le travail accumulé. Dans la société communiste, le travail accumulé n'est qu'un moyen d'élargir, d'enrichir et de promouvoir l'énergie vitale des travailleurs.

Dans la société bourgeoise, le passé domine donc le présent ; dans la société communiste, le présent domine le passé. Dans la société bourgeoise, le capital est indépendant et personnel, tandis que l'individu qui produit n'a ni indépendance ni personnalité.

Or, l'abolition de cet état de choses, la bourgeoisie l'appelle fin de la personnalité et de la liberté ! Elle n'a pas tort. Il s'agit bel et bien de supprimer la personnalité, l'indépendance et la liberté bourgeoises.

Dans les conditions actuelles de la production bourgeoise, on entend par liberté le libre-échange, la liberté d'acheter et de vendre.

Mais si toute espèce de trafic disparaît, la liberté de trafiquer disparaît du même coup. Au demeurant, les phrases sur le libre négoce, de même que tous les autres grands mots sur la liberté que nos bourgeois ont à la bouche, n'ont un sens que par opposition au trafic réglementé, à l'asservissement du bourgeois médiéval ; elles n'ont aucun sens lorsqu'on les oppose à l'abolition communiste du commerce sordide, du système de production bourgeois, de la bourgeoisie elle-même.

Vous êtes terrorisés, parce que nous voulons faire disparaître la propriété privée. Mais dans la société telle qu'elle est, mais dans votre société, la propriété privée est supprimée pour neuf dixièmes de ses membres ; si votre propriété existe, c'est précisément que, pour ces neuf dixièmes, elle n'existe pas. Vous nous reprochez donc de vouloir abolir une propriété qui suppose nécessairement la dépossession totale de l'immense majorité de la société.

En un mot, vous nous reprochez de vouloir abolir votre propriété à vous. En vérité, c'est bien ce que nous voulons.

Dès lors que le travail ne peut plus se convertir en capital, en argent, en rente foncière, bref en un monopole de puissance sociale ; dès lors que la propriété personnelle ne peut plus se muer en propriété bourgeoise, dès ce moment vous déclarez que c'est la fin de la personne humaine.

Vous avouez donc que la personne humaine, pour vous, c'est simplement le bourgeois, le propriétaire bourgeois. En vérité, cette personne-là sera supprimée.

Le communisme n'enlève à personne le pouvoir de s'approprier des produits sociaux ; il n'ôte que le pouvoir de s'assujettir, par cette appropriation, le travail d'autrui.

Certains sont venus objecter que si on abolissait la propriété privée, toute activité cesserait et que ce serait le règne de la fainéantise universelle.

Si cela était, il y a beau temps que la société bourgeoise aurait succombé à la fainéantise, car ceux qui y travaillent ne recueillent pas et ceux qui y recueillent ne travaillent pas. Toute cette réflexion se ramène à une tautologie : là où il n'y a plus de capital, il n'y a plus de travail salarié.

Toutes les objections portées contre le mode communiste d'appropriation et de production des biens matériels l'ont été également contre l'appropriation et la production des œuvres de l'esprit. De même que, pour le bourgeois, la fin de la propriété de classe équivaut à la fin de toute production, de même la fin de la culture de classe signifie pour lui la fin de toute culture.

La culture dont il déplore la perte est pour l'immense majorité un dressage pour en faire des machines.

Inutile de nous chercher querelle avec vos conceptions bourgeoises de liberté, de culture, de droit, etc., à l'aune desquelles vous mesurez l'abolition de la propriété bourgeoise. Vos idées sont elles-mêmes les produits du système bourgeois de production et de propriété, tout comme votre droit n'est que la volonté de votre classe, érigée en loi ; et il n'y a rien d'autre dans cette volonté que les nécessités matérielles de votre classe [1].

C'est par intérêt que vous érigez en lois éternelles de la nature et de la raison vos rapports de production et de propriété, qui n'ont qu'un caractère historique, et que le cours même de la production fera disparaître : en quoi vous pensez comme toutes les classes qui ont dominé et qui se sont effondrées. Vous ne pouvez concevoir pour la propriété bourgeoise ce que vous concevez pour la propriété antique et pour la propriété féodale.

Vouloir abolir la famille ! Même les plus radicaux se scandalisent de ce monstrueux dessein des communistes.

Sur quoi repose la famille de notre temps, la famille bourgeoise ? Sur le capital, sur l'acquisition privée. La famille pleinement épanouie, seule la bourgeoisie en connaît l'existence ; mais elle trouve sa contrepartie dans l'absence d'une vie de famille chez le prolétaire et dans la prostitution publique.

Cette contrepartie une fois disparue, la famille des bourgeois disparaît naturellement du même coup : l'une et l'autre s'évanouissent avec le capital.

Allez-vous nous reprocher de vouloir abolir l'exploitation des enfants par leurs parents ? Ce crime-là, nous l'avouons.

Mais alors, dites-vous, vous voulez briser les rapports les plus intimes, en mettant à la place de l'éducation familiale l'éducation sociale !

Et votre éducation à vous, n'est-elle pas, elle aussi, déterminée par la société ? N'est-elle pas l'œuvre des conditions sociales dans lesquelles vous pratiquez l'éducation, la conséquence de l'intervention directe ou indirecte de la société au moyen de l'école, etc. ? Les communistes n'inventent pas cette action de la société sur l'éducation ; ils en changent seulement le caractère et arrachent l'éducation à l'influence de la classe dominante.

Les phrases des bourgeois sur la famille et l'éducation, sur la douceur des liens entre parents et enfants sont d'autant plus écœurantes que la grande industrie détruit tout lien de famille pour le prolétaire et transforme les enfants en simples articles de commerce, en simples instruments de travail.

Là-dessus, le chœur des bourgeois nous déchire le tympan : Vous autres, communistes, vous voulez introduire la communauté des femmes !

Aux yeux des bourgeois, la femme n'est qu'un instrument de production. Il a entendu dire que les instruments de production seront exploités en commun et il ne lui en faut pas plus, bien entendu, pour penser que ce sera le sort des femmes d'appartenir à tous.

Il ne lui vient pas à l'idée qu'il s'agit précisément de faire cesser un état où les femmes occupent le rang de simples instruments de production.

Au demeurant, rien n'est plus ridicule que ces bourgeois scandalisés, au nom de la morale la plus haute, de la prétendue communauté des femmes, officiellement préconisée par les communistes. Les communistes n'ont pas besoin d'introduire la communauté des femmes : ce communisme-là a presque toujours existé.

Non contents d'avoir à leur disposition les femmes et les filles de leurs prolétaires — sans parler de la prostitution officielle — nos bourgeois ont pour principale distraction de séduire les épouses les uns des autres.

Le mariage bourgeois est, en réalité, la communauté des femmes mariées. Tout au plus pourrait-on reprocher aux communistes de vouloir introduire à la place d'une communauté des femmes hypocritement camouflée une communauté officielle et loyale. Du reste, il va de soi qu'en supprimant le régime de production actuel, on fera disparaître l'un de ses résultats, la communauté des femmes, autrement dit la prostitution officielle et non officielle [1].

On a, en outre, reproché aux communistes de vouloir abolir la patrie, la nationalité.

Les travailleurs n ont pas de patrie. On ne peut leur prendre ce qu'ils n'ont pas. Le prolétariat doit tout d'abord s'emparer du pouvoir politique, s'ériger en classe nationale[1], se constituer lui-même comme nation. Par cet acte, il est, sans doute, encore national, mais nullement au sens de la bourgeoisie[2].

Les particularités et antagonismes nationaux des peuples s'effacent de plus en plus en même temps que se développent la bourgeoisie, la liberté du commerce, le marché mondial, l'uniformité de la production industrielle et les conditions de vie qui en résultent.

Le prolétariat au pouvoir les fera disparaître plus radicalement encore. Une des premières conditions de son émancipation, c'est l'action unifiée tout au moins des pays civilisés.

Dans la mesure où l'on supprime l'exploitation de l'homme par l'homme, on supprime l'exploitation d'une nation par une autre nation.

En même temps que l'opposition des classes au sein de la nation disparaît l'hostilité qui oppose les nations.

Quant aux accusations portées contre le communisme au nom de la religion, de la philosophie et des idéologies en général, elles ne valent pas un examen sérieux.

Est-il besoin d'une profonde intuition pour comprendre que les idées, les opinions et les conceptions, en un mot : la conscience des hommes change en fonction de leurs conditions de vie, de leurs rapports sociaux, de leur existence sociale ?

L'histoire des idées, que démontre-t-elle sinon que la production intellectuelle se transforme en même temps que la production matérielle ? Les idées qui dominaient une époque n'étaient jamais que les idées de la classe dominante.

On nous parle d'idées qui révolutionnent une société tout entière ; par quoi on reconnaît le simple fait que voici : des éléments d'une société nouvelle se sont formés dans le sein de la société ancienne ; la dissolution des vieilles idées va de pair avec la décomposition des anciennes conditions de vie.

Quand le monde antique était sur son déclin, les vieilles religions furent vaincues par la religion chrétienne. Quand, au XVIIIe siècle, les idées chrétiennes cédèrent la place aux Lumières, la société féodale agonisante livrait sa dernière bataille à la bourgeoisie, qui était alors révolutionnaire. Les idées de liberté de conscience, de liberté religieuse ne faisaient que proclamer dans le domaine du savoir le régime de la libre concurrence.

« Sans doute, dira-t-on, les idées religieuses, morales, philosophiques, politiques, juridiques, etc., se sont modifiées dans le cours de l'évolution historique. Quant à la religion, à la morale, à la philosophie, au droit, ils se sont maintenus au milieu de ces changements. »

« En outre, il y a des vérités éternelles, telles que la liberté, la justice, etc., qui sont communes à tous les régimes sociaux. Or, le communisme abolit les vérités éternelles ; il abolit la religion, la morale, au lieu de leur donner une nouvelle figure. Il agit, par conséquent, en contradiction avec toutes les évolutions historiques passées. »

À quoi se réduit cette accusation ? L'histoire de toute la société jusqu'à nos jours s'est déroulée en antagonismes de classes qui ont pris des formes différentes, selon les époques.

Pourtant, quelle qu'ait été la forme de ces antagonismes, un fait est commun à tous les siècles passés, l'exploitation d'une partie de la société par l'autre. Ce n'est donc pas un miracle si la conscience sociale de tous les âges, malgré toutes les diversités et toutes les divergences, évolue en revêtant certaines formes communes. Ces formes de conscience ne disparaîtront complètement qu'avec la complète disparition de l'antagonisme des classes.

La révolution communiste est la rupture la plus radicale avec le système de propriété traditionnel ; rien d'étonnant si dans le cours de son développement on assiste à l'abandon le plus radical des idées traditionnelles[1].

Cependant, laissons là les objections que les bourgeois font au communisme.

Il a déjà été dit plus haut que le premier pas dans la révolution ouvrière est la montée du prolétariat au rang de classe dominante, la conquête de la démocratie[2].

Le prolétariat se servira de sa suprématie politique pour arracher peu à peu toute espèce de capital à la bourgeoisie, pour centraliser tous les instruments de production dans les mains de l'État — du prolétariat organisé en classe dominante — et pour accroître le plus rapidement possible la masse des forces productives.

Naturellement, tout cela ne peut se faire dès l'abord sans attenter despotiquement au droit de propriété et aux rapports de production bourgeois, donc sans prendre des mesures apparemment insuffisantes et inconsistantes du point de vue économique. Mais au cours du mouvement, ces mesures se dépassent elles-mêmes et sont indispensables comme moyens de bouleverser le mode de production tout entier.

Il va de soi que ces mesures seront différentes selon qu'il s'agira de tel pays ou de tel autre.

Toutefois, pour les pays les plus avancés, les mesures suivantes pourront assez généralement être mises en application :

1° Expropriation de la propriété foncière et affectation de la rente foncière aux dépenses de l'État.

2° Impôt sur le revenu fortement progressif.

3° Abolition du droit d'héritage.

4° Confiscation des biens de tous les émigrés et rebelles.

5° Centralisation du crédit entre les mains de l'État, au moyen d'une banque nationale à capital d'État et à monopole exclusif.

6° Centralisation entre les mains de l'État de tous les moyens de transport et de communication.

7° Multiplication des manufactures nationales et des instruments de production ; défrichement des terrains incultes et amélioration des terres conformément à un plan décidé en commun.

8° Travail obligatoire pour tous, constitution d'armées industrielles, particulièrement dans l'agriculture.

9° Combinaison de l'exploitation agricole et industrielle ; mesures tendant à faire disparaître graduellement la différence entre la ville et la campagne [1].

10° Éducation publique et gratuite de tous les enfants. Abolition du travail des enfants dans les fabriques, tel qu'il existe aujourd'hui ; éducation combinée avec la production matérielle, etc [2].

Lorsque, dans le cours du développement, les différences de classes auront disparu et que toute la production sera concentrée entre les mains des individus associés, le pouvoir public perdra son caractère politique. Le pouvoir politique au sens strict du terme est le pouvoir organisé d'une classe pour l'oppression d'une autre. Si, dans sa lutte contre la bourgeoisie, le prolétariat est forcé de s'unir en une classe ; si, par une révolution, il se constitue en classe dominante et, comme telle abolit par la force les anciens rapports de production — c'est alors qu'il abolit en même temps que ce système de production les conditions d'existence de l'antagonisme des classes ; c'est alors qu'il abolit les classes en général et, par là même, sa propre domination en tant que classe.

L'ancienne société bourgeoise, avec ses classes et ses conflits de classes, fait place à une association où le libre épanouissement de chacun est la condition du libre épanouissement de tous [1].

III

LITTÉRATURE SOCIALISTE ET COMMUNISTE [2]

I. LE SOCIALISME RÉACTIONNAIRE

a) *Le socialisme féodal*

Par leur position historique, les aristocraties française et anglaise avaient trouvé une vocation : écrire des pamphlets contre la société bourgeoise moderne. Dans la révolution de Juillet, dans le mouvement anglais pour la réforme, elles avaient succombé une fois de plus sous les coups de ce parvenu abhorré. Pour elles, il ne pouvait plus être question d'une lutte politique sérieuse. Tout ce qui leur restait, c'était le combat littéraire. Or, même dans le domaine de la littérature, la vieille phraséologie de la Restauration avait perdu sa raison d'être. Pour s'attirer des sympathies, l'aristocratie devait feindre d'oublier ses propres intérêts et de dresser son acte d'accusation contre la bourgeoisie, dans le seul intérêt des travailleurs exploités. Elle s'offrait ainsi le plaisir de chansonner son nouveau maître et de lui murmurer à l'oreille des prophéties lourdes de calamités.

Ainsi naquit le socialisme d'esprit féodal, mi-parti jérémiade et pasquinade, échos du passé et grondements de l'avenir. Il lui arrivait de déchirer le cœur du bourgeois par un jugement aussi spirituel qu'amer ; mais, définitivement incapable de saisir la marche de l'histoire moderne, il se couvrait sans cesse de ridicule.

Pour attrouper le peuple à leur suite, les aristocrates brandissaient la besace du prolétaire en guise de drapeau. Mais quand la foule se mit à les suivre, elle aperçut sur leurs fesses les vieux blasons féodaux, et se dispersa dans de grands éclats de rire irrévérencieux [1].

Ce spectacle réjouissant fut offert au monde par une partie des légitimistes français et par la « Jeune Angleterre [2] » !

Quand les féodaux s'évertuent à démontrer que leur mode d'exploitation était différent de celui de la bourgeoisie, ils n'oublient qu'une chose : c'est qu'ils pratiquaient l'exploitation dans des circonstances et des conditions tout à fait différentes, et désormais surannées. Quand ils démontrent que, sous leur régime, le prolétariat moderne n'existait guère, ils n'oublient qu'une chose : c'est que la bourgeoisie moderne fut précisément et nécessairement le produit de leur ordre social.

Au demeurant, ils dissimulent bien peu le caractère réactionnaire de leur critique. Bien au contraire, leur principal grief contre le régime bourgeois est justement d'avoir fait naître une classe qui fera sauter tout l'ordre social ancien.

Ce qu'ils reprochent à la bourgeoisie, ce n'est pas tellement le simple fait d'avoir créé un prolétariat, mais de l'avoir créé révolutionnaire.

C'est pourquoi, par leurs actes politiques, ils sont complices de toutes les mesures de violence contre la classe ouvrière ; c'est pourquoi, dans la vie de tous les jours, la bouche pleine de phrases pompeuses, ils ne dédaignent pas de cueillir les pommes d'or et de troquer fidélité, amour et honneur contre le trafic de la laine, du sucre de betteraves et de l'absinthe[1].

Tout comme le curé et le seigneur marchaient la main dans la main, le socialisme clérical est l'allié du socialisme féodal.

Rien n'est plus facile que de poser un vernis socialiste sur l'ascétisme chrétien. Le christianisme n'a-t-il pas flétri, lui aussi, la propriété privée, le mariage, l'État ? N'a-t-il pas prêché au contraire la charité et la vie en guenilles, le célibat et la mortification de la chair, le cénobitisme et l'Église ? Le socialisme chrétien[2], c'est l'eau bénite dont le prêtre asperge les chagrins de l'aristocrate.

b) *Le socialisme petit-bourgeois*

L'aristocratie féodale n'est pas la seule classe à avoir été ruinée par la bourgeoisie et dont les conditions d'existence ont décliné et dépéri dans la société bourgeoise moderne. Le bourgeois hors barrière du Moyen Âge et la petite paysannerie étaient les précurseurs de la bourgeoisie moderne. Dans les pays où l'industrie et le commerce sont encore peu développés, cette classe continue à végéter à côté de la bourgeoisie montante.

Dans les pays où la civilisation moderne s'est développée, il s'est formé une nouvelle couche de petits-bourgeois. Intermédiaire entre le prolétariat et la bourgeoisie, elle sert de complément à la société bourgeoise ; elle se constitue sans cesse ; cependant la concurrence précipite constamment les individus de cette classe dans le prolétariat. Qui plus est, avec le développement de la grande industrie, ils voient approcher le moment où ils disparaîtront complètement en tant que section autonome de la société moderne, pour être remplacés dans le commerce, la manufacture et l'agriculture par des contremaîtres et des domestiques.

Dans les pays comme la France, où la classe paysanne forme bien plus de la moitié de la population, il était naturel que des écrivains, qui prenaient fait et cause pour le prolétariat contre la bourgeoisie, aient critiqué le régime bourgeois selon les critères du petit-bourgeois et du paysan pauvre. Il est naturel qu'ils aient pris le parti des ouvriers du point de vue de la petite-bourgeoisie. Ainsi se forma le socialisme petit-bourgeois. À la tête de cette littérature, non seulement pour la France, mais aussi pour l'Angleterre, se trouve Sismondi.

Ce socialisme a fourni une analyse extrêmement pénétrante des contradictions inhérentes au système de production moderne. Il a mis à nu l'hypocrisie des apologies des économistes. Il a démontré d'une façon irréfutable les effets destructeurs du machinisme et de la division du travail ; la concentration des capitaux et de la propriété terrienne, la surproduction, les crises ; la déchéance fatale des petits-bourgeois et des paysans, la misère du prolétariat, l'anarchie dans la production, les disparités criantes dans la répartition des richesses, la guerre d'extermination industrielle entre les nations, la dissolution des vieilles mœurs, des vieilles relations familiales, des vieilles nationalités [1].

En revanche, dans sa teneur positive, ce socialisme n'a qu'un choix à offrir : ou bien rétablir les anciens moyens de production et d'échange et, avec eux, les anciens rapports de propriété, et l'ancienne société ; ou bien faire entrer de force les moyens modernes de production et d'échange dans le cadre des vieux rapports de propriété, qu'ils ont brisés, et nécessairement brisés. Dans l'un et l'autre cas, ce socialisme est à la fois réactionnaire et utopique.

Le système des guildes dans la manufacture, l'économie patriarcale à la campagne — voilà son dernier mot.

Après l'ivresse, le réveil crapuleux : cette école s'est dissoute dans un lâche abandon.

c) *Le socialisme allemand ou socialisme « vrai »*

La littérature socialiste et communiste fut importée de France en Allemagne à une époque où la bourgeoisie allemande venait de commencer sa lutte contre l'absolutisme féodal. En France, cette littérature, née sous la pression d'une bourgeoisie dominante, est l'expression littéraire de la révolte contre cette domination.

Philosophes, demi-philosophes et beaux esprits allemands se saisirent avidement de cette littérature, mais ils oublièrent une chose : ces écrits s'introduisirent en Allemagne sans apporter avec eux les conditions de vie de la France. En regard des conditions sociales allemandes, la littérature française perdit toute signification pratique immédiate et prit un aspect purement littéraire. Elle apparaissait forcément comme une vaine spéculation sur la société vraie, sur la réalisation de l'être humain. Ainsi, pour les philosophes allemands du XVIIIe siècle, les revendications de la première Révolution française n'étaient rien d'autre que les revendications de la « raison pratique » en général, et les manifestations de la volonté des bourgeois révolutionnaires de France n'étaient à leurs yeux que les normes de la volonté pure, de la volonté telle qu'elle doit être, de la volonté véritablement humaine[1].

L'unique tâche des écrivains allemands consistait à mettre en harmonie les nouvelles idées françaises avec leur vieille conscience philosophique ; plus exactement, de s'approprier les idées françaises en conservant leur manière de voir philosophique.

Ils se les approprièrent comme on assimile généralement une langue étrangère : en traduisant.

On sait que les moines recouvraient d'insipides hagiographies catholiques les manuscrits des œuvres classiques de l'Antiquité païenne. Les auteurs allemands firent l'inverse avec la littérature française profane. Ils inscrivirent leur non-sens philosophique au-dessous de l'original français. Par exemple, au-dessous de la critique française du système monétaire, ils marquèrent : « aliénation de l'être humain » ; au-dessous de la critique française de l'État bourgeois, ils écrivirent : « abolition du règne de l'universalité abstraite », etc.

Cette phraséologie philosophique interpolée dans les théories françaises, ils la baptisèrent « philosophie de l'action », « socialisme vrai », « science allemande du socialisme », « fondement philosophique du socialisme », etc.

C'était tout simplement émasculer la littérature du socialisme et du communisme français. Entre les mains des Allemands, elle cessa d'exprimer la lutte d'une classe contre une autre. Dès lors, l'Allemand était convaincu d'avoir dépassé l' « étroitesse d'esprit » française et d'avoir défendu, non pas de vrais besoins, mais le besoin de la vérité ; non pas les intérêts du prolétariat, mais les intérêts de l'être humain, de l'homme tout court, de l'homme qui n'est d'aucune classe, d'aucune réalité, et qui n'existe que dans le ciel nuageux de l'imagination philosophique[1].

Ce socialisme allemand prenait au sérieux — avec quel air solennel ! — ses malhabiles exercices scolaires qu'il débitait à son de trompe sur la place publique. Mais peu à peu, il perdit son innocence de pédant.

Le combat de la bourgeoisie allemande, et surtout de la bourgeoisie prussienne, contre les féodaux et la monarchie absolue, en un mot le mouvement libéral, se fit plus sérieux.

Le socialisme « vrai » se vit ainsi offrir l'occasion tant désirée d'opposer au mouvement politique les revendications socialistes, de lancer les anathèmes traditionnels contre le libéralisme, contre l'État représentatif, contre la concurrence bourgeoise, la liberté bourgeoise de la presse, le droit bourgeois, la liberté et l'égalité bourgeoises ; il eut l'occasion de prêcher aux masses populaires qu'elles n'avaient rien à gagner, mais, au contraire, tout à perdre à ce mouvement bourgeois. Bien à propos, le socialisme allemand oublia que la critique française, dont il n'était que l'inepte écho, supposait la société bourgeoise moderne, avec ses conditions d'existence matérielles spéciales et sa constitution politique adéquate : or, toutes ces conditions, il s'agissait précisément de les conquérir pour l'Allemagne.

Pour les gouvernements absolus de l'Allemagne, avec leur cortège de curés, de pions, de hobereaux et de bureaucrates, ce socialisme servait d'épouvantail rêvé contre la montée menaçante de la bourgeoisie.

Voilà pour le sucré ; l'amer, ce furent les coups de fouet et la mitraille que ces mêmes gouvernements réservèrent aux ouvriers allemands insurgés.

Si le socialisme « vrai » fut de la sorte une arme entre les mains des gouvernements contre la bourgeoisie allemande, il représentait en outre, directement, un intérêt réactionnaire, l'intérêt de la petite-bourgeoisie allemande. La classe des petits-bourgeois léguée par le XVIe siècle, et depuis lors sans cesse renaissante sous des formes variées, constitue pour l'Allemagne la vraie base sociale de l'ordre établi.

Maintenir cette classe, c'est maintenir en Allemagne l'ordre établi. Elle craint que la domination industrielle et politique de la bourgeoisie ne signifie sa ruine certaine, par suite de la concentration du capital d'une part, de la montée du prolétariat révolutionnaire d'autre part. Le socialisme « vrai » lui paraissait capable de faire d'une pierre deux coups : il se propagea comme une épidémie.

La robe tissée de toile d'araignée spéculative, brodée des fines fleurs de la rhétorique, trempée dans la rosée sentimentale des ivresses d'amour dans laquelle les socialistes allemands enveloppèrent leurs squelettiques « vérités éternelles », ne fit qu'augmenter l'écoulement de leur marchandise parmi ce public.

De son côté, le socialisme allemand reconnut de mieux en mieux sa vocation : représenter glorieusement tous ces philistins petits-bourgeois.

Il proclama la nation allemande nation modèle, et le philistin allemand homme modèle. À toutes les vilenies de ce modèle, il attribua un sens caché, supérieur, socialiste, qui leur faisait signifier le contraire de ce qu'elles étaient. Il alla, dernière conséquence, jusqu'à s'attaquer carrément à la tendance « brutale et destructive » du communisme et à claironner son objectivité sublime, qui l'élevait au-dessus de toutes les mêlées de classes. Toutes les publications prétendument socialistes et communistes qui circulent en Allemagne appartiennent, à de rares exceptions près, à la sphère de cette littérature malpropre et dévirilisante [1].

II. LE SOCIALISME CONSERVATEUR OU BOURGEOIS

Une partie de la bourgeoisie cherche à pallier les tares sociales, afin de préserver la société bourgeoise.

On peut ranger dans cette catégorie : économistes, philanthropes, humanitaires, améliorateurs du sort de la classe ouvrière, organisateurs de la bienfaisance, protecteurs des animaux, fondateurs des sociétés de tempérance, réformateurs marrons de tout poil. Et l'on est allé jusqu'à fabriquer des systèmes à l'aide de ce socialisme bourgeois.

Citons, comme exemple, *Philosophie de la misère* de Proudhon.

Les bourgeois socialistes voudraient conserver les conditions d'existence de la société moderne, mais sans les luttes et les dangers qui en découlent nécessairement. Ils veulent garder la société existante, mais sans les éléments qui la bouleversent et la dissolvent. Ils veulent la bourgeoisie sans le prolétariat. Comme de juste, la bourgeoisie se représente le monde où elle règne comme le meilleur des mondes. Cette vision consolatrice, le socialisme bourgeois la transforme en système total ou en demi-système, suivant le cas. Lorsqu'il exhorte le prolétariat à réaliser ses systèmes et à faire son entrée dans la nouvelle Jérusalem, il ne lui demande, au fond, qu'une chose : se contenter de la société actuelle, tout en renonçant à ses haines envers cette société.

Moins systématique, et plus pratique que le premier, un second courant de ce socialisme cherche à dégoûter les travailleurs de tout mouvement révolutionnaire, en leur démontrant qu'ils ne pourraient tirer avantage que d'une transformation des conditions de vie matérielles, des rapports économiques ; tandis que tel ou tel changement politique serait pour eux sans intérêt. Toutefois, par transformation des conditions de vie matérielles, ce socialisme n'entend nullement l'abolition des rapports de production bourgeois, qui ne peut être atteinte que par des moyens révolutionnaires ; il entend par là uniquement des réformes administratives, qui s'accomplissent sur la base même de ces rapports de production sans affecter, par conséquent, les rapports du capital et du travail salarié, et qui, dans le meilleur cas, permettent à la bourgeoisie de diminuer les frais de sa domination et d'alléger le budget de son État[1].

C'est en devenant une simple figure de rhétorique que le socialisme bourgeois atteint enfin son expression adéquate.

Libre-échange ! dans l'intérêt de la classe laborieuse ; tarifs douaniers ! dans l'intérêt de la classe laborieuse ; prisons cellulaires ! dans l'intérêt de la classe laborieuse : voilà le dernier mot, le fin mot du socialisme bourgeois.

Au vrai, le socialisme de la bourgeoisie tient tout entier dans l'affirmation que voici : les bourgeois sont des bourgeois dans l'intérêt de la classe ouvrière.

III. LE SOCIALISME ET LE COMMUNISME UTOPIQUES ET CRITIQUES

Nous ne parlerons pas ici de la littérature qui, dans toutes les grandes révolutions modernes, a proclamé les revendications du prolétariat. (Écrits de Babeuf, etc.)

Entreprises en un temps d'effervescence générale, dans la période du bouleversement de la société féodale, les premières tentatives du prolétariat pour imposer directement son propre intérêt de classe ont échoué fatalement : c'est que le prolétariat lui-même se trouvait encore dans un état embryonnaire, c'est que faisaient défaut les conditions matérielles de son émancipation. Or, ces conditions sont le produit de l'ère bourgeoise[1]. La littérature révolutionnaire qui accompagnait ces premiers mouvements du prolétariat est nécessairement marquée d'esprit réactionnaire. Elle prône un ascétisme universel et un égalitarisme vulgaire.

Les systèmes socialistes et communistes proprement dits, les systèmes de Saint-Simon, Fourier, Owen, etc., surgissent dans la première phase, encore peu développée, de la lutte entre le prolétariat et la bourgeoisie que nous avons décrite plus tard. (Voir section I, « Bourgeois et prolétaires. »)

Certes, les inventeurs de ces systèmes aperçoivent l'antagonisme des classes, ainsi que l'action des éléments dissolvants dans la société dominante elle-même. Toutefois, ils n'aperçoivent du côté du prolétariat aucune initiative historique, aucun mouvement politique qui lui soit propre[1].

Étant donné que l'antagonisme des classes se développe au même rythme que l'industrie, ils ne décèlent pas davantage les conditions matérielles de l'émancipation du prolétariat. Dès lors, ils se mettent en quête d'une science sociale, de lois sociales, à seule fin de créer ces conditions.

Leur ingénieuse activité personnelle doit se substituer à l'activité sociale ; ils veulent remplacer les conditions historiques de l'émancipation par des conditions tirées de leur imagination, et l'organisation réelle et graduelle du prolétariat en classe sociale par une organisation spécialement élucubrée de la société. L'histoire future se résout pour eux dans la propagande et la mise en pratique de leurs plans de société.

En forgeant leurs plans, ils ont, sans doute, conscience de défendre avant tout l'intérêt de la classe la plus misérable, de la classe laborieuse. Et c'est sous ce seul aspect de la souffrance extrême que le prolétariat existe pour eux.

La forme rudimentaire de la lutte de classes tout comme leur propre situation dans la vie les portent cependant à se croire au-dessus des oppositions de classes. Ils voudraient améliorer l'existence de tous les membres de la société, même des plus privilégiés. C'est pourquoi ils lancent sans cesse leur appel à l'ensemble de la société sans distinction, et même de préférence à la classe dominante. Ne suffit-il pas de comprendre leur système, pour reconnaître qu'il offre le meilleur de tous les plans de la meilleure des sociétés possibles ?

C'est pourquoi ils rejettent toute action politique, et surtout toute action révolutionnaire. Ils veulent atteindre leur but par des moyens pacifiques, et ils essaient de frayer un chemin au nouvel évangile social par la force de l'exemple, par des expériences limitées, qui, naturellement, se terminent par un échec.

Ces peintures imaginatives de la société future naissent à une époque où le prolétariat, encore très peu développé, ne fait qu'imaginer confusément sa propre position ; elles surgissent de ses aspirations premières et prémonitoires à une transformation générale de la société [1].

Mais les écrits socialistes et communistes renferment aussi des éléments critiques. Ils attaquent la société existante dans tous ses fondements. Ils ont pu ainsi fournir des matériaux extrêmement précieux pour éduquer et éclairer les travailleurs. Ils ont des formules positives sur la société future : disparition de l'antagonisme entre la ville et la campagne, abolition de la famille, de l'enrichissement privé, du travail salarié, proclamation de l'harmonie sociale, transformation de l'État en une simple administration de la production — tout cela ne fait qu'anticiper la disparition de l'antagonisme des classes, qui n'en est pourtant qu'à ses débuts, et qui, dans leurs écrits, se présente sous ses premières formes, encore toutes vagues et confuses. Aussi ces propositions n'ont-elles encore qu'un sens purement utopique [2].

L'importance du socialisme et du communisme critiques et utopiques est en raison inverse du mouvement historique. À mesure que la lutte des classes s'amplifie et s'organise, tous ces vains efforts de s'élever au-dessus de la mêlée, toute cette contestation chimérique perdent leur valeur pratique, leur justification théorique. Si donc, à beaucoup d'égards, les auteurs de ces systèmes étaient encore révolutionnaires, leurs disciples ne forment chaque fois que des sectes réactionnaires. En face de l'évolution historique du prolétariat, ils s'accrochent aux vieilles conceptions de leurs maîtres. Ils cherchent donc obstinément à émousser la lutte des classes et à apaiser les antagonismes. Dans leurs rêves, ils ne cessent d'expérimenter la réalisation de leurs utopies sociales, de créer des phalanstères, de fonder des *home colonies*, d'établir une petite Icarie[1] — édition in-douze de la Nouvelle Jérusalem. Et pour donner corps à tous ces châteaux en Espagne, ils sont forcés de faire appel à la charité des cœurs et des bourses de la bourgeoisie. Petit à petit ils échouent dans la catégorie des socialistes réactionnaires ou conservateurs que nous avons signalés plus haut. Ils ne s'en distinguent plus que par une pédanterie plus systématique, et une foi superstitieuse et fanatique dans les effets miraculeux de leur science sociale.

Ils s'opposent donc avec acharnement à tout mouvement politique des travailleurs. À leurs yeux, seul un aveugle manque de foi dans le nouvel évangile a pu engendrer pareil mouvement.

Les owenistes en Angleterre, les fouriéristes en France se livrent à ce combat : les premiers réagissent contre les chartistes, les seconds contre les réformistes[2].

IV

POSITION DES COMMUNISTES VIS-À-VIS DES DIFFÉRENTS PARTIS D'OPPOSITION[1]

L'attitude des communistes envers les partis ouvriers déjà constitués — par exemple vis-à-vis des chartistes en Angleterre et des réformateurs agrariens dans l'Amérique du Nord — découle logiquement de ce qui a été dit à la section II[2].

Les communistes combattent pour les intérêts et les buts immédiats de la classe ouvrière; mais dans ce mouvement du présent, ils représentent en même temps l'avenir. En France, ils se rallient au parti démocrate-socialiste[3] contre la bourgeoisie conservatrice et radicale, sans renoncer au droit d'exercer leur critique contre les phrases et les illusions léguées par la tradition révolutionnaire.

En Suisse, ils appuient les radicaux, sans méconnaître que ce parti se compose d'éléments disparates, démocrates socialistes, au sens français du mot, et bourgeois radicaux[4].

Chez les Polonais, les communistes soutiennent le parti qui voit dans une révolution agraire la condition de l'émancipation nationale, c'est-à-dire le parti qui déclencha, en 1846, l'insurrection de Cracovie.

En Allemagne, le parti communiste fait front commun avec la bourgeoisie, lorsqu'elle adopte une conduite révolutionnaire contre la monarchie absolue, la propriété féodale et les ambitions de la petite-bourgeoisie.

Toutefois, ce parti ne néglige aucune occasion d'éveiller chez les travailleurs une conscience claire de l'antagonisme hostile entre la bourgeoisie et le prolétariat. Ainsi, l'heure venue, les ouvriers allemands pourront tourner contre la bourgeoisie les armes qu'elle leur a livrées : les conditions sociales et politiques nécessairement instaurées par la bourgeoisie au pouvoir. Ainsi pourra commencer, dès la chute des classes réactionnaires en Allemagne, la lutte contre la bourgeoisie elle-même.

C'est sur l'Allemagne que les communistes concentrent surtout leur attention parce que ce pays se trouve à la veille d'une révolution bourgeoise et parce qu'il accomplit ce bouleversement dans des conditions plus avancées de civilisation européenne, et avec un prolétariat plus développé que l'Angleterre et la France n'en possédaient au XVIIe et au XVIIIe siècle. Par conséquent, en Allemagne, la révolution bourgeoise sera forcément le prélude immédiat d'une révolution prolétarienne[1].

Bref, les communistes appuient partout les mouvements révolutionnaires contre les conditions sociales et politiques existantes.

Dans tous ces mouvements, ils mettent en avant la question de la propriété, quel que soit le degré de développement qu'elle ait pu atteindre : c'est la question fondamentale.

Partout, les communistes travaillent pour l'union et l'entente des partis démocratiques de tous les pays.

Les communistes dédaignent de faire un secret de leurs idées et de leurs intentions. Ils déclarent ouvertement que leurs fins ne pourront être atteintes sans le renversement violent de tout l'ordre social, tel qu'il a existé jusqu'à présent. Ce n'est pas sans raison que les classes dominantes tremblent devant la menace d'une révolution communiste. Les prolétaires ne risquent d'y perdre que leurs chaînes. Ils ont un monde à y gagner.

Prolétaires de tous les pays, unissez-vous[2] *!*

VIII

CRITIQUE DE L'ÉCONOMIE POLITIQUE

Notice

Marx réside à Londres depuis 1849. Dans le domaine économique, il n'a rien publié depuis *Travail salarié et Capital ;* et ses lectures, que nous connaissons par des cahiers d'extraits, semblent s'arrêter en 1852. Les années qui suivent sont entièrement absorbées par le journalisme — encore que bien des articles témoignent de préoccupations économiques — et par des écrits politiques. L'œuvre projetée en 1845 devait s'intituler *Critique de la politique et de l'économie.* On pourrait penser que la première partie au moins de ce programme ait été exécutée au jour le jour, tant il est vrai que les correspondances du journaliste, ou des écrits comme *les Luttes de classes en France* (1850) et *le Dix-huit Brumaire* (1852) contiennent des aperçus qui ont leur place dans une théorie politique et sociologique d'ensemble. Mais outre que le titre de 1845 laissait attendre un exposé systématique, voire abstrait, nous savons que, dans la suite de ses réflexions, Marx en était venu à concevoir un ouvrage, qu'il n'allait pas écrire, sur la question de l'État. Le texte qu'on va lire offre quelques aspects de cette conception.

Le journalisme n'a pas enrichi Marx, bien au contraire. « Je croyais avoir ingurgité de la quintessence de misère, mais non. » (À Engels, 20 janvier 1857.) Il reprend pourtant ses lectures. Il se disperse un peu, car le journal attend sa copie ; mais il est bien décidé à composer l'œuvre promise en 1845. L'automne de 1856 voit éclater une crise financière aux dimensions mondiales, qui se prolonge en 1857. Les deux amis entrevoient une nouvelle période révolutionnaire. Et puis, Marx a lu en janvier 1857 le *Manuel du spéculateur à la Bourse,* que Proudhon a publié comme sa « Bible économique », et *De la réforme des banques* de son disciple Alfred

Darimon (à Engels, 10 janvier 1857). En juillet 1857, il rédige quelques pages contre Bastiat et Carey. En août, il compose le texte que voici, cette *Introduction générale* qui fixe le plan de sa grande œuvre économique. Puis, dans les mois qui suivront, il jettera sur le papier le texte connu depuis 1939 sous le nom de *Grundrisse der Kritik der politischen Ökonomie* (voir les extraits dans Pléiade II, p. 174-359), tous travaux qui précèdent et préparent la *Critique de l'économie politique*

Cette *Introduction générale,* Marx l'a laissée inédite, non parce qu'il la jugeait insuffisante, mais pour la raison contraire : elle en disait trop ; elle paraissait, dit-il dans l'Avant-propos à la *Critique* (voir *infra*), « anticiper sur des résultats non encore établis ».

La présente traduction a été faite d'après le texte allemand paru dans *Grundrisse der Kritik der politischen Ökonomie* (Dietz, Berlin, 1953 ; édition photomécanique réalisée d'après la première édition parue en 1939-1941) Ce volume contient principalement des travaux que Marx a entrepris de juillet 1857 à mars 1858.

Ce manuscrit, comme les autres travaux réunis dans *Grundrisse,* est resté ignoré de F. Engels. Il a été publié pour la première fois en 1903 par Karl Kautsky dans la *Neue Zeit* (XXI, t. I). Une première version française, par E. Milhaud, paraît la même année dans *la Revue socialiste.* Laura Lafargue en fait une nouvelle version qu'elle joint, en appendice, à sa traduction de *Zur Kritik der politischen Ökonomie* (Paris, Giard, 1909), procédé qui a été repris par J. Molitor, troisième traducteur du texte (Paris, A. Costes, 1954) établi et publié par Kautsky (cf. BIB. 485P et 529). Le texte de l'*Introduction* publié dans *Grundrisse* est plus fidèle que celui de Kautsky. C'est cette nouvelle édition qui est à la base de la traduction de M. Husson et G. Badia, dans leur version de *Zur Kritik...* (Paris, Éditions sociales, 1957). À certains endroits, les traducteurs ont tenu compte du texte établi par Kautsky ; nous avons fait de même.

Nous faisons suivre cette Introduction de l'Avant-propos à la *Critique* (1859) et de la Postface à la deuxième édition (1873).

INTRODUCTION GÉNÉRALE À LA CRITIQUE DE L'ÉCONOMIE POLITIQUE 1857

Sommaire

A. Introduction.

1. La production en général.

2. Rapport général entre la production, la distribution, l'échange et la consommation.

3. La méthode de l'économie politique.

4. Moyens (forces) de production et rapports de production — rapports de production et rapports de commerce, etc.

A. INTRODUCTION

1. Production, consommation, distribution, échange (circulation).

I. LA PRODUCTION

a) Notre présent objet est tout d'abord la *production matérielle.*

Des individus qui produisent en société — donc une

production d'individus socialement déterminée, tel est naturellement le point de départ. Le chasseur et le pêcheur isolés, ces exemplaires uniques d'où partent Smith et Ricardo, font partie des fictions pauvrement imaginées du XVIIIe siècle, de ces robinsonades qui, n'en déplaise à tels historiens de la civilisation, n'expriment nullement une simple réaction contre des excès de raffinement et un retour à ce qu'on se figure bien à tort comme l'état de nature. Le « contrat social » de Rousseau, qui établit des rapports et des liens entre des sujets indépendants par nature, ne repose pas non plus sur un tel naturalisme [1]. Ce n'est là que l'apparence, apparence purement esthétique, des grandes et petites robinsonades. Il s'agit plutôt d'une anticipation de la « société civile », qui se préparait depuis le XVIe siècle et qui, au XVIIIe, marchait à pas de géant vers sa maturité. Dans cette société de libre concurrence, chaque individu se présente comme dégagé des liens naturels, etc., qui faisaient de lui, à des époques antérieures, l'ingrédient d'un conglomérat humain déterminé et limité. Cet individu du XVIIIe siècle est un produit, d'une part, de la dissolution des formes de société féodales, d'autre part, des forces productives nouvelles surgies depuis le XVIe siècle. Aux prophètes du XVIIIe siècle — qui portent sur leurs épaules tout Smith et tout Ricardo — il apparaît comme un idéal dont ils situaient l'*existence dans le passé*. Pour eux, il était non un aboutissement historique, mais le point de départ de l'histoire. C'est que, d'après l'idée qu'ils se faisaient de la nature humaine, l'individu est conforme à la nature en tant qu'être issu de la nature et non en tant que fruit de l'histoire. Cette illusion fut jusqu'ici le propre de toute époque nouvelle. Steuart qui, à maints égards, s'oppose au XVIIIe siècle et, en aristocrate, se tient davantage sur le terrain historique, a su éviter cette erreur naïve.

Plus nous remontons dans l'histoire, plus l'individu — et par suite l'individu producteur également — apparaît comme un être dépendant, partie d'un ensemble plus grand : tout d'abord et de façon toute naturelle dans la famille et dans le clan qui n'est qu'une famille élargie [1] ; plus tard, dans les communautés de formes diverses, issues de l'antagonisme et de la fusion des clans. Ce n'est qu'au XVIIIe siècle, dans la « société bourgeoise », que les différentes formes de connexion sociale se présentent à l'individu comme un simple moyen de parvenir à ses fins personnelles, comme une nécessité extérieure. Pourtant l'époque qui voit naître cette conception, cette idée de l'individu au singulier, est précisément celle où les rapports sociaux (généraux selon ce point de vue) ont atteint leur plus grand développement. L'homme est, au sens le plus littéral du terme, un ζῶον πολιτικόν, il est non seulement un animal social, mais un animal qui ne peut s'individualiser que dans la société. L'idée d'une production réalisée par un individu isolé, vivant en dehors de la société — fait rare qui peut bien arriver à un homme civilisé égaré par hasard dans une contrée sauvage et qui possède virtuellement les forces de la société — n'est pas moins absurde que l'idée d'un développement du langage sans qu'il y ait des individus vivant et parlant *ensemble*. Nul besoin de s'y arrêter plus longtemps. Si nous avons touché ce point, c'est parce que la fadaise, qui avait un sens raisonnable chez les gens du XVIIIe siècle, a été réintroduite, très sérieusement, en pleine économie moderne, par Bastiat, Carey, Proudhon, etc. Il est évidemment bien commode pour Proudhon, entre autres, de faire l'analyse historico-philosophique d'un phénomène économique dont il ignore la genèse historique ; il a recours à un mythe : l'idée en serait venue toute prête à l'esprit d'Adam ou de Prométhée, et elle aurait ensuite été introduite, etc.

Rien de plus ennuyeux et de plus aride que le lieu commun en délire[1].

Quand donc nous parlons de production, il s'agit toujours de la production à un stade déterminé de l'évolution sociale — de la production d'individus vivant en société. Dès lors, il pourrait sembler que, pour parler de la production comme telle, il faille, soit observer le processus du développement historique dans ses différentes phases, soit déclarer préalablement que nous nous occupons d'*une* époque déterminée, par exemple de la production bourgeoise moderne : c'est là, en fait, notre sujet proprement dit. Cependant, toutes les époques de la production se distinguent par certains traits communs, par certaines particularités. La *production en général* est une abstraction, mais une abstraction raisonnée, pour autant qu'elle met vraiment en relief les éléments communs, les fixe, et nous épargne ainsi la répétition. Toutefois, ces caractères *généraux* ou ces éléments communs, dégagés par comparaison, s'articulent très diversement et se déploient en déterminations variées. Certains de ces caractères sont de tous les temps, d'autres n'appartiennent qu'à certaines époques. Telles déterminations seront communes à l'époque la plus moderne comme à la plus ancienne. Sans elles, aucune production n'est concevable. Certes, les langues les plus évoluées partagent avec les moins développées certaines lois et propriétés, mais ce qui constitue leur développement, ce sont précisément les éléments qui ne sont pas généraux, et qu'elles ne possèdent pas en commun avec les autres langues; il faut dégager les déterminations qui valent pour la production en général, afin de ne pas perdre de vue la différence essentielle en ne voyant que l'unité : celle-ci résulte déjà du fait que le sujet, l'humanité, et l'objet, la nature, sont identiques. Dans cet oubli réside, par exemple, toute la sagesse des économistes modernes qui s'acharnent à démontrer l'éternité et l'harmonie des conditions sociales existantes. Par exemple, aucune production n'est possible sans un instrument de production, cet instrument ne serait-il que la main; aucune, sans travail passé, accumulé, ce travail ne serait-il que l'habileté acquise et concentrée dans la main du sauvage par l'exercice répété. Le capital, entre autres choses, est aussi un instrument de production, il est aussi du travail passé, matérialisé. Par conséquent, le capital est une institution naturelle, universelle et éternelle; en vérité, il est tout cela, à condition que je néglige le caractère spécifique, l'élément qui, de l'« instrument de production », du « travail accumulé », fait du capital. C'est ainsi que toute l'histoire des rapports de production apparaît, par exemple chez Carey, comme une falsification suscitée par la malveillance des gouvernements [1]. S'il n'y a pas de production en général, il n'y a pas non plus de production générale. La production est toujours une branche particulière de la production — par exemple l'agriculture, l'élevage du bétail, la manufacture, etc.; ou bien elle est totalité. Toutefois, l'économie politique n'est pas la technologie. Nous développerons ailleurs le rapport entre les déterminations générales de la production à un niveau social donné et les formes particulières de la production. Enfin la production n'est pas non plus uniquement particularisée, c'est au contraire toujours un corps social déterminé, un sujet social, qui exerce son activité dans un ensemble plus ou moins grand, plus ou moins riche, de sphères de la production. Nous n'examinerons pas non plus ici le rapport entre l'analyse scientifique et le mouvement réel. [Nous aurons donc à distinguer :] la production en général; les secteurs particuliers de la production ; la production dans sa totalité.

Il est d'usage, en économie politique, de commencer par un chapitre de généralités ; celui, précisément, qui figure sous le titre « production » (voir, par exemple, J. St. Mill), où l'on traite des *conditions générales* de toute production. Cette partie générale étudie ou est censée étudier :

1) les conditions sans lesquelles il ne peut pas y avoir de production, c'est-à-dire qui ne font que caractériser les aspects essentiels de toute production. Toutefois, comme nous le verrons, cette méthode se réduit à un petit nombre de caractères très simples, que l'on gonfle à l'aide d'insipides tautologies ;

2) les conditions qui font avancer plus ou moins la production, tel, par exemple, l'état progressif ou stagnant de la société chez Adam Smith[1]. Ses aperçus sont précieux, mais pour leur donner une valeur scientifique, il faudrait se livrer à des recherches sur les périodes qui marquent les *niveaux de la productivité* dans l'évolution de chaque peuple — et ces recherches sortent du cadre proprement dit de notre sujet ; pour autant qu'elles s'y rapportent, elles auront leur place dans l'analyse de la concurrence, de l'accumulation, etc. Exprimée dans des termes généraux, la réponse aboutit à l'idée générale que voici : la production d'un peuple est à son apogée, au moment même où il atteint son apogée historique tout court. En fait, un peuple est à son apogée industriel tant que ce n'est pas encore le gain comme tel, mais la passion de gagner qui est pour lui l'essentiel. C'est là la supériorité des Yankees sur les Anglais. Ou encore cette idée : telles races, telles dispositions, tels climats, telles conditions naturelles — proximité de la mer, fertilité du sol, etc. — sont plus favorables que d'autres à la production. On aboutit de nouveau à cette tautologie : la richesse se crée d'autant plus facilement que ses éléments

subjectifs et objectifs existent à un degré plus élevé [1].

Toutefois, ce n'est pas encore tout ce qui importe aux économistes dans cette partie générale. Il importe bien plutôt, comme le montre l'exemple de Mill, de présenter la production, à la différence de la distribution, comme soumise aux lois éternelles de la nature, indépendantes de l'histoire : bonne occasion pour insinuer que dans la société, prise *in abstracto*, les institutions *bourgeoises* sont des lois naturelles immuables. Tel est le but auquel cette méthode tend plus ou moins consciemment. En revanche, s'agissant de la distribution, les hommes se seraient accordé toutes sortes de libertés. Sans parler de cette séparation brutale de la production d'avec la distribution et abstraction faite de leur rapport réel, une chose est d'emblée évidente : si diverse que puisse être la distribution aux différents stades de la société, il doit être possible, tout autant que pour la production, de dégager des caractères communs, comme il est possible de confondre ou d'effacer toutes les différences historiques en formulant des lois *humaines universelles*. Par exemple, l'esclave, le serf, le travailleur salarié reçoivent tous une quantité de nourriture qui leur permet de subsister comme esclave, serf, salarié. Qu'ils vivent du tribut, de l'impôt, de la rente, de l'aumône ou de la dîme, le conquérant, le fonctionnaire, le propriétaire foncier, le moine ou le lévite obtiennent tous une quote-part de la production sociale, qui est fixée suivant d'autres lois que celle de l'esclave, etc. Les deux principaux points que tous les économistes classent sous cette rubrique sont : 1) la propriété ; 2) la protection de celle-ci par la justice, la police, etc. Voici ce qu'on pourrait répondre en quelques mots :

Quant à 1). Toute production est appropriation de la nature par l'individu au sein et par l'intermédiaire d'un type de société bien déterminé. En ce sens, on commet une tautologie lorsqu'on dit que la propriété (l'appropriation) est une condition de la production. Mais on devient grotesque quand, à partir de là, on passe d'un bond à une forme déterminée de la propriété, par exemple la propriété privée. (Ce qui implique en outre, comme condition, une forme antagonique : la *non-propriété*.) L'histoire nous montre plutôt que la forme primitive, c'est la propriété commune (par exemple chez les Indiens, les Slaves, les anciens Celtes, etc.), forme qui, en tant que propriété communale, jouera longtemps encore un rôle important. Quant à savoir si la richesse se développe mieux sous telle forme de la propriété ou sous telle autre, la question ne s'en pose guère ici, à ce stade. Affirmer qu'il ne puisse être question d'aucune production, ni par conséquent d'aucune société, là où aucune forme de propriété n'existe n'est que tautologie. Une appropriation qui ne s'approprie rien est une *contradictio in subjecto*, une pure absurdité[1].

Quant à 2). Garantie des biens acquis, etc. Si l'on réduit ces trivialités à leur contenu réel, elles en disent plus long que n'en savent ceux qui les prêchent. C'est que toute forme de production engendre ses propres institutions juridiques, son propre type de gouvernement, etc. C'est faire preuve de grossièreté et d'inintelligence que d'établir des rapports fortuits entre des phénomènes qui constituent un tout organique, que de les lier simplement comme un objet et son reflet. Tout ce que les économistes soupçonnent, c'est que la production est plus facile avec la police moderne qu'au temps du droit féodal *(Faustrecht)*. Ils oublient seulement que le *Faustrecht* (le droit du plus fort) est lui aussi un droit, et que ce droit du plus fort se perpétue sous une autre forme dans leur « État fondé sur le droit ».

Lorsque les conditions sociales qui correspondent à

un stade déterminé de la production n'en sont encore qu'à l'état de gestation, ou lorsqu'elles sont déjà sur le déclin, des perturbations se produisent naturellement dans la production, à des degrés et avec des effets divers.

Résumons : tous les stades de la production ont des caractères communs que la pensée retient comme déterminations générales ; mais les conditions dites *générales* ne sont rien autre que ces moments abstraits qui ne permettent pas de saisir tel stade historique réel de la production [1].

II. RAPPORT GÉNÉRAL DE LA PRODUCTION À LA DISTRIBUTION, À L'ÉCHANGE ET À LA CONSOMMATION

Avant d'entrer plus avant dans l'analyse de la production, il convient d'examiner les différentes rubriques que les économistes leur juxtaposent.

Considérons une thèse qui a tout du lieu commun : dans la production, les membres de la société adaptent (produisent, forment) les produits de la nature en fonction des besoins humains ; la distribution détermine la proportion dans laquelle l'individu participe à ces produits ; l'échange lui apporte les produits particuliers qu'il voudrait obtenir en échange de la quote-part qui lui est échue dans la distribution ; dans la consommation enfin, les produits deviennent objets de jouissance, d'appropriation individuelle. La production crée les objets qui répondent aux besoins ; la distribution les répartit en fonction des lois sociales ;

l'échange répartit de nouveau les objets répartis auparavant, compte tenu des besoins individuels; enfin, dans la consommation, le produit abandonne ce mouvement social, il devient directement objet, se met au service du besoin individuel, et le satisfait dans l'acte de consommer. Ainsi la production apparaît comme le point de départ, la consommation comme le terme, la distribution et l'échange comme le moyen terme, lequel se dédouble à son tour : la distribution est le fait de la société, l'échange celui des individus. La personne s'objective dans la production, le produit se subjectivise dans la personne[1] ; dans la distribution, c'est la société qui assume la médiation entre la production et la consommation au moyen de déterminations générales imposées comme des règles; dans l'échange, la médiation s'opère à travers l'individu dans sa détermination fortuite.

La distribution fixe la proportion (le quantum) suivant laquelle les produits sont impartis à l'individu; l'échange détermine la production où l'individu réclame la part que lui assigne la distribution.

[Aux yeux des économistes,] la production d'une part, la distribution, l'échange et la consommation d'autre part forment ainsi un syllogisme dans les règles : le principe général, c'est la production; le cas particulier, ce sont la distribution et l'échange; le fait singulier où l'ensemble se referme, c'est la consommation. C'est là certes un enchaînement, mais bien superficiel. La production obéit à des lois générales de la nature; le hasard social agit sur la distribution qui peut exercer sur la production une action plus ou moins stimulante; l'échange se situe entre les deux comme un mouvement qui n'est social que de forme, et l'acte final de la consommation, qui est conçu non seulement comme aboutissement, mais comme fin, se situe, à vrai dire, en dehors de l'économie, à moins qu'il réagisse sur le point de départ et inaugure à nouveau tout le processus.

Les adversaires des économistes — qu'ils viennent de l'intérieur ou de l'extérieur de l'économie politique — qui leur reprochent de rompre brutalement l'unité organique se placent ou bien sur le même terrain qu'eux, ou bien au-dessous d'eux. Rien de plus commun que d'accuser les économistes de considérer la production trop exclusivement comme une fin en soi, et d'alléguer que la distribution a tout autant d'importance. Cette critique implique précisément l'idée des économistes selon laquelle la distribution existe à côté de la production, en tant que sphère autonome, indépendante. Ou encore on leur reproche de ne pas concevoir les différents moments dans leur unité. Comme si cette dissociation était passée non pas de la réalité dans les manuels, mais des manuels dans la réalité ; comme s'il s'agissait ici d'une balance dialectique de concepts, et non pas de la décomposition de rapports réels !

a) *La production est aussi, de façon immédiate, consommation*

Dualité de la consommation, subjective et objective : l'individu qui, en produisant, développe ses facultés les dépense en même temps, les consomme dans l'acte de la production, tout comme la procréation naturelle est consommation de forces vitales. Deuxièmement : consommation des moyens de production qui s'emploient et qui s'usent, et qui se dissolvent en partie (comme lors de la combustion) dans les éléments de l'univers. De même pour la matière première, qui ne conserve pas sa forme et sa constitution naturelles, lesquelles au contraire se consomment. Dans tous ses moments, l'acte de production est donc lui-même un acte de consommation. D'ailleurs, les économistes l'admettent. Ils appellent *consommation productive* la production qui s'identifie directement à la consommation, la consommation qui coïncide immédiatement avec la production. Cette identité de la production et de la consommation revient à la proposition de Spinoza : *determinatio est negatio*[1].

Toutefois, cette définition de la consommation productive n'est établie que pour séparer la consommation identifiée à la production d'avec la consommation proprement dite, conçue au contraire comme l'antithèse destructive de la production. Considérons donc la consommation proprement dite.

La consommation est également, et de manière immédiate, production ; de même que dans la nature la consommation des éléments et des substances chimiques est production de la plante. Il est évident que dans la nutrition, par exemple, qui est une forme de la consommation, l'homme produit son propre corps. Cela vaut cependant pour toute autre espèce de consommation qui, d'une manière ou d'une autre, produit l'homme par quelque côté. Production consommatrice. Seulement, rétorque l'économie, cette production identique à la consommation en est une seconde, issue de la destruction du premier produit. Dans la première, c'était le producteur qui s'objectivait, dans la seconde, c'est l'objet par lui créé qui se personnifie. Dès lors, cette production consommatrice — tout en étant l'unité immédiate de la production et de la consommation — est essentiellement différente de la production proprement dite. L'unité immédiate, où la production coïncide avec la consommation et la consommation avec la production, laisse subsister leur dualité immédiate.

Par conséquent, production est directement consommation, consommation est directement production. Chacune est immédiatement son contraire, mais en même temps s'opère un mouvement médiateur entre les deux. La production est médiatrice de la consommation, dont elle crée la matière et qui, sans elle, serait privée de son objet. Mais la consommation est aussi médiatrice de la production, puisqu'elle crée pour le sujet des produits. Le produit atteint son ultime accomplissement dans la consommation. Un chemin de fer qu'on n'emprunte pas, qui ne s'use pas, qui n'est pas consommé, n'est un chemin de fer que δυνὰμει, potentiellement, et non réellement. Sans production, pas de consommation, mais sans consommation, pas de production non plus, celle-ci n'ayant pas de but sans l'autre. La consommation engendre la production doublement : 1° C'est dans la consommation seulement que le produit devient réellement produit. Un vêtement, par exemple, ne devient vêtement réel que par l'acte de le porter ; une maison inhabitée n'est pas en fait une maison réelle ; à la différence du simple objet naturel, le produit ne s'affirme comme produit, ne *devient* produit que dans la consommation. En absorbant le produit, la consommation y met le *finishing stroke* (la dernière main) ; car la production ne s'incarne pas seulement dans le produit en tant qu'activité objectivée, mais encore comme objet pour le sujet producteur. 2° La consommation crée le besoin d'une *nouvelle* production, donc le mobile idéal, le moteur intime de la production, qui en est la condition. La consommation donne l'impulsion à la production et elle crée également l'objet qui est la finalité de la production. S'il est clair que la production offre l'objet de la consommation dans son aspect visible, il n'est pas moins clair que la consommation *pose idéalement* l'objet de la production comme image intérieure, besoin, mobile et fin. Elle crée les objets de la production sous une forme qui n'est encore que subjective. Pas de production sans besoin. Or, la consommation reproduit le besoin.

Parallèlement, la production se caractérise comme suit : 1° Elle fournit à la consommation sa matière, son objet. Une consommation sans objet n'est pas une consommation ; dès lors, la production crée, engendre la consommation. 2° Mais ce n'est pas seulement l'objet que la production fournit à la consommation. Elle lui donne aussi son caractère déterminé, son *finish*. Tout comme la consommation donnait au produit son *finish* en tant que produit, la production donne son *finish* à la consommation. En outre, l'objet n'est pas un objet tout court, mais un objet déterminé, qui doit être consommé d'une manière bien déterminée, imposée par la production elle-même. La faim est la faim, mais la faim qui s'apaise avec de la viande cuite, que l'on mange avec un couteau et une fourchette, est autre qu'une faim qui avale la chair crue à l'aide des mains, des ongles et des dents. Ce n'est pas seulement l'objet de la consommation, c'est aussi le mode de la consommation que la production produit, objectivement et subjectivement. Donc la production crée le consommateur. 3° La production ne fournit pas seulement au besoin une matière, elle fournit aussi à la matière un besoin. Quand la consommation se dégage de sa grossièreté primitive et de sa spontanéité première — s'y attarder serait encore le résultat d'une production qui n'a pas dépassé le stade de la barbarie —, elle est, en tant qu'instinct, stimulée par l'objet, le besoin qu'elle en éprouve, la sensation qu'elle en a. L'objet d'art — comme tout autre produit — crée un public sensible à l'art, un public qui sait jouir de la beauté. La production ne crée donc pas seulement un objet pour le sujet, mais aussi un sujet pour l'objet. Elle produit donc la consommation *a)* en lui fournissant la matière; *b)* en déterminant le mode de la consommation; *c)* en faisant naître chez le consommateur le besoin de produits qu'elle a d'abord posés sous forme d'objets. Elle crée par conséquent l'objet, le mode et l'instinct de la consommation. De même la consommation produit le *talent* du producteur en le sollicitant en tant que besoin mû par une finalité.

L'identité entre la consommation et la production apparaît donc sous un triple aspect :

1) *Identité immédiate*[1]. La production est consommation; la consommation est production. Production consommatrice. Consommation productive. Les économistes les appellent l'une et l'autre consommation productive. Ils font pourtant une distinction de plus. La première apparaît comme reproduction; la seconde comme consommation productive. Toutes les recherches sur la première concernent le travail productif et le travail improductif; l'étude de la seconde a pour objet la consommation productive et la consommation non productive.

2) Chacune apparaît comme moyen et médiateur de l'autre; ce que l'on appelle leur interdépendance — un mouvement de réciprocité où elles apparaissent comme indispensables l'une à l'autre sans pourtant se pénétrer. La production crée la matière de la consommation en tant qu'objet extérieur; la consommation crée le besoin en tant qu'objet interne, comme but pour la production. Pas de consommation sans production; pas de production sans consommation. Tout cela revêt des formes variées dans l'économie.

3) La production n'est pas seulement consommation directe, et la consommation production directe; la production n'est pas non plus seulement moyen pour la consommation, ni la consommation but pour la production, ce qui signifierait que chacune fournit à l'autre son objet, la production, à la consommation,

l'objet tangible, la consommation, à la production, l'objet idéal : chacune d'elles est non seulement l'autre de façon immédiate, ni seulement médiatrice de l'autre, mais chacune d'elles, en se réalisant, crée l'autre, se crée en tant qu'autre. C'est la consommation qui accomplit l'acte de la production en achevant le produit en tant que tel, en le dissolvant, en consommant sa forme autonome et matérielle; en élevant à l'habileté, par le besoin de la répétition, l'aptitude développée dans le premier acte de la production. Elle n'est donc pas seulement l'acte final grâce à quoi le produit devient produit, mais encore celui grâce à quoi le producteur devient producteur. De plus, la production engendre la consommation en créant le mode déterminé de la consommation, puis en provoquant l'instinct de la consommation, le talent de consommer, le besoin de consommer. Cette dernière identité, définie sous 3), est très diversement commentée en économie à propos du rapport entre l'offre et la demande, les objets et les besoins, les besoins créés par la société et les besoins naturels.

Dès lors, rien ne semble plus facile à un hégélien que de poser l'identité de la production et de la consommation. S'y sont livrés non seulement de beaux esprits socialistes, mais aussi de prosaïques économistes, par exemple Say, lorsqu'il dit que si l'on considère un peuple, ou bien l'humanité *in abstracto*, on constate que sa production est sa consommation. Storch a démontré l'erreur de Say en lui objectant qu'un peuple, par exemple, ne consomme pas simplement sa production, mais crée aussi des moyens de productions, etc., du capital fixe, etc. [1]. De surcroît, il est faux de considérer la société comme un sujet unique : c'est un point de vue spéculatif. Chez un sujet, production et consommation apparaissent comme des moments d'un seul acte. Ce qui importe ici, c'est de faire remarquer :

que l'on considère la production et la consommation comme des activités d'un seul sujet ou de nombreux individus, elles apparaissent en tout cas comme les moments d'un procès où la production est le véritable point de départ et par conséquent le facteur prédominant. En tant que nécessité et besoin, la consommation est elle-même un facteur interne de l'activité productive. Cette dernière, cependant, est le point de départ de la réalisation, donc son facteur prédominant, l'acte où tout le procès vient se renouveler. L'individu produit un objet et, par la consommation, il retourne à lui-même, mais en tant qu'individu productif, qui se reproduit lui-même. La consommation se présente ainsi comme moment de la production [1].

En revanche, dans la société, le rapport du producteur au produit, quand celui-ci est achevé, est extérieur, et le retour de l'objet au sujet dépend des relations du sujet avec d'autres individus. Il ne peut s'en saisir immédiatement. D'ailleurs, l'appropriation immédiate du produit n'est pas le but du sujet quand il produit dans la société. Entre le producteur et les produits intervient la *distribution*, qui fixe, par des lois sociales, la part qui lui revient dans l'univers des produits, et se place donc entre la production et la consommation.

Dès lors, la distribution forme-t-elle une sphère autonome à côté et en dehors de la production ?

b) *Distribution et production*

On ne peut pas ne pas être frappé, quand on considère les traités courants d'économie politique, du fait que tous les concepts y sont posés sous une forme double. Par exemple, dans la distribution on voit figurer : la rente foncière, le salaire, l'intérêt et le profit, tandis que dans la production la terre, le travail, le capital figurent comme agents de la production. Or, si l'on prend le capital, il est dès l'abord évident qu'il est posé sous deux formes : 1° comme agent de production ; 2° comme source de revenus, ce qui est une forme déterminée et déterminante de la distribution. C'est pourquoi l'intérêt et le profit figurent aussi comme tels dans la production, pour autant qu'ils sont des formes dans lesquelles le capital augmente, s'accroît, donc des facteurs de sa production même. En tant que formes de distribution, l'intérêt et le profit supposent le capital comme facteur de la production. Ce sont des modes de distribution qui ont pour condition le capital comme agent de la production. Ce sont de la sorte des modes de reproduction du capital.

De même, le salaire, c'est le travail salarié considéré sous une rubrique différente : la fonction déterminée que le travail possède ici comme agent de production apparaît là comme fonction de distribution. Si le travail n'était pas déterminé comme travail salarié, le mode suivant lequel il participe à la production n'apparaîtrait pas sous la forme de salaire, comme nous le voyons, par exemple, dans l'esclavage. Enfin, pour considérer dès l'abord la forme la plus développée de la distribution dans laquelle la propriété foncière reçoit sa part des produits, la rente foncière suppose la grande propriété foncière (plus exactement la grande agriculture) comme agent de production ; pas n'importe quelle terre, pas plus que le salaire ne suppose n'importe quel travail. Par conséquent, les modes et les rapports de distribution apparaissent comme l'envers des agents de production. L'individu qui participe à la production sous la forme du travail salarié participe sous le mode du salaire aux produits, résultats de la production. La structure de la distribution est complètement déterminée par la structure de la production. La distribution est elle-même un produit de la production non seulement en regard de l'objet — seuls pouvant être distribués les résultats de la production — mais aussi en regard de la forme, puisque tel mode de participation à la production détermine les formes particulières de la distribution, tel mode sous lequel on participe à la distribution. Il est tout à fait illusoire de ranger la terre dans la production, la rente foncière dans la distribution, etc.

Des économistes comme Ricardo, à qui l'on reproche le plus souvent de n'avoir en vue que la production, ont défini la distribution comme le seul objet de l'économie : ils ont, en effet, conçu instinctivement les formes de distribution comme la manifestation la plus exacte dans laquelle les agents de production se fixent dans une société donnée [1].

En regard de l'individu isolé, la distribution apparaît naturellement comme une loi sociale qui détermine sa position au sein de la production, le cadre où il produit et qui, de ce fait, précède la production. L'individu n'a ni capital ni propriété foncière en venant au monde. Dès sa naissance, son sort dépend du travail salarié en vertu de la distribution sociale. Mais cette dépendance résulte elle-même du fait que le capital et la propriété foncière existent en tant qu'agents autonomes de la production.

Si l'on considère des sociétés globales, la distribution semble précéder à certains égards, voire déterminer la production : elle apparaît quasiment comme un fait prééconomique. Un peuple conquérant distribue la terre entre les conquérants et impose de la sorte une certaine répartition et forme de la propriété foncière ; il détermine, par conséquent, la production. Ou bien il réduit en esclavage la population soumise et fait ainsi du travail servile la base de la production. Ou bien un peuple brise et morcelle par une révolution la grande propriété du sol ; il donne ainsi par cette nouvelle distribution un nouveau caractère à la production. Ou bien la législation perpétue la propriété foncière dans certaines familles, ou répartit le travail comme un privilège héréditaire pour la fixer ainsi dans un régime de castes. Dans tous ces cas — et ils sont tous historiques — la distribution ne semble pas être structurée et déterminée par la production, mais au contraire c'est la production qui semble l'être par la distribution.

Suivant la conception la plus simpliste, la distribution apparaît comme distribution des produits, et ainsi comme plus éloignée et presque indépendante de la production. Mais avant d'être distribution des produits, elle est : 1° distribution des instruments de production, et 2° répartition des membres de la société entre les divers genres de production, ce qui est une définition plus large du même rapport (subordination des individus à des rapports de production déterminés). La distribution des produits n'est manifestement que le résultat de cette distribution qui est incluse dans le procès de production lui-même et détermine la structure de la production. Considérer la production sans tenir compte de cette distribution qu'elle englobe, c'est faire manifestement une abstraction creuse, tandis qu'au contraire la distribution des produits est donnée spontanément en même temps que cette distribution, qui forme à l'origine un moment de la production. Ricardo, qui s'est efforcé de concevoir la production moderne dans sa structure sociale particulière et qui est l'économiste de la production par excellence, déclare précisément pour cette raison que ce n'est pas la production, mais la distribution qui est le véritable thème de l'économie moderne. On en revient ainsi à l'antienne inepte des économistes qui présentent la production comme une vérité éternelle et relèguent l'histoire dans le domaine de la distribution.

Le rapport de la distribution avec la production qu'elle détermine est sans doute un problème qui entre dans le cadre de la production elle-même. On pourrait objecter : puisque la production a forcément son point de départ dans une certaine distribution des instruments de production, la distribution ainsi comprise précède la production et en constitue la condition préalable. Il faudra alors répondre qu'effectivement la production a ses propres conditions et ses prémisses, qui en constituent des facteurs.

De prime abord, ceux-ci peuvent apparaître comme des faits naturels et spontanés. Ce processus même de la production les transforme en facteurs historiques; et s'ils apparaissent, pour une période, comme des conditions naturelles de la production, ils en ont été pour une autre période le résultat historique. Ils sont incessamment modifiés à l'intérieur même de la production. Le machinisme, par exemple, a changé aussi bien la distribution des instruments de production que celle des produits. La grande propriété foncière moderne elle-même est le résultat du commerce moderne et de l'industrie moderne, tout autant que de l'application de celle-ci à l'agriculture. Les questions soulevées ci-dessus se réduisent toutes, en dernier ressort, à une seule question : comment les conditions historiques générales interfèrent-elles dans la production, et quel est le rapport de celle-ci avec le mouvement historique en général? Cette question relève manifestement de la discussion et de l'analyse de la production elle-même[1].

Cependant, sous la forme triviale où elles ont été soulevées ci-dessus, on peut les régler également d'un mot. Dans toutes les conquêtes, il y a trois possibilités. Le peuple conquérant soumet le peuple soumis à son propre mode de production (ce que les Anglais font de nos jours en Irlande et partiellement dans l'Inde) ; ou bien il laisse subsister l'ancien mode de production et se contente d'un tribut (par exemple les Turcs et les Romains) ; ou bien il se produit une interaction, d'où naît une forme nouvelle, une synthèse (particulièrement dans les conquêtes germaniques). Dans tous les cas, le mode de production, celui du peuple conquérant et celui du peuple soumis ou encore celui qui résulte de la fusion des deux, est déterminant pour la nouvelle distribution qui s'opère. Bien que celle-ci apparaisse comme condition préalable de la nouvelle période de production, elle est elle-même un produit de la production, non seulement de la production historique en général, mais de telle production historique déterminée.

Par leurs dévastations en Russie, les Mongols, par exemple, agissaient en fonction de leur production, qui était le pâturage, et qui avait pour principale condition de grands espaces inhabités. Les Barbares germains, dont la production traditionnelle était l'agriculture exercée par les serfs et la vie isolée à la campagne, purent d'autant plus facilement soumettre les provinces romaines à ces conditions que la concentration de la propriété terrienne, déjà accomplie dans ces lieux, avait bouleversé les anciennes conditions agraires.

C'est une idée reçue que dans certaines périodes on ne vécut que de pillage. Pour pouvoir piller, il faut pourtant qu'il existe quelque chose à piller, il faut une production. Et le mode de pillage est lui aussi déterminé par le mode de production. Une nation qui pratique la spéculation en Bourse, par exemple, ne peut pas être pillée comme une nation de vachers [1].

Dans la personne de l'esclave, on ravit directement l'instrument de production. Dès lors, la production du pays auquel se destine la captive doit être organisée de manière à admettre le travail des esclaves, ou (comme dans l'Amérique du Sud, etc.) il faut créer un mode de production qui correspond à l'esclavage.

Des lois peuvent perpétuer dans certaines familles un instrument de production, par exemple la terre. Ces lois ne revêtent une importance économique que si la grande propriété terrienne est en harmonie avec la production sociale, comme en Angleterre par exemple. En France, la petite agriculture fut pratiquée malgré l'existence de la grande propriété foncière, aussi celle-ci fut-elle brisée par la Révolution. Mais les lois pourraient-elles perpétuer le morcellement des terres ? La propriété se concentre de nouveau, malgré ces lois. Nous aurons à examiner plus spécialement le rôle des lois dans la conservation des rapports de distribution et par suite leur effet sur la production

c) *Échange et circulation*

La circulation comme telle n'est qu'un élément déterminé de l'échange, ou encore l'échange considéré dans sa totalité.

Dans la mesure où l'*échange* n'est que le lien intermédiaire entre la production et la distribution qu'elle détermine, d'une part, et la consommation, d'autre part ; dans la mesure où cette dernière est elle-même un moment de la production, l'échange est évidemment inclus dans celle-ci, il en est aussi un moment.

Il est clair, tout d'abord, que l'échange d'activités et d'aptitudes qui s'opère dans la production elle-même en fait partie directement, et en constitue un élément essentiel. Deuxième remarque : cela est vrai aussi de l'échange des produits, pour autant qu'il est le moyen de fournir le produit achevé, destiné à la consommation immédiate. Dans cette mesure, l'échange est lui-même un acte inclus dans la production. Troisième remarque : ce que l'on appelle *exchange* entre *dealers* et *dealers*, l'échange qui s'effectue entre marchands, est, en raison même de son organisation, entièrement déterminé par la production, il est lui-même activité productrice. Ce n'est que dans le dernier stade, où le produit s'échange directement pour être consommé, que l'échange apparaît comme indépendant à côté de la production et comme indifférent à l'égard de celle-ci. Or, 1° il n'y a pas d'échange sans division du travail, que celle-ci soit naturelle, ou qu'elle soit un résultat historique; l'échange privé suppose la production privée; 3° l'intensité de l'échange tout comme son extension et son mode sont déterminés par le développement et l'organisation de la production. Par exemple, l'échange entre la ville et la campagne ; l'échange à la campagne, à la ville, etc. L'échange apparaît ainsi, dans tous ses moments, comme directement impliqué dans la production, ou déterminé par elle.

Le résultat auquel nous parvenons n'est pas que la production, la distribution, l'échange, la consommation sont identiques, mais qu'ils sont les éléments d'un tout, des diversités au sein d'une unité. La production se transcende elle-même dans la détermination contradictoire de la production; elle transcende aussi les autres éléments du procesus. C'est à partir d'elle que le processus recommence et se renouvelle chaque fois. Il va de soi que ce n'est ni l'échange ni la consommation qui pourraient jouer un rôle prédominant. Il en est de même de la distribution en tant que distribution des produits, mais en tant que distribution des agents de production, elle est elle-même un élément de la production. Par conséquent, telle production détermine telle consommation, telle distribution, tel échange déterminés; c'est elle qui détermine les *rapports réciproques déterminés de tous ces différents facteurs.* Certes, *dans sa forme particularisée,* la production est à son tour déterminée par les autres facteurs. Par exemple, quand le marché, autrement dit la sphère de l'échange, s'étend, la production s'accroît en volume et se diversifie davantage. La production se transforme en même temps que la distribution; par exemple, en cas de concentration du capital ou de répartition différente de la population à la ville et à la campagne, etc. Enfin les besoins des consommateurs agissent sur la production. Il y a action réciproque entre les divers facteurs : c'est le cas de tout ensemble organique [1].

III. LA MÉTHODE DE L'ÉCONOMIE POLITIQUE

Quand nous considérons un pays donné sous l'angle de l'économie politique, nous commençons par sa population : sa répartition dans les classes, dans les villes, la campagne, les mers, les différentes branches de production, l'exportation et l'importation, la production et la consommation annuelles, les prix des marchandises, etc.

Il est apparemment de bonne méthode de commencer par le réel et le concret, la supposition véritable; donc, dans l'économie, par la population qui est la base et le sujet de l'acte social de la production dans son ensemble. Toutefois, à y regarder de près, cette méthode est fausse. La population est une abstraction si je laisse de côté, par exemple, les classes dont elle se compose. Ces classes sont à leur tour un mot vide de sens, si j'ignore les éléments sur lesquels elles reposent, par exemple le travail salarié, le capital, etc. Ceux-ci supposent l'échange, la division du travail, le prix, etc.

Le capital, par exemple, n'est rien sans le travail salarié, sans la valeur, la monnaie, le prix, etc. Si donc je commençais par la population, je me ferais une représentation chaotique de l'ensemble ; puis, par une détermination plus précise, en procédant par analyse, j'aboutirais à des concepts de plus en plus simples, du concret perçu aux abstractions de plus en plus ténues. Ce point atteint, il faudrait faire le voyage à rebours, et j'aboutirais de nouveau à la population. Cette fois, je n'aurais pas sous les yeux un amas chaotique, mais un tout riche en déterminations, et en rapports complexes. Historiquement, c'est le premier chemin suivi par l'économie naissante. Les économistes du XVIIe siècle, par exemple, commencent toujours par l'ensemble vivant, la population, la nation, l'État, plusieurs États, etc. ; mais ils finissent toujours par découvrir, au moyen de l'analyse, un certain nombre de rapports généraux abstraits, qui sont déterminants, tels que la division du travail, l'argent, la valeur, etc. Dès que ces éléments particuliers ont été plus ou moins fixés et abstraits, on a vu surgir les systèmes économiques qui s'élevaient du simple, tel que travail, division du travail, besoin, valeur d'échange, jusqu'à l'État, l'échange entre les nations et le marché mondial. Cette dernière méthode est manifestement la méthode scientifiquement exacte. Le concret est concret, parce qu'il est la synthèse de nombreuses déterminations, donc unité de la diversité. C'est pourquoi le concret apparaît dans la pensée comme le processus de la synthèse, comme résultat, et non comme point de départ, encore qu'il soit le véritable point de départ, et par suite aussi le point de départ de l'intuition et de la représentation. Dans la première méthode, la représentation pleine est volatilisée en une détermination abstraite ; dans la seconde, les déterminations abstraites aboutissent à la reproduction du concret par la voie de la pensée. C'est pourquoi Hegel est tombé dans l'illusion de concevoir le réel comme le résultat de la pensée qui se résorbe en soi, s'approfondit en soi, se meut par soi-même, tandis que la méthode de s'élever de l'abstrait au concret n'est pour la pensée que la manière de s'approprier le concret, de le reproduire en tant que concret pensé. Mais ce n'est nullement là le processus de la genèse du concret lui-même. Par exemple, la catégorie économique la plus simple, disons la valeur d'échange, suppose une population qui produit dans des conditions déterminées et, en outre, un certain genre de famille ou de commune, ou d'État, etc. Elle ne peut jamais exister autrement qu'en tant que relation unilatérale, abstraite d'un ensemble concret, vivant, déjà donné. En revanche, la valeur d'échange, comme catégorie, possède une existence antédiluvienne. Donc, pour la conscience (et la conscience philosophique est ainsi faite) la pensée qui conçoit, c'est l'homme réel, et le réel c'est le monde une fois conçu comme tel ; le mouvement des catégories lui apparaît comme le véritable acte de production (lequel, c'est bien ennuyeux, ne reçoit d'impulsion que du dehors) dont le résultat est le monde ; c'est exact — mais ce n'est qu'une autre tautologie — dans la mesure où la totalité concrète en tant que totalité pensée, concret pensé, est en fait un produit de la pensée, de l'acte de concevoir ; il n'est donc nullement le produit du concept qui s'engendrerait lui-même, qui penserait en dehors et au-dessus de la perception et de la représentation, mais un produit de l'élaboration des perceptions et des représentations en concepts. La totalité, telle qu'elle apparaît dans l'esprit comme un tout pensé, est un produit du cerveau pensant, qui s'approprie le monde de la seule manière possible, manière qui diffère de l'appropriation de ce monde dans l'art, la religion, l'esprit pratique. Le sujet réel subsiste, après comme avant, dans son autonomie en dehors de l'esprit, tout au moins aussi longtemps que l'esprit n'agit que spéculativement, théoriquement. Par conséquent, dans la méthode théorique également, il faut que le sujet, la société, soit constamment présent à l'esprit comme prémisse[1].

Toutefois ces catégories simples n'ont-elles pas elles aussi une existence autonome, historique ou naturelle, antérieure aux catégories concrètes? **Ça dépend.* Hegel, par exemple, commence correctement la « philosophie du droit » par la propriété, qui est le rapport juridique le plus simple du sujet[2]. Or il n'y a pas de propriété avant la famille ou avant les rapports de domination et de servitude, qui sont des rapports beaucoup plus concrets. Cependant il serait juste de dire qu'il existe des familles, des clans qui ne font encore que posséder, mais qui n'ont pas de propriété. Par rapport à la propriété, la catégorie la plus simple apparaît donc comme le rapport de simples communautés de familles ou de clans. À un stade social supérieur, elle apparaît comme le rapport plus simple d'une organisation développée. Mais le sujet concret, dont le rapport est la propriété, est toujours présupposé. On peut se représenter un sauvage isolé qui possède, mais alors cette possession n'est pas un rapport juridique. Il est inexact qu'historiquement la propriété évolue vers la famille. Elle suppose bien plutôt toujours cette « catégorie juridique plus concrète ». Il n'en demeurerait pas moins que les catégories simples expriment des rapports dans lesquels le concret insuffisamment développé s'est peut-être réalisé, sans avoir encore posé la relation ou le rapport plus complexe qui s'exprime théoriquement dans la catégorie la plus concrète; tandis que le concret plus développé laisse subsister cette même catégorie comme un rapport subordonné. L'argent peut exister et a existé historiquement avant l'existence du capital, des banques, du travail salarié. À cet égard, on pourrait affirmer que la catégorie la plus simple peut exprimer des rapports dominants d'un ensemble moins développé ou des rapports subordonnés d'un ensemble plus développé, qui existaient déjà historiquement avant que l'ensemble ne se développât dans le sens qui s'exprime par une catégorie plus concrète. C'est dans cette mesure que la démarche de la pensée abstraite, qui s'élève du plus simple au plus complexe, pourrait correspondre au processus historique réel.

D'autre part, on peut dire qu'il existe des formes de société très développées, mais qui n'ont pas encore atteint la maturité historique, dans lesquelles on trouve les formes les plus élevées de l'économie, par exemple la coopération, une division développée du travail, etc., sans qu'existe aucune espèce de monnaie. Par exemple le Pérou. De même, dans les communautés slaves, l'argent et l'échange dont il dépend ne se manifestent pas ou rarement au sein de chaque commune ; ils n'apparaissent qu'à leur frontière, dans leur commerce avec d'autres communes. D'ailleurs, il est erroné de situer l'échange au centre de la communauté en tant qu'élément constitutif originel. Il apparaît plutôt, au début, dans les relations des diverses communautés entre elles que dans les relations des membres à l'intérieur d'une seule et même communauté. En outre, bien que l'argent joue très tôt un rôle multiple, il est dans l'Antiquité l'apanage, en tant qu'élément dominant, de nations n'ayant qu'une spécialité, de nations marchandes. Dans l'Antiquité la plus évoluée elle-même, chez les Grecs et les Romains, l'argent n'atteint son plein développement — prémisse de la société bourgeoise moderne — que dans la période de leur dissolution. Ainsi cette catégorie toute simple apparaît dans son intensité, mais non historiquement, de même que les conditions sociales les plus évoluées. Elle n'imprègne nullement tous les rapports économiques. Dans l'Empire romain à son apogée, l'impôt en nature et les prestations en nature sont demeurés fondamentaux. La monnaie proprement dite ne s'y est complètement développée que dans l'armée. Elle n'a d'ailleurs jamais dominé totalement le travail. Ainsi, bien qu'historiquement la catégorie la plus simple puisse avoir existé avant la catégorie plus concrète, elle peut appartenir dans son complet développement, intensif et extensif, à une forme de société complexe, alors que la catégorie plus concrète était mieux développée dans une forme de société moins développée.

Le travail est apparemment une catégorie toute simple. De même, l'idée du travail dans cette généralité — en tant que travail tout court — est vieille comme le monde. Et pourtant, saisi dans cette simplicité du point de vue économique, le « travail » est une catégorie tout aussi moderne que les rapports qui font naître cette abstraction simple. Le système monétaire, par exemple, pose encore, d'une manière tout à fait objective, la richesse dans l'argent comme une chose tout extérieure. À cet égard, il y eut un grand progrès lorsque le système manufacturier ou commercial transféra la source de la richesse de l'objet à l'activité subjective — le travail commercial et manufacturier —, concevant encore cette activité même dans ses limites de simple faiseuse d'argent. En face de ce système, le système physiocratique pose une forme déterminée du travail — l'agriculture — comme source de la richesse; et l'objet lui-même, non plus sous l'enveloppe de l'argent, mais comme produit en tant que tel, comme résultat général du travail. Ce produit, en raison de la nature limitée de l'activité, est conçu comme un produit naturel — produit de l'agriculture, produit de la terre par excellence.

Ce fut un immense progrès, lorsque Adam Smith rejeta toute détermination de l'activité créatrice de richesse et ne considéra que le travail tout court : autrement dit, ni le travail manufacturier, ni le travail commercial, ni l'agriculture, mais toutes les activités sans distinction. Avec l'universalité abstraite de l'activité créatrice de richesse, on a en même temps l'universalité de l'objet en tant que richesse, le produit tout court ou le travail tout court, mais en tant que travail passé, matérialisé. Cette transition était difficile et importante, ce qui résulte du fait qu'Adam Smith lui-même retombe de temps à autre dans le système des physiocrates. Or il pourrait sembler que l'on ait trouvé par là, simplement, l'expression abstraite du rapport le plus simple et le plus ancien de l'activité productrice des hommes, quelle que fût la forme de la société. C'est juste à certains égards, mais faux à d'autres. L'indifférence à l'égard d'un genre déterminé de travail suppose une totalité très développée de genres de travaux réels dont aucun n'est plus seul à prédominer. Ainsi les abstractions les plus générales ne surgissent qu'avec les développements concrets les plus riches où un caractère est commun à beaucoup, à tous. C'est alors qu'on ne peut plus le penser sous une forme particulière seulement. D'autre part, cette abstraction du travail en général n'est pas seulement le résultat mental d'une totalité concrète de travaux. L'indifférence à l'égard du travail particulier correspond à une forme de société dans laquelle les individus passent avec facilité d'un travail à un autre, et dans laquelle le genre déterminé du travail leur paraît fortuit et par conséquent indifférent. Le travail est alors devenu, non seulement en tant que catégorie, mais dans la réalité même, un moyen de produire la richesse en général, et il a cessé de se confondre avec l'individu en tant que destination particulière de celui-ci. Cet état de choses s'est le mieux développé dans le type le plus moderne de la société bourgeoise, aux États-Unis. C'est là que la catégorie abstraite, « travail », « travail en général », travail **sans phrase*, le point de départ de l'économie moderne, devient pratiquement vrai. Ainsi l'abstraction la plus simple que l'économie moderne place au premier rang et qui exprime un phénomène ancestral, valable pour toutes les formes de société n'apparaît pourtant comme pratiquement vrai, dans cette abstraction, qu'en tant que catégorie de la société la plus moderne. On pourrait dire que ce qui apparaît aux États-Unis comme un produit historique apparaît chez les Russes par exemple — je veux parler de cette indifférence à l'égard du travail déterminé — comme une disposition naturelle. Cependant quelle énorme différence entre des barbares aptes à être employés à tout, et des civilisés qui s'emploient eux-mêmes à tout. Et puis, à cette indifférence à l'égard du travail déterminé correspond pratiquement, chez les Russes, l'assujettissement traditionnel à un travail bien déterminé, auquel seules des influences extérieures peuvent les arracher[1].

Cet exemple du travail montre d'une façon frappante que les catégories les plus abstraites elles-mêmes, malgré leur validité — justement en raison de leur abstraction — pour toutes les époques, n'en sont pas moins, dans cette détermination abstraite même, tout autant le produit de conditions historiques et n'ont leur pleine validité que pour elles et dans leur limite[2].

La société bourgeoise est l'organisation historique de la production la plus développée et la plus différenciée qui soit. Les catégories qui expriment ses conditions et la compréhension de sa structure permettent en même temps de comprendre la structure et les rapports de production de tous les types de société disparus, sur les ruines et les éléments desquels elle s'est édifiée et dont certains vestiges, non encore dépassés, continuent à traîner en elle, et dont certaines virtualités se sont pleinement épanouies, etc. L'anatomie de l'homme est une clé pour l'anatomie du singe [1]. Les virtualités qui annoncent dans les espèces animales inférieures une forme supérieure ne peuvent au contraire être comprises que lorsque la forme supérieure est elle-même déjà connue. Ainsi l'économie bourgeoise fournit la clé de l'économie antique, etc. Mais nullement à la manière des économistes qui effacent toutes les différences historiques et voient dans toutes les formes de société la forme bourgeoise. On peut comprendre le tribut, la dîme, etc., quand on connaît la rente foncière; mais il ne faut pas les identifier. En outre, comme la société bourgeoise n'est elle-même qu'une forme contradictoire de l'évolution, certains facteurs appartenant à des formations sociales antérieures ne se retrouveront en elle que tout à fait étiolés ou même travestis. Par exemple la propriété communale. Par conséquent, s'il est vrai que les catégories de l'économie bourgeoise possèdent une certaine vérité valable pour toutes les autres formes de société, cela ne doit être admis que *cum grano salis*. Elles peuvent les contenir sous une forme développée, étiolée, caricaturée, etc., mais la différence sera toujours essentielle. La prétendue évolution historique repose en général sur le fait que la dernière formation sociale considère les formes passées comme autant d'étapes vers elle-même, et qu'elle les conçoit toujours d'un point de vue partial. En effet, elle est rarement capable — et seulement dans des conditions bien déterminées — de faire sa propre critique. Nous ne pensons naturellement pas, ici, aux périodes historiques qui se considèrent elles-mêmes comme une ère de décadence. La religion chrétienne n'a pu aider à faire comprendre d'une manière objective les mythologies antérieures qu'en accomplissant sa propre critique jusqu'à un certain degré, pour ainsi dire virtuellement. C'est ainsi que l'économie bourgeoise ne parvint à l'intelligence de la société féodale, antique, orientale qu'au moment où la société bourgeoise entreprit de se critiquer elle-même. Pour autant que l'économie bourgeoise ne s'est pas identifiée purement et simplement au passé en se fabriquant des mythes, sa critique des sociétés antérieures, surtout le féodalisme contre lequel elle avait encore à lutter directement, fut semblable à la critique dirigée par le christianisme contre le paganisme, ou encore à celle du protestantisme contre le catholicisme.

Dans toute science historique et sociale en général, il faut toujours retenir que le sujet — ici la société bourgeoise moderne — est donné aussi bien dans la réalité que dans le cerveau ; et que les catégories expriment des formes et des modes d'existence, souvent de simples aspects particuliers de cette société, de ce sujet ; et que, par conséquent, cette société ne commence nullement à exister, *scientifiquement parlant*, à partir du moment seulement où il est question d'elle *en tant que telle*. Cela vaut pareillement pour le développement des catégories économiques. Cette règle est essentielle, car elle aide de façon décisive à établir le plan de l'étude. Par exemple, rien ne semble plus naturel que de commencer par la rente foncière, la propriété foncière, puisqu'elle est reliée à la terre, source de toute production et de toute existence, ainsi qu'à la première forme de production de toutes les sociétés plus ou moins stabilisées : l'agriculture. Mais rien ne serait plus faux. Dans toutes les formes de société, ce sont les conditions déterminées d'une production qui assignent à toutes les autres leur rang et leur importance. C'est là un éclairage général, où baignent toutes les couleurs, et qui leur donne leur singularité. C'est un éther particulier qui détermine le poids spécifique de tout ce qui existe en lui de saillant. Les peuples de bergers en sont un exemple (de simples peuples de chasseurs et de pêcheurs sont en dehors de la sphère où commence le véritable développement). Il y a chez eux une cetaine forme sporadique d'agriculture, qui détermine la propriété foncière. Celle-ci est collective, et elle conserve plus ou moins cette forme, selon que ces peuples sont plus ou moins attachés à leurs traditions : voyez par exemple la propriété communale des Slaves. Chez les peuples qui pratiquent l'agriculture sédentaire — ce qui est déjà un niveau élevé — où elle prédomine comme dans l'Antiquité et la féodalité, l'industrie elle-même et son organisation, ainsi que les formes de propriété qui lui correspondent, ont plus ou moins le caractère de propriété foncière. Ou bien l'industrie dépend complètement de l'agriculture, comme chez les anciens Romains ; ou bien, comme au Moyen Âge, elle imite l'organisation rurale dans la ville. Au Moyen Âge, le capital lui-même (pour autant qu'il n'est pas purement du capital monétaire) en tant qu'outillage artisanal, etc., a ce caractère de propriété foncière. C'est l'inverse dans la société bourgeoise. L'agriculture devient de plus en plus une simple branche de l'industrie, et elle est entièrement dominée par le capital. Il en va de même pour la rente foncière. Dans toutes les formes de société où domine la propriété foncière, les liens avec la nature restent encore prépondérants. Dans celles où règne le capital, la prépondérance appartient aux éléments qui ont été créés par la société et par l'histoire. On ne peut comprendre la rente foncière sans le capital, mais on comprend bien le capital sans la rente foncière[1]. Le capital est la force économique de la société bourgeoise qui domine tout. Il forme nécessairement le point de départ et le point final, et son analyse doit précéder celle de la propriété foncière. Après les avoir examinés chacun en son particulier, il faut étudier leur rapport réciproque.

Par conséquent, il serait faux et inopportun de présenter la succession des catégories économiques dans l'ordre de leur importance historique. Leur ordre de succession est, bien au contraire, déterminé par la relation qu'elles ont entre elles dans la société bourgeoise moderne et qui est précisément à l'inverse de leur ordre apparemment naturel ou de leur évolution historique. Il ne s'agit pas de la position que les rapports économiques occupent historiquement dans la succession des différents types de société. Encore moins de leur ordre « dans l'idée » (Proudhon), représentation nébuleuse du mouvement historique[1]. Il s'agit de leur structuration *(Gliederung)* au sein de la société bourgeoise contemporaine.

Les peuples marchands — Phéniciens, Carthaginois — sont apparus dans toute leur pureté dans le monde antique : cette pureté (détermination abstraite) est donnée précisément par la prédominance même des peuples agriculteurs. Le capital en tant que capital commercial ou capital monétaire se présente justement sous cette forme abstraite là où il n'est pas encore le facteur dominant des sociétés. Les Lombards, les Juifs occupent la même position vis-à-vis des sociétés médiévales pratiquant l'agriculture.

Autre exemple de la position diverse que les mêmes catégories occupent aux divers stades de la société : une des dernières institutions de la société bourgeoise : les sociétés par actions *(joint-stock-companies)*. Partout, elles apparaissent également à ses débuts dans les grandes compagnies marchandes dotées de privilèges et de monopoles.

Le concept même de richesse nationale s'insinue chez les économistes du XVIIe siècle (l'idée subsiste encore en partie chez ceux du XVIIIe) en ce qu'ils pensent que la richesse est créée uniquement par l'État, mais que sa puissance se mesure par cette richesse. C'est sous cette forme, encore inconsciemment hypocrite, que la richesse elle-même et sa production s'annoncent comme le but des États modernes, considérés désormais uniquement comme moyens de produire la richesse.

Voici comment se dessine dès lors le plan de cette étude :

1° Les déterminations qui, dans leur généralité abstraite, s'appliquent plus ou moins à tous les types de société, mais dans le sens exposé ci-dessus.

2° Les catégories qui constituent la structure interne de la société bourgeoise et sur lesquelles reposent les classes fondamentales. Capital, travail salarié, propriété foncière. Leur rapport réciproque. Ville et campagne. Les trois grandes classes sociales. L'échange entre celles-ci. Circulation. Crédit (privé).

3° Synthèse de la société bourgeoise sous la forme de l'État. L'État considéré en lui-même. Les classes « improductives ». Impôts. Dette publique. Crédit public. La population. Les colonies. Émigration.

4° La production dans ses rapports internationaux. Division internationale du travail. Échanges internationaux. Exportation et importation. Cours des changes.

5° Le marché mondial et les crises [1].

IV. PRODUCTION : MOYENS DE PRODUCTION ET RAPPORTS DE PRODUCTION. RAPPORTS DE PRODUCTION ET INSTITUTIONS SOCIALES. FORMES D'ÉTAT ET DE CONSCIENCE DANS LEUR RELATION AVEC LES RAPPORTS DE PRODUCTION ET LES INSTITUTIONS SOCIALES LE DROIT. LA FAMILLE

Nota bene. Points à ne pas oublier, qu'il faudra traiter ici :

1) *La guerre.* L'organisation de la guerre est antérieure à celle de la paix : montrer comment certains rapports économiques tels que le travail salarié, le machinisme, etc., se sont développés par la guerre et dans les armées avant de se développer dans le sein de la société bourgeoise. De même, l'armée illustre tout particulièrement le rapport entre la force productive et les institutions sociales[1].

2) *L'historiographie idéale dans son rapport à l'historiographie réelle. En particulier ce qu'on appelle « Kulturgeschichte »* [histoire de la civilisation], anciennement histoire des religions et des États. À cette occasion, dire un mot sur les divers genres d'historiographie pratiqués jusqu'ici : l'historiographie dite objective ; historiographie subjective (morale philosophique, etc.).

3) *Phénomènes secondaires et tertiaires.* Rapports de production non originaux, généralement dérivés, transposés. Intervention de rapports internationaux.

4) *Objections concernant le matérialisme de cette conception. Rapport avec le matérialisme naturaliste.*

5) *Dialectique des concepts de force productive (moyens de production), et de rapport de production,* dialectique dont il faudra définir les limites et qui ne supprime pas les différences réelles.

6) *Le rapport inégal du développement de la production matérielle* à celui de l'art par exemple. D'une manière générale, il ne faut pas concevoir l'idée du progrès dans son abstraction vulgaire. Art moderne, etc. Cette disconvenance est moins importante et moins difficile à saisir qu'à l'intérieur des rapports sociaux pratiques, par exemple de la culture. Rapport des États-Unis à l'Europe. Le point vraiment difficile ici, c'est celui de savoir comment les rapports de production pris en tant que rapports de droit suivent un développement inégal. Ainsi, par exemple, le rapport du droit privé romain (cela est moins vrai pour le droit pénal et le droit public) à la production moderne.

7) *Cette conception pose un développement nécessaire.* Et pourtant, justification du hasard. Comment (justifier également la liberté, entre autres). (Influence des moyens de communication. L'histoire universelle n'a pas toujours existé ; dans son aspect d'histoire universelle, l'histoire est un résultat.)

8) *Naturellement, le point de départ, ce sont les facteurs naturels ;* subjectivement et objectivement. Peuplades, races, etc.[1].

1) En ce qui concerne l'art, on sait que certaines époques de floraison artistique ne sont nullement en rapport avec l'évolution générale de la société, ni donc avec le développement de la base matérielle, qui est comme l'ossature de son organisation. Par exemple les Grecs comparés aux modernes, ou encore Shakespeare. Pour certaines formes de l'art, l'épopée par exemple, on va jusqu'à reconnaître qu'elles ne peuvent jamais être produites dans la forme classique où elles font

époque, dès que la production de l'art fait son apparition en tant que telle ; on admet par là que dans la propre sphère de l'art, telles de ses créations insignes ne sont possibles qu'à un stade peu développé de l'évolution de l'art. Si cela est vrai du rapport des divers genres d'art à l'intérieur du domaine de l'art lui-même, on s'étonnera déjà moins que cela soit également vrai du rapport de la sphère artistique dans son ensemble à l'évolution générale de la société. La seule difficulté, c'est de formuler une conception générale de ces contradictions. Dès qu'elles sont spécifiées, elles sont par là même expliquées.

Prenons, par exemple, l'art grec, puis l'art de Shakespeare dans leur rapport à notre temps. Il est bien connu que la mythologie grecque fut non seulement l'arsenal de l'art grec, mais aussi sa terre nourricière. L'idée de la nature et des rapports sociaux qui alimente l'imagination grecque, et donc la (mythologie) grecque, est-elle compatible avec les métiers à filer automatiques, les locomotives et le télégraphe électrique ? Qu'est-ce que Vulcain auprès de Roberts & C°, Jupiter auprès du paratonnerre, et Hermès à côté du Crédit mobilier ? Toute mythologie dompte, domine, façonne les forces de la nature, dans l'imagination, et par l'imagination ; elle disparaît donc au moment où ces forces sont dominées réellement. Qu'advient-il de *Fama*, en regard de *Printing-house square*[1] ? L'art grec suppose la mythologie grecque, c'est-à-dire la nature et les formes sociales, déjà élaborées au travers de l'imagination populaire d'une manière inconsciemment artistique. Ce sont là ses matériaux. Non pas une mythologie quelconque, c'est-à-dire une façon quelconque de transformer inconsciemment la nature en art (ici le mot *nature* désigne tout ce qui est objectif, y compris la société). La mythologie égyptienne n'eût jamais pu être le sol, le sein maternel qui eût produit l'art grec. En tout cas, *une* mythologie. Et en aucun cas, une société qui se développe en excluant tout rapport mythologique avec la nature, tout rapport s'exprimant par mythes ; et qui suppose donc chez l'artiste une imagination indépendante de la mythologie.

D'autre part : Achille est-il possible à l'âge de la poudre et du plomb ? Ou, en général, imagine-t-on *l'Iliade* avec la presse et surtout la machine à imprimer ? Les chants, les légendes, les Muses ne disparaissent-ils pas nécessairement devant le barreau de l'imprimeur ? et les conditions nécessaires pour la poésie épique ne s'évanouissent-elles pas ?

Mais la difficulté n'est pas de comprendre que l'art grec et l'épopée sont liés à certaines formes du développement social. La difficulté, la voici : ils nous procurent encore une jouissance artistique, et à certains égards, ils servent de norme, ils nous sont un modèle inaccessible.

Un homme ne peut redevenir enfant sans être puéril. Mais ne se réjouit-il pas de la naïveté de l'enfant, et ne doit-il pas lui-même s'efforcer, à un niveau plus élevé, de reproduire sa vérité ? Est-ce que, dans la nature enfantine, ne revit pas le caractère de chaque époque, dans sa vérité naturelle ? Pourquoi l'enfance historique de l'humanité, au plus beau de son épanouissement, n'exercerait-elle pas l'attrait éternel du moment qui ne reviendra plus ? Il est des enfants mal élevés, et des enfants précoces. Beaucoup de peuples de l'Antiquité appartiennent à ces catégories. Des enfants normaux, voilà ce que furent les Grecs. Le charme que nous trouvons à leurs œuvres d'art n'est pas contrarié par le peu d'avancement de la société où elles ont fleuri. Il en est plutôt le résultat ; il est inséparable de la pensée que l'état d'immaturité sociale où cet art est né, où seul il pouvait naître, ne reviendra jamais [1].

AVANT-PROPOS

1859

Je considère le système de l'économie bourgeoise dans l'ordre suivant : *capital, propriété foncière, travail salarié ; État, commerce extérieur, marché mondial.* Sous les trois premières rubriques, j'examine les conditions économiques de l'existence des trois grandes classes dont se compose la société bourgeoise moderne ; il y a un lien évident entre les trois autres rubriques. La première section du premier livre, qui traite du capital, comprend les chapitres suivants : 1. La marchandise ; 2. La monnaie ou la circulation simple ; 3. Le capital en général. Les deux premiers chapitres forment le contenu du présent fascicule. J'ai sous les yeux l'ensemble des matériaux sous forme de monographies écrites à des périodes très éloignées les unes des autres, non pour l'impression, mais pour mon édification personnelle. Il dépendra des circonstances extérieures que je les mette en œuvre d'une façon cohérente suivant le plan indiqué [1].

J'avais ébauché une introduction générale, mais je la supprime [2]. Réflexion faite, il serait gênant d'anticiper sur des résultats non encore établis. Il faudra que le lecteur, s'il veut me suivre, se décide à s'élever du particulier au général. En revanche, quelques indications sur la marche de mes propres études d'économie politique pourraient bien être ici à leur place.

Ma spécialité, c'était la jurisprudence ; mais je ne donnai jamais à cette discipline que le second rang, après la philosophie et l'histoire. En 1842-1843, rédacteur de la *Rheinische Zeitung*, je me trouvai pour la première fois dans l'obligation embarrassante de dire mon mot sur ce qu'on appelle les intérêts matériels. J'eus quelques occasions de m'occuper de questions économiques : les débats de la Diète rhénane sur les délits forestiers et sur le morcellement de la propriété foncière ; la polémique officielle que M. von Schaper, alors premier président de la province rhénane, engagea contre la *Rheinische Zeitung*, sur la situation des paysans de la Moselle ; les débats sur le libre-échange et la protection. D'autre part, à une époque où la bonne volonté « d'aller de l'avant » tenait souvent lieu de compétence, l'écho du socialisme et du communisme français prenait dans la *Rheinische Zeitung* des résonances discrètement philosophiques. Je me prononçai contre ce travail d'amateur ; mais aussi j'avouai franchement, dans une controverse avec la *Allgemeine Augsburger Zeitung*, que mes études antérieures ne m'autorisaient guère à risquer un jugement sur le fond des tendances françaises [1]. Les gérants de la *Rheinische Zeitung* se berçaient d'illusions : ils pensaient que la sentence de mort prononcée contre leur journal serait rapportée s'ils lui donnaient une allure plus modérée. Je saisis l'occasion avec empressement et, quittant la scène publique, je me retirai dans mon cabinet d'étude.

Pour résoudre les doutes qui m'assaillaient, j'entrepris un premier travail, une révision critique de la philosophie du droit de Hegel [2], travail dont l'introduction parut dans les *Deutsch-Französische Jahrbücher*, publiés à Paris en 1844. Mes recherches aboutirent au résultat que voici :

Les rapports juridiques, pas plus que les formes de l'État, ne peuvent s'expliquer ni par eux-mêmes, ni par la prétendue évolution générale de l'esprit humain ; bien plutôt, ils prennent leurs racines dans les conditions matérielles de la vie que Hegel, à l'exemple des Anglais et des Français du XVIIIe siècle, comprend dans leur ensemble sous le nom de « société civile » ; et c'est dans l'économie politique qu'il convient de chercher l'anatomie de la société civile. J'avais commencé l'étude de cette science à Paris et je la continuai à Bruxelles, où j'avais émigré par suite d'un arrêté d'expulsion signé de M. Guizot. Voici, en peu de mots, le résultat général auquel j'arrivai et qui, une fois obtenu, me servit de fil conducteur dans mes études.

Dans la production sociale de leur existence, les hommes nouent des rapports déterminés, nécessaires, indépendants de leur volonté ; ces rapports de production correspondent à un degré donné du développement de leurs forces productives matérielles. L'ensemble de ces rapports forme la structure économique de la société, la fondation réelle sur laquelle s'élève un édifice juridique et politique, et à quoi répondent des formes déterminées de la conscience sociale. Le mode de production de la vie matérielle domine en général le développement de la vie sociale, politique et intellectuelle[1]. Ce n'est pas la conscience des hommes qui détermine leur existence, c'est au contraire leur existence sociale qui détermine leur conscience[2]. À un certain degré de leur développement, les forces productives matérielles de la société entrent en collision avec les rapports de production existants, ou avec les rapports de propriété au sein desquels elles s'étaient mues jusqu'alors, et qui n'en sont que l'expression juridique. Hier encore formes de développement des forces productives, ces conditions se changent en de lourdes entraves. Alors commence une ère de révolution sociale. Le changement dans les fondations économiques s'accompagne d'un bouleversement plus ou moins rapide dans tout cet énorme édifice. Quand on considère ces bouleversements, il faut toujours distinguer deux ordres de choses. Il y a le bouleversement matériel des conditions de production économique. On doit le constater dans l'esprit de rigueur des sciences naturelles. Mais il y a aussi les formes juridiques, politiques, religieuses, artistiques, philosophiques, bref les formes idéologiques, dans lesquelles les hommes prennent conscience de ce conflit et le poussent jusqu'au bout. On ne juge pas un individu sur l'idée qu'il a de lui-même. On ne juge pas une époque de révolution d'après la conscience qu'elle a d'elle-même. Cette conscience s'expliquera plutôt par les contrariétés de la vie matérielle, par le conflit qui oppose les forces productives sociales et les rapports de production. Jamais une société n'expire avant que soient développées toutes les forces productives qu'elle est assez large pour contenir; jamais des rapports supérieurs de production ne se mettent en place avant que les conditions matérielles de leur existence ne soient écloses dans le sein même de la vieille société. C'est pourquoi l'humanité ne se propose jamais que les tâches qu'elle peut remplir : à mieux considérer les choses, on verra toujours que la tâche surgit là où les conditions matérielles de sa réalisation sont déjà formées, ou sont en voie de se créer. Réduits à leurs grandes lignes, les modes de production asiatique, antique, féodal et bourgeois moderne apparaissent comme des époques progressives de la formation économique de la société. Les rapports de production bourgeois sont la dernière forme antagonique du processus social de la production. Il n'est pas question ici d'un antagonisme individuel; nous l'entendons bien plutôt comme le produit des conditions sociales de l'existence des individus ; mais les forces productives qui se développent au sein de la société bourgeoise créent dans le même temps les conditions matérielles propres à résoudre cet antagonisme. Avec ce système social c'est donc la préhistoire de la société humaine qui se clôt[1].

J'entretenais par écrit un constant échange d'idées avec Friedrich Engels, depuis qu'il avait publié, dans les *Deutsch-Französische Jahrbücher*, sa géniale esquisse d'une critique des catégories économiques. Il était arrivé, par une autre voie, au même résultat que moi-même (voir sa *Situation des classes laborieuses en Angleterre*[2]). Quand, au printemps de 1845, il vint lui aussi s'établir à Bruxelles, nous résolûmes de développer notre conception en commun, en l'opposant aux vues idéologiques de la philosophie allemande ; en fait, de régler nos comptes avec notre conscience philosophique d'autrefois. Nous exécutâmes notre projet sous la forme d'une critique de la philosophie post-hégélienne. Le manuscrit, deux forts volumes in-octavo, était depuis longtemps entre les mains d'un éditeur westphalien, lorsqu'on nous avertit qu'un changement de circonstances n'en permettait plus l'impression. Nous avions atteint notre but principal : *la bonne intelligence de nous-mêmes*. De bonne grâce, nous abandonnâmes le manuscrit à la critique rongeuse des souris[3]. Des travaux épars où nous présentâmes nos vues à tel ou tel public, je ne mentionnerai que le *Manifeste du parti communiste*, rédigé en collaboration avec Engels, et mon *Discours sur le libre-échange*. Les points décisifs de notre conception furent pour la première fois indiqués scientifiquement, encore que sous la forme polémique, dans mon écrit *Misère de la philosophie*, publié en 1847 et dirigé contre Proudhon. Une étude sur le *Travail salarié*, rédigée en allemand, reprenait des conférences que j'avais faites au Cercle des ouvriers allemands de Bruxelles. L'impression en fut interrompue par la révolution de Février, qui entraîna mon expulsion de Belgique[1].

La publication de la *Neue Rheinische Zeitung*, en 1848-1849, et les événements qui suivirent interrompirent mes études économiques. Je ne pus les reprendre qu'en 1850, à Londres. Une énorme quantité de matériaux relatifs à l'histoire de l'économie politique s'est accumulée au British Museum; Londres offre un remarquable point de vue à qui veut observer la société bourgeoise; cette société semblait entrer dans un nouveau stade de développement, après la découverte des mines d'or de Californie et d'Australie : toutes ces circonstances m'incitèrent à reprendre mon étude à son début et, dans un esprit critique, à mettre largement à profit cette matière nouvelle. Cette étude me força à faire certains détours, et j'eus à m'attarder plus d'une fois dans des recherches apparemment très éloignées de mon sujet. Mais ce fut surtout l'impérieuse nécessité de gagner ma vie qui abrégea le temps dont je disposais. Je collabore depuis plus de huit ans à la *New York Tribune*, le premier journal anglo-américain; et comme je ne m'occupe qu'à titre exceptionnel de journalisme proprement dit, il en est résulté une extraordinaire dispersion de mes études. Cependant les articles sur des événements économiques marquants, en Angleterre et sur le continent, ont formé une partie si considérable de mes correspondances, que j'ai été contraint de me familiariser avec des détails pratiques qui ne sont pas du ressort de la science économique proprement dite.

Par cet aperçu du cours de mes études sur le terrain de l'économie politique, j'ai voulu prouver une seule chose : quelque jugement que l'on porte sur mes idées, et bien qu'elles ne soient guère en consonance avec les préjugés intéressés des classes dominantes, elles sont le fruit de recherches longues et consciencieuses. Mais au seuil de la science comme à la porte des enfers, on doit placer ce commandement :

Qui si convien lasciare ogni sospetto
Ogni viltà convien che qui sia morta.

[« Il convient ici de laisser tout soupçon ; toute lâcheté, il convient ici qu'elle soit morte. » (Dante)]

KARL MARX
Londres, janvier 1859

IX
LE CAPITAL

PRÉFACE DE LA PREMIÈRE ÉDITION

1867

L'ouvrage dont je livre au public le premier volume forme la suite d'un écrit publié en 1859 sous le titre de *Critique de l'économie politique.* Ce long intervalle entre les deux publications m'a été imposé par une maladie de plusieurs années.

Afin de donner à ce livre un complément nécessaire, j'y ai fait entrer, en le résumant dans le premier chapitre, l'écrit qui l'avait précédé [1]. Il est vrai que j'ai cru devoir dans ce résumé modifier mon premier plan d'exposition. Un grand nombre de points, d'abord simplement indiqués, sont ici développés amplement, tandis que d'autres, complètement développés d'abord, ne sont plus qu'indiqués ici. L'*Histoire de la théorie de la valeur et de la monnaie,* par exemple, a été écartée ; en revanche, le lecteur trouvera dans les notes du premier chapitre de nouvelles sources pour l'histoire de cette théorie.

Dans toutes les sciences, le commencement est ardu. Le premier chapitre, principalement la partie qui contient l'*analyse de la marchandise,* sera donc d'une intelligence un peu difficile. Pour ce qui est de l'analyse de la *substance de la valeur* et de sa *quantité,* je me suis efforcé d'en rendre l'exposé aussi clair que possible et accessible à tous les lecteurs[a].

La *forme de la valeur* réalisée dans la *forme monnaie* est quelque chose de très simple. Cependant l'esprit humain a vainement cherché depuis plus de deux mille ans à en pénétrer le secret, tandis qu'il est parvenu à analyser, du moins approximativement, des formes bien plus complexes et cachant un sens plus profond. Pourquoi ? Parce que le corps organisé est plus facile à étudier que la cellule qui en est l'élément. D'un autre côté, l'analyse des formes économiques ne peut s'aider du microscope ou de réactifs fournis par la chimie ; l'abstraction est la seule force qui puisse lui servir d'instrument. Or, pour la société bourgeoise actuelle, la *forme marchandise* ou la forme valeur de la marchandise est la *forme cellulaire économique.* Pour l'homme peu cultivé, l'analyse de cette forme paraît se perdre dans des *minuties ;* ce sont en effet et nécessairement des *minuties,* mais comme il s'en trouve dans l'*anatomie microscopique.*

À part ce qui regarde la *forme de la valeur,* la lecture de ce livre ne présentera pas de difficultés. Je suppose naturellement des lecteurs qui veulent apprendre quelque chose de neuf et, par conséquent, aussi penser par eux-mêmes.

Le physicien, pour se rendre compte des procédés de

a. Cela m'a paru d'autant plus nécessaire que, même l'écrit de F. Lassalle, contre Schulze-Delitzsch, dans la partie où il déclare donner la « quintessence » de mes idées sur ce sujet, renferme de graves erreurs. C'est sans doute dans un but de propagande que F. Lassalle, tout en évitant d'indiquer sa source, a emprunté à mes écrits, presque mot pour mot, toutes les propositions théoriques générales de ses travaux économiques, sur le *caractère historique* du capital, par exemple, *sur les liens qui unissent les rapports de production et le mode de production,* etc., et même la terminologie créée par moi. Je ne suis, bien entendu, pour rien dans les détails où il est entré, ni dans les conséquences pratiques où il a été conduit et dont je n'ai pas à m'occuper ici[1].

la nature, ou bien étudie les phénomènes lorsqu'ils se présentent sous la forme la plus accusée et la moins obscurcie par des influences perturbatrices, ou bien il expérimente dans des conditions qui assurent autant que possible la régularité de leur marche. J'étudie dans cet ouvrage le *mode de production capitaliste* et les *rapports de production et d'échange* qui lui correspondent. L'Angleterre est le lieu classique de cette production. Voilà pourquoi j'emprunte à ce pays les faits et les exemples principaux qui servent d'illustration au développement de mes théories. Si le lecteur allemand se permettait un mouvement d'épaules pharisaïque à propos de l'état des ouvriers anglais, industriels et agricoles, ou se berçait de l'idée optimiste que les choses sont loin d'aller aussi mal en Allemagne, je serais obligé de lui crier : *De te fabula narratur* [C'est ton histoire qu'on raconte [1]].

Il ne s'agit point ici du développement plus ou moins complet des antagonismes sociaux qu'engendrent les lois naturelles de la production capitaliste, mais de ces *lois elles-mêmes*, des *tendances* qui se manifestent et se réalisent avec une nécessité de fer. Le pays le plus développé industriellement ne fait que montrer à ceux qui le suivent sur l'échelle industrielle l'image de leur propre avenir.

Mais laissons de côté ces considérations. Chez nous, là où la production capitaliste a pris pied, par exemple dans les fabriques proprement dites, l'état des choses est de beaucoup plus mauvais qu'en Angleterre parce que le contrepoids des lois anglaises fait défaut. Dans toutes les autres sphères, nous sommes, comme tout l'ouest de l'Europe continentale, affligés et par le développement de la production capitaliste, et aussi par le manque de ce développement. Outre les maux de l'époque actuelle, nous avons à supporter une longue série de maux héréditaires provenant de la végétation continue de modes de production qui ont vécu avec la suite des rapports politiques et sociaux à *contretemps* qu'ils engendrent. Nous avons à souffrir non seulement de la part des vivants, mais encore de la part des morts. Le mort saisit le vif !

Comparée à la statistique anglaise, la statistique sociale de l'Allemagne et du reste du continent européen est réellement misérable. Malgré tout, elle soulève un coin du voile, assez pour laisser entrevoir une tête de Méduse. *Nous serions effrayés de l'état des choses chez nous* si nos gouvernements et nos parlements établissaient, comme en Angleterre, des commissions d'études périodiques sur la situation économique, si ces commissions étaient, comme en Angleterre, armées de pleins pouvoirs pour la recherche de la vérité, si nous réussissions à trouver pour cette haute fonction des hommes aussi experts, aussi impartiaux, aussi rigides et désintéressés que les inspecteurs de fabriques de la Grande-Bretagne, que ses *reporters* sur la santé publique *(Public Health)*, que ses commissaires d'instruction sur l'exploitation des femmes et des enfants, sur les conditions de logement et de nourriture, etc. Persée se couvrait d'un nuage pour poursuivre les monstres ; nous, pour pouvoir nier l'existence des monstruosités, nous nous plongeons tout entiers dans le nuage, jusqu'aux yeux et aux oreilles.

Il ne faut point se faire d'illusions. De même que la guerre de l'Indépendance américaine au XVIIIe siècle a sonné la cloche d'alarme pour la classe moyenne en Europe, de même la guerre civile américaine, au XIXe siècle, a sonné le tocsin pour la classe ouvrière européenne. En Angleterre, la marche du bouleversement social est visible à tous les yeux ; à une certaine période, ce bouleversement aura nécessairement son contrecoup sur le continent. Alors il revêtira dans son allure des formes plus ou moins brutales ou humaines selon le degré de développement de la classe des travailleurs. Abstraction faite de motifs plus élevés, leur propre intérêt commande donc aux classes régnantes actuelles d'écarter tous les obstacles légaux qui peuvent gêner le développement de la classe ouvrière. C'est en vue de ce but que j'ai accordé dans ce volume une place si importante à l'histoire, au contenu et aux résultats de la législation anglaise sur les grandes fabriques. Une nation peut et doit tirer un enseignement de l'histoire d'une autre nation. Lors même qu'une société est arrivée à découvrir la piste de *la loi naturelle qui préside à son mouvement* — et le but final de cet ouvrage est de dévoiler la loi économique du mouvement de la société moderne — elle ne peut ni dépasser d'un saut ni abolir par des décrets les phases de son développement naturel ; mais elle peut abréger la période de la gestation et adoucir les maux de l'enfantement.

Pour éviter des malentendus possibles, encore un mot. Je n'ai pas peint en rose le capitaliste et le propriétaire foncier. Mais il ne s'agit ici des *personnes* qu'autant qu'elles sont la *personnification des catégories économiques,* les *supports d'intérêts et de rapports de classes déterminés.* Mon point de vue, d'après lequel le *développement de la formation économique de la société* est *assimilable à la marche de la nature et à son histoire,* peut moins que tout autre rendre l'individu responsable de rapports dont il reste socialement la créature, quoi qu'il puisse faire pour s'en dégager [1].

Sur le terrain de l'économie politique, la *libre et scientifique recherche* rencontre bien plus d'ennemis que dans ses autres champs d'exploration. La nature particulière du sujet qu'elle traite soulève contre elle et amène sur le champ de bataille les passions les plus vives, les plus mesquines et les plus haïssables du cœur humain, toutes les furies de l'intérêt privé. La Haute

Église d'Angleterre, par exemple, pardonnera bien plus facilement une attaque contre trente-huit de ses trente-neuf articles de foi que contre un trente-neuvième de ses revenus. Comparé à la critique de la vieille propriété, l'athéisme lui-même est aujourd'hui une *culpa levis* [un péche mignon]. Cependant, il est impossible de méconnaître ici un certain progrès. Il me suffit pour cela de renvoyer le lecteur au Livre bleu publié dans ces dernières semaines : *Correspondence with Her Majestys missions abroad, regarding industrial questions and Trades' Unions.* Les représentants étrangers de la couronne d'Angleterre y expriment tout net l'opinion qu'en Allemagne, en France, en un mot dans tous les États civilisés du continent européen, une transformation des rapports existants entre le capital et le travail est aussi sensible et aussi inévitable que dans la Grande-Bretagne. En même temps, par-delà l'océan Atlantique, M. Wade, vice-président des États-Unis du Nord de l'Amérique, déclarait ouvertement dans plusieurs meetings publics qu'après l'abolition de l'esclavage la question à l'ordre du jour serait celle de la transformation des rapports du capital et de la propriété foncière. Ce sont là des signes du temps que ni manteaux de pourpre ni soutanes noires ne peuvent cacher. Ils ne signifient point que demain des miracles vont s'accomplir. Ils montrent que, même dans les classes sociales régnantes, le pressentiment commence à poindre que la société actuelle, bien loin d'être un cristal solide, est un organisme susceptible de changement et toujours en voie de transformation.

Le second volume de cet ouvrage traitera de la *circulation du capital* (livre II) et des *formes diverses qu'il revêt dans la marche de son développement* (livre III). Le troisième et dernier volume exposera l'*histoire de la théorie* [livre IV[1]].

Tout jugement inspiré par une critique vraiment

scientifique est pour moi le bienvenu. Vis-à-vis des préjugés de ce qu'on appelle l'*opinion publique*, à laquelle je n'ai jamais fait de concessions, j'ai pour devise, après comme avant, la parole du grand Florentin :

> *Segui il tuo corso, e lascia dir le genti!*
> [Suis ton chemin et laisse dire les gens !]

KARL MARX
Londres, 25 juillet 1867

EXTRAITS DE LA POSTFACE DE LA SECONDE ÉDITION ALLEMANDE[1]

1873

. . . .

En Allemagne, l'économie politique reste, jusqu'à cette heure, une science étrangère. — Des circonstances historiques particulières, déjà en grande partie mises en lumière par Gustave de Gülich dans son *Histoire du commerce, de l'industrie,* etc., ont longtemps arrêté chez nous l'essor de la production capitaliste et, partant, le développement de la société moderne, de la société bourgeoise. Aussi l'économie politique n'y fut-elle pas un fruit du sol ; elle nous vint toute faite d'Angleterre et de France comme un article d'importation. Nos professeurs restèrent des écoliers ; bien mieux, entre leurs mains l'expression théorique de sociétés plus avancées se transforma en un recueil de dogmes, interprétés par eux dans le sens d'une société arriérée, donc interprétés à rebours. Pour dissimuler leur fausse position, leur manque d'originalité, leur impuissance scientifique, nos pédagogues dépaysés étalèrent un véritable luxe d'érudition historique et littéraire ; ou encore ils mêlèrent à leur denrée d'autres ingrédients empruntés à ce salmigondis de connaissances hétérogènes que la bureaucratie allemande a décoré du nom de *Kameralwissenschaften* (science administrative)[1].

Depuis 1848, la production capitaliste s'est de plus en plus enracinée en Allemagne et, aujourd'hui, elle a déjà métamorphosé ce ci-devant pays de rêveurs en pays de faiseurs. Quant à nos économistes, ils n'ont décidément pas de chance. Tant qu'ils pouvaient faire de l'économie politique sans arrière-pensée, le milieu social qu'elle présuppose leur manquait. En revanche, quand ce milieu fut donné, les circonstances qui en permettent l'étude impartiale, même sans franchir l'horizon bourgeois, n'existaient déjà plus.

En effet, tant qu'elle est bourgeoise, c'est-à-dire tant qu'elle voit dans l'ordre capitaliste, non une phase transitoire du progrès historique, mais bien la forme absolue et définitive de la production sociale, l'économie politique ne peut rester une science qu'à condition que la lutte des classes demeure latente ou ne se manifeste que par des phénomènes isolés.

Prenons l'Angleterre. La période où cette lutte n'y est pas encore développée y est aussi la période classique de l'économie politique. Son dernier grand représentant, Ricardo, est le premier économiste qui fasse délibérément de l'antagonisme des intérêts de classe, de l'opposition entre salaire et profit, profit et rente, le point de départ de ses recherches. Cet antagonisme, en effet inséparable de l'existence même des classes dont la société bourgeoise se compose, il le formule naïvement comme la loi naturelle, immuable, de la société humaine. C'était atteindre la limite que la science bourgeoise ne franchira pas. La critique se dressa devant elle du vivant même de Ricardo, en la personne de Sismondi.

La période qui suit, de 1820 à 1830, se distingue, en Angleterre, par une exubérance de vie dans le domaine de l'économie politique. C'est l'époque de l'élaboration de la théorie ricardienne, de sa vulgarisation et de sa lutte contre toutes les autres écoles issues de la doctrine d'Adam Smith. De ces brillantes passes d'armes on sait peu de choses sur le continent, la polémique étant presque tout entière éparpillée dans des articles de revue, dans des pamphlets et autres écrits de circonstance. La situation contemporaine explique l'ingénuité de cette polémique, bien que quelques écrivains non enrégimentés se soient fait déjà de la théorie ricardienne une arme offensive contre le capitalisme. D'un côté, la grande industrie sortait à peine de l'enfance, car ce n'est qu'avec la crise de 1825 que s'ouvre le cycle périodique de sa vie moderne. De l'autre, la guerre de classes entre le capital et le travail était rejetée à l'arrière-plan : dans l'ordre politique, par la lutte des gouvernements et de la féodalité, groupés autour de la Sainte-Alliance, contre la masse populaire, conduite par la bourgeoisie ; dans l'ordre économique, par les démêlés du capital industriel avec la propriété terrienne aristocratique qui, en France, se cachaient sous l'antagonisme de la petite et de la grande propriété, et qui, en Angleterre, éclatèrent ouvertement après les lois sur les céréales. La littérature économique anglaise de cette époque rappelle le mouvement de fermentation qui suivit, en France, la mort de Quesnay, mais comme l'été de la Saint-Martin rappelle le printemps.

C'est en 1830 qu'éclate la crise décisive.

En France et en Angleterre, la bourgeoisie s'empare du pouvoir politique. Dès lors, dans la théorie comme dans la pratique, la lutte des classes revêt des formes de plus en plus accusées, de plus en plus menaçantes. Elle sonne le glas de l'économie bourgeoise scientifique. Désormais, il ne s'agit plus de savoir si tel ou tel théorème est vrai, mais s'il est bien ou mal sonnant, agréable ou non à la police, utile ou nuisible au capital.

La recherche désintéressée fait place au pugilat payé, l'investigation consciencieuse à la mauvaise conscience, aux misérables subterfuges de l'apologétique. Toutefois, les petits traités, dont l'*Anti-Corn Law League*, sous les auspices des fabricants Bright et Cobden, importuna le public, offrent encore quelque intérêt, sinon scientifique, du moins historique, à cause de leurs attaques contre l'aristocratie foncière. Mais la législation libre-échangiste de Robert Peel arrache bientôt à l'économie vulgaire, avec son dernier grief, sa dernière griffe.

Vint la révolution continentale de 1848-49. Elle réagit sur l'Angleterre ; les hommes qui avaient encore des prétentions scientifiques et désiraient être plus que de simples sophistes et sycophantes des classes supérieures cherchèrent alors à concilier l'économie politique du capital avec les réclamations du prolétariat qui entraient désormais en ligne de compte. De là un éclectisme édulcoré, dont John Stuart Mill est le meilleur interprète. C'était tout bonnement, comme l'a si bien montré le grand savant et critique russe N. Tchernychevski [1], la déclaration de faillite de l'économie bourgeoise.

Ainsi, au moment où, en Allemagne, la production capitaliste atteignit sa maturité, des luttes de classes avaient déjà, en Angleterre et en France, bruyamment manifesté son caractère antagonique ; de plus, le prolétariat allemand était déjà plus ou moins imprégné de socialisme. À peine une science bourgeoise de l'économie politique semblait-elle donc devenir possible chez nous que, déjà, elle était redevenue impossible. Ses coryphées se divisèrent alors en deux groupes : les gens avisés, ambitieux, pratiques, accoururent en foule sous le drapeau de Bastiat, le représentant le plus plat, partant le plus réussi, de l'économie apologétique ; les autres, tout pénétrés de la dignité professorale de leur science, suivirent John Stuart Mill dans sa tentative de conciliation des inconciliables. Comme à l'époque classique de l'économie bourgeoise, les Allemands restèrent, au temps de sa décadence, de purs écoliers, répétant la leçon, marchant dans les souliers des maîtres, de pauvres colporteurs au service de grandes maisons étrangères.

La marche propre à la société allemande excluait donc tout progrès original de l'économie bourgeoise, mais non de sa critique. En tant qu'une telle critique représente une classe, elle ne peut représenter que celle dont la mission historique est de révolutionner le mode de production capitaliste, et, finalement, d'abolir les classes — le prolétariat[1].

. . . .

La *méthode* employée dans *le Capital* a été peu comprise, à en juger par les notions contradictoires qu'on s'en est faites. Ainsi, la *Revue positiviste* de Paris me reproche à la fois d'avoir fait de l'économie politique métaphysique et — devinez quoi — de m'être borné à une simple analyse critique des éléments donnés, au lieu de formuler des recettes (comtistes ?) pour les *marmites* de l'avenir[2]. Quant à l'accusation de métaphysique, voici ce qu'en pense N. I. Sieber, professeur d'économie politique à l'université de Kiev :

« En ce qui concerne la théorie proprement dite, la méthode de Marx est celle de toute l'école anglaise, c'est la méthode déductive dont les avantages et les inconvénients sont communs aux plus grands théoriciens de l'économie politique[3a]. »

M. Maurice Block, lui, trouve que ma méthode est analytique, et dit même : « Par cet ouvrage, M. Marx se classe parmi les esprits analytiques les plus émi-

a. [N. I. ZIBER, *Théorie de la valeur et du capital de Ricardo...* (en russe), Kiev, 1871, p. 170.]

nents[a]. » Naturellement, en Allemagne, les faiseurs de comptes rendus crient à la sophistique hégélienne. *Le Messager européen*, revue russe publiée à Saint-Pétersbourg, dans un article entièrement consacré à la méthode du *Capital*, déclare que mon procédé d'investigation est rigoureusement réaliste, mais que ma méthode d'exposition est malheureusement dans la manière dialectique allemande. « À première vue, dit-il, si l'on juge d'après la forme extérieure de l'exposition, Marx est un idéaliste renforcé, et cela dans le sens allemand, c'est-à-dire dans le mauvais sens du mot. En fait, il est infiniment plus réaliste qu'aucun de ceux qui l'ont précédé dans le champ de l'économie critique... On ne peut en aucune façon l'appeler idéaliste. »

Je ne saurais mieux répondre à l'écrivain russe que par des extraits de sa propre critique, qui peuvent d'ailleurs intéresser le lecteur. Après une citation tirée de ma préface à la *Critique de l'économie politique* (Berlin, 1859, p. IV-VII), où je discute la base matérialiste de ma méthode, l'auteur continue ainsi : « Une seule chose préoccupe Marx : trouver la loi des phénomènes qu'il étudie; non seulement la loi qui les régit sous leur forme arrêtée et dans leur liaison observable pendant une période de temps donnée. Non, ce qui lui importe, par-dessus tout, c'est la loi de leur changement, de leur développement, c'est-à-dire la loi de leur passage d'une forme à l'autre, d'un ordre de liaison à un autre. Une fois qu'il a découvert cette loi, il examine en détail les effets par lesquels elle se manifeste dans la vie sociale... Ainsi donc, Marx ne s'inquiète que d'une chose : démontrer par une recherche rigoureusement scientifique la nécessité d'ordres déterminés de rapports sociaux, et, autant que possible, vérifier les faits

a. « Les théoriciens du socialisme en Allemagne », in *Journal des économistes*, juillet-août 1872.

qui lui ont servi de point de départ et de point d'appui. Pour cela, il suffit qu'il démontre, en même temps que la nécessité de l'organisation actuelle, la nécessité d'une autre organisation dans laquelle la première doit inévitablement passer, que les hommes y croient ou non, qu'ils en aient ou non conscience. Il envisage le mouvement social comme un enchaînement naturel de phénomènes historiques, enchaînement soumis à des lois qui, non seulement sont indépendantes de la volonté, de la conscience et des desseins de l'homme, mais qui, au contraire, déterminent sa volonté, sa conscience et ses desseins... Si l'élément conscient joue un rôle aussi secondaire dans l'histoire de la civilisation, il va de soi que la critique, dont l'objet est la civilisation même, ne peut avoir pour base aucune forme de la conscience ni aucun fait de la conscience. Ce n'est pas l'idée, mais seulement le phénomène extérieur qui peut lui servir de point de départ. La critique se borne à comparer, à confronter un fait, non avec l'idée, mais avec un autre fait ; seulement elle exige que les deux faits aient été observés aussi exactement que possible, et que dans la réalité ils constituent à l'égard l'un de l'autre deux phases de développement différentes ; par-dessus tout elle exige que la série des phénomènes, l'ordre dans lequel ils apparaissent comme phases d'évolution successives soient étudiés avec non moins de rigueur. Mais, dira-t-on, les lois générales de la vie économique sont unes, toujours les mêmes, qu'elles s'appliquent au présent ou au passé. C'est précisément ce que Marx conteste ; pour lui ces lois abstraites n'existent pas... [Au contraire, chaque période historique, selon lui, a ses propres lois...[1]] Dès que la vie s'est retirée d'une période de développement donnée, dès qu'elle passe d'une phase dans une autre, elle commence aussi à être régie par d'autres lois. En un mot, la vie économique présente dans son développement historique les mêmes phénomènes que l'on rencontre en d'autres branches de la biologie... Les vieux économistes se trompaient sur la nature des lois économiques lorsqu'ils les comparaient aux lois de la physique et de la chimie... Une analyse plus approfondie des phénomènes a montré que les organismes sociaux se distinguent autant les uns des autres que les organismes animaux et végétaux... Bien plus, un seul et même phénomène obéit... à des lois absolument différentes lorsque la structure totale de ces organismes diffère, lorsque leurs organes particuliers viennent à varier, lorsque les conditions dans lesquelles ils fonctionnent viennent à changer, etc. Marx nie, par exemple, que la loi de la population soit la même en tout temps et en tout lieu. Il affirme, au contraire, que chaque étape d'évolution a sa loi de population propre... que ce qui se passe dans la vie économique dépend du degré de productivité des forces économiques... Avec différents développements de la force productive, les rapports sociaux changent, de même que leurs lois régulatrices. En se plaçant à ce point de vue pour examiner l'ordre économique capitaliste, Marx ne fait que formuler d'une façon rigoureusement scientifique la tâche imposée à toute étude exacte de la vie économique... La valeur scientifique particulière d'une telle étude, c'est de mettre en lumière les lois qui régissent la naissance, la vie, la croissance et la mort d'un organisme social donné, et son remplacement par un autre supérieur ; c'est cette valeur-là que possède l'ouvrage de Marx[a]. »

En définissant ce qu'il appelle ma méthode d'investigation avec tant de justesse, et, en ce qui concerne l'application que j'en ai faite, tant de bienveillance,

a. [I. K-n, « Le point de vue de la critique politico-économique chez Karl Marx », in *Vestnik Evropy*, mai 1872[1].]

qu'est-ce que l'auteur a défini, si ce n'est la méthode dialectique ? Certes le procédé d'exposition doit se distinguer *formellement* du procédé d'investigation. À l'investigation de faire la matière sienne dans tous ses détails, d'en analyser les diverses formes de développement, et de découvrir leur lien intime. Une fois cette tâche accomplie, mais seulement alors, le mouvement réel peut être exposé dans son ensemble. Si l'on y réussit, de sorte que la vie de la matière se réfléchisse dans sa reproduction idéale, ce mirage peut faire croire à une construction *a priori*.

Ma méthode dialectique, non seulement diffère par la base de la méthode hégélienne, mais elle en est l'exact opposé. Pour Hegel, le mouvement de la pensée, qu'il personnifie sous le nom de l'Idée, est le démiurge de la réalité, laquelle n'est que la forme phénoménale de l'Idée. Pour moi, au contraire, le mouvement de la pensée n'est que la réflexion du mouvement réel, transporté et transposé dans le cerveau de l'homme.

J'ai critiqué le côté mystique de la dialectique hégélienne il y a près de trente ans, à une époque où elle était encore à la mode[1].

. . . .

Mais bien que, grâce à son quiproquo, Hegel défigure la dialectique par le mysticisme, ce n'en est pas moins lui qui en a le premier exposé le mouvement d'ensemble. Chez lui elle marche sur la tête ; il suffit de la remettre sur les pieds pour lui trouver une physionomie tout à fait raisonnable.

Sous son aspect mystique, la dialectique devint une mode en Allemagne, parce qu'elle semblait glorifier les choses existantes. Sous son aspect rationnel, elle est un scandale et une abomination pour les classes dirigeantes et leurs idéologues doctrinaires, parce que dans la conception positive des choses existantes, elle inclut du même coup l'intelligence de leur négation fatale, de leur destruction nécessaire, parce que, saisissant le mouvement même dont toute forme faite n'est qu'une configuration transitoire, rien ne saurait lui en imposer; parce qu'elle est essentiellement critique et révolutionnaire [1].

Le mouvement contradictoire de la société capitaliste se fait sentir au bourgeois pratique de la façon la plus frappante, par les vicissitudes de l'industrie moderne à travers son cycle périodique, dont le point culminant est... la crise générale. Déjà nous apercevons le retour de ses prodromes ; elle approche de nouveau ; par l'universalité de son champ d'action et l'intensité de ses effets, elle va faire entrer la dialectique dans la tête même des tripoteurs qui ont poussé comme champignons dans le nouveau Saint-Empire germano-prussien [a].

a. La postface de la deuxième édition allemande est datée du 24 janvier 1873, et ce n'est que quelque temps après sa publication que la crise qui y est prédite éclata en Autriche, aux États-Unis et en Allemagne. Beaucoup de gens croient à tort que la crise générale a été escomptée, pour ainsi dire, par ces explosions violentes, mais partielles. Au contraire, elle tend à son apogée. L'Angleterre sera le siège de l'explosion centrale, dont le contrecoup se fera sentir sur le marché universel [2].

NOTES

ARGENT, ÉTAT ET PROLÉTARIAT

Une correspondance

Page 33.

1. Après avoir annoncé dans la *Rheinische Zeitung* (18 mars 1843) que les chicanes de la censure l'obligeaient à abandonner la direction du journal, Marx se rendit en Hollande, chez la famille de sa mère, probablement pour obtenir de son oncle Lion Philips, gérant de la fortune maternelle, une avance sur sa part d'héritage. De ses « tracas » matériels, il avait entretenu Arnold Ruge en juillet 1842, puis en janvier 1843. Il se peut que l'oncle hollandais ait accordé l'avance demandée par son neveu, qui épousera le 19 juin 1843 Jenny von Westphalen, après une période septennale de fiançailles secrètes. Sur la famille maternelle de Marx voir H. Monz, 1973, p. 284 sq., 290 sq.

Page 34.

1. Frédéric-Guillaume IV, roi de Prusse de 1840 à 1861.
2. Cette lettre est suivie, dans les *Annales*, d'une lettre de Ruge à Marx, datée de « Berlin, en mars 1843 » (MEGA, I/1, 1, p. 558-560). Dans l'Allemagne déchiquetée, y lit-on, les êtres humains ressemblent à tout, sauf à des hommes. Plus sceptique que Marx, Ruge désespère de l'avenir politique de son pays où il constate une « deuxième édition des décisions de Karlsbad », l'échec des tentatives de libération, le bâillonnement de la presse; il rappelle le mot de Napoléon à Erfurt disant aux courtisans qui l'apostrophaient « notre prince » : « Je ne suis pas votre prince, je suis votre maître. » Les Allemands sont incapables d'un sursaut révolutionnaire qui passionne les cœurs, ils sont ruinés politiquement. « Cinquante ans après la Révolution française, nous n'avons connu que le renouvellement de toutes les infamies

de l'ancien despotisme » (p. 559). Les philosophes allemands ont toujours su se taire sur commande. Les princes ont supprimé les droits de l'homme ; les Allemands ne sont pas faits pour être libres, le peuple allemand n'a pas d'avenir, nul peuple étranger ne saurait imaginer, mesurer le degré de déchéance politique des Allemands, etc.

3. Après son retour de Hollande, Marx était revenu à Cologne. En mai 1843, il se rendit à Dresde pour discuter avec Ruge du projet des *Annales franco-allemandes*, puis il s'installa à Kreuznach où il épousa Jenny von Westphalen.

Page 36.

1. Ces lignes sont contemporaines de l'analyse critique que Marx avait entreprise pour combattre la philosophie politique de Hegel et pour célébrer les louanges de la démocratie. Voir Pléiade III, p. 900 sq.

2. « Il est remarquable que la croyance en l'abêtissement des hommes est devenue credo et principe de gouvernement », écrivait Marx à Ruge, le 20 mars 1842, en précisant que l'animisme était la forme la plus conséquente de la religion, et que la « zoologie religieuse » pourrait bien faire place à l'« anthropologie religieuse ».

3. H. M. Zöpfl, jurisconsulte, professeur de droit public, devenu député ; il est l'auteur des *Principes de droit public général et constitutionnel monarchique*..., 2e éd., 1841.

Page 37.

1. Marx juge le « grand » Napoléon — qui apparut à Hegel comme l'incarnation de l'âme universelle, de la *Weltseele* — sur le choix des moyens qu'il employait, et non sur les fins qu'il prétendait poursuivre. Le culte voué au despote — « monstre à deux faces » (E. Faure) —, en Allemagne, par un Goethe, un Hegel, un Heine, est inexistant chez Marx, qui n'est pas resté insensible aux propos imprécatoires de Börne à l'adresse de « l'Ogre ».

2. « Le gouvernement monarchique suppose... des prééminences, des rangs, et même une noblesse d'origine. La nature de l'*honneur* est de demander des préférences et des distinctions ; il est donc, par la chose même, placé dans ce gouvernement » (*De l'esprit des lois*, liv. III, chap. VII). Les principes des trois gouvernements formulés par Montesquieu s'appliquent au gouvernement républicain, au gouvernement monarchique et au gouvernement despotique.

Page 38.

1. Lors de son couronnement à Königsberg, Frédéric-Guillaume IV déçut les espoirs que ses discours enflammés, et surtout ses promesses d'amnistie pour tous les crimes et délits politiques, avaient éveillés quelque temps auparavant. Rejetant par une ordonnance du 4 octobre 1840 la proposition des ordres prussiens qui réclamaient la Constitu-

tion promise en 1815, il s'entoura de ministres conservateurs hostiles à tout exercice de l'esprit critique.

Page 40.

1. « Borusses », ancien peuple du littoral baltique du pays qui est devenu la Prusse. Marx les appelle *Vorderussen*, Russes antérieurs ou de devant, pour les opposer aux *Hinterrussen*, Russes postérieurs ou de derrière, ironique rappel de l'état de subordination dans lequel la Prusse se trouvait alors vis-à-vis de l'empire des tsars. Cette diatribe contre Frédéric-Guillaume IV rappelle, sarcasmes y compris, la préface écrite dix ans auparavant par Heine pour son recueil d'articles *De l'Allemagne*, où il traite la Prusse de « bigot » et de « long héros en guêtres, glouton, vantard, avec son bâton de caporal qu'il trempe dans l'eau bénite avant de frapper » (1833, p. 10).

Page 41.

1. « Bétail muet, lâche et goinfre », cf. Salluste, *Conjuration de Catilina.*

Page 42.

1. Après Herder, pour qui l'homme, intérieurement déchiré, placé entre l'animalité et l'humanité, est un être universellement souffrant ; après Schiller, qui limite la souffrance de l'humanité à une étape spécifique de l'évolution où l'homme a dû perdre son « harmonie immédiate », avant de pouvoir la retrouver dans les forces pleinement épanouies de son être ; après Hegel, qui ne cache pas son mépris de la « foule » souffrante, ignorant la raison de son accablement et condamnée à recevoir ses lumières du philosophe — Marx aperçoit *déjà* l'entente consciente des hommes pensants et des hommes souffrants, unis contre le monde des philistins, oppresseurs et jouisseurs. Cette lettre est suivie, dans les *Annales*, de la réponse de Ruge datée de « Paris, en août 1843 ». En voici un passage auquel se réfère la réponse donnée par Marx dans sa dernière lettre : « Le nouvel Anarchasis et le nouveau philosophe m'ont convaincu. C'est un fait : la Pologne a succombé, mais elle n'est pas encore perdue, loin de là [...]. " Doctrine nouvelle, vie nouvelle ", bien sûr ! Pas plus que la foi catholique et la liberté aristocratique ne sauveront la Pologne, la philosophie théologique et la noble science n'ont pu nous libérer. Nous ne pouvons continuer notre passé qu'en rompant le plus radicalement avec lui. Les *Jahrbücher* ont disparu, la philosophie hégélienne appartient au passé. Nous allons fonder ici, à Paris, un organe où nous nous jugerons nous-mêmes et toute l'Allemagne avec une totale liberté et une franchise inexorable. C'est la seule manière de nous rajeunir vraiment, et c'est un principe nouveau, une position nouvelle, une libération de la nature étroite du nationalisme et une vigoureuse

riposte à la réaction brutale des peuples barbares qui, en engloutissant le tyran Napoléon, ont englouti du même coup l'humanisme de la Révolution [...]. Nous devons tenter une nouvelle entreprise, pour peu que nous voulions faire quoi que ce soit. Je m'occupe du côté commercial de l'affaire. Nous comptons sur vous. Dites-moi ce que vous pensez du plan de la nouvelle revue que je joins à cette lettre. »

Ruge envoya donc probablement à Marx le manuscrit du « Plan » qui ouvre le premier et unique fascicule (double) des *Annales franco-allemandes*. En voici le début :

« Cette revue est un journal littéraire critique, mais elle n'est pas un journal allemand. Nous publierons des contributions de Français et d'Allemands :

« 1. Sur des hommes et des systèmes dont l'influence et l'importance sont grandes ; sur des questions du jour, constitution, législation, économie politique, mœurs et culture. La politique céleste de l'empire central sera supprimée et elle sera remplacée par la science réelle des affaires humaines.

« 2. Une revue des journaux et revues : leur rapport aux problèmes de notre temps.

« 3. Une revue de l'ancienne littérature et des belles-lettres en Allemagne, qui doit nécessairement aboutir à une critique de l'esprit allemand existant dans ses aspects transcendants et son actuelle déchéance ; de même, une revue des livres des deux nations grâce auxquels la nouvelle époque dans laquelle nous entrons vient de commencer et sera développée. »

Dans la suite de son texte, Ruge s'en prend à l'apathie et à l'indifférence du peuple allemand face à la suppression de la liberté de conscience et face aux questions de la révolution. Sans philosophie, un peuple ne peut être libre, or cette liberté doit être humaine, politique. Seule la France représente en Europe ce principe de liberté. L'union des deux nations consiste à nouer des rapports culturels, les Allemands s'étant préalablement débarrassés de leur romantisme et des chimères du système hégélien. Le désir de liberté des disciples de Hegel n'est pas un désir gratuit, mais un produit de l'histoire de l'esprit allemand, une forme de prise de conscience de tout le travail du passé. La philosophie nouvelle des Allemands pourrait préserver les Français du « fanatisme chrétien » de Chateaubriand et de Lamennais. Le « Plan » de Ruge se termine par un nouvel appel à la fraternisation de la France et de l'Allemagne dont la philosophie, pour gagner le peuple, devrait prendre un caractère politique.

La lettre de Ruge publiée dans les *Annales* semble être postérieure à celle qu'il adressa à Marx de Paris, le 11 août 1843 ; il y raconte ses démarches pour assurer la parution des *Annales*. Bruxelles, où il s'est arrêté, lui a semblé plus isolée de la vie allemande que Paris, mais plus libre à l'égard de la presse, car il n'y a eu ni les lois de septembre ni les cautions. Marx et lui pourront facilement imprimer leurs livres, à condition de trouver l'argent. « Je pense rendre visite aujourd'hui à Johanna W. Elliot (amie de Leroux, Feuerbach, etc.), Leroux est ici, Proudhon à Besançon. Proudhon vient de publier un nouveau livre, bien gros : *Création de l'ordre dans l'humanité ou Principes d'organisation politique.* Très faible du point de vue systématique et des catégories ; en revanche, il est très radical, même envers la religion. Il commence par la nier, et oppose la science à toute la philosophie passée qu'il appelle sophistique. Je n'ai pas encore beaucoup avancé dans la lecture, mais sa praxis est visiblement meilleure que sa logique et que sa foi superstitieuse en une systématique absolue » (MEGA, I/1, 2, p. 314). Ruge mentionne la présence, à Paris, de Moses Hess dont il vante l'esprit pratique : « Il y a peu de chance qu'il devienne un grand auteur; pourtant c'est ce qu'il faut souhaiter, car **il faut faire peur.* » « ... J'ai vu ici le vieux Cabet, un avocat rusé et très intelligent, un homme qui ne se fait pas d'illusions et qui juge de tout avec beaucoup de tact... »

Entre les deux lettres de Marx à Ruge (de mai et de septembre 1843) se placent, outre la lettre de Ruge à Marx d'août 1843, trois autres lettres publiées par les *Annales* sous les initiales « B. à R. », « R. à B. » et « F. à R. » (lire : Bakounine, Feuerbach et Ruge). Dans la première, datée de « Peterinsel dans le Bielersee, mai 1843 » (l'île de Rousseau), Bakounine exprime sa confiance en l'Allemagne : « Pensez, je vous prie, que moi, le Russe, le Barbare, je n'abandonne pas la foi en l'Allemagne... » Certes, 1789 est encore loin, mais ce n'est pas une raison pour se croiser les bras. « Rousseau et Voltaire, ces immortels, redeviennent jeunes ; ils renaissent dans les têtes les plus douées de la nation allemande [...]. La philosophie jouera une fois de plus le rôle qu'elle a si glorieusement achevé en France... » L'avance politique des Français se mesure par siècles ; les Allemands doivent lutter pour les rattraper, abandonner leur orgueil métaphysique et travailler pour vivre en hommes libres, anticiper l'avenir, rompre avec leur propre passé. C'est en France que l'on peut trouver les éléments encore inexistants en Allemagne. Bakounine termine par cette envolée : « Ici, ici seulement commence le combat, et notre cause est si forte que nous, une poignée d'hommes dispersés, les mains liées, nous semons la terreur, par notre seul cri de guerre, parmi leurs myriades. Debout ! Moi, le Scythe, je détacherai vos liens, Germains, vous qui voulez devenir des Grecs. Envoyez-moi vos écrits ! Je les ferai imprimer dans l'île de Rousseau et sur le ciel de l'histoire j'écrirai encore une fois en lettres de feu : Mort aux Perses ! »

Dans sa réponse de Dresde, « en juin 1843 », Ruge laisse entrevoir l'espoir d'une publication commune en France. Il parle de Berlin et des Berlinois, du roi chrétien et de l'État chrétien, des fonctionnaires chrétiens — toutes gens qui réclament que la servitude terrestre s'accompagne d'un esclavage céleste. Suit une description de Dresde et de ses institutions médiévales, de la nation saxonne; il raconte l'épisode du jardin et de la terrasse de Brühl qui, interdits aux chiens et aux juifs, furent ouverts à ces derniers, la femme d'un général ayant reçu l'autorisation d'y promener son chien.

De Bruckberg, Feuerbach écrit à Ruge une courte lettre datée de juin 1843 : la fin des *Deutsche Jahrbücher* lui rappelle la fin de la Pologne, tout lui semble pourri en Allemagne : il faudrait des hommes nouveaux, tout est à refaire de fond en comble, il faut d'abord nettoyer les cerveaux. « Qu'est-ce que la théorie, qu'est-ce que la pratique ? Quelle est la différence ? Est théorique ce qui ne se trouve encore que dans ma tête, pratique ce qui s'agite dans beaucoup de têtes. Ce qui unit un grand nombre de têtes, fait masse, s'étend et prend place dans le monde. Si l'on peut créer un nouvel organe pour le nouveau principe, on pratique une action que l'on ne doit pas négliger. »

Cette lettre de Feuerbach, publiée dans les *Annales*, complète celle, sans doute antérieure, où Feuerbach se montre plus sceptique sur les chances de réussite de l'entreprise Ruge-Marx.

2. C'est seulement vers la fin d'octobre que Marx quittera l'Allemagne pour Paris; il habitera dans le faubourg Saint-Germain (rue Vaneau), où s'installeront également A. Ruge et le poète G. Mäurer, un des fondateurs de la Ligue des justes.

Page 44.

1. Aucun des cahiers d'étude qui ont été conservés de la période de Kreuznach (mai à octobre 1843) ne fait état des auteurs socialistes et communistes que Marx vient de nommer, de sorte que l'on ne saurait affirmer avec certitude qu'il les avait vraiment lus, à l'époque de cette correspondance avec Ruge. Pourtant, tel semble avoir été le cas à en juger d'après le récit autobiographique de 1859. Il est plus que probable qu'en quittant l'Allemagne (fin octobre 1843), Marx était déjà familiarisé avec les écrits d'au moins *deux* auteurs qui avaient acquis la réputation d' « introducteurs » du socialisme en Allemagne : Moses Hess et Lorenz Stein.

La distinction entre un communisme « dogmatique » et « abstrait » attribué à « Cabet, Dézamy et Weitling » d'une part, et « d'autres doctrines socialistes », celles de « Fourier, Proudhon, etc. », d'autre part, donne à entendre que Marx avait alors une conception toute personnelle des diverses écoles socialistes, plus exactement : du « principe humaniste » dont le « principe communiste » lui paraissait être une variété encore douteuse ou ambiguë. L'absence du nom de Pierre Leroux peut être interprétée, à notre sens, comme une preuve « ésotérique » de l'estime dans laquelle Marx tenait alors le penseur d'un socialisme profondément éthique, bien que formellement défini comme « science religieuse » (1832, éd. 1850, p. 157).

Page 45.

1. Il se peut que cette lettre, datée de septembre 1843, mais publiée en février 1844, ait subi des changements afin d'en faire concorder le contenu avec la position adoptée par Marx dans ses deux essais, *La Question juive* et *l'Introduction à la critique*... Elle devait donc s'enrichir des nouvelles convictions acquises après le départ d'Allemagne, au contact des réalités sociales en France. Or, Marx s'oppose aux « socialistes extrêmes », qui méprisent la politique; il entend s'attaquer aux questions politiques, surtout au problème du système représentatif, donc au suffrage universel, question qu'il rattache à celle du règne de la propriété privée, principal obstacle à l'émancipation humaine. Le triomphe du nouveau parti radical — conçu de manière dialectique comme défaite de ce parti — est posé ici selon le nouveau credo humanitaire, donc éthique, qui commande de participer activement au combat à l'ordre du jour — donc de « pratiquer » la philosophie en faisant du système représentatif l'arme politique par excellence de l'émancipation humaine. Marx ne cessera de penser que le suffrage universel pourrait être changé « d'instrument de duperie [...] en instrument d'émancipation ». Cf. *Considérants*, 1880, Pléiade I, p. 1538.

Page 46.

1. La formule « réforme de la conscience » pourrait être un des ajouts de Ruge auxquels Engels fera allusion en déconseillant à Liebknecht de faire réimprimer l'échange de lettres entre Marx et Ruge (Engels à W. Liebknecht, 18 décembre 1890). En effet, dans un article publié en 1843, « Autocritique du libéralisme », Ruge insiste sur la nécessité d'une « réforme de la conscience » (cf. *Œuvres*, vol. III, p. 110; voir D. Hertz-Eichenrode, 1962, p. 252). De l'avis d'Engels, cette correspondance était « confuse » et « incompréhensible », vu son « langage hégéloïde » *(verhegelte Sprache)*; d'ailleurs, Marx lui-même aurait désavoué Ruge qui avait émaillé ses lettres de « toutes sortes d'inepties ». Notons qu'en rééditant en 1847 cette correspondance, Ruge a écarté la dernière lettre de Marx, marquant ainsi rétrospectivement son désaccord avec un programme assez différent du « Plan » qu'il avait lui-même proposé. Quoi qu'il en soit, la méfiance exprimée par Engels quarante-six ans plus tard est sujette à caution. Les « inepties » dont Ruge aurait agrémenté les lettres de Marx n'ont apparemment pas été de nature à altérer la position fondamentale de l'épistolier, dont on reconnaît les qualités de style.

Cette correspondance révèle-t-elle ce que Riazanov appelle la « mutation communiste » de Marx à Kreuznach? Constatons simplement qu'il ne s'y prononce nullement en faveur d'un socialisme ou d'un communisme quel qu'il soit. Bien au contraire, il exprime son hésitation à souscrire au « principe socialiste » dont le communisme lui paraît être une application dogmatique et faussement humaniste. Aussi les deux essais suivants porteront-ils témoignage de ce fait paradoxal : la négation de l'État et de l'Argent, d'une part, et l'adhésion au mouvement d'émancipation du prolétariat, d'autre part, s'effectueront sans référence à une quelconque des doctrines communistes, par simple obéissance à l'impératif éthique d'un humanitarisme révolutionnaire proche de la « Doctrine générale » d'un Pierre Leroux.

À propos de la question juive

Page 47.

1. Avant la publication en forme de brochure, des bonnes feuilles de l'écrit de Bruno Bauer avaient paru, en novembre 1842, dans les *Deutsche Jahrbücher* d'Arnold Ruge, à Leipzig. Bauer avait formulé sa thèse antijuive dès 1839, en polémiquant contre E. W. Hengstenberg, doyen de la faculté de théologie de Bonn. Certaines vues de Bauer furent adoptées par L. Feuerbach dans *L'Essence du christianisme*, 1841. Voir A. Cornu, II, 1958, p. 254.

Page 49.

1. Marx vient de résumer le premier des sept chapitres de la brochure de Bauer. L'argument de l'auteur rappelle celui de Spinoza dans le *Traité théologico-politique*, à propos de la prétendue élection des juifs : « Aujourd'hui... les juifs n'ont absolument rien à s'attribuer qui doive les mettre au-dessus de toutes les nations. Quant à leur longue existence comme nation dispersée ne formant plus un État, elle n'a rien de surprenant, les juifs ayant vécu à l'écart de toutes les nations jusqu'à s'attirer la haine universelle, et cela non seulement par l'observation de rites extérieurs opposés à ceux des autres nations, mais par le signe de circoncision auquel ils restent religieusement attachés. Que la haine des nations soit très propre à assurer la conservation des juifs, c'est d'ailleurs ce qu'a montré l'expérience » (Spinoza, *Œuvres*, p. 721). « Antijuif » à sa manière, Spinoza n'a pourtant pas hésité à conjecturer le retour des juifs en terre d'Israël redevenue théocratie : « Si les principes mêmes de leur religion n'amollissaient pas leurs cœurs, je croirais sans réserve, connaissant la mutabilité des choses humaines, qu'à la moindre occasion les juifs rétabliraient leur empire et que Dieu les élirait de nouveau » *(ibid)*.

Page 52.

1. Deux choses peuvent retenir l'attention du lecteur : 1° Marx approuve entièrement la critique bauérienne de la religion juive et de

l'État chrétien ; 2° il met en question la thèse bauérienne de l'incompatibilité de l'État et de la religion. Il en déduira le caractère positif de l'émancipation politique et le caractère immoral de la religion juive, dont la religion chrétienne est l'héritière légitime, l'une et l'autre se confondant désormais dans la même morale universelle du trafic et du lucre.

En 1842, lorsque Bauer publia son essai dans la revue de Ruge, le problème de l'émancipation politique des juifs était à l'ordre du jour. Le roi de Prusse ayant fait connaître par la bouche du ministre de l'Intérieur Rochow son intention d'accorder aux communautés juives une autonomie complète, le juriste G. Riesser, pionnier de l'émancipation juive, s'éleva contre ce projet : comme il n'existait pas de *nation* juive (« le corps national du peuple est mort, mais son âme, la religion, a survécu »), on a inventé, par le mépris et l'oppression, une identité de race *(Stammverwandtschaft)* juive ; les juifs ne demandent donc rien d'autre que la liberté de conscience, le respect de la morale, l'égalité politique (G. Riesser, 1842). S. Doubnov (t. I, 1933, p. 455 sq.) rejette cette négation de la nationalité juive, qui a sauvé la religion juive, et non inversement celle-ci celle-là. Il accuse Riesser de prôner (après Börne, etc.) l' « assimilation », donc la disparition du « peuple » juif. Ce champion de la liberté juive aurait été amené à prendre la défense du judaïsme « en partant d'une fausse compréhension de son histoire » (*op. cit.*, p. 458). En somme, l'historien « autonomiste » conçoit la « liberté juive » en fonction d'une conscience nationale étrangère aux Allemands de confession juive, mais qu'en revanche les Allemands non juifs prétendaient trouver chez cette minorité dont la religion — comme l'a fort justement compris Spinoza, ce juif maudit — constituait un obstacle à une franche assimilation culturelle. Ce phénomène paradoxal est parfaitement illustré par les deux textes de Bruno Bauer. Dès juillet 1842, Marx avait exprimé le désir de riposter à l'éditorialiste judéophobe de la *Kölnische Zeitung*, Karl H. Hermes (Marx à Ruge, 9 juillet 1842), afin de donner à la discussion une nouvelle orientation (Marx à Oppenheim, 25 août 1842). Hermes s'exprimait en faveur de l'autonomie juive sous la souveraineté chrétienne. Voir H. Hirsch, 1980, p. 98 sq. H. König, 1927.

Page 53.

1. Marx pose clairement le problème qui sera désormais au centre de sa réflexion : l'État comme garant de fausses libertés. La rupture avec Bauer et le jeune-hégélianisme sera consommée dans l'analyse qui va suivre, où se dégage une conception de l'État à partir des formes diverses de la réalité étatique. Le problème juif lui sert ici d'exemple et d'argument en vue d'une critique fondamentale des institutions politiques considérées dans leur évolution historique ; du même coup, le caractère historique des solutions proposées est mis en évidence,

sans que le visionnaire renonce à l'idéal qui est le véritable objet de cet essai : l'émancipation humaine.

2. La question juive connut un regain d'intérêt en France en 1840, après la macabre affaire de Damas — symptôme d'un problème plus grave, celui du destin de l'empire ottoman — et l'élection en 1842 de trois juifs à la Chambre (Crémieux, Cerfberr et Fould). Voir, en particulier, la correspondance de H. Heine du 7 mai 1840, *Lutèce*, éd. 1866, p. 66, 69 et 75 sq. Une revue juive réclamait, sur le ton du triomphe, l'abandon de l'adjectif « juif », vide de sens, car « le juif dont l'âme est à Jérusalem tandis que son corps est en France n'existe plus guère de nos jours ; c'est que la *nation juive* ne se trouve plus sur le sol français » (cf. L. Poliakov, 1968, p. 363). Pour une étude historique de la politique officielle de la Prusse à l'égard des juifs, cf. H. Hirsch, 1983.

Page 54.

1. Marx a lu l'ouvrage de Thomas Hamilton, en notant de nombreux extraits, d'après une traduction allemande, parue en 1834 (MEGA, I/1, 2, p. 135 sq.), lors de son séjour à Kreuznach, probablement en août 1843. Cette lecture, il l'a complétée par celle d'A. de Tocqueville et G. de Beaumont, bien qu'aucun des cahiers d'étude de cette période n'en ait gardé trace. C'est d'ailleurs l'ouvrage de Th. Hamilton (1832) plus que ceux d'A. de Tocqueville (1835) et de G. de Beaumont (1835) qui a pu lui fournir des raisons primordiales « pour faire le pas décisif du libéralisme, sans jamais renier le premier » (cf. M. Rubel, Présentation de Th. Hamilton [trad. française], rééd. 1979).

Page 55.

1. Il ne s'agit nullement ici d'une déclaration d'athéisme. L'originalité de cette position, renforcée dans le second essai, consiste à innocenter le croyant, en cherchant la cause de la superstition religieuse dans la « nature de l'État », suivant l'expression de Moses Hess (« Sur une catastrophe imminente en Angleterre », *Rheinische Zeitung*, 26 juin 1842). Voilà un exemple éclairant d'intelligence « matérialiste », qui est à l'opposé de l'athéisme militant d'un certain marxisme d'État interdisant par décret l'exercice de la croyance.

Page 57.

1. Se proclamer athée à la faveur d'un « État libre », c'est demeurer en quelque sorte complice de la religion dont on prétend se libérer, c'est se placer dans la même situation que le croyant, la liberté vraie étant incompatible avec l'existence de l'État. En se chargeant, l'un, de la divinité, et l'autre, de l'humanité de l'homme, Christ et l'État s'interposent en médiateurs entre l'homme et sa liberté. Bref, croyant

ou athée, l'homme qui est pris en charge par l'autorité politique demeure asservi. Autre faux médiateur, l'argent viendra bientôt compléter cette vision de la servitude humaine (voir *Notes de lecture*, 1844-1845, Pléiade, t. II, p. 17 sq.).

2. Thomas Hamilton, t. I, 1834 (édition allemande), p. 146. Comme plus tard Tocqueville, l'observateur écossais ne cache pas son inquiétude devant les conséquences possibles du suffrage universel : la dépossession légalement décrétée de la minorité possédante et l'instauration d'un régime égalitaire ou, selon Tocqueville, du règne de la médiocrité plus conforme à la volonté de Dieu. Voir M. Rubel, Introduction à K. Marx, Pléiade, t. II, p. XXXVI sq.; cf. aussi 1974, p. 174 sq.

Page 58.

1. Du long commentaire que Hegel consacre au rapport de l'État à la religion (*Philosophie du droit*, § 270), Marx se borne à détacher ce bref passage du dernier alinéa traitant de l'unité de l'Église et de l'État. En un long développement destiné à illustrer les fins de l'État, représentant de l'intérêt général, et, par là même, défenseur des intérêts particuliers, Hegel s'embrouille dans des circonlocutions contradictoires ; on y découvre un effort pour opposer aux comportements intéressés des croyants (la religion comme consolation et compensation des torts et des pertes) un « concept » de la religion, substance de la vérité absolue et, en fait, base de l'État posé comme « volonté divine en tant qu'esprit présent qui se déploie en une figure réelle et représente l'organisation d'un monde ». Toute l'argutie apparemment normative tend à ramener les risques qu'implique une observation stricte des commandements religieux au niveau du respect des intérêts matériels de la société civile dont l' « État fort » assume la protection, en empêchant, par exemple, que le fanatisme religieux, à l'instar du fanatisme politique, ne menace la « propriété privée, le mariage, les institutions et les travaux de la société civile, etc. ». L'État fort peut se permettre d'être tolérant envers des croyants qui ne se reconnaissent pas de devoirs envers lui, tels les Quakers, les Anabaptistes, etc. Hegel n'oublie pas le cas des juifs :

« Autant on serait formellement en droit de s'opposer à l'octroi de droits civiques aux *juifs*, sous prétexte qu'ils ne se considèrent pas simplement comme un groupe religieux *(Religionspartei)* particulier, mais comme membres d'un peuple étranger, autant ceux qui invoquent tapageusement ce point de vue et d'autres semblables oublient que les juifs sont avant tout des *hommes* et que cela n'est pas qu'une qualité futile et abstraite [...]; bien au contraire, cela implique que, grâce aux droits civiques octroyés, on fait naître le *sentiment de dignité*, la certitude d'être considérés comme des personnes *respectables* dans la société civile, et c'est de cette source infinie et totalement libre que naîtra l'égalisation exigée de la manière de penser et de juger. Sinon, la séparation reprochée aux juifs se serait plutôt maintenue, et c'est à juste titre que l'on aurait pu en rendre responsable l'État pratiquant à tort l'exclusion ; il aurait alors méconnu son principe, l'institution objective et le pouvoir de celle-ci [...]. À l'expérience, le maintien de cette exclusion, tout en se prenant pour absolument justifié, s'est révélé tout à fait insensé, tandis que dans leur manière d'agir, les gouvernements ont fait preuve de sagesse et de dignité. »

Traitant de l' « antisémitisme » de Hegel, L. Poliakov (*op. cit.*, p. 200 sq.) se garde de rappeler le texte ci-dessus et ce passage du § 209, auquel Hegel se réfère : « L'homme vaut ainsi (comme personne universelle), parce qu'il est homme, et non parce qu'il est juif, catholique, protestant, Allemand, Italien, etc. Cette conscience [...] est d'une importance incommensurable ; elle n'est fautive que si, par exemple, elle s'obstine à s'opposer en tant que *cosmopolitisme* à la vie concrète de l'État. » Hegel envisage ici l'État selon la raison, le *Vernunfstaat*, qui exige la tolérance comme moyen d'éducation civique. L'essai de Marx vise précisément ce que Hegel, au § 269, explique sous le terme d' « esprit politique » ; il s'agit, en fait, de la volonté d'obéissance devenue « habitude » grâce aux institutions publiques. Voir, à ce propos, H. Hirsch 1980, p. 60 sq.

Page 60.

1. En s'associant ainsi au combat pour l'émancipation politique qu'il considère comme une étape du mouvement d'émancipation humaine, Marx se solidarise en fait avec l'action revendicatrice des croyants juifs d'Allemagne dont Bauer conteste à tort le bien-fondé. La critique de la politique dominante, loin d'interdire la praxis politique, l'inclut au contraire comme un moyen — nullement exclusif — de préparer au combat libérateur les consciences livrées au « Léviathan ».

Page 61.

1. « Il est indéniable que la guerre fut l'état naturel des humains, avant que la société ne fût constituée ; en vérité, ce ne fut pas la guerre tout court, mais la guerre de tous contre tous. » Th. Hobbes, *De Cive*, 1647, c. 1. 12 : « ... *in omnes* » ; *Leviathan*, 1688 : « ... *contra omnes* ».

Page 62.

1. Voilà, en raccourci, le drame de l'émancipation politique, déguisée en émancipation humaine, tel qu'il s'est joué pendant et après la Révolution française. Inspirés tant par ses lectures historiques de Kreuznach que par l'éthique de Feuerbach, ces aperçus débouchent sur la notion de « révolution permanente » qui réapparaîtra, dans un contexte bien différent, sous la plume du communiste.

Page 63.

1. Ces réflexions sur l'État chrétien rejoignent les idées exprimées par Marx à l'occasion de sa polémique contre Hermes, publiciste catholique de la *Kölnische Zeitung* (voir Pléiade III, p. 208 sq.). Marx raisonnait alors en fonction du concept d'un État rationnel qu'il opposait à la conception théocratique, voire byzantine de l'État religieux ; ici, tout en opposant l'État démocratique à l'État chrétien, il dénonce l'État « parfait » comme une institution dont la tare est inhérente à sa nature. En reconnaissant à l'État démocratique les « fondements humains » de la religion, il dévoile l'intention et la nature éthiques de son credo humanitaire.

Page 65.

1. Marx répète la formule employée dans la *Rheinische Zeitung* (14 juillet 1842) et tente de situer l'idéologie politique de Hegel dans le système total de sa philosophie — système qu'il caractérise comme une émanation du romantisme. E. Vermeil insiste sur le « besoin quasi mystique et religieux d'unité forte », la nostalgie de la « belle totalité » qui a amené le penseur allemand à voir dans l'esprit germanique le vrai principe chrétien révélé par la Réforme luthérienne. La moralité suprême trouve, finalement, son incarnation parfaite dans l'Autorité du prince chrétien (E. Vermeil, 1931, p. 219 sq.).

Page 66.

1. Nulle part ailleurs, Marx n'a exprimé avec autant de force de conviction l'exigence absolue de l'éthique chrétienne. Au regard de cette exigence, le conflit de l'État prussien avec l'intraitable archevêque de Cologne, le *Kölner Kirchenstreit*, prend figure d'une sinistre farce (voir Pléiade III, p. 121 sq., et n. 1, p. 1522).

Page 67.

1. Ce n'est plus la glorification de la démocratie, énigme résolue de toutes les constitutions (voir Pléiade III, p. 901 sq.). En fait l'État démocratique, donc non chrétien, répond mieux à l'exigence chrétienne de la souveraineté de l'homme, bien que la foi chrétienne ne tienne compte ni de l'être social, ni de l'être générique, qui constitue l'homme « vrai ». La « solution du problème juif » s'insère ici dans la perception utopique d'un futur qui verra la négation de la société politique.

Page 68.

1. Contrairement à Bauer, Marx ne dénie pas aux croyants juifs le droit à l'émancipation politique, pas plus qu'il ne désapprouve leur revendication des droits humains. Il justifie l'attitude du juif croyant,

victime d'une société et d'un État qu'il appelle ici chrétiens, mais qui, dans le second volet de cet essai, deviendront la société et l'État qui, dans leur travestissement chrétien, se sont « judaïsés ».

Page 70.

1. Marx entreprend ici une apologie « dialectique » des droits de l'homme, face à la thèse de Bauer selon qui le juif ne saurait réclamer des droits dont jouit le chrétien, le premier n'ayant rien fait pour les conquérir, alors que le second ne peut les concéder au premier sans souffrir dans sa religiosité exclusive. Comme Bauer, Marx voit l'isolement du juif, mais il aperçoit également l'isolement du chrétien : en effet, le bénéfice des droits de l'homme ne garantit que la liberté politique, qui n'est pas la liberté humaine mais qui, intelligemment employée, pourrait y conduire. Comme le chrétien, le juif peut et doit prétendre à la liberté politique, sans pour autant renoncer à sa pratique religieuse : nous en sommes à la prémisse, éminemment positive, de l'argument marxien ; l'autre partie de cet essai constituera l'antithèse : en se libérant de l'État, l'homme se libère des pratiques juive et chrétienne, toutes tendues vers un seul objectif, le profit matériel, le lucre ; c'est l'émancipation humaine.

2. *Constitution de 1795.* Titre XIV. Dispositions générales. Art. 354 : « Nul ne peut être empêché d'exercer, en se conformant aux lois, le culte qu'il a choisi. Nul ne peut être forcé de contribuer aux dépenses d'un culte. La République n'en salarie aucun » (*Les Constitutions...*, p. 139).

Page 72.

1. Le ghetto n'est pas particulier aux juifs, car nous vivons tous dans un ghetto, telles des monades « libres », c'est-à-dire des êtres autorisés à jouir du droit à l'isolement. Juif, chrétien, athée ou croyant, l'individu-monade est un être égoïste du fait même de son appartenance à la société civile, jouissant du statut des droits de l'homme. La morale de l'émancipation politique est la négation de l'éthique de l'émancipation humaine et, inversement, celle-ci transcende celle-là.

Page 73.

1. Cf. Hegel, *Philosophie du droit*, § 183. C'est donc une critique indirecte des conceptions hégéliennes de la « personne concrète » qui est certes un des principes de la société civile, mais qui ne s'affirme et ne se satisfait que dans ses rapports avec les autres personnes et l'ensemble social, « système de la dépendance universelle » considéré comme « État extérieur » ou « État du besoin et de la raison ».

2. Marx approfondit et élargit peu à peu le concept feuerbachien de *Gattungswesen*, être générique, homme pris dans son existence biologique, être doué de sens et de sensibilité, pour considérer l'individu

dans son cadre social, dans ses relations avec autrui et avec le tout de la communauté.

Page 75.

1. Faut-il encore traduire *bürgerliche Gesellschaft* par « société civile » ? Ne sommes-nous pas, *déjà*, dans une société livrée à la domination de la nouvelle classe, la classe des « bourgeois », donc dans *la* société *bourgeoise* ? Nous ne le pensons pas, mais il est clair que Marx définit dans cette page un processus de métamorphose sociologique : l'envahissement de la société civile par les intérêts d'une nouvelle classe, la bourgeoisie. Voir l'article « Bürger, bourgeois, citoyen », dans *Historisches Wörterbuch*..., II, 1971, p. 962 sq.

Page 78.

1. Cette insistance sur le caractère négatif de la révolution politique sans référence précise à aucun exemple historique fera bientôt place à un jugement plus réaliste ; mais l'impulsion initiale ne sera jamais absente de la critique sociale. Voir R. N. Hunt, 1974, p. 59 sq.

Page 79.

1. Cette première partie correspond à un projet communiqué par Marx à Ruge en septembre 1843, quand il lui fallait faire le bilan de ses études à Kreuznach : la critique de la religion doit aller de pair avec la critique de la politique. Les études historiques, la lecture de Rousseau, Tocqueville, Beaumont, Hamilton et, sans doute, les premiers contacts avec la littérature socialiste ont conduit Marx à adopter une position radicalement antipolitique, voire « anarchiste », proche de celle de Moses Hess.

Aucun des critiques en quête des motivations psychologiques de l'antijudaïsme de l'auteur du présent texte n'a tenu à relever le caractère franchement *judéophile* de cette première partie, pourtant quatre fois plus longue que la seconde ! Or, il existe un lien logique entre l'attitude adoptée par Marx, en mars 1843, envers le consistoire juif de Cologne et ce premier volet de l'essai généralement jugé « antijuif ». Si Marx, en dépit de sa répugnance pour la religion juive, avait alors consenti à rédiger une pétition, destinée à la Diète, en faveur des juifs prussiens, c'est que ce geste représentait pour lui un moyen politique de s'attaquer à l'État chrétien (voir sa lettre à Ruge, 13 mars 1842) ; c'était aussi pour lui une question de principe dépassant de loin la « manœuvre excellente » visant à ébranler l'État clérical, comme le prétend E. Silberner (1962, p. 117). Marx considérait que l'émancipation politique d'une minorité religieuse était une exigence positive dont la satisfaction pouvait être un pas dans la direction de l' « État de la raison » que les jeunes-hégéliens appelaient alors de leurs vœux. L'illogisme de Bauer déniait aux juifs le droit humain à l'émancipation politique ; critique de l'Etat, Marx reconnaissait ce droit aux croyants juifs, droit inscrit dans la charte politique de la démocratie bourgeoise, étape de l'émancipation humaine.

Page 81.

1. Les ouvrages ici visés sont, le premier de Bruno Bauer : *Critique de l'histoire évangélique des synoptiques,* 1841-1842 ; le second de D. F. Strauss : *La Vie de Jésus,* 1835-1836. Sur ces variantes de la critique gauche-hégélienne de la religion, voir D. McLellan, 1972.

Page 82.

1. L'antijudaïsme de Marx n'a rien ici de spécifiquement judéophobe : l'État, fût-il démocratique, présuppose une société faite d'égoïstes ; quant à la démocratie, tout imprégnée du « fond humain » du christianisme, elle favorise l'isolement et l'égoïsme des citoyens qui, religieux ou non, sont mus par la soif de s'enrichir et l'instinct de possession. Marx ramène l'élément religieux du problème juif à sa dimension sociale : la substance morale de la religion juive n'est pas en cause, mais uniquement le croyant juif qui ne « croit » vraiment que le jour du sabbat et qui, les six autres jours, vit suivant les règles d'une société tout adonnée au lucre. C'est là une position qu'adoptera aussi P. Leroux dans *Les Juifs, rois de l'époque,* 1846.

Page 83.

1. Marx semble approuver Bauer. En fait, il interprète autrement que son ancien ami le phénomène de l'apparente toute-puissance politique des grands banquiers juifs : c'est en effet d'eux seuls qu'il est ici question, de la puissance financière juive et du rôle paradigmatique qu'elle joue en Europe. Marx n'a sans doute pas en vue autre chose que cette fidélité aux « errements ancestraux » dont témoignèrent les communautés israélites attachées à leur « structure ploutocratique » (cf. L. Poliakov, 1968, p. 354). Et de stigmatiser du même coup la finance « chrétienne », tout aussi organiquement enracinée dans la société bourgeoise que l'autre. N'empêche qu'en réduisant la religion juive à la morale d'une pratique « sordide » — comme son maître Feuerbach —, Marx simplifie à outrance et prête le flanc à la critique superficielle d'un manichéisme primaire.

Page 84.

1. Celui qui accuse est animé d'un tout autre esprit que tel socialiste judéophobe de l'époque, — un Proudhon, par exemple, qui, dans ses notations intimes, écrit ceci : « Par le fer, ou par la fusion, ou par l'expulsion, il faut que le juif disparaisse [...]. La haine du juif comme de l'Anglais doit être notre foi politique » (*Carnets,* vol. II, 1961, p. 178).

Il reste que la phobie de l'argent est telle, chez Marx, que sa dénonciation semble s'étendre, au-delà de la minorité riche de la communauté juive, à toute cette minorité religieuse dont le grand nombre vit de revenus modestes, voire moins que modestes.

Page 85.

1. D'autres Allemands, convertis ou non, ont employé le même langage, Heinrich Heine et Moses Hess, par exemple. C'est ainsi que dans une lettre de Paris, datée du 21 mai 1840, Heine écrivait :

« Les juifs en France sont déjà émancipés depuis trop longtemps pour que les liens de race ne soient pas relâchés, ils sont presque entièrement disparus ou mieux ils se sont dissous dans la nationalité française ; ils sont Français exactement comme les autres [...]. Nombre parmi eux pratiquent encore le cérémonial juif, le culte extérieur, mécaniquement, sans savoir pourquoi, par habitude ancestrale ; il n'y a pas trace de foi intérieure, car dans la synagogue, tout comme dans l'église chrétienne, l'acide spirituel de la critique voltairienne a produit des effets destructeurs. Chez les Français juifs ainsi que chez les autres Français, l'argent est le dieu du jour, et l'industrie est la religion dominante. »

Il est regrettable que des historiens de l'antisémitisme n'aient prêté aucune attention aux propos ci-dessus. Un autre passage de cette lettre pourrait s'appliquer à Marx, bien qu'à cette époque, Heine ait entretenu avec lui des relations amicales. À la diatribe antijuive ci-dessus, Heine ajoutait : « Ici, je dois formuler une remarque, peut-être la plus amère. Parmi les juifs baptisés, nombreux sont ceux qui, avec une lâche hypocrisie, expriment sur Israël plus de médisances que ses ennemis-nés. De la même manière, certains écrivains, pour ne pas rappeler leur origine, ont coutume de dire du mal des juifs ou de n'en rien dire. C'est là un phénomène bien connu, affligeant et ridicule... » Toutefois, Marx ne saurait être considéré comme un converti au sens propre du terme, sa séparation d'avec le judaïsme à l'âge de six ans ayant été décidée par son père. En revanche, son article, antijuif et antichrétien à la fois, marque en quelque sorte sa rupture *consciente* avec les deux cultes qui lui avaient été imposés alors qu'il n'était qu'un enfant. En dirigeant sa critique contre les institutions qu'il rend responsables de l'aliénation religieuse, l'État et l'Argent, il disculpe juifs et chrétiens. Sans afficher un militantisme athée, il obéit aux mêmes normes morales que Heine. Dans une correspondance du 25 juillet 1840, celui-ci avait rappelé l'action de l'avocat français Crémieux, de confession juive, en faveur de ses coreligionnaires torturés à Damas. C'était, aux yeux de Heine, une manière de plaider la cause de l'humanité. Plaidoyer, dans sa première partie, en faveur de l'émancipation politique des juifs, pauvres ou riches, l'écrit de Marx est, dans sa seconde partie, un réquisitoire contre la classe sociale dont fait partie une seule catégorie de juifs : les trafiquants d'argent. Quant au prolétaire juif, Marx a conscience de plaider sa cause en plaidant celle du prolétariat universel, sans avoir à se soucier des motifs particuliers de son aliénation religieuse. Là où Heine recourt aux sarcasmes, Marx use de l'hyperbole, l'un et l'autre parodiant parfois le discours prophétique. L'exécration de Mammon, ce fut également le souci de Moses Hess dont Marx eut en main le manuscrit sur *L'Essence de l'argent* (M. Hess, 1961, p. 345).

2. Tiré d'un pamphlet de Thomas Münzer contre Luther (1524). Marx cite probablement d'après L. Ranke, *Histoire germanique...*, 1839-1840. Le passage fut noté par lui dans un cahier daté de Kreuznach, juillet-août 1843 (MEGA, I/1, 2, p. 129.

3. *Das grund und bodenlose Gesetz...*, cf. *Werke*, I, p. 375.

Page 86.

1. Marx tente une explication sociologique de l'argument que l'on rencontre aussi bien chez Feuerbach que chez Bruno Bauer. On pourrait rappeler ici les efforts de certains juifs allemands pour « moderniser » la religion juive, afin d'en atténuer les effets antisociaux. D'où la résistance que le judaïsme « réformiste » rencontra de la part des traditionalistes.

Page 88.

1. Cette critique moralisante se ressent de l'influence de l'anthropologie feuerbachienne et rappelle certains aperçus indignés de Ludwig Börne à propos d'un livre antisémite : « Je n'ai pas à défendre le monde du négoce dont la judéité *(Judeneigentümlichkeit)* — cette manifestation du démon de l'argent, cette furie ressuscitée de la cupidité, ce diable incarné de l'or — me répugne au plus profond de mon âme, que je la rencontre sous l'aspect d'un Hébreu, d'un musulman ou d'un chrétien. Mais cette particularité juive est-elle uniquement la honte et la faute des juifs ? N'est-elle pas plutôt le résultat de l'atmosphère étouffante qui enveloppe tout l'univers commerçant, qui conserve certes la vie, parce qu'elle retient la vie, mais qui la tue là où elle apparaît dans l'isolement ? » (L. Börne, *Écrits*, vol. VI. p. 18).

2. On a voulu apercevoir dans cet écrit l'écho tardif du prophétisme judaïque, en honorant son auteur du titre d' « Isaïe de la société capitaliste ». La protestation de E. Silberner (1962, p. 114) est sans doute justifiée, bien que son argument prête à discussion. Il en est de même de la tentative d'annexion opérée par G. Mayer qui découvre en Marx un « juif de la sève des prophètes » (1918). Il n'en reste pas moins que la judaïsation posthume de Marx revêtu de l'auréole du prophète est peut-être plus justifiée que la démarche opposée, plus courante, tendant à réduire la substance de l'essai à l' « antisémitisme »

particulier au juif relaps. De la littérature pléthorique que ce problème a suscitée, signalons quelques travaux qui tranchent par leur sérieux sur les écrits extravagants que nous venons de citer : M. Weber, *Le Judaïsme antique*, 2e éd., 1923. Voir surtout sa conception, proche de celle de Spinoza, du « peuple-hôte » rituellement isolé, et cela de son plein gré et non sous la contrainte extérieure (p. 434 sq.) ; et le rôle qu'il attribue à la pratique de l'usure autorisée par la religion lorsqu'il s'agit de non-juifs (p. 69 sq.). M. Rodinson (Préface à A. Léon, 1968) critique savamment le « délire idéologique » à propos du « problème juif ». On trouvera chez H. Arendt, à propos de l' « État-nation » forcé aux « équivoques de l'émancipation » et au rôle du « banquier d'État juif », quelques aperçus lumineux. Ainsi, tout en prêtant quasi mystiquement à Marx la qualité de « juif », elle n'en déclare pas moins, à propos des « célèbres écrits antijuifs du jeune Marx, si souvent et si injustement taxés d'antisémitisme », que « si le juif Karl Marx pouvait s'exprimer de la même façon que [les] radicaux antijuifs, c'est que vraiment cette sorte d'antijudaïsme avait bien peu à voir avec un véritable antisémitisme. Marx, en tant que juif, était aussi peu gêné par ces arguments contre " les juifs " que, par exemple, Nietzsche par ses propres attaques contre l'Allemagne. Il est vrai que Marx ne traita plus jamais ensuite de la question juive ; mais rien ne laisse supposer qu'il ait jamais changé d'opinion sur ce sujet. Il se préoccupait exclusivement de la lutte des classes, phénomène intérieur à la société, et des problèmes de la production capitaliste à laquelle les juifs ne prenaient aucune part, ni comme acheteurs ni comme vendeurs de force de travail » (H. Arendt, 1972, p. 86).

Critique de Hegel

Page 89.

1. Sur la genèse de ce texte, voir l'Avant-propos de la *Critique*... de 1859 (voir ici p. 299).

2. S'il est certain que Marx tenait « pour décisifs les coups portés à la religion par Strauss, Feuerbach, Bauer et les autres jeunes-hégéliens », il est, en revanche, faux d'affirmer que « dans sa théorie de l'idéologie [...] la religion fait fonction de clef de voûte de l'édifice », qu' « elle est le sceau qui distingue le phénomène global de l'aliénation » (Cottier, 1959, p. 153). En se séparant de Bruno Bauer, avec qui il a probablement écrit *La Trompette du jugement dernier* (1841), Marx a clairement marqué son refus de faire de l'athéisme, et donc de la religion, sa préoccupation exclusive.

Page 90.

1. On lit chez Heine : « Pour des hommes à qui la terre n'a plus rien à offrir, on a inventé le ciel [...]. Gloire à cette invention ! Gloire à une

religion qui a versé à l'humanité souffrante, dans la coupe amère, quelques gouttes douces et soporifiques, de l'opium moral, quelques gouttes d'amour, d'espoir et de foi » (Ludwig Börne, éd. 1971, p. 111, et commentaire de K. Briegleb, *ibid.*, p. 866). Voir aussi Wackenheim, 1963, p. 187 sq. « La célèbre phrase : " La religion est l'opium du peuple " n'est qu'une répétition de la théorie de Bauer selon laquelle la religion endort la conscience des croyants, les réconcilie avec la réalité misérable en dessinant un tableau illusoire du bonheur promis dans le monde futur » (Z. Rosen, 1977, p. 140). L'auteur renvoie, en outre, à d'Holbach et à S. Maréchal, qui employaient, à propos de la religion, des comparaisons métaphoriques similaires..

Page 92.

1. Marx a fait justice des doctrines de l'École historique du droit dans un article de la *Rheinische Zeitung*, 9 août 1842 (voir Pléiade III, p. 221 sq.).

Page 95.

1. Le thème de l'alternance, dans le drame historique, du tragique et du comique sera repris, Hegel à l'appui, quelques années plus tard, dans *Le Dix-huit brumaire* (1852). Engels lui suggérera cette source (3 déc. 1851).

2. *Listige Theorie :* jeu sur le mot *listig*, littéralement « théorie astucieuse »; allusion à la doctrine protectionniste de Friedrich List, auteur du *Système national de l'économie politique* (1841). Voir Pléiade III, dans les Appendices, p. 1349 sq., l'ébauche d'une critique de cet ouvrage.

Page 96.

1. D'origine scythe, le philosophe Anacharsis fut parfois compté parmi les sept sages.

2. Shakespeare, *Hamlet*, III, I. *To be or not to be, that is the question* (« Être ou ne pas être, voilà la question »).

Page 97.

1. Ce « parti politique pratique » est-il déjà le parti de la praxis politique ? Le mouvement jeune-hégélien visait à briser le conservatisme du « système » au nom d'une philosophie dite « de l'action ». Après August Cieszkowski, Arnold Ruge, Bruno Bauer et Moses Hess opérèrent un retour à Fichte qui avait eu sa période de penseur-tribun, de philosophe engagé dans l'enseignement, et qui fut un moment en prise directe sur l'esprit d'une génération en état de révolte. Opposés au quiétisme spéculatif de Hegel, ils étaient décidés de servir comme

publicistes la cause du peuple tenu en tutelle. « Désormais, la tâche de la philosophie de l'esprit est de devenir philosophie de l'action. Ce n'est pas seulement la pensée, c'est toute l'activité humaine qui doit parvenir à une intuition où toutes les antinomies disparaissent » (Hess, 1843, éd. 1961, p. 219). Cette philosophie n'est qu'un développement de l'éthique de Spinoza, « fondement de l'action libre » (*ibid.*, p. 211), thèse déjà exposée dans *La Triarchie européenne* (1841, *op. cit.*, p. 85)! « La philosophie de l'action est un germe vivace de l'avenir, alors que l'esprit " objectif " de Hegel n'est et ne demeure qu'une pure idée. Napoléon eut raison de traiter les Allemands d' " idéologues ", pour les insulter » *(ibid.)*. Voir Pléiade III, Introduction, p. LVII sq.

2. Le « parti de la théorie » est ici assez clairement désigné comme le groupe des écrivains réunis autour de Bruno Bauer. Marx en fera la cible de sa verve satirique quand il dirigera ses coups contre les « critiques critiques ». Annoncée dans *La Question juive*, puis dans le présent essai, la rupture avec Bruno Bauer sera consommée dans *La Sainte Famille*. Mais bien plus que telle ou telle école philosophique évoluant dans le sillage de Hegel, ce qui est ici visé, c'est la philosophie comme telle. Devançant une objection attendue, Marx emprunte au maître de la dialectique les concepts de « négation » et de *Aufhebung*, dont la synonymie apparente dissimule une ambiguïté voulue : « nier » la philosophie, c'est encore « philosopher »; « réaliser » la philosophie, c'est démontrer son inanité comme spécialité professionnelle, mais pour en faire la substance spirituelle commune nourrissant la vie de tous les êtres et la changer en raison et sagesse des relations humaines quotidiennes, c'est comme si la philosophie était désormais *aufgehoben* — supprimée et conservée — dans une éthique informulée, parce que *vécue*.

Page 98.

1. La praxis comme fin de la philosophie : arrêter là la « discussion philosophique sur Marx et le marxisme », c'est oblitérer — en s'aidant du langage raffiné des spécialistes — le projet éthique formulé ici sous la forme d'un engagement personnel de nature politique. Il ne suffit pas d'affirmer, comme J. Habermas, que « Marx ne veut plus philosopher selon les préalables de la philosophie, mais plutôt selon le préalable de son abolition *(Aufhebung)* — en fait, il veut critiquer » (1957, éd. 1963, p. 279). Marx ne « veut » pas seulement « critiquer » et rester « philosophe »; il « veut » autre chose, comme l'a montré la suite de son essai. Or, tout en reconnaissant à juste titre — et contrairement à toute une école critique ou apologétique — qu'il s'agit d'un « niveau supérieur de réflexion » en vue d'établir l' « unité de la théorie et de la pratique » (p. 283), Habermas néglige la suite du texte où cette « unité » est envisagée en dehors de toute spéculation philosophique.

Page 100.

1. La philosophie changée en théorie de la révolution, le philosophe assumant le rôle révolutionnaire du « moine » de la Réforme, la pureté puritaine de l'impératif catégorique de Kant surmontée par l'appel lancé aux « masses » de renverser les rapports sociaux qui dégradent les hommes — autant de postulats qui fondent, à n'en pas douter, une « nouvelle éthique » qui est aux antipodes de toute *Realpolitik*, fût-elle « marxiste ».

2. Ce jugement, tout dans la tradition de l'humanisme athée, ne relève pourtant pas d'un athéisme doctrinal et militant comme le voudrait une certaine exégèse théologique. Loin d'envisager le fait religieux « selon deux ordres de causalité, métaphysique et sociologique » (C. Wackenheim, 1963, p. 197), Marx se soucie peu de critiquer la religion et ne manifeste aucun goût pour la provocation athée. Il lui suffit d'expliquer, au besoin, la foi du croyant par des arguments proches d'une analyse psychologique, sans tomber dans le militantisme athée.

3. Allusion à la guerre religieuse qui a dévasté l'Allemagne au XVIe siècle ; l'échec du mouvement insurrectionnel de Thomas Münzer, « révolutionnaire plébéien », est présenté par Marx comme le résultat du revirement du « théologien » Luther ; ce « réformateur bourgeois » qui, selon Engels, avait d'abord donné au mouvement plébéien un puissant instrument par la traduction de la Bible a mis ensuite la même Bible au service des princes et du pape en vue de l'extermination des paysans révoltés. F. Engels, 1850 (*Werke*, vol. VII, p. 350 sq.).

Page 102.

1. Après l'attentat du 28 juillet 1835, le gouvernement français promulgua les lois dites de septembre : elles imposaient de sévères restrictions à la liberté de la presse et prévoyaient des taxes élevées pour les périodiques, des peines de prison et d'argent pour les journalistes radicaux suspectés de mettre en question les institutions bourgeoises. Voir Guizot, *Mémoires...*, t. III, 1860, p. 307 sq., 311 sq.

Page 104.

1. Marx parle indistinctement de *Stand* (ordre, état) et de *Klasse* (classe sociale), sans doute pour marquer le moment de transition du régime médiéval, féodal, à la société civile moderne, la société bourgeoise et prolétarienne.

Page 106.

1. Observateur perspicace de la société française, mais mauvais prophète quant à l'avenir de l'Allemagne, Marx voit la première suivre la voie de l'émancipation graduelle vers la liberté intégrale, grâce à un

prolétariat appelé à prendre la relève de la bourgeoisie. Pour la bourgeoisie allemande, le moment « historique » est déjà passé — mais qu'en est-il du prolétariat allemand ? La suite de l'essai fournit une réponse plutôt utopique à cette question.

Page 107.

1. Ce prolétariat allemand, qui est promis à une tâche immense, est en voie de constitution. En retard sur l'horaire révolutionnaire dicté par les pays voisins économiquement plus évolués, il saura d'autant mieux s'affirmer dans sa revendication d'une reconquête totale de son humanité perdue : n'aura-t-il pas connu les expériences négatives et positives, du mouvement ouvrier de ces pays-là ? Affirmer que la « réalité » de ce prolétariat « est construite *a priori* conformément aux prescriptions de la philosophie allemande » ; passer de là, à travers un intermède sur la « signification ontologique » et l' « essence originelle de la dialectique », à un divertissement théologique où le prolétariat est identifié à... Christ (« car, comme le Christ, le prolétariat est une personne »), c'est se livrer à une interprétation de « Marx » qui, d'exégèse en herméneutique et de scolastique en métaphysique, ne peut aboutir qu'à une « construction *a priori* » peu originale ; tel nous paraît le *Marx* de Michel Henry (1976). Grâce à un procédé de distillation dialectique jusqu'ici rarement tenté, l'auteur gratifie Marx d'une « philosophie de la réalité » et d'une « philosophie de l'économie » ; une entreprise qui ne se conçoit que comme rupture avec la spéculation philosophique au profit de son accomplissement existentiel. L'interprétation du catholique Th. Steinbüchel est plus élémentaire encore : « Marx, dit-il, a changé le péché originel en la culpabilité collective de la société dans l'ère du capitalisme. Il a mué la doctrine chrétienne de la passion suppléante du Seigneur en la souffrance du prolétariat pour *tous ;* l'idée chrétienne de la rédemption, il l'a réinterprétée pour en faire la théologie du prolétariat libérateur de la société humaine dans son ensemble ; le dogme chrétien de l'eschatologie, du futur royaume de Dieu, tel que l'avaient déjà attendu les prophètes d'Israël [...], lui, le juif sécularisé, l'a transformé en le royaume à venir... » (Th. Steinbüchel, 1950, p. 119 sq.).

Page 108.

1. Cette « théorie » doit beaucoup à Feuerbach et à l'anthropologie dont il a fourni les éléments dans ses *Thèses provisoires* (1842) et dans ses *Principes de la philosophie de l'avenir* (1843) ; il s'y était reconnu disciple de Spinoza, « Moïse des libres esprits et des matérialistes modernes » (éd. 1846, p. 291). *Homo homini deus* (« l'homme est un Dieu pour l'homme »), lisons-nous dans l'*Éthique* (IV, 35, scolie), maxime qui est comme une contestation de l'inexorable avertissement

d'un Hobbes : *homo homini lupus* (« l'homme est un loup pour l'homme »).

2. Le fait de réserver l'exclusivité de l'esprit philosophique au prolétariat allemand explique peut-être le peu d'écho que les articles de Marx dans les *Annales* ont suscité chez les socialistes français. Attentif aux avatars de l'école hégélienne, Pierre Leroux ne semble pourtant pas avoir eu connaissance des thèses provocatrices de Marx. Deux ans plus tôt, il avait prétendu, à propos des querelles entre les épigones de Hegel, que le gouvernement prussien s'était servi de Schelling pour combattre l'influence néfaste du néo-hégélianisme ; et il ajouta cette précision : « Car la philosophie est à l'Allemagne ce que la révolution est à la France, ou plutôt la philosophie est la révolution comprise, comme la révolution est la philosophie réalisée » (*La Revue indépendante*, avril-juin 1842, p. 330). Quelques mois avant l'arrivée de Marx à Paris, Henri Heine avait envoyé à la *Allgemeine Zeitung* d'Augsbourg ses chroniques parisiennes. Il y annonçait l'avènement du communisme et du « système de domination des prolétaires », évoquant la « flamme » de la révolution allumée à Paris, « centre de la civilisation, foyer qui répand les étincelles sur le monde », etc. (20 juin et 12 juillet 1842). *Lutetia*, éd. 1974, vol. V, p. 405, 496 sq.

Contre Arnold Ruge

Page 109.

1. Sur la révolte des tisserands silésiens de juin 1844, voir ici p. 29 sq. *La Réforme* (journal rédigé par Ledru-Rollin, Louis Blanc et F. Flocon) publia deux articles sur les événements de Silésie, sous le titre « La Réforme, Frédéric-Guillaume IV et le paupérisme » (16 et 20 juillet). Dans le premier, le journal donna une traduction de l'ordonnance du roi de Prusse, suivie d'un commentaire, où l'on pouvait lire : « À part la confusion ignorante et dédaigneuse entre les criminels libérés et les ouvriers indigents, il y a dans cette circulaire le pressentiment, l'instinct, si l'on veut, de grandes réformes sociales que réclame partout en Europe l'organisation sociale. » Le second article signalait qu'à la différence du gouvernement français qui « défend les souscriptions pour les ouvriers en chômage comme des actes de rébellion », le gouvernement prussien « sollicite la charité publique en faveur de l'indigence ». Ces deux procédés opposés révèlent l'état social en Prusse et en France. « Le roi Frédéric-Guillaume agit sous la double influence d'une vague terreur et d'un sentiment religieux. L'envahissement de la mendicité l'effraye comme un désordre administratif, mais non pas encore comme l'indice d'une révolution sociale. » Voir J. Grandjonc, 1974, p. 136-139 (reproduction des deux articles de *La Réforme,* suivis des traductions de l'article d'Arnold Ruge dans *Vorwärts !*, 27 juillet, et des *Gloses critiques* de Marx, p. 139-163).

Page 110.

1. Lors d'un banquet organisé à Düsseldorf par des libéraux, à l'occasion de l'ouverture de la Septième Diète rhénane, on remarqua la présence de fonctionnaires gouvernementaux. La réaction ne tarda pas à se produire : une ordonnance royale du 18 juin 1843 enjoignit aux serviteurs de l'État prussien de s'abstenir dorénavant de toute participation à de pareilles manifestations.

Page 113.

1. Le concept nébuleux de « société allemande » ne satisfait pas Marx, qui tente une analyse sociologique des composants de cet ensemble abstrait dont Ruge se fait l'accusateur. Fort des connaissances acquises en économie politique, il entreprend pour la première fois d'examiner la relation entre l'État et la société en se plaçant au point de vue de la misère de masse, l'Angleterre, « pays politique » par excellence, lui servant de modèle.

Page 114.

1. Quelques semaines plus tard, le *Vorwärts!* publia une étude anonyme sur *La Situation de l'Angleterre* (août à octobre 1844). Son auteur, Friedrich Engels, défendait dans ce texte des idées voisines de celles de Marx sur la politique, la propriété et la révolution sociale; proche de l'anarcho-communisme de Moses Hess, il prenait parti pour Godwin contre Bentham, reconnaissant dans le sentiment qui asservit l'homme à l'État cette peur qui le rattache à la religion. La fin de cette chronique est une profession de foi en faveur de la « démocratie sociale », phase de transition et « dernier moyen purement politique » avant l'apparition du principe qui transcende tout élément politique : le socialisme (*Werke*, I, p. 592).

Page 115.

1. Le passage cité figure parmi les extraits que Marx a notés d'après la traduction française par G. Prevost, de J. R. McCulloch, *Discours sur l'origine...*, 1825; il y est transcrit en latin, d'après Francis Bacon, *De dignitate et augmentis scientiarum*, 1779; cf. MEGA, 1/3, 1932, p. 553.

2. La principale source utilisée par Marx concernant le paupérisme en Angleterre et la brochure du docteur Kay est l'ouvrage d'Eugène Buret, *De la misère des classes laborieuses*, 1840. Marx en a transcrit, dans un cahier, 24 pages d'extraits, et il cite Buret dans sa première ébauche d'une critique de l'économie politique (MEGA, I/3, p. 412 et 50, 51, 63; Buret, *op. cit.*, t. I, p. 396, 398, 401 sq.).

Page 116.

1. Marx reprend la formule « loi d'amendement », employée par

E. Buret, pour désigner la *New Poor Law* de 1834. Voir Grandjonc, 1974, p. 148.

Page 117.

1. Eugène Buret, *op. cit.*, t. I, p. 51 sq. Ce « Français » a appris à Marx que la « théorie du travail marchandise » n'est qu'une « théorie de la servitude déguisée », qu'elle fait du travail une valeur d'échange soumise aux nécessités de la concurrence, guerre perpétuelle où l'ouvrier se déshumanise. A propos de ce « ministère du paupérisme », Buret écrit : « L'administration des pauvres est une branche du gouvernement; elle occupe un véritable ministère d'État [...], le ministère d'État le plus important peut-être » (p. 233).

2. « Selon Malthus et son école, la population, abandonnée à elle-même, tend à dépasser constamment les moyens de subsistance » (E. Buret, *op. cit.*, p. 227).

Page 119.

1. *Correspondance de Napoléon Ier publiée par ordre de l'empereur Napoléon III*, t. XVI, 1864. Lettre à M. Crétet, ministre de l'Intérieur. Fontainebleau, 14 novembre 1807 (p. 194). Marx emprunte cette citation à Buret, *op. cit.*, t. I, p. 226 sq. Voir aussi la « note pour M. Crétet », Saint-Cloud, 1er septembre 1807 : « La mendicité est un objet de première importance. L'Empereur a demandé différents rapports [...]. Les choses devraient être établies de manière qu'on pût dire : tout mendiant sera arrêté. Mais l'arrêter pour le mettre en prison serait barbare ou absurde. Il ne faut l'arrêter que pour lui apprendre à gagner sa vie par son travail. Il faut donc une ou plusieurs maisons ou ateliers de charité par département » (*Correspondance, op. cit.*, p. 2).

2. Il s'agit du décret sur l'extirpation de la mendicité, 5 juillet 1808, IV, Bulletin CCXI, n° 3828. « Art. 1er. La mendicité sera défendue dans tout le territoire de l'Empire. — Art. 2. Les mendiants de chaque département seront arrêtés et traduits dans le dépôt de mendicité dudit département, aussitôt que ledit dépôt sera établi [...] » (*Collection complète...*, t. IV, 1825, p. 323).

Page 120.

1. Cf. Buret, *op. cit.*, p. 227. Voir aussi Proudhon, 1840, p. 165. Proudhon cite d'après F.-X.-J. Droz, *Économie politique...*, 1829. Napoléon aurait tenu ces propos : « Par là, je préserverai les riches de l'importunité des mendiants et de l'image dégoûtante des infirmités », etc.

2. Tout ce passage est tiré de Buret, *op. cit.*, p. 223 : « ... une immense foule de peuple se portait aux abords de la Convention. » Par décret du 24 vendémiaire, an II (15 octobre 1793), la Convention fixa les « mesures pour l'extinction de la mendicité ». Dans le Titre Ier, le décret précisait les « travaux de secours »; le Titre II indiquait les

« moyens de répression », le Titre III avait trait aux « maisons de répression » (*Collection complète...*, t. VI, 1825, p. 283 sq.).

Page 121.

1. La position de Marx est ici on ne peut plus clairement « anarchiste » : le mal, ce n'est pas telle forme de l'État, mais l'État comme tel, dans son *essence*. De même, le *capital* comme tel n'est pas une « catégorie logique », mais, comme Marx le dira plus tard, une « abstraction rationnelle ». Le « Livre » sur l'État, placé, dans le plan de l' « Économie », en tête de la seconde triade des six rubriques, devra traiter du mal politique dont le présent article établit le diagnostic. Voir M. Rubel, « Plan et méthode de l'Économie », 1974, p. 369 sq.

Page 122.

1. Cet aphorisme exprime on ne peut plus catégoriquement le credo anarchiste de Marx. Ses déclarations ultérieures quant à la nécessité, pour la classe ouvrière, de « conquérir » le pouvoir politique, donc de s'assurer la direction des affaires de l'État, voire d'y exercer, en tant que classe et comme « immense majorité », sa « dictature » sur la minorité bourgeoise *légalement* dépossédée de ses privilèges économiques et politiques, ne contredisent nullement le postulat initial de la finalité anarchiste du mouvement ouvrier.

L'irruption, à partir d'Octobre 1917, du mythe des « États socialistes », déguisé en « triomphe du marxisme », a remis au premier plan la portée révolutionnaire de cette critique, exempte d'équivoque, des institutions politiques. Voir Max Adler, *La Conception de l'État dans le marxisme*, 1922 ; l'auteur y oppose à Hans Kelsen, critique de l' « idéal anarchiste du communisme » — dont il constate la présence aussi bien chez Marx et Engels que dans le bolchevisme —, l'idée de l' « État prolétarien » qu'il prétend trouver dans Marx (H. Kelsen, 1920 ; M. Rubel, « Marx théoricien de l'anarchisme », *op. cit.*, p. 42 sq.).

Page 124.

1. Pour antipolitique qu'il soit dans les écrits de la période parisienne, le socialisme de Marx s'accommodera ultérieurement, en raison même de la conception d'un « parti » du prolétariat, appelé à lutter pour la conquête du pouvoir d'État, de l'idée normative d'une politique ouvrière assez conforme au principe qui se trouve ici condamné. En tant qu'idéologie politique, le marxisme des épigones se nourrira de cette ambiguïté que l'absence du « Livre » sur l'État facilitera.

Page 125.

1. Stigmatisée, il y a quelques mois, dans les *Annales...*, la bourgeoisie allemande se voit soudain réhabilitée : Marx fera bientôt sien un

point de vue évolutif ; il érigera la lutte commune de la bourgeoisie et du prolétariat allemands contre le régime féodal en principe de stratégie provisoire dans un plan de bataille qu'il entend dresser pour toute une période historique.

Page 126.

1. À la veille de l'insurrection silésienne, un chant révolutionnaire, *le Jugement sanguinaire à Peterswaldau en l'an 1844*, circulait dans les régions de l'industrie textile. Les vingt-quatre strophes peignent la misère des tisserands et l'opulence de leurs exploiteurs ; le chant déborde d'imprécations, telles les suivantes :

Gredins que vous êtes, engeance de satan,
Démons de l'enfer,
Vous dévorez le bien des pauvres,
Que la malédiction soit votre lot !

Vous êtes la source de toutes les géhennes
Qui accablent ici le pauvre,
C'est vous qui, de sa bouche,
Lui arrachez jusqu'au pain sec.

Cf. 1848, 1914, p. 81 sq. — Le 10 juillet 1844, le *Vorwärts !* avait publié un poème de Heine, *Die armen Weber* (« Les Pauvres Tisserands »), en quatre strophes. Heine s'est probablement inspiré d'un chant composé par les canuts lors de l'insurrection lyonnaise du 21 novembre 1831 (Heine, t. IV, 1971, p. 971). Engels traduisit le poème de Heine en anglais et le publia dans *The New Moral World*, 13 décembre 1844, incorporé à un article sur les progrès du communisme en Allemagne (*Werke*, vol. II, p. 512 sq.).

Page 127.

1. Cet éloge des « écrits géniaux » de Wilhelm Weitling prouve que la pensée de l'artisan-tailleur fut parmi les mobiles de l'adhésion de Marx au mouvement prolétarien, après la période de savantes études à Kreuznach. Les auteurs qui l'ont incité à s'engager sur cette voie sont tout autant des ouvriers autodidactes comme Weitling et Proudhon que des intellectuels de métier comme Moses Hess et Lorenz Stein. *L'Humanité telle qu'elle est et telle qu'elle devrait être* fut « pendant quatre années, de fin 1838 à fin 1842, le livre de base du premier mouvement ouvrier allemand profondément marqué par Weitling » (W. Schieder, 1963, p 254).

Page 128.

1. Trois ans après Moses Hess, qui avait, dans *La Triarchie européenne* (1841), signalé la différence entre l'ancienne philosophie de

l'histoire et la nouvelle philosophie de l'action, en assignant à l'Allemagne, à la France et à l'Angleterre des tâches particulières face à une Russie asiatique, Marx désigne la classe sociale qui, dans les trois pays, devra enrichir de son esprit original le patrimoine commun du socialisme révolutionnaire. Dans une lettre qu'elle adressa de Trèves à son mari, après l'attentat raté commis par le maire de Storkow — chassé de son poste d'État — contre Frédéric-Guillaume IV, Jenny Marx se plaisait à rêver de la vocation révolutionnaire de l'Allemagne : « Une consolation reste encore au peuple pur de Prusse, après ce terrible forfait : le mobile de l'action n'était pas le fanatisme politique, mais la soif de vengeance purement personnelle. Voilà comment ils se consolent — grand bien leur fasse — et c'est bien là une nouvelle preuve qu'en Allemagne, une révolution politique est impossible, alors qu'elle possède tous les germes d'une révolution sociale » (EB, I, p. 651).

2. Marx se reconnaît ici disciple du prolétariat allemand dont il glorifie la vocation pour le socialisme comme théorie et praxis émancipatrices. Quarante ans plus tard, Engels vantera encore l'« esprit théorique » des ouvriers allemands, en déclarant que leur mouvement est « l'héritier de la philosophie classique allemande » (*Werke*, XXI, p. 307).

Page 129.

1. Voilà une des rares occasions où Marx divulgue à ses lecteurs la double motivation personnelle de sa solidarité avec les victimes des méthodes d'exploitation du capital.

Page 130.

1. Cf. M. Chevalier, *Des intérêts matériels en France...*, 1838, p. 3 sq. Marx résume et paraphrase plutôt qu'il ne traduit. Nous avons restitué entre crochets obliques, pour faciliter la lecture, les mots omis par Marx dans la citation de M. Chevalier.

Page 131.

1. Sur les révoltes des canuts lyonnais, en particulier celle de 1831, voir F. Rude, *L'Insurrection lyonnaise...*, 1969. Marx reproche, à tort semble-t-il, aux ouvriers français de penser leur misère en termes politiques et de perdre ainsi de vue la finalité révolutionnaire : le socialisme, c'est la négation de l'État, non sa réforme. Pour Rude, au contraire, les canuts lyonnais sont « les précurseurs d'un ordre social nouveau » (p. 740) : pour la première fois, ils « imposèrent à l'attention de tous les revendications ouvrières fondamentales » (p. 738). Et voici l'opinion de Guizot : « Tous les partis politiques, tous les novateurs sociaux, toutes les passions, toutes les idées, tous les rêves révolutionnaires apparaissent dans cette anarchie » (*Mémoires...*, t. II, p. 208).

Page 133.

1. Au lendemain de la publication de cet article, Marx révélera à Ludwig Feuerbach qu'il avait tiré du concept de *Gemeinwesen*, être générique, l'« idée de la société », idée qu'il développera bientôt dans *La Sainte Famille* (lettre du 11 août 1844).

2. Sur cette distinction radicale entre deux types de révolution, la révolution politique et la révolution sociale, voir M. Rubel, 1974, p. 200 sq.

ÉCONOMIE ET PHILOSOPHIE

Ébauche d'une critique de l'économie politique

Page 140.

1. Cf. « Zur Kritik der hegelschen Rechtsphilosophie. Einleitung ». *Deutsch-französische Jahrbücher*, 1844. (*Werke*, vol. I, p. 378-391). Voir Pléiade II, Introduction.

Page 141.

1. Sur les premières études économiques de Marx, voir Pléiade II, Introduction.

2. Sur les lectures socialistes de Marx en Allemagne et pendant son séjour à Paris, voir Pléiade II, Introduction. Dans un article de journal, écrit vers la même époque, Marx a fait l'éloge des « écrits géniaux » de Wilhelm Weitling et, plus particulièrement, de ses *Garantien der Harmonie und Freiheit* (1842). Cf. « Kritische Ranglossen... », in *Vorwärts !*, Paris, 7 août 1844. (*Werke*, vol. I, p. 404 sq.) Les *Einundzwanzig Bogen aus der Schweiz*, volume d'articles recueillis par le poète Georg Herwegh, furent publiés à Zurich et pouvaient échapper à la censure prussienne dont les rigueurs ne frappaient pas les ouvrages de plus de 300 pages. Moses Hess y figurait avec trois essais : *Sozialismus und Kommunismus*, *Die Eine und ganze Freiheit* et *Philosophie der Tat*. Voir A. Cornu, *Karl Marx et Friedrich Engels*, t. II, p. 136 sq. — Dans les *Annales...*, Marx avait publié, outre l'*Introduction à la critique de la philosophie du droit*, l'essai sur *la Question juive* et trois lettres à Arnold Ruge. (Cf. *Werke*, vol. I, p. 337 sq. et 347 sq.)

3. Ce passage fait suite à un alinéa que Marx a barré et où il est dit que la « critique positive allemande de l'économie politique doit ses vrais fondements aux découvertes de Feuerbach », notamment à ses *Grundsätze der Philosophie der Zukunft* (1843) et à ses *Vorläufige Thesen zur Reformation der Philosophie* (1843). Marx y mentionne également la conspiration du silence dont ces deux écrits semblaient être l'objet.

(MEGA, vol. III, p. 34.) Cf. Ludwig Feuerbach, *Manifestes philosophiques*. Textes choisis (1839-1845), Paris, 1960, p. 104 sq. et 127 sq. Selon Marx, Feuerbach avait donné au socialisme une « base philosophique ». (Voir Pléiade II, Introduction.)

Page 142.

1. Le brouillon de l'avant-propos contient encore deux alinéas barrés où il est question, entre autres, de la dialectique hégélienne que le « théologien critique » s'évertue vainement à dépasser, tant il est enfoncé dans l' « idolâtrie spiritualiste de la conscience de soi et de l'esprit ». (MEGA, *op. cit.*, p. 34-35.) Marx vise ici particulièrement son ancien condisciple et ami Bruno Bauer, directeur de l'*Allgemeine Literatur-Zeitung*, revue mensuelle (éditée à Charlottenburg) dont six fascicules étaient parus de décembre 1843 à mai 1844. Pour engager une polémique contre les épigones « critiques » de Hegel, Marx interrompra son travail économique et écrira, avec la collaboration d'Engels, *Die heilige Familie oder Kritik der kritischen Kritik. Gegen Bruno Bauer & Consorten* (Francfort, 1845). Cf. MEGA, *op. cit.*, p. 175-388 ; Pléiade III, 427-661.

Page 143.

1. Ce second addenda (voir Pléiade II, n. I, p. 71) occupe neuf feuillets du ms. III. (MEGA, *op. cit.*, p. 111-126.)

2. La référence à Proudhon, Fourier et Saint-Simon n'est pas accidentelle dans l'amorce d'une critique du communisme « vulgaire » ou « brutal » [*rob*] qui va suivre : Marx vient de désigner nommément ses grands maîtres en socialisme, dont les enseignements lui fourniront les éléments pour sa tentative de synthèse « scientifique ».

Page 144.

1. Nous avons placé ici (feuillet 3) cette note inscrite par Marx dans la marge inférieure du feuillet 5. (Cf. MEGA, *op. cit.*, p. 115.)

Page 145.

1. Voir Pléiade II, n. I, p. 75. L'idée du « capital collectif » et du « capitaliste collectif » réapparaîtra dans *le Capital*, Livre I, où elle sera présentée comme l'issue normale de la concentration du capital « dans une société donnée ». (Cf. Pléiade, t. I, p. 1139.)

Page 146.

1. Dans le refus catégorique d'un communisme « animal », Marx reprend implicitement les arguments de Ch. Fourier (dans la *Théorie des quatre mouvements*) contre l' « ordre civilisé », forme hypocrite de

la barbarie. Marx les invoquera explicitement dans *la Sainte Famille.* (Cf. MEGA, *op. cit.*, p. 374 sq.)

Page 147.

1. Le communisme « politique, démocratique ou despotique » que Marx vise ici est avant tout, semble-t-il, celui de l'auteur du *Voyage en Icarie* et, sans doute, celui de toute l'école saint-simonienne. Dans *la Sainte Famille,* il nomme Cabet « le représentant le plus plat du communisme français ». Quant au communisme libéré de l'État, mais « infecté » de la propriété privée, Marx aurait-il en vue l'anarchisme professé par Proudhon dans les dernières pages de son *Mémoire* ?

2. Voilà la définition — en termes presque feuerbachiens — du comunisme de Marx au moment où il fait un choix qui décidera de toute sa carrière. Pour être restée inédite, voire ésotérique, elle n'en traduit pas moins une conviction définitive. Certains de ces termes disparaîtront par la suite du vocabulaire marxien, mais leur signification sera entièrement conservée dans le langage « matérialiste » que Marx empruntera à partir des *Thèses sur Feuerbach* (1845), autre texte inédit, certes, mais qui n'a plus rien d'ésotérique : le « nouveau matérialisme » accordera la primauté à la *praxis* révolutionnaire sur la spéculation philosophique. Finalement, le communisme tel que Marx l'entend fonde sur la relativité du savoir scientifique des normes d'action dont la finalité éthique place le mouvement ouvrier devant des tâches qui, pour être « matérielles », n'en exigent pas moins l'engagement de l'être tout entier.

Page 148.

1. Nous tenons dans cette phrase la thèse centrale de la sociologie « matérialiste », mais le contexte où elle se situe est celui de la perspective éthique : la libération de l'homme des institutions aliénantes parmi lesquelles figurent, aux côtés de la religion, de la famille, de l'État, de la morale et du droit, la science et l'art ! Dans une société où science et art sont l'apanage de « savants » et d' « artistes » — opposés, en tant que tels, aux non-savants et aux non-artistes — l'homme est, de toute nécessité, étranger à lui-même et à autrui.

Page 149.

1. Marx s'éloigne de Feuerbach et d'Owen : c'est l'aliénation économique qui est à l'origine de toutes les aliénations, y compris la religion. Le communisme ne s'identifie donc pas avec l'athéisme militant qui s'attaque aux effets et non à la cause de l'aliénation religieuse.

Page 150.

1. Marx vient d'ajouter une page nouvelle, et décisive, à son credo

humaniste : les valeurs du romantisme allemand doivent répondre d'une existence où l'homme se sait et se sent humain parce que social. La sociologie marxienne révèle ici, dès le départ, à la fois son inspiration et sa finalité éthiques. Pour comprendre le véritable sens de ce que Engels a appelé « l'héritage de la philosophie idéaliste allemande », voir R. Berthelot, « Goethe et Hegel », dans *Études sur Hegel*, 1931, p. 91-136.

Page 151.

1. Individu et société, être et pensée, vie et mort : englobées dans des concepts tels que la « totalité » ou l' « unité », ces antithèses sont réduites grâce à une dialectique qui est proche de la mystique. Marx semble retrouver, au-delà de Feuerbach, le maître commun à toutes les écoles, philosophiques et poétiques, de l'idéalisme allemand : Benedictus Spinoza, « Moïse des libres penseurs et des matérialistes modernes ». (Cf. L. Feuerbach, *Principes de la philosophie de l'avenir, op. cit.*, p. 148.)

Page 152.

1. Tout ce passage est comme une variation sur un thème de Feuerbach, auteur des *Principes de la philosophie de l'avenir.* (Cf., par exemple, *op. cit.*, § 53, p. 196-197.) Nous avons traduit l'expression *gemeinschaftliche Organe* par « organes génériques », termes plus proche du sens voulu par l'auteur : organes de génération.

2. Allusion à l'article de Moses Hess, « Philosophie der Tat », dans *Einundzwanzig Bogen...*, 1843, p. 329. (Cf. Pleiade II, Introduction.) Sur les « catégories » de l' « avoir » et du « non-avoir », cf. les remarques critiques dirigées contre Edgar Bauer dans *la Sainte Famille.* (*Op. cit.*, p. 212 sq.)

Page 154.

1. Les termes « objectif » et « objectification » ne sont que des pis-aller pour rendre *gegenständlich* et *Vergegenständlichung* (cf. Pleiade II, n. 1, p. 31, et n. 1, p. 58). Ils ne peuvent être compris que dans le contexte de la philosophie de l'identité, qui a trouvé dans le romantisme allemand sa plus pure expression poétique. À travers le monisme spinozien poétisé par Goethe et repensé par Feuerbach, Marx s'achemine vers un pragmatisme original, dont l'ambiguïté est celle de toute éthique qui refuse de s'absorber dans le « stade religieux », à la manière désespérée, acceptée et enseignée par Kierkegaard.

Page 155.

1. Dans ses *Thèses provisoires pour la réforme de la philosophie,* Feuerbach s'était contenté d'affirmer que « la philosophie nouvelle [...] est la négation de toute philosophie d'école » et qu' « elle est l'homme

même qui pense, l'homme qui *est*, et sait qu'il est l'essence consciente de soi, de la nature, l'essence de l'histoire, l'essence des États, l'essence de la religion », etc. (*Op. cit.*, p. 122.) Marx ne veut plus d'aucune philosophie, fût-elle philosophie de l'action. La théorie, ses problèmes et ses contradictions relèvent désormais d'une démonstration que seul l'homme agissant peut fournir. Il convient de rappeler ici la deuxième thèse sur Feuerbach qui condense en trois phrases tout ce développement du manuscrit parisien : *La question de savoir si la pensée humaine peut prétendre à une vérité objective* [gegenständlich] *relève non pas de la théorie, mais de la pratique. C'est dans la praxis que l'homme doit démontrer la vérité, c'est-à-dire la réalité et la puissance, l'en deçà de sa pensée. La querelle sur la réalité ou l'irréalité du penser isolé de la praxis est un problème purement scolastique.* (MEGA, vol. V, p. 534).

Page 157.

1. Voici un nouvel enrichissement — historique et sociologique — de l'anthropologie de Feuerbach qui s'était contenté d'écrire : « La philosophie doit à nouveau s'unir aux sciences de la nature, et les sciences de la nature à la philosophie » (*Thèses provisoires...*, *op. cit.*, p. 125) ; ou encore : « La philosophie nouvelle fait de l'homme joint à la nature (comme base de l'homme) l'objet unique, universel et suprême de la philosophie, et donc de l'anthropologie jointe à la physiologie, la science universelle. » (*Principes de la philosophie de l'avenir*, *op. cit.*, p. 197.) Marx évite, désormais, de parler philosophie.

2. Un passage (barré) de *l'Idéologie allemande* définit ainsi cette fusion future des sciences de l'homme : *Nous ne connaissons qu'une seule science, la science de l'histoire. L'histoire peut être considérée sous deux aspects : l'histoire de la nature et l'histoire des hommes. Toutefois, ces aspects sont inséparables ; tant qu'existent des hommes, histoire de la nature et histoire des hommes se conditionnent réciproquement.* (MEGA, vol. V, p. 554-555.) Voir les commentaires de G. Gurvitch, *la Vocation actuelle de la sociologie*, 1950, p. 582 sq.

Page 158.

1. Marx n'écarte donc pas la perspective d'un socialisme dans et malgré la misère matérielle : l'altruisme est, dans l'éthique « matérialiste », un postulat naturel du devenir total de l'homme.

Page 160.

1. Après Hegel et les romantiques, Marx proclame sa croyance en la génération spontanée, qu'il explique, non sans adresse, par une analyse que l'on serait tenté d'appeler sémantique.

Page 161.

1. Traduire *Gestalt* par « structure », comme le font d'aucuns pour

se plier à la mode, nous paraît aberrant : c'est un contresens pur et simple. Le sens du terme a été révélé par Marx lui-même lorsqu'il écrivait que le capitalisme clôt la « préhistoire de la société humaine ». (*Critique...*, 1859, voir ici p. 490). Le socialisme, c'est le commencement de l'histoire qui conduit l'homme à la *Gestalt*, la forme *achevée* de la société.

2. Le présent chapitre porte le chiffre « 7 » et fait suite à ce que Marx désigne, dans l'avant-propos, comme le chapitre final — marqué par « 6 » — de son travail. Suivant l'exemple de MEGA, nous avons interverti l'ordre de ces fragments, en supprimant la numérotation. (Voir *supra*, n°s 1 à 5.) Fort mal conservée, cette partie du cahier (ms. III, p. XIV-XXXVIII) est d'une lecture malaisée. En outre, le texte se trouve mutilé, des pages en étant déchirées ou arrachées.

Page 164.

1. Nouvelle variante sur le thème de la misère humaine — des pauvres et des riches — sous le règne de la propriété privée et de l'argent. Si, dans les pays dits « avancés », le tableau de la pauvreté absolue que Marx dessine ici ne correspond plus entièrement à la réalité, celle-ci est, en revanche, parfaitement décrite — pour les pays « riches » — au début de ce texte qui nous brosse en quelques traits les contours de la société esclave de besoins artificiellement créés pour satisfaire l'appétit d'accumulation de profit. Cette vue — prévision pour l'époque — reçoit son illustration dans une littérature trop abondante pour être citée. Pour une vulgarisation de ce thème, voir les ovurages de V. Packard dévoilant le mécanisme de la « persuasion clandestine » et du gaspillage, érigés en système par le capitalisme américain. (*La Persuasion clandestine*, 1958 ; *les Obsédés du standing*, 1960 ; *l'Art du gaspillage*, 1962.)

Page 165.

1. On peut, il est vrai, lire *fichtest* (du verbe *fechten*, lutter, faire de l'escrime), mais tout le contexte suggère *dichtest* (du verbe *dichten*, s'adonner à la poésie).

Page 166.

1. Voilà, en quelques mots, la définition de l'*affluent society* tant vantée, modèle du bien-être humain, offert et accepté dans tous les régimes du monde contemporaiin en quête de jouissances « raffinées ». Marx élargit, dans ces aperçus, l'analyse amorcée dans ses notes de lecture. (Cf. Pléiade II, n. 1, p. 853.)

Page 167.

1. Michel Chevalier, membre éminent de la famille saint-simonienne (« Benjamin du Père »), rédacteur en chef du *Globe*, rompit en

1838 avec son passé. Bonapartiste après le 2 décembre 1851, il sera, en 1860, le principal instigateur du « coup d'État économique » de Napoléon III. Il fut l'ami de Heine, qui a sans doute tenté de communiquer à Marx, déjà admirateur de Saint-Simon, ses sympathies pour le saint-simonisme, au moment de leur rencontre à Paris. (Voir l'appendice, daté de Paris, juin 1843, aux *Französische Zustände* de Heine, principalement consacré aux « évêques du saint-simonisme ».)

Page 168.

1. Cf. J. Mill, *Éléments...*, *op. cit.*, p. 59. Marx a noté le passage dans son cahier IV, cf. MEGA, vol. III, p. 523 sq.

Page 170.

1. Réminiscence de lectures faites pendant ses études à l'université de Bonn (1842), ce passage peut être mis en relation avec ce qui a été dit dans *le Capital*, Livre I, du « caractère fétichique de la marchandise et de son secret ». (Cf. Pléiade I, p. 604-618). Sur ces lectures — embrassant l'histoire des religions, le culte des fétiches, la mythologie de l'art, etc. — voir MEGA, vol. I, IIe partie, p. 104 sq. et p. 114-118.

2. En rappelant la philosophie de l'identité de Fichte, Marx délimite ici clairement la frontière qui le sépare de Proudhon. La critique qu'il annonce deviendra, trois ans plus tard, une exécution sans ménagement. L' « appréciation » ne sera plus une reconnaissance.

3. C'est ce que Marx redira en conclusion du *Capital*, mais en évitant le terme « communisme ». Cf. Pléiade I, p. 1239 sq. et 1708 sq. À cet endroit, le feuillet XIX est déchiré, ne laissant qu'un texte mutilé où l'on déchiffre des bribes de phrases telles que : « à la manière vieille-allemande — celle de la *Phénoménologie* de Hegel —... semble liquidé tel un moment dépassé... et l'on pourrait se contenter, de l'avoir... dans sa conscience... de la nature humaine... par la négation... réelle... » (Cf. MEGA, *op. cit.*, p. 134.)

Page 171.

1. C'est vers la même époque et presque dans les mêmes termes que Marx exprime à Feuerbach son admiration pour les ouvriers français. (14 août 1844, cf. *Werke*, vol. XXVII, p. 426.) On notera que, dans ce passage, la prise de conscience « communiste » non seulement *précède* le mouvement historique — au lieu d'en dériver de manière « matérialiste » — mais qu'elle est considérée comme un « progrès réel ». Nous ne pensons pas que Marx ait jamais varié fondamentalement sur ce point, quoi qu'en disent certains de ses adeptes et de ses critiques.

Page 173.

1. Feuillet déchiré ; manquent environ trois lignes.

Page 175.

1. Les nouvelles remarques sur Proudhon visent sans doute ce que celui-ci a développé sur le « droit d'arbitraire » dans le chap. IV de son *Mémoire.*

Page 176.

1. A cet endroit, Marx a d'abord copié, pour les résumer ensuite, divers passages des auteurs que nous nommons dans la note. (Cf. MEGA, *op. cit.*, p. 140-143.) Ces extraits figurent, en outre, dans les cahiers d'étude. (*Ibid.*, p. 442, 455 sq., 458 sq.)

Page 179.

1. Marx vient de formuler, à partir de quelques grandes conceptions sur la division du travail, sa propre conclusion : les prémisses mêmes de l'économie politique font que cette science ignore la mutilation du travailleur dominé par le capital. Les deux feuillets suivants (XXXIX-XL) contiennent l'avant-propos que nous avons placé en tête de ce texte (p. 140 sq.).

2. Difficile à classer, ce fragment semble clore un texte qui n'a pas été conservé. Il comporte quatre pages numérotées de 40 à 43 et commence par les mots : « [...] forme les intérêts de son capital. » Il est désigné, dans MEGA, comme ms. II, intitulé « Les rapports de la propriété privée ». (*Op. cit.*, p. 97-103.)

Page 181.

1. Tout cela a déjà été dit, et presque terme pour terme, dans le ms. I. (Voir Pléiade II, p. 46.) Sur les *workhouses* et la législation manufacturière anglaise avant et après 1833, voir *le Capital*, Livre I, chap. X, § 5 et 6. (Pléiade I, p. 799 sq.)

Page 182.

1. Cette conception de la négativité créatrice réapparaîtra dans la conclusion du Livre I du *Capital.* L'économie politique du capital et sa critique — surtout par Sismondi, Buret et Proudhon — sont ici, pour la première fois, repensées en termes dialectiques. Marx ne résistera pas à l'envie de s'expliquer à nouveau avec Hegel ; il le fera dans le « chapitre final » de l'*Ébauche.* (Voir ici p. 194-222.)

Page 184.

1. Ce sera le thème d'un des chapitre les plus brillants du Livre III du *Capital :* La genèse de la rente foncière capitaliste (voir Pléiade II, p. 1390 sq.), rédigé avant la publication du Livre I.

Page 185.

1. Certains de ces auteurs sont déjà mentionnés dans les cahiers de Kreuznach (1843), où Marx a entrepris des études historiques qu'il a poursuivies à Paris avec l'intention d'écrire une histoire de la Convention. (Cf. Pléiade II, Introduction.) Les attaques contre N. Bergasse figurent dans le n° 16 du journal de C. Desmoulins, *Révolutions de France et de Brabant*, second trimestre, an I, p. 139 sq. L. von Vincke et G. Funcke sont cités d'après H. Leo, *Studien und Skizzen zu einer Naturlebre des Staates*, 1833.

Page 187.

1. Les auteurs nommés par Marx sans autre référence bibliographique ont sans doute tous été lus à Paris. Les extraits des *Éléments d'idéologie* (1826) de A.-L.-C. Destutt de Tracy se trouvent dans le cahier V, à côté de ceux de MacCulloch et J. Mill. (MEGA, vol. III, p. 560-563.) Pour Ch. Ganilh un cahier de Bruxelles (1845) contient des extraits de son ouvrage *Des systèmes d'économie politique...* (1809).

Page 188.

1. Cette condamnation de la propriété terrienne et du propriétaire foncier peut passer pour un parti pris, exprimé en termes parfois lyriques. Elle se changera, dans les manuscrits inédits du *Capital*, en théorie de la rente foncière. Tout n'y sera pas dit : Marx pensait développer le sujet dans un ouvrage spécial consacré à la propriété foncière, aussi important que le travail sur le capital. (Cf. Pléiade II, Introduction.)

2. P. 41-43 du ms. III. (MEGA, *op. cit.*, p. 145-149.).

Page 189.

1. Paroles de Méphistophélès. Adaptateur plus que traducteur de *Faust*, G. de Nerval prend ici trop de libertés avec l'original, et sa traduction demande à être utilisée avec prudence.

Page 190.

1. Shakespeare, *Timon d'Athènes*, acte IV, scène III. (*Œuvres complètes*, bibl. de la Pléiade, t. II, 1959, p. 1223 et p. 1231.) Trad. de F.-V. Hugo, légèrement révisée. La première citation de *Timon d'Athènes* illustrera, dans *le Capital*, l'analyse de la thésaurisation. (Pléiade I, p. 674.) Nouvelle preuve de la constance d'un état émotif qui, loin de dériver d'une vue théorique, a dû plutôt la susciter.

Page 193.

1. Pour exposer son exégèse de l'argent. Marx ne puise pas dans les traités d'économie politique, mais dans Goethe et Shakespeare.

dont il commente ici la critique corrosive. Dans *le Capital*, il y ajoutera des citations de Sophocle et d'Athénée. (Pléiade I, p. 674 sq.) Véhicule d'une pensée qui veut être communication totale, la théorie, enrichie de poésie, s'alimente à une passion primordiale.

Page 194.

1. En fait, voilà la conclusion, romantique s'il en fut, de cette première ébauche d'une critique de l'économie politique, qui, rédigée à Paris, ne sera pratiquement reprise que treize ans plus tard, à Londres. Elle est digne de l'esprit qui anime tout le manuscrit et révélatrice de l'intention profonde qui a guidé l'auteur dans son entreprise de critique et de réformateur social. Si, au lieu de persévérer dans cette voie, Marx a préféré entreprendre un nouveau travail de polémique — *la Sainte Famille* —, c'est qu'il avait conscience que son essai critique n'était au fond qu'une confession toute subjective, un de ces actes de *Selbstverständigung*, d'auto-éclaircissement, qui jalonnent sa carrière de penseur révolutionnaire.

2. Point 6 de l'appendice 2 du cahier classé comme ms. III. (Cf. *supra*, n. 1, p. 161.) Nous avons placé ce texte à la fin de l'*Ébauche...*, suivant l'indication donnée dans l'*Avant-propos*. (Cf. MEGA, *op. cit.*, p. 150-172.) Dans le même cahier, Marx a attaché deux feuillets (quatre pages) contenant un extrait de la *Phénoménologie de l'esprit*, traitant du Savoir absolu. (*Op. cit.*, p. 592-596.) C'est, selon J. Hyppolite, la conclusion, mais aussi le « chapitre le plus obscur » de l'ouvrage de Hegel. (Cf. *Genèse et structure de la phénoménologie...*, 1946, p. 553.)

3. En réalité, il s'agit, dans ce « chapitre final », d'une digression : on comprend mal la nécessité d'une polémique contre les « théologiens critiques » (cf. l'*Avant-propos, supra*, p. 141 sq.), voire d'une explication avec Hegel dans le contexte d'une critique des économistes. La nouvelle orientation, c'est *la Sainte Famille* qui en offre la clef. Marx y utilisera de nombreux éléments de l'*Ébauche...*, mais ce sera pour définir le « nouveau matérialisme » plutôt que pour s'affronter avec l'économie politique.

Page 195.

1. La première génération des hégéliens dits « de gauche » mettait au centre des débats le problème du rapport entre la philosophie et la religion. Usant à la fois des méthodes de l'histoire comparée et de l'exégèse inaugurée par Spinoza, D. F. Strauss interprétait les Évangiles comme des mythes. (Cf. surtout sa *Vie de Jésus*, 1835, et *Dogmatique chrétienne...*, 1840.) Quant à la pensée de B. Bauer, elle a traversé plusieurs phases. Au moment où elle était attaquée par Marx, elle se trouvait, après avoir traversé la phase de la théologie spéculative, au stade de la « critique ». Marx entreprendra dans *la Sainte*

Famille une polémique à propos du livre de B. Bauer, *le Christianisme découvert*, paru en 1843. Il fait, en outre, allusion aux ouvrages antérieurs de Bauer : *Critique de l'histoire évangélique de Jean* (1840) et *Critique de l'histoire évangélique des synoptiques* (1841-1842). Sur cette période du néo-hégélianisme, cf. F. Engels, *Ludwig Feuerbach et l'aboutissement de la philosophie allemande classique*, 1888, *Werke*, vol. XXI, p. 271.

2. B. Bauer, *la Bonne Cause de la liberté...*, 1842. O. F. Gruppe, *Bruno Bauer et la liberté de l'enseignement académique*, 1842.

3. Voir n. 3, p. 141.

Page 197.

1. Tout n'est pas clair dans cette explication, mais on comprend que Marx ait pu se proclamer disciple de Feuerbach, fondateur non seulement du « vrai matérialisme », mais de la « vraie science » ; la science de l'homme social ou, comme l'avait nommée Auguste Comte en 1830, la sociologie.

Page 198.

1. Projet dont Marx exécutera une partie dans *la Sainte Famille* pour s'en débarrasser dans *l'Idéologie allemande*, exposé définitif de la conception matérialiste de l'histoire. Hegel n'intéressera plus Marx avant 1857, lorsque le hasard remettra entre ses mains *la Science de la logique*. (Cf. sa lettre à Engels, 14 janvier 1858.)

Page 199.

1. Cf. G. W. F. Hegel, *la Phénoménologie de l'esprit*, trad. de J. Hyppolite, 2 vol., 1939 et 1941. Nous n'avons adopté que partiellement la terminologie proposée par cette traduction.

2. L'*Encyclopédie des sciences philosophiques*, publiée dix ans (1857) après la *Phénoménologie*, est postérieure à la *Science de la logique* (1812-1816). Sur la place de la *Phénoménologie* dans la structure de l'œuvre de Hegel, cf. J. Hyppolite, *op. cit.*, p. 54-76.

Page 201.

1. Sur ce processus de l' « extranéation », cf. J. Hyppolite, *op. cit.*, p. 364 sq. Voir *ibid.*, p. 375 sq., un commentaire intéressant sur le terme d' « aliénation ».

Page 202.

1. Nulle part Marx n'a aussi clairement exprimé à la fois ce qu'il devait à Hegel et ce qui l'en séparait.

2. Cf. Pléiade II, n. 1, p. 58.

Page 204.

1. Pourtant, dans ses *Principes de la philosophie du droit*, Hegel connaît et reconnaît aussi un autre « travail » que l' « acte » philosophique. Dans cet ouvrage, dont Marx avait entrepris une critique fondamentale avant d'émigrer en France, Hegel s'exprime sur l'économie politique (en citant A. Smith, J.-B. Say et D. Ricardo), sur le travail « abstrait » et la division du travail, etc., dans le chapitre intitulé « Le système des besoins » (§ 189-208).

Page 205.

1. Contre ce spiritualisme de la conscience de soi, Marx s'efforcera bientôt de formuler, à partir de l'anthropologie de Feuerbach, du matérialisme français et de l'empirisme anglais, les bases scientifiques de l'éthique socialiste et communiste. (Cf. *la Sainte Famille*.)

Page 206.

1. Cf. *Phénoménologie, op. cit.*, II, p. 293-294.

Page 207.

1. Dans cet aperçu de l'aliénation vécue par l'homme, proie de l'univers des choses, s'amorce, à travers la critique de la conception phénoménologique de l'aliénation, l'analyse du rapport antinomique *capital-travail*, thème central du *Capital*.

Page 208.

1. On rapprochera ce passage de ce qui a été dit plus haut, p. 155 et note.

Page 209.

1. Marx traduit en son propre langage la thèse de Fourier : « l'homme est tout entier dans ses passions », qu'il avait lue dans l'*Exposition de la science sociale constituée par C. Fourier* de E. de Pompery, 2e éd., 1840. (Voir sa lettre, déjà citée, à L. Feuerbach, 11 août 1844.)

Page 210.

1. Voir plus haut, p. 158-159. Le sujet ne sera plus abordé ici, mais l'idée est inhérente à toute la conception de l'histoire que Marx va élaborer à Bruxelles, en 1845-1846, conjointement avec Engels. (Voir, de celui-ci, la Préface aux *Révélations sur le procès des communistes de Cologne*, éd. A. Costes, 1939, p. 76.)

Page 211.

1. Cf. *Phénoménologie*, Préface, *op. cit.*, t. I, p. 48 sq.

Page 212.

1. Cf. L. Feuerbach, *Principes...*, *op. cit.*, p. 175.

Page 213.

1. MEGA, vol. III, p. 164, donne : *die Lüge seines Progresses.* Nous lisons :... *seines Prinzips.*

2. C'est l'explication courante de la fameuse *Aufhebung* hégélienne. Aux traductions habituelles du verbe *aufheben* (dépasser, surmonter, supprimer, etc.), nous substituons un terme emprunté à la psychanalyse (en l'entendant dans un sens plus général) : sublimer. Sachant que ce n'est là qu'un pis-aller, nous guillemetons ce mot dans les passages qui suivent.

Page 215.

1. Cette exégèse de la « sublimation » purement mentale des institutions aliénantes nous fait pressentir la conclusion que Marx va tirer de sa critique de la *Phénoménologie :* la « réalisation » de l'homme sans médiation d'aucune sorte ; ce n'est pas le communisme, mais l' « humanisme positif ».

Page 216.

1. Au sein de l'aliénation, l'athéisme et le communisme, sans être des fins en soi, se justifient, aux yeux de Marx, comme étapes médiatrices du cheminement de l'homme vers son épanouissement.

Page 218.

1. Le texte de Marx ne va pas au-delà de la *Phénoménologie.* Ce qui suit n'est qu'un début d'analyse concernant la *Logique* de Hegel.

Page 220.

1. Cette phrase, ajoutée après coup, doit-elle s'entendre comme une défense du penseur mystique, dont la quête de l'unité est à l'opposé du raisonnement spéculatif du philosophe de métier ? Marx a-t-il alors pensé à Jakob Böhme, mystique respecté par toute la pléiade de penseurs qui ont formé l'école de l'idéalisme allemand ?

2. Shakespeare, *Comme il vous plaira*, acte II, scène VII ; paroles de la fameuse tirade de Jacques sur le destin de l'homme, commençant par : « Le monde entier est une scène... » et se terminant par :

> « ... Et voici la scène finale
> Qui met un terme au cours de cette étrange histoire,
> Il redevient enfant, l'enfant qui vient de naître,
> Sans mémoire, sans dents, sans yeux, sans goût, sans rien ! »

(Shakespeare, *Œuvres*, Bibl. de la Pléiade, t. II, p. 114, trad. de J. Supervielle.)

Page 222.

1. Le texte s'achève avec deux autres citations de l'*Encyclopédie*.. (*op. cit.*, p. 392 et 393), la première sur l'identité, dans le concept, de l'esprit et de la nature, en tant que « négativité absolue », la seconde sur le concept qui se révèle dans la nature, en le créant : « l'absolu, c'est l'esprit ; voilà la suprême définition de l'absolu ».

Marx abandonne ce débat avec Hegel et, dans *la Sainte Famille* et *l'Idéologie allemande*, se tourne désormais vers les épigones. Inachevés, les manuscrits économiques de Paris seront joints à la masse de cahiers que Marx accumulera, avec des interruptions, à Bruxelles, Manchester et Londres, de 1845 à 1853. Ce n'est qu'en 1857 qu'il se mettra à la rédaction proprement dite de son *Économie*. Ce ne sera qu'une des nombreuses tentatives qui jalonnent, après la parution du « premier cahier » de la *Critique*... (1859), le dernier tiers de la vie de Marx. Cette période sera couronnée par la publication du *Capital*, Livre I.

DE L'ABOLITION DE L'ÉTAT À LA CONSTITUTION DE LA SOCIÉTÉ HUMAINE

Page 229.

1. Les points 1 et 2 de ce schéma résument les remarques critiques faites par Marx dans *La Sainte Famille*, à l'effet de divulguer le secret de « l'audace bauérienne ». Quant au point 3, cette amorce d'une critique de la conception feuerbachienne de l'*Anschauung*, de l'immédiateté sensible qui succède à la représentation imaginative semble viser, parmi les *Principes de la philosophie de l'avenir*, plus particulièrement les paragraphes 41 et 43. Voir aussi les « Thèses sur Feuerbach », ici p. 232 sq.

2. Marx vient de fixer, sur le ton du monologue, la règle de vie qu'il se propose de suivre désormais : elle se situe théoriquement au-delà des postulats épistémologiques — jugés purement spéculatifs — de deux de ses maîtres à penser : Hegel et Feuerbach.

Page 231.

1. Ces onze notes condensent l'acquis de ses études historiques et économiques depuis son abandon forcé de la direction du journal rhénan (mars 1843). Elles ont été écrites probablement vers le début de son séjour à Bruxelles (février 1845) ; Marx cherchait à circonscrire le champ thématique des problèmes à traiter dans l'ouvrage promis à

l'éditeur Leske, de Darmstadt, avec qui il avait signé un contrat avant de quitter Paris. Si l'on considère le titre proposé — « Critique de la politique et de l'économie politique » — on peut penser que le schéma en onze points correspondait au premier thème des deux « Critiques » de l'ouvrage projeté. Le dernier point (9") trahit en quelque sorte la conclusion que l'auteur se proposait alors de donner à ce travail : c'est en même temps l'engagement de participer à la praxis des « abolitions ».

2. Ces quatre notes figurent à la page 51 du carnet de 1844-1847, juste avant les thèses « *ad* Feuerbach » (MEGA I, *op. cit.*, p. 533) ; elles se rattachent étroitement aux notes inscrites aux pages 23 et 22.

Page 232.

1. Inscrites aux pages 51 à 55 du carnet de 1844-1847 sous ce titre, qui y est précédé du chiffre « 1 », les onze « thèses » (ainsi nommées par Engels) résumaient probablement le programme théorique que Marx se proposait de développer dans la première partie, à caractère d'introduction, de *L'Idéologie allemande.* Voir F. Engels, 1888, *Werke*, XXI, p. 264.

2. Dans ses *Principes de la philosophie de l'avenir* (1843), Feuerbach définit le *Sein* (l'être, l'exister) réellement existant (ou « l'être comme objet de l'être ») comme *Sein des Sinns, der Anschauung, der Empfindung, der Liebe* (l'être du sens, de l'intuition, du sentiment, de l'amour). « L'être est donc un secret de l'intuition, du sentiment, de l'amour » (§ 33). Plus loin, il écrit : « Le sensible n'est pas l'immédiat au sens de la philosophie spéculative [...]. L'intuition immédiate, sensible, est à vrai dire postérieure à la représentation et à l'imagination. [...] La tâche de la philosophie, de la science tout court, ne consiste donc pas à s'écarter des choses sensibles, c'est-à-dire réelles, mais d'aller vers elles [...] » (§ 43). La conception de la *praxis* développée par Feuerbach dans *L'Essence du christianisme* (1841) fait du judaïsme, dont le principe serait « le plus pratique du monde », l'égoïsme déguisé en une religion qui ne voit dans la nature qu'un moyen, résultat d'un décret divin. « [...] Bref, l'égoïsme monothéiste privait les israélites du libre penchant et libre sens théoriques. [...] Le sens polythéiste, je le répète, est le fondement de la science et de l'art » (éd. 1978, p. 188). Marx reprend à son compte l'identification du judaïsme et du christianisme, le premier étant « le christianisme profane » et le second « le judaïsme clérical » (p. 195). En fait, Feuerbach applique l'épithète « sordide » non pas à la seule « pratique judaïque », mais à la religion en général : « La conception pratique est une conception sordide, entachée d'égoïsme, car en l'adoptant je me comporte à l'égard des choses dans mon seul intérêt » (p. 299). Dans « La question juive », Marx n'a fait que paraphraser, en les adaptant aux exigences de la polémique contre Bruno Bauer, les thèses anthropologiques de Feuerbach.

Page 233.

1. Pendant la décennie post-hégélienne, A. von Cieszkowski et Moses Hess ont fait un mot d'ordre antispéculatif de l'idée d'une « philosophie de la *praxis* ». Dans la thèse présente, Marx exprime une position apparemment acquise par une simple inversion des termes, alors qu'il s'agit de l'abandon définitif de toute interrogation abstraitement philosophique : la *praxis* de la philosophie suppose un engagement personnel, celui de « nier » la spéculation par la « réalisation » des exigences éthiques synonymes d'émancipation humaine.

2. Engels a donné de cette thèse une rédaction quelque peu différente, ajoutant à la fin du premier alinéa une parenthèse où on lit : « Chez Robert Owen, par exemple ». Sur la connotation normative de ce « matérialisme », voir N. Lobkowicz, 1967, p. 416. L'auteur conteste l'interprétation de Sydney Hook (1962, p. 289) suivant laquelle la pensée de Marx revêt ici un caractère impératif. C'est pourtant ce qu'il convient d'admettre si l'on se rapporte à ce que proclame le critique de la philosophie politique de Hegel, lorsqu'il exprime — sans crainte de se compromettre — son appel émancipateur sous la forme d'un « impératif catégorique ». Voir *Critique...*, 1844, ici p. 99.

Page 234.

1. Les modifications apportées par Engels ne sont pas de pure forme. Ainsi il a mis « dédoublement du monde en un monde religieux, imaginaire, et un monde réel ». Après la deuxième phrase, il ajoute : « Il oublie que, ce travail accompli, le principal reste encore à faire. » La quatrième phrase est changée comme suit : « Cette base temporelle, il faut donc d'abord la saisir dans sa contradiction et ensuite la révolutionner pratiquement en supprimant la contradiction. » La dernière phrase se termine dans la rédaction d'Engels par : « [...] il faut désormais soumettre la première à la critique théorique et la bouleverser pratiquement. » Cf. *Werke,* III, p. 534.

2. Certes, Feuerbach définit le réel comme « objet du sens », et il pose que « le sensible, la vérité, la réalité... sont identiques » (*op. cit.*, § 32) ; mais il ne néglige pas la dimension « pratique » de façon aussi absolue que le prétend Marx. Il écrit : « Un objet, un objet réel ne s'offre à moi que lorsqu'un être agissant sur moi s'offre à moi ; il ne m'est donné que si mon activité personnelle *(Selbsttätigkeit)* — si je pars du point de vue du penser — trouve sa *limite* dans l'activité d'un autre être, d'un être qui m'oppose une résistance » *(ibid.)*. Ce qui le sépare de Marx, c'est le rang qu'il attribue à la *praxis* dans l'échelle des valeurs, la perspective révolutionnaire demeurant chez lui tout au plus digne de la réflexion théorique.

3. Dans la dernière phrase, Engels a mis *menschliches Wesen*, précision qui prête à équivoque, le contexte excluant l'idée d' « être

humain » au sens d'« individu ». Il s'agit toujours d'« essence » (ou de « nature ») humaine ; cela vaut également pour *religiöses Wesen*, « essence religieuse » et nullement « être religieux ».

4. Ce thème est développé dans la partie introductive de *L'Idéologie allemande*, ici p. 328 sq.

Page 235.

1. Cette thèse permet de mesurer l'énorme contresens d'un discours savant qui, fondé sur une maîtrise inégalée du langage spécialisé, a pu produire un jugement du genre que voici : « Marx a confié à la sociologie dialectique la tâche critique de se changer en force pratique ; nous savons aujourd'hui que, chemin faisant, elle s'est embrouillée à son tour dans une dialectique qu'elle n'a pas prévue : dans la dialectique de l'humanisme révolutionnaire et de la terreur stalinienne. » J. Habermas, auteur de ces lignes (1962, éd. 1963, p. 223), possède incontestablement un savoir encyclopédique du... marxisme, comme le prouve sa « Contribution à la discussion philosophique autour de Marx et du marxisme » (1957, *ibid.*, p. 261-335). Ni les thèses de Marx à propos de Feuerbach, ni leur présentation développée dans *L'Idéologie allemande* ne l'ont pourtant empêché de se livrer à des exercices de style comme ci-dessus, ou d'écrire ceci : « Avec l'action révolutionnaire du prolétariat, Marx réintroduit la praxis politique dans la théorie elle-même » (1962, *ibid.*, p. 222).

2. Engels a lu : « [...] des individus *dans (in)* la société bourgeoise ». La leçon du manuscrit est pourtant aussi claire que l'intention de son auteur : « [...] des individus *et* de la société bourgeoise ». Voir le facsimilé dans *Marx-Engels Archiv*, I, p. 226, où on distingue les abréviations : *u.d. (und die)*.

3. Engels a cru bon de remplacer *gesellschaftliche Menschheit* (humanité sociale) par *vergesellschaftete* [...] ([...] socialisée). Cf. *Werke*, III, p. 535 ; « correction » injustifiée qui détruit le balancement sémantique recherché par Marx. Il ne saurait être question d'une « nouvelle philosophie » : le « nouveau matérialisme » se propose comme la nouvelle *praxis*, dont il est au même titre la théorie au double sens de critique de l'existant et d'intuition rationnelle du futur. Ce n'est ni un matérialisme « historique » ni un matérialisme « dialectique », formules que Marx a ignorées et devait ignorer pour éviter le piège de l'idéologie : n'importe quelle sorte de « marxisme » se trouve de ce fait condamnée d'avance et sans appel. Ayant failli au devoir de respecter cet interdit, Engels a fini par assumer malgré lui le rôle ambigu de « fondateur ». Voir Pléiade III, Introduction, p. CXXII sq.

4. En ajoutant, dans la formule *es kommt darauf an* (ce qui importe), la conjonction *aber* (mais), Engels a prêté à cette thèse finale le sens d'une opposition qu'elle n'implique nullement : l'interprétation du monde par les philosophes fut et demeure une des manières d'être de

ce monde, aussi longtemps que celui-ci — monde de la division du travail — continue à réclamer des philosophes de métier, ainsi qu'il réclame... des croyants ou des théologiens, etc. Pour que la philosophie ne soit plus une spécialité professorale, mais devienne — comme l'art, etc. — le besoin et l'affaire de tout individu pensant, donc né « philosophe », il faut — impératif catégorique ! — que ce monde-ci soit soumis à l'action modificatrice exercée par cette « multitude » qui, encore anonyme dans ces « thèses », sera révélée dans *L'Idéologie allemande :* Marx vient de confirmer son adhésion à la cause de « l'immense majorité » *(Manifeste communiste).*

Page 236.

1. Nous avons examiné quatre éditions de ces notes dont la leçon diffère en quelques endroits des textes présentés ; les voici dans l'ordre chronologique de leur publication : 1°, MEA, I, 1926, p. 301 sq. ; 2° MEGA I, vol. V, 1932, p. 536 sq. ; 3°, *Werke*, vol. III, 1962, p. 359 sq. ; 4°, MEGA 2, *Probeband*, 1972, p. 117-119 et variantes p. 501 sq. C'est la plus récente de ces éditions que nous avons choisie comme base de traduction.

Page 238.

1. Mélange de thèmes de réflexion et d'ébauches de thèses, cet ensemble de titres et de gloses se rattache étroitement au texte élaboré de la première partie de *L'Idéologie allemande* (voir ici p. 299-392). Or, sur les trois parties du manuscrit du premier volume, seule la première nécessitait une refonte sérieuse, vu son état inachevé. Marx y travaillait encore, alors que le gros du manuscrit avait été emporté de Bruxelles en Allemagne, où des amis s'étaient mis à la recherche d'un éditeur. Pour un récit bien documenté des mésaventures de ce travail commun de Marx et d'Engels, voir B. Andréas, 1968. « On peut supposer que les manuscrits [...] de l'avant-propos et du chapitre " I. Feuerbach " ne se trouvaient pas parmi les liasses que Weydemeyer emporta en Allemagne en vue de l'impression, et que ces deux textes sont restés aux mains de Marx même pendant les tentatives ultérieures pour trouver un éditeur » (p. 28).

LA SAINTE FAMILLE

Page 251

1. Tout en gardant son caractère polémique, la réflexion de Marx s'oriente désormais vers l'exposition plus méthodique des thèses ébauchées dans les *Annales franco-allemandes*. Plus qu'un règlement de compte avec l'ancien compagnon de lutte, c'est la rupture avec

l'ensemble du mouvement jeune-hégélien. Nourri d'anthropologie feuerbachienne, Marx va emprunter au matérialisme français les éléments d'une « théorie de l'humanisme réel » comme « base logique du communisme ».

2. Voir la 3e partie de l'*Encyclopédie...* (1830) qui traite de la « Philosophie de l'esprit », particulièrement l'Introduction (§ 377-386) et la 3e section sur « l'Esprit absolu ».

3. Les deux écrits de Bruno Bauer datent respectivement de 1842 et de 1843. En répliquant aux attaques contre ses thèses sur la question juive, le « critique critique » passa sous silence l'essai de Marx sur le même problème dont certains points seront repris plus loin.

Page 253.

1. Marx n'a-t-il pas affirmé plus haut que la situation sociale du prolétariat « prescrit » à celui-ci son « action historique », voire sa « tâche historique » ? Prenant le contre-pied de Bauer, Marx érige maintenant la masse en juge infaillible de l'histoire, maître tout-puissant dictant sa loi aux événements. La contradiction n'est qu'apparente : ce qui détermine la « masse », ce sont sa misère et ses besoins, nullement la pression d'une histoire érigée en entité absolue. Mais pour que la réalité historique se soumette à la modification humaniste que Marx appelle de ses vœux, il faut que le refus de la misère de masse soit *éthiquement* justifié, le but recherché devant apparaître comme la société sans « masse », la cité des hommes nouveaux. Il s'agit manifestement d'une vision éthique de l'avenir et non d'une « théorie optimiste, idéologiquement exacerbée des masses, dépassant toutes les théories rivales par son contenu passionnel et son activisme spirituel » (D. Hertz-Eichenrode, 1962, p. 257). Critique de la morale, cette éthique ésotérique s'oppose au travestissement idéologique. La rencontre de la science, de la technique et de l'utopie rationnelle devrait rendre possible la genèse de cette individualité « intégrale » dont il est longuement question dans *Le Capital* (Pléiade I, p. 992).

Page 255.

1. Fourier distingue, pour les sociétés, « quatre âges différenciés par les caractères qui se succèdent » et qui permettent de juger de leurs « progrès ou décadences ». Dans chacune de ces phases (enfance, adolescence, virilité, caducité) qui se déroulent selon deux sortes de « vibration », l'ascendante et la descendante, le « ton » qualifie les « illusions » dominantes : illusions « chevaleresques » dans l'enfance, « en liberté » dans l'adolescence, « économiques » dans la phase de la virilité, « en association » dans celle de la caducité. « La civilisation actuelle de la France et de l'Angleterre est une 3e phase déclinante. Il y

a longtemps qu'elle a fait éclore les caractères de la 3e phase ; elle tend fortement à la 4e [...] » (*Le Nouveau Monde...*, 1829, éd. 1973, p. 445 sq.).

Page 257.

1. Marx vient de résumer en quelques lignes le chapitre inédit de sa première ébauche d'une *Critique de l'économie politique,* à laquelle il travaillait alors. Voir *Le Travail aliéné,* Pléiade II, p. 56-70. Il y « démystifie » Hegel à un degré tel que la dialectique hégélienne prend chez le disciple figure de parodie : les concepts de *Entäusserung* et de *Entfremdung* que nous traduisons ici, respectivement, par « dessaisissement » — rarement par « extraversion » — et « aliénation », expriment dans *La Phénoménologie de l'esprit* la manière dont la Conscience de soi « se réalise » et dont la culture de soi s'épanouit. Cf. J. Hyppolite, *Genèse et structure...*, 1946, p. 364 sq. L'auteur traduit *Entäusserung* par « aliénation » et *Entfremdung* par « extraénation » (*ibid.*, p. 372).

2. Cette devise — qui semble être inspirée du *Contr'un* d'Étienne de La Boétie — figurait en tête de chaque numéro de l'hebdomadaire *Révolutions de Paris* publié à Paris de juillet 1789 à février 1794. Élisée Loustalot le dirigea jusqu'à sa mort (sept. 1790); son successeur fut Prudhomme, qui eut pour collaborateurs Fabre d'Églantine, Sylvain Maréchal, Chaumette, etc. Marx possédait plusieurs volumes de ce périodique (*Ex libris,* 1967, p. 211).

Page 258.

1. Rejetées par la censure saxonne à laquelle Ruge dut les soumettre pour ses *Deutsche Jahrbücher,* les « Thèses » de Feuerbach, écrites en janvier 1842, furent publiées en Suisse dans les *Anekdota,* vol. II (févr. 1843), où parurent également les *Remarques...* de Marx (Pléiade III, p. 111-137). Voir Ruge à Feuerbach, 24 février 1842.

Page 259.

1. C'est, presque textuellement, ce que Marx écrivait à Feuerbach le 11 août 1844 (voir ici Notice, p. 243 sq.). La critique communiste du progrès, celle d'un Fourier et d'un Owen, par exemple, est le corollaire théorique du mouvement ouvrier « pratique ». Les ouvriers français et anglais sont assoiffés d'instruction, leur volonté de libération possède un caractère de finalité universelle qu'aucune révolution n'a révélé dans le passé : ce culte de l'ouvrier autodidacte ne prend son sens que dans le contexte d'une éthique dont le principe central est l' « impératif catégorique » du combat émancipateur : la lucidité des victimes est plus décisive que les doctrines enseignées par une élite de réformateurs. Il y a parallélisme et interaction entre les lumières offertes, d'une part, et le mouvement pratique et pensé des esclaves modernes

livrés aux aléas sournois du progrès, d'autre part. Voir M. Rubel, 1976, p. 773-812.

Page 261.

1. La conception hégélienne d'une histoire soumise au règne de la Raison s'est changée chez l'épigone en recette spiritualiste à l'usage de l'élite « critique » qui se proclame antagoniste de la masse dénuée d'esprit. Contre le simplisme de Bauer Marx aurait pu rendre cette justice à Hegel que, pour celui-ci, l'histoire universelle où le *Weltgeist* se développe n'est pas abandonnée à l' « homme abstrait », mais à des peuples « concrets » qui accomplissent leur destin, la mission qui leur est dévolue, la totalité du processus historique dans ses quatre grandes périodes dominées successivement par quatre « mondes », l'oriental, le grec, le romain et le germanique.

2. Né sous la Restauration, le doctrinarisme nourrissait l'ambition d'élever la politique du juste-milieu à la hauteur d'une philosophie. Guizot et Royer-Collard furent les têtes de cette école. « Les doctrinaires... se défendirent à la fois et du retour aux maximes de l'Ancien Régime, et de l'adhésion, même purement spéculative, aux principes révolutionnaires. En acceptant franchement la nouvelle société française... ils entreprirent de fonder son gouvernement sur des bases rationnelles » (Guizot, *Mémoires...*, 1816).

Page 262.

1. Voilà, sobrement révélé, l'abîme qui sépare le métaphysicien de l'histoire et ses épigones « critiques » d'une part, avec leur rêve platonicien du règne des philosophes, de l'observateur critique de l'histoire sociale, d'autre part, dans le rôle d'apologiste des mouvements de masse.

Page 264.

1. Dans la *Allgemeine Literatur-Zeitung* (VIII, p. 25), on lit : *herangetrieben batten* et non *hervorgetrieben batte*, de sorte que le sens de la phrase critiquée n'est pas celui que Marx lui prête. Bauer parle des idées qui ont contribué à l'avènement de la Révolution française, mais qui n'ont pas outrepassé les limites sociales qu'elles tendaient à détruire.

2. Il semble que pendant les premiers mois de 1844 Marx ait projeté d'écrire une histoire de la Convention, après de nombreuses lectures (voir MEGA, I/1, 2, p. 118 sq., 1/3, p. 419-434). Pour la présente esquisse, il a probablement consulté les volumes XXVIII et XXIX de l'*Histoire parlementaire de la Révolution française* par P.-J. Buchez et P.-C. Roux. Marx connaissait peut-être aussi l'*Histoire populaire de la Révolution française* d'Étienne Cabet (4 vol., 1839-1840). Voir W. Markov, *Jacques Roux et Karl Marx*, 1965, p. 11 sq. Pour l'histoire du Cercle

social dont le conventionnel girondin Claude Fauchet fut un des représentants en vue, cf. J. Charrier, 1909, 2 vol. « Au mois de janvier 1790, Fauchet et Bonneville fondèrent ensemble le journal *La Bouche de fer.* Le 1er octobre suivant, cette feuille devint l'organe d'un club philosophique récemment formé, et qui prit le nom de Cercle social. Le Cercle social tenait ses séances au cirque du Palais-Royal » (p. 147). Il demandait « que la patrie s'obligeât à assurer à toutes les personnes valides les jouissances nécessaires de la vie avec le travail, et à tous ceux qui ne peuvent pas travailler, la faculté de vivre et d'être soignés dans leurs besoins » (p. 158). — D'autres sources dans *Ex Libris*, 1967, p. 211 sq.

Page 265.

1. Buchez et Roux, *Histoire parlementaire...*, vol. XXXI, p. 271 sq. Marx cite cette source dans *La Question juive*, ici p. 74.

Page 267.

1. Cette allusion ironique à la philosophie de l'identité est trompeuse. Le prétendu « égoïsme pur » du « moi » fichtéen possède plus de chair et de sang que ne le laisse supposer cette boutade. Le moi « pur » n'est pas, selon Fichte, un être, mais une action et une tâche. Ainsi, la nationalité allemande doit être conquise par les Allemands au nom d'une conviction morale qui n'exclut pas l'emploi d'une force extérieure. Cédant à un préjugé alors courant, Marx semble concevoir la philosophie fichtéenne comme un « solipsisme transcendantal ». Voir l'explication de A. Philonenko, 1978, p. 212 sq.

2. Ce jugement porte condamnation du culte de l'État, constante de la philosophie politique allemande. Le socialisme, accomplissement des individus sociaux, est incompatible avec la domination de l'homme par l'homme, avec l'exercice d'une autorité politique : Marx pense comme Saint-Simon. Voir dans « Économie et philosophie » ses réflexions sur la communauté et l'individu aliéné (Pléiade II, p. 23 sq.).

Page 268.

1. Robespierre, *Rapport sur les principes de morale politique...* (séance du 5 février 1794), dans Buchez et Roux, *Histoire parlementaire...*, t. XXXI, p. 271 sq.

2. Saint-Just, *Au nom des comités de salut public...* (séance du 31 mars 1794), dans Buchez et Roux, *op. cit.*, t. XXXII, p. 101.

3. Saint-Just, *Rapport sur la police générale...* (25 avril 1794), dans Buchez et Roux, *op. cit.*, t. XXXII, p. 323.

Page 269.

1. Ces paroles, adressées à Lafayette, sont citées dans le journal de Bauer, n° 8 ; cf. MEGA, I, 3, p. 610.

Page 270.

1. Le combat du « parti du mouvement » pour les formes constitutionnelles selon le modèle français avait été couronné de succès dans l'État de Bade grâce à la popularité de l'historien et juriste Karl Rotteck. Ses idées libérales lui valurent d'être privé de sa chaire de professeur de droit (1832). Il s'associa en 1833 au juriste libéral Th. Welcker, membre comme lui de la Diète badoise, pour publier une encyclopédie politique *(Staatslexikon)* en douze volumes à l'intention de la bourgeoisie cultivée.

Page 271.

1. On peut s'interroger sur les qualités contradictoires de ce portrait de Napoléon, homme d'État pénétré de l'importance des intérêts privés, terroriste conscient et conquérant permanent, plein de mépris pour les hommes d'affaires et les idéologues. Un détail biographique peut aider à éclairer l'origine de cette ambiguïté du jugement de Marx. En effet, lors de ses études universitaires, son père lui suggéra de tenter un travail littéraire dont il emprunterait le sujet à l'histoire récente de la Prusse : la bataille de Belle-Alliance (Waterloo), thème patriotique entre tous et pouvant assurer le renom de l'auteur. « À la vérité, écrivait-il à Karl, on ne peut que s'enthousiasmer pour ce moment de l'histoire, car l'échec eût alors enchaîné à jamais l'humanité et surtout l'esprit. Seuls les pseudo-libéraux d'aujourd'hui peuvent idolâtrer un Napoléon. Sous son règne, personne n'a vraiment osé penser à haute voix ce que l'on écrit quotidiennement et sans difficulté dans toute l'Allemagne et surtout en Prusse. Et celui qui a étudié son histoire et ce qu'il entendait par idéologie peut, la conscience tranquille, célébrer sa chute et la victoire prussienne » (2 mars 1837). Seule une analyse approfondie des conceptions marxiennes sur l'État permettrait de dégager les idées directrices du « Livre » qu'il projetait de consacrer à ce thème, où le concept de « terrorisme révolutionnaire » devait occuper une place centrale, au même titre que celui de « dictature du prolétariat ».

Page 272.

1. Écrites en 1844, ces lignes annoncent 1848, nouveau « moment » d'un processus révolutionnaire dont Marx, dans son optimisme, exagérait alors la maturité. En réalité, l'histoire de ce processus, au-delà de 1848, puis de 1871 et surtout à partir de 1917, sera celle de nouvelles étapes de l'extension mondiale de l'économie de profit et de puissance, tout comme du nationalisme politique et militariste. Quant à la « loi économique du mouvement de la société moderne » que Marx prétendra révéler, elle s'imposera aussi aux pays peu évolués dont les gouvernements oligarchiques sauront exploiter à leur profit l'état d'arriération sociale et culturelle.

Page 273.

1. Par excès de simplification, ce préambule classificateur des courants philosophiques des XVIIe et XVIIIe siècles risque de fausser la signification des enseignements globalement rangés sous des étiquettes telles que « matérialisme français », « métaphysique du XVIIe siècle », « idéalisme allemand », etc. Opposer le « matérialisme français » du XVIIIe siècle à la « métaphysique » représentée indistinctement par Descartes, Malebranche, Spinoza et Leibniz, c'est se livrer à une généralisation hâtive qui fait perdre de vue des distinctions fondamentales, riches de vérité. Elle n'en permet pas moins à Marx d'aboutir à une thèse importante : comme critique et négation de l'idéalisme absolu systématisé par Hegel, l'éthique humaniste se confond avec le « matérialisme » annonciateur de la pensée et de la praxis des socialisme et communisme français et anglais. Les progrès des sciences naturelles signalés plus loin viendront corroborer cette filiation.

Pour cette « esquisse » du matérialisme français, Marx s'est largement servi du *Manuel de philosophie moderne* de Ch. Renouvier (1842), auquel il a emprunté des passages entiers, sans révéler cette source. Il dira plus loin (p. 573) qu'il n'a fait que « répéter ce que l'on connaît ». Voir le détail de ces emprunts dans l'article de O.-R. Bloch, 1977. L'ouvrage de Renouvier figure sur la liste Daniels in *Ex libris...*, 1967, p. 227.

Page 275.

1. En insistant sur le lien qui rattache le matérialisme moderne à la philosophie de Démocrite et d'Épicure, Marx actualise en quelque sorte le thème de ses travaux universitaires et de sa thèse de doctorat. On voit qu'il était alors tout préparé à retrouver l'éthique épicurienne dans l'humanisme socialiste auquel il vient d'adhérer. Sur le matérialisme de Gassendi, voir F. A. Lange, *Histoire du matérialisme..*, 1873, t. I, p. 302 sq.

2. Voltaire : source inconnue.

Page 276.

1. Cf. Renouvier, 1842, p. 333. « Ainsi fut-il le dernier des métaphysiciens et le premier des philosophes, à prendre ce mot dans le sens qu'on lui donnait il y a soixante ans. »

Page 277.

1. Sur la querelle des nominalistes et des réalistes à propos de l'existence des universaux et du principe d'individuation, voir F. A. Lange, *Histoire du matérialisme...*, t. I, p. 238 sq. « Pour l'histoire du *matérialisme*, le nominalisme est [...] important non seulement

parce qu'il s'est opposé au platonisme et parce qu'il a reconnu le concret, mais encore par des traces historiques précises qui révèlent que le nominalisme a effectivement frayé un chemin au matérialisme et qu'il a été le plus souvent et le plus énergiquement cultivé là (avant tout en Angleterre) où plus tard le matérialisme a trouvé en fait son épanouissement le plus florissant » (*op. cit.*, p. 239). Voir aussi E. Bréhier, *La Philosophie du Moyen Âge*, 1971, p. 343 sq. Sur Duns Scot, défenseur du réalisme et sur sa thèse de l'haeccéité, voir E. Bréhier, *op. cit.*, p. 330 sq.

Page 278.

1. Sur Francis Bacon, « restaurateur », avec Descartes, de la philosophie dans la première moitié du XVIIe siècle, voir Lange, *op. cit.*, t. I, p. 263. Voir aussi Renouvier, *op. cit.*, p. 35 sq. et 133 sq. L'auteur signale la difficulté de définir le matérialisme de Bacon chez qui abondent les conceptions naturalistes empruntées à l'alchimie et à la cabale. Or, c'est précisément ce côté poético-mystique de Böhme qui semble avoir fasciné Marx. Voir A. Koyré, *La Philosophie de Jacob Böhme*, 1929. J. Roos, *Aspects littéraires du mysticisme philosophique...*, 1951, p. 172 sq.

Page 279.

1. Hobbes écrivit ses principaux ouvrages politiques à Paris *(De cive* et *Léviathan)* après s'être approprié certaines vues de Gassendi au cours de leurs rencontres. Sa conception de la philosophie, connaissance des phénomènes en tant qu'effets de causes supposées et connaissance des causes possibles d'après les effets reconnus moyennant des raisonnements logiques, conduit en fait à la négation de la philosophie et à son remplacement par les sciences de la nature. Voir Lange, *op. cit.*, t. I, p. 319 sq.; *ibid.*, p. 392 sq., sur le curieux mélange de foi religieuse et de matérialisme chez les penseurs anglais.

Page 280.

1. Il s'agit de l'éclectisme de Victor Cousin dont la critique de Condillac témoigne de l'influence du romantisme allemand. Le sensualisme de Condillac n'est pas aussi « matérialiste » que le laisse entendre le commentaire de Marx. Voir C. Renouvier, *op. cit.*, p. 336 sq., et G. de Baguenault de Puchesse, *Condillac...*, 1910. C'est à Condillac que se rattache l'école des idéologues. *Œuvres philosophiques* de Condillac, t. I, 1947, Introduction, p. XXXI. Marx possédait l'ouvrage de Pierre Leroux, *Réfutation de l'éclectisme...*, dans la réimpression de 1839 (*Ex libris*, p. 217). D'après Leroux, Cousin aurait emprunté des idées à Maine de Biran, « sans bien les comprendre » (éd. 1851, p. 361).

Page 281.

1. Marx ajoute une pointe révolutionnaire à l'interprétation étonnamment radicale que Heine avait donnée dix ans auparavant du sensualisme et du matérialisme français dans son étude sur la religion et la philosophie en Allemagne (publiée en français sous le titre « De l'Allemagne depuis Luther », dans la *Revue des Deux Mondes*, 1834-1835, et dédiée à Prosper Enfantin). Sur l'accueil fait à cet écrit en Allemagne — où il parut au début de 1835 —, voir le commentaire dans *Œuvres*, éd. Hanser, t. III, 1971, p. 916 sq., par K. Pörnbacher.

Page 282.

1. Fidèle à l'inspiration originelle de son adhésion au socialisme qu'il n'entend pas séparer du communisme, Marx reprend à son compte les deux principes de l'éthique « matérialiste » : influence du milieu sur la formation du caractère humain, et nécessité, qui est un devoir, un impératif, pour l'homme de modifier un environnement antisocial. Seule une société offrant l'espace et le temps pour le travail de l'homme sur soi-même lui assure le libre épanouissement. Intérêts et valeurs constituent la source d'inspiration de l'éthique matérialiste, donc socialiste.

Page 283.

1. Helvétius, Locke, Mandeville, Babeuf, Fourier, Bentham, Owen, Cabet, Dézamy, Gay, « etc. » — Marx vient de composer la galerie, nullement exhaustive, des penseurs, utopistes ou scientifiques, dont les idées, exemptes du virus de la vaine spéculation, ont fourni les éléments logiques et éthiques du communisme entendu comme « humanisme réel ».

Page 284.

1. Le débat entre Mendelssohn et Jacobi à propos du « spinozisme » de Lessing, pendant les années 80 du XVIIIe siècle, a conduit au renouveau de l'étude d'une philosophie qui était demeurée en grande partie empreinte d'ésotérisme. Ni l'enthousiasme de penseurs radicalement opposés comme Hegel et Feuerbach, ni l'ardeur du jeune Goethe à prêter à cette pensée une forme poétique n'empêcheront les interprétations souvent arbitraires à faire école. Un socialiste « vrai », contemporain et lecteur de Marx, a reproché à ce dernier d'avoir sous-estimé l'influence de Spinoza sur les matérialistes français, notamment sur d'Holbach. « Tu as sans doute raison pour l'essentiel, à coup sûr pour ce qui est des Anglais Hobbes et Locke, de même pour ce qui est de Voltaire et de ses partisans directs ; mais d'Holbach est foncièrement spinoziste, et c'est en lui et en Diderot que les Lumières atteignent enfin leur sommet et deviennent révolutionnaires. »

H. Kriege à Marx, 6 juin 1845 (cf. W. Mönke, 1972, p. 236 sq.). Voir M. Rubel, *Marx à la rencontre de Spinoza*, 1978, p. 239-265.

Page 286.

1. Dans la *Note* que l'on vient de lire, Marx s'est efforcé d'illustrer par des passages tirés de trois penseurs du XVIIIe siècle sa thèse sur le communisme compris comme humanisme « réel ». Cette volonté de justifier l'éthique communiste par une critique de la morale établie et par une apologie de l'égoïsme bien compris incite à penser que la conception « matérialiste » de l'histoire ne peut fournir aux exploités les raisons « scientifiques » de leur lutte pour l'établissement d'une société « vertueuse », selon la définition de d'Holbach.

L'IDÉOLOGIE ALLEMANDE

Page 300.

1. Cet essai d'un avant-propos est entièrement de la main de Marx (voir le fac-similé dans *Werke*, III, 1962, p. 15). Il fut publié pour la première fois par D. Riazanov — qui le tenait de Laura Lafargue — dans *Marx-Engels-Archiv*, I, 1926, p. 230-232. Continuation ou nouvel essai de rédaction, les passages suivants, fortement raturés, sont rayés de plusieurs traits verticaux : *L'idéalisme allemand ne se distingue par aucune différence spécifique de l'idéologie de tous les autres peuples. Celle-ci considère elle aussi que le monde est dominé par des idées, que les idées et les concepts sont des principes déterminants, que des pensées déterminées sont le mystère du monde matériel accessible aux philosophes.*

Hegel avait parachevé l'idéalisme positif. Pour lui, l'univers matériel ne s'était pas seulement transformé en un monde d'idées, et toute l'histoire en une histoire d'idées. Il ne se borne pas à enregistrer les choses de la pensée, il cherche aussi à révéler l'acte de production.

Tirés de leur monde de rêves, les philosophes allemands protestent contre le monde d'idées auquel ils [opposent] l'image des [objets] réels, corporels...

Les critiques philosophiques allemands <rayé : *ont un adversaire commun, le système hégélien. Ce système est le monde qu'ils combattent. Leur point de départ théorique, qu'ils cherchent en même temps à détruire : le système hégélien*> *affirment tous que les idées, représentations, concepts ont jusqu'ici dominé et déterminé les hommes réels, que le monde réel est un produit du monde idéal. Ce fut le cas jusqu'au moment présent, mais cela devra changer. Ils se différencient par la manière dont ils voudraient sauver le monde des hommes qui, à leurs yeux, gémit sous le poids de ses propres idées fixes ; ils se différencient par ce qu'ils qualifient d'idées fixes ; ils s'accordent dans la croyance à cette autorité des idées, ils s'accordent dans la croyance que leur geste critique amènera nécessairement la ruine de ce qui existe, soit qu'ils estiment que leur seule activité spirituelle puisse réussir, soit qu'ils veuillent conquérir la conscience universelle.*

<La croyance que le monde réel est le produit du monde idéel, que le monde des idées...>

Doutant désormais de leur propre monde hégélien des idées, les philosophes allemands protestent contre le règne des pensées, idées, représentations, qui ont jusqu'ici, à leur avis, c'est-à-dire d'après l'illusion de Hegel, engendré, déterminé et dominé le monde réel. Ils élèvent une protestation et se meurent...

D'après le système hégélien, ce sont les idées, pensées, concepts qui ont produit, déterminé, dominé la vie réelle des hommes. Ses disciples rebelles <rayé : *ne doutent pas un instant*> *lui empruntent tout cela [...].*

Toutes ces remarques se retrouvent presque textuellement dans le chapitre III, intitulé « Saint Max » (Max Stirner), de la première partie du manuscrit de *L'Idéologie allemande*. Nous les traduisons d'après l'édition MEGA I, vol. V, 1932, p. 565 sq.

Page 301.

1. Le chapitre « I. Feuerbach » fut publié pour la première fois dans *Marx-Engels-Archiv*, I, 1926, p. 233-306, avec une introduction de D. Riazanov, p. 205-217; le texte avait été établi d'après l'original autographe alors conservé par Eduard Bernstein. L'état fragmentaire et la pagination incomplète du manuscrit ont donné lieu à plusieurs essais d'édition parmi lesquels nous avons choisi le premier en date, qui respecte la pagination effectuée par Marx lui-même. L'écriture est en majeure partie celle d'Engels, qui avait probablement sous les yeux un brouillon de Marx (*op. cit.*, p. 217). Nous avons tenu compte de l'édition de la *Deutsche Zeitschrift für Philosophie*, n° 10, 1966, p. 1199-1254, dont le texte est plus proche du premier que celui de la MEGA I, vol. V, 1932, p. 7-67, et celui de *Werke*, vol. III, 1962, p. 17-77. L'édition la plus récente, procurée par le volume-spécimen *(Probeband)* de la nouvelle MEGA (Dietz Verlag, Berlin, 1972, p. 33-119), donne une description détaillée du manuscrit (p. 404-415) et une liste complète des variantes (p. 417-502). Notons que toutes les éditions, excepté la dernière, ont ajouté au titre « I. Feuerbach » un sous-titre noté au crayon par Engels sur la dernière page du manuscrit principal; « Opposition entre les conceptions matérialiste et idéaliste ».

Page 302.

1. Passage rayé, fortement raturé : *C'est pourquoi nous faisons précéder la critique spéciale des divers représentants de ce mouvement par quelques remarques générales <sur la philosophie allemande et l'idéologie dans son ensemble>. <Ces remarques suffiront pour situer exacte-*

ment notre critique dans la mesure où cela pourrait faciliter l'intelligence et montrer le bien-fondé des critiques particulières qui suivent. Si ces remarques visent avant tout Feuerbach, c'est qu'il est le seul à avoir au moins réalisé un certain progrès, le seul dont on puisse *de bonne foi *examiner les écrits > qui éclaireront les prémisses idéologiques communes à tous* (MEGA, *op. cit.*, p. 567).

Page 303.

1. Bien que les auteurs ne livrent pas encore les noms de ceux qu'ils dénoncent, on comprend facilement qu'il s'agit de Feuerbach, Stirner et Bruno Bauer. Tel passage rappelle certaines remarques de Marx dans ses travaux sur Épicure, vieux de quatre ou cinq ans.

2. Passage rayé (cf. MEGA, *op. cit.*, p. 568) : *[...] qui afficha la prétention d'être la rédemptrice absolue du monde, venue pour le libérer de tout le mal. La religion fut toujours considérée et traitée comme l'ennemi mortel, la cause ultime de tout ce qui répugnait à ces philosophes.*

Page 304.

1. « Saint Max » — Max Stirner méritait-il d'être ainsi tourné en dérision ? *L'Unique et sa propriété* n'est-il pas d'un bout à l'autre dirigé contre toute espèce de sanctification, de « saint respect » des choses et des hommes, fussent-ils profanes ou religieux ? Si « canonisation » il y a, c'est surtout celle que Stirner pratique sur sa propre personne « unique », et c'est ce que Marx et Engels ridiculiseront à l'excès dans le chapitre le plus volumineux de leur travail. Ici, ils se bornent à nier le rôle privilégié que les épigones concèdent à la religion en concentrant tous leurs efforts critiques sur le fait religieux.

Page 305.

1. Le morceau suivant, qui porte le sous-titre « 1. L'idéologie en général, spécialement la philosophie allemande », la lettre *A* étant placée plus bas, commence par le passage ci-après, rayé par un trait vertical : *Nous ne connaissons qu'une seule science, la science de l'histoire. On peut considérer l'histoire sous deux aspects, la diviser en histoire de la nature et histoire des hommes. Toutefois, les deux côtés ne sauraient être séparés ; tant que des hommes existent, il y a dépendance mutuelle de l'histoire de la nature et de l'histoire des hommes. L'histoire de la nature, la science dite de la nature, ne nous regarde pas ici ; en revanche, nous aurons à nous préoccuper de l'histoire des hommes, étant donné que presque toute l'idéologie se réduit ou bien à une conception absurde de cette histoire, ou bien à une conception qui en fait totalement abstraction. L'idéologie elle-même n'est qu'un des côtés de cette histoire* (MEGA, p. 567 sq.).

Page 306.

1. Passage rayé (cf. MEGA, *op. cit.*, p. 568) : *Le premier acte* historique *de ces individus, par lequel ils se distinguent des animaux, n'est pas qu'ils pensent, mais qu'ils se mettent* à produire leurs moyens d'existence.

2. Passage rayé (MEGA, *op. cit.*, p. 568) : *Toutefois, ces conditions ne déterminent pas seulement l'organisation primitive et naturelle des hommes — pensons surtout aux différences de race —, mais aussi tout leur développement ou non-développement ultérieur jusqu'à ce jour.*

Page 307.

1. Nous suivons ici le texte donné par MEA, p. 238 sq., alors que les autres éditions ont placé à cet endroit un fragment d'un manuscrit composé de trois feuillets in-folio (douze pages en tout) numérotés par Engels de 1 à 4. Il pourrait s'agir d'une tentative de mise au net (*op. cit.*, p. 217). MEA renvoie ce fragment à la fin du chapitre, *op. cit.*, p. 303-306. Voir ici, p. 343-348.

2. Passage rayé (MEGA, *op. cit.*, p. 569) : *Les idées que ces individus se font concernent soit leur rapport à la nature, soit leurs relations entre eux-mêmes, soit leur propre constitution. Il est évident que, dans tous ces cas, ces idées sont l'expression consciente — réelle ou illusoire — de leurs conditions et de leur activité réelles, de leur production, de leur commerce* (Verkehr), *de leur organisation sociale et politique. Croire le contraire, c'est supposer qu'en dehors de l'esprit des individus réels, matériellement déterminés, il existe un autre esprit, bien distinct du premier. Si l'expression consciente des conditions réelles de ces individus est illusoire ; si, dans leurs idées, ils mettent leur réalité sens dessus dessous, c'est encore à cause de leur mode borné d'activité matérielle et à cause des conditions sociales bornées qui en résultent.*

Page 308.

1. Voilà un des moments décisifs de l'exposé que Marx a dû faire à Engels lors de leur collaboration à Bruxelles, en 1845. Élément du « fil conducteur » pour le premier, cette conception « matérialiste » — dont le caractère de méthode d'analyse critique saute aux yeux — subira, sous l'impulsion du second, une modification peu justifiée, pour se changer finalement en doctrine chargée d'idéologie ; baptisée « matérialisme historique », elle deviendra le pilier du « marxisme », négation « dialectique » de la théorie marxienne, tombant de ce fait même sous le coup de la critique des idéologies, apport substantiel du « fil conducteur ».

Page 310.

1. Nous plaçons à cet endroit le texte de l'un des trois feuillets du manuscrit qui ont été retrouvés parmi les papiers d'Eduard Bernstein

conservés et publiés par l'Institut international d'histoire sociale d'Amsterdam. Voir S. Bahne, « *L'Idéologie allemande* de Marx et d'Engels. Quelques compléments de texte », *International Review of Social History*, VII, n° 1, 1962, p. 93 sq. À la hauteur de la première ligne, Marx a noté en marge : « Feuerbach » et un peu plus bas : « Libération philosophique et [libération] réelle », puis, en dessous : « L'Homme. L'Unique. L'Individu » suivi de : « Conditions géologiques, hydrographiques, etc. Le corps humain. Le besoin et le travail ». Cf. *Probeband*, 1972, p. 47 sq.

2. À cet endroit, le feuillet est endommagé. Cf. S. Bahne, 1962, p. 97.

3. Dans la marge de droite, Marx a noté : « Phrases et mouvement réel. Importance des phrases pour l'Allemagne. » Suit, après un trait de séparation, un passage rayé que l'on retrouve presque textuellement au début du chapitre consacré à « saint Bruno », d'où nous l'avons retranché : *Saint Bruno offre une « Caractéristique de Ludwig Feuerbach », c'est-à-dire une version amendée de l'essai déjà publié dans les* Norddeutsche Blätter. *Feuerbach y est présenté comme chevalier de la « substance », afin de donner plus de relief à la « conscience de soi » de Bauer. Lors de cette transsubstantiation de Feuerbach, le saint homme voltige des écrits de Feuerbach, par-dessus Leibniz et Bayle, directement à* L'Essence du christianisme, *sans mentionner l'essai contre la philosophie « positive » dans les* Hallische Jahrbücher ; la *raison en est simple! Face aux représentants positifs de la « substance », Feuerbach y dénonçait tout ce tapage sur la « conscience de soi », à un moment où saint Bruno faisait encore des spéculations sur l'Immaculée Conception [...].* Cf. S. Bahne, *op. cit.*, p. 103; *Werke*, III, p. 81 sq. Nous passons au feuillet 11 du manuscrit, *Probeband*, p. 51 sq.

Page 311.

1. À la hauteur de ce passage, Marx a noté en marge : « Histoire. Hegel. Conditions géologiques, hydrographiques, etc. Les corps humains. Besoin, travail. »

2. L'historiographie française et anglaise est alors plus familière à Marx que l'historiographie allemande, comme le confirment ses cahiers d'étude de la période 1843-1845 et l'inventaire de sa bibliothèque personnelle établi en 1850 par son ami Roland Daniels. Deux noms d'historiens allemands apparaissent dans ses cahiers de 1843 : Leopold Ranke (*Histoire allemande dans l'ère de la Réforme*, 1839-1840) et J. C. Pfister (*Histoire des Allemands*, 1829-1835) ; l'histoire d'Allemagne est quasi absente de la liste de Daniels. En revanche, la littérature historique pour la France et la Grande-Bretagne est abondamment représentée dans les documents mentionnés. Pour l'Allemagne, Marx aurait pourtant pu citer, ne fût-ce qu'un nom, savoir A. L. von Schlözer, considéré comme le fondateur de l'historiographie alle-

mande, dont l'*Histoire universelle* (1772-1801) eut de nombreuses rééditions. L'*Histoire universelle pour le peuple allemand*, écrite dans l'esprit des lumières par F. Ch. Schlosser (dix-neuf volumes, de 1843 à 1857), aura une influence déterminante sur la culture historique de la bourgeoisie libérale : ce sera la dernière lecture importante de Marx peu avant sa mort, comme en témoigne une série de cahiers de plusieurs centaines de pages constituant une chronologie des événements historiques de 90 av. J.-C. à 1648. Quant au jugement qu'il porte ici sur l'absence d'un fondement « matérialiste » chez les historiens allemands, il peut être rapproché des aperçus critiques que K. F. Köppen (l'intime de Marx au temps du *Doktorklub* de Berlin) publia en 1841 dans les *Hallische Jahrbücher* sous le titre « Les historiens berlinois ». D'entrée, en s'attaquant à l'historien F. von Raumer, Köppen dénonça « l'historiographie officielle chinoise » qui florissait alors en Allemagne ; il qualifiait l'historiographie de Ranke de « pragmatisme diplomatique » et passait en revue les principaux courants issus de cette école. Il importe de noter que Marx situe sa méthode « matérialiste » dans une tradition historiographique bien déterminée, bien qu'il ne nomme pas les « Français » et les « Anglais » qu'il a en vue. Outre les auteurs lus pendant la période de Kreuznach — Bailleul, Montesquieu, J. Lingard, Jouffroy, etc. — des historiens et mémorialistes de renom figurent parmi les titres inventoriés par Daniels. Ainsi, pour les Français : les *Mémoires* du duc de Saint-Simon, du cardinal de Retz, de Caussidière, etc. ; des ouvrages de Louis Blanc, de Michelet, de Montgaillard. Pour les Anglais : A. Ferguson, D. Hume, etc. Sur la liste de Daniels, on trouve aussi Guizot, avec deux titres : *Histoire de la civilisation en France* (1839) et *Histoire générale de la civilisation en Europe* (1842). On y relève la *Théorie nouvelle d'économie sociale et politique* (1842). Ce sont autant de sources du matérialisme adopté par Marx.

Page 313.

1. Cette esquisse des principales conditions préalables (*Voraussetzungen*, présuppositions) de toute forme d'existence humaine ne s'affiche nullement comme une « découverte scientifique ». C'est Engels qui lui donnera ce statut : sur la tombe de son ami, il érigera les « constatations » de celui-ci en une « loi d'évolution de l'histoire humaine » comparable à la « loi » — découverte par Darwin — de l' « évolution de la nature organique » (F. Engels, *Les Funérailles...*, 22 mars 1883). Le théoricien Marx se présente dans toute la première partie de ce travail, restée à l'état de brouillon, pour ce qu'il est : l'héritier d'une tradition philosophique réduite à sa plus simple expression et donc susceptible, une fois libérée de ses scories spéculatives, partant idéologiques, d'être reçue au titre de legs intellectuels par les individus appartenant au « grand nombre ».

Page 314.

1. Le langage, « besoin pratique », constitue le sujet de la conclusion de *L'Idéologie allemande.* Voir Pléiade III, p. 1324 sq.

Page 316.

1. Passage rayé (p. 16 du manuscrit). *Cette expression idéaliste d'entraves économiques existantes n'est point purement théorique, mais on la trouve aussi dans la conscience pratique : la conscience qui cherche à s'émanciper et qui entre en conflit avec le mode de production existant ne produit pas seulement des religions et des philosophies, mais aussi des États.*

Page 317.

1. Cette thèse « féministe » ajoute un élément important aux aperçus de Marx dans *La Sainte Famille* où l'autorité de Charles Fourier est mise à contribution. Voir Pléiade III, p. 645 sq.

2. Marx a développé les thèmes de la division du travail et de la propriété privée dans son *Ébauche d'une critique...* (1844). Voir surtout les pages sur le « travail aliéné » dans Pléiade II, p. 56 sq.

Page 318.

1. Le postulat de la conquête du pouvoir politique apparaît ici pour la première fois, et sous l'aspect d'un principe d'action valable pour toute classe sociale à prétentions dominatrices. Dans les *Deutsch-Französische Jahrbücher* et dans *La Sainte Famille*, Marx s'était borné à définir la finalité émancipatrice du mouvement ouvrier en la situant dans le contexte normatif d'une éthique sociale; il fait ici, en association avec Engels, un pas de plus, en désignant clairement le chemin politique de l'émancipation de la classe des producteurs. Il faut admettre que loin de parler de « conquête de l'État », le texte fait au contraire de l' « abolition de toute espèce de domination, donc également de l'institution nommée « État », une *condition* de l'accomplissement effectif du geste politique. Si ambiguïté il y a, elle ne manque pas de fondement : la *praxis* historique de l' « immense majorité » n'était concevable, dans les limites d'un déterminisme « matérialiste », qu'en tant que manifestation concrète d'un projet de subversion et de création formé par cette « masse » de prolétaires conscients dont les « conditions d'existence... résument toutes les conditions d'existence de la société actuelle parvenues au paroxysme de leur inhumanité » (*La Sainte Famille*, Pléiade III, p. 459). L'ambiguïté du discours révolutionnaire est une preuve et une garantie de sa validité éthique. Pomme de discorde lors de l'affrontement entre les adeptes de Marx et les « anti-autoritaires » dans l'Association internationale des travailleurs, l'adoption statu-

taire du principe d'un mouvement politique autonome de la classe ouvrière deviendra, après l'écrasement de la Commune de Paris, une des causes de l'échec du projet révolutionnaire de la première organisation du prolétariat moderne à l'échelle mondiale.

2. Le texte donne l'adjectif *naturwüchsig*, terme déjà employé et repris plus loin pour les formes primitives de la division du travail, puis par opposition à *freiwillig*, volontaire ou spontané, en parlant de la « coopération ». La société « issue de la nature » est celle du passé et du présent, la société des contraintes matérielles et morales : tout ce que Marx et Engels ont écrit jusqu'alors offre un tableau riche en détails de ce monde de la « négativité » perçu sous la catégorie de l' « aliénation » ; la suite complète les considérations anticipatrices qui, dans ces écrits, ont tracé les contours de ce que sera, selon Marx, la « société humaine » ou l' « humanité sociale » (voir ici, p. 235).

Page 319.

1. Dans cette vision peu explicite d'une « société communiste », on retrouve les deux composantes définitives du modèle de la communauté : l'élément « utopique » — en l'occurrence : fouriériste — et l'élément « scientifique ». Bref, nous sommes en présence de ce qu'en langage ordinaire (celui même que nos auteurs privilégient) on appellerait une synthèse de raisonnements « matérialistes » et de déductions « idéalistes ». L'analyse causale sert ici de fondement logique de la construction d'un avenir possible.

Page 320.

1. Marx abandonnera cette réserve à l'égard d'un terme dont il avait lui-même renouvelé le sens dans ses écrits de 1844; son œuvre maîtresse sera pour l'essentiel un traité scientifique de travail aliéné au capital. Voir, par exemple, les *Principes...*, Pléiade II, p. 282, et *Le Capital*, Pléiade I, p. 1072. Les réflexions sur « le caractère fétiche de la marchandise » illustrent parfaitement la connotation éthique du concept d'aliénation; et c'est tout naturellement que Marx les fera suivre, pour ainsi dire en contrepoint, de sa propre « robinsonade », après celle de Robinson et de... Ricardo. Voir *op. cit.*, p. 604-619.

2. L'individu « cosmo-historique » *(welthistorisch)* de Hegel est un être exceptionnel, néanmoins instrument aveugle d'un *Weltgeist* dont seul le professeur berlinois connaissait vraiment le dessein... qui reste un secret pour l'homme du commun tout autant que pour l'autre, élu de la providence. La vertu de l'universalité — de l'*Allseitigkeit* — sera donnée en partage à tout membre de la vraie communauté humaine telle que Marx l'entrevoit.

Page 321.

1. À la lumière de cette conception rigoureusement « matérialiste »,

aucune des révolutions sociales ou politiques que l'histoire du XXe siècle a pu enregistrer ne peut prétendre au caractère « socialiste » ou « communiste » ; et il est tout à fait conforme à la théorie critique des idéologies développées dans ces pages que des régimes oligarchiques s'attribuent eux-mêmes ce caractère et imposent autoritairement la répétition et l'apprentissage de leur discours de légitimation. Comme toutes les autres, les justifications « marxistes » de ces nouvelles autocraties s'exposent à cette « arme de la critique » qui doit se changer « historiquement » en « critique des armes ». Voir Y. Bourdet, 1963 ; M. Rubel, 1974, p. 63-168.

Page 323.

1. Le terme *bürgerlich* devant s'employer indistinctement pour « civil » et « bourgeois », cette explication historique de son apparition dans le domaine linguistique allemand peut faciliter le travail du traducteur et lever, le cas échéant, ses hésitations. Voir M. Riedel, 1962, rééd. 1969, p. 135-166.

Page 324.

1. Passage rayé : *Saint Max Stirner lui-même transporte sur son dos l'histoire mondiale, et la mange et la boit chaque jour ainsi qu'autrefois le corps et le sang de notre seigneur Jésus-Christ, et l'histoire mondiale à son tour le produit journellement, lui, l'Unique, qui est « son propre produit », puisqu'il lui faut manger, boire et se vêtir ; les citations dans* L'Unique..., *tout comme la polémique de saint Max contre Hess et autres gens éloignés, démontrent que son esprit est lui aussi un produit de l'histoire mondiale. Il en résulte que, dans l' « histoire mondiale », les individus sont tout autant les mêmes « possesseurs » que dans n'importe quelle « union » stirnérienne d'étudiants et de couturières libres* (cf. *Probeband*, p. 449).

Page 326.

1. Les morceaux suivants sont pris dans les pages 24 à 29 du manuscrit (*Probeband*, 1972, p. 65-73).

2. En marge, Marx a noté : *Feuerbach*. Un long passage rayé, dirigé contre « saint Bruno », fut d'abord extrait et placé dans le chapitre réservé à Bruno Bauer (voir Pléiade III, p. 1126 sq.), puis de nouveau rayé (cf. *Probeband*, 1972, p. 453). En voici la dernière phrase : *Il est réellement difficile à décider s'il s'agit de concevoir les* *prolétaires en révolution *comme « substance » qui se révolte contre la conscience de soi, comme « masse » qui veut renverser la Critique, ou comme « émanation » de l'Esprit qui manque cependant encore de la consistance nécessaire pour digérer les idées bauériennes.*

Page 328.

1. En guise de mise à jour de ce raccourci essentiel du matérialisme

— « critique », selon Marx — on pourrait ajouter : « et l'histoire du " socialisme réellement existant " confirme pleinement cette démonstration ».

Le prétendu « historicisme économique » que K. R. Popper impute à Marx — rangé parmi les « ennemis de la société ouverte » dans la lignée allant de Platon à Hegel — se trouve ici et ailleurs formellement rejeté. Le critique semble d'ailleurs nuancer quelque peu son jugement, lorsqu'il admet que « les écrits de Marx contenaient, par implication, une théorie éthique ». Cf. K. R. Popper, 1962, éd. 1977, p. 100 sq., 199 sq.

Page 330.

1. Hasardeuses même à l'époque où elles furent formulées, ces affirmations n'ont pas plus de validité aujourd'hui qu'elles n'en avaient hier : les « marottes » théoriques — y compris les religieuses — ont eu la vie dure, en Allemagne comme partout ailleurs. Faut-il ajouter : « grâce à un milieu... inchangé » ou « à cause d'un milieu changé... en pire » ? Le second terme de cette alternative, plus conforme aux principes de la critique matérialiste que le premier, semble justifié par la mondialisation progressive d'un mode de production capitaliste à visages multiples. Les travaux, même ou surtout « marxistes », abondent qui corroborent la thèse de l'expansion « planétaire » de l'économie capitaliste et de ses superstructures politiques et idéologiques. Voir notamment les travaux de Paul Mattick. Parmi les analyses récentes, citons : Bill Warren, 1980.

Page 331.

1. Fondés à Halle par A. Ruge et Th. Echtermeyer, les *Hallische Jahrbücher für deutsche Wissenschaft und Kunst* parurent de janvier 1838 à juin 1841 à Leipzig ; elles devinrent l'organe des jeunes-hégéliens, dont les aspirations libérales de plus en plus radicales entraînèrent la riposte du gouvernement prussien : le journal (les *Annales* furent publiées sous la forme de feuilles quotidiennes) devait se faire éditer en Prusse. Pour échapper à la censure, Ruge en transféra la rédaction à Dresde, et choisit le titre de *Deutsche Jahrbücher...* ; il parut de juillet 1841 à janvier 1843. Sur les tendances et les collaborateurs du journal, voir A. Cornu, t. I, 1955, p. 145 sq. et p. 233 sq.

2. Le premier volume de l'*Histoire de la politique, de la culture et des Lumières du XVIIIe siècle* de Bruno Bauer parut en 1843 (« L'Allemagne pendant les premières quarante années du XVIIIe siècle »). Trois autres volumes suivirent en 1844 et en 1845, principalement axés sur les conséquences de la Révolution française en Allemagne. En 1846, Bauer publiera une *Histoire de l'Allemagne et de la Révolution française*, en deux volumes. Voir E. Barnikol, 1972, p. 250 et 253 sq.

Page 332.

1. Jacob Venedey fut un des fondateurs (1834) de la « Ligue des bannis », organisation politique secrète créée à Paris après la dispersion de la « Société des droits de l'homme et du citoyen » ; expulsé de Paris en 1835, il put y retourner en 1839, mais se tiendra à l'écart du mouvement ouvrier. En 1848-1849, il sera un membre libéral de l'Assemblée nationale de Francfort. Voir W. Schieder, 1963, p. 20 sq. et 191 sq. ; E. Schraepler, 1972, p. 43 sq. Sur la « Ligue des bannis » et les relations de Venedey avec Börne et Lamennais, voir Ch. Andler, 1901, p. 8 sq. — Créé par le poète Nicolaus Becker à l'occasion de la crise franco-prussienne de 1840, le *Rheinlied* devint une sorte d'hymne national et inspira plusieurs compositeurs allemands.

2. Allusion à l'article de Feuerbach publié dans *Wigand's Vierteljahrschrift* (1845) à propos des critiques formulées par Max Stirner à l'adresse de l'auteur de *L'Essence du christianisme.* Vers la fin de sa riposte, on lit ceci : « Par conséquent, F. n'est ni matérialiste ni idéaliste ni philosophe de l'identité. Mais qu'est-il donc ? Il est avec ses idées ce qu'il est selon sa pratique, il est dans l'esprit ce qu'il est dans la chair ; dans l'essence ce qu'il est dans les *sens : homme ;* ou plutôt, puisque F. situe dans la seule communauté l'essence humaine, il est : homme social *(Gemeinmensch), communiste.* » Feuerbach avait aussi affirmé à Engels qu'il se considérait comme communiste. Cf. Engels à Marx, 22 février 1845.

Page 333.

1. À partir du mot *Wesen* (essence) jusqu'à la fin de cet alinéa (voir page suivante), les éditions du chapitre « I. Feuerbach » antérieures à 1966 présentaient une lacune due à l'absence d'un feuillet dans le manuscrit ; il fut retrouvé dans le fonds Eduard Bernstein en possession de l'Institut international d'histoire sociale, Amsterdam ; cette page, numérotée « 29 » par Marx, fut publiée par S. Bahne dans l'*International Review of Social History,* VII, 1962, p. 96. Le texte complet de ce chapitre parut ensuite dans la *Deutsche Zeitschrift für Philosophie* (DDR), 1966, X, p. 1199-1254. Pour les passages visés dans le texte de Feuerbach (1843), voir *op. cit.*, éd. 1846, § 27, p. 310 sq. Engels les qualifie dans ses notes de « bel hymne à l'ordre établi » (*Werke,* III, p. 543).

Page 334.

1. Voir Max Stirner, 1845, p. 155 sq., 171 et suiv. — Bruno Bauer. *Wiganovs...*, 1845, III, p. 86-146 ; les passages visés : p. 87, 109 et suiv., 138 sq.

La suite du texte s'écarte du manuscrit tel que Marx l'a paginé ; nous plaçons ici les pages 8, 9 et 10, sur le modèle MEGA I, 5, 1932, p. 32-34. Les pages 3 à 7 du manuscrit sont manquantes, et l'on peut supposer qu'elles offraient le début de la critique du sensualisme de Feuerbach. Fait significatif, cet acte d'exclusion visant le penseur hier encore vénéré est censé émaner d'un « parti révolutionnaire » dont les deux auteurs semblent avoir une idée bien précise ; or, il ne peut encore s'agir que d'un projet : lors de leur voyage d'étude en Angleterre pendant l'été 1845, Marx et Engels établirent des contacts avec la Ligue des justes ; quelques mois plus tard, ils s'appliqueront à Bruxelles à constituer une organisation internationale de propagande communiste, sous la forme de « comités de correspondance ».

Page 336.

1. Cf. B. Bauer, « Caractéristique de Ludwig Feuerbach », in *Wigand's...*, vol. III, 1845, p. 86-146. Parenthèse ajoutée par Marx. On notera qu'en identifiant « histoire » et « nature », Marx ne craint pas le piège d'un positivisme anthropomorphique : il identifie non pas des « choses », mais des réalités soumises au génie prométhéen de l'espèce humaine.

2. En marge, note de Marx : *Feuerbach.*

Page 338.

1. Passage rayé : *Toutefois, si nous prêtons ici plus d'attention à l'histoire, c'est parce que les Allemands sont accoutumés, quand ils entendent prononcer les mots « histoire » et « historique », à imaginer n'importe quoi sauf le réel, coutume dont saint Bruno, dans son « éloquence sacrée », nous fournit un brillant exemple.*

Page 339.

1. Le *Manifeste communiste* condense en quelques formules concises cette explication « matérialiste » des idées et des idéologies dominantes. Voir ici p. 422 sq.

2. Les auteurs de cette thèse voyaient-ils dans leurs propres idées un simple « reflet » de l'existence de cette « classe révolutionnaire » au nom de laquelle ils entendaient parler ? Les virtualités révolutionnaires de la misère « consciente de sa misère » garantissaient le parallélisme d'une existence inhumaine et d'une théorie fournissant, en même temps que l'explication causale de cette inhumanité, la raison normative, donc éthique, de son « abolition » *(Aufhebung)*. La volonté supposée et aperçue d'un mode d'émancipation finale parce que générique devait se donner libre cours dans des « idées » que le théoricien Marx croyait mettre à l'abri de toute mystification idéologique. Vingt ans plus tard, lorsqu'il évoquera la « fatale illusion » de Lassalle qui avait imaginé une « intervention socialiste » d'un gouvernement (prussien !), Marx dira : « La classe ouvrière est révolutionnaire ou elle n'est rien du tout » (lettre à J.-B. Schweitzer, 13 février 1865).

Page 342.

1. Voici ce propos final de Hegel : « Le fait que l'histoire universelle poursuit cette évolution (savoir du " concept " et de l' " idée de la liberté qui n'est telle qu'en tant que conscience de la liberté ", M. R.) et le devenir réel de l'esprit, sous le spectacle changeant de ses histoires — voilà la *théodicée* véridique, la justification de Dieu dans l'histoire. Seule peut concilier l'esprit avec l'histoire universelle et la réalité la conviction *(Einsicht)* que tout ce qui est arrivé et qui arrive tous les jours seulement n'existe pas sans Dieu, mais est essentiellement sa propre œuvre. » *Philosophie de l'histoire* (2e éd. 1840 ; éd. 1961, p. 605).

Page 343.

1. Un long passage fut, à cet endroit, rayé par Marx (p. 34-35 du manuscrit) et placé, recopié par J. Weydemeyer, dans le chapitre « Saint Max ». Voir Pléiade III, p. 1154 sq. (« Si, comme Hegel... l'un à l'autre »).

2. « On ne juge pas un individu sur l'idée qu'il a de lui-même », écrira Marx dans l'avant-propos de la *Critique*... (1859), et il ajoutera : « On ne juge pas une époque de révolution d'après la conscience qu'elle a d'elle-même. » Cf. ici p. 489. C'est chez Fourier qu'il avait noté la remarque sur l' « illusion » qui donne le « ton » de chaque époque. Voir *La Sainte Famille*, ici p. 255 et, sans la référence à Fourier, ici p. 328 sq. Marx le redira dans *Le 18 Brumaire* (1852), à propos des « illusions des partis » dans les luttes historiques. Cf. *Werke*, VIII, 1960, p. 139.

3. Esquisse inachevée, le texte qui suit constitue une des sept parties indépendantes dont se compose le manuscrit du premier chapitre de *L'Idéologie allemande*. Il s'agit d'un peu plus de cinq pages dont la première porte le chiffre « 3 » écrit par Engels, les autres pages n'étant pas numérotées. Voir *Probeband*, 1972, p. 39-43 et 409.

Page 346.

1. Les réformes agraires du tribun du peuple Lucinius Stolo (IVe siècle av. J.-C.) tendaient à refaire l'union entre plébéiens et patriciens en limitant, pour le citoyen romain, la propriété foncière publique *(ager publicus)* à 500 arpents *(jugera)*.

Page 348.

1. Cet aperçu sommaire des types historiques de la propriété foncière n'a pu être tenté sans de sérieuses lectures préalables. Dès ses premières études d'économie politique, Marx a prêté un intérêt particulier à la question de la rente foncière ; il a lu ses auteurs *cum ira et studio*, la rage au cœur, en dénonçant la « turpitude » du « trafic de la propriété privée de la terre » (cf. *Ébauche*..., 1844, Pléiade II, p. 50) ;

d'où sa sympathie pour les physiocrates (*ibid.*, p. 55, 73 sq.) et le plaisir qu'il prend à rappeler la haine réciproque que se vouaient, dès l'origine, le capitaliste et le propriétaire foncier (voir ici p. 183 sq.) En 1857-1858, lorsqu'il entreprendra la première rédaction de son « Économie » en ses six rubriques, il écrira un chapitre sur la genèse historique de la propriété foncière où l'on retrouve les éléments de l'esquisse que l'on vient de lire. Voir Pléiade II, p. 312-355, et M. Rubel, 1974, p. 369-401.

Le morceau qui suit est pris dans une partie du manuscrit paginée par Marx de 40 à 72 ; il figure aux pages 62-63. Voir *Probeband*, 1972, p. 410 sq.

Page 351.

1. Sources probables : J. C. Pfister, 1829-1835, Justus Möser, 1820. Voir la description du cahier d'extraits V, datant de Kreuznach 1843, dans MEGA I, 1/2, 1929, p. 133 sq.

2. Le texte qui suit faisait initialement partie du chapitre « Saint Max » (section « La société comme société bourgeoise ») et fut placé par Marx dans le chapitre « I. Feuerbach ». Les pages du début, numérotées par lui 36, 37, 38 et 39, manquent. La page 40 commence par les mots : « [...] *funden wird. Aus dem ersteren...* ». Voir *Probeband*, 1972, p. 78 sq. et p. 410 sq.

Page 353.

1. Voici cette parenthèse dans l'original : *(Diese Bedingungen müssen noch entwickelt werden)*. Le sens en est ambigu, puisqu'elle pourrait aussi vouloir dire : « Ces conditions doivent encore être développées », les auteurs ayant en vue le niveau peu élevé des conditions matérielles de la « communauté ». Nous penchons pour la seconde interprétation possible : les auteurs se proposaient de « développer » le thème abordé dans leur texte. En vérité, Marx s'y est longuement arrêté dans son manuscrit de 1857-1858, déjà mentionné (voir plus haut, note 1 de la page 348).

Page 356.

1. *L'Histoire générale de la grande guerre des paysans* de W. Zimmermann (1841-1843) n'était sans doute pas ignorée des deux auteurs. Engels y puisera, comme il le reconnaîtra plus tard (1870), « tous les matériaux relatifs aux soulèvements paysans et à Thomas Münzer », lorsqu'il écrira *La Guerre des paysans en Allemagne* (1850). Certains passages y sont comme des extraits du manuscrit de 1845-1846 : « Malgré les expériences récentes, l'idéologie allemande continue à ne voir dans les luttes auxquelles le Moyen Âge a succombé que des violentes querelles théologiques. [...] Ces idéologues sont assez crédules pour prendre pour argent comptant toutes les illusions qu'une

époque se fait sur elle-même, ou que les idéologues d'une époque se font sur cette époque. » *Werke*, VII, 1960, p. 342. Dans l'avant-propos à l'édition de 1870, Engels déclare à propos de la méthode qu'il avait adoptée dans son travail de 1850 : « Cette conception de l'histoire, la seule qui puisse prétendre au titre de matérialiste, provient non de moi, mais de Marx [...]. » *Ibid.*, p. 532.

2. Le thème de la genèse du capital sera repris et approfondi dans le manuscrit de 1857-1858 *Grundrisse)*. Voir dans Pléiade II le « Chapitre sur le capital », p. 348 et suiv. La définition du capital comme « rapport social » indifférent au monde des objets et des produits et obéissant à la loi des valeurs et des prix sera au centre des analyses du *Capital*, livre I (1867).

Page 357.

1. Les fréquentes répétitions (voir, par exemple, p. 347 sq.) témoignent de l'état provisoire de ce premier chapitre de *L'Idéologie allemande*.

Page 360.

1. Pour les observations qu'on vient de lire, nous pouvons indiquer certaines sources, nommées dans le Livre I du *Capital*, aux chapitres XXVII et XXVIII. À deux reprises, Marx y cite *L'Utopie* de Thomas More (Pléiade, p. 1174 et 1193) et les *Chroniques* de Holinshed où apparaît le chiffre de 72 000 vagabonds pendus sous le règne de Henri VIII (p. 1193).

Page 363.

1. Pour s'assurer la maîtrise des mers, le parlement britannique vota, sous l'administration de Cromwell, l'Acte de la navigation du 9 octobre 1651, complété en 1660; ce n'est qu'en 1849, sous le ministère de lord John Russel, qu'il sera définitivement aboli.

2. Des taxes différentielles furent imposées par les pays d'Europe sur les produits similaires importés d'autres pays, pour protéger leur industrie et leur commerce.

Page 364.

1. John Aikin et Isaac Pinto seront cités dans *Le Capital*, Livre I ; voir Pléiade I, p. 696 et 1099. Ce passage est tiré du *Traité de la circulation et du crédit* (1771) de Pinto, le « Pindare de la Bourse d'Amsterdam ».

Page 367.

1. L'essentiel des pages que l'on vient de lire se retrouvera dans *Le Manifeste communiste*, au chapitre I, « Bourgeoisie et prolétariat ». Il est probable qu'outre le manuscrit intitulé « 1. Feuerbach », Marx eut entre les mains les « Principes du communisme », qu'Engels avait

écrits pendant son séjour à Paris, à partir de la mi-octobre 1847. Marx se mettra au travail après son retour de Londres vers la mi-décembre ; de Bruxelles, il enverra le texte achevé à Londres, vers la fin de janvier 1848. La parution du *Manifeste* coïncidera à peu de jours près avec la révolution de Février.

Page 369.

1. Au début du XIXe siècle, environ quatre cinquièmes de la population allemande vivaient à la campagne et un grand nombre des habitants des villes exerçaient une activité liée à l'agriculture. La Prusse fut la première à introduire des réformes qui ont considérablement modifié les structures rurales, en combinant l'émancipation des paysans avec une politique économique de grande envergure. Cependant, après la politique de libéralisation de H. F. K. vom Stein, fervent adepte des doctrines d'Adam Smith et de Turgot, les conceptions seigneuriales l'emportèrent, les mesures ordonnées par K. A. von Hardenberg conduisant à l'extension de la grande propriété foncière. La création de l'Union douanière germanique en 1834 ouvrait à l'Allemagne de nouvelles perspectives économiques et politiques, surtout grâce à l'essor du système d'enseignement et de formation techniques qui favorisait les progrès de l'industrialisation. « Comme en Angleterre, l'essor industriel en Allemagne avait pour base l'exploitation de la houille et des minerais, ainsi que le travail des forges », écrit W. Treue, 1966, p. 532. La philosophie de la nature du XVIIIe siècle fera progressivement place aux sciences naturelles et aux applications de la chimie moderne à l'agriculture, grâce aux travaux de pionnier d'un savant comme J. Liebig, dont l'ouvrage sur la chimie organique parut en 1840.

Ce sont ces quelques données qu'il convient d'avoir à l'esprit, lorsqu'on compare la note citée avec ces passages du *Manifeste communiste :* « En Allemagne, le parti communiste fait front commun avec la bourgeoisie, lorsqu'elle adopte une conduite révolutionnaire contre la monarchie absolue, la propriété féodale et les ambitions de la petite bourgeoisie. » Les auteurs ne sous-estimaient nullement les « armes » que la bourgeoisie allemande devait fournir au prolétariat. Bien au contraire, tout en étant persuadés que l'Allemagne se trouvait « à la veille d'une révolution bourgeoise », ils estimaient — en révolutionnaires pressés et auteurs d'un document réclamé par des militants non moins pressés — que les deux classes antagonistes avaient déjà atteint ce degré de maturité politique qui devait les entraîner à l'affrontement décisif. D'où leur conviction que « la révolution bourgeoise (serait) forcément le prélude immédiat d'une révolution prolétarienne ». *Le Manifeste...*, 1848, p. 440 et notes p. 543.

Page 372.

1. C'est en raison d'observations de ce genre que le travail de recherche de Marx, tout au long de sa période d'apprentissage et d'« examen de soi » *(Selbstverständigung)*, prend le caractère d'une exploration sociologique. Voir M. Rubel, 1971, p. 153 et suiv.

2. Marx redit la pensée formulée dans son texte des *Deutsch-Französische Jahrbücher* (voir ici, p. 104 et 107 sq.); désormais, ses thèses s'appuient sur l'acquis d'abondantes lectures d'économie politique et d'histoire économique et sociale.

3. La section qui suit est extraite des pages 69 à 72 du manuscrit paginé par Marx. Le sous-titre y figure p. 69, cf. *Probeband*, 1972, p. 114.

Page 374.

1. La conception matérialiste de l'État telle qu'elle est ici esquissée trouvera son illustration dans les écrits politico-historiques de Marx; on peut supposer que tous ces éléments auraient été intégrés dans la rubrique « État » prévue dans le plan de 1857-1859. Sur « État et société civile », voir P. Ansart, 1969, p. 427 sq.

Page 376.

1. Cette esquisse d'une critique « matérialiste » du droit contient certains éléments de la matière de cette « brochure distincte et indépendante » que Marx s'était proposé de rédiger pendant son séjour à Paris, conformément à un plan d'ensemble dans lequel la critique de l'économie politique devait occuper le premier rang. Voir son *Ébauche...*, 1844, p. 140.

Page 377.

1. Nous donnons ce titre à une série de réflexions qui reprennent et résument le thème des « abolitions » déjà rencontré en divers endroits de cette partie introductive de *L'Idéologie allemande*. Voir *Probeband*, 1972, p. 98-102 (p. 55 à 59 du manuscrit selon la numérotation de Marx).

2. Dans cet acharnement à revendiquer l'abolition de tout ce qui, par tradition ou contrainte institutionnelle, fait obstacle à l'épanouissement des facultés créatrices des hommes, on reconnaît l'acceptation réfléchie des enseignements de l'utopie émancipatrice : lecteur boulimique, Marx a parfaitement retenu la leçon d'auteurs aussi différents que Godwin et Owen, Saint-Simon et Fourier, Weitling et Hess. On peut y ajouter l'influence durable des romantiques allemands groupés autour des frères Schlegel et de leur revue *Athenaeum* (1798-1800), premier organe allemand de critique littéraire et sociale à défendre l'héritage intellectuel et politique des Lumières et de la Révolution

française, en préconisant pour l'ensemble social la fusion de l'art et de la philosophie avec la vie. Cette exigence se retrouvera dans des mouvements d'inspiration poétique, en France notamment avec le surréalisme. Voir à ce propos L. Janover, 1980. Pour les lectures « utopiques » de Marx, voir Yvonne Broutin. 1970.

Page 379.

1. L'abandon du manuscrit — d'abord forcé, mais finalement volontaire — n'a nullement eu pour conséquence l'oubli de la vision d'avenir qui se dessine dans les lignes que l'on vient de lire; bien au contraire, l'exigence de ce qui est appelé ici la « maîtrise » des prolétaires sur leurs conditions de vie et de travail sera commentée longuement dans les *Grundrisse* de 1857-1858. Voir *Principes...*, Pléiade II, p. 214 et suiv.

Page 380.

1. Le postulat de la révolution, initialement énoncé sous la forme d'un « impératif catégorique » (voir ici p. 99), est une nouvelle fois affirmé dans le contexte d'un programme d' « abolitions » où apparaissent dans leur négativité absolue les deux principales sources de la misère sociale : le travail aliéné et l'État. Critique de l'économie politique, Marx est au même titre le théoricien le plus conséquent de l'anarchisme, dans la mesure où l'avènement de la communauté libérée de l'exploitation économique, politique et idéologique de l'homme par l'homme est conçu non en fonction de comportements individuels, moralement exemplaires, mais comme action réformatrice et révolutionnaire de l'« immense majorité » constituée en classe sociale et en parti politique. Nous aurons plus loin le schéma du processus historique de cette autolibération, où le bilan des faits s'accompagne d'une prédiction implicitement normative.

Page 381.

1. La mention du *Contrat social* est faite ici, comme dans « La question juive » (*supra*, p. 78, sq.), dans un esprit critique : la liberté, dans la cité de l'avenir, ne peut être, comme dans le passé, affaire de convention juridique, donc de contrainte. Il n'en demeure pas moins que la lecture de Rousseau lui a donné, avant son départ pour Paris, l'impulsion décisive — après celle de Spinoza —, l'amenant à réfléchir sur les conditions autres que juridiques de la liberté personnelle : l'explication « matérialiste » sera l'aboutissement de cette réflexion. Pourtant, le critère « matérialiste » n'était pas absent dans le raisonnement de Rousseau, et Marx s'en était aperçu lorsqu'il avait transcrit, dans un de ses cahiers d'étude, des passages du *Contrat social* devant lesquels il n'a pu dissimuler une certaine perplexité... admirative : « [...] au lieu de détruire l'égalité naturelle, le pacte fondamental

substitue au contraire une égalité morale et légitime à ce que la nature avait pu mettre d'inégalité physique entre les hommes, et que, pouvant être inégaux en force ou en génie, ils deviennent tous égaux par convention et de droit » (éd. 1782, p. 36 sq.). Avant de recopier la suite, Marx place ces mots : *À cette dernière proposition, Rousseau ajoute la note curieuse que voici :* (cf. *Probeband*, 1972, p. 361).

Il est bon de rappeler la « note » de Rousseau jugée « curieuse » par Marx... idéaliste : « Sous les mauvais gouvernements, cette égalité n'est qu'apparente et illusoire ; elle ne sert qu'à maintenir le pauvre dans sa misère et le riche dans son usurpation. Dans le fait les lois sont toujours utiles à ceux qui possèdent, et nuisibles à ceux qui n'ont rien : d'où il suit que l'état social n'est avantageux aux hommes qu'autant qu'ils ont tous quelque chose et qu'aucun d'eux n'a rien de trop » *(op. cit.)*. Voir J.-J. Rousseau, *Œuvres complètes*, t. III, 1964, p. 367. C'est bien là une manière de voir « matérialiste » que Marx a fini par adopter.

2. Pour faire précéder la critique de *L'Idéologie allemande* par un texte à caractère plus théorique que polémique, Marx a extrait de la partie consacrée à Max Stirner les pages qui se prêtaient à cet usage, mais il n'a pu composer avec les divers morceaux un tout vraiment cohérent. Nous tentons ici de donner à ce chapitre introductif une conclusion dont les thèses se retrouvent tout au long du manuscrit et que Marx a conservées et respectées dans son œuvre de maturité : c'est ce qu'il appellera le « fil conducteur » de son travail de recherche.

Page 383.

1. Voir, dans le chapitre « Saint Max », la polémique contre les idées stirnériennes sur l'innéité des dons physiques et intellectuels (Pléiade III, p. 1309 et suiv.). Ironisant sur l' « homme » qui, après avoir traversé la période de la sensibilité, aspire à devenir « quelqu'un », un être « vrai », Stirner objecte : « Nul mouton, nul chien ne s'efforce de devenir un " vrai mouton ", un " vrai chien " ; nul animal ne considère sa nature comme une tâche, c'est-à-dire comme un concept qu'il lui faut réaliser. Il se réalise en vivant sa vie, c'est-à-dire en se dissolvant, en périssant. Il ne demande pas d'être ou de devenir *autre chose* qu'il n'est. » *L'Unique*..., 1845, p. 443.

Page 384.

1. Cette thèse exprime le contraire de ce qui sera connu et inconsidérément accepté comme « théorie marxiste » de la « pensée-reflet-de-la-réalité », mais dont Marx ne peut être tenu pour responsable, alors qu'Engels lui prêtera l'appui de son autorité d'héritier.

Page 385.

1. Cette appréciation positive du mélange des races — dont seuls les

Allemands n'auraient su profiter... — fait penser aux intuitions de Nietzsche ; ne souhaitait-il pas à ses compatriotes l'apport enrichissant d'un sang différent, celui des... juifs, « indubitablement la race la plus forte, la plus tenace et la plus pure vivant aujourd'hui en Europe » ! *Au-delà du bien et du mal*, 1886, éd. 1966, t. II, p. 717.

Page 386.

1. Simonde de Sismondi est mentionné par Marx dans *Ébauche...* de 1844 et dans *La Sainte Famille ;* il est sans doute ici question des *Nouveaux principes d'économie politique...,* 1827. Le jugement de L.-A. Blanqui sur l'économiste suisse a dû frapper la curiosité de Marx : « Son livre est le meilleur ouvrage critique qui existe en économie politique ; mais un livre meilleur sera celui qui doit le réfuter » (cf. *Histoire de l'économie politique...,* t. II, 1845, p. 236 ; figure sur la liste Daniels, *Ex libris,* 1967, p. 35 et 214). Voir l'appréciation globale formulée par Marx sur Sismondi dans un cahier de 1862 (« Théorie de la plus-value »), *Werke,* XXVI/3, 1968, p. 50 sq., trad. dans Pléiade II, p. 1682 sq. Sur « Sismondi et Marx », cf. Préface au t. I de *Nouveaux Principes...,* 1971, par J. Weiller et G. Desroussilles. Quant à A.-E. Cherbuliez, les cahiers d'étude de Marx jusqu'ici connus, antérieurs à 1847, ne contiennent pas trace de ses écrits ; en revanche, dans le manuscrit de 1857-1858 Marx se réfère à ses propres extraits de la période bruxelloise où il est question du livre de Cherbuliez intitulé *Richesse ou pauvreté...,* Paris, 1841, qui est une réimpression de l'édition de Genève, parue en 1840 sous le titre *Riche et pauvre...* Voir F. Schrader, 1980, p. 173 sq. et 263. Cherbuliez est cité dans « Salaire » (1847) ; Pléiade II, p. 151.

2. Voilà enfin révélé, avec plus de précision que précédemment, le sens de ce que Marx appelle l' « abolition du travail ». Sous le régime de la propriété privée et de la division du travail, le producteur ne peut affirmer sa personnalité puisqu'il exerce une activité qui n'est pas une fin en soi. Abolir le travail, c'est supprimer les conditions matérielles qui obligent le producteur à travailler pour vivre sans se reconnaître et s'affirmer dans ce qu'il produit : Marx résume ici en quelques lignes les pages du manuscrit de 1844 consacrées au « travail aliéné » (cf. Pléiade II, p. 56 et suiv.). Ses notes de lecture de la même période nous éclairent sur ce qu'il entend par *Selbstbetätigung,* affirmation ou mise en œuvre de soi-même (*ibid.,* p. 33 sq.).

Page 390.

1. La genèse du nouvel homme dans l'ère de la science et de la technique pleinement développées est décrite dans ces pages avec force détails, qu'il convient d'avoir à l'esprit lorsqu'on rencontre, dans *Le Capital,* « les hommes universellement épanouis » ou « l'individu pleinement épanoui » (*Werke,* XXIII, p. 508 et 512), avec la référence

explicite à Robert Owen. La traduction de J. Roy donne « hommes complets » et « individu intégral » (*op. cit.*, p. 987 et 992), ce qui n'est qu'un à-peu-près.

2. Désigné par les auteurs comme aboutissement de leur recherche théorique, le fragment ci-après frappe par son caractère de message révolutionnaire. Vu l'état d'inachèvement du manuscrit de la première partie de *L'Idéologie allemande*, nous avons jugé opportun de placer ces « résultats » en quatre points au terme de la conclusion, bien qu'ils figurent dans le premier tiers du chapitre, d'après la pagination effectuée par Marx (p. 22-23 ; *Probeband*, p. 63-65).

Page 392.

1. Ces « résultats » en quatre points sont en fait autant de thèses qui s'ajoutent aux onze « Thèses à propos de Feuerbach » (ici p. 232-235) ; acquis définitif du travail d'apprentissage auquel Marx s'est livré pendant plus de dix années, ces deux textes sont restés inédits du vivant de leur auteur ; ils représentent pourtant les préliminaires indispensables et le document constitutif de cette théorie « matérialiste » qui trouvera enfin sa place dans un écrit publié, au moment même où le « théoricien de la classe prolétaire » — titre réclamé en 1847 par l'auteur « communiste » polémiquant contre Proudhon — divulguera le « fil conducteur » de sa *Critique de l'économie politique* (1859). Ambigu parce que forcément elliptique, ce texte presque tout en aphorismes dissimule derrière son allure de choix méthodique une intention *normative* — plus exactement : un choix *éthique*. Peu apparent dans l'énoncé du « fil conducteur » de 1859, le caractère normatif d' « impératif catégorique » (au sens précis, donc non kantien du terme) de la théorie « matérialiste » se révèle parfaitement dans les quatre « résultats » formulés dans le manuscrit de 1846, ainsi que dans les « Thèses » de 1845.

Près de cent années de « querelle pour Marx », de *Streit um Marx*, n'ont laissé qu'un piètre bilan quant au respect de la signification normative du « fil conducteur » qui a guidé l'auteur du *Capital* et le militant de l'Internationale ouvrière dans sa double démarche de théoricien et d'homme de parti ; l'exigence révolutionnaire qui donne tout son sens à l'œuvre de Marx apparaît d'autant plus méconnue, voire trahie, que cette œuvre s'est vue confisquée par l'académisme de l'exégèse permanente d'une part, et par l'obscurantisme de l'idéologie politique d'autre part. Constater que l'ère de l'idéologie, loin d'être close, perdure sous les formes les plus diverses, anciennes et nouvelles, et que le marxisme y occupe un rang de choix, tel serait le premier pas à faire, afin de restaurer l'enseignement de Marx dans sa dimension de critique et de *praxis* révolutionnaires : face à cette vérité et à cette exigence, toute tentative de « reconstruction du matérialisme historique », quelque brillante, profonde et savante qu'en soit l'expression verbale, n'est que discours académique. À cet égard, les travaux de J. Habermas se situent à un niveau de style jusqu'ici jamais atteint et méritent d'être cités en exemple incomparable de l'actuelle... idéologie allemande. Meilleur connaisseur de la littérature marxiste internationale que de l'œuvre de Marx, il n'a cependant pas oublié quelques-uns des textes les plus importants en vue de son entreprise « reconstructrice ». Pourtant, ni dans l'introduction — au titre prometteur : « Matérialisme historique et développement de structures normatives » — ni dans le corps de son livre il ne fait la moindre allusion aux onze « Thèses à propos de Feuerbach » ou aux quatre « Résultats » de la conception matérialiste de l'histoire. Bref, Habermas écarte de son chantier « reconstructeur » précisément ce vers quoi convergent tous les efforts de pensée et d'action de Marx, savoir : la « production massive » de la « conscience communiste » « émanant » de la classe sociale qui, bien que majorité de la population, vit en parias de la sociale qui, bien que majorité de la population, vit en paria de la lutte de manière révolutionnaire contre la classe dominante, en gardant à l'esprit un triple objectif : l'abolition du travail aliénant et donc du mode de production capitaliste ; l'abolition des classes sociales ; l'abolition de l'État. C'est l'action de ce prolétariat de masse dont les membres individuels se transforment « massivement » dans l'action révolutionnaire, qui est synonyme de *praxis* émancipatrice, etc. Que ces « thèses » et ces « résultats » puissent être, dans leur ensemble ou en partie, discutés, qui oserait le nier ? Mais Habermas, reconstructeur d'une théorie dont il ignore les postulats essentiels, préfère au dialogue avec Marx ou avec... le producteur aliéné et dépossédé le débat ou l'affrontement avec l'élite des idéologues « conceptifs » dont il mobilise le ban et l'arrière-ban ; faisant preuve dans ses choix d'un appétit boulimique, il ne répugne pas à se mesurer avec ce maître accompli du marxisme d'État total, Joseph Staline, dont l'œuvre lui sert de référence majeure : « En 1938, Staline a codifié le matérialisme historique de façon grosse de conséquences. Les recherches historico-matérialistes entreprises depuis lors demeurent largement attachées à ce cadre théorique. La version du matérialisme historique telle que Staline l'a fixée nécessite une reconstruction. » Cf. J. Habermas, 1976, p. 144.

L'ambition d'innover en matière de théorie de l'évolution sociale ne s'arrête pas chez Habermas devant la « philosophie » de Marx. Elle l'incite également à remodeler la théorie marxienne des crises, vu « la réalité changée du capitalisme tardif » (1973, p. 7). Mais l'essentiel est ailleurs, évidemment : le concept de prolétariat se trouvant rayé de tous les raisonnements démonstratifs et de tous les schémas catégoriels — combien nombreux ! — de notre reconstructeur inventif, c'est tout le discours normatif par lequel Marx communiquait avec la multitude prolétarienne qui est considéré comme un anachronisme et remplacé par une « théorie de l'action communicative », voire par une « éthique communicatrice » (*ibid.*, p. 7, 127 et passim). *Tantae molis erat... !* Tant d'efforts pour percer les mystères du « capitalisme tardif » ne font que ramener notre auteur aux joutes des jeunes-hégéliens en quête d'une « philosophie de l'action » ! Des quatre faits qui sont venus, au XXe siècle, infirmer la théorie de Marx, un au moins semble justifier l'exclusion du prolétariat comme élément significatif d'une « reconstruction », etc. : les changements intervenus dans les conditions sociales et économiques du monde moderne ont créé une situation dans laquelle « le porteur désigné d'une révolution socialiste future, le prolétariat, s'est dissous *en tant que* prolétariat » (1960, éd. 1963, p. 164). Autre évidence qui rend caduque la « théorie ancienne » : la révolution russe et l'établissement du « système des soviets » (?) ont fini par engendrer un régime de fonctionnaires et de cadres ayant permis à Staline, dix années plus tard, d' « inaugurer une révolution socialiste » (?), grâce à la « collectivisation de l'agriculture » (*ibid.*, p. 164). Voir les travaux de M. Ferro.

Ce cas d'une « réception » critique de la théorie matérialiste de l'histoire est exemplaire autant par l'ampleur de l'érudition de l'exégète que par l'étendue de son incompréhension, voire de son mépris des postulats essentiels d'un enseignement tout tendu vers la révélation rationnelle d'une « loi économique » annonciatrice de la chute de l'humanité dans une barbarie exactement diagnostiquée comme « lèpre de la civilisation » (1847, Pléiade II, p. 164). La perpétuation et l'amplification de la division du travail, dont Marx a pu constater ou entrevoir les méfaits chez les professionnels de l'idéologie, ont peut-être modifié le caractère de l'aliénation des salariés manuels dans les pays du capitalisme évolué (comme le prétend Habermas) ; elles ont cependant grandement contribué au processus de *Verselbständigung*, de spécialisation intellectuelle, dont certaines formes relèvent de la pathologie pure et simple.

Une fois le prolétariat escamoté, il est tout à fait logique que l'on s'exclue de cette catégorie de penseurs qui, ayant « la compréhension du rôle de cette classe », parviennent à la « conscience communiste » (ici p. 390 sq.).

LE MANIFESTE COMMUNISTE

N.B. — Dans les notes ci-après, nous nous référons quelquefois, à des fins de comparaison, aux *Principes du communisme* que F. Engels a rédigés à Paris en octobre 1847 et dont Marx a sans doute eu connaissance à Bruxelles, au moment où il écrivit *le Manifeste*. Les *Grundsätze des Kommunismus* sont ici cités d'après MEGA, vol. VI, p. 503-522.

Page 398.

1. Pie IX, élevé au pontificat en 1846 et d'abord plein de sympathie pour les velléités libérales dans l'Église, en viendra rapidement à condamner les « erreurs modernes » et dénoncera parmi elles le communisme. Guizot, lui, méprise les communistes : c'est pour complaire au gouvernement prussien qu'il ordonne, à la fin de 1844, l'expulsion des rédacteurs du *Vorwärts!*. Marx se rend alors à Bruxelles, où il écrira *le Manifeste communiste* trois ans plus tard. Février 1848 chassera Guizot (voir son ouvrage : *De la Démocratie en France*, 1849). Engels prévit cette chute de Guizot (cf. son article du *Northern Star*, 3 avril 1847, *Werke*, vol. IV, p. 183-185). Quant au tsar Nicolas Ier (1825-1855), il rêve d'incarner l'autocratie, l'orthodoxie, le nationalisme. On ne compte pas moins de 556 jacqueries sous son règne. On sait comment il a écrasé l'insurrection polonaise de 1831. En 1849, fidèle à l'esprit de la Sainte-Alliance, il prêtera ses troupes à l'empereur d'Autriche pour briser les insurgés hongrois. On comprend que l'intelligentsia russe s'inquiète et se passionne pour l'avenir politique et social de la Russie. Elle est divisée en deux camps : les slavophiles, qui prennent parti pour un tsarisme autoritaire et orthodoxe, et les occidentalistes, qui souhaitent l'avènement d'une société libérale. Metternich méprise les bourgeois, fait traquer les sociétés secrètes, et aspire à prendre la tête d'une police internationale contre-révolutionnaire. Il sera chassé de Vienne en mars 1848. Déjà, la révolution de 1830 avait entraîné la dislocation de la Sainte-Alliance, et favorisé l'agitation libérale et nationale.

Ce « spectre sombre et menaçant », c'est Lorenz von Stein et Bakounine qui en ont parlé : l'expression convenait parfaitement à un péril dont personne ne voulait reconnaître la réalité, mais que chacun craignait. Arnold Winkler (*Die Entstehung des « Kommunistischen Manifests ». Eine Untersuchung, Kritik und Klärung*. Wien, 1936) pense que Marx a ici à l'esprit le propos de L. von Stein, en qui il voit « un pont entre Hegel et Marx » (*l. c.*, p. 113). On ne saurait, pensons-nous, surestimer l'influence de von Stein sur Marx. La question a été controversée, Ch. Andler affirmant que cette influence fut sensible, et F. Mehring le niant. Quoi qu'il en soit, cette image a frappé Marx, et il s'en servira encore dans sa *Lettre-circulaire* de 1879, à propos du « crétinisme parlementaire » et de l'espoir, à ses yeux insensé, de *gagner* la bourgeoisie à la cause du prolétariat. Il insistera sur la violence irrémissible du conflit : « Pour enlever à la bourgeoisie la dernière trace de peur, on veut lui prouver, clair et net, qu'en réalité le spectre rouge n'est rien qu'un spectre, qu'il n'existe pas. Mais quel est son secret, à ce spectre rouge, sinon la peur de la bourgeoisie devant la lutte à mort, inévitable, entre elle et le prolétariat ? Sinon la peur du résultat inévitable de la lutte des classes d'aujourd'hui ? » (*Werke*, vol. XIX, p. 150 et suiv.)

2. Ligue ? Parti ? On verra l'emploi hésitant fait du mot « parti » à propos des communistes. Marx pense sans doute déjà au *parti* « au sens éminemment historique » et qui « naît spontanément du sol de la société bourgeoise » (à Freiligrath, 29 février 1861). — On a sans doute pensé à donner la plus large publicité possible au *Manifeste*, en le traduisant en toutes les langues. Après février 1848, les événements empêcheront une telle diffusion. En fait de traductions *simultanées*, la promesse n'a donc pas été tenue. Du vivant de Marx, il y eut une traduction anglaise (Londres, 1850, New York, 1872), deux traductions russes (Genève, 1869, 1882), une traduction française (New York, 1872). Marx n'en répétera pas moins en 1860 que *le Manifeste*, imprimé en 1848, « parut plus tard en traduction anglaise, française, danoise, et italienne... » (*Werke, Herr Vogt*, vol. XV, p. 439).

Page 399.

1. Pour l'édition anglaise de 1888, Engels a placé ici une note dont voici la traduction : « Par bourgeoisie, on entend la classe des capitalistes modernes, qui possèdent les moyens de la production sociale et emploient du travail salarié ; par prolétariat, la classe des travailleurs salariés modernes qui, ne possédant pas en propre leurs moyens de production, sont réduits à vendre leur force de travail pour vivre. »

2. Pour l'édition anglaise de 1888, Engels a mis ici une note qu'il a répétée presque textuellement dans l'édition allemande de 1890. Nous traduisons cette deuxième rédaction : « Plus exactement l'histoire qui nous a été transmise *par écrit*. En 1847, la préhistoire de la société, l'organisation sociale qui a précédé toute l'histoire écrite, était pour ainsi dire inconnue. Depuis, Haxthausen a découvert en Russie la propriété commune du sol ; Maurer a démontré qu'elle est la base sociale d'où toutes les peuplades allemandes ont pris leur départ historique ; peu à peu, on a appris que, depuis les Indes jusqu'à l'Irlande, les communautés de village, qui possédaient le sol en commun, ont été la forme primitive de la société. Finalement, grâce à la découverte décisive de Morgan, qui a révélé la nature véritable de la *gens* et sa place dans la peuplade, la structure intérieure de cette société communiste primitive a été mise à nu dans sa forme typique. Avec la dissolution de ces communautés primitives, la société commence à se diviser en classes distinctes et finalement, antagonistes. » Dans la version anglaise de cette note, Engels ajoute : « J'ai essayé de retracer ce processus de dissolution dans *Der Ursprung der Familie, des Privateigentums und des Staates*, 2ᵉ édit., Stuttgart, 1886. » — Cf. également la note ajoutée par Engels dans *le Capital*, Pléiade, note I pour la p. 793.

Dans son commentaire au *Manifeste*, Charles Andler écrit à propos de la théorie des luttes des classes : « Loin d'être neuve, cette philosophie qui découvre que tout le contenu de l'histoire est une série de luttes de classes est une des parties les plus vieilles de la tradition socialiste » (*Le Manifeste communiste de Karl Marx et F. Engels.* Introduction historique et commentaire. Paris, Rieder, s.d., p. 64). Andler n'a pas de peine à prouver cette assertion : il nomme toute une pléiade de précurseurs socialistes de Marx, pour la plupart bien connus de celui-ci au moment où il rédigeait *le Manifeste.* Pour rectifier l'opinion d'Engels, Andler — qui connaissait bien les sources intellectuelles du *Manifeste* — aurait pu recourir à Marx lui-même, dont voici une affirmation souvent citée : « [...] En ce qui me concerne, ce n'est pas à moi que revient le mérite d'avoir découvert ni l'existence des classes sociales dans la société moderne, ni leur lutte entre elles. Bien longtemps avant moi, des historiens bourgeois avaient décrit l'évolution historique de cette lutte des classes, et des économistes bourgeois en avaient analysé l'anatomie économique » (lettre à Joseph Weydemeyer, mars 1852). Il faut dire, pour l'excuse d'Andler, que les indications les plus importantes concernant les lectures et les études historiques de Marx avant la publication du *Manifeste* n'ont pu être connues de lui. Ce n'est qu'à partir d'environ 1925 que l'on commence à mieux distinguer les étapes de la vie intellectuelle de Marx. Un titre oublié par Andler : Victor Considerant, *Manifeste de la Démocratie au* XIX*e siècle.* L'anarchiste russe Tcherkezov en fit état en 1900, accusant Marx de plagiat. Voir la mise au point publiée dans *le Contrat Social,* juillet 1957, et M. Dommanget, *Victor Considerant,* Paris, 1929.

3. Note d'Engels à l'édition anglaise de 1888 : « Maître de guilde, c'est-à-dire membre de plein droit d'une guilde, un maître à l'intérieur et non à la tête d'une guilde. »

Page 400.

1. Une des thèses les plus controversées de la sociologie marxienne. Dans ses *Principes,* Engels l'exprime en parlant de la naissance de « deux classes nouvelles qui, peu à peu, engloutissent toutes les autres » (MEGA, vol. VI, p. 504).

2. Dans le texte : *Pfahlbürger* et de *Pfahlbürgerschaft.* Voici la définition que l'on trouve dans le dictionnaire de Grimm : « Bourgeois habitant hors les murs de la ville, mais au-dedans des barrières extérieures faites de pieux *(Pfähle)* et de fossés. Ces bourgeois se trouvaient sous la protection de la ville et devaient payer en échange un impôt spécial. Lors de la prestation du serment, ils se présentaient le pieu à la main, mais sans armes. » Plus loin, *Pfahlbürger* sera employé au sens de *Spiessbürger,* qui a fini, lui aussi, par signifier « philistin », « petit-bourgeois », au sens péjoratif.

Page 401.

1. Note d'Engels dans l'édition anglaise de 1888 : « *Commune* — c'est ainsi que l'on nommera, en France, les premières villes avant qu'elles aient arraché, à leurs seigneurs et maîtres féodaux, l'autonomie locale, et des droits politiques en tant que " tiers état ". D'une façon générale, l'Angleterre est considérée comme le pays type du développement économique de la bourgeoisie, et la France comme type de développement politique. » Pour la 4e édition allemande, Engels nota : « C'est ainsi que les habitants des villes d'Italie et de France appelaient leur communauté urbaine, après avoir acheté ou arraché à leurs seigneurs féodaux leurs premiers droits à l'administration autonome. »

Page 403.

1. Tout cet alinéa est cité dans *le Capital*, pour illustrer le caractère révolutionnaire de la technique industrielle, par opposition à la nature conservatrice des modes de production du passé (Pléiade I, p. 990). Notre traduction s'efforce à certains endroits de rendre mieux que ne le fait celle de Roy l'esprit de l'original. Pour la description des bouleversements que l'avènement de la bourgeoisie a provoqués dans la société féodale, Marx s'est sans doute inspiré de ce qu'il a pu lire chez Engels dans *la Situation de la classe laborieuse en Angleterre*, livre paru en 1845. Andler signale en outre la similitude du tableau chez Bazard et surtout chez Pecqueur, dont les *Intérêts du commerce* et les *Améliorations matérielles* abondent en formules semblables à celles du *Manifeste* (*l. c.*, p. 84 et suiv.).

Si l'on complète ce tableau plutôt abstrait par les descriptions, désormais classiques, de la bourgeoisie française dans les grands textes politiques (*les Luttes de classes en France, le Dix-huit Brumaire*, etc.), on notera que, dans leur ensemble, les conceptions marxiennes ne sont pas démenties par la recherche moderne. Voir, dans cet ordre d'idées, l'excellent travail de Jean Lhomme, *la Grande bourgeoisie au pouvoir (1830-1880). Essai sur l'histoire sociale de la France*. Paris, 1960.

Page 405.

1. Sous une forme moins élaborée, Engels décrit dans ses *Principes* (question 11) les conséquences politiques et sociales de la révolution industrielle. Voici un passage caractéristique de ce texte : « Après avoir ainsi détruit la puissance sociale de l'aristocratie et des bourgeois des jurandes, la bourgeoisie a également anéanti leur puissance politique. De même qu'elle s'était élevée dans la société au rang de première classe, elle s'est proclamée également telle dans la forme

politique. Elle l'a fait en créant le système représentatif, qui est fondé sur l'égalité bourgeoise devant la loi, la reconnaissance légale de la libre concurrence, et qui fut introduit dans les pays d'Europe sous la forme de la monarchie constitutionnelle. Dans ces monarchies constitutionnelles, sont électeurs ceux qui possèdent un certain capital, donc les seuls bourgeois ; ces bourgeois-électeurs élisent les députés, et ces bourgeois-députés élisent le gouvernement bourgeois, en usant de leur droit de refuser les impôts » (MEGA, *l. c.*, p. 508-509).

De son côté, Marx vient d'esquisser, dans les pages précédentes, l'interprétation dite matérialiste des institutions dans leur rapport avec les formes de production. Il l'avait déjà exposée dans la première partie de *l'Idéologie allemande.*

Page 407.

1. Magistral raccourci de la théorie marxienne des crises. Le problème sera repris au livre III du *Capital* et dans les *Théories de la plus-value,* mais gardera son caractère d'intuition géniale plutôt que de théorie élaborée. Il ne fut pas donné à l'auteur de mettre à exécution, à cet égard comme à maints autres, le plan de travail tracé à partir de 1857.

Dans ses *Principes,* Engels consacre la question 12 au problème des crises de surproduction, dont il établit la périodicité à « presque régulièrement tous les cinq à sept ans ». Puis, dans la 13ᵉ question, il decrit comme suit les conséquences négatives des crises commerciales : « [...] la grande industrie, qui avait, dans son premier développement, commencé par produire la libre concurrence, s'en est toutefois dégagée à présent ; [...] la concurrence et, d'une façon générale, toute l'exploitation industrielle par des individus sont devenues pour la grande industrie une chaîne qu'elle doit briser et qu'elle brisera ; [...] la grande industrie, aussi longtemps qu'elle sera pratiquée comme elle l'est actuellement, ne peut se maintenir que par un désarroi général, qui se répète tous les sept ans, et qui menace chaque fois toute la civilisation, non seulement précipitant le prolétariat dans la misère, mais encore ruinant un grand nombre de bourgeois... » (MEGA, *l. c.*, p. 510). Marx, on le voit, s'est fortement pénétré de ces passages, et sans doute aussi de *la Situation de la classe laborieuse en Angleterre,* où Engels décrit longuement les phénomènes des crises. Andler souligne l'influence que les idées de Buret et de Sismondi ont exercée sur les auteurs du *Manifeste* (*l. c.*, p. 99), mais se trompe lorsqu'il écrit que le paragraphe considéré est « dû entièrement à Engels ».

Pour un exposé objectif du problème, voir Léon Sartre, *Esquisse d'une théorie marxiste des crises périodiques,* Paris, M. Rivière et Cie, 1937, p. 148.

2. Marx ne fait ici que prendre à son compte cette « loi d'airain des

salaires » qu'Engels, dans ses *Principes* (question 5), établit comme suit : « Le travail est une marchandise comme n'importe quelle autre ; par conséquent, son prix est déterminé exactement d'après les mêmes lois que le prix de toute autre marchandise sous le règne de la grande industrie ou de la libre concurrence [...], le prix d'une marchandise est, en moyenne, toujours égal au coût de production de cette marchandise. Donc, le prix du travail est encore égal aux frais de production du travail. Mais ces frais consistent exactement en autant de moyens de subsistance qu'il en faut pour permettre au travailleur de conserver sa capacité de travail, et pour maintenir en vie la classe ouvrière. Le travailleur ne recevra donc pas pour son travail plus qu'il n'est nécessaire à tel effet ; par conséquent, le prix du travail ou le salaire sera le plus bas, le minimum qui est nécessaire pour le faire vivre. Étant donné que la conjoncture commerciale est tantôt pire, tantôt meilleure, il recevra tantôt moins, tantôt plus, tout comme l'industriel reçoit tantôt plus, tantôt moins pour sa marchandise. Mais de même que l'industriel ne reçoit en moyenne pour sa marchandise, pendant les bonnes et mauvaises périodes, ni plus ni moins que les frais de production ; de même le travailleur ne recevra, en moyenne, ni plus ni moins que ce minimum. Cette loi économique du salaire se réalisera avec d'autant plus de rigueur que la grande industrie s'emparera progressivement de toutes les branches du travail (MEGA, *l. c.*, p. 505). Ce n'est que dans *le Capital* que Marx donnera une forme définitive à sa théorie dite de la « paupérisation » ; et l'on pourra constater que la théorie de la plus-value absolue et relative ne fait que développer le thème ébauché dans *le Manifeste*.

Page 408.

1. C'est sans doute ce pronostic de la disparition des classes dites moyennes qui, maintenu et exposé avec plus de rigueur théorique dans *le Capital*, aura à affronter, au cours du XXe siècle, les critiques les plus sévères. Il semble que le problème ne saurait être discuté utilement s'il n'est posé au niveau méthodologique de l'abstraction « raisonnable », que Marx choisira pour étudier l' « anatomie » de la société bourgeoise. À cet égard, le texte décisif est l'*Introduction* posthume de 1857, que nous donnons ici, p. 445 et suiv.

Page 409.

1. Voir sur ce thème *le Capital*, ch. XV, § 5 : « La lutte entre les travailleurs et la machine ».

2. Engels, *Principes...* : « En même temps, elle [la révolution industrielle] agglomère les bourgeois et les prolétaires dans de grandes villes où l'industrie peut se pratiquer le plus avantageusement ; par cette concentration de grandes masses en un seul endroit, elle donne aux prolétaires la conscience de leur force » (MEGA, *l. c.*, p. 509).

Page 410.

1. À première vue, cette formule paraît équivoque : la formation de la classe prolétarienne y est présentée comme le résultat de l' « organisation », au même titre que le parti du prolétariat. L'idée s'éclaire toutefois à la lumière de la conception éthique que Marx se faisait de la conscience de classe du prolétariat. Cf. M. Rubel, « Remarques sur le concept de parti prolétarien chez Marx », in *Revue française de sociologie,* 1961, II, 3, p. 166-176.

2. Voir *Misère de la philosophie,* p. 50 et note p. 147. Engels en reparlera dans la *Neue Rheinische Zeitung Revue,* n° 4, avril 1850 : « *Die englische Zehnstundenbill* ».

Page 411.

1. Marx se livre intimement dans cette remarque. Ce qui l'a conduit au mouvement ouvrier, c'est la conviction que, pour la première fois dans l'histoire, tous les hommes qui souffrent « sont parvenus à une entente ». Il n'envisage pas un instant que l'élite intellectuelle, gagnée à la cause ouvrière, puisse réclamer un rôle directeur dans le mouvement révolutionnaire. Il précise en effet : « L'existence de l'humanité souffrante qui pense, et de l'humanité pensante qui est opprimée, doit fatalement devenir insupportable et indigeste au monde animal des philistins, qui jouit passivement et bêtement. » Ces phrases figurent dans un texte qui est antérieur à la conversion de Marx au communisme (cf. M[arx] à R[uge], mai 1843, *Annales franco-allemandes,* Paris, 1844, in *Werke,* vol. I, p. 342 et 343).

Page 412.

1. Les phrases à partir de « De toutes les classes » sont citées dans *le Capital* (Pléiade I, p. 1240) à l'exception de « ils ne sont donc pas révolutionnaires, mais conservateurs ». Voir Pléiade I, note 1, p. 135.

Page 413.

1. Ce paragraphe nous offre une clef sociologique de la théorie marxienne de la lutte des classes et de la « mission historique » du prolétariat.

Page 414.

1. Cette formule ressemble à celle de Sismondi : « On pourrait presque dire que la société moderne vit aux dépens du prolétaire, de la part qu'elle lui retranche sur la récompense de son travail » (*Études sur l'économie politique,* t. I, p. 35).

2. Les phrases à partir de « Le progrès de l'industrie... » sont citées dans *le Capital* dont elles sont la véritable conclusion (voir Pléiade I,

p. 1240). A une modification près, nous reproduisons la traduction de J. Roy, qui a sans doute suivi ici les instructions précises de Marx. Ainsi les mots *willenloser und widerstandsloser Träger* y sont traduits simplement par « véhicule inconscient »; plus loin « peu à peu » n'a pas son équivalent dans le texte original.

Page 415.

1. On trouvera ici et dans les pages suivantes une définition du communiste, qui semble impliquer une philosophie de l'histoire qui est bien dans l'esprit rationaliste de l'époque où Marx conçut l'idée d'une sociologie « matérialiste ». Voir à ce sujet les commentaires de R. Popper, *The open society and its ennemies*, London, G. Routledge and Sons, 1945. Mais la véritable importance de ce portrait idéal du communiste nous semble résider dans son caractère éthique. Marx trahit ici, plutôt qu'il n'exprime, le fond de sa pensée sur ce qu'il *attend* des communistes, et donc de lui-même; il ne décrit pas une *réalité*, il envisage des tâches possibles. Il importe de souligner qu'il ne confond pas conscience et théorie, comme le feront plus tard Kautsky et Lénine, et comme Georges Lukács le formulera systématiquement dans *Histoire et conscience de classe*.

Tout au plus pourrait-on parler, à propos des vues de Marx sur l'élite intellectuellement privilégiée du prolétariat, d'une réminiscence saint-simonienne : le rôle dévolu au pouvoir spirituel — les « conseils de Newton » — est celui de l'enseignement historique sur le cours de l'histoire, disons mieux : sur le *sens* du développement historique. Les communistes ne forment pas un parti séparé, ils sont les conseillers des ouvriers constitués en partis. On mesure la distance qui sépare ici Marx de tels de ses disciples pour qui (et par qui) le parti ouvrier, élevé comme tel au rang d' « avant-garde » politique, dispose d'une autorité et d'un pouvoir qui font de lui une véritable oligarchie. Face à ces nouveaux pouvoirs, on a vu naître au XXe siècle le mouvement du communisme des conseils *(Rätekommunismus)*, dont les représentants, tels Anton Pannekoek et Hermann Gorter, s'opposèrent au Lénine de *la Maladie infantile.*

Page 416.

1. Les deux dernières affirmations sont de celles qui semblent les moins prophétiques que Marx ait énoncées : le XXe siècle a vu surgir des sociétés de classes, et donc d'exploitation, où la propriété privée — au sens juridique où Marx l'entend — a été abolie; et où pourtant l'exploitation de l'homme par l'homme, liée à la propriété d'État, est plus sévère encore que dans les régimes bourgeois « classiques ». Et, suprême « ironie de l'histoire » — ironie si souvent admirée par Marx et Engels —, ces régimes se disent « marxistes »! Par une singulière perversion « dialectique », la théorie qui démasquait l'idéologie a été

changée en idéologie, c'est-à-dire en justification doctrinale de réalités qu'elle décrivait comme inhumaines.

On pourrait toutefois invoquer à l'excuse de Marx qu'il n'a pas tout à fait exclu la possibilité de nouvelles formes de propriété « négatives » de la propriété privée et pourtant... capitalistes ! Ces formes nouvelles, il a cru les déceler dans les sociétés anonymes et dans le « socialisme » d'État. Il les considère comme des formes de « transition », — vers quoi ? Il en sera question dans le Livre III du *Capital*. Mais ici même, dans ce texte antérieur de près de 20 ans, Marx souligne le caractère *anonyme* du capital, lorsqu'il écrit un peu plus loin : « [...] le capital n'est pas une puissance personnelle, c'est une puissance sociale ».

Page 417.

1. On ne saurait exprimer plus crûment la « loi d'airain » du salaire dont il a été question plus haut (note 1, p. 407).

Page 419.

1. Il est patent que Marx vise ici des *institutions* plutôt que des *idées ;* ce faisant, il pratique en pionnier la sociologie des institutions et des régimes dits démocratiques.

Page 421.

1. *Le Manifeste* suit ici encore les *Principes* d'Engels (cf. la question 21 : « Quelle influence la société communiste aura-t-elle sur la famille ? », *l. c.*, p. 519).

Page 422.

1. Traduction anglaise de 1888 : « *the leading class of the nation* ».
2. Le prolétaire-paria, sans patrie ni nation : *le Manifeste* se situe sur ce point comme sur d'autres dans une tradition humaniste ; mais là encore nous sommes dans l'équivoque : loin d'être niées, la patrie et la nation attendent leur transfiguration par le prolétariat transfiguré. Après la constitution du prolétariat en classe et en parti, Marx et Engels semblent proposer la constitution du prolétariat en nation pour et dans sa lutte. Presque au lendemain de la publication du *Manifeste*, Marx et Engels rentreront en Allemagne et y mèneront le bon combat pour la constitution des nations « historiques » et d'abord de la république allemande, « une et indivisible ». Engels se fera le spécialiste de la question nationale et se fera fort de reconnaître le droit à l'existence nationale de certains peuples et de refuser ce titre à d'autres : par sa bouche, l'histoire sauvera tel peuple, condamnera tel autre. La meilleure étude publiée jusqu'ici sur ce thème est sans doute celle de S. Bloom, *A world of nations : A study of the national implications in the work of Karl Marx*, New York, 1941. Voir également B. Hepner, Introduction à *K. Marx, la Russie et l'Europe*, Paris, 1954.

Page 424.

1. Les derniers passages s'ajoutent aux précédentes remarques de même nature et comme les premiers, ils ne font que reprendre sous une forme abrégée les idées exprimées dans *l'Idéologie allemande* et dans *Misère de la philosophie.* Elles seront condensées en 1859 en une thèse devenue célèbre : « Ce n'est pas la conscience des hommes qui détermine leur existence, mais au contraire leur existence sociale qui détermine leur conscience » (voir *Critique...*, p. 488).

2. Traduction de L. Lafargue (revue par Engels ?) : « la conquête du pouvoir public par la démocratie ». Dans un article publié le 7 octobre 1847 dans la *Deutsche Brüsseler Zeitung*, Engels écrit : « Dans tous les pays civilisés, la démocratie a pour conséquence nécessaire la domination politique du prolétariat, et la domination politique du prolétariat est la première condition de toutes les mesures communistes » (cf. *Werke*, vol. IV, p. 317). Marx, en rédigeant *le Manifeste*, s'est reporté aux articles publiés par Engels et lui dans ce journal belge contre Karl Heinzen, qui s'était attaqué au libéralisme au nom d'un « radicalisme assoiffé de sang ». De même, dans ses *Principes*, Engels pose comme premier objectif de la révolution prolétarienne l'établissement d'une « constitution démocratique », ce qui implique « directement ou indirectement » la « domination politique du prolétariat ».

Ces textes nous éclairent sur ce que Marx va bientôt concevoir sous le nom de « dictature du prolétariat ». Le concept en fut clairement établi avant même que le mot ait été employé : voir H. Draper, « *Marx and the dictatorship of the proletariat* », in : *Cahiers de l'ISEA*, série S, n° 6, sept. 1962.

Page 425.

1. Addition dans la traduction anglaise de 1888 : « par une répartition plus harmonieuse de la population au travers du pays. »

2. Tout ce programme répète presque textuellement celui qu'Engels a établi dans ses *Principes* (*l. c.*, p. 514-515) qui ne fait que reprendre d'ailleurs le tableau des réformes esquissé dans ses attaques contre Karl Heinzen (voir Pléiade III, 745-779). Celui-ci avait déjà été attaqué dans la *Kommunistische Zeitschrift* de Londres, pour avoir vu dans l'étatisation un but, et non une mesure transitoire (voir plus loin, note 1, p. 438). Il est donc permis d'affirmer que la théorie politique de la « transition » est pour l'essentiel l'œuvre d'Engels, qui considérait les étatisations comme « mesures de salut public ». Il faut signaler qu'en rentrant en Allemagne en août 1848, Marx et Engels renonceront provisoirement à ce programme dont ils avaient pourtant repris les principaux points dans un tract intitulé *Revendications du Parti communiste en Allemagne* (voir Pléiade I, Appendice II, p. 1460 et suiv.).

Marx, dont les premiers écrits politiques marquent une nette tendance anarchiste — « l'État et l'esclavage sont inséparables », écrivait-il dans *l'Idéologie allemande* —, suivait dans *le Manifeste* les traces d'Engels. Mais la Commune de 1871 le fit revenir à sa position initiale, et en 1872, il rédigeait et signait avec Engels la préface à la nouvelle édition du *Manifeste,* où le programme de 1848 est considéré comme « vieilli » en certains endroits, et surtout en ce qui concerne la conquête de l'appareil d'État. Voir cette préface dans la Pléiade I (Appendice V, p. 1481). Le 12 avril 1871, donc presque au lendemain de l'instauration de la Commune de Paris, Marx écrivait à Kugelmann : « En relisant le dernier chapitre de mon *Dix-huit Brumaire,* tu verras ce que j'y déclare : la prochaine tentative de la révolution française consistera, non plus à faire passer la machine bureaucratique et militaire d'une main à une autre, mais à la *briser.* C'est là la condition préalable de toute véritable révolution populaire sur le continent. Et c'est là la tentative faite à Paris par nos héroïques camarades de Parti. »

On remarquera que la réalisation de ce programme est expressément réservée aux prolétariats des « pays les plus avancés », de même qu'un peu plus tard, l'action commune des « pays civilisés » est considérée comme « la première condition » de l'émancipation prolétarienne. Cette thèse est plus nettement formulée dans les *Principes* d'Engels. Après avoir énuméré les douze mesures « transitoires » (dont dix figurent dans *le Manifeste*), qui doivent conduire à la disparition de toutes les institutions de l'ancienne société, Engels demande : « Cette révolution pourra-t-elle être réalisée dans un seul pays ? » Et il répond : « Non. Par le seul fait d'avoir créé le marché mondial, la grande industrie a rapproché tous les peuples du globe et notamment les nations civilisées, de sorte que chaque peuple dépend de ce qui se passe chez les autres. Elle a en outre égalisé le développement social de tous les pays civilisés, à tel point que, dans tous ces pays, la bourgeoisie et le prolétariat sont devenus les deux classes principales de la société, et la lutte entre ces deux classes est au premier rang de l'ordre du jour. C'est pourquoi la révolution communiste ne sera pas simplement nationale, mais elle se produira simultanément dans tous les pays civilisés, c'est-à-dire tout au moins en Angleterre, en Amérique, en France et en Allemagne. Elle se développera plus ou moins rapidement dans chacun de ces pays selon le degré de développement de leur industrie, la grandeur de leur richesse, la masse de leurs forces productives. Elle sera donc plus lente et plus difficile en Allemagne, alors qu'en Angleterre elle sera plus rapide et plus facile à réaliser. Elle aura les plus grandes répercussions sur les autres pays du monde ; elle changera complètement et accélérera fortement le rythme de leur évolution. C'est une révolution universelle ; il lui faudra par conséquent un terrain universel » (*l. c.*, p. 516).

Nous n'avons pas à confronter ici cette conception (qui renferme la quintessence de la théorie de la révolution établie par Marx et Engels) avec, d'une part, le développement des sociétés au XXe siècle et particulièrement des révolutions dites socialistes (ou marxistes); et d'autre part, avec l'altération que cette théorie a subie dans la variante bolchevique du marxisme. Au reste, le lecteur le moins averti aura saisi de lui-même l'aberration que représente la théorie du « développement inégal » commune à Lénine et à Trotski : que *si* la révolution « prolétarienne » a pu se produire en Russie avant d'être réalisée en Angleterre, etc., *parce que* ce pays était le « chaînon le plus faible » du capitalisme mondial, l'enseignement de Marx et d'Engels est pour ainsi dire pulvérisé (cf. M. Rubel, « De Marx au bolchevisme : partis et conseils », in *Arguments*, n°s 25-26, 1er et 2e trimestre 1962).

Il est intéressant de noter que lorsque Josef Schumpeter se résignait à accepter l'avènement fatal du socialisme par suite du jeu immanent de l'évolution capitaliste — particulièrement aux États-Unis — il avait en vue un système économique assez proche de celui que dessinent les réformes de transition énumérées dans *le Manifeste* : autrement dit, un socialisme d'État (cf. *Capitalism, socialism and democracy*, 1942 ; trad. franç., Payot, 1951). Écrivant en 1950, un commentateur de Schumpeter, après avoir cité 9 des 10 points du programme du *Manifeste*, fait cette réflexion digne de remarque : « Qui donc, en 1950, dans les sociétés dont la structure demeure capitaliste, trouverait un tel programme très révolutionnaire ? Ce qui est remarquable c'est qu'il ait été tracé en 1848 et demeure vraisemblable en 1950 » (Yves Mainguy, « Capitalisme, socialisme et... néo-libéralisme », in *Économie appliquée*, IV, 2, avril-juin 1951, p. 239). Or, le même auteur critique « l'illusion assez surprenante » de Marx et d'Engels : « penser qu'il existera un jour une communauté d'hommes sans État » (*l. c.*, p. 227).

Les auteurs n'ont pas manqué, ces dernières années, pour affirmer que l'association du capital et de l'État, phénomène à peu près universel dans les sociétés contemporaines, représente une transformation du capitalisme en socialisme, au sens où l'entendaient et l'espéraient Marx et Engels. Pourtant, même en sollicitant les textes, il est impossible de trouver sous leur plume la trace d'une pareille assimilation. C'est que ce même « programme de transition », repensé plus tard par ses auteurs, n'avait à leurs yeux de vertu révolutionnaire qu'*à la condition d'être réalisé par un prolétariat maître du pouvoir politique.* Mis en pratique par la bourgeoisie, ou toute autre classe ou couche sociale *minoritaire* et maîtresse du capital, ce programme ne supprime absolument pas le conflit du travail salarié et du capital. Nous nous rapportons, pour en juger ainsi, à la théorie révolutionnaire enseignée par les auteurs du *Manifeste.* Même si l'on est d'avis que leur socialisme était une « illusion », on doit convenir que leur *critique de la société existante* est demeurée assez actuelle pour ne nous laisser aucun doute sur la nature véritable de l'exploitation de l'homme par l'homme, qu'elle se fasse sous la bannière « socialiste » ou sous celle du néo-libéralisme. (Voir Pléiade I, p. 1475.)

Page 426.

1. Ce chapitre se termine, on le sait, dans le même esprit que la conclusion de *Misère de la philosophie,* où Marx se réconcilie avec l'anarchisme de Proudhon : la perspective historique est définie par la théorie de la révolution, la dictature prolétarienne constitue la phase de transition. Si le mot n'y est pas, l'idée est transparente (voir M. Rubel, « Le concept de démocratie chez Marx », *le Contrat social,* n° 4, vol. VI).

2. Ce chapitre développe longuement le point 24 (« Quelle est la différence entre les communistes et les socialistes ? ») des *Principes* d'Engels où il est question de trois catégories de « soi-disant socialistes », à savoir : les socialistes réactionnaires, les socialistes bourgeois et les socialistes démocrates. C'est avec ces derniers seulement (ils appartiennent à ce que nous appellerions aujourd'hui le socialisme « réformiste ») que les communistes sont prêts à marcher ensemble « pour autant que ces socialistes ne se mettent pas au service de la bourgeoisie régnante et n'attaquent pas les communistes ». Engels ajoute : « Il est clair que cette action commune n'exclut pas la discussion des divergences qui nous séparent d'eux » (*l. c.*, p. 519 et suiv.).

Page 427.

1. On retrouve ici l'écho de quatre vers de Heine (dans *Deutschland, Ein Wintermärchen*) écrits à Paris en janvier 1844, donc à une époque où le poète et le futur communiste se fréquentaient assidûment (cf. Franz Mehring, *Karl Marx. Geschichte seines Lebens,* Leipzig, 1933, p. 104 et suiv.). Voici ces vers :

> *Das mahnt an das Mittelalter so schön,*
> *An Edelknechte und Knappen,*
> *Die in dem Herzen getragen die Treu'*
> *Und auf dem Hintern ein Wappen.*

(Cela nous donne souvenance du Moyen Âge, qui fut si beau — Des écuyers et des valets — Qui dans leur cœur portaient la fidélité — Et sur leur derrière, un blason.)

2. *Young England* — mouvement né dans les années 40 parmi les tories pour s'opposer à l'influence économique et politique de la bourgeoisie anglaise, et gagner à cet effet le concours des ouvriers. Ses représentants en vue furent Disraeli et Carlyle.

Page 428.

1. La traduction anglaise de 1888 ajoute après « fruit d'or » : « tombés de l'arbre de l'industrie ». Au mot « absinthe », une note : « Cela vaut surtout pour l'Allemagne, où l'aristocratie terrienne et les propriétaires fonciers font cultiver de larges portions de leurs terres, pour leur propre compte, par des fermiers ; ils sont en outre grands fabricants de sucre de betteraves et distillateurs d'alcool de pommes de terre. Les aristocrates britanniques, plus fortunés, sont pour le moment au-dessus de cet état ; mais eux aussi, ils savent compenser la chute de leurs rentes en prêtant leurs noms aux valeurs de sociétés par actions plus ou moins douteuses. »

Page 429.

1. Dans le texte original : *heutige* (actuel). Engels remplaça le mot par « chrétien ». L'édition Hirschfeld donne correctement *heilige* (cf. MEGA, *l. c.*, p. 685). Marx venait d'écrire une page violente : « Les principes sociaux du christianisme prêchent la lâcheté, le mépris de soi, l'abaissement, la soumission, l'humilité, bref toutes les qualités de la canaille... » (*Deutsche Brüsseler Zeitung*, 12 sept. 1847, BIB. 57).

Page 430.

1. Marx vient de marquer sa reconnaissance à la critique sociale dont il avait hérité en commençant sa propre œuvre. On remarquera que Sismondi est le seul qu'il honore d'une mention.

Page 431.

1. Cette critique de la philosophie allemande, notamment de Kant, occupe une place de choix dans la *Deutsche Ideologie* (MEGA, vol. V, p. 175 et suiv.).

Page 432.

1. Marx ne vient-il pas de faire son *mea culpa* ? Ses premiers travaux d'économie politique, et particulièrement les manuscrits dits philosophico-économiques de 1844, baignent entièrement dans l'esprit de cette philosophie de l' « aliénation » qu'il condamne ici formellement. Sur cet aspect de la carrière littéraire de Marx, voir Koigen, *Zur Vorgeschichte des modernen philosophischen Socialismus in Deutschland* (Bern, 1901), qui étudie l'influence exercée sur Marx par ce « socialisme vrai ».

Page 433.

1. Note d'Engels (édit. de 1890) : « La tourmente révolutionnaire de 1848 a balayé toute cette misérable école et ôté à ses partisans toute envie de s'affairer encore dans le socialisme. Le principal représentant et le type classique de ce courant est M. Karl Grün. »

Sur Karl Grün, voir Pléiade III, « L'historigraphie du socialisme vrai », p. 665-719.

Engels a fait campagne contre le « socialisme vrai », et particulière ment contre Karl Grün, dans la *Deutsche Brüsseler Zeitung* (cf. ses articles « *Deutscher Sozialismus in Versen und Prosa* » (12 et 16 sept., 21, 25 et 28 nov., 2, 5 et 9 déc. 1847). Il avait l'intention de donner une suite à *l'Idéologie allemande*, par une étude intitulée *les Socialistes vrais*. Rédigé au printemps de 1847, non terminé, le manuscrit a été publié dans MEGA, vol. VI, p. 73-116.

Page 435.

1. Ce paragraphe exprime, en un raccourci remarquable, une conception qui se répercutera plus tard dans le conflit du socialisme réformiste et du socialisme révolutionnaire. Marx reprendra sa position en 1865 devant le Conseil général de l'A.I.T., à la fin de ses conférences sur *Salaire, prix et plus-value* (Pléiade I, p. 475 et suiv.), en proposant aux syndicats naissants la lutte pour l'abolition du salariat, qui sert en tout ceci de critère.

2. Traduction anglaise de 1888 : « conditions, qu'il restait encore à créer et qui ne pouvaient être créées que par l'époque bourgeoise imminente. »

Page 436.

1. Dans la traduction anglaise de 1888, on lit après « prolétariat » : « qui n'est encore que dans son enfance ». — Marx oppose aux utopies la thèse de l'auto-émancipation prolétarienne qu'il formulera en 1864 dans le postulat : « L'émancipation des travailleurs sera l'œuvre des travailleurs eux-mêmes. » Il citera ces passages et les deux alinéas suivants dans *Herr Vogt* (1860) (*Werke*, vol. VI, p. 448).

Page 437.

1. Marx parlera souvent des mouvements sectaires. Voir surtout *les Prétendues scissions dans l'Internationale* (1872; BIB. 711), où nous lisons qu'ils sont « l'enfance du mouvement prolétaire, comme l'astrologie et l'alchimie sont l'enfance de la science ». Cf. également ses lettres à Bolte.

De même, il nommera « alchimistes de la révolution » les conspirateurs, qui « improvisent une révolution sans les conditions d'une révolution » (*N. Rh. Z.-Revue*, 1850; *Werke*, vol. VII, p. 273.)

2. Ce sont ces « éléments critiques » que Marx reconnaît ainsi avoir incorporés à sa propre conception du socialisme. Mais à la différence des utopistes, il rattache la réalisation de ces « thèses positives » aux luttes de classes, et partant à la maturité politique des travailleurs.

Page 438.

1. Notes d'Engels (édit. 1890) : « *Home-colonies* (colonies à l'intérieur) : c'est ainsi qu'Owen nomme ses sociétés communistes modèles. Phalanstère : nom donné par Fourier aux palais sociaux dont il avait le projet. Icarie : nom du pays imaginaire et utopique dont Cabet décrivit les institutions communistes. Dans l'unique numéro de la *Kommunistische Zeitschrift* de septembre 1847, fondée à Londres pour être l'organe de la Ligue des communistes, un article critique l'appel du « citoyen Cabet », paru en mai 1847, exhortant les communistes français à émigrer en « Icarie » ; le lieu de destination ne fut révélé que sept mois plus tard : le Texas. Cf. Carl Grünberg, *Die Londoner Kommunistische Zeitschrift und andere Urkunden aus den Jahren 1847/1848*, Leipzig, 1921. Les articles de ce journal figurent dans l'édition. A. Costes du *Manifeste*, Paris, 1953, p. 165 et suiv.

2. « Réformistes » — voir plus loin la note 3, p. 439. Un nom est absent dans ce panorama des doctrines et des mouvements socialistes : Flora Tristan. Son opuscule *l'Union ouvrière* (1843) est pourtant le premier manifeste *ouvrier* d'esprit international, le premier appel à la « constitution » et à l'auto-émancipation de la classe ouvrière. Sans doute, son action trop brève et sa mort prématurée (1844) ont-elles fait oublier jusqu'à son nom aux auteurs du *Manifeste*, qui, dans *la Sainte Famille*, avaient pourtant fait l'éloge du réalisme de cette « femme-messie ». Voir le remarquable ouvrage de Jules-L. Puech, *la Vie et l'œuvre de Flora Tristan*, Paris, 1925.

Page 439.

1. Ce chapitre correspond à la dernière question (n° 25) des *Principes* d'Engels : « Quelle est la position des communistes vis-à-vis des autres partis de notre temps ? » (MEGA, *l. c.*, p. 521).

2. Dans son article contre Karl Heinzen (voir plus haut note 2, p. 425), Marx écrivit : « De même qu'en Angleterre, sous le nom de chartistes, les ouvriers forment en Amérique du Nord un parti politique sous le nom de réformateurs nationaux. Et leur devise n'est nullement royauté ou république, mais domination de la classe ouvrière ou domination de la classe bourgeoise » (Pléiade III, p. 759).

Au début de 1847, on assiste à la renaissance du chartisme, et vers la fin de la même année les manifestations chartistes se multiplient. Venus à Londres pour participer au deuxième congrès de la Ligue des communistes, Marx et Engels prennent contact avec plusieurs dirigeants chartistes et, lors d'un meeting organisé par les *Fraternal Democrats* pour célébrer l'anniversaire de l'insurrection polonaise de 1830, ils prononcent des discours. Voici la fin de l'allocution de Marx : « De tous les pays, l'Angleterre est celui où l'opposition entre le prolétariat et la bourgeoisie est la plus développée. La victoire des prolétaires anglais sur la bourgeoisie anglaise est, par conséquent, décisive pour le triomphe de tous les opprimés sur leurs oppresseurs. Dès lors, la Pologne ne sera pas libérée en Pologne, mais en Angleterre. Vous autres chartistes, vous n'avez pas à prononcer des vœux pieux pour la libération des nations. Battez vos propres ennemis de l'intérieur, et vous pourrez avoir la fière conviction d'avoir battu toute l'ancienne société. » (*Werke*, vol. IV, p. 417. Sur cette réunion publique, voir E. Dolléans, *le Chartisme*, 1949, p. 296 et suiv.).

3. Note d'Engels (édit. 1890) : « En France, le parti qui s'appelait alors démocrate-socialiste était représenté en politique par Ledru-Rollin et dans la littérature par Louis Blanc ; il était donc absolument différent de la social-démocratie allemande d'aujourd'hui. » Engels a consacré en 1847 plusieurs articles au mouvement de la Réforme dans l'organe chartiste *The Northern Star* (cf. *Werke, l. c.*, p. 399, 409, 432).

4. A l'occasion de la guerre civile déclenchée en novembre 1847 par sept cantons catholiques à la suite de la dissolution du *Sonderbund*, Engels écrivit l'un de ses articles politiques les plus violents. Publié le 14 novembre dans la *Deutsche Brüsseler Zeitung*, il félicita la « démocratie européenne » de s'être enfin débarrassée de ce « fardeau vieux-suisse, aux mœurs pures, réactionnaire ». « En dernier ressort, le mouvement démocratique a pour but, dans tous les pays civilisés, la domination politique du prolétariat. Il suppose donc l'existence d'un prolétariat, d'une bourgeoisie dominante, d'une industrie qui produit le prolétariat et qui a porté la bourgeoisie au pouvoir »... « La démocratie des pays civilisés, dit-il, la démocratie *moderne*, n'a rien de commun avec la démocratie norvégienne et vieux-suisse. »

Page 440.

1. Prémonitoire et illusoire à la fois, cette vision déterminera pourtant, trois mois plus tard, la ligne politique que Marx et Engels choisiront en Allemagne en fondant à Cologne la *Neue Rheinische Zeitung, organe de la démocratie*. Le prolétariat s'y révélera certes plus « évolué » — du moins selon l'optique des auteurs du *Manifeste* — que la bourgeoisie, mais celle-ci ne sera guère disposée à faire *sa* révolution, et tout sera à recommencer... jusqu'en 1918, qui ne sera, à son tour, qu'un épisode dans le *recul* de la civilisation en général et de la civilisation allemande en particulier.

Dans ses *Révélations sur le procès des communistes de Cologne* (1853), Marx apportera des précisions importantes sur l'organisation et les « tâches historiques » des communistes allemands avant et après 1848 par opposition aux mouvements sectaires et aux méthodes conspiratrices. Évoquant la nécessité où se trouvèrent les « membres du parti prolétaire » de participer à une révolution contre le *statu quo*, il souligna que leur tâche n'était pas de préparer une telle révolution. « Ils pouvaient abandonner cette préparation aux conditions générales et aux classes directement intéressées. Ils devaient la leur abandonner sous peine de renoncer à leur propre position de parti et aux tâches historiques qui surgissent spontanément des conditions d'existence générales du prolétariat » (*Werke*, vol. VIII, p. 458).

2. Cet appel était la devise placée sous le titre de l'unique fascicule de la *Kommunistische Zeitschrift*, publié à Londres en septembre 1847 (voir note 1, p. 438). La formule était implicite dans les deux Adresses lancées le 4 mars et le 4 juillet 1845 par la société des *Fraternal Democrats*, fondée en automne 1845 sur l'initiative du chartiste G. Julian Harney (cf. Carl Grünberg, Introduction à *Die Londoner Kommunistische Zeitschrift...*, *l. c.*, p. 10-11, 22-23). Toutefois, répétons-le (voir note 2, p. 438), c'est Flora Tristan qui, la première, a donné à son appel à l'union des travailleurs une portée universelle, en admettant dans l'Union ouvrière tous les prolétaires sans distinction de nationalité ni de sexe. (Cf. E. Dolléans, *Histoire du mouvement ouvrier*, t. I, 6e édit., 1957, p. 194 et suiv.)

CRITIQUE DE L'ÉCONOMIE POLITIQUE

Introduction générale

Page 446.

1. Cf. J.-J. Rousseau, *le Contrat social*, livre I, chap. II.

Page 447.

1. On retrouve ici les thèmes de *l'Idéologie allemande*, œuvre demeurée manuscrite où, plus de douze ans auparavant, la société bourgeoise comme dérivé de la famille et du clan était examinée plus en détail. L'idée du clan considéré comme famille élargie se retrouvera dans *le Capital* (chap. XIV, § 4) où Engels ajoutera une note rectificative (voir Pléiade I, note 1, page 893). Dans toute cette conception, on sent les échos des lectures philosophiques et historiques de Marx, particulièrement des *Principes de la philosophie du droit* de Hegel (§ 182-188) et de l'*Histoire romaine* de B. G. Niebuhr (t. I, 2e édit. 1827).

Page 448.

1. Sur ce que Marx a pensé, dix ans plus tôt, du Prométhée de Proudhon, voir *Misère...*, Pléiade I, p. 68 et suiv.

Page 449.

1. H. C. Carey, *Principles of political economy*, 1837, t. Ier, p. 7-8. On notera — car nulle part Marx n'a été plus explicite sur ce point

essentiel de sa méthode — la façon suggestive dont il définit la spécificité historique du mode capitaliste de la production.

Page 450.

1. Cf. Adam Smith, *Recherches...*, trad. par G. Garnier, t. II, 1802, p. 403-413.

Page 451.

1. Ce portrait, qu'on pourrait dire apologétique, des « peuples » capitalistes n'est pas sans rappeler la description de la « vocation » de l'entrepreneur moderne, telle qu'on la rencontre, par exemple, chez un J. Schumpeter. Voir, de ce dernier, *Theorie der wirtschaftlichen Entwicklung* (1911, 2e édit. 1926, édit. anglaise 1951, chap. II) où il est question de la recherche du succès pour lui-même et non pour ses fruits.

Page 452.

1. Le thème est longuement développé dans une des parties les plus remarquables des *Grundrisse*, consacrée aux types de propriété et d'appropriation qui ont précédé historiquement l'économie capitaliste (cf. *l.c.*, p. 375-413).

Page 453.

1. On notera l'effort dans les pages qu'on vient de lire pour définir ce qui sera appelé dans la préface du *Capital* la « force d'abstraction ». Il s'agit en fait d'une tentative de trouver une méthode de recherche et d'analyse qui serait, dans le domaine des sciences sociales, l'équivalent des méthodes en matière de sciences naturelles. Et on ne peut s'empêcher de penser, ce lisant, à tels enseignements de Max Weber concernant la « théorie économique abstraite » qui offre des synthèses pragmatiques désignées comme « types idéaux » de phénomènes historiques significatifs. Voir particulièrement *Die Objectivität wissenschaftlicher und sozialpolitischer Erkenntnis*, 1904 (réimprimé dans *Gesammelte Aufsätze zur Wissenschaftslehre*, 1922, 2e édit. 1951).

Page 454.

1. Le texte établi par Kautsky apporte ici une correction qui n'en est pas une, en mettant « dans la consommation » au lieu de « dans la personne ». Marx « flirte », ici comme ailleurs, avec le style de Hegel.

Page 456.

1. Cf. lettre de Spinoza à Jarig Jelles, 2 juin 1674 (Pléiade, p. 1287). Voir également *le Capital*, Pléiade I, p. 1101, et chez Hegel, *Science de la logique*, t. I, édit. Aubier, 1947, p. 109.

Page 459.

1. Cf. Hegel, *Science de la logique,* vol. II, chap. II, section A : *L'identité.*

Page 460.

1. Cf. Henry Storch, *Considérations sur la nature du revenu national,* Paris, 1824, p. 144 et suiv.

Page 461.

1. Thèse centrale de la sociologie marxienne.

Page 463.

1. Cf. Ricardo, *Principes...,* préface : « Déterminer les lois qui règlent cette distribution, voilà le principal problème en économie politique » (*l. c.,* Paris, 1819, p. v).

Page 465.

1. Sur les rapports entre les modes de production et les structures sociales considérées sous l'angle historique, Marx s'est exprimé d'une façon plus détaillée dans la partie introductive de *l'Idéologie allemande* (cf. *Werke,* vol. III, p. 22 et suiv.).

Page 466.

1. Voir la même idée dans une note polémique contre Bastiat, dans *le Capital,* Pléiade I, p. 616 et suiv.

Page 469.

1. On trouve sous la plume de Marx deux ou trois aperçus aussi brefs que celui-ci, et qu'il n'a pas eu le temps ou le souci de développer, sur la « totalité organique ». Il faut remarquer que cette notion lui est utile pour la simple compréhension des phénomènes sociaux et économiques. À partir de ces aperçus — dont le caractère méthodologique est évident — il s'est développé, dans telle école marxiste, toute une pseudo-dialectique, pour ne pas dire métaphysique, de la « totalité », beaucoup moins concise et fort éloignée de ces préoccupations sociologiques. Voir les ouvrages de Georg Luckács, de Lucien Goldman (*Recherches dialectiques,* Paris, 1959) et de Jean-Paul Sartre (*Critique de la raison dialectique,* Paris, 1960). Ces entreprises signifient, en dernière analyse, le retour à la spéculation idéologique dont Marx et son contemporain Sören Kierkegaard ont passionnément dénoncé l'inanité, le premier pour condamner les médiations politiques et professorales, le second pour apprendre à l'homme à s'acquérir lui-même. Moins que dans d'autres cas similaires, on ne peut rendre Marx

responsable des excès de ses disciples, et nous ne pensons pas que la critique, d'ailleurs pertinente, d'A. Patri ait ici sa raison d'être. (« Axiomatique du marxisme » et « Quelques subtilités du marxisme », *Le Contrat Social*, nov. 1959, janv., févr. 1960).

Page 472.

1. Aperçu de cette « mise à la raison » que Marx se proposait de faire subir à la dialectique « mystifiée » par Hegel, dont il venait de refeuilleter la *Logique* (cf. sa lettre à Engels, 14 janvier 1858, et Hegel, *Science de la logique*, livre Ier : « Quel doit être le point de départ de la science ? »).

2. Cf. Hegel, *Principes de la philosophie du droit*, première partie, Ire section, préf. de Jean Hyppolite, Paris, 1940, p. 61 et suiv. C'est par une critique approfondie de cet ouvrage que Marx a terminé la première phase de sa carrière politique, après l'interdiction de la *Rheinische Zeitung*. Cf. le manuscrit, *Critique de la philosophie du droit de Hegel* (1843), où Marx commente principalement la conception hégélienne de l'État, c'est-à-dire les § 261-313. Marx n'a rédigé et publié que l'Introduction de ce travail important (cf. « Zur Kritik der Hegelschen Rechtsphilosophie. Einleitung », in *Annales franco-allemandes*, Paris, 1844). Par cet écrit, Marx entre en lice aux côtés du prolétariat (cf. BIB. 33 P. et 38).

Page 476.

1. Cette page pourrait servir de liminaire à toute discussion sérieuse sur le problème épineux de la réduction du travail complexe, qualifié, en travail simple. Voir plus loin *Critique* (Pléiade I, p. 280) et *le Capital* (Pléiade I, note 1 pour la p. 572).

2. Ces pages font mieux comprendre la remarque sommaire par laquelle Marx expliquera, dans la postface à la 2e édition du *Capital*, la différence entre la « méthode d'exposition » et la « méthode d'investigation » (ici, p. 509 sq.).

Page 477.

1. Cet aphorisme résume la méthode d'analyse choisie par Marx pour confronter les types de société dans leur succession historique.

Page 479.

1. Vu la rigueur du raisonnement, on comprendra que Marx n'ait pas pensé à changer le plan initial de son œuvre et incorporé par exemple au *Capital* l'étude de la rente foncière. Si l'auteur était incapable d'ordonner la matière de l'œuvre grâce à un calcul savant, il était, en revanche, trop respectueux de la cohérence de sa méthode pour lui infliger un démenti en choisissant la facilité.

Page 480.

1. Cf. *Misère de la philosophie*, Pléiade I, p. 74 et suiv.

Page 481.

1. En commençant la rédaction du « chapitre sur le capital », Marx apportera d'autres précisions à cette première ébauche du plan de son œuvre en six livres et esquissera également le schéma des livres I *(capital)*, II *(propriété foncière)*, III *(travail salarié)*, IV *(État)*, V *(commerce extérieur)* et VI *(marché mondial)*. Cf. *Grundrisse*, p. 175, 186-192 et *Critique...*, ici, p. 486.

Page 482.

1. C'est de la même époque que datent les remarques que Marx adresse à Engels et dont voici quelques passages : « L'histoire de l'armée illustre mieux que n'importe quoi la justesse de notre conception du lien entre les forces productives et les conditions sociales. L'armée, en général, a une grande importance pour le développement économique. Le salaire, par exemple, a été complètement développé tout d'abord dans l'armée, chez les Anciens [...]. De même, la division du travail *à l'intérieur* d'une branche fut réalisée tout d'abord dans les armées. Toute l'histoire des formes de la société bourgeoise s'y résume de manière frappante » (lettre du 25 septembre 1857). On sait qu'Engels s'intéressait aux questions militaires en spécialiste.

Page 483.

1. Il ne fut pas donné à Marx de traiter tous ces huit « points » dans le cours de son ouvrage, et encore moins de les traiter amplement. C'est d'autant plus regrettable que l'on sait les abus commis par telles écoles marxistes dans l'interprétation de la dialectique et du matérialisme dont Marx se réclamait volontiers. Toutefois, on trouvera dans des écrits antérieurs à cette *Introduction* (*la Sainte Famille* et *l'Idéologie allemande*, par exemple), ainsi que dans *le Capital*, un ensemble de réflexions sur des thèmes voisins.

Page 484.

1. Siège du *Times* à Londres.

Page 485.

1. Art et production matérielle : c'est, des huit « points » que Marx se proposait de traiter dans cette *Introduction* inachevée, le seul dont il ait ébauché un examen. Y voir le germe d'une « esthétique marxiste » nous paraît aussi exagéré que sous-estimer le caractère « bourgeois » de ce témoignage à la gloire de l'hellénisme, assez fréquent chez

l'auteur du *Capital*. Cf., par exemple, Georg Lukács, *Beiträge zur Geschichte der Ästhetik*, Berlin, 1954, p. 191 et suiv.

Avant-propos

Page 486.

1. En fait de « monographies », Marx avait alors devant lui les manuscrits dits « économico-philosophiques » de Paris (1844) ; les cahiers d'études datant de Paris (1844), Bruxelles et Manchester (1845-1847), Londres (1850-1853) ; enfin les manuscrits publiés pour la première fois en 1939-1941 sous le titre *Grundrisse der Kritik der politischen Ökonomie*, dont Marx a commencé la rédaction en 1857.

2. Nous donnons cette *Introduction générale*, ici, p. 445-485.

Page 487.

1. Il s'agit de l'article publié par Marx dans la *Rheinische Zeitung* du 16 octobre 1842 sous le titre « Le communisme et la *Augsburger Allgemeine Zeitung* ».

2. La *Critique de la philosophie du droit de Hegel* a été publiée pour la première fois, d'après le manuscrit, dans MEGA, vol. I^1, p. 401-553. Trad. française de J. Molitor, édit. A. Costes, Paris, 1935.

Page 488.

1. Des fragments de ces dernières phrases sont citées dans *le Capital*, livre I. Nous les donnons dans la traduction de J. Roy. On peut remarquer que *bedingen* et *Überbau* sont traduits respectivement par « dominer » et « édifice » et non, comme dans les traductions postérieures, par « conditionner » et « superstructure ».

2. Cette négation de l'autonomie de la conscience donne toute sa signification au « matérialisme » de Marx. On en saisira mieux toute la portée, si l'on rapproche les passages ci-dessus de telle thèse formulée dans *l'Idéologie allemande* : « La morale, la religion, la métaphysique et toute autre idéologie, ainsi que les formes de conscience qui leur correspondent, ne conservent plus l'apparence de l'autonomie. Elles n'ont pas d'histoire ; elles n'ont pas d'évolution ; ce sont les hommes qui, en développant la production matérielle et les relations matérielles, transforment en même temps leur propre réalité, leur manière de penser et leurs idées. Ce n'est pas la conscience qui détermine la vie, c'est la vie qui détermine la conscience. » (*Werke*, vol. III, p. 26 et suiv.) Il convient de rapprocher cette citation des *Thèses sur Feuerbach*, que Marx a rédigées vers la même époque, et dont la neuvième et la dixième sont formulées comme suit : « Le résultat ultime auquel parvient le matérialisme spéculatif *(anschauende)*, c'est-à-dire le matérialisme qui ne conçoit pas la réalité concrète *(Sinnlichkeit)* comme

activité pratique est la conception *(Anschauung)* d'individus isolés et de la société bourgeoise. » — « Le point de vue de l'ancien matérialisme est la société bourgeoise; celui du nouveau matérialisme est la société humaine ou l'humanité sociale. »

Qu'on nous permette de nous citer nous-même, pour donner une brève conclusion à ce qui précède : « Le " nouveau matérialisme " se confond [...] avec une théorie générale de la société, qui est en même temps une méthode d'explication sociologique de l'histoire humaine. Le plan de la gnoséologie pure est ainsi abandonné et le " matérialisme " cesse d'être une métaphysique de la matière : il est devenu un instrument de connaissance et d'explication de la réalité sociale et historique. C'est donc à un véritable renversement des perspectives qu'aboutit la critique marxienne de la gnoséologie matérialiste et idéaliste. Mais une fois cette prise de position méthodologique affirmée, Marx formule [...] le postulat éthique final qu'il entend déduire de la réflexion précédente : " Les philosophes n'ont fait qu'*interpréter* le monde de diverses manières; ce qui importe cependant, c'est de *transformer* le monde " » (M. Rubel, *Karl Marx, Essai de biographie intellectuelle,* Paris, 1957, p. 171 ; 2e éd., 1971, p. 161).

Page 490.

1. On trouve ici, condensée en deux pages, la théorie exposée dans *l'Idéologie allemande,* dont Marx va parler plus loin, et qui est également formulée en divers endroits de *Misère de la philosophie.* — Ce « fil conducteur », Engels le baptisera plus tard « matérialisme historique » (avril 1892, « Introduction » à *Socialism Utopian and Scientific*).

2. *Umrisse zu einer Kritik der Nationalökonomie* (1844), trad. française dans *le Mouvement socialiste,* août-septembre 1905 ; *Die Lage der arbeitenden Klasse in England* (1848), trad. française de Bracke (A.-M. Desrousseaux), Paris, A. Costes, 1933 ; trad. nouvelle, Édit. sociales, Paris, 1960.

3. Le manuscrit de *l'Idéologie allemande* a été publié pour la première fois intégralement en 1927 dans MEGA, vol. V, p. 3-528. Trad. française par J. Molitor, édit. A. Costes, Paris, 1937-1947 (tomes VI à IX des *Œuvres philosophiques*).

Page 491.

1. Voir ce texte dans la Pléiade I, p. 199 et suiv.

LE CAPITAL

Préface de la première édition du Capital

Page 495.

1. Plus exactement, le contenu de la *Critique* est repris dans les trois chapitres de la première section du *Capital.* La remarque de Marx se rapporte à la première édition allemande du *Capital* où cette matière faisait l'objet du premier chapitre sous le titre « Marchandise et argent » ; l'ouvrage était divisé en six chapitres et ne comportait pas de sections.

Page 496.

1. *Herr Bastiat-Schulze von Delitzsch... oder : Capital und Arbeit* fut le dernier écrit de Lassalle, quelques mois avant sa fin tragique (31 août 1864). Marx y voyait un plagiat de *Travail salarié et capital* et eut alors l'intention de rééditer ce texte en appendice au *Capital* (cf. ses lettres à Engels, 6 juin 1864) et à Kugelmann, 13 octobre 1866). Pour un exposé précis des divergences dans les conceptions de Marx et de Lassalle sur la valeur, consulter T. Grigorovici, *Die Wertlehre bei Marx und Lassalle,* 1910.

Page 497.

1. Lorsque les populistes russes, qui ont mis tous leurs espoirs dans un socialisme fondé sur la commune paysanne, exprimeront à Marx l'inquiétude que leur inspire l'idée de la « fatalité historique » du capitalisme, l'auteur du *Capital* apaisera leurs craintes en rappelant qu'il restreint cette « fatalité » aux « pays de l'Europe occidentale ». Quant à la commune rurale, elle peut être le « point d'appui de la régénération sociale en Russie » (cf. sa lettre à Véra Zassoulitch, 8 mars 1881, précédée d'une série de trois brouillons d'un intérêt capital, dans *Marx-Engels. Archiv.,* vol. I, 1926, p. 316-342 ; Pléiade II, p. 1555-1573).

Page 499.

1. Ces deux alinéas expriment parfaitement l'ambition de Marx : élever la science de la société au rang d'une science de la nature. Le postulat du déterminisme universel, ici adopté, n'est pas sans rappeler l'*Éthique* de Spinoza, que Marx avait beaucoup fréquenté dans ses années universitaires. Ces vues rappellent de manière frappante celles de J. S. Mill dans *A system of logic* (1843). Cf. Karl R. Popper, *The open society and its enemies,* 2e édit., 1945, où le « déterminisme sociologique » de Marx est soumis à une remarquable analyse critique.

Page 500.

1. Au lieu d'un seul volume, il a fallu à Engels trois volumes d'un total de plus de 1 300 pages pour publier les livres II (1885) et III (1894) du *Capital.* Quant au livre IV, ce n'est pas un, mais trois volumes, d'un total de plus de 1 700 pages in-16 que Karl Kautsky publia en 1905 et 1910. La nouvelle édition des *Théories de la plus-value* (Dietz, Berlin), en trois volumes in-8, compte un total de 1 500 pages. Sur les erreurs commises par Marx dans l'évaluation des dimensions de son œuvre, voir Pléiade II, Introduction. Il est vrai également que Marx, qui aimait « condenser », n'est pas responsable de la forme dans laquelle ses travaux inédits ont été livrés au public.

Postface de la seconde édition allemande

Page 502.

1. Les passages omis de cette postface concernent d'abord les modifications et améliorations apportées par l'auteur à la deuxième édition allemande du *Capital,* aussi bien dans la forme que dans le fond. Marx déclare en outre que, faute de temps, il n'avait pu, révisant la traduction française, remanier plus profondément certaines parties de l'original allemand, dont il préparait alors la deuxième édition. Il dit ensuite sa satisfaction de l'accueil intelligent que son ouvrage avait trouvé parmi les ouvriers allemands et signale les articles que Joseph Dietzgen avait publiés dans le *Volksstaat.* Ainsi, la presse ouvrière brisait la conspiration du silence de la bourgeoisie allemande contre *Das Kapital.* Tel critique ayant blâmé le style et la méthode de l'auteur. Marx répond : « Personne ne peut juger plus sévèrement que moi les défauts littéraires de *Das Kapital.* Néanmoins, pour réjouir ces messieurs et leur public, je citerai ici deux opinions, l'une anglaise, l'autre russe. La *Saturday Review,* très hostile à mes vues, déclare, en annonçant la première édition allemande, que ma manière d'écrire « confère un charme particulier aux questions économiques même les plus arides ». Les *Nouvelles de Saint-Pétersbourg,* dans leur numéro du 20 avril 1872, font remarquer notamment : « À l'exception de quelques rares parties très spéciales, l'exposé est très compréhensible pour tous, très clair et, malgré la hauteur scientifique du sujet, extrêmement vivant. À cet égard, l'auteur... ne ressemble guère à la plupart des savants allemands qui... écrivent leurs livres dans un langage si obscur et si aride qu'ils donnent la migraine au simple mortel. »

Marx mentionne plus loin la traduction russe du *Capital,* parue en 1872, et qui, tirée à trois mille exemplaires, est déjà épuisée. Avant cette date, un économiste russe, N. I. Sieber, avait démontré, dans un livre consacré à la *Théorie de la valeur et du capital de D. Ricardo,* que la théorie marxienne de la valeur, de l'argent et du capital se situait dans la ligne de l'école Smith-Ricardo.

Sur l'accueil fait au *Capital* dans les milieux des économistes russes, voir le remarquable travail de A. L. Reuel, *la Pensée économique russe dans les années 60-70 du XIXe siècle et le marxisme.* Moscou, 1956, p. 214 et suiv. (en russe).

Page 503.

1. La *Kameralwissenschaft,* fondée au XVIIIe siècle et enseignée aux Universités de Halle et de Francfort-sur-l'Oder, représentait en Allemagne le mercantilisme.

Page 505.

1. Cf. N. Tchernichevsky, *Précis d'économie politique (d'après Mill)* [en russe], Saint-Pétersbourg, 1865. — Marx eut l'intention de relater dans un article le sort tragique du savant russe qui, arrêté en 1862, mourut en 1889 en exil fut le porte-parole de la nouvelle génération qui s'opposait dans les années 50 aux « idéalistes » des années 30 et 40. C'est par l'intermédiaire de N. Danielson, le traducteur du *Capital* en russe, que Marx reçut à partir de juin 1871 divers écrits de Tchernichevsky. Sur le socialisme de ce révolutionnaire, voir M.-M. Karpovitch, « Chernyshevsky between Socialism and Liberalism » dans *Cahiers du monde russe et soviétique,* vol. I, n° 4, juillet-décembre 1960, p. 571-83.

Page 506.

1. Après l'affirmation (dans la *Préface* de la première édition) de la « nécessité de fer » des « lois naturelles » du système capitaliste, l'idée de « mission historique » attribuée par Marx au prolétariat peut paraître ambiguë sinon illogique. L'ambiguïté provient ici de l'absence de liaison logique intermédiaire : le postulat éthique d'une prise de conscience au cours de l'histoire tel que le démontre, ou veut le démontrer, la théorie sociale de Marx.

2. Il s'agit d'un compte rendu du « Capital » par E. de Roberty, paru dans la revue *la Philosophie positive,* n° 3, nov.-déc. 1868, p. 507-509. L'auteur de cet article fut également le premier à parler du *Capital* en Russie, dès 1869, donc avant la parution de la traduction russe. (Cf. A. L. Reuel, *l. c.,* p. 215 et suiv.) L'allusion ironique à Comte trahit le peu de sympathie que Marx éprouvait pour le positivisme. Le refus de proposer des schèmes de construction de la société nouvelle semble indiquer qu'il plaçait sa confiance, d'une part en la spontanéité créatrice de la classe ouvrière, et d'autre part dans la dynamique du développement économique des sociétés. Au demeurant, Marx se reconnaissait héritier et disciple de toute une lignée de socialistes, donc de l' « utopie » : sur la société idéale, tout avait été dit avant lui.

Page 508.

1. Phrase omise dans la traduction de Roy.

Page 509.

1. L'auteur de cet article était I. I. Kaufman, professeur à l'Université de Saint-Pétersbourg. Plus tard, Marx lira et annotera abondamment son ouvrage : *Théorie et pratique des banques*, Saint-Pétersbourg, 1873 (en russe). (Cf. son cahier d'étude de mars 1878, conservé au Fonds de l'I.I.H.S. d'Amsterdam.) Dans sa lettre à Danielson, 10 avril 1879, Marx s'exprime sur cet auteur : « M. Kaufman m'a fait l'amitié de m'envoyer son livre sur la *Théorie et pratique des banques*, mais j'ai été assez surpris que mon ancien et si intelligent critique du *Messager de l'Europe* de Saint-Pétersbourg se soit changé en une sorte de Pindare de la filouterie boursière moderne. » (Cf. *Die Briefe von Karl Marx und Fr. Engels an Danielson (Nikolai-on)*, Leipzig, 1929, p. 23.)

Page 510.

1. Voici le passage de l'édition allemande que Marx a supprimé à cet endroit : « Mais juste au moment où j'élaborais le premier volume du *Capital*, les épigones grincheux, prétentieux et médiocres, qui tiennent actuellement le haut du pavé dans l'Allemagne cultivée, se complaisaient à traiter Hegel de la même manière que, du temps de Lessing, Moses Mendelssohn avait traité Spinoza, à savoir de « chien crevé ». Aussi me suis-je ouvertement déclaré disciple de ce grand penseur et, dans le chapitre sur la théorie de la valeur, j'allais même jusqu'à flirter çà et là avec son style particulier. » Ce n'est pas sans raison que Marx a omis ces lignes dans l'édition française de son ouvrage : les hégélianismes en sont presque totalement absents. C'est peut-être ce qu'Engels déplorait le plus, lorsqu'il signalait à son ami le « pédantisme de la logique formelle », et la façon dont la langue française avait été « forcée » pour faire moderne. (Cf. sa lettre à Marx, 29 novembre 1873.)

Page 511.

1. Les cinq derniers alinéas sont une manière de déclaration de principes. Il est significatif que ce soit à un commentateur russe que l'auteur du *Capital* emprunte la définition de sa propre méthode, se bornant à la compléter par un hommage vague et ambigu à Hegel. En se posant en Hegel renversé, redressé, le dialecticien Marx n'a guère dévoilé, comme il l'affirme dans la version allemande de cette postface, le « noyau rationnel » que la dialectique hégélienne cache sous son « enveloppe mystique ». Contrairement à son désir (voir sa lettre à Engels, 14 janvier 1858), Marx n'a pas trouvé le loisir de « rendre accessible au sens commun » le fond de rationalité de cette dialectique. Et c'est ainsi qu'en l'absence des « deux ou trois feuilles

d'impression » que Marx se proposait d'écrire, l'exégèse marxiste n'a pas fini d'épiloguer sur les rapports Marx-Hegel. Ceci d'autant moins qu'il est difficile de se fier sur ce point à l'autorité d'Engels, comme le montre, après tant d'autres, J.-P. Sartre, à propos de la « dialectique de la nature » (cf. son ouvrage *Critique de la raison dialectique*, Paris, Gallimard, 1960, p. 127 et suiv.). Toutefois, s'il y a erreur chez Engels, il y a également transparence et précision de l'argument, formulé à la portée du sens commun. On n'en dira pas autant d'une conception selon laquelle « le marxisme, c'est l'Histoire elle-même prenant conscience de soi » (*l. c.*, p. 124).

En somme, on ne saurait assez recommander aux commentateurs de la dialectique marxienne de prendre au sérieux les déclarations de Marx et d'Engels attribuant à l'ouvrier Dietzgen le mérite d'avoir découvert en toute indépendance la méthode dialectique. (Cf. Josef Dietzgen, *Das Wesen der menschlichen Kopfarbeit, Eine abermalige Kritik der reinen und praktischen Vernunft*, 1869 ; nouvelle édition, avec une introduction d'A. Pannekoek, 1903.) (Voir Marx à Engels, 4 octobre 1868.)

2. Dans sa lettre à N. F. Danielson du 15 novembre 1878, Marx écrira à propos de cette note : « La crise anglaise que j'annonçais [...] a enfin éclaté pendant les dernières semaines. Des amis — théoriciens et hommes d'affaires — m'avaient prié de supprimer cette note, parce qu'elle leur paraissait mal fondée : tant ils étaient persuadés que les crises du Nord et du Midi de l'Amérique et celles de l'Allemagne et de l'Autriche devraient pour ainsi dire « escompter » la crise anglaise. Le premier pays où les affaires vont suivre une ligne *ascendante*, ce sont les États-Unis de l'Amérique du Nord » (lettre autographe conservée au British Museum, BIB. 787).

REPÈRES BIOBIBLIOGRAPHIQUES

M. = Marx. E. = Engels

1818-1842 : Naissance à Trèves (Prusse Rhénane) le 5 mai 1818, de Karl, deuxième des huit enfants de Heinrich Marx (1782-1838) et de Henriette, née Pressburg (1787-1863), issus l'un et l'autre de familles de rabbins. Le père est un avocat libéral modéré, patriote, voltairien. Il se convertit vers 1817 au protestantisme. Les enfants reçoivent vers 1824 le baptême évangélique. Naissance de Friedrich Engels à Barmen (28 novembre 1820).

1835 : Fin des études secondaires. Inscription à l'université de Bonn : cours de droit, mythologie ancienne, histoire de l'art moderne, etc. M. fréquente un cénacle poétique. — D. F. Strauss : *La Vie de Jésus.*

1836 : Fiançailles (secrètes) avec Jenny von Westphalen. Inscription à la faculté de droit de l'université de Berlin.

1839-1840 : Étude de la philosophie épicurienne et stoïcienne en vue d'une thèse de doctorat et d'une carrière académique.

1841 : M. poète : « Chants sauvages ». Présente sa thèse à l'université d'Iéna, « Différence de la philosophie naturelle chez Démocrite et chez Épicure, avec un appendice ». Obtient le diplôme de docteur en philosophie.

1842 : M. renonce au projet d'une carrière universitaire. Premiers essais de publiciste : pour la liberté de la presse contre la censure exercée par le gouvernement prussien. Collaborateur, puis rédacteur en chef de la *Rheinische Zeitung (RZ)*, organe de la bourgeoisie libérale de Rhénanie.

1843-1844 : Démêlés avec la censure prussienne. Quitte la direction de la *RZ*, interdite peu après. Il s'établit à Kreuznach et épouse Jenny von Westphalen. Importantes lectures et études historiques et analyse critique de la philosophie politique de Hegel. En octobre 1843, il se rend avec sa femme à Paris où il fonde, avec A. Ruge, les *Annales franco-allemandes*. Amitié avec Henri Heine. Deux essais dans les *Annales*... : « La question juive » et « Introduction à une critique de la philosophie du droit de Hegel » marquent l'adhésion à la cause de l'émancipation prolétarienne qu'il identifie à l'abolition de l'État et de l'argent. Il se propose d'écrire une histoire de la Convention. Premières études d'économie politique et rupture avec Ruge. Ébauche d'une critique de l'économie politique et de la dialectique hégélienne. Article contre Ruge (*Vorwärts !*, 1844) : M. défend la révolte des tisserands de Silésie et dénonce l'esclavage de l'État. Rapprochement définitif entre M. et E. : sous leurs noms paraît le pamphlet philosophique *la Sainte Famille* auquel E. n'a donné qu'une dizaine de pages. Rencontre avec Proudhon et Bakounine.

1845 : Contrat avec un éditeur allemand pour un ouvrage en deux volumes : « Critique de la politique et de l'économie politique ». Expulsé de France, il s'établit à Bruxelles et reprend ses études économiques. En Angleterre, contact avec la Ligue des Justes et avec le chartiste George Harney. Interrompant ses travaux d'économie politique, M. jette les bases de sa théorie matérialiste de l'histoire (*Thèses sur Feuerbach*) qu'il développe dans un travail auquel E. collabore, *L'Idéologie allemande*. Faute d'éditeur, le manuscrit (achevé en 1846) sera abandonné à la « critique rongeuse des souris ».

1846 : « Comités de correspondance communiste » en vue d'établir des contacts avec des communistes et des socialistes français et anglais. Sollicité, Proudhon, réticent, exprime sa méfiance du « dogmatisme économique » et de l'action révolutionnaire ; il annonce son intention d'exposer dans un ouvrage ses projets de réforme. Critique les diverses idéologies socialistes, allemande et française. Rupture avec Weitling. — Proudhon : *Système des contradictions économiques, ou Philosophie de la misère.*

1847 : En français : *Misère de la philosophie — Réponse à la « Philosophie de la misère » de M. Proudhon.* M. y expose les résultats de ses études économiques et esquisse une théorie de l'action politique et syndicale de la classe ouvrière : la finalité, c'est la disparition de l'État, « résumé officiel » de l'antagonisme de classes. Collabore à la *Deutsche Brüsseler Zeitung* et s'attaque au « socialisme gouvernemental » et à l'inertie de la bourgeoisie allemande : la révolution prolétarienne ne pourra avoir lieu qu'après le triomphe de la bourgeoisie sur l'absolutisme féodal. M. président de la commune bruxelloise de la Ligue des communistes. Il fonde avec E. la Société des ouvriers allemands de Bruxelles. Vice-président de l'Association démocratique de Bruxelles. En novembre, il participe à Londres avec E. au deuxième congrès de la Ligue des communistes qui les charge de rédiger un manifeste communiste. Rencontre avec les leaders chartistes Harney et Jones. Retour à Bruxelles et causeries sur le travail salarié et la lutte des classes devant des ouvriers allemands.

1848-1849 : Discours aux membres de l'Association démocratique en faveur du libre-échange : la suprématie économique et politique de la bourgeoisie favorise l'union des travailleurs dans leur lutte pour leur émancipation sociale (9 janvier). Commémoration de la révolte de Cracovie : M. déclare que la libération de la Pologne est une question d'honneur pour tous les démocrates d'Europe (22 février). Rédige le *Manifeste du Parti communiste* (en utilisant les *Principes du communisme* d'E.) qui paraît à la veille de la révolution de Février. Expulsion de Belgique. M. à Paris comme invité du gouvernement provisoire de la République française. Les « Revendications du Parti communiste en Allemagne » proclament l'Allemagne « république une et indivisible ». Avec E. et d'autres membres de la Ligue communiste il s'installe à Cologne et fonde la *Neue Rheinische Zeitung,* « organe de la démocratie ». Son programme politique se résumait, selon E., en deux points : « République démocratique allemande. une et indivisible ;

guerre à la Russie pour le rétablissement de la Pologne ». Hostilité de la gauche « ouvriériste » de la Ligue communiste (Gottschalk, etc.). M. participe aux activités des démocrates rhénans. État de siège à Cologne et interdiction temporaire de la *NRZ*. M. se rapproche des milieux ouvriers et soutient le droit révolutionnaire du peuple en face de la contre-révolution. Campagne de la *NRZ* pour le refus de l'impôt (novembre 1848). M., inculpé d'outrage à magistrat et d'incitation à la rébellion, plaide en faveur de la liberté de la presse, du droit d'association et du droit à la révolte. Il est acquitté (février 1849). Démission de l'Association démocratique et campagne pour un congrès des associations ouvrières. La *NRZ* publie ses causeries bruxelloises sous le titre « Travail salarié et capital ». Expulsé d'Allemagne, il se rend à Paris. Assigné à résidence dans le Morbihan, il quitte la France et va s'établir à Londres (août) où le rejoint sa famille (septembre). Ce sera son lieu d'exil définitif. — F. Engels : *le Panslavisme démocratique* (réponse à l'*Appel aux Slaves* de Bakounine).

1850 : Grâce au concours financier de ses amis, M. édite à Hambourg la *Neue Rheinische Zeitung Politisch-ökonomische Revue* (six fascicules au cours de l'année). Il y publie « Les Luttes de classes en France » et divers essais économiques et littéraires ; E. : « La Campagne allemande pour la Constitution du Reich » et « La Guerre des paysans en Allemagne ». *Adresse de la Ligue des communistes* où M. et E. préconisent l'organisation de partis ouvriers autonomes et une politique de vigilance et de pression, pour obliger la bourgeoisie à accélérer la concentration des moyens de production et la centralisation politique. L'*Adresse* se termine par le mot d'ordre : « La révolution en permanence. » Conflit avec la fraction Willich-Schapper. Scission du Comité central de la Ligue des communistes dont le siège est transféré à Cologne. Études économiques à la bibliothèque du British Museum. E. s'installe à Manchester où il travaillera jusqu'en 1870 à l'usine de filature Ermen et Engels, comme fondé de pouvoir de son père. Grâce à ses subsides, M. pourra faire vivre sa famille (sa femme et leurs trois enfants, Jenny, Laura et Edgar) malgré une « misère bourgeoise » chronique.

1851 : M. se croit au terme de ses études et envisage de rédiger son « Économie » (en trois volumes), mais les difficultés matérielles l'en empêchent. Publication à Cologne, par Hermann Becker, des *Essais réunis de Karl Marx.* Le volume contient des articles parus dans les *Anekdota* et la *RZ* sur la censure prussienne et les débats de la 6e Diète. Arrestation, à Cologne, de plusieurs membres de la Ligue des communistes et, à Paris, de membres de la fraction Willich-Schapper. M. devient le correspondant européen de la *New York Daily Tribune (NYDT).* Premiers articles, rédigés par E. et signés par M., sur les événements de 1848-1849 (« Révolution et contre-révolution en Allemagne »). Pour son ami J. Weydemeyer, rédacteur de la revue *Die Revolution* paraissant à New York, M. écrit *Le Dix-huit Brumaire de Louis Bonaparte.*

1852 : Misère et difficultés politiques. M. rédige un pamphlet, *Les Grands Hommes de l'exil,* et commence à écrire pour la *NYDT.* Les accusés de Cologne sont condamnés à de lourdes peines de prison. Sur la proposition de M., la Ligue des communistes se dissout (17 novembre). M. observe l'essor des sociétés par actions en France. Il écrit les *Révélations sur le procès des communistes de Cologne.*

1853 : Imprimées à Bâle, les *Révélations...* sont confisquées à la frontière germano-suisse. Elles sont réimprimées par un journal allemand de Boston. E. en distribue des tirés à part à des amis en Allemagne. Correspondances pour la *NYDT* sur la question d'Orient et les visées du tsarisme en Asie, l'histoire du colonialisme britannique dans l'Inde où le capitalisme anglais joue le rôle d' « instrument inconscient de l'histoire ». M. collabore à la rédaction du journal chartiste *People's Paper,* où il présente Lord John Palmerston sous les traits d'un agent de la diplomatie russe. Diffusés par un éditeur londonien sous forme de brochures anonymes, ces articles connaissent un immense succès. Dans d'autres articles, M. aborde pour la première fois des sujets d'actualité dans le domaine des luttes ouvrières.

1854 : Reprise des études économiques. Articles dans la *NYDT :* le conflit d'Orient, les finances de l'Autriche, les plans de guerre français et anglais, le parlement ouvrier de

Manchester, la diplomatie secrète et le partage de la Turquie, la guerre de Crimée, les mouvements de révolte des populations grecques en Turquie, l'insurrection militaire en Espagne et ses perspectives révolutionnaires, l'impuissance des belligérants occidentaux à résoudre la question d'Orient et à mener une guerre « véritable », etc. *Le Chevalier de la noble conscience* (New York) : brochure en réponse aux attaques calomnieuses de Willich dans la presse allemande de New York.

1855 : Correspondant de la *Neue Oder Zeitung (NOZ)*, journal libéral paraissant à Breslau. Une centaine d'articles sur des thèmes d'actualité : guerre de Crimée, politique intérieure et extérieure de la Grande-Bretagne et de la France, alliance franco-anglaise, action des leaders chartistes, ambitions dynastiques de Napoléon III, crise financière en France et en Angleterre, portrait de Lord John Russell, attitude de l'Autriche dans la guerre de Crimée, etc. E. rédige pour M. des articles militaires destinés à la *NYDT* et à la *NOZ*. Mort du petit Edgar (« Musch »). Les articles de M. sur Palmerston, publiés en 1853, sont réédités par les organes du russophobe David Urquhart.

1856 : Articles dans la *NYDT* sur le régime bonapartiste en France, la chute de Kars, la situation économique et politique en Prusse, l'aristocratie anglaise, le Crédit Mobilier et le rôle des sociétés anonymes, le mouvement révolutionnaire en Espagne, la crise internationale sur le marché financier, le commerce maritime de l'Autriche, l'histoire des Hohenzollern, etc. Études approfondies sur la diplomatie secrète de l'Angleterre et de la Russie au XVIIIe siècle. Dans une série d'articles pour la *Free Press* du russophobe réactionnaire David Urquhart, il dénonce la collusion des diplomaties anglaise et russe, d'une part, et l'expansionnisme illimité de la Russie tsariste, d'autre part. Discours à un meeting chartiste : M. évoque le contraste entre les conquêtes scientifiques et les défaites morales de l'homme. C'est aux ouvriers d'industrie de mettre fin au capitalisme et à l'esclavage salarial.

1857 : Correspondances pour la *NYDT* et autres articles : guerre anglo-persane, mouvement révolutionnaire en

Chine, débats parlementaires et élections en Angleterre, commerce maritime de la Russie avec la Chine, situation des ouvriers et législation des fabriques en Angleterre, situation financière de la France et de la Grande-Bretagne, insurrection en Inde contre la domination coloniale des Anglais, politiques russe et française à l'égard de l'indépendance et de l'unification des principautés danubiennes, développement de la crise financière et commerciale en Amérique et en Europe, etc. Invité à collaborer à la *New American Cyclopaedia,* M. se concerte avec E. pour la rédaction d'articles relevant du domaine militaire. Stimulé par la crise économique aux dimensions internationales, M. se remet, après plusieurs années d'interruption, à son « Économie » ; il développe dans une introduction le plan et la méthode. L'œuvre ainsi ébauchée dans ses « principes » (*Grundzüge* ou *Grundrisse*) comprendra six parties : le capital, la propriété foncière, le travail salarié, l'État, le commerce extérieur, le marché mondial.

1858 : Relecture de la *Logique* de Hegel. M. se propose de vulgariser la « substance rationnelle » de la méthode dialectique découverte et « mystifiée » par le philosophe allemand. Malade, à court d'argent, il travaille, avec de fréquentes interruptions, à son « Économie ». Articles pour la *NYDT* : le « règne » des « prétoriens » de Napoléon III, l'alliance franco-anglaise, la Compagnie des Indes, la crise économique, l'histoire du trafic d'opium et le traité anglo-chinois, le manifeste de Mazzini, le problème de l'émancipation des serfs en Russie, la situation en Prusse, etc. Articles biographiques et historiques dans *The New American Cyclopaedia.* Il lit l'étude de F. Lassalle, *La Philosophie d'Héraclite d'Éphèse l'obscur* et lui communique le plan de son « Économie » en six « Livres ». Son vœu serait de publier l'œuvre sous forme de fascicules successifs.

1859 : Difficultés matérielles. M. termine et publie le « premier cahier » de son « Économie » : deux chapitres « préliminaires » sur la marchandise et la monnaie ; le « chapitre » sur le capital n'y figure pas. Dans l'avant-propos, M. retrace brièvement sa carrière intellectuelle et révèle le résultat scientifique de ses études : la conception matérialiste de l'histoire, « fil conducteur » de son analyse des rapports de production bourgeois. La *Critique de l'économie politique* (Berlin) n'éveille aucun écho dans la presse allemande ; seul E. en signale l'importance, soulignant la différence entre la méthode dialectique de Hegel et celle de Marx. M. et E. combattent la propagande de Lassalle en faveur de la neutralité de la Prusse dans la guerre entre l'Autriche et l'Italie (Sardaigne-Piémont). M. s'élève contre les tentatives des milieux bonapartistes pour exploiter à leur profit les mouvements nationaux (articles dans la *NYDT* et *Das Volk*) ; il dénonce la politique de rapine de la France et de l'Angleterre en Chine. Karl Vogt, que Karl Blind accuse d'être un agent bonapartiste, choisit M. pour cible d'une campagne de calomnies tendant à détruire la réputation littéraire de la victime et de son parti. — Engels : *Le Pô et le Rhin.* — Karl Vogt : *Études sur la situation actuelle de l'Europe.* Du même : *Mon procès contre la* Allgemeine Zeitung.

1860 : M. réunit une importante documentation historique et politique en vue de répondre à son calomniateur. *Herr Vogt,* qui n'a pas trouvé d'éditeur en Allemagne, paraît à Londres en décembre. M. y défend non une organisation existante mais le parti proléarien « au sens éminemment historique ». Articles pour la *NYDT* : développement de l'industrie et du commerce britanniques, intervention française en Syrie, politique intérieure et extérieure de la Russie et de la Prusse. Mêmes thèmes dans la correspondance avec Lassalle. D'accord avec celui-ci, il considère que la guerre contre la Russie constitue la « mission révolutionnaire de l'Allemagne ». — F. Engels : *La Savoie, Nice et le Rhin.*

1861 : Difficultés matérielles malgré l'aide d'Engels et les maigres honoraires que lui versent la *NYDT* et la *Presse* de Vienne. M. reçoit une part de son héritage maternel. Voyage en Allemagne où il discute avec Lassalle de la fondation d'un nouveau journal. Rejet de la demande de réintégration dans la citoyenneté prussienne (abandonnée en 1845). De retour à Londres, M. organise une campagne de presse en faveur d'Auguste Blanqui, victime de sévices policiers. De nouveau absorbé par son « Économie », il aborde le troisième chapitre de la *Critique*... Articles dans la *NYDT* et la *Presse* : guerre civile aux États-Unis et intervention des puissances européennes au Mexique.

1862 : L'activité de M. se partage entre le journalisme et la préparation de matériaux pour l' « Économie ». Il s'aperçoit que le troisième « chapitre » de la *Critique*... devra remplir plusieurs livres et décide de tout reprendre : les chapitres déjà publiés seront intégrés à l'ouvrage qui, suivant le plan de 1857, aura pour titre *Le Capital* (sous-titre : Critique de l'économie politique). Articles pour la *NYDT* et la *Presse* : la guerre civile aux États-Unis et ses conséquences en Europe, les progrès de la Russie en Asie, l'intervention de la France au Mexique, la misère des travailleurs anglais frappés par la crise du coton, etc. Visite de Lassalle à Londres : les divergences politiques dégénèrent en conflit ouvert. — F. Lassalle : *Rapport particulier de la période historique actuelle avec l'idée de la classe ouvrière* (Discours d'avril 1862, publié comme « Programme ouvrier »).

1863 : M. continue de travailler au *Capital.* Insurrection polonaise. M. estime qu'une nouvelle ère révolutionnaire vient de s'ouvrir : cette fois, « la lave révolutionnaire coulera de l'Est à l'Ouest ». M. et E. projettent de publier un manifeste en faveur de la Pologne et réunissent une importante documentation historique. Études mathématiques. M. décide de grossir le volume de son œuvre, afin d'en imposer aux lecteurs allemands. Il entend réserver un volume à la seule littérature sur la plus-value. À la mort de sa mère, il se rend à Trèves ; au retour, il s'arrête en Hollande chez son oncle et règle avec lui l'affaire de l'héritage. Agitation politique de F. Lassalle et fondation de l'Association générale des travailleurs allemands (A.D.A.V.).

1864 : La situation matérielle de M. s'améliore momentanément (héritage de sa mère et legs de son ami Wilhelm Wolff). À propos de la crise danoise, spéculations sur un renouveau du mouvement révolutionnaire en Europe. Activisme de Lassalle. M. le soupçonne de plagier, en les déformant, ses propres idées. Lassalle est tué dans un duel.

M. serait disposé à prendre, sous certaines conditions, la tête de l'A.D.A.V. Il assiste, le 28 septembre, au meeting ouvrier international de St Martin's Hall qui décide la fondation de l'Association internationale des travailleurs. Élu membre du comité provisoire et de la commission chargée de rédiger le programme de l'Association, M. rédige les deux documents de base, l'Adresse inaugurale et les Statuts provisoires de l'A.I.T. Rencontre avec Bakounine qui l'impressionne favorablement. Réélection de Lincoln : au nom du Conseil central de l'A.I.T., M. rédige une adresse de félicitations où il souligne l'importance de la lutte anti-esclavagiste aux États-Unis pour la cause des travailleurs dans le monde. — F. Lassalle : *Capital et travail.*

1865 : Mort de Proudhon (janvier). Dans une lettre nécrologique destinée au *Sozial-Demokrat* (organe de l'A.D.A.V.), M. trace le portrait politique de Proudhon, « contradiction faite homme » ; certaines critiques visent en réalité Lassalle et le culte dont il est l'objet. M. et E. combattent le « socialisme gouvernemental » qui jouit de la sympathie des lassalliens : les conquêtes de la bourgeoisie libérale sont une condition indispensable de la lutte politique du prolétariat révolutionnaire. L'éditeur Meissner de Hambourg accepte de publier *le Capital* dont le manuscrit (deux volumes) doit être prêt avant le mois de juin. Deux causeries devant le Conseil central de l'A.I.T., sur la théorie du capital (« Salaire, prix et plus-value ») et le rôle des syndicats ouvriers (la lutte pour l'abolition du salariat). M. milite pour la participation de l'A.I.T. au mouvement pour la réforme du droit électoral en Angleterre. Il participe activement à la Conférence de l'A.I.T. dont il rédige l'ordre du jour : rôle des syndicats et des coopératives, limitation de la journée de travail, travail des femmes et des enfants, danger du tsarisme et rétablissement de l'indépendance de la Pologne, armées permanentes, etc. Bien que surmené, M. travaille la nuit et vient à bout d'importantes parties du *Capital.* — F. Engels : *La Question militaire de Prusse et le parti des travailleurs allemands*

1866 : Travail de mise au net du Livre 1 du *Capital.* Avec E., il fait campagne pour la cause de la Pologne. Heurts, au

Conseil central, entre M. et les membres français (proudhoniens) ; conflits avec l'Italien Luigi Wolff (mazzinien). M. combat l'influence du positivisme comtiste sur les leaders du syndicalisme anglais. Il critique la position des Français (Lafargue, etc.) à l'égard de la guerre austro-prussienne et se prononce pour la neutralité des ouvriers dans ce conflit purement dynastique. Il rédige les instructions destinées aux délégués du Conseil central provisoire au Congrès de l'A.I.T. de Genève. Six des neuf instructions y sont adoptées comme résolutions. Le Congrès élit M. au Conseil général de l'A.I.T. Il est réélu secrétaire correspondant pour l'Allemagne

1867 : M. met la dernière main au manuscrit du Livre I du *Capital* et se rend chez l'éditeur à Hambourg. Séjour chez le docteur Kugelmann, à Hanovre. Il reçoit la visite d'un émissaire de Bismarck : celui-ci désire utiliser les « grands talents » de M. « dans l'intérêt du peuple allemand » (M. à E., 24 avril 1867). Au Conseil général de l'A.I.T., M. s'oppose aux tentatives d'entraîner l'Internationale ouvrière dans le sillage de la Ligue de la Paix et de la Liberté : l'Europe ne peut rester désarmée devant une Russie agressive. Au congrès de l'A.I.T., à Lausanne, M. est réélu au Conseil général. *Le Capital,* Livre I (« Le processus de production du capital »), paraît à Hambourg (mille exemplaires). E. rédige plusieurs comptes rendus anonymes pour la presse libérale d'Allemagne. Campagne pour le mouvement de libération nationale des Fenians : la séparation de l'Irlande d'avec l'Angleterre est une condition et une étape nécessaires de la lutte de la classe ouvrière britannique.

1868 : Malade, M. poursuit péniblement son travail scientifique (problèmes du Livre III). Les premières critiques du Livre I (E. Dühring, J. Faucher, etc.) paraissent en Allemagne. Interventions au Conseil général sur l'ordre du jour au Congrès de l'A.I.T. à Bruxelles. Dans le rapport du Conseil général, M. déclare que l'Internationale est le produit spontané du mouvement ouvrier et non celui d'une secte ou d'une théorie. Il refuse de prendre parti dans le conflit de tendances (Liebknecht-Schweitzer) au sein des organisations ouvrières allemandes. Le tanneur autodidacte Joseph Dietzgen, auteur d'un essai sur *le Capital*, envoie à M. un manuscrit intitulé « La Nature du travail cérébral de l'homme ». Un éditeur de Saint-Pétersbourg informe M. de son intention de publier *le Capital* en russe. Bakounine assure M. de son amitié et se dit fier d'être son disciple. Sur la proposition de M., le Conseil général rejette la demande de l'Alliance de la démocratie socialiste, fondée à Genève par Bakounine, de faire partie de l'A.I.T. comme organisation autonome.

1869 : Études sur le crédit et la circulation bancaire. Conspiration du silence des « mandarins spécialisés » contre *le Capital.* Le Conseil général adopte le texte d'une circulaire rédigée par M. : les sections de l'Alliance de la démocratie socialiste pourront se joindre à l'A.I.T. après avoir dissous l'organisation mère. Dans un appel, M. demande aux ouvriers européens et américains d'apporter leur aide aux mineurs belges en grève. Directives à Liebknecht pour le congrès des associations ouvrières convoqué à Eisenach. M. commente au Conseil général le programme du futur congrès de l'A.I.T. (collectivisation de la propriété foncière, droit d'héritage, etc.). Il rédige le rapport du Conseil général au Congrès de Bâle. E. quitte le commerce et se consacre désormais à l'œuvre commune. M. milite au Conseil général en faveur des révolutionnaires irlandais persécutés. — F. Engels : « Karl Marx », *Die Zukunft*, 11 août 1869 (*le Capital* « est l'économie politique de la classe ouvrière, réduite à son expression scientifique »).

1870 : Contre les critiques et accusations de divers membres « anti-autoritaires » de l'A.I.T. groupés dans la section suisse, M. définit, dans une circulaire à l'adresse du Conseil fédéral de l'Internationale en Suisse romande, le rôle du Conseil général ; il insiste sur la nécessité de garder le contrôle du Conseil fédéral anglais : l'Angleterre, « métropole du capital », n'est-elle pas le « grand levier de la révolution prolétarienne » ? M., dans une communication confidentielle, met en garde les dirigeants du parti social-démocrate allemand contre l'activité conspiratrice de Bakounine. M. accepte de représenter au Conseil général un groupe de jeunes Russes établis à Genève, qui se constitue en section de l'A.I.T. Déclaration de guerre de la France à la Prusse. M. rédige une Adresse où il affirme que la guerre sonnera le glas du second Empire. Il souligne le caractère défensif de la guerre du côté allemand mais accuse la Prusse de complicité avec le bonapartisme : c'est au prolétariat allemand d'empêcher que la guerre ne dégénère en un acte d'agression contre le peuple français. Sur la proposition de M., le Conseil général décide d'ajourner le Congrès annuel de l'A.I.T. M. et E. pressent le comité exécutif du parti social-démocrate allemand de s'opposer énergiquement à l'annexion de l'Alsace-Lorraine. Seconde Adresse sur la guerre : l'A.I.T. salue l'avènement de la République en France et invite les ouvriers français à user des libertés acquises pour « organiser leur propre classe ». E. quitte Manchester et s'installe à Londres. — F. Engels : Avant-propos à la deuxième édition de *la Guerre des Paysans en Allemagne* (1850) ; « Sur la guerre » (articles dans la *Pall Mall Gazette*).

1871 : Campagne pour la reconnaissance de la République française par le gouvernement anglais. Instauration de la Commune de Paris. Soutien enthousiaste aux communards, mais critiques des hésitations du comité central. La Commune de Paris comme tournant historique du mouvement ouvrier, ce sera le thème de l'*Adresse sur la guerre civile en France*, rédigée au nom du Conseil général de l'A.I.T. Tout en affirmant que la Commune ne prétendait instaurer aucune utopie par décret du peuple, M. la présente comme le moyen de réaliser le but de tous les utopistes : la société libérée du pouvoir d'État, donc de toute hiérarchie politique, bureaucratique et militaire ; l'émancipation du travail, le travail productif cessant d'être l'attribut exclusif d'une classe sociale. Répondant à des attaques, M. se fait connaître comme l'auteur de la brochure. Actions d'aide matérielle et morale en faveur des communards. Principales résolutions de la conférence de l'A.I.T., décidée par le Conseil général sur l'initiative de M. et E. : défense aux branches de l'Internationale de choisir des noms sectaires (« positivistes », « mutualistes », « collectivistes », « communistes », etc.) ; création de branches féminines au sein de la classe ouvrière ; réalisation d'une statistique générale de la classe ouvrière ; renforcement des rapports internationaux entre les syndicats ouvriers ; propagande en faveur de l'adhésion des masses paysannes au mouvement du prolétariat industriel ; nécessité pour la classe ouvrière de se constituer en parti politique, le mouvement politique devant être subordonné au but final : l'émancipation économique du prolétariat ; interdiction de former des sociétés secrètes ; liquidation de l'affaire de l'Alliance de la démocratie socialiste ; publication d'une enquête sur le procès Netchaïev. Discours de M. pour le septième anniversaire de l'A.I.T. : l'Internationale, création spontanée des travailleurs, se donne pour tâche d'unir les forces ouvrières pour les luttes futures.

1872 : M. prépare la deuxième édition du *Capital.* Contrat avec un éditeur parisien en vue de la publication de l'ouvrage en français. M. et E. rédigent une circulaire du Conseil général (*Les prétendues scissions dans l'Internationale*) où ils défendent les principes internationaux de l'A.I.T. contre les agissements sectaires de l'Alliance bakouninienne et de la Fédération jurassienne, de tendance anarchiste, groupe dissident de la Fédération romande de l'A.I.T. Édition russe du *Capital* : la censure tsariste a autorisé la publication en en reconnaissant le caractère « rigoureusement et mathématiquement scientifique », bien que son auteur y affiche ouvertement ses convictions socialistes. M. correspond avec F. A. Sorge, organisateur des sections américaines de l'A.I.T. Il corrige et remanie la traduction française du *Capital.* Dans leur préface à la réédition du *Manifeste communiste,* M. et E. rappellent la leçon de la Commune : l'impossibilité pour la classe ouvrière d'utiliser l'appareil d'État bourgeois à des fins émancipatrices. M. lit le manuscrit, transmis par Danielson, des *Lettres sans adresse* du philosophe russe Tchernychevski. M. et E. assistent, à La Haye, au Congrès de l'A.I.T. Leurs propositions et interventions visent au renforcement des pouvoirs du Conseil général — dont ils obtiennent le transfert du siège à New York — l'insertion, dans les statuts, du principe de l'action politique de la classe ouvrière, la dénonciation de l'activité conspiratrice de l'Alliance bakouninienne, l'expulsion des leaders anarchistes Bakounine et Guillaume, etc. Dans un meeting ouvrier convoqué à Amsterdam, M. commente les résultats du Congrès de La Haye en soulignant l'importance de l'action politique de la classe ouvrière et de la conquête, légale ou violente selon les conditions données dans les divers pays, du pouvoir politique. Il informe Danielson de son désir de faire campagne, dans la presse anglaise, pour la libération de Tchernychevski, exilé en Sibérie. Conflit avec certains leaders du Conseil fédéral anglais. — F. Engels : Lettres et articles sur l'activité de l'A.I.T. en Espagne et en Italie. *La Question du logement.*

1873 : La santé de M. est définitivement compromise. Son travail se concentre sur la lecture et l'étude. Il ébauche les chapitres pour les Livres du *Capital* qui restent à rédiger. Son intérêt pour l'histoire économique et sociale de la Russie ne cesse de croître. M., E. et leurs amis s'abstiennent d'assister au sixième Congrès de l'A.I.T. à Genève, consacrant ainsi le fiasco de l'organisation que les « anti-autoritaires » tenteront vainement de ranimer. — Bakounine : *Étatisme et anarchie.* — F. Engels : « Les bakounistes à l'œuvre », articles dans le *Volksstaat.*

1874 : Nombreux déplacements dans des stations thermales. Étude des problèmes de la propriété foncière et de l'économie agricole. Il poursuit la révision de la traduction française du *Capital.* M. se voit refuser la naturalisation anglaise. Cure à Karlsbad et rencontre, en Allemagne, avec les dirigeants sociaux-démocrates. M. lit et annote le livre de Bakounine, *Étatisme et Anarchie,* où il est attaqué en qualité de juif, d'hégélien et de socialiste d'État. Selon M., Bakounine tend à rabaisser la révolution sociale en Occident au niveau des peuples paysans de la Russie et des pays slaves. — F. Engels : Travail sur la dialectique de la nature et collaboration fréquente au *Volksstaat* (« Littérature d'émigration »).

1875 : M. termine la révision des dernières parties de la traduction française du *Capital.* Les fascicules imprimés depuis 1872 seront réunis en volume au cours de l'année. Dans un « avis au lecteur », M. déclare que l'édition française « possède une valeur scientifique indépendante de l'original ». Nombreuses lectures russes (problèmes agraires) et tentatives de poursuivre le travail pour *le Capital* (Livre III). Ayant pris connaissance du projet de programme du futur parti social-démocrate (congrès de Gotha), M. et E. adressent aux leaders du parti d'Eisenach leurs observations critiques. Unification de l'A.D.A.V. (lassallien) et du parti ouvrier social-démocrate au congrès de Gotha ; le programme du nouveau parti (Parti socialiste ouvrier d'Allemagne, S.A.P.D.) reproduit presque intégralement le projet critiqué par E. (cf. sa lettre à Bebel, 18 mars 1875) et par M. (cf. sa lettre à Bracke, 5 mai 1875, et ses *Gloses marginales*). Les « gloses marginales » de M. constituent tant une critique des thèses lassalliennes qu'un exposé des thèses marxiennes sur l'antagonisme de classes et la phase de transition vers la société communiste. Cure à Karlsbad. — F. Engels : « Dialectique de la nature » (travail commencé en 1873). Divers articles polémiques dans le *Volkstaat* (« La question sociale en Russie », etc.).

1876 : Études pour *le Capital* (rente différentielle, problèmes de physiologie, formes primitives de la propriété, etc.). M. et E. décident de combattre l'influence grandissante des idées philosophiques d'Eugen Dühring, *privatdozent* à l'université de Berlin, dans les milieux sociaux-démocrates. Échange de lettres avec W. Bracke au sujet de la traduction en allemand de l'*Histoire de la Commune* de Lissagaray. Cure à Karlsbad. Jugement défavorable sur Laveley, auteur d'une étude sur le socialisme allemand. M renseigne Liebknecht sur la nouvelle crise d'Orient et les visées de la Russie, encouragées par la politique de conquête de Bismarck. Fréquentes rencontres entre M. et le savant russe Maxime Kovalevski.

1877 : Lectures d'auteurs russes sur la commune paysanne et le développement économique et social de la Russie. Conflit russo-turc. M. essaie d'agir par personne interposée contre la politique russophile de Gladstone. Il rédige pour E. un chapitre de l' « Anti-Dühring » (*À propos de l' « Histoire critique »*). Il recommence le travail pour le Livre II du *Capital*. Cure à Neuenahr avec sa femme malade. M. compile plusieurs écrits de Robert Owen à l'intention de l'« Anti-Dühring » de E. Il est persuadé que la crise d'Orient entraînera une révolution en Russie. Il s'irrite de l'esprit accommodant dont certains dirigeants du parti social-démocrate allemand font preuve envers les adeptes de Lassalle et Dühring. Dialoguant avec le sociologue russe Mikhailovski, M. précise le sens et les limites de sa théorie sociale et suppute les chances révolutionnaires de la commune paysanne en Russie. Débat public en Russie sur *le Capital* (Joukovski, Ziber, Mikhailovski). — F. Engels : « M. Dühring bouleverse la science », *Vorwärts !* « Karl Marx », *Volkskalender* (biographie de M., auteur de deux découvertes scientifiques : la conception matérialiste de l'histoire et la plus-value, clef du rapport entre le capital et le travail.)

1878 : M. expose à Liebknecht son point de vue sur le conflit russo-turc et ses perspectives révolutionnaires en Russie et en Europe occidentale. Lui et E. prennent parti pour la Turquie dont ils estiment la population paysanne moralement supérieure à toute la paysannerie européenne. Études de théorie et d'histoire financière, d'agrochimie et de géologie, d'histoire du développement agricole ; reprise des études mathématiques et physiques. Réplique à un article calomnieux de George Howell, leader trade-unioniste et ex-membre du Conseil général de l'A.I.T. : la réputation mondiale de l'Internationale était fondée non sur « une caisse bien remplie », mais sur sa « force spirituelle » et son « énergie désintéressée » (*The Secular Chronicle*, 4 août 1878). Cure à Malvern. Dans l'ébauche d'un article sur le projet de loi antisocialiste, M. examine la question de la légalité et de la violence dans la lutte pour la conquête et la conservation du pouvoir. — F. Engels« *M. Dühring...* (en volume). « Les travailleurs européens en 1877 », *The Labor Standard.*

1879 : Recherches économiques (sources russes et américaines). Correspondance avec Danielson : M. compare la Russie à la France du XVIIIe siècle et souligne l'avance prise par les États-Unis d'Amérique sur la Grande-Bretagne. Cure à Jersey et à Ramsgate. Dans une lettre-circulaire adressée aux dirigeants de la social-démocratie allemande,

M. et E. s'élèvent contre un groupe d'intellectuels réformistes (dont Bernstein) opposés à la lutte des classes et qui s'arrogent le droit de guider vers la libération les ouvriers, qu'ils jugent trop incultes. Étude des problèmes agraires et de l'histoire de la commune paysanne.

1880 : Tentatives de reprendre le travail scientifique (Livres II et III du *Capital*), lectures économiques (propriété foncière, rente foncière, agriculture, finances). M. prend contact avec le révolutionnaire russe Léon Hartmann, membre de l'organisation terroriste *Narodnaia Volia*. « Questionnaire » pour les ouvriers français destiné à enquêter sur leurs conditions de vie et de travail. Jules Guesde écrit, sous la dictée de M., les « Considérants du programme du parti ouvrier français ». M. et sa famille à Ramsgate. M. autorise Danielson à utiliser ses lettres pour une étude sur l'économie russe après la réforme de 1861. Correspondance avec Sorge (succès du *Capital* en Russie, difficultés de la social-démocratie allemande, etc.). Le Comité exécutif de la *Narodnaia Volia* rend hommage à l'œuvre de M. et demande à celui-ci d'influencer l'opinion publique en Europe et en Amérique en faveur du mouvement révolutionnaire en Russie. H. M. Hyndman entretient M. de ses projets politiques. Notes critiques sur le *Manuel d'économie politique* de A. Wagner. — F. Engels : *Socialisme utopique et socialisme scientifique* (avant-propos de M.).

1881 : Études sur le développement économique et social de la Russie après l'émancipation des serfs. Vera Zassoulitch demande à M. de préciser ses vues sur les perspectives socialistes de la commune paysanne, question de vie ou de mort pour les révolutionnaires russes. Dans le brouillon de sa réponse, M. s'interroge sur les conditions dans lesquelles l'*obchtchina* pourrait devenir l' « élément régénérateur de la société russe ». M. et E. saluent l'assassinat d'Alexandre II, prélude à l'avènement d'une « commune russe ». Visite de Karl Kautsky. Il étudie l'histoire des communautés primitives et rédige un résumé commenté de l'ouvrage de Henry Morgan, *La Société primitive.* Séjour à Argenteuil chez sa fille Jenny Longuet. Lectures historiques. M. et sa femme gravement malades. Jenny Marx meurt le 2 décembre. Cure à Ventnor. — F. Engels : articles dans l'organe trade-unioniste *The Labour Standard.* Discours sur la tombe de Jenny Marx.

1882 : Études sur les conditions économiques et sociales de la Russie. Avec E., avant-propos d'une nouvelle traduction russe du *Manifeste communiste* par G. Plékhanov : si la révolution russe donne le signal d'une révolution prolétarienne en Occident, le terrain peut devenir favorable pour une « évolution communiste en Russie » sur la base de l'institution existante de la propriété commune du sol. Séjour à Alger, puis à Monte-Carlo, Cannes, Argenteuil, Paris et Lausanne. À propos des congrès simultanés des deux partis ouvriers rivaux (« guesdiste » et « broussiste »), réunis à Roanne et à Saint-Étienne, M. écrit à E. : « Les marxistes et les antimarxistes... ont tout fait pour me gâcher le séjour en France. » Il traite Paul Lafargue de « dernier bakouniste » et d' « oracle breveté du socialisme scientifique » et Charles Longuet de « dernier proudhonien ». Selon le témoignage de E., M. s'est fermement tenu à distance de ses premiers partisans, en déclarant : « Ce qu'il y a de certain, c'est que moi je ne suis pas marxiste. » — F. Engels : *Bruno Bauer et le christianisme primitif.* Du même : *La Marche.*

1883 : Mort de Jenny Longuet (11 janvier). L'état de Marx s'aggrave ; il meurt le 14 mars.

BIBLIOGRAPHIE

ÉDITIONS COLLECTIVES

Karl Marx-Friedrich Engels, *Historich-kritische Gesamtausgabe. Werke, Schriften, Briefe.* Francfort, Berlin, Moscou, 1927-1935. Douze volumes. Sigle : MEGA[1].

Karl Marx-Friedrich Engels. *Werke.* Berlin, 1956-1968. Trente-neuf volumes. Deux volumes supplémentaires, 1967-1969. Sigles : MEW et EB.

Nouvelle édition en cours (premier volume : 1975 ; plus de cent volumes prévus) : Karl Marx-Friedrich Engels, *Gesamtausgabe.* Sigle : MEGA[2].

En français :

Œuvres, Paris, Gallimard (Bibliothèque de la Pléiade) :
- Économie I, 1965 (6e tirage 1994).
- Économie II, 1968 (3e tirage 1979).
- Philosophie, 1982.
- Politique I, 1994.

Pages de Karl Marx pour une éthique socialiste choisies, traduites et présentées par Maximilien Rubel. I. *Sociologie critique.* II. *Socialisme et Révolution*, Paris, Payot, 1970.

Les éditions Costes ont publié neuf volumes des *Œuvres philosophiques* de Marx (t. 1 à 9 ; trad. Molitor). On trouve également les principales œuvres de Marx et d'Engels dans des traductions procurées par les Éditions sociales.

Maximilien Rubel, *Bibliographie des œuvres de Karl Marx* avec en appendice un répertoire des œuvres de Friedrich Engels, Paris, Marcel Rivière, 1956. — *Supplément...*, Marcel Rivière, Paris, 1960 Sigle : BIB.

ŒUVRES DE MARX

Lettre de Karl Marx à son père (*Brief an den Vater.* 1837) : Pléiade III.

Philosophie épicurienne. Sept cahiers d'études préparatoires. 1839-1840. Contient notamment : Schéma de la philosophie de la nature de Hegel (*Schema der Hegelschen Naturphilosophie*) : Pléiade III.

Différence des philosophies de la nature de Démocrite et d'Épicure — avec un appendice (*Differenz der demokritischen und epikureischen Naturphilosophie — nebst einem Anhange.* 1841) : Pléiade III.

Chants sauvages (*Wilde Lieder.* 1841) : Pléiade III (extraits).

La Trompette du jugement dernier sur Hegel l'athée et l'antéchrist. Un ultimatum (*Die Posaume des jüngsten Gerichtes über Hegel den Atheisten und Antichristen. Ein Ultimatum.* 1841). Pamphlet anonyme écrit en collaboration avec Bruno Bauer.

Cahiers d'extraits de Berlin (*Exzerpthefte aus Berlin.* 1841) : extraits annotés d'Aristote, Spinoza, Leibniz, David Hume, etc.

Cahiers d'extraits de Bonn (*Exzerpthefte aus Bonn.* 1842) : extraits annotés d'ouvrages sur l'art et la religion

Le manifeste philosophique de l'école historique du droit (*Das philosophische Manifest der historischen Rechtsschule.* 1842) : Pléiade III.

Critique de la philosophie du droit de Hegel (*Kritik des hegelschen Staatsrechts.* 1841-1842) : Pléiade III.

Cahiers d'extraits de Kreuznach (*Exzerpthefte aus Kreuznach.* 1843) : extraits annotés de littérature historique, allemande et française (Rousseau, Montesquieu, etc.).

Un échange de lettres de 1843. Marx à Ruge (*Ein Briefwechsel von 1843*) : Pléiade III.

Remarques sur la dernière ordonnance prussienne concernant la censure. Par un Rhénan (*Bemerkungen über die neueste preussische Zensurinstruction.* 1843) : Pléiade III.

À propos de la question juive. 1° Bruno Bauer : La Question Juive. — 2° Bruno Bauer : Les Juifs et les Chrétiens d'aujourd'hui peuvent-ils devenir libres ? (*Zur Judenfrage. 1° Bruno Bauer : Die Judenfrage. Braunschweig 1843. 2° Bruno Bauer : Die Fähigkeit der heutigen Juden und Christen frei zu werden. 1844)* : Pléiade III.

Notes marginales sur l'article « Le roi de Prusse et la réforme sociale. Par un Prussien » (*Kritische Randglossen zu dem Artikel « Der König von Preussen und die Sozialreform. Von einem Preussen ».* 1844) : Pléiade III.

Manuscrits économique et philosophique (*Ökonomisch-philosophische Manuskripte aus dem Jahre 1844*) : Pléiade II.

Introduction à la critique de la philosophie hégélienne du droit (*Zur Kritik der Hegelschen Rechts-philosophie. Einleitung,* 1844) : Pléiade III.

Notes de lectures (*Ökonomische Studien*, 1844) : Pléiade II.

La Sainte Famille ou critique de la critique critique. Contre Bruno Bauer et consorts (*Die heilige Familie oder Kritik der kritischen Kritik. Gegen Bruno Bauer und Consorten von Friedrich Engels und Karl Marx*. 1845) : Pléiade III (extraits).

Thèses sur Feuerbach (*Thesen über Feuerbach*, 1845) : Pléiade III.

L'Idéologie allemande. Critique de la plus récente philosophie allemande dans ses représentants Feuerbach, B. Bauer et Stirner, et du socialisme allemand dans ses divers prophètes (*Die Deutsche Ideologie. Kritik der neuesten deutschen Philosophie in ihren Repräsentanten Feuerbach, B. Bauer und Stirner, und des deutschen Sozialismus in seinen verschiedenen Propheten*. 1845-1846) : Pléiade III (extraits).

La critique moralisante et la morale criticisante. Contribution à l'histoire de la culture allemande. Contre Karl Heinzen (*Die moralisierende Kritik und die kritisierende Moral. Gegen Karl Heinzen*. 1847) : Pléiade III.

Misère de la philosophie. Réponse à la Philosophie de la misère de M. Proudhon. 1847 : Pléiade I.

Manifeste du parti communiste (*Manifest der Kommunistischen Partei*. 1848) : Pléiade I.

Introduction générale à la Critique de l'économie politique (*Einleitung zur Kritik der politischen Ökonomie*. 1857) : Pléiade I.

Avant-propos à la *Critique de l'économie politique* (1859) : Pléiade I.

Préface à la première édition du *Capital* (1867) : Pléiade I.

Postface à la seconde édition du *Capital* (1873) : Pléiade I (extraits).

FRIEDRICH ENGELS

M. E. Dühring bouleverse la science (*Herrn Eugen Dührings Umwälzung der Wissenschaft*. 1878).

Ludwig Feuerbach et la fin de la philosophie classique allemande (*Ludwig Feuerbach und der Ausgang der klassischen deutschen Philosophie*. 1886).

Dialectique de la nature (*Dialektik und Natur*. 1875).

SUR KARL MARX ET LA PHILOSOPHIE

Adler, M. *Lehrbuch der materialistichen Geschichtsauffassung*, Bd. I-III, Berlin 1930-1932. — *Marx : Grundlegung der materialistichen Geschichtsauffassung*, Wien/Zurich, 1964.

Althusser, L. *Pour Marx*, Paris, Maspero, 1965.

Aron, R. *D'une Sainte Famille à l'autre. Essais sur les marxismes imaginaires*, Paris, Gallimard, 1969.

Arvon, H. *Aux sources de l'existentialisme : Max Stirner*, Paris, PUF, 1954.

Barbier, M. *La Pensée politique de Karl Marx*, Paris, 1992.

Barth, P. *Die Geschichtsphilosophie Hegels und der Hegelianer bis Marx und Hartmann*, Leipzig, 1890.

Bekker, K. *Marx philosophische Entwicklung. Sein Verhältnis zu Hegel*, Zurich-New York, Oprecht, 1940.

Bloch, E. *Prinzip Hoffnung*, Francfort/Main, 1959 ; trad., 3 vol. 1976, 1992 (première édition RDA 1954).

Bongiovanni, B. *L'Universale Pregiudizio. Le interpretazioni della critica marxiana della politica*, Milan, 1981.

Calvez, J.-Y. *La Pensée de Karl Marx*, Paris, Le Seuil, 1956.

Colletti, L. *Il marxismo di Hegel*, Bari, 1969 et 1971 ; trad. Paris, 1976.

Cottier, C. *L'Athéisme du jeune Marx. Ses origines hégéliennes*, Paris, Vrin, 1959.

Croce, B. *Materialismo storico ed economico marxista*, Bari, 1899.

Dahrendorf, R. *Marx in Perspektive. Die Idee des Gerechten im Denken von Karl Marx*, Hanovre, Dietz, 1952.

D'Hondt, J. *De Hegel à Marx*, Paris, 1972.

Dietzgen, J. *Das Wesen der menschlichen Kopfarbeit, dargestellt von einem Handarbeiter*, Hambourg, 1869 ; trad. 1973 (avec une préface d'Anton Pannekoek).

Fetscher, I. *Karl Marx und der Marxismus. Von der Philosophie des Proletariats zur proletarischen Weltanschauung*, Munich, Piper 1967.

Fromm, E. *Marx's Concept of Man*, New York, Ungar, 1961 ; trad. 1977.

Gentile, G. *La filosofia di Marx. Studii critice*, Pia, E. Sperri, 1899.

Habermas, J. « Zur philosophischen Diskussion um Marx und den Marxismus », *Philosophische Rundschau*, V, 3/4, 1957 (repris avec d'autres essais dans : *Theorie und Praxis. Sozialphilosophische Studien*, Neuwied am Rhein/Berlin, Luchterhand, 1963 ; trad. Payot, 1975.

Hammacher, E. *Das philosophisch-ökonomische System des Marxismus*, Leipzig, Duncker und Humblot, 1909.

Henry, M. *Marx*. I. *Une philosophie de la réalité*. II. *Une philosophie de l'économie*, Paris, Gallimard, 1976.

Hirsch, H. *Marx und Moses Hess. Karl Marx zur « Judenfrage » und zu Juden*, Francfort, Berne, Cirencester, 1980.

Horkheimer, M. *Kritische Theorie, gestern und heute*, Francfort/Main, Fischer 1970.

Hyppolite, J. *Études sur Marx et Hegel*, Paris, Marcel Rivière, 1955.

Kautsky, K. *Ethik und materialistische Geschichtausffassung. Ein Versuch*, Stuttgart, Dietz, 1906.

Kojève, A. *Introduction à la lecture de Hegel*, Paris, Gallimard, 1947.

Korsch, K. *Marxismus und Philosophie*, Leipzig 1923, 2e éd. 1930. — *Karl Marx*, Londres, Chapman and Hall, 1938 ; trad. 1971.

Labica, G. *Le Statut de la philosophie marxiste*, Bruxelles, Complexe, 1976.

Labriola, A. *Del materialismo storico : delucidazione preliminare*, Rome, 1897.

Löwith, K. « L'achèvement de la philosophie classique par Hegel et sa dissolution chez Marx et Kierkegaard », *Recherches philosophiques*, IV, 1934-1935, p. 232-267. — *Von Hegel zu Nietzsche* Zurich, 1941. Stuttgart, 1950 ; trad. 1969.

Lukács, G. *Geschichte und Klassenbewusstsein. Studien über marxistische Dialektik*, Berlin 1923.

MacLellan, D. *The Young Hegelians and Karl Marx*, Londres Macmillan, 1969 ; trad. 1972.

Masaryk, T. G. *Die philosophischen und soziologischen Grudlagen des Marxismus. Studien zur socialen Frage*, Osnabrück, Zeller, 1898.

Marcuse, H. *Reason and Revolution in Hegel and the Rise of Social Theory*, New York/Londres, Routledge, 1941 ; 2e éd. 1955 ; trad. 1968.

Ollmann, B. *Alienation. Marx's Critic of Man in a Capitalist Society*, Cambridge, 1971.

Pannekoek A. (J. Harper), *Lenin als Philosoph*, 1938 ; trad. 1970

Papaioannou, K. *De Marx et du marxisme*, Paris, 1992.

Popitz, H. *Der entfremdete Mensch. Zeitkritik und Geschichtsphilosophie des jungen Marx*, Bâle, 1953.

Popper, K. *The Open Society and its Enemies*, vol. II : *The High Tide of Prophecy : Hegel, Marx and the Aftermath*, Londres, Routledge, 1945, 5e éd. rév. 1966 ; trad. 1979.

Richter, H. *Zum Problem der Einheit von Theorie und Praxis bei Karl Marx. Eine biographisch-systematische Studie über den frühen Marx*, Francfort/New York, 1978.

Rubel, M. *Karl Marx. Essai de biographie intellectuelle*, Paris, Marcel Rivière, 1957 ; éd. revue et corrigée, 1971. — *Marx critique du marxisme*, Paris, Payot, 1974, rééd. 2000. — « Marx à la rencontre de Spinoza », *Études de marxologie*, n°s 19-20, janvier-février 1978.

Sartre, J.-P. *Critique de la raison dialectique*, Paris, Gallimard, 1960.

Somerhausen, L. *L'Humanisme agissant de Karl Marx*, Paris, 1946.

Stuke, H. *Philosophie der Tat. Studien zur « Verwirklichung der Philosophie » bei den Junghegelianen und der wahren Sozialisten*, Stuttgart 1963.

Tort, T. *Marx et le problème de l'idéologie*, Paris, 1988.

Vadée, M. *Marx penseur du possible*, Paris, 1992.

Vorländer, K. *Kant und Marx. Ein Beitrag zur Philosophie des Sozialismus*, Tübingen, 2e éd. 1926.

OUVRAGES CITÉS DANS LES NOTES

Adler, M. *Die Staatsauffassung des Marxismus*, Vienne, 1922.

Andler, Ch. *Le manifeste communiste de K. Marx et F. Engels. Introduction historique et commentaire*, Paris, 1901.

Andréas, B. et Monke, W. « Neue Daten zur " Deutschen Ideologie "... », *Archiv für Sozialgeschichte*, Hanovre, 1968.

Ansart, P. *Marx et l'anarchisme. Essai sur les sociologies de Saint-Simon, Proudhon et Marx*, Paris, 1969.

Arendt, H. *Le Système totalitaire*, Paris, Éditions du Seuil, 1972.

Aus dem literarischen Nachlass von K. Marx, F. Engels und F. Lassalle, Franz Mehring éd., Stuttgart, 1902. Sigle L.N.

Barnikol, E. *Bruno Bauer. Studien und Materialen*, Bonn, 1972.

Bloch, O.-R. *La Philosophie de Gassendi*, La Haye, 1971.

Börne, L. *Gesammelte Schriften*, vol. 6, Vienne, 1868.

Bourdet, Y. *Communisme et marxisme. Notes critiques de sociologie politique*, Paris, 1963.

Brieglеb, K. voir Heine.

Broutin, Y. « Le communisme à travers les lectures de Marx et d'Engels », *Études de marxologie* n° 14, 1970.

Charrier, J. *Claude Fauchet...*, Paris, 1909.

Cherbuliez, A.-E. *Riche et pauvre. Exposition succincte des causes et des effets de la distribution des richesses sociales*, Paris, Genève, 1840.

Chevalier, M. *Lettres sur l'Amérique du Nord*, Paris, 1836.

Cornu, A. *Karl Marx et Friedrich Engels. Leur vie et leur œuvre*, tomes I-III, Paris, 1955-1962.

1848. Der Vorkampf deutscher Einheit und Freiheit, Tim Klein éd., Ebenhausen-München et Leipzig, 1914.

Doubnov, S. *Histoire moderne du peuple juif*, tome I, Paris, 1933.

Droz, F.-X.-J. *Économie politique ou principes de la science des richesses*, Paris, 1829.

Engels, F. « Marx, Heinrich Karl », *Handwörterbuch der Staatswissenschaften*, vol. 4, Iena, 1892.

Ex libris Karl Marx und Friedrich Engels. Schicksal und Verzeichnis einer Bibliothek, Berlin, 1967.

Ferro, M. *Des soviets au communisme bureaucratique*, Paris, Gallimard, 1981.

Grandjonc, J. *Marx et les communistes allemands à Paris en 1844. Contribution à l'étude de la naissance du marxisme*, Paris, 1974.

Habermas, J. *Theorie und Praxis. Sozialphilosophische Studien*, Neuwied am Rhein, Berlin, 1963. — *Zur Rekonstruktion des historischen Materialismus*, Francfort, 1976 ; trad. fr. *Après Marx*, Paris, Fayard, 1985

Hamilton, Th. *Die Menschen und die Sitten in den Vereinigten Staaten von Nordamerika. Nach der 3. engl. Auflage übersetzt...*, Mannheim, 1834 ; trad. fr. Paris, 1834, reprint Genève, 1979.

Hansen, J. *Rheinische Briefe und Akten zur Geschichte der politischen Bewegung (1830-1850)*, vol. I, Essen, 1919.

Harstick, H. P. « Zum Schicksal der Marxschen Privatbibliothek », *International Review of Social History*, XVIII, Amsterdam, 1973. 2.

Heine, H. *Sämtliche Schriften*, vol. I-IV, Klaus Briegleb éd., Munich, 1968-1978.

Hertz-Eichenrode, D. « Massenpsychologie bei den Junghegelianern », *International Review of Social History*, VII, 1962, 2.

Herwegh, M. *Georg Herweghs Briefwechsel mit seiner Braut*, Stuttgart, 1906.

Hess, M. *Philosophische und sozialistische Schriften 1837-1850*, Berlin, 1961.

Hirsch, H. *Marx und Moses Hess. Karl Marx zur « Judenfrage » und zu Juden*, Francfort, Berne, 1980.

Karl Marx zur " Judenfrage " und zu Juden — Eine weiterführende Metakritik ? » in *Juden im Vormärz und in der Revolution von 1848*, Walter Grab et Julius Schoeps éd., Sachsenheim, Burg Verlag, 1983.

Hook, S. *From Hegel to Marx. Studies in the Intellectual Development of Karl Marx*, Ann Arbor, 1962.

Hunt, R. N. *The Politicial Ideas of Marx and Engels. I. Marxism and Totalitarian Democracy 1850-1880*, Pittsburgh, 1974.

Hyppolite, J. *Genèse et structure de la Phénoménologie de l'esprit de Hegel*, Paris, 1946. — *Études sur Marx et Engels*, Paris, 1965.

Janover, L. *Surréalisme, art et politique*, Paris, 1980. — *Les Intellectuels face à l'histoire*, Paris, 1980.

Kelsen, H. *Sozialismus und Staat. Eine Untersuchung der politischen Theorie des Marxismus*, Leipzig, 1920.

König, H. *Die Rheinische Zeitung von 1842-1843 in ihrer Einstellung zur Kulturpolitik des Preussischen Staates*, Münster, 1927.

Leroux, P. « Troisième discours aux politiques », *Revue encyclopédique*, août 1832.

Les Constitutions de France depuis 1789, Paris, Garnier-Flammarion, 1970.

Lobkowicz, N. *Theory and Practice : History of a Concept*, Londres, 1967.

Mattick, P. « Les limites de l'intégration : l'homme unidimensionnel dans la société de classe », *Études de marxologie* n° 10, 1966. — *Marx et Keynes. Les limites de l'économie mixte*, Paris, 1922.

Mayer, G. « Der Jude in Karl Marx », *Neue jüdische Monatshefte*, avril 1918.

McLellan, D. *Marx before Marxism*, éd. revue, Pelikan Books, Londres, 1972.

Mill, J. *Éléments d'économie politique*, Paris, 1823.

Mönke, W. *Neue Quellen zur Hess-Forschung*, Berlin, 1964. — *Die heilige Familie. Zur ersten Gemeinschaftsarbeit von K. Marx und F. Engels*, Berlin, 1972.

Monz, H. *Grundlagen der Entwicklung zu Leben und Werk*, Trier, 1973.

Möser, J. *Patriotische Phantasien*, Berlin, 1820.

Pfister, J.-Chr. *Geschichte der Teutschen. Nach den Quellen*, Hambourg, 1829-1835.

Philonenko, A. « Fichte dans la Révolution kantienne », *Histoire de la Philosophie*, Paris, 1978.

Poliakov, L. *Histoire de l'antisémitisme. De Voltaire à Wagner*, Paris, 1968.

Proudhon, P. J. *Qu'est-ce que la propriété ?*, Paris, 1840.

Ranke, L. von *Deustche Geschichte im Zeitalter der Reformation*, vol I-III, Berlin, 1839-1840.

Renouvier, Ch. *Manuel de philosophie moderne*, Paris, 1842.

Riedel, M. « Der Begriff der "bügerlichen Gesellschaft" und das Problem seines geschichlitichen Ursprungs », *Archiv für Rechts-und Sozialphilosophie*, vol. 48, 1962. — « Hegels Kritik des Naturrechts », *Hegel-Studien*, vol. IV, 1967. — *Hegel und Marx...*, Francfort, 1973.

Riesser, G. *Besorgnisse und Hoffnungen für die künftige Stellung der Juden in Preussen*, Hambourg, 1842.

Rodinson, M. préface à A. Léon *La Conception matérialiste de la question juive*, Paris, 1968.

Rosen, Z. *Bruno Bauer and Karl Marx. The Influence of Bruno Bauer on Marx's Thought*, La Haye, 1977.

Rubel, M. « Karl Marx », *Encyclopédie philosophique*, tome III, 1992, p. 1966-1975. — « Le communisme. De l'utopie à la Mythologie », *Études de marxologie* n° 14, 1970. — « L'autopraxis historique du prolétariat », in *Études de marxologie* n° 19-20, 1978.

Rude, F. *L'Insurrection lyonnaise de 1839*, 2e éd., Paris, 1969.

Schieder, W. *Anfänge der deutschen Arbeiterbewegung. Die Auslandsvereine im Jahrzehnt nach der Julirevolution*, Stuttgart, 1963.

Schrader, F. E. *Restauration und Revolution. Die Vorarbeiten zum Kapital von Karl Marx in seinen Studienheften 1850-1858*, Hildesheim, 1980.

Schraepler, E. *Handwerkerbünde und Arbeitervereine 1830-1853*, Berlin, New York, 1972.

Silberner, E. *Sozialisten zur Judenfrage. Ein Beitrag zur Geschichte des Sozialismus vom Anfang des 19. Jahrhunderts bis 1914*, Berlin, 1962. — *Moses Hess. Geschichte seines Lebens*, Leiden, 1966.

Spinoza, B. *Œuvres complètes*, Paris, Gallimard, 1954.

Steinbüchel, Th. *Sozialismus*, Tübingen, 1950.

Stirner, M. *Der Einzige und sein Eigentum*, Leipzig, 1845 ; trad. fr. *L'Unique et sa propriété*, Paris, l'Âge d'homme, 1988.

Tocqueville, A. de *De la démocratie en Amérique*, tomes I-II, Paris, 1835, 1840.

Treue, W. *Wirtschaftsgeschichte der Neuzeit*, Stuttgart, 1966.

Vermeil, E. « La pensée politique de Hegel », *Études sur Hegel*, Paris, 1931.

Wackenheim, C. *La Faillite de la religion d'après Karl Marx*, Paris, 1963.

Warren, B. *Imperialism : Pioneer of Capitalism*, Londres, 1980.

Wigand's Vierteljahrsschrift (revue trimestrielle), Leipzig, 1845.

Zöpfl, H. M. *Grundsätze des Allgemeinen und Constitutionnell-Monarchistischen Staatsrechts...*, Heidelberg, 1841.

INDEX[1]

1. Ne sont ici retenus que quelques-uns des grands thèmes de la réflexion philosophique de Marx (Louis Janover).

I

COMPOSITION ALLEMANDE (1835)

II

ARGENT, ÉTAT, PROLÉTARIAT (1843-1844)

III

ÉCONOMIE ET PHILOSOPHIE
(MANUSCRITS PARISIENS, 1844)

IV

DE L'ABOLITION DE L'ÉTAT À LA CONSTITUTION DE LA SOCIÉTÉ HUMAINE (NOTES ET THÈSES, 1845)

V

LA SAINTE FAMILLE OU CRITIQUE DE LA CRITIQUE CRITIQUE. CONTRE BRUNO BAUER ET CONSORTS (1845)

VI

L'IDÉOLOGIE ALLEMANDE « CONCEPTION MATÉRIALISTE ET CRITIQUE DU MONDE » (1845-1846)

VII

LE MANIFESTE COMMUNISTE (1848)

VIII

CRITIQUE DE L'ÉCONOMIE POLITIQUE

IX

LE CAPITAL

DU MÊME AUTEUR

Aux Éditions Gallimard, dans la collection Bibliothèque de la Pléiade :

ŒUVRES I. ÉCONOMIE, édition établie et annotée par Maximilien Rubel, 1965.

ŒUVRES II. ÉCONOMIE, édition établie et annotée par Maximilien Rubel, 1968.

ŒUVRES III. PHILOSOPHIE, édition établie, présentée et annotée par Maximilien Rubel, 1982.

ŒUVRES IV. POLITIQUE I, édition établie, présentée et annotée par Maximilien Rubel, 1994.

Dans la collection Folio Histoire

Les luttes de classes en France, *n° 108.*

DANS LA COLLECTION FOLIO / ESSAIS

415 Simone de Beauvoir : *Pour une morale de l'ambiguïté* suivi de *Pyrrhus et Cinéas.*
416 Shihâboddîn Yahya Sohravardî : *Le livre de la sagesse orientale (Kitâb Hikmat al-Ishrâq).*
417 Daniel Arasse : *On n'y voit rien (Descriptions).*
418 Walter Benjamin : *Écrits français.*
419 Sous la direction de Cécile Dogniez et Marguerite Harl : *Le Pentateuque (La Bible d'Alexandrie).*
420 Harold Searles : *L'effort pour rendre l'autre fou.*
421 Le Talmud : *Traité Pessahim.*
422 Ian Tattersall : *L'émergence de l'homme (Essai sur l'évolution et l'unicité humaine).*
423 Eugène Enriquez : *De la horde à l'État (Essai de psychanalyse du lien social).*
424 André Green : *La folie privée (Psychanalyse des cas-limites).*
425 Pierre Lory : *Alchimie et mystique en terre d'Islam.*
426 Gershom Scholem : *La Kabbale (Une introduction. Origines, thèmes et biographies).*
427 Dominique Schnapper : *La communauté des citoyens.*
428 Alain : *Propos sur la nature.*
429 Joyce McDougall : *Théâtre du corps.*
430 Stephen Hawking et Roger Penrose : *La nature de l'espace et du temps.*
431 Georges Roque : *Qu'est-ce que l'art abstrait ?*
432 Julia Kristeva : *Le génie féminin, I. Hannah Arendt.*
433 Julia Kristeva : *Le génie féminin, II. Melanie Klein.*
434 Jacques Rancière : *Aux bords du politique.*
435 Herbert A. Simon : *Les sciences de l'artificiel.*
436 Vincent Descombes : *L'inconscient malgré lui.*
437 Jean-Yves et Marc Tadié : *Le sens de la mémoire.*
438 D. W Winnicott : *Conversations ordinaires.*
439 Patrick Pharo : *Morale et sociologie (Le sens et les valeurs entre nature et culture).*

440 Joyce McDougall : *Théâtres du je.*
441 André Gorz : *Métamorphoses du travail.*
442 Julia Kristeva : *Le génie féminin, III. Colette.*
443 Michel Foucault : *Philosophie (Anthologie).*
444 Annie Lebrun : *Du trop de réalité.*
445 Christian Morel : *Les décisions absurdes.*
446 C. B. Macpherson : *La theorie politique de l'individualisme possessif.*
447 Frédéric Nef : *Qu'est-ce que la métaphysique ?*
448 Aristote : *De l'âme.*
449 Jean-Pierre Luminet : *L'Univers chiffonné.*
450 André Rouillé : *La photographie.*
451 Brian Greene : *L'Univers élégant.*
452 Marc Jimenez : *La querelle de l'art contemporain.*
453 Charles Melman : *L'Homme sans gravité.*
454 Nûruddîn Abdurrahmân Isfarâyinî : *Le Révélateur des Mystères.*
455 Harold Searles : *Le contre-transfert.*
456 Le Talmud : *Traité Moed Katan.*
457 Annie Lebrun : *De l'éperdu.*
458 Pierre Fédida : *L'absence.*
459 Paul Ricœur : *Parcours de la reconnaissance.*
460 Pierre Bouvier : *Le lien social.*
461 Régis Debray : *Le feu sacré.*
462 Joëlle Proust : *La nature de la volonté.*
463 André Gorz : *Le traître* suivi de *Le vieillissement.*
464 Henry de Montherlant : *Service inutile.*
465 Marcel Gauchet : *La condition historique.*
466 Marcel Gauchet : *Le désenchantement du monde.*
467 Christian Biet et Christophe Triau : *Qu'est-ce que le théâtre ?*
468 Trinh Xuan Thuan : *Origines (La nostalgie des commencements).*
469 Daniel Arasse : *Histoires de peintures.*
470 Jacqueline Delange : *Arts et peuple de l'Afrique noire (Introduction à une analyse des créations plastiques).*
471 Nicole Lapierre : *Changer de nom.*
472 Gilles Lipovetsky : *La troisième femme (Permanence et révolution du féminin).*

473 Michael Walzer : *Guerres justes et injustes (Argumentation morale avec exemples historiques).*
474 Henri Meschonnic : *La rime et la vie.*
475 Denys Riout : *La peinture monochrome (Histoire et archéologie d'un genre).*
476 Peter Galison : *L'Empire du temps (Les horloges d'Einstein et les cartes de Poincaré).*
477 George Steiner : *Maîtres et disciples.*
479 Henri Godard : *Le roman modes d'emploi.*
480 Theodor W. Adorno/Walter Benjamin : *Correspondance 1928-1940.*
481 Stéphane Mosès : *L'Ange de l'Histoire (Rosenzweig, Benjamin, Scholem).*
482 Nicole Lapierre : *Pensons ailleurs.*
483 Nelson Goodman : *Manières de faire des mondes.*
484 Michel Lallement : *Le travail (Une sociologie contemporaine).*
485 Ruwen Ogien : *L'Éthique aujourd'hui (Maximalistes et minimalistes).*
486 Sous la direction d'Anne Cheng, avec la collaboration de Jean-Philippe de Tonnac : *La pensée en Chine aujourd'hui.*
487 Merritt Ruhlen : *L'origine des langues (Sur les traces de la langue mère).*
488 Luc Boltanski : *La souffrance à distance (Morale humanitaire, médias et politique)* suivi de *La présence des absents.*
489 Jean-Marie Donegani et Marc Sadoun : *Qu'est-ce que la politique ?*
490 G. W. F. Hegel : *Leçons sur l'histoire de la philosophie.*
491 Collectif : *Le royaume intermédiaire* (*Psychanalyse, littérature, autour de J.-B. Pontalis*).
492 Brian Greene : *La magie du Cosmos* (*L'espace, le temps, la réalité : tout est à repenser*).
493 Jared Diamond : *De l'inégalité parmi les sociétés* (*Essai sur l'homme et l'environnement dans l'histoire*).
494 Hans Belting : *L'histoire de l'art est-elle finie ?* (*Histoire et archéologie d'un genre*).
495 J. Cerquiglini-Toulet, F. Lestringant, G. Forestier et

E. Bury (sous la direction de J.-Y. Tadié) : *La littérature française : dynamique et histoire I.*

496 M. Delon, F. Mélonio, B. Marchal et J. Noiray, A. Compagnon (sous la direction de J.-Y. Tadié) : *La littérature française : dynamique et histoire II.*

497 Catherine Darbo-Peschanski : *L'*Historia (*Commencements grecs*).

498 Laurent Barry : *La parenté.*

499 Louis Van Delft : *Les moralistes. Une apologie.*

500 Karl Marx : *Le Capital* (*Livre I*).

501 Karl Marx : *Le Capital* (*Livres II et III*).

502 Pierre Hadot : *Le voile d'Isis* (*Essai sur l'histoire de l'idée de Nature*).

503 Isabelle Queval : *Le corps aujourd'hui.*

504 Rémi Brague : *La loi de Dieu* (*Histoire philosophique d'une alliance*).

505 George Steiner : *Grammaires de la création.*

506 Alain Finkielkraut : *Nous autres, modernes (Quatre leçons).*

507 Trinh Xuan Thuan : *Les voies de la lumière (Physique et métaphysique du clair-obscur).*

508 Marc Augé : *Génie du paganisme.*

509 François Recanati : *Philosophie du langage (et de l'esprit).*

510 Leonard Susskind : *Le paysage cosmique (Notre univers en cacherait-il des millions d'autres ?)*

511 Nelson Goodman : *L'art en théorie et en action.*

512 Gilles Lipovetsky : *Le bonheur paradoxal (Essai sur la société d'hyperconsommation).*

513 Jared Diamond : *Effondrement (Comment les sociétés décident de leur disparition et de leur survie).*

514 Dominique Janicaud : *La phénoménologie dans tous ses états (Le tournant théologique de la phénoménologie française* suivi de *La phénoménologie éclatée).*

515 Belinda Cannone : *Le sentiment d'imposture.*

516 Claude-Henri Chouard : *L'oreille musicienne (Les chemins de la musique de l'oreille au cerveau).*

517 Stanley Cavell : *Qu'est-ce que la philosophie américaine ? (De Wittgenstein à Emerson, une nouvelle Amé-*

537 Jean-Jacques Rousseau : *Profession de foi du vicaire savoyard.*
538 Régis Debray : *Le moment fraternité.*
539 Claude Romano : *Au cœur de la raison, la phénoménologie.*
540 Marc Dachy : *Dada & les dadaïsmes (Rapport sur l'anéantissement de l'ancienne beauté).*
541 Jean-Pierre Luminet : *Le Destin de l'Univers (Trous noirs et énergie sombre) I.*
542 Jean-Pierre Luminet : *Le Destin de l'Univers (Trous noirs et énergie sombre) II.*
543 Sous la direction de Jean Birnbaum : *Qui sont les animaux ?*
544 Yves Michaud : *Qu'est-ce que le mérite ?*
545 Luc Boltanski : *L'Amour et la Justice comme compétences (Trois essais de sociologie de l'action).*
546 Jared Diamond : *Le troisième chimpanzé (Essai sur l'évolution et l'avenir de l'animal humain).*
547 Christian Jambet : *Qu'est-ce que la philosophie islamique ?*
548 Lie-tseu : *Le Vrai Classique du vide parfait.*
549 Hans-Johann Glock : *Qu'est-ce que la philosophie analytique ?*
550 Hélène Maurel-Indart : *Du plagiat.*
551 Collectif : *Textes sacrés d'Afrique noire.*
552 Mahmoud Hussein : *Penser le Coran.*
553 Hervé Clerc : *Les choses comme elles sont (Une initiation au bouddhisme ordinaire).*
554 Étienne Bimbenet : *L'animal que je ne suis plus.*
555 Sous la direction de Jean Birnbaum : *Pourquoi rire ?*
556 Tchouang-tseu : *Œuvre complète.*
557 Jean Clottes : *Pourquoi l'art préhistorique ?*
558 Luc Lang : *Délit de fiction (La littérature, pourquoi ?).*
559 Daniel C. Dennett : *De beaux rêves (Obstacles philosophiques à une science de la conscience).*
560 Stephen Jay Gould : *L'équilibre ponctué.*
561 Christian Laval : *L'ambition sociologique (Saint-Simon, Comte, Tocqueville, Marx, Durkheim, Weber).*
562 Dany-Robert Dufour : *Le Divin Marché (La révolution culturelle libérale).*

563 Dany-Robert Dufour : *La Cité perverse (Libéralisme et pornographie).*
564 Sander Bais : *Une relativité bien particulière...* précédé de *Les équations fondamentales de la physique (Histoire et signification).*
565 Helen Epstein : *Le traumatisme en héritage (Conversations avec des fils et filles de survivants de la Shoah).*
566 Belinda Cannone : *L'écriture du désir.*
567 Denis Lacorne : *De la religion en Amérique (Essai d'histoire politique).*
568 Sous la direction de Jean Birnbaum : *Où est passé le temps ?*
569 Simon Leys : *Protée et autres essais.*
570 Robert Darnton : *Apologie du livre (Demain, aujourd'hui, hier).*
571 Kora Andrieu : *La justice transitionnelle (De l'Afrique du Sud au Rwanda).*
572 Leonard Susskind : *Trous noirs (La guerre des savants).*
573 Mona Ozouf : *La cause des livres.*
574 Antoine Arjakovsky : *Qu'est-ce que l'orthodoxie ?*
575 Martin Bojowald : *L'univers en rebond (Avant le big-bang).*
576 Axel Honneth : *La lutte pour la reconnaissance.*
577 Marcel Gauchet : *La révolution moderne (L'avènement de la démocratie I).*
578 Ruwen Ogien : *L'État nous rend-il meilleurs ? (Essai sur la liberté politique).*
579 Gilles Cohen-Tannoudji et Michel Spiro : *Le boson et le chapeau mexicain (Un nouveau grand récit de l'univers).*
580 Thomas Laqueur : *La Fabrique du sexe (Essai sur le corps et le genre en Occident).*
581 Hannah Arendt : *De la révolution.*
582 Albert Camus : *À « Combat » (Éditoriaux et articles 1944-1947).*
583 Sous la direction de Jean Birnbaum : *Amour toujours ?*
584 Jacques André : *L'Imprévu (En séance).*
585 John Dewey : *Reconstruction en philosophie.*
586 Michael Hardt et Antonio Negri : *Commonwealth.*

587 Christian Morel : *Les décisions absurdes II (Comment les éviter).*
588 André Malraux : *L'Homme précaire et la Littérature.*
589 François Noudelmann : *Le toucher des philosophes (Sartre, Nietzsche et Barthes au piano).*
590 Marcel Gauchet : *La crise du libéralisme. 1880-1914 (L'avènement de la démocratie II).*
591 Dorian Astor : *Nietzsche (La détresse du présent).*
592 Erwin Panofsky : *L'œuvre d'art et ses significations (Essais sur les « arts visuels »).*
593 Annie Lebrun : *Soudain un bloc d'abîme, Sade.*
594 Trinh Xuan Thuan : *Désir d'infini (Des chiffres, des univers et des hommes).*
595 Sous la direction de Jean Birnbaum : *Repousser les frontières ?*
596 Vincent Descombes : *Le parler de soi.*
597 Thomas Pavel : *La pensée du roman.*
598 Claude Calame : *Qu'est-ce-que c'est que la mythologie grecque ?*
599 Jared Diamond : *Le monde jusqu'à hier.*
600 Lucrèce : *La nature des choses.*
601 Gilles Lipovetsky, Elyette Roux : *Le luxe éternel.*
602 François Jullien : *Philosophie du vivre.*
603 Martin Buber : *Gog et Magog.*
604 Michel Ciment : *Les conquérants d'un nouveau monde.*
605 Jean Clair : *Considérations sur l'État des Beaux-Arts.*
606 Robert Michels : *Sociologie du parti dans la démocratie moderne.*
607 Philippe Descola : *Par-delà nature et culture.*
608 Marcus du Sautoy : *Le mystère des nombres (Odyssée mathématique à travers notre quotidien).*
609 Jacques Commaille : *À quoi nous sert le droit ?*
610 Giovanni Lista : *Qu'est-ce que le futurisme ? suivi de Dictionnaire des futuristes.*
611 Collectif : *Qui tient promesse ?*
612 Dany-Robert Dufour : *L'individu qui vient (... après le libéralisme).*
613 Jean-Pierre Cometti : *La démocratie radicale (Lire John Dewey).*

614 Collectif : *Des psychanalystes en séance (Glossaire clinique de psychanalyse contemporaine).*
615 Pierre Boulez (avec Michel Archimbaud) : *Entretiens.*
616 Stefan Zweig : *Le Monde d'hier.*
617 Luc Foisneau : *Hobbes (La vie inquiète).*
618 Antoine Compagnon : *Les Antimodernes (De Joseph de Maistre à Roland Barthes).*
619 Gilles Lipovetsky, Jean Serroy : *L'esthétisation du monde (Vivre à l'âge du capitalisme artiste).*
620 Collectif : *Les origines du vivant (Une équation à plusieurs inconnues). Par l'Académie des sciences.*
621 Collectif : *Où est le pouvoir ? Édition publiée sous la direction de Jean Birnbaum.*
622 Jean-Pierre Martin : *La honte (Réflexions sur la littérature).*
623 Marcel Gauchet : *L'avènement de la démocratie III (À l'épreuve des totalitarismes (1914-1974).*
624 Moustapha Safouan : *La psychanalyse (Science, thérapie et cause).*
625 Alain Roger : *Court traité du paysage.*
626 Olivier Bomsel : *La nouvelle économie politique (Une idéologie du* XXIe *siècle).*
627 Michael Fried : *La place du spectateur (Esthétique et origines de la peinture moderne).*
628 François Jullien : *L'invention de l'idéal et le destin de l'Europe.*
629 Danilo Martuccelli : *La condition sociale moderne (L'avenir d'une inquiétude).*
630 Ioana Vultur : *Comprendre (L'herméneutique et les sciences humaines).*
631 Arthur Schopenhauer : *Lettres, tome I.*
632 Arthur Schopenhauer : *Lettres, tome II.*
633 Collectif : *Hériter, et après ? Édition publiée sous la direction de Jean Birnbaum.*
634 Jan-Werner Müller : *Qu'est-ce que le populisme ? (Définir enfin la menace).*
635 Wolfgang Streeck : *Du temps acheté (La crise sans cesse ajournée du capitalisme démocratique).*

Impression Maury Imprimeur
45330 Malesherbes
le 4 février 2019.
Dépôt légal : février 2019.
1er dépôt légal dans la collection : avril 1994.
Numéro d'imprimeur : 233958.

ISBN 978-2-07-032839-0. / Imprimé en France.

349112